Wilhelm Scherer
Briefe und Dokumente
aus den Jahren 1853 bis 1886

D1729835

Marbacher Wissenschaftsgeschichte

Eine Schriftenreihe der Arbeitsstelle für die
Erforschung der Geschichte der Germanistik
im Deutschen Literaturarchiv Marbach

Herausgegeben von
Christoph König und Ulrich Raulff

Band 5

Wilhelm Scherer

Briefe und Dokumente
aus den Jahren 1853 bis 1886

Herausgegeben und kommentiert von
Mirko Nottscheid und Hans-Harald Müller
unter Mitarbeit von Myriam Richter

WALLSTEIN VERLAG

Gedruckt mit Unterstützung der
Deutschen Forschungsgemeinschaft
und der Hansischen Universitätsstiftung der Universität Hamburg

Bibliografische Information Der Deutschen Bibliothek

Die Deutsche Bibliothek verzeichnet diese Publikation in der
Deutschen Nationalbibliografie; detaillierte bibliografische Daten
sind im Internet über http://dnb.ddb.de abrufbar.

© Wallstein Verlag, Göttingen 2005
www.wallstein-verlag.de
Vom Verlag gesetzt aus der Adobe Garamond
Umschlag: Basta Werbeagentur, Steffi Riemann
unter Verwendung einer Fotografie Wilhelm Scherers aus dem Nachlass von
Wieland Schmidt, Staatsbibliothek zu Berlin – Preußischer Kulturbesitz
Druck: Hubert & Co, Göttingen

ISBN 3-89244-826-4

Inhalt

Briefe und Briefwechsel

Anhang

INHALT

Vorbemerkung

Am Zustandekommen des vorliegenden Bandes haben zahlreiche Personen und Institutionen direkt und indirekt mitgewirkt. Für die Genehmigung, die von uns edierten Briefe und Dokumente abzudrucken und im Kommentar aus unveröffentlichten Materialien zu zitieren, sind wir den folgenden Archiven und Bibliotheken verpflichtet:

Archiv der Berlin-Brandenburgischen Akademie der Wissenschaften
Archiv du Bas-Rhin, Strasbourg/Frankreich
Bayerische Staatsbibliothek, München
Biblioteka Jagiellońska, Kraków/Polen
Deutsches Literaturarchiv, Marbach am Neckar
Geheimes Staatsarchiv – Preußischer Kulturbesitz, Berlin
Niedersächsische Staats- und Universitätsbibliothek, Göttingen
Staatsbibliothek zu Berlin – Preußischer Kulturbesitz
Universitätsarchiv Bern im Staatsarchiv Bern
Universitätsbibliothek Heidelberg
Universitätsbibliothek Jena
Universitätsbibliothek Leipzig
Universitäts- und Landesbibliothek Sachsen-Anhalt, Halle
Württembergische Landesbibliothek, Stuttgart

Besondere Förderung wurde unserem Unternehmen durch die beiden Institutionen zuteil, in deren Obhut sich der größte Teil von Wilhelm Scherers Nachlass befindet, die Berlin-Brandenburgische Akademie der Wissenschaften (Hauptnachlass Scherer) und die Staatsbibliothek zu Berlin – Preußischer Kulturbesitz (Teilnachlass Scherer). Namentlich danken wir dem Leiter des Akademie-Archivs Dr. Wolfgang Knobloch, dem Leiter der Handschriftenabteilung der Staatsbibliothek Dr. Eef Overgaauw und seinem ehemaligen Stellvertreter Dr. Peter Jörg Becker sowie den Mitarbeiterinnen und Mitarbeitern beider Häuser für die unermüdliche, oft unkonventionelle Unterstützung und Hilfeleistung.

Lediglich summarischen Dank können wir an dieser Stelle den zahlreichen weiteren deutschen und ausländischen Bibliotheken und Archiven abstatten, die uns bei der Ermittlung von Beständen zu Scherer außerhalb seiner Berliner Nachlässe unterstützt haben, indem sie entsprechende Anfragen beantworteten.

Als wissenschaftliche Hilfskräfte haben am Institut für Germanistik II der Universität Hamburg Carsten Fecker, Dietlind Grüne M.A., Myriam Richter M.A. und Thorsten Ries M.A. wertvolle Beiträge zu unserem Scherer-Projekt und zum vorliegenden Band geleistet. Unser besonderer Dank gilt Myriam

Richter: Sie fertigte nicht nur die Ersttranskriptionen zu mehreren Briefreihen und Quellen an, sondern erarbeitete auch das umfangreiche kommentierte Personenregister und leistete bis zuletzt Mithilfe bei der Kollation und Korrektur. Thorsten Ries verdankt die editorische Gestalt des Bandes wichtige Anregungen. Zu großem Dank sind wir außerdem Sebastian Meissl (Wien) für seine Recherchen in Wiener Bibliotheken und Archiven verpflichtet, ohne die viele historisch-politische Zusammenhänge, auf die Scherer vor allem in seinen Briefen an die Eltern referiert, im Dunkeln geblieben wären. Christine Putzo M.A. übernahm noch in der Endphase der Drucklegung eine zeitaufwendige Plausibilitätskontrolle von großen Teilen des Kommentars, der wir wichtige Korrekturen und Ergänzungen verdanken.

Für kritische Lektüren und zum Teil umfangreiche Auskünfte, Hinweise und Korrekturen sind wir auch den folgenden Personen verpflichtet: Beate Amrhein (Bibl. des Instituts für Germanistik II, Univ. Hamburg) – Matthias Anton M.A. (Hamburg) – Prof. Dr. Wolfgang Bachofer † (Hamburg) – Prof. Dr. Bernhard vom Brocke (Univ. Marburg/Lahn) – Dipl.-Germ. Christiane Dätsch (Stuttgart) – Helga Döhn (Staatsbibl. zu Berlin – Preußischer Kulturbesitz) – Prof. Dr. Hartmut Freytag (Univ. Hamburg) – Dr. Berthold Friemel (Berlin) – Dr. Rudolf Führer (Univ. Hamburg) – Jutta Fülsche (Thüringisches Hauptstaatsarchiv Weimar) – Dr. Jochen Golz (Goethe-Schiller-Archiv, Weimar) – Prof. Dr. Hans-Georg Grüning (Univ. Macerata/ Italien) – Sue Hanson (Kelvin Smith Library, Case Western Reserve Univ., Cleveland, Ohio/USA) – Priv.-Doz. Dr. Reinhard Heydenreuter (Archiv der Bayerischen Akademie der Wissenschaften, München) – Prof. Dr. Murray G. Hall (Univ. Wien) – Doz. Dr. Wolfgang Höppner (Humboldt-Univ. zu Berlin) – Eckart Krause (Hamburger Bibl. für Univ.-Geschichte) – Prof. Dr. Kurt Krolop (Prag) – Dr. Dieter Irmer (Hamburg) – Michael Jonas M.A. (Univ. Helsinki) – Dr. Max Kaiser (Österreichische Nationalbibliothek, Wien) – Prof. Dr. Karl Robert Mandelkow (Hamburg) – Dr. Volker Michel (Weinheim) – Prof. Dr. Ulrich Muhlack (Frankfurt/M.) – Dr. Karlheinz Mulagk (Hamburg) – Dr. Norbert Müller (Diözesanarchiv Graz-Seckau) – Bärbel Mund (Niedersächische Staats- u. Univ.-Bibl. Göttingen) – Prof. Dr. Magdolna Orosz (Eötvös-Loránd-Univ., Budapest) – Christoph Pabel (Bibl. des Instituts für Germanistik I, Univ. Hamburg) – Elke Barbara Peschke (Univ.-Bibl. der Humboldt-Univ. zu Berlin) – Dr. Sibylle Peters (Hamburg) – Dr. Gudrun Pischinger (Graz) – Prof. Dr. Heimo Reinitzer (Univ. Hamburg) – Dr. Franziska Rogger (Univ.-Archiv Bern) – Prof. Dr. Jeffrey L. Sammons (New Haven, Connecticut/USA) – Dr. Wingolf Scherer (Kaarst) – Prof. Dr. Bernd Schirok (Univ. Freiburg/Br.) – Prof. Dr. Wilt Aden Schröder (Univ. Hamburg) – Dr. Rüdiger Schütt (Univ.-Bibl. Kiel) – Prof. Dr. Ulrich Seelbach (Univ. Bielefeld) – Dr. Johannes Seidl (Archiv d. Univ. Wien) – Dr. Elke Siegel (New York Univ.) – Prof. Dr. Jochen Splett (Univ. Münster) –

Dr. Ulrike Spring (Wien) – Prof. Dr. Karl Stackmann (Göttingen) – Andreas Stuhlmann M.A. (Univ. College Cork/Irland) – Prof. Dr. Klaus Weimar (Univ. Zürich) – Dr. Bernard van Wickevoort Crommelin (Univ. Hamburg) – Ilsa-Marie Thoelke (Goethe-Schiller-Archiv, Weimar) – Dr. Regina Weber (Staatsbibl. zu Berlin – Preußischer Kulturbesitz) – Imbritt Wiese (Archiv der Humboldt-Univ. zu Berlin)

Die Durchführung der dem vorliegenden Bande zugrundeliegenden Arbeiten wäre nicht möglich gewesen ohne die finanzielle Unterstützung, welche die Deutsche Forschungsgemeinschaft in den Jahren 2000 bis 2002 dem von Hans-Harald Müller geleiteten Projekt »Zur Rekonstruktion der wissenschaftlichen Biographie Wilhelm Scherers« geleistet hat.

Für vielfache Unterstützung haben wir schließlich Priv.-Doz. Dr. Christoph König, dem Leiter der Arbeitsstelle für die Erforschung der Geschichte der Germanistik am Deutschen Literaturarchiv Marbach am Neckar zu danken, der den vorliegenden Band auch in die von ihm mitherausgegebene Reihe *Marbacher Beiträge zur Wissenschaftsgeschichte* aufgenommen hat. Dem Wallstein-Verlag, seinem Verleger Thedel von Wallmoden und der Lektorin Diane Coleman Brandt danken wir für die umsichtige und in diesem Umfang selten gewordene Betreuung des Manuskriptes während der Drucklegung.

Hamburg, Anfang Mai 2004 Hans-Harald Müller
Mirko Nottscheid

Einleitung

Der kulturelle Standard einer Geistes- oder Kulturwissenschaft lässt sich nicht zuletzt an deren Umgang mit der eigenen Geschichte bemessen. Traditionspflege und -kritik leisten einen unverzichtbaren Beitrag zur Positionsbestimmung und Selbstvergewisserung der Kulturwissenschaften, deren diese um so dringender bedürfen, als ihre »Ausgangspunkte«, nach einem bekannten Ausspruch Max Webers, »wandelbar« bleiben »in die grenzenlose Zukunft hinein«.[1] Die Wissenschaftsgeschichte der Germanistik hat in den letzten Jahrzehnten des 20. Jahrhunderts eine kräftige Förderung erfahren durch mannigfaltige Aktivitäten, die oft von der Deutschen Forschungsgemeinschaft unterstützt wurden[2] und deren Impulse immer wieder von der Marbacher Arbeitsstelle für die Erforschung der Geschichte der Germanistik ausgingen;[3] sie hat eine besonders glückliche Hand bewiesen bei der gleichzeitigen Förderung der wissenschaftsgeschichtlichen Grundlagenforschung und der gegenwartsbezogenen wissenschaftshistorischen Diskussion. Gleichwohl ist eine vor 30 Jahren getroffene Feststellung Klaus Weimars – eines der verdientesten Fachhistoriker der Germanistik – noch immer nicht obsolet, dass nämlich »die Wissenschaftsgeschichte ein wenig bearbeitetes und kaum bekanntes Gebiet«[4] ist. Zum einen gibt die schwache institutionelle Verankerung der Wissenschaftsgeschichte in der Germanistik Anlass zur Beunruhigung: für ihre kontinuierliche Pflege ist nicht gesorgt. Zum anderen muss die Germanistik immer noch voller Neid auf fachgeschichtliche Leistungen

1 Max Weber: »Die ›Objektivität‹ sozialwissenschaftlicher Erkenntnis«. In: ders.: *Gesammelte Aufsätze zur Wissenschaftslehre.* 6., ern. durchges. Aufl. hg. v. Johannes Winckelmann. Tübingen 1985, S. 146-214, hier S. 184.
2 Zu nennen ist hier vor allem das Bielefelder Forschungsprojekt von Jürgen Fohrmann und Wilhelm Voßkamp, dessen Ergebnisse u. a. in dem folgenden Band vorliegen: *Wissenschaftsgeschichte der Germanistik im 19. Jahrhundert.* Hg. v. Jürgen Fohrmann u. Wilhelm Voßkamp. Stuttgart, Weimar 1994. Vgl. außerdem den aus dem entsprechenden DFG-Symposium hervorgegangenen Sammelband: *Literaturwissenschaft und Wissenschaftsforschung.* Hg. v. Jörg Schönert. Stuttgart, Weimar 2000 (Germanistische Symposien: Berichtsbände 21).
3 Hier sollen nur kurz erwähnt werden die *Mitteilungen* des *Marbacher Arbeitskreises für Geschichte der Germanistik* (= *MAGG*; jetzt: *Geschichte der Germanistik. Mitteilungen*), die vom Arbeitskreis veranstalteten Symposien zur Wissenschaftsgeschichte, die Buchreihe *Marbacher Wissenschaftsgeschichte* sowie das *Internationale Germanistenlexikon.*
4 Klaus Weimar: »Zur Geschichte der Literaturwissenschaft. Forschungsbericht«. In: *DVjs* 50 (1976), S. 298-364, hier S. 298.

anderer Disziplinen schauen. Wo gibt es in der Germanistik eine Wissenschaftlerbiographie, die der Friedrich Lengers über Werner Sombart,[5] der Margit Szöllösi-Janzes über Fritz Haber[6] oder der Stefan Rebenichs über Theodor Mommsen[7] vergleichbar wäre? Das Fehlen solcher Biographien dürfte weniger auf den unzureichenden Stand der fachhistorischen Quellenaufarbeitung oder die mangelnde schriftstellerische Begabung der Germanist(inn)en zurückzuführen sein, als vielmehr auf die anhaltend schlechte Reputation der Gattung Biographie.

Selbst für herausragende, ungebrochen wirkungsmächtige Gelehrte des 19. Jahrhunderts fehlen Biographien, wie etwa für Hermann Paul oder Wilhelm Scherer, wissenschaftshistorische Gründerfiguren, an denen sich jede Germanistengeneration von neuem abarbeiten muss, weil sich in ihrem Werk allgemeine und kontinuierliche Problemstellungen manifestiert haben. Pauls und Scherers Werk sind in der Germanistik auf eine beispielhaft unterschiedliche Rezeption gestoßen. Während der theoretische und methodologische Gehalt von Pauls Arbeiten zur Literaturwissenschaft[8] und allgemeinen Kulturwissenschaft[9] bis heute weitgehend ignoriert wird, ist seine Stellung in der Wissenschaftsgeschichte schon allein aufgrund seiner *Principien der Sprachgeschichte* (1880) völlig unangefochten. Für Scherers Beitrag zur Geschichte der Sprachwissenschaften interessieren sich heute nur wenige Experten,[10] seine Stellung in der Wissenschaftsgeschichte der Literaturwissenschaft ist hingegen bis heute auf eine provozierende Weise ›umstritten‹. Sie war es schon bei seinen Zeitgenossen. Den einen galt er als der am Positivismus und den Naturwissenschaften orientierte Begründer der neueren deutschen Literaturwissenschaft, den anderen als haltloser Metaphysiker oder Feuilletonist. Nicht ohne Grund. Scherer strebte einerseits eine durchgehende empirische Fundierung der Literaturwissenschaft an – berühmt ist seine Formulierung, die moderne empirische Poetik solle der normativen Poetik des Idealismus entgegengestellt werden »wie die historische und vergleichende Grammatik seit J. Grimm der gesetzgebenden Grammatik vor J. Grimm gegenübersteht«.[11]

5 Vgl. Friedrich Lenger: *Werner Sombart 1863-1941. Eine Biographie.* München ²1995 [¹1994].
6 Vgl. Margit Szöllösi-Janze: *Fritz Haber (1868-1934). Eine Biographie.* München 1998.
7 Vgl. Stefan Rebenich: *Theodor Mommsen. Eine Biographie.* München 2002.
8 Vgl. hierzu insbesondere die Abschnitte I.»Begriff und Aufgaben der germanischen Philologie« sowie den Abschnitt »Methodenlehre« in Hermann Paul: *Grundriß der germanischen Philologie.* 2 Bde. Straßburg 1891-96.
9 Vgl. dazu insbesondere Hermann Paul: *Aufgabe und Methode der Geschichtswissenschaften.* Berlin, Leipzig 1920.
10 Vgl. dazu *Einhauser (1989)*.
11 Wilhelm Scherer: *Poetik.* Mit einer Einleitung und Materialien zur Rezeptionsanalyse hg. v. Gunter Reiß. Tübingen 1977 (Deutsche Texte 44), S. 50.

Andererseits hielt diese Überzeugung Scherer nicht davon ab, empirische Feststellungen bedenkenlos mit normativen Urteilen zu verknüpfen – berüchtigt ist in dieser Beziehung sein »System der nationalen Ethik«,[12] das er dem empirischen Verlauf der deutschen Geschichte unmittelbar entnehmen zu können meinte. Die Überzeugung von der Gesetzmäßigkeit historischer Prozesse ließ Scherer die Idee einer periodischen Wiederkehr von Blütezeiten zu einer der konzeptionellen Grundlagen seiner Literaturgeschichte wählen – aber über das Ziel dieser Literaturgeschichte vertraute er dem Wiener Kritiker Ludwig Speidel an: »Mein Ehrgeiz war, wenn es nicht unbescheiden ist, das auszusprechen, ein Kunstwerk zu schaffen.«[13] Scherer schrieb rastlos und rücksichtslos gegen sich selbst nacheinander grundlegende Beiträge zur Sprachwissenschaft, zur älteren deutschen Philologie und zur neueren deutschen Literaturgeschichte. Er hielt es für vordringlich geboten, »das weiße Blatt endlich zu füllen, welches die Logik und Wissenschaftslehre, für sie [scil. die historisch-philologischen Fächer] offen hält«[14] – aber er machte keinerlei Anstalten, seine wissenschaftstheoretischen und methodologischen Ideen einmal im Zusammenhang zu formulieren, und selbst als die Publikation der *Principien der Sprachgeschichte* seines Gegners Hermann Paul ihn dazu nötigte, einmal im Zusammenhang Stellung zu beziehen, ergriff er die Gelegenheit nicht.[15] Möglicherweise bewahrte der frühe Tod Scherer vor der Einsicht in die Widersprüchlichkeit seiner Orientierungen am englischen Positivismus einerseits und an der deutschen Tradition von Herder, Humboldt und Schleiermacher andererseits. Freilich war es gerade dieser Glaube an die Vereinbarkeit jener beiden Traditionen, der Scherers Selbstverständnis als Wahrer und Erneuerer der philologischen Tradition prägte und seinem Werk das charakteristische Forschungspathos verlieh. Auf diesen Glauben, der ganz ähn-

---

12 *Scherer: GdS (1868)*, S. VI-VII. Vgl. dazu auch Werner Michler: »An den Siegeswagen gefesselt. Wissenschaft und Nation bei Wilhelm Scherer«. In: *Literatur und Nation. Die Gründung des Deutschen Reiches 1871 in der deutschsprachigen Literatur.* Hg. v. Klaus Amann u. Karl Wagner. Wien, Köln, Weimar 1996 (Literatur in der Geschichte, Geschichte in der Litaratur 36), S. 233-266.

13 *BW Scherer-Speidel*, S. 2.

14 Wilhelm Scherer (Rez.): »Karl Lachmann, Kleinere Schriften I. Zur deutschen Philologie, II. Zur classischen Philologie« [1876]. In: *PJb.* Bd. 38 (1876), S. 597-604, zit. n. *KS 1*, S. 99.

15 Vgl. dazu Scherers Postkarte an Elias Steinmeyer vom 16.11.1880: »Paul Prinzipien wird ein harter Bissen sein. Warten wir ab, ob ein Rec. Exempl. kommt. Eigentlich müßte ichs machen aber das hieße, es lange verschieben.« (*BW Scherer-Steinmeyer*, Nr. 294, S. 198). – Im Nachlass (ABBAW, NL W. Scherer: 140) befinden sich immerhin umfangreiche Aufzeichnungen Scherers, die für eine Rezension die Grundlage bilden sollten.

lich auch den frühen Dilthey,[16] in unterschiedlicher Weise aber auch Gelehrte wie Moritz Lazarus, Heymann Steinthal, Hermann Paul und Karl Lamprecht beflügelte, ist es zurückzuführen, dass die theoretisch und methodologisch weitgehend steril gewordene deutsche historische Schule wissenschaftstheoretische Impulse erhielt, die sie interdisziplinär anschlussfähig und im europäischen Kontext konkurrenzfähig machten. Der spezifische Beitrag dieser Gelehrtengeneration zur Erneuerung der Geistes- und Kulturwissenschaften geriet zumindest in der Germanistik, sehr zu deren Schaden, derart schnell in Vergessenheit, dass er bis heute nicht erkannt oder unterschätzt, jedenfalls nicht in die Geschichte der Disziplin integriert ist. Schon die Mehrzahl der Schüler Scherers, die er mit großem Geschick auf Lehrstühlen in Deutschland, Österreich und der Schweiz zu platzieren gewusst hatte, war sich unklar über das kognitive Vermächtnis, das er ihnen hinterließ. Doch so uneins die Schüler über die Programmatik ihres Lehrers sein mochten, so einig war die – in sich gänzlich heterogene – geistesgeschichtliche Literaturwissenschaft in der Fundamentalopposition gegen Scherer. Die geistesgeschichtliche Literaturwissenschaft hat den philologischen Positivismus ähnlich simplifiziert und verzeichnet wie Adorno den Positivismus des Wiener Kreises und der Soziologie. Nach dem Ersten Weltkrieg waren es nur vereinzelte Gelehrte – wie etwa Erich Rothacker[17] oder Josef Körner[18] –, die unbefangene, kenntnisreiche und anregende Einblicke in die Wissenschaftskonzeption Scherers zu geben vermochten; am allerwenigsten aber waren es die – nimmt man einmal Konrad Burdach[19] aus – Repräsentanten der »Berliner Schule«.

Die Fundamentalopposition gegen Scherer und den literaturwissenschaftlichen Positivismus überdauerte das Dritte Reich und teilweise sogar die Neuorientierung der Germanistik am Ende der sechziger Jahre des 20. Jahrhunderts. Im Vorwort zu seiner verdienstvollen Neuedition von Scherers *Poetik* fasste Gunter Reiß 1977 die communis opinio zusammen:

16 Vgl. dazu Tom Kindt: »Wilhelm Dilthey«. In: *Wissenschaftsgeschichte der Germanistik in Porträts*. Hg. v. Christoph König, Hans-Harald Müller u. Werner Röcke. Berlin, New York 2000, S. 53-68, bes. S. 53-58.

17 Erich Rothacker: *Einleitung in die Geisteswissenschaften*. Tübingen 1920 [²1930], bes. S. 137-140.

18 Josef Körner: »Wilhelm Scherer 1841-1886. Zur dreißigsten Wiederkehr seines Todestages (6. August)«. In: *Neue Jahrbücher für das klassische Altertum, Geschichte und deutsche Literatur* 19 (1916), S. 474-485; wiederholt: ders.: *Philologische Schriften und Briefe*. Hg. v. Ralf Klausnitzer. Mit einem Vorwort v. Hans Eichner. Göttingen 2001 (Marbacher Wissenschaftsgeschichte 1), S. 42-54.

19 Zu Burdach vgl. jetzt das Porträt von Klaus Garber: »Versunkene Monumentalität. Das Werk Konrad Burdachs«. In: *Kulturwissenschaftler des 20. Jahrhunderts. Ihr Werk im Blick auf das Europa der Frühen Neuzeit*. Unter Mitwirkung v. Sabine Kleymann hg. v. Klaus Garber. München 2002, S. 109-158.

Unsere Vorurteile gegenüber Scherers positivistischer Wissenschaft und gegenüber der sogenannten ›Scherer-Schule‹ sind stabil und machen ihn im Grunde uninteressant. Quellenhuberei, Biographismus und Tatsachengläubigkeit auf der einen Seite und preußisch-deutsche Ideologie auf der anderen, haben hier für klare Verhältnisse gesorgt. Scherer – so scheint es – ist etwas für Archivare.[20]

So wenig sich die Studentenbewegung für eine genauere Bestimmung der politischen Position Scherers interessierte, so wenig interessierte sich der seit den 1960er Jahren auch in Deutschland virulente Strukturalismus für die Rolle Scherers in der Vorgeschichte der strukturalistischen Bewegung oder die protostrukturalistischen Positionen,[21] die, wie vieles andere mehr,[22] in Scherers *Poetik* zu entdecken sind. Dem Strukturalismus waren Scherers Auffassungen über den Autor, die Biographie[23] und die Literaturgeschichte suspekt – Auffassungen, die nach der Abwendung vom Strukturalismus und der Diffusion des Poststrukturalismus wieder aktuell[24] und diskussionswürdig sind.

Bis weit in die siebziger Jahre erstreckte sich die Scherer-Rezeption auf den kleinen, leichter zugänglichen Teil des von ihm publizierten Werks und allenfalls auf die von Konrad Burdach und Erich Schmidt edierten *Kleinen Schriften*. Scherers Aufzeichnungen und Manuskripte in Archiven der deutschsprachigen Universitäten und Kultusministerien blieben in aller Regel ebenso

20 Wilhelm Scherer: *Poetik* (wie Anm. 11), Vorwort, S. X.

21 Vgl. Hans-Harald Müller:»Wilhelm Scherer«. In: *Wissenschaftsgeschichte der Germanistik in Porträts* (wie Anm. 16), S. 80-94, bes. S. 90-91.

22 Schon 1989 entdeckte Wolfgang Höppner in der *Poetik* Ansätze zur Rezeptionstheorie. Vgl. ders.:»Die Beziehung von Dichter und Publikum als Grundverhältnis des literarischen Verkehrs. Gedanken zu Wilhelm Scherers ›Poetik‹«. In: *Weimarer Beiträge* 35 (1989), S. 208-232, hier S. 226. – Vgl. ferner Matías Martínez' Hinweise auf Scherer in:»Das ›lyrische Ich‹. Verteidigung eines umstrittenen Begriffs«. In: *Autorschaft. Positionen und Revisionen*. Hg. v. Heinrich Detering. Stuttgart, Weimar 2001 (Germanistische Symposien: Berichtsbände 24), S. 376-389, hier S. 383. Schließlich machte Fotis Jannidis kürzlich auf die schon bei Scherer durchgängig vorhandene Unterscheidung zwischen direkter und indirekter Figuren-Charakterisierung aufmerksam. Vgl. ders.: *Figur und Person. Beitrag zu einer historischen Narratologie*. Berlin, New York 2004 (Narratologia 3), S. 209.

23 Vgl. dazu Tom Kindt/Hans-Harald Müller:»Was war eigentlich der Biographismus – und was ist aus ihm geworden?« In: *Autorschaft. Positionen und Revisionen* (wie Anm. 22), S. 355-375.

24 Vgl. dazu exemplarisch den Sammelband: *Rückkehr des Autors. Zur Erneuerung eines umstrittenen Begriffs*. Hg. v. Fotis Jannidis, Gerhard Lauer, Matías Martínez u. Simone Winko. Tübingen 1999 (Studien und Texte zur Sozialgeschichte der Literatur 71).

unberücksichtigt wie seine umfangreichen Korrespondenzen in der Akademie der Wissenschaften in Berlin. Dieser Sachverhalt änderte sich erst 1979 mit Jürgen Sternsdorffs Dissertation,[25] die eine Fülle unbekannter Quellen und Texte von und über Scherer zugänglich machte; Wolfgang Höppners[26] Dissertation aus dem Jahre 1986 erweiterte deren Forschungsstand nur um einige – freilich wesentliche – Aspekte und Ergebnisse. Sternsdorffs Arbeit ist in der Tiefe der Materialerschließung bis heute nicht übertroffen; als Wissenschaftshistoriker freilich kämpfte er gegen die von der Geistesgeschichte zementierten Stereotypen der Wissenschaftskonzeption Scherers so vehement an, dass er – den eigens formulierten Vorsätzen zuwider[27] – Scherer zum Anti-Positivisten und Hermeneutiker stempelte.

Den Anlass für den Beginn des Forschungsprojekts, dessen Ergebnisse hier vorgelegt und mitgeteilt werden, bildete 1999 die Erschließung des privaten Nachlassteils von Wilhelm Scherer aus dem Besitz von Ulrich Pretzel, einem der letzten Repräsentanten der »Berliner Schule«. Über die Umstände, unter denen dieser Nachlassteil in den Besitz Pretzels geriet und erst nach dessen Tod in den der Staatsbibliothek zu Berlin – Preußischer Kulturbesitz gelangte, wird unten berichtet. Die Aufarbeitung dieses umfangreichen Nachlassteils sollte im Rahmen des Forschungsprojekts den Grundstock für eine neue Scherer-Biographie bilden. Im Zuge der Bearbeitung dieses und des Hauptnachlasses in der Berlin-Brandenburgischen Akademie der Wissenschaften musste dieser Plan indes aufgegeben werden – und zwar nicht allein, weil die Anforderungen an wissenschaftliche Biographien im letzten Dezennium beträchtlich gestiegen sind, sondern vor allem, weil sich der überaus reiche Fundus an Quellen, die es zu Leben und Werk Wilhelm Scherers gibt, bei weitem als zu wenig erschlossen und ausgewertet erwies, als dass im Rahmen eines einzigen Forschungsprojekts die möglichen Voraussetzungen für eine solche Biographie geschaffen werden könnten. So gibt es, um ein Beispiel zu nennen, neben den wertvollen Editionen der Briefwechsel Scherers mit Karl Müllenhoff, Erich Schmidt und Elias Steinmeyer, umfangreiche Korrespondenzen Scherers, die von der Forschung bislang noch nicht genutzt wurden. Auch ist, um ein anderes Beispiel anzuführen, Scherers umfangreiche – und gelegentlich sagenumwoben einflussreiche[28] – Gutachtertätigkeit bislang noch nicht in den Blick genommen worden, die aus den Akten der Kultus-

---

25 *Sternsdorff (1979)*.
26 Wolfgang Höppner: *Studien zu den literaturwissenschaftlichen Auffassungen Wilhelm Scherers. Ein Beitrag zur Geschichte der Germanistik.* Diss. B. Humboldt-Universität zu Berlin 1986; ders.: *Das »Ererbte, Erlebte und Erlernte« im Werk Wilhelm Scherers. Ein Beitrag zur Geschichte der Germanistik.* Köln, Weimar, Wien 1993 (Europäische Kulturstudien 5).
27 *Sternsdorff (1979)*, S. 60.
28 Vgl. etwa *Einhauser (1989)*, S. 83.

ministerien in Deutschland, Österreich und der Schweiz erst zu erschließen wäre. Auch im Hinblick auf die weit über die Germanistik hinausgehende Lehrtätigkeit Scherers in Straßburg, die das Reichskanzleramt für Elsass-Lothringen bewog, ihn dort zunächst nicht für Berlin freizugeben, ist bislang so gut wie nichts bekannt.

In dieser Situation haben wir uns entschlossen, eine kommentierte Auswahl meist unedierter Korrespondenzen und einiger Lebenszeugnisse von Wilhelm Scherer herauszugeben, die entweder unbekannte Informationen enthalten oder doch auf bekannte Züge von Persönlichkeit und Werk ein neues Licht werfen. Um all die Misslichkeiten einer solchen Dokumentation nicht zu verbergen und zugleich ein wenig zu mildern, ergänzen wir sie um einige Verzeichnisse, die für die weitere wissenschaftshistorische Forschung von Nutzen sein können. Im einzelnen handelt es sich dabei um

(1) eine Rekonstruktion von Scherers Gesamtnachlass mit einer Darstellung zu dessen Geschichte;

(2) ein separat erscheinendes, gemeinsames Verzeichnis[29] des Scherer-Teilnachlasses in der Staatsbibliothek zu Berlin – Preußischer Kulturbesitz sowie des Hauptnachlasses in der Berlin-Brandenburgischen Akademie der Wissenschaften;

(3) ergänzend dazu ein Verzeichnis von Scherer-Briefen und -Manuskripten, die sich außerhalb seiner Nachlässe in öffentlichem Besitz befinden.

Zumal die beiden letzten Verzeichnisse verdeutlichen eindrucksvoll, wie wenig vom Scherer-Nachlass bislang ediert bzw. ausgewertet wurde und wie angreifbar mithin eine Auswahledition ist. Zum einen kamen die bereits erwähnten umfangreichen Korrespondenzen für eine Berücksichtigung nicht in Frage, wie etwa Scherers in verschiedene Nachlässe und Sammlungen zersplitterter, kultur- und wissenschaftsgeschichtlich sehr ergiebiger Briefwechsel mit Herman Grimm, die Briefe seines Jugendfreundes und späteren Wiener germanistischen Kollegen Richard Heinzel oder die seines einstigen Kommilitonen, des späteren Ordinarius für klassische Philologie und einflussreichen Kulturpolitikers Wilhelm Hartel, die Briefe seines Schülers Franz Lichtenstein oder die Korrespondenz mit den Freunden Wilhelm Dilthey und Bernhard Erdmannsdörffer, um nur einige zu nennen. Nicht berücksichtigt wurden ferner Scherers umfangreiche und kulturhistorisch bedeutsame Korrespondenzen

---

29 *Der Nachlass Wilhelm Scherers in Berlin. Gemeinsamer Abdruck der Bestandsverzeichnisse zum Hauptnachlass Scherer in der Berlin-Brandenburgischen Akademie der Wissenschaften und zum Teilnachlass Scherer in der Staatsbibliothek zu Berlin – Preußischer Kulturbesitz.* Bearb. v. Heike-Fanny Braun u. Mirko Nottscheid. (Kataloge der Handschriftenabteilung/Staatsbibliothek zu Berlin – Preußischer Kulturbesitz: Reihe 2, Nachlässe) [in Vorbereitung].

mit Verlegern sowie den Herausgebern bzw. Redakteuren von Periodika und Sammelwerken. Das angestrebte Prinzip der Dialogizität konnte aufgrund der individuellen Überlieferungslage nicht in allen Fällen realisiert werden. Schließlich lässt sich beanstanden, dass wir auch innerhalb der ausgewählten Dokumente aus Platzgründen gelegentlich eine Auswahl treffen mussten. Diesen Mangel haben wir dadurch zumindest kenntlich gemacht, dass wir die genaue Anzahl der ermittelten Korrespondenzen und ihren Liegeort jeweils genau verzeichnet haben.

Ein Ziel unserer Briefauswahl ist es, mit neuen Quellen die wichtigsten Bereiche von Scherers Leben und Werk exemplarisch abzudecken. Zunächst geht es um die Herkunft Scherers aus einer Familie fränkischer und niederösterreichischer Verwaltungsbeamten, um die schulische Ausbildung in einem privaten Erziehungsinstitut in Wien und anschließend am Akademischen Gymnasium, die literarischen, politischen und frühen wissenschaftlichen Interessen Scherers sowie ihre Quellen, das Studium in Wien und Berlin und den Beginn der akademischen Laufbahn. Zu all diesen Aspekten liegen vor allem mit Scherers bislang unbekannten Briefen an seine Eltern, die bis in sein neuntes Lebensjahr zurückreichen, sowie mit gleichfalls neu entdeckten autobiographischen Aufzeichnungen neue Quellen vor, die ausnahmslos aus dem privaten Nachlassteil stammen. Dazu kommen Briefe an die Freundin Lina Duncker und die spätere Gattin Marie Leeder, die aus ganz anderer Sicht als die im engeren Sinne wissenschaftlichen Korrespondenzen Auskunft geben über Scherers Selbstverständnis, mentale Prägung, Lebensstil und Lebensführung, über die Arbeitsweise und den Arbeitsrhythmus sowie schließlich über Reisen, Kuraufenthalte und Krankheiten – Informationen, die nicht allein von wissenschaftsgeschichtlicher, sondern auch von kulturgeschichtlicher Bedeutung sind. In Verbindung mit den bereits bekannten Korrespondenzen Scherers ergänzen die privaten Briefe unser Wissen über die akademische und gesellige Vernetzung Scherers, in den Salons von Emilie Gilewska und Theodor Gomperz[30] in Wien, den Kränzchen der Grimms und Mommsens in Berlin, dem »Selbstmörderklub«, einer informellen Vereinigung von Berliner Privatdozenten,[31] der »Germanistenkneipe« zu Zeiten von Scherers Lehrtätigkeit in Berlin usw.

Ein weiteres Ziel unserer Auswahl war es, möglichst viele Arbeitsbereiche Scherers zumindest exemplarisch zu repräsentieren, seine Forschungen auf dem Gebiet der Literatur des Mittelalters und der frühen Neuzeit, seine

---

30 Für nähere Informationen vgl. die von den Herausgebern bearbeitete Edition des Briefwechsels zwischen Scherer und Gomperz: *BW Gomperz-Scherer.*

31 Vgl. dazu: Tom Kindt/Hans-Harald Müller: »Dilthey, Scherer, Erdmannsdörffer, Grimm – ein ›positivistisches‹ Zeitschriftenprojekt in den sechziger Jahren des 19. Jahrhunderts«. In: *Berichte zur Wissenschaftsgeschichte* 22 (1999), S. 180-188.

sprachwissenschaftlichen Arbeiten, auf die er anlässlich seiner Beiträge *Zur Geschichte der deutschen Sprache* insbesondere in den Korrespondenzen mit Delbrück, Zacher und Zarncke zu sprechen kommt, und schließlich die neuere deutsche Literatur, die durch Briefe über seine Literaturgeschichte und die Korrespondenz mit Gustav von Loeper über Goethe-Philologie und Goethe-Gesellschaft vertreten ist. Dass Scherer neben allen anderen Interessen von seiner frühesten Publikation über *Jacob Grimm* auch die eines Wissenschaftshistorikers pflegte, wird insbesondere aus dem Briefwechsel mit Rudolf Haym deutlich.

An Korrespondenzpartnern werden Scherers Lehrer Moriz Haupt und Franz Pfeiffer berücksichtigt; an den letzteren richtete Scherer als Neunzehnjähriger einen Brief zur Nibelungenfrage, der von einer erstaunlichen theoretischen Scharfsicht und wissenschaftlichen Entschiedenheit ist. Von Scherer-Schülern werden die zu Unrecht kaum bekannten Julius Hoffory, Otto Pniower und Georg Ellinger berücksichtigt, von den Förderern Scherers Theodor Mommsen, der Münchner Germanist und Romanist Konrad Hofmann, der Scherer für den Würzburger Lehrstuhl vorschlug und seine Aufnahme in die Bayerische Akademie der Wissenschaften veranlasste, und der bereits erwähnte Rudolf Haym, der Scherer die Spalten der *Preußischen Jahrbücher* öffnete. Besondere Aufmerksamkeit verdient vielleicht der Briefwechsel mit Friedrich Zarncke, in dem das Haupt der »Leipziger Schule« und der aufstrebende Protagonist der »Berliner Schule« bemüht scheinen, die Wunden heilen zu lassen, die der Nibelungenstreit geschlagen hatte und zumindest auf dem Gebiet des Rezensionswesens zu einer Verständigung zu gelangen – woran dieser Versuch schließlich scheiterte, ist im einzelnen bislang nicht bekannt. Von eminenter Bedeutung sind schließlich auch die Briefe Julius Zachers an Scherer. Der Herausgeber der *Zeitschrift für deutsche Philologie* und der *Germanistischen Handbibliothek* verfügte, weil er sich im Streit zwischen Berliner und Leipziger Schule nicht festlegte und als Informant[32] des für die Universitäten zuständigen Vortragenden Rates im preußischen Kultusministerium, Friedrich Althoff, diente, über beträchtlichen Einfluss in der deutschen Germanistik. Scherers mannigfache Verbindungen zum literarischen Leben der Zeit, über die wir durch die Vorarbeiten Wolf-

---

32 Zu Althoffs Informanten-System vgl. Bernhard vom Brocke: »Hochschul- und Wissenschaftspolitik in Preußen und im deutschen Kaiserreich 1882-1907: das ›System Althoff‹«. In: *Bildungspolitik in Preußen zur Zeit des Kaiserreichs*. Hg. v. Peter Baumgart. Stuttgart 1980 (Preußen in der Geschichte 1), S. 9-118, hier S. 69. Zachers Informantentätigkeit geht aus einer Reihe in brieflicher Form abgefasster Gutachten hervor, in denen er auf Bitten Althoffs u. a. zu Lehrstuhlbesetzungen in Kiel und Berlin Stellung nimmt. Vgl. GStA PK, VI. HA Familienarchive u. Nachlässe, NL Friedrich Althoff B, Nr. 203, Bd. 1, Bll. 99-199.

gang Höppners[33] bereits sehr gut informiert sind, vertreten in unserer Auswahl die Briefe Friedrich Spielhagens, den mit Scherer nicht allein das Interesse an der Gegenwartsliteratur, sondern auch an theoretischen Fragen des Erzählens verband.[34] Scherers umfangreiche wissenschaftsorganisatorische Tätigkeit wird durch Briefe an den Ägyptologen und Oberbibliothekar der Königlichen Bibliothek zu Berlin, Karl Richard Lepsius, und die knappen Notizen dokumentiert, die Scherer in Berlin mit Friedrich Althoff wechselte. In ihnen geht es nicht allein um hehre wissenschaftliche Prinzipien wie die Lehrfreiheit, sondern auch um sehr alltägliche Vorgänge wie etwa die Unterbringung des – erst zu gründenden – Germanischen Seminars an der Friedrich-Wilhelms-Universität.

Die Edition wird unser Wissen über Scherer und die Germanistik seiner Zeit bereichern, ein facettenreicheres Bild des Gelehrten und erstmals vielleicht auch seiner Persönlichkeit entstehen lassen. Markante Neuigkeiten wird unsere Dokumentation nicht unbedingt in Hinsicht auf Scherers grundlegende wissenschaftshistorische Position zutage fördern. Dafür aber, um hier nur zwei Beispiele zu nennen, im Hinblick auf seine politische Orientierung und seine skeptische Beurteilung der Wissenschaft. Die politische Einschätzung Scherers war in den letzten 100 Jahren geprägt durch die späten borussophilen nationalistischen Äußerungen, die sich bei ihm in der Tat finden lassen. Dieses Bild wird durch die Dokumentation entscheidend differenziert durch den Nachweis einer frühen liberalen Grundorientierung sehr streitbaren Charakters, die sich in seinem kultur- und wissenschaftspolitischen Engagement erhalten und beispielsweise in seiner bekannten Stellungnahme zum »Berliner Antisemitismusstreit« manifestiert hat.

Im Hinblick auf die Beurteilung der Wissenschaft war Scherers Glaube an deren Normen ebenso tief und unerschütterlich wie seine Skepsis, dass sie sich in seiner Disziplin als Institution würden zur Geltung bringen lassen. Ungeduld gegen die Trägheit der Wissenschaft, ihre Repräsentanten und ihre Einrichtungen verband sich bei ihm seit früher Jugend mit einer tiefen Abneigung gegen akademischen Dünkel, Mittelmäßigkeit, professionelle Blickverengung und formelle Privilegien von Wissenschaftlern.

33 Vgl. *Höppner (1987a)*; ders.: »Neuere deutsche Literatur vom Katheder. Zum Wirken Wilhelm Scherers, Erich Schmidts und Gustav Roethes unter der Berliner Studentenschaft«. In: *WZHUB* 36 (1987), H. 7, S. 599-606.
34 Vgl. dazu auch Lothar Schneider: »Die Verabschiedung des idealistischen Realismus. Friedrich Spielhagens Romanpoetik und ihre Kritiker.« In: *Formen der Wirklichkeitserfassung nach 1848*. Hg. v. Helmut Koopmann u. Michael Perraudin. Bielefeld 2003 (Deutsche Literatur und Kultur vom Nachmärz bis zur Gründerzeit in europäischer Perspektive 1), S. 233-244, bes. S. 237-240.

Unsere Auswahledition soll dazu beitragen, das Scherer-Bild von den perhorreszierenden Stereotypen der geistesgeschichtlichen Literaturwissenschaft zu befreien. Das Werk Willhelm Scherers ist weder allein von antiquarischem noch von einem unmittelbar aktuellen Interesse – etwa derart, dass es sich als Vorläufer für eine heute gerade aktuelle Richtung der Literaturwissenschaft funktionalisieren ließe. Sein Werk bleibt aktuell in dem Sinne, dass es das stets von banausischer Zünftigkeit bedrohte philologische Kunsthandwerk mit jenem zentralen Basis-Korpus philosophischer Fragen verknüpft hat, die das theoretische Interesse Herders, Humboldts und der Brüder Schlegel mit der germanistischen Kulturwissenschaft von heute verbindet.

Editorischer Bericht

Die vorliegende Ausgabe enthält ausgewählte Briefe und Briefwechsel sowie eine Reihe von Lebensdokumenten zu Wilhelm Scherer, die der Überlieferung in verschiedenen Gliederungen seines Nachlasses sowie zahlreichen anderen Beständen entnommen sind. Der Hauptteil der Ausgabe bietet 141 Briefe, darunter 88 von und 53 an Scherer aus seiner Korrespondenz mit insgesamt 19 Korrespondenzpartnern. Der früheste hier abgedruckte Brief, an Mutter und Stiefvater gerichtet, datiert vom Mai 1853, den letzten schrieb Scherers Schüler Julius Hoffory noch am 23. Juni 1886, nicht wissend, dass der Adressat bereits wenige Tage zuvor gestorben war. Genauere Informationen zu den einzelnen Provenienzen sind einer detaillierten Aufstellung zum Überlieferungskontext der jeweiligen Korrespondenzen zu entnehmen, aus denen ausgewählt wurde. Die einzelnen Korrespondenzstücke werden außerdem in einer Liste am Ende des Bandes verzeichnet. Im Anhang werden fünf Lebenszeugnisse Scherers aus den Jahren 1858 bis 1874 wiedergegeben.

Unsere Auswahl versteht sich als dokumentarischer Beitrag zur privaten und wissenschaftlichen Biographie Wilhelm Scherers. Die systematische Einrichtung der Edition ist folglich auf den historischen Charakter der abgedruckten Dokumente ausgerichtet. Sie bewahrt dementsprechend die historische Gestalt der graphischen Überlieferung im Hinblick auf Lautstand, individuelle Schreibgewohnheiten, Paraverbalia wie Hervorhebungen und weitere charakteristische Merkmale der Textstruktur. Der Akzent auf der wissenschaftlichen und persönlichen Kommunikation zwischen Scherer und seinen Briefpartnern lässt in der editorischen Darbietung andere Aspekte der handschriftlichen Überlieferung, wie Probleme der Textgenese oder die materiale Dimension der Überlieferungsträger, in den Hintergrund treten. Aus diesem Grunde wird im editorischen Text z. B. auf die Wiedergabe von Sofortkorrekturen der Schreiber und Empfängervermerken verzichtet. Ebenso ist die Wiedergabe der räumlichen Dimensionen des Textes unter bewusstem Verzicht auf mimetische Darstellungsweisen nach schematischen Kriterien ausgerichtet.

Im Folgenden geben wir zunächst einen ausführlichen Überblick zu den verschiedenen Gliederungen des Scherer-Nachlasses und ihrer Geschichte sowie zum Stand der Ermittlung von Scherer-Autographen, die in anderen Nachlässen und Sammlungen überliefert sind. Daran schließen sich einige Ausführungen zur Struktur unserer Ausgabe und zu den grundlegenden Prinzipien der Textkonstitution und des Kommentars an.

Archivbericht 1: Der Nachlass Wilhelm Scherers

Der Gesamtnachlass Wilhelm Scherers zerfällt in mehrere Teilnachlässe und diverse Sammlungen, von denen nur der heute in der Berlin-Brandenburgischen Akademie der Wissenschaften liegende Hauptnachlass von der Forschung intensiv genutzt wurde.[1]

Bei Scherers Tod im Jahre 1886 existierten offenbar keine genauen Verfügungen darüber, wie mit seinem wissenschaftlichen und privatem Nachlass verfahren werden sollte.[2] Die Verantwortung hierfür fiel der noch jungen Witwe Marie Scherer (1855-1939)[3] zu, die in den rund 50 Jahren, die sie ihren Mann überlebte, große Sorgfalt auf die sachgemäße Verwaltung seiner Briefe und Manuskripte verwandte. Unterstützung erfuhr sie hierbei von älteren Freunden ihres Mannes, wie etwa von Herman Grimm, der auch als Vormund der Kinder Herman (1880-1900) und Maria Scherer (1884-1916) fungierte, oder von Theodor Mommsen sowie schließlich aus Scherers großem Schülerkreis, der bald umfangreiche Anstrengungen unternahm, Texte aus dem Nachlass herauszugeben und von Scherer begonnene Projekte zu vollenden.[4] Marie

1 Eine erste Übersicht zum Gesamtnachlass von Wilhelm Scherer hat Mirko Nottscheid im Rahmen eines Forschungsberichts gegeben:»Der Teilnachlaß von Wilhelm Scherer in der Staatsbibliothek zu Berlin – Preußischer Kulturbesitz«. In: *Sichtungen. Archiv – Bibliothek – Literaturwissenschaft* 4/5 [im Druck; elektronischer Preprint unter: ⟨http://www.onb.ac.at/sichtungen/berichte/nottscheid-m-1a.html⟩]. Für eine detaillierte Provenienzgeschichte der bedeutendsten Teile des Nachlasses vgl. demnächst auch die Einleitungen von Wolfgang Knobloch und Mirko Nottscheid in dem in Anm. 29 (Einleitung) angekündigten Band.

2 Das gemeinsame, beim Amtsgericht Berlin-Charlottenburg hinterlegte Testament von Wilhelm und Marie Scherer aus dem Jahr 1885 enthält lediglich eine Reihe sehr allgemeiner Anweisungen bezüglich der Regelung der materiellen Hinterlassenschaft im Todesfall. Es wurde offenbar in großer Eile unter dem Eindruck der ersten Schübe von Scherers Krankheit im Sommer 1885 aufgesetzt. Vgl. SBBPK, NL 166 (W. Scherer): 37 (Abschrift von der Hand Marie Scherers).

3 Zu ihrer Biographie und Stellung im geistigen Berlin vgl. die Einleitung zu Scherers Briefen an Marie Scherer (Briefe 109-118) in diesem Band.

4 Bis zur Jahrhundertwende erschienen aus dem Kreis der Freunde und Schüler die folgenden Nachlass- und Gedenkausgaben: Wilhelm Scherer: *Aufsätze über Goethe*. Hg. v. Erich Schmidt. Berlin 1886; ders.: *Poetik*. Hg. v. Richard M. Meyer. Berlin 1888; ders.: »Achim von Arnim. Ein Vortrag aus dem Nachlasse Wilhelm Scherers«. Hg. v. Erich Schmidt. In: *DR* Bd. 65 (1890), S. 44-63; ders.: *Kleine Schriften* (= *KS 1-2*); ders.: »Wissenschaftliche Pflichten. Aus einer Vorlesung Wilhelm Scherers«. In: *Euphorion* 1 (1894), S. 1-4; ders.: *Karl Müllenhoff. Ein Lebensbild*. [Anonym hg. v. Theodor Mommsen u. Erich Schmidt]. Berlin 1896. – Die von Scherer begonnene Neuausgabe von Jacob Grimms *Deutscher Grammatik* übernahmen Gustav Roethe und Edward Schröder, während die von Scherer übernom-

Scherer unterstützte diese Anstrengungen, indem sie nicht nur die dazu notwendigen Realien aus dem Nachlass zur Verfügung stellte, sondern z. B. auch Abschriften anfertigte und Auskünfte gab.[5] Lange Zeit verfolgte Marie Scherer schließlich den Plan einer großen Biographie Scherers auf Grundlage unveröffentlichter Quellen, die sie, einem Vorschlag Theodor Mommsens folgend, ursprünglich selbst verfassen wollte.[6] Noch gegen Ende des Ersten Weltkrieges suchte sie im Kreise der Schüler ihres Mannes – letztlich ergebnislos – nach einem geeigneten Bearbeiter.[7]

Den Nachlass selbst übergab Marie Scherer sukzessive der Öffentlichkeit. Bereits 1887, im Jahr nach Scherers Tod, wurde die bedeutende, mehr als 12.000 Bände umfassende Privatbibliothek des Gelehrten an das Adelbert College in Cleveland/Ohio verkauft.[8] Sie kam später in den Bestand der Case Western Reserve University Library, wo sie in den 60er Jahren durch den Germanisten Peter Salm wieder entdeckt wurde; seit einigen Jahren werden die Bücher als Wilhelm-Scherer-Collection separat aufgestellt und gepflegt.

Neben kleineren Absplitterungen, bei denen es sich meist um persönliche Geschenke Marie Scherers an Freunde und Schüler ihres Mannes handelte, gelangten in den folgenden Jahrzehnten zunächst zwei kleinere Teilnachlässe

---

mene Edition der Nachlassbände von Karl Müllenhoffs *Deutscher Alterthumskunde* durch Max Roediger und Otto Pniower fortgesetzt wurde. Schröder besorgte außerdem die bis 1927 erschienenen Auflagen von Scherers *Geschichte der deutschen Literatur* (= *Scherer: GdL (1883)*).

5 So im Fall der von Konrad Burdach und Erich Schmidt herausgegebenen *Kleinen Schriften* (= *KS 1-2*), bei denen die Herausgeber am Ende aber auf die Aufnahme ungedruckter Texte verzichteten. Vgl. Marie Scherer an Burdach, Briefe v. 6. u. 8.2.1890, ABBAW, NL K. Burdach: Schereriana.

6 Vgl. Theodor Mommsen an Marie Scherer, Brief v. 10.7.1900, SBBPK, NL 166 (W. Scherer): 363. – Ein in Marie Scherers Nachlass überlieferter, längerer autobiographischer Entwurf mit Erinnerungen an ihre Kindheit und Jugend in Wien (ebd.: 261), der vermutlich noch zu Beginn der 1930er Jahre entstanden ist, dürfte in keinerlei direktem Zusammenhang mit dem älteren Plan stehen.

7 Vgl. die Hinweise in *Regesten zum Briefwechsel zwischen Gustav Roethe und Edward Schröder*. Bearb. v. Dorothea Ruprecht und Karl Stackmann. Göttingen 2000 (Abhandlungen der Akademie der Wissenschaften in Göttingen, philologisch-historische Klasse, 3. Folge, Nr. 237), hier Bd. 2, Nr. 4720 u. 4722.

8 Hierzu und zum Folgenden vgl. Peter Salm:»Die Scherer-Bibliothek. In Cleveland wiedergefunden«. In: *Frankfurter Allgemeine Zeitung*, Nr. 217 v. 18.9.1965; Sander L. Gilman:»The Wilhelm Scherer Library: A Bibliography of the Works Printed prior to 1700«. In: *Archiv für das Studium der neueren Sprachen und Literaturen* 121 (1970), Bd. 206, S. 433-446; Mirko Nottscheid:»Wiederentdeckung per Mausklick: Scherers Bibliothek im Internet«. In: *MAGG*. H. 17/18 (2000), S. 60 f., Nachtrag dazu in: *Geschichte der Germanistik. Mitteilungen*. H. 23/24 (2003), S. 59.

in öffentlichen Besitz: 1907 übergab Marie Scherer den größten Teil der Buchmanuskripte und Kolleghefte ihres Mannes, darunter die Original-Manuskripte zum *Jacob Grimm* (1865/85), der *Geschichte der deutschen Literatur* (1883) und der Vorlesung über *Poetik* (1885), an die Königliche Bibliothek zu Berlin.[9] Wie zahlreiche andere wertvolle Handschriften- und Buchbestände der Preußischen Staatsbibliothek wurde auch die Scherer-Sammlung während des Zweiten Weltkrieges zum Schutz vor Bombenangriffen aus Berlin ausgelagert. Sie verbrannte restlos im Außenmagazin auf Schloss Altmarrin in Oberschlesien. Da keinerlei Abschriften oder Filmaufnahmen existieren, ist eine Rekonstruktion des Bestandes lediglich über Einträge im Akzessionsjournal der Handschriftenabteilung möglich.

Bereits zu einem unbekannten Zeitpunkt vor 1910 hatte Marie Scherer eine kleinere, vornehmlich aus Scherers Wiener Jahren stammende Sammlung mit Manuskripten, Entwürfen und Kollektaneen, sowie einige Korrespondenzen der Bibliothek des Germanischen Seminars an der Friedrich-Wilhelms-Universität zu Berlin übergeben.[10] Diese Stücke gelangten nach dem Krieg in die Universitätsbibliothek der Humboldt-Universität zu Berlin und gehören heute zum Bestand des Universitätsarchivs.

Erst im Jahre 1935 entschloss sich Marie Scherer, die Hauptmasse der noch in ihrem Besitz verbliebenen Manuskripte, Arbeitsmaterialien, Lebenszeugnisse sowie einen Großteil des umfangreichen, durch zusätzliche Sammlungen angereicherten Korrespondenznachlasses in die Obhut der Berliner Literaturarchiv-Gesellschaft zu überführen.[11] Die Literaturarchiv-Gesellschaft war

9 Vgl. die Hinweise im *Jahresbericht der Preußischen Staatsbibliothek* (1907/08), S. 33 f.

10 Terminus ante quem für die Datierung der Übergabe des Bestandes ist der folgende Hinweis bei Gustav Roethe: »Das germanische Seminar«. In: Max Lenz: *Geschichte der königlichen Friedrich-Wilhelms-Universität zu Berlin*. Bd. 3: *Wissenschaftliche Anstalten. Spruchkollegium. Statistik*. Halle/Saale 1910, S. 222-230, hier S. 230: »In verschlossenen Schränken bewahrt das Seminar [...] Manuskripte aus dem Nachlaß Müllenhoffs, Scherers, Weinholds, Vorarbeiten, Sammlungen, Vorlesungsskizzen und Abschriften, die geeignet sind in die Arbeitsweise der ausgezeichneten Germanisten einzuführen.« – Es ist jedoch anzunehmen, dass Marie Scherer die Papiere bereits in den Jahren unmittelbar nach Scherers Tod an die von ihm begründete Seminarbibliothek übergeben hat. Über den genauen Verlauf der späteren Provenienzgeschichte nach dem Zweiten Weltkrieg besitzt keine der beteiligten Institutionen Aufzeichnungen.

11 Das Folgende im wesentlichen nach Wolfgang Knoblochs noch ungedruckter Einleitung zum Findbuch des Scherer-Nachlasses im Literaturarchiv der Berlin-Brandenburgischen Akademie der Wissenschaften (vgl. Anm. 29 der Einleitung bzw. 1 im Editorischen Bericht), dort auch Hinweise zu einer Reihe von Stücken, die vor oder nach Übergabe des Nachlasses in den Besitz der Literaturarchiv-Gesellschaft kamen und später dem Scherer-Nachlass angegliedert wurden.

ein wissenschaftlicher Verein, der 1891 auf Anregung von Scherers Freund Wilhelm Dilthey als Sammelstelle für Nachlässe und Autographen deutscher Schriftsteller und Wissenschaftler gegründet wurde. Die vorausgehenden Verhandlungen über den Hauptnachlass Scherer hatte als Vorsitzender der Archiv-Gesellschaft der Berliner Germanist Julius Petersen geführt, der seit 1919 Scherers Lehrstuhl in Berlin innehatte. Die Übergabe des Nachlasses erfolgte im Rahmen einer Feierstunde, die Petersen am Germanischen Seminar veranstaltete. In zeitlicher Nähe zu dem Ereignis erschien in der Schriftenreihe des Literaturarchivs die durch Albert Leitzmann bearbeitete Ausgabe des Briefwechsels zwischen Scherer und seinem Lehrer Karl Müllenhoff.[12]

Die umfangreichen Nachlass- und Autographenbestände der Archiv-Gesellschaft gingen bei deren Auflösung im Jahre 1944 in den Besitz der Preußischen Akademie der Wissenschaften über. Nach Kriegsende lagerten sie zunächst im Institut für deutsche Literatur der Deutschen Akademie der Wissenschaften der DDR, bevor sie 1968 in das Zentrale Akademiearchiv gelangten. Heute gehört der Scherer-Nachlass zu den Beständen des Literaturarchivs der 1992 aus der Deutschen Akademie hervorgegangenen Berlin-Brandenburgischen Akademie der Wissenschaften.

Ein erstes Verzeichnis des Scherer-Nachlasses wurde bereits 1935, unmittelbar nach seiner Übergabe, durch Paul Piur, den Archivar der Deutschen Kommission bei der Preußischen Akademie der Wissenschaften, angefertigt. In den darauf folgenden Jahrzehnten wurde die Verzeichnung unter wechselnden Bearbeitern sukzessive fortgesetzt. Das heute gültige Findbuch von Heike-Fanny Braun stammt aus dem Jahr 1992. Schon zu DDR-Zeiten stand der Nachlass interessierten Forschern zur Verfügung und wurde u. a. für die grundlegenden Arbeiten über Scherer von Jürgen Sternsdorff[13] und Wolfgang Höppner[14] benutzt. Der bereits erwähnten Ausgabe des Briefwechsels mit Müllenhoff folgten 1963 die Editionen der Korrespondenz mit Erich Schmidt,[15] 1982 die mit Elias von Steinmeyer.[16]

Lange Zeit war kaum bekannt, dass noch über das Jahr 1935 hinaus umfangreiche Teile der Hinterlassenschaft Scherers in Familienbesitz verblieben waren.[17] Bei den damals von Marie Scherer einbehaltenen Teilen des Nachlasses

---

12 *BW Müllenhoff-Scherer.*

13 *Sternsdorff (1979).*

14 Vgl. die in Anm. 22, 26 und 33 (Einleitung) angeführten Monographien und Aufsätze.

15 *BW Scherer-Schmidt.*

16 *BW Scherer-Steinmeyer.*

17 Zum Folgenden vgl. neben den in Anm. 1 (Editorischer Bericht) genannten Arbeiten von Nottscheid auch die älteren, kursorischen Hinweise bei Ulrich Pretzel: »Briefe Klaus Groths an Wilhelm Scherer«. In: *Festgruß für Hans Pyritz zum*

handelte es sich wesentlich um Dokumente aus der privaten Lebensführung Scherers – ältere Familienpapiere, persönliche Dokumente und Aufzeichnungen, wie Tagebücher, umfangreiche private Korrespondenzen und Sammelstücke – Materialien, die, wie Marie Scherer an Albert Leitzmann schrieb, für eine »Biographie in Frage kämen«.[18]

Von der Existenz dieses Restnachlasses wusste seinerzeit nur ein kleiner Personenkreis, zu dem die beiden jungen, aus der »Berliner Schule« hervorgegangenen Germanisten Ulrich Pretzel (1898-1981) und Wieland Schmidt (1904-1989) gehörten, die sich um die Sicherung von Beständen zur Geschichte der Germanistik große Verdienste erwarben. Pretzel, der sich in Berlin habilitierte, wurde nach dem Krieg Ordinarius für Deutsche Philologie an der Universität Hamburg. Wieland Schmidt schlug die Bibliothekslaufbahn ein; er war später Gründungsdirektor der Bibliothek der Freien Universität Berlin und daselbst Professor für Bibliothekswissenschaft. Pretzel und Schmidt gehörten wohl schon seit ihrem Studium im Berlin der 1920er Jahre zum persönlichen Bekanntenkreis von Scherers Witwe. Als Marie Scherer im September 1939, wenige Tage vor Ausbruch des Krieges, im Alter von 84 Jahren in Wien starb, fiel der sorgsam gehütete Restnachlass gemeinsam mit ihrer eigenen Hinterlassenschaft an den einzigen Enkel Herman Scherer-Sonnenthal (1906-1973). Im Frühjahr 1943 wurde die von ihm übernommene ehemalige Wohnung Marie Scherers in der Knesebeckstraße 21 in Berlin-Charlottenburg von Bomben getroffen und brannte völlig aus. Ein Großteil der schriftlichen Hinterlassenschaften konnte indes durch Pretzel und Annemarie Schmidt, die Ehefrau Wieland Schmidts, sichergestellt werden.[19]

15.9.1955. Aus dem Kreise der Hamburger Kollegen und Mitarbeiter. Heidelberg 1955 (Sonderheft des »Euphorion«), S. 55-61, hier S. 56, u. Wieland Schmidt: »Scherers Goetheausgabe. Aus der geheimen Geschichte der Berliner Germanistik«. In: *Festgabe für Ulrich Pretzel. Zum 65. Geburtstag dargebracht von Freunden und Schülern.* Hg. v. Werner Simon, Wolfgang Bachofer und Wolfgang Dittmann. Berlin 1963, S. 411-435, hier S. 411.

18 Marie Scherer an Albert Leitzmann, Br. v. 4.12.1935, ThULB Jena, NL Albert Leitzmann VII,1: S 863.

19 In den Jahren 1986 und 1987 übergab Wieland Schmidt die bei ihm verbliebenen, durch eigene Sammlungen angereicherten Scherer-Materialien der Staatsbibliothek zu Berlin, wo sie heute einen Teil seines eigenen Nachlasses bilden. Neben einer Reihe von Autographen und Dokumenten zur Familiengeschichte handelt es sich im wesentlichen um eine Sammlung von Fotografien und sonstigen Abbildungen zur Geschichte der Germanistik, von denen viele aus der Sammlung von Wilhelm und Marie Scherer stammen. Es ist anzunehmen, dass diese Stücke ebenfalls aus dem im Jahre 1943 geretteten Restnachlass von Scherer bzw. der Hinterlassenschaft seiner Frau stammen. Vgl. Mirko Nottscheid: »Bildnisse zur Geschichte der Germanistik: Die Sammlung Wieland Schmidt«. In: *MAGG.* H. 19/20 (2001), S. 56-66.

Den größten Teil des damals Geretteten verbrachte Pretzel nach dem Zweiten Weltkrieg an seine neue Wirkungsstätte in Hamburg. Pretzel, der als einer der besten Kenner der Personal- und Institutionengeschichte der Germanistik galt, ordnete die Scherer-Bestände vielfach um und reicherte sie durch eigene Sammlungen an, veröffentlichte aber kaum etwas daraus. Gelegentlich durften jüngere Wissenschaftler Teile des Bestandes einsehen, dessen Existenz einer breiteren Fachöffentlichkeit weiterhin unbekannt blieb.[20] Im Jahr nach Pretzels Tod wurde der Scherer-Nachlass 1982 aus dem Hamburger Nachlass Pretzels herausgelöst und gelangte als Schenkung seiner Witwe Charlotte Pretzel in die Staatsbibliothek zu Berlin – Preußischer Kulturbesitz.[21] Eine umfassende wissenschaftliche Bearbeitung dieses Bestandes fand erst in den Jahren 2000 bis 2002 im Zusammenhang mit dem DFG-Projekt »Rekonstruktion der wissenschaftlichen Biographie Wilhelm Scherers« statt. Ein Teilergebnis dieses Projekts ist auch das im Jahre 2001 fertiggestellte Findbuch, dessen Veröffentlichung derzeit vorbereitet wird.[22]

Abschließend sei noch ein weiterer Scherer-Bestand erwähnt, der sich heute im Bundesarchiv (Außenstelle Berlin-Lichterfelde) befindet. Er enthält ein umfangreiches Konvolut mit Briefen von Ottokar Lorenz an Scherer aus den Jahren 1862 bis 1886, das Marie Scherer im Jahre 1908 an Marie Lorenz, die Witwe des kurz zuvor verstorbenen Historikers, übersandte.[23] Es ist anzunehmen, dass dieser Bestand, der 1989 aus dem Zentralen Staatsarchiv der DDR in Merseburg ins Bundesarchiv übernommen wurde, ursprünglich Teil des seinerzeit gleichfalls dort liegenden Nachlasses von Ottokar Lorenz gewesen ist.

20 Vgl. z. B. den Hinweis auf Quellen aus der »Privatbibl. Prof. Pretzel, Hamburg« bei *Sternsdorff (1979)*, S. 309.

21 Im Jahre 1986 wurden zehn weitere Splitternachlässe von Germanisten (Friedrich Behrend, Conrad Borchling, Wilhelm Braune, Konrad Burdach, Alfred Hübner, Arthur Hübner, Otto Pniower, Gustav Roethe, Erich Schmidt, Karl Weinhold), die Pretzel gesammelt hatte, aus seinem Hauptnachlass in der Staats- und Universitätsbibliothek Hamburg Carl von Ossietzky in die Berliner Staatsbibliothek überführt.

22 Vgl. Anm. 1 (Editorischer Bericht).

23 Marie Lorenz plante damals eine Biographie ihres Mannes, die jedoch nicht zustande kam. Der Vorgang lässt sich aus zwei Briefen Marie Scherers an Marie Lorenz vom 23./25.4.1908 rekonstruieren, die mit der Korrespondenz überliefert sind. Eine gleichfalls beiliegende Notiz von Alfred Lorenz, dem Sohn, enthält den Hinweis: »Briefe an Scherer die Sommer 1931 aus der grossen Masse ausgeschieden wurden« (BABL, N 2259 [NL Scherer]: Kasten 2). Unsere vorläufige Durchsicht des Bestandes, der nicht detailliert verzeichnet ist, ergab einen Gesamtumfang von 234 Stücken (187 Briefe, 42 Karten, 2 Visitenkarten, 1 Tgr., 2 Beilagen), darunter auch einige Korrespondenzen von Marie Lorenz an Scherer.

Übersicht zu den Teilnachlässen (Verbleib in öffentlicher Hand)

Archivbericht 2: Scherer-Bestände außerhalb des Nachlasses

Im Zusammenhang mit dem Aufbau der Materialgrundlage für Edition und Kommentar der vorliegenden Ausgabe mussten auch außerhalb des Scherer-Nachlasses Ermittlungsarbeiten durchgeführt werden. Sie konzentrierten sich in der Hauptsache auf Briefe von und an Scherer, die in den Nachlässen seiner Korrespondenzpartner und anderen Sammlungen überliefert sind. Aufgenommen wurden aber u. a. auch außerhalb des Nachlasses befindliche Manuskripte und Aufzeichnungen Scherers sowie Mitschriften seiner Vorlesungen und Manuskripte über Scherer. Von dieser Überlieferung zu unterscheiden ist Scherers im engeren Sinne amtlicher Schriftwechsel mit Ministerien und anderen staatlichen Körperschaften, der, soweit er ermittelt ist, zwar für den Kommentar der vorliegenden Ausgabe herangezogen wurde, aber nur in Ausnahmefällen in die im Folgenden skizzierte Dokumentation eingegangen ist. Nicht aufgenommen wurden außerdem im Zusammenhang mit Nachlass- und Autographenbeständen katalogisierte nichthandschriftliche Bestandsstücke, wie Fotografien oder Druckschriften von und über Scherer, sowie im Rahmen wissenschaftlicher Arbeiten angefertigte Abschriften oder Kopien von Manuskripten und Briefen Scherers, deren Originale sich in seinem Nachlass oder anderen Sammlungen befinden. Die Recherche insgesamt war auf solche Bestände beschränkt, die sich in öffentlichem Besitz befinden. Hinweisen in Auktions- und Autographenkatalogen wurde nicht nachgegangen.[24]

Als Grundlage der Ermittlungsarbeit wurden neben den Hinweisen in der Literatur sowie den einschlägigen Nachlasskompendien die Datensätze der Zentralkartei der Autographen in der Staatsbibliothek zu Berlin herangezogen. Sie umfassen derzeit etwa 65 Einzelnachweise auf mit Scherer in Verbindung stehende Autographen an 21 Liegeorten, insgesamt 981 Stücke: 581 Briefe von

---

24 Da einschlägige Referenzwerke, wie z. B. das *Jahrbuch der Auktionspreise*, nur Zuschläge ab einer bestimmten Summe verzeichnen, müsste sich eine Recherche auf die gesamte Katalogliteratur erstrecken. Für bibliographische Hinweise zu einer größeren Anzahl von infragekommenden Nachlässen und Autographensammlungen, die in den vergangenen 150 Jahren öffentlich versteigert wurden und bislang noch nicht bzw. nicht vollständig in öffentlichen Besitz gelangt sind, vgl. Klaus Mecklenburg: »Verzeichnis von Autographensammlungen und handschriftlichen (Teil-)Nachlässen in (deutschsprachigen) Antiquariatskatalogen. In: *Scrinium Berolinense. Tilo Brandis zum 65. Geburtstag.* Hg. v. Peter Jörg Becker, Eva Bliembach, Holger Nickel, Renate Schipke u. Giuliano Staccioli. Berlin 2000 (Beiträge aus der Staatsbibliothek zu Berlin – Preußischer Kulturbesitz 10), Bd. 1, S. 595-617.

Scherer, 394 Briefe an Scherer und 6 sonstige Stücke.[25] Darauf aufbauend wurden in einem ersten Schritt systematisch der Autographenkatalog und die Findbuchsammlung der Berliner Staatsbibliothek ausgewertet, deren Bestände aus historischen Gründen noch nicht in die Zentralkartei eingearbeitet worden sind.[26] Anschließend wurde die Suche auf eine größere Auswahl von solchen bestandshaltenden Institutionen innerhalb der Bundesrepublik ausgedehnt, die ihre Bestände bislang noch nicht an die Zentralkartei gemeldet haben. Dies betrifft neben der Mehrzahl der Staats- und Universitätsbibliotheken auf dem Gebiet der ehemaligen DDR vor allem Staats-, Universitäts- und Akademiearchive, die über größere Nachlasssammlungen verfügen. Schließlich wurden in einem letzten Schritt ausgewählte Handschriftenstandorte im Ausland angefragt, wobei neben aussichtsreich erscheinenden Bibliotheken und Archiven in Österreich und der Schweiz auch einzelne Institutionen in Großbritannien, Frankreich, den Beneluxländern, Skandinavien, einigen osteuropäischen Ländern und den Vereinigten Staaten von Amerika einbezogen wurden.

Die Ergebnisse unserer Ermittlungen werden im Anhang des vorliegenden Bandes in einem Verzeichnis dokumentiert. Es umfasst 183 Einzelnachweise mit insgesamt 1701 Autographen, die sich an 45 Liegeorten befinden: 1218 Briefe von Scherer, 463 Briefe an Scherer und 20 sonstige Stücke. Allein 263 der insgesamt 720 Autographen (637 Briefe von Scherer, 69 an ihn sowie 14 sonstige Stücke), die bislang nicht bei der Zentralkartei der Autographen gemeldet sind, entfallen auf die Berliner Staatsbibliothek. Es ist hier ausdrücklich darauf hinzuweisen, dass es sich bei dieser Dokumentation keineswegs um ein abschließendes Endergebnis, sondern um einen Zwischenbericht

---

25 Ein Großteil der von der Zentralkartei erfassten Bestände sind seit einiger Zeit auch über die elektronischen Datenbanken *Kalliope – Verbundsystem Nachlässe und Autographen* ⟨http://kalliope.staatsbibliothek-berlin.de/⟩ und *MALVINE* (*Manuscripts and Letters via Integrated Networks in Europe*) ⟨http://www.malvine.org/⟩ recherchierbar.

26 Vgl. auch *Verzeichnis der Nachlässe und Sammlungen der Handschriftenabteilung der Staatsbibliothek zu Berlin – Preußischer Kulturbesitz.* Bearb. v. Eva Ziesche. Wiesbaden 2002 (Kataloge der Handschriftenabteilung/Staatsbibliothek zu Berlin – Preußischer Kulturbesitz: Reihe 2, Nachlässe 8). Ein Abdruck des Kataloges der alten Sammlung Autographa der Staatsbibliothek, die sich, während des Zweiten Weltkrieges ausgelagert, derzeit in der Biblioteka Jagiellońska, Kraków/Polen befindet, ist angekündigt: *Die Sammlung Autographa der ehemaligen Königlichen und späteren Preußischen Staatsbibliothek zu Berlin. Katalog und kurze Geschichte der Sammlung.* Bearb. v. Helga Döhn (Kataloge der Handschriftenabteilung/Staatsbibliothek zu Berlin – Preußischer Kulturbesitz: Reihe 2, Nachlässe 6) [im Druck].

handelt. Die Ermittlungen mussten sich schon aus ökonomischen Gründen auf eine Auswahl aussichtsreich erscheinender Institutionen beschränken, und nur in wenigen Fällen war es möglich, vor Ort in den Beständen zu recherchieren. Auch schwankt der Stand der jeweils vorhandenen Findmittel erheblich. Nicht wenige Nachlässe und Sammlungen, in denen sich Briefe von Scherer vermuten lassen, sind derzeit noch ungenügend erschlossen. Es wurde deshalb auch bewusst davon abgesehen, die zahlreichen negativen Antworten angefragter Institutionen zu dokumentieren.

Ordnende und gliedernde Prinzipien der Ausgabe

Innerhalb der Ausgabe wurden die einzelnen Korrespondenzen, denen jeweils eine knappe Einleitung voransteht, chronologisch angeordnet. Die Reihenfolge der einzelnen Briefreihen richtet sich in der Regel nach dem ermittelten Beginn von Scherers Briefwechsel mit einem Korrespondenzpartner. Die Kopfzeile zu jedem einzelnen Korrespondenzstück enthält folgende Informationen: 1. Ordnungszahl – 2. Verfasser- und Adressatenname(n) – 3. Entstehungsort sowie Datum mit Wochentag, soweit ermittelt. Die jeweilige Übermittlungsform der Schreiben wird im normierten Briefkopf nur im Fall der wenigen Stücke angezeigt, bei denen es sich nicht um Briefe im engeren Sinne handelt, sondern z. B. um Postkarten oder Visitenkarten. Um für den Kommentar eine über die einzelne Korrespondenz hinausgehende gemeinsame Verweisungsstruktur anlegen zu können, wurden alle aufgenommenen Briefe durchgehend nummeriert. Die Dokumente im Anhang werden separat gezählt. Innerhalb des Kommentars wird auf gleichfalls abgedruckte Briefe oder Dokumente durch »Brief« bzw. »Dokument« mit entsprechender Ordnungszahl verwiesen. Verweisen auf Anmerkungen wird prinzipiell ein Hinweis auf den Brief bzw. das Dokument nachgestellt, auf die sich die jeweilige Anmerkung bezieht.

Textkonstitution und Textdarstellung

Grundlage der Textkonstitution war, wo immer möglich, die aus den Nachlässen Scherers bzw. seiner Korrespondenzpartner geschöpfte handschriftliche Überlieferung. In einigen Fällen mussten der Edition jedoch Fotokopien oder Mikrofilmaufnahmen der Überlieferungsträger zugrunde gelegt werden. Diese Fälle werden in den Erläuterungen zum jeweiligen Überlieferungskontext der ausgewählten Korrespondenzen besonders ausgewiesen.

Der edierte Text gibt die jeweils letzte textgenetische Stufe der Handschrift wieder. Die Wiedergabe bzw. Kennzeichnung von Sofort- oder Baldkorrekturen, wie Streichungen, Hinzufügungen, Überschreibungen etc. unterbleibt. Ebenso von der Edition ausgeschlossen bleiben alle späteren Zusätze, die nicht von der Hand des Verfassers stammen, wie postalische Vermerke, Empfängervermerke oder archivarische Signaturen, Foliierungen etc. Bei wichtigen Empfängervermerken erfolgt gegebenenfalls ein Hinweis im Kommentar. Von den genannten Ausnahmen abgesehen erfolgt die Wiedergabe der Texte in der Regel vollständig. Lediglich bei einer Reihe von Briefen Scherers an seine Eltern und an Marie Scherer erschienen uns aus ökonomischen Gründen Kürzungen angebracht. Im edierten Text sind diese Auslassungen diakritisch gekennzeichnet, die betreffenden Briefe werden außerdem in den Aufstellungen zur Überlieferung besonders ausgewiesen.

Wortlaut und Orthographie des edierten Textes folgen den Handschriften. Historische und individuelle Schreibgewohnheiten Scherers und seiner Briefpartner bleiben also in jedem Falle gewahrt.[27] Dies gilt auch, um hier nur einige Beispiele zu nennen, für variierende Schreibungen von Eigennamen oder sonstigen Wörtern (auch im gleichen Überlieferungsträger), für den im 19. Jahrhundert generell stark schwankenden Gebrauch der Groß- und Kleinschreibung sowie die häufig uneinheitliche Verwendung von ›s‹, ›ss‹ und ›ß‹, der Umlaute und Diphtonge oder des Dehnungs-h.[28] Korrigierende Eingriffe unterbleiben prinzipiell. Zur Vermeidung von Missverständnissen, vor allem bei den vergleichsweise wenigen eindeutigen Verschreibungen, erfolgt gegebenenfalls ein Hinweis (»So in der Handschrift«) im Kommentar. Prinzipiell unangetastet bleibt auch die Interpunktion, deren Gebrauch bei einigen Schreibern, nicht zuletzt Scherer selbst, gleichfalls starken Schwankungen unterliegt; lediglich in der Handschrift fehlende Satzabschlusspunkte werden diakritisch verzeichnet.

Neben den bereits genannten Bereichen sind hierzu abschließend noch eine Reihe von Ausnahmen und Sonderfällen zu verzeichnen, bei denen im edierten Text vom Prinzip der möglichst exakten Übertragung des graphischen Befundes abgewichen wird:

27 Zur Problematik von modernisierenden, normalisierenden und korrigierenden Texteingriffen, die hier nicht diskutiert werden kann, vgl. Hans Zeller: »Für eine historische Edition. Zu Textkonstitution und Kommentar«. In: *Germanistik. Forschungsstand und Perspektiven. Vorträge des Deutschen Germanistentages 1984.* Hg. v. Georg Stötzel. Bd. 2: *Ältere deutsche Literatur, neuere deutsche Literatur.* Berlin u. a. 1985, S. 305-323.

28 Zu verschiedenen Bestimmungs- und Editionsproblemen der deutschen Schrift im 19. Jahrhundert, insbesondere zur ›ss‹/›ß‹-Problematik, vgl. Ulrich Hussong: »Beobachtungen zur Handschrift von Jacob Grimm. Zugleich Überlegungen zur Edition von Autographen des 19. Jahrhunderts«. In: *Archiv für Diplomatik, Schriftgeschichte, Siegel- und Wappenkunde* 45 (1999), S. 423-440.

– Unvollständig ausgeschriebene Buchstaben, deren Identität sicher zu bestimmen ist, werden stillschweigend ergänzt. Dies gilt insbesondere im Fall fehlender ›i‹- oder Umlaut-Punkte.

– Zeittypische Besonderheiten der handschriftlichen Ökonomie, die nicht an sich bedeutungstragend sind, werden stillschweigend aufgelöst bzw. nicht reproduziert. Hierzu gehören vor allem der diakritische Strich über dem ›u‹, das Trema über dem ›y‹, der Geminationsstrich zur Verdopplung von ›m‹ und ›n‹ und die Differenzierung zwischen langem und kurzem ›s‹. Analog dazu erscheint der von den Schreibern häufig verwendete doppelte Bindestrich als einfacher.

– In der Handschrift ›hochgestellt‹ geschriebene Zeichenfolgen, etwa als Teil von Abkürzungen oder in Datumsangaben, werden in normaler Typographie ohne besondere Hervorhebung wiedergegeben.

– Die in der Handschrift vorkommenden Trennungen von Wörtern am Zeilen- oder Seitenende werden nicht übernommen.

– Die von den Schreibern verwandten verschiedenen Zeichen zur Einweisung von Anmerkungen werden durchgängig durch ein normiertes Zeichen wiedergegeben.

Hervorhebungen, sei es durch die Verwendung von Versalien oder durch einfache und doppelte Unterstreichung, werden übernommen bzw. typographisch reproduziert. Zur Darstellung des in den Handschriften häufig vorkommenden Wechsels von deutscher zu lateinischer Schrift, meist bei Fremdwörtern oder zur Hervorhebung von Namen, wird eine besondere Type für die lateinisch geschriebenen Textteile benutzt. Die typographische Differenzierung entfällt, wenn ein Schreiber durchgängig und ohne besondere Auszeichnungsabsicht lateinisch schreibt. Typographisch abgesetzt werden schließlich auch gedruckte Teile des Überlieferungsträgers, wie Briefköpfe oder der Aufdruck einer Visitenkarte, wobei jedoch typographische Besonderheiten, z. B. Kapitälchen, nicht übernommen werden.

Aus den Handschriften nicht entzifferte Buchstaben, Wörter oder Passagen werden im edierten Text durch spanische Fragezeichen dargestellt, ein Sonderzeichen, das im graphischen Bestand des überlieferten Gesamtkorpus nicht vorkommt. Davon zu unterscheiden sind vorläufig noch unsichere Lesungen, deren Umfang diakritisch gekennzeichnet wird.

Zusätze der Herausgeber sind auf ein Minimum beschränkt, sie erscheinen durchgängig in kursiver Type, die auch für die deiktischen Daten im Briefkopf und die kommentierenden Einleitungen zu den einzelnen Briefreihen verwandt wird. Abkürzungen werden auf diese Weise nur dort aufgelöst, wo dies zur Vermeidung von Missverständnissen notwendig erscheint und der Leser den Text nicht selbst leicht auf Grund des Kontextes oder mit Hilfe des Kommentars ergänzen kann. Einen Sonderfall der Abkürzung stellen die verschiedenen, typographisch nicht reproduzierbaren Ligaturen für »et cetera« bzw. »etc.« dar; diese werden vollständig in kursiver Schrift aufgelöst. Ebenso wird mit Wörtern oder Wortteilen verfahren, die in Kurzschrift geschrieben sind; hier erfolgt jedoch ein zusätzlicher Hinweis im Kommentar.[29] Als Zusatz definiert wird auch durch die Herausgeber restituierter Text im Fall kleinerer Textverluste in der Handschrift, wobei hier der Umfang der Ergänzung zusätzlich diakritisch gekennzeichnet wird.

Die räumlichen Dimensionen der Textwiedergabe werden schematisch an der Standardform der Textsorte ›Brief‹ ausgerichtet, welche normalerweise zwischen Anrede- und Abschlussformeln mit Signatur den ›eigentlichen‹ Text des Briefes einschließt, dessen individueller Zeilenfall, sieht man von Absätzen ab, nicht von inhaltlicher Bedeutung ist. Dementsprechend werden die Anreden in der Regel links-, die Schlußformeln und Signaturen der Briefschreiber rechtsbündig ausgerichtet. Der Brieftext selbst wird in Blocksatz ohne Rücksicht auf Zeilenfall und Trennungen in der Handschrift wiedergegeben, wobei Absätze durch einfachen Zeilenbruch und Einrücken vom Vorhergehenden abgesetzt werden. Anmerkungen der Schreiber mit Einweisungszeichen werden unter dem Haupttext eingeblendet. Andere Ergänzungen oder Nachträge der Schreiber, die sich syntaktisch nicht in den laufenden Text einpassen lassen, werden am Ende des Brieftextes wiedergegeben.

Verzeichnis der typographischen Differenzierungen und diakritischen Zeichen

Text	Zusätze der Herausgeber im edierten Text; wird auch zur Auflösung von Abkürzungen und Ergänzung von Textverlusten verwandt
Text	edierter Text
Text	gedruckte Teile des Textträgers (z. B. Briefköpfe)
¿¿¿	nicht entzifferte Zeichenfolge
⟨Text⟩	unsichere Lesung
Text Text	durch einfache/doppelte Unterstreichung hervorgehobener Text
Text	durch Wechsel von deutscher zu lateinischer Schrift hervorgehobener Text

29 Beispiele dieser Art finden sich im Korpus dieses Bandes jedoch nur in Scherers im Anhang wiedergegebenen autobiographischen Aufzeichnungen von 1864 (Dokument III).

T[*ex*]t   restituierter Text bei Textverlusten

/./   in der Handschrift fehlender Satzabschlusspunkt

* ** ***   normiertes Zeichen für Einweisungen bei Anmerkungen der Schreiber

⟨…⟩   von den Herausgebern ausgelassener Text

Kommentar und Register

Die Kommentierung der vorliegenden Ausgabe gliedert sich in drei Sektionen: 1. Einführungen zu den einzelnen Korrespondenzen; 2. Erläuterungen zu den einzelnen Korrespondenzstücken; 3. Kommentiertes Personenregister. Die den edierten Texten voranstehenden Einführungen verbinden einen kurzen Abriss zu Leben, Werk und Bedeutung der Korrespondenzpartner mit Hinweisen auf die Art ihrer Beziehungen zu Scherer und den zentralen Themen der Korrespondenz. In den Anmerkungen stehen Hinweise zu wichtigen Quellen und Darstellungen mit Schwerpunkt auf die Biographie.

Das Kernstück des Kommentars bilden die Sach- und Kontexterläuterungen, die dem Leser das Verständnis des jeweiligen Korrespondenzstücks erleichtern sollen. Sie stehen als Fußnoten unter dem edierten Text. In einer Edition wie der vorliegenden bedürfen vor allem wissenschaftsgeschichtlich bedeutsame Aspekte ausführlicherer Erläuterungen. Hierzu gehören z. B. komplexe Forschungsprobleme oder universitäre Berufungsvorgänge, die in den Briefen berührt werden. Kommentiert werden in der Regel aber auch, um hier nur einige Beispiele zu geben: historischer, nicht mehr ohne weiteres geläufiger Wortgebrauch, geographische und örtliche Angaben, Referenzen auf historische Ereignisse und politische Vorgänge, auf Institutionen oder Körperschaften sowie indirekte oder direkte Bezüge der Schreiber auf eigene oder fremde Werke. Wo dies notwendig erscheint, enthalten die Anmerkungen darüber hinaus Informationen zur Datierung von einzelnen Briefen oder textkritischen Problemen ihrer Überlieferung. Erläuterungen zu in den Briefen erwähnten Personen bleiben in der Regel dem kommentierten Personenregister vorbehalten. Entsprechende Hinweise in den Anmerkungen beschränken sich auf die Identifizierung von Personen, auf die im Text nur indirekt referiert wird.

Um die Überprüfbarkeit der im Kommentar gegebenen Informationen zu gewährleisten, werden nach Möglichkeit an Ort und Stelle die entsprechenden Quellen oder Darstellungen angegeben, denen sie entnommen sind. Nicht nötig erschien uns dies in der Regel bei Kommentaren rein faktographischer Art zu Ereignissen der historischen, politischen, Kultur- und Alltagsgeschichte. Neben gedruckten Quellen und Spezialliteratur wurden für den Kommentar auch eine größere Zahl ungedruckter Quellenbestände aus privater, staatlicher und universitärer Überlieferung erschlossen.

Der Entlastung des Kommentars zu den einzelnen Briefen dient ein kommentiertes Personenregister, das den Benutzern der Ausgabe zugleich einen schnellen Zugriff auf einzelne Briefe über die in ihnen erwähnten Personen ermöglicht. Es bietet zu allen in den Briefen erwähnten historischen Personen biographische Basisdaten. Neben den Lebenszeitdaten wurden nach Möglichkeit die jeweiligen Berufs- bzw. Funktionsbezeichnungen und die wichtigsten Wirkungsstätten – z. B. Universitäten, Bibliotheken, Schulen, Mitgliedschaft in Akademien und Parlamenten – mit Datierungen ermittelt. Verwiesen wird außerdem auf wichtige verwandtschaftliche oder persönliche Beziehungen. Von der Verzeichnung einzelner Werke wissenschaftlicher oder sonstiger Art wurde abgesehen, lediglich Hinweise auf wichtige herausgegebene Periodika oder Reihen sind aufgenommen. Im Anschluss an die Namenskommentare werden die Quellen, in der Regel Nachschlagewerke, aufgeführt, denen die Angaben entnommen wurden. Als Aufnahmekriterium für in den Anmerkungen erwähnten Personen galt, dass auf diese im Kontext der edierten Dokumente als historisch handelnde Personen Bezug genommen wird. Dies schließt vor allem solche Namen aus, die lediglich im Zusammenhang mit der Anführung von Belegliteratur Erwähnung finden.

In Ergänzung zu den ausgewählten Korrespondenzen werden im Anhang der Ausgabe fünf Dokumente von Scherers Hand ediert, die im Hinblick auf seine Biographie und Entwicklung besonders aufschlussreich sind. Kurze Einleitungen kombinieren hier Angaben zur Überlieferung, Entstehungskontext und inhaltlichen Aspekten. Für die Textkonstitution und den weiteren Kommentar gelten die oben angeführten Regeln.

Häufiger angeführte Zeitschriftentitel, Nachschlagewerke, Sekundärliteratur, eine Reihe von Werken Wilhelm Scherers sowie die Liegeorte von unveröffentlichten Quellenbeständen werden in abgekürzter Form zitiert; die Auflösungen sind dem Abkürzungsverzeichnis (S. 404) zu entnehmen.

Übersicht zum Überlieferungskontext der ausgewählten Korrespondenzstücke

Die Übersicht dokumentiert die Gesamtüberlieferung der Korrespondenzen, aus denen für die vorliegende Ausgabe ausgewählt wurde. Sie verzeichnet detailliert die einzelnen Bestände nach Liegeorten und gibt außerdem Informationen zum Umfang der Auswahl, etwaigen früheren Ausgaben und den Grundlagen bzw. Besonderheiten der Textkonstitution. Die genauen Überlieferungssignaturen zu den einzelnen Korrespondenzstücken, die in der Ausgabe zum Abdruck kommen, sind dem Kurzverzeichnis im Anhang zu entnehmen.

Briefe 1 bis 28

Briefe an die Mutter Anna Stadler
und den Stiefvater Anton von Stadler. 1853-1885

Gesamtüberlieferung	Überliefert sind Briefe von Wilhelm Scherer und von Anna Stadler bzw. Anton von Stadler: 846 Stücke in zwei Beständen.
Einzelne Bestände	I. Briefe von Scherer an Anna Stadler und Anton von Stadler. SBBPK, NL 166 (W. Scherer): 98-126. Darin: 400 Br., 87 Kt., 3 Tgr., 1 Beil. o.O., Berlin, Wien, Straßburg u.a., o.D., 1850-1886. II. Briefe von Anna Stadler und Anton von Stadler an Scherer. SBBPK, NL 166 (W. Scherer): 192-214. Darin: 348 Br., 1 Kt., 1 Vk., 3 Tgr., 2 Beil. o.D., 1857-1886.
Auswahl	28 Stücke aus Bestand I. (Briefe 1-28).
Textkonstitution	Wiedergabe nach den Handschriften. Briefe 4, 6, 8, 10, 11 und 14 werden in gekürzter Form wiedergegeben.

Briefe 29-32

Briefe an Franz Pfeiffer. 1860-1864

Gesamtüberlieferung	Überliefert sind nur Briefe von Scherer: vier Stücke in zwei Beständen.
Einzelne Bestände	I. DLA: B: Wilhelm Scherer. Darin: 2 Br. Berlin. 1860, 1861. II. WLB, NL Pfeiffer: Cod. Hist. Q. 407. Darin: 2 Br. Wien, 1862, 1864.
Auswahl	Vier Stücke (= Gesamtüberlieferung): aus Bestand I. Briefe 29-30. aus Bestand II. Briefe 31-32.
Textkonstitution	Wiedergabe nach den Handschriften.
Frühere Ausgaben	*Panzer (1921)*, hier S. 45-47: Brief 29; S. 47-49: Brief 30.

Briefe 33-38

Briefe an Lina Duncker. 1864-1870

Gesamtüberlieferung	Überliefert sind nur Briefe von Scherer: 316 Stücke in zwei Beständen.

Bestände   I. SBBPK, NL 166 (W. Scherer): 61-74. Darin: 307 Br.,
                     3 Kt., 1 Tgr. o.O., Straßburg, Wien u. a. o.D., 1864-
                     1884.
                     II. ABBAW, NL W. Scherer: 1050. Darin: 5 Br. o.O.,
                     Wien, o.D., 1870.
Auswahl   Sechs Stücke:
                     aus Bestand I. Briefe 33-37.
                     aus Bestand II. Brief 38.
Textkonstitution   Wiedergabe nach den Handschriften.

Briefe 39-49

Briefwechsel mit Rudolf Haym. 1863-1885

Gesamtüberlieferung Überliefert sind Briefe von Scherer und Haym: 19 Stü-
                       cke in drei Beständen.
Einzelne Bestände   I. Briefe von Scherer an Haym.
                       ULB Sachsen-Anhalt, NL Rudolf Haym: Yi 23 IV.
                       S. 6-11. Darin: 6 Br., 1864-1885. Dabei: 1 Br. von Sche-
                       rer an Wilhelm Wehrenpfennig, 1863.
                       II. Briefe von Haym an Scherer.
                       II.1. ABBAW, NL W. Scherer: 477. Darin: 13 Br. Halle/
                       Saale, 1863-1884.
                       II.2. SBBPK, NL 166 (W. Scherer): 236 (Verlobungs-
                       glückwünsche). Darin: 1 Vk. Halle/Saale, 1878.
Auswahl   11 Stücke:
                       aus Bestand I. Briefe 41, 43, 45, 47, 49.
                       aus Bestand II.1. Briefe 39, 40, 42, 44, 46, 48.
Textkonstitution   Bestand I. Wiedergabe nach den Handschriften.
                       Bestand II.1. Wiedergabe nach Fotokopien der Hand-
                       schriften.
Frühere Ausgaben   Rudolf Haym: *Ausgewählter Briefwechsel.* Hg. v. Hans
                       Rosenberg. Berlin, Leipzig 1930 (Deutsche Geschichts-
                       quellen des 19. Jahrhunderts 27) [Nachdruck: Os-
                       nabrück 1967], S. 231 f.: Brief 42 (Auszug); S. 232 f.:
                       Brief 43 (Auszug); S. 292 f.: Brief 44 (Auszug); S. 331 f.:
                       Brief 46 (Auszug); S. 338 f.: Brief 47 (Auszug); S. 339 f.:
                       Brief 48; S. 340: Brief 49 (Auszug).
                       Nicht in der vorliegenden Auswahl: ebd. S. 227: Hayms
                       Brief an Scherer vom 11.4.1864 (Auszug), Handschrift
                       verschollen; S. 341: Hayms Brief an Scherer vom 30.12.
                       1885 (Auszug), Handschrift verschollen.

Briefe 50-60

Briefwechsel mit Konrad Hofmann. 1864-1884

Gesamtüberlieferung	Überliefert sind Briefe von Scherer und Hofmann: 37 Stücke in drei Beständen.
Einzelne Bestände	I. Briefe von Scherer an Hofmann. BSB, Hofmanniana 9. Darin: 14 Br. Wien, Berlin, 1861-1884.
	II. Briefe von Hofmann an Scherer.
	II.1. ABBAW, NL W. Scherer: 518. Darin: 22 Br. München, o.D., 1864-1884.
	II.2. SBBPK, NL 166 (W. Scherer): 236 (Verlobungsglückwünsche). Darin: 1 Vk. München, 1878.
Auswahl	11 Stücke: Aus Bestand I. Briefe 50, 52, 55, 57, 60. Aus Bestand II.1. Briefe 51, 53-54, 56, 58-59.
Textkonstitution	Bestand I. Wiedergabe nach Fotokopien der Handschriften. Bestand II.1.: Wiedergabe nach den Handschriften.

Briefe 61-63

Briefe von Moriz Haupt. 1866-1873

Gesamtüberlieferung	Überliefert sind nur Briefe von Haupt: vier Stücke in einem Bestand.
Bestand	ABBAW, NL W. Scherer: 475. Darin: 4 Br. Wien, Berlin, 1866-1872.
Auswahl	Drei Stücke (Briefe 61-63).
Textkonstitution	Wiedergabe nach den Handschriften.

Briefe 64-67

Briefe von Friedrich Spielhagen. 1876-1880

Gesamtüberlieferung	Überliefert sind nur Briefe von Spielhagen: 20 Stücke in zwei Beständen.
Einzelne Bestände	I. ABBAW, NL W. Scherer: 905. Darin: 13 Br., 2 Vk. Berlin, o.D., 1866-1880. Dabei: 1 gedr. Verlobungsanzeige, 1885.
	II. SBBPK, NL 166 (W. Scherer): 240 (Verlobungsglückwünsche). Darin: 1 Br., Baden-Baden, 1878; ebd.: 246 (Glückwünsche zur Geburt von Herman Scherer). Darin: 1 Brk. Berlin, 1880.

Auswahl	Vier Stücke aus Bestand I. (Briefe 64-67).
Textkonstitution	Wiedergabe nach den Handschriften.

Briefe 68-77

Briefwechsel mit Julius Zacher. 1866-1869

Gesamtüberlieferung	Überliefert sind Briefe von Scherer und Zacher: 21 Stücke in drei Beständen.
Einzelne Bestände	I. Briefe von Scherer an Zacher. SBBPK (BJK), Sammlung Autographa: Wilhelm Scherer. Darin: 6 Br. o.O., Wien, Straßburg, 1866-1876. II. Briefe von Zacher an Scherer. II.1. ABBAW, NL W. Scherer: 1032. Darin: 14 Br. Halle/ Saale, 1866-1876. II.2. SBBPK, NL 166 (W. Scherer): 241 (Verlobungsglückwünsche). Darin: 1 Br. Halle/Saale, 1878.
Auswahl	10 Stücke: Aus Bestand I. Briefe 69, 71, 73. Aus Bestand II.1. Briefe 68, 70, 72, 74-77.
Textkonstitution	Bestand I. Wiedergabe nach Fotokopien der Handschriften. Bestand II.1. Wiedergabe nach den Handschriften.

Briefe 78-81

Briefe von Berthold Delbrück. 1868-1873

Gesamtüberlieferung	Überliefert sind nur Briefe von Delbrück: neun Stücke in einem Bestand.
Bestand	ABBAW, NL W. Scherer: 324. Darin: 9 Br. Halle/Saale, Jena, o.D., 1868-1873.
Auswahl	Vier Stücke (Briefe 78-81).
Textkonstitution	Wiedergabe nach den Handschriften.
Frühere Ausgaben	*Einhauser (1989)*, S. 327: Brief 78.

Briefe 82-94

Briefwechsel mit Friedrich Zarncke. 1868-1874

Gesamtüberlieferung	Überliefert sind Briefe von Scherer und Zarncke: 43 Stücke in zwei Beständen.
Einzelne Bestände	I. Briefe von Scherer an Zarncke.

UB Leipzig, NL 249 (F. Zarncke): Scherer, W. Darin: 23 Br. Wien, Berlin, Straßburg, 1868-1874. II. Briefe von Zarncke an Scherer. ABBAW, NL W. Scherer: 89. Darin: 1 Br. Leipzig, 1870; Ebd.: 575. Darin: 1 Br. Leipzig, 1872; Ebd.: 1033. Darin: 18 Br. Leipzig, 1868-1874. Dabei: 1 gedr. Einladung, 1872.

Auswahl	13 Stücke: Aus Bestand I. Briefe 82, 84, 87-90, 92-93. Aus Bestand II. Briefe 83, 85-86, 91, 94.
Textkonstitution	Wiedergabe nach den Handschriften.
Frühere Ausgaben	*Einhauser (1989)*, S. 325 f.: Brief 83. Nicht in der vorliegenden Auswahl: ebd. S. 326: Zarnckes Brief an Scherer vom 29.4.1868 (Auszug); Handschrift: Bestand II.

Briefe 95-100

Briefwechsel mit Theodor Mommsen. 1874-1885

Gesamtüberlieferung	Überliefert sind Briefe von Scherer und Mommsen: 45 Stücke in vier Beständen.
Einzelne Bestände	I. Briefe von Scherer an Mommsen. I.1. SBBPK, NL Mommsen I (W. Scherer). Darin: 20 Br., 20 Kt. Wien, Straßburg, Berlin, 1872-1886. Dabei: 6 Br., 2 Kt. von Marie Scherer; 2 Br., 1 Kt. von Maria Scherer. I.2. SBBPK, NL Lothar Wickert: 413. Darin: 1 Br. Berlin, 1880 (Fotokopie; Verbleib der Handschrift unbekannt) II. Briefe von Mommsen an Scherer. II.1. ABBAW, NL W. Scherer: 703. Darin: 1 Br. Charlottenburg bei Berlin, 1877. II.2. SBBPK, NL 166 (W. Scherer): 56 (Arbeitsmaterialien zu *Mars Thingsus*). Darin: 1 Br., 1 Kt. o.O., Berlin, o.D., 1884.
Auswahl	Sechs Stücke: Aus Bestand I.1. Briefe 95, 96, 98, 100. Aus Bestand I.2. Brief 99. Aus Bestand II.1. Brief 97.
Textkonstitution	Bestand I.1. Wiedergabe nach den Handschriften. Bestand I.2. Wiedergabe nach einer Fotokopie der verschollenen Handschrift (s. oben). Bestand II.1. Wiedergabe nach den Handschriften.

Frühere Ausgabe   Hans-Harald Müller/Mirko Nottscheid:»Wilhelm Scherer und Theodor Mommsen im Briefwechsel. Vorabdruck aus einem Band mit Briefen und Dokumenten zu Wilhelm Scherer«. In: *Geschichte der Germanistik. Mitteilungen*, H. 23/24 (2003), S. 27-38, hier S. 31: Brief 96; S. 32 f.: Brief 97; S. 34: Brief 98; S. 35 f.: Brief 99; S. 36 f.: Brief 100.

Briefe 101-103

Briefe von Gustav von Loeper. 1877-1885

Gesamtüberlieferung   Überliefert sind nur Briefe von Loepers: 46 Stücke in zwei Beständen.

Einzelne Bestände   I. ABBAW, NL W. Scherer: 650. Darin: 43 Br., 1 Vk. Berlin, 1876-1886.
II. SBBPK, NL 166 (W. Scherer): 157. Darin: 2 Kt. Berlin, 1880, 1882; ebd.: 251 (Glückwünsche zur Geburt von Maria Scherer). 1 Kt. Berlin, 1884

Auswahl   Drei Stücke aus Bestand I (Briefe 101-103).

Textkonstitution   Wiedergabe nach den Handschriften.

Briefe 104-108

Briefe von Julius Hoffory. 1877-1886

Gesamtüberlieferung   Überliefert sind nur Briefe von Hoffory: 24 Stücke in zwei Beständen.

Bestand   I. ABBAW, NL W. Scherer: 515. Darin: 23 Br. Kopenhagen, Westend bei Charlottenburg/Berlin, London, o.D., 1877-1886. Dabei: 1 Br. von Hoffory an Gustav Balke, 1881; 1 Br. des preußischen Kultusministeriums an Scherer, 1886.
II. SBBPK, NL 166 (W. Scherer): 236 (Verlobungsglückwünsche). Darin: 1 Vk. o.O., o.D. (1878); ebd.: 249 (Glückwünsche zur Geburt von Maria Scherer). Darin: 1 Vk. o.O., 1884.

Auswahl   Fünf Stücke aus Bestand I (Briefe 104-108).

Textkonstitution   Wiedergabe nach den Handschriften.

Briefe 109-118

Briefe an Marie Scherer, geb. Leeder. 1878-1884

Gesamtüberlieferung Überliefert sind Briefe von Wilhelm und Marie Scherer: 777 Stücke in drei Beständen.

Einzelne Bestände I. Briefe von Scherer an Marie Scherer.
I.1. SBBPK, NL 166 (W. Scherer): 81-97. Darin: 328 Br., 36 Kt., 11 Tgr., 2 Vk., 1 Beil. o.O., Berlin, Dresden, Helgoland u. a., o.D., 1877-1886.
I.2. ABBAW, NL W. Scherer: 1063. Darin: 2 Br.-Fragm. o.O., o.D.
II. Briefe von Marie Scherer an Scherer.
SBBPK, NL 166 (W. Scherer): 174-191. Darin: 362 Br., 6 Kt., 2 Brk., 1 Vk., 20 Tgr., 6 Beil. o.O., Berlin, Hamburg, Stixenstein/Tarnitz u. a., o.D., 1877-1886.

Auswahl 10 Stücke aus Bestand I.1. (Briefe 109-118).

Textkonstitution Wiedergabe nach den Handschriften.
Brief 111 wird in gekürzter Form wiedergegeben.

Briefe 119-120

Briefe an Karl Richard Lepsius. 1881-1883

Gesamtüberlieferung Überliefert sind Briefe von Scherer und Lepsius: sieben Stücke in zwei Beständen.

Einzelne Bestände I. Briefe von Scherer an Lepsius.
SBBPK, Slg. Darmstaedter: 2 b 1865, hier Bll. 19-26. Darin: 6 Br. Berlin, 1881-1884.
II. Briefe von Lepsius an Scherer.
ABBAW, NL W. Scherer: 623. Darin: 1 Br. Berlin, 1883.

Auswahl Zwei Stücke aus Bestand I. (Briefe 119-120).

Textkonstitution Wiedergabe nach den Handschriften.

Briefe 121-136

Briefwechsel mit Friedrich Althoff. 1883-1885

Gesamtüberlieferung Überliefert sind Briefe von Scherer und Althoff: 84 Stücke in zwei Beständen.

Einzelne Bestände I. Briefe von Scherer an Althoff.
GStA PK, VI. HA Familienarchive und Nachlässe, NL Friedrich Althoff B: Nr. 203, Bd. 1, Bll. 154-228. Darin: 58 Br. Berlin, 1881-1886; ebd. NL Friedrich Althoff

C: Nr. 19, Bd. 2, Bll. 117-118. Darin: 2 Br. Berlin, 1883, 1885.

II. Briefe von Althoff an Scherer.

II.1. ABBAW, NL W. Scherer: 209. Darin: 25 Br. Berlin, o.d., 1882-1886.

II.2. SBBPK, NL 166 (W. Scherer): 236 (Verlobungs-glückwünsche). Darin: 1 Vk. o.O., o.D. (1878).

Auswahl 16 Stücke:

Aus Bestand I. Briefe 122-123, 126-129, 132-133, 135-136.

Aus Bestand II.1. Briefe 121, 124-125, 130-131, 134.

Textkonstitution Wiedergabe nach den Handschriften.

Briefe 137-140

Briefwechsel mit Otto Pniower. 1885

Gesamtüberlieferung Überliefert sind Briefe von Scherer und Pniower: 12 Stücke in drei Beständen.

Einzelne Bestände I. Briefe von Scherer an Pniower.

SBBPK, NL 229 (Wieland Schmidt): Kasten 1, Mp. o. Darin: 2 Br. Berlin, 1885.

II. Briefe von Pniower an Scherer.

II.1. ABBAW, NL W. Scherer: 767. Darin: 8 Br. Berlin, Falkenstein/Taunus, 1884-1885.

II.2. SBBPK, NL 166 (W. Scherer): 244 (Glückwün-sche zur Geburt von Herman Scherer). Darin: 1 Vk. o.O., o.D. (1880); ebd.: 251 (Glückwünsche zur Geburt von Maria Scherer). Darin: 1 Br. Berlin, 1884.

Auswahl Vier Stücke:

Aus Bestand I. Briefe 137, 140.

Aus Bestand II.1. Briefe 138-139.

Textkonstitution Wiedergabe nach den Handschriften.

Brief 141

Brief von Georg Ellinger. 1885

Gesamtüberlieferung Überliefert sind nur Briefe von Ellinger: fünf Stücke in einem Bestand.

Bestand ABBAW, NL W. Scherer: 363. Darin: 5 Br. Berlin, Son-dershausen, 1884-1885.

Auswahl Ein Stück (Brief 141).

Textkonstitution Wiedergabe nach der Handschrift.

Briefe und Briefwechsel

Briefe an die Mutter Anna Stadler
und den Stiefvater Anton von Stadler
1853 – 1885

Zum Verständnis der Briefe Wilhelm Scherers an seine Mutter Anna (Scherer-) Stadler, geb. Rieck *(1817-1896) und den Stiefvater Anton von Stadler (um 1800-1870) bedarf es einer knappen Erläuterung des bislang kaum erforschten privat-familiären Hintergrundes.*[1] *Scherers leibliche Eltern stammten beiderseits aus Familien, die seit Generationen in Diensten der Grafen von Schönborn standen, einem ursprünglich rheinischen Adelsgeschlecht, das im Verlaufe des 17. Jahrhunderts eine einflussreiche Stellung im süddeutschen Raum erlangte. Von der fränkischen Stammlinie Schönborn-Wiesentheid spalteten sich 1801 bzw. 1811 Seitenlinien in Böhmen und Österreich (Schönborn-Buchheim) ab, die hier ihrerseits große Güter besaßen. Scherers Großvater väterlicherseits, Christoph Scherer, war Schönborn'scher Regierungsrat im fränkischen Pommersfelden. Der Vater Wilhelm Scherer sen. (1792-1845) studierte zunächst Jurisprudenz an den Universitäten von Würzburg und Erlangen und übersiedelte 1811 von Franken nach Österreich, wo er als Wirtschaftsschreiber in die Kanzlei der Grafen von Schönborn-Buchheim eintrat. 1826 wurde er Wirtschaftsdirektor auf Schloss Schönborn bei Göllersdorf/Niederösterreich. Hier lernte er seine spätere Frau Anna kennen, Scherers Mutter, deren Vater Matthäus Rieck (1779-1830) Verwalter der gräflichen Güter war. Nach dem Tode Riecks übernahm Scherer dessen Funktionen und erhielt den Titel Oberamtmann. Um 1840 heiratete er Anna Rieck. Der 1841 geborene Wilhelm Scherer war das einzige Kind, das aus der Ehe hervorging. Nach dem Tode ihres Mannes zog Anna Scherer ins nahe Göllersdorf, wo ihr Sohn den ersten Schulunterricht erhielt. Im Jahre 1850 heiratete sie Anton von Stadler, einen alten Freund ihres Mannes, der gleichfalls schon lange in Schönborn'schen Diensten stand. Bis 1837 war er in der Zentralkanzlei in Wien tätig, danach ging er als*

---

[1] Literatur: Zur älteren Familiengeschichte vgl. den allerdings lückenhaften Bericht von Wilhelm Fieber:»Wilhelm Scherers Ahnen«. In: *Unsere Heimat* 18 (1947), S. 41 f. (auf Grundlage der Taufakten), einige Ergänzungen bei Herbert Cysarz: »Wilhelm Scherer (1841-1886)«. In: *NÖB* 13 (1959), S. 75-85, hier S. 78, ferner Marie Scherers Briefe an Konrad Burdach vom 8.2. u. 1.9.1890, ABBAW, NL K. Burdach: Schereriana; zur Geschichte des Hauses Schönborn vgl. Gerhard Köbler: *Historisches Lexikon der deutschen Länder. Die deutschen Territorien und reichsunmittelbaren Geschlechter vom Mittelalter bis zur Gegenwart.* Darmstadt ⁶1999, S. 585 f. (dort weitere Literatur); zu Scherers Halbbruder Toni Stadler vgl. den Eintrag bei *Thieme-Becker*; er wird gelegentlich mit seinem gleichnamigen Sohn (1888-1982; vgl. ebd.) verwechselt, einem namhaften Bildhauer und Zeichner, der ebenfalls im Münchner Raum tätig war.

Verwalter nach Weierburg, zuletzt trat er nach dem Tode von Scherers Vater des-
sen Nachfolge in Schönborn an. Von 1850 an lebte die Familie von der Bewirt-
schaftung eines Gutes in Göllersdorf, wo Stadler zugleich als Bürgermeister tätig
war. Im Jahr zuvor wurde der nunmehr neunjährige Wilhelm als Privatist in das
Fuhrmann'sche Institut in Wien gegeben; aus dieser Zeit datiert der Beginn seines
regelmäßigen Briefwechsels mit den Eltern.[2] *1854 zogen Mutter und Stiefvater*
nach Wien nach, wo Stadler eine Stellung als Güterschatzmeister beim Oberlandes-
gericht und beim Oberhofmarschall annahm. Nach dem Tod des Stiefvaters lebte
Scherer bis zu seiner Hochzeit 1879 zusammen mit seiner Mutter, die ihn 1872
nach Straßburg und 1877 nach Berlin begleitete. Ihre letzten Lebensjahre ver-
brachte Anna Stadler in München bei ihrem zweiten Sohn, Scherers Halbbruder
Toni Stadler (1850-1917), einem bekannten Landschaftsmaler aus der Münchner
Schule, der in den Briefen häufig erwähnt wird.

2   Aus der Zeit im Institut stammt auch der erste überhaupt bekannte Brief Scherers
vom 8.3.1850 (SBPK, NL 166 (W. Scherer): 98), der jedoch nicht an die Eltern, sondern an die Großmutter mütterlicherseits, Therese Rieck, gerichtet ist. Er wird hier
als besonders frühes biographisches Dokument außerhalb der Reihe mitgeteilt:
»Liebe Großmutter! / Es wird Dich freuen, wenn ich Dir melde, daß ich das zweite
Prämium und nicht das dritte bekommen habe. Heute ist der erste Tag im 2. Semester. Ich hoffe es wird mir im 2. Semester so gut gehen, wie im ersten. Nun ich
will Dir eine kleine Beschreibung von der Prüfung machen. Zuerst wurde die I, II,
und III Classe im Lesen und aus der Sprachlehre geprüft. Dann war Religion, und
nach der Religion wurde die Martha, auf dem Klaviere, von einem der Zöglinge
gespielt. Es ist jetzt aber nicht Zeit alles herzusagen aus was examinirt wurde. Ich
muß auf mich selbst zurückgehen. Vor allen Andern meine Classen im Catalog:
Ich hatte im Fleiße und in Sitten vorzüglich. Fähigkeiten und Schönschreiben
gut, und sonst immer sehr gut. Bei der Prüfung bei St. Anna hatte ich durchaus
eminenz ich hätte dieselben Classen bekommen, wie bei der Instituts-Prüfung,
aber Du mußt wissen, daß wir bei der St. Anna-Prüfung nur aus Dictando- und
Schönschreiben, Sprachlehre und Religion geprüft worden sind. Mir geht es recht
gut im Institute. Wie geht es Dir und Onkel Küttner und der Mina, dem kleinen
Hermann, Onkel Pezi und Onkel Ferdinand. Ich hoffe ihr seid alle gesund. Ich
will Dir geschwind noch meine Adresse unten schreiben, und sei herzlich gegrüßt
von / Deinem / Dich herzlich liebenden Enkel / Wilhelm Scherer / [...]«.

1. Scherer an Anna Stadler und Anton von Stadler

Wien, 26. Mai 1853. Donnerstag

Wien, am 26. Mai 1853

Ihr Lieben. Verzeiht daß Euch nicht eher ein Brief von mir verkündete, dass ich bereits Samstag, den 21., das heil. Sakrament der Firmung empfangen habe. Wie ich so in der Kirche stand, da dachte ich mir, o wären meine lieben Eltern jetzt zugegen, o wären sie Zeugen des großen Moments der Gnade, die mir von Gott zu Teil werden soll. Wie freue ich mich schon auf den Augenblick, wo ich Euch in Wien begrüßen werde, begrüßen, um mich nicht wieder zu trennen von Euch. Jeder Tag bringt mich dem erwünschten Ziele immer näher; wäre doch der Herbst schon da! Ihr Lieben! glaubt nicht, dass ich nicht mehr gern im Institute³ bin; nein! im Gegenteile! mir ist der Aufenthalt dort angenehmer, als voriges Jahr. Allerdings habe ich noch vielerlei Stichelreden zu erdulden; aber da sie gewöhnlich nicht an mich gerichtet sind, sondern nur an Andere, jedoch so, dass ich sie höre; so ertrag ich sie schon: eine furchtbare Röthe, die mein ganzes Gesicht überzieht und die, da die verschiedenen Witzeleien in der Regel bei Tisch ankommen, mir sehr unangenehm ist, bildet gewöhnlich die Folge derselben.

Wie geht es dem kleinen Spitzbuben, dem Toni? Daß er in der Schlimmigkeit immer Derselbe bleibt, kann ich mir so denken.

Lebet wohl!

Euer

getreuer Wilhelm

Grüße von der Großmutter,⁴ Tante Resi u.s.w. die Tante Griensteidl, die hier ist läßt Dir, Vater, sagen sie sei bös auf Dich, weil Du sie nie besuchst. NB.

---

3 Scherer besuchte seit 1849 das von A. von Fuhrmann geleitete Erziehungs- und Unterrichts-Institut (Wien, Landstraße, Erdberggasse 106). Der Unterricht umfasste laut einem Prospekt der Schule: »1. Alle in den vier deutschen Klassen und im Gymnasium vorgeschriebenen Lehrgegenstände, aus welchen öffentliche Prüfungen abgehalten und Zeugnisse erhalten werden; die Gegenstände der Real-Schule als Vorbereitung für die Polytechnik; sämmtliche Lehrgegenstände der commerziellen Abtheilung; die französische Sprache und Literatur, von einem Franzosen gelehrt, welcher die Zöglinge auch außer dem Unterrichte zur französischen Umgangssprache anzuhalten hat; Zeichnen, Tanzen, Gymnastik, Exerzieren. / 2. Musik, Malen, italienische, englische, neugriechische, oder eine andere noch lebende Sprache und Schwimmen auf besonderes Verlangen.« (SBBPK, NL 166 (W. Scherer): 39; dort auch weitere Dokumente zur Schulzeit).

4 Therese Rieck.

Mein Firmgeschenk war eine sehr hübsche (Cylinder)Uhr, die mir sehr viele Freude macht.

2. Scherer an Anton von Stadler

Wien, 9. Juli 1853. Sonnabend

Wien, am 9. Juli 1853.

Lieber Vater!

Dein Brief hat mich sehr erfreut. Ich war bald über die Beantwortung der von Dir vorgelegten Fragen mit mir selbst im Reinen.

Obwohl ich gern das Theresianum[5] besucht hätte, da ich für dieses Gymnasium eine besondere Vorliebe habe, so entschloß ich mich doch gern, die Universität zur Pflanzschule meines künftigen Lebens zu wählen; da hier die Großmutter[6] sehr in der Nähe ist.

Was die Sprachen, das Zeichnen und den Klavierunterricht anbetrifft, so glaube ich, daß 3 Stunden wöchentlich im Französischen, 2 Stunden im Zeichnen und 2 Stunden im Klavierspielen hinreichend wären. Wenn es möglich wäre, dass ich beim Zeichnen die Zeichenschule meines jetzigen Meisters besuchen, und beim Klavierspielen meinen jetzigen Meister, den ich und der mich sehr gern hat, bekommen könnte, so wäre es mir sehr lieb und ich würde Dich darum bitten, teurer Vater.

Ich habe nicht Zeit, mehr zu schreiben; denn schon schlägt die Stunde des Heimmarsches in's Institut.

Grüße mir die Mutter und den Toni. Ach, wäre ich doch schon wieder bald bei ihm und Dir. Leider kann ich noch nicht bestimmen wann die Prüfungen sein und die ersehnte Stunde unsers Wiedersehens herankommen wird. Jedenfalls werden die Prüfungen in der Zeit vom 20–25 stattfinden; am 18. eine Institutsprüfung.

Lebt alle wohl!
Euer
Dankbarer <u>Wilhelm</u>

Auf baldigstes Wiedersehn!

---

5 Die Theresianische Akademie, 1746 als höhere Bildungsstätte für den adligen Nachwuchs begründet, stand seit 1849 auch Söhnen aus dem Bürgertum offen. Scherer kannte das Theresianum von den obligatorischen Staatsprüfungen, die er als Schüler einer Privatschule absolvieren musste (vgl. Brief 1, dazu Anm. 3). Als weiterführende Schule besuchte er ab 1854 jedoch das Akademische Gymnasium in Wien, dessen Unterricht gezielt auf die Universität vorbereiten sollte.

6 Vgl. Anm. 4 (Brief 1).

3. Scherer an Anton von Stadler

Wien, 7. November 1853. Montag

Lieber Vater!

Wien, den 7. Nov. 853
Abends.

Verzeihe, daß ich Dich schon wieder mit einer Bitte belästige.
Hier in Wien kommen jezt die sämmtlichen Werke von Wieland, Göthe,
Lessing und Klopstokk, dann von Schiller, Pyrker, Platen, Lenau u. Thümmel heraus und zwar jeden Samstag eine Lieferung unter dem gemeinschaftlichen Titel: »Deutsche Klassiker«.[7] Ich glaube, bei der Gelegenheit ließe sich leicht
die schönste Sammlung von deutschen Klassikern zusammenbringen und
noch dazu sehr billig, da jede Lieferung, (die durchschnittlich eine jede zehn
Bogen stark sind) nur 12 Kr. kostet und da uns alles wohlfeiler vorkommt,
wenn wir nach und nach dafür wenig Geld ausgeben, als wenn wir auf einmal recht viel dafür ausgeben. Ich habe daher große Lust, mich darauf zu
praenumerieren; der Umstand, daß dies Werk schon vor längerer Zeit angefangen hat, thut nichts, weil ich leicht die schon herausgekommenen Lieferungen nachholen kann; daß ich noch mehreres, was darin vorkommt vielleicht nicht lesen darf, was ich aber nicht glaube, macht auch nichts, weil ich
jetzt ohnehin wenig Zeit zum lesen habe und ich bis dahin, wo ich Zeit dazu
habe, es ohnehin schon werde lesen dürfen; endlich liegt <u>auch</u> nichts daran,
daß Schiller und Göthe auch bei diesen Klassikern dabei sind, denn man
bringt immer noch diese beiden an jemanden an (ich glaube, ich werde ohnehin den ungarischen Wilhelm überreden können, daß er mir den Schiller
und Göthe abnehme u. wenn auch nicht; wenn ich den Göthe nochmals in
einer kleinern, zierlichern und kommoderen Ausgabe habe, als in der un-
kommoden großen, so liegt übrigens auch nichts daran).

---

7 *Deutsche Classiker.* Stuttgart, Leipzig 1853-58. – Das von der Cotta'schen Buchhandlung in Stuttgart und der Göschen'schen Verlagsbuchhandlung in Leipzig gemein-
   sam veranstaltete Unternehmen, auch unter dem Titel *Volksbibliothek deutscher
   Classiker* bekannt, umfasste in insgesamt 300 Lieferungen die folgenden Ausgaben:
   Goethe's sämmtliche Werke in 40 Bden. Vollständige neu geordnete Ausgabe (100
   Lfgn.); *Christoph Martin Wielands sämmtliche Werke.* 36 Bde. (74 Lfgn.); *Schiller's
   sämmtliche Werke in 12 Bden.* (33 Lfgn.); *Gotthold Ephraim Lessing's gesammelte
   Werke.* Neue rechtmäßige Ausgabe. 10 Bde. (30 Lfgn.); *Moritz August von Thüm-
   mel's sämmtliche Werke.* 8 Bde. (12 Lfgn.); *August von Platen's gesammelte Werke.*
   5 Bde. (12 Lfgn.); *Klopstock's sämmtliche Werke.* 10 Bde. (20 Lfgn.); *Johann Ladislav
   Pyrker's sämmtliche Werke.* Neue durchaus verbesserte Auflage. 3 Bde. (7 Lfgn.),
   Nikolaus Lenau: *Gedichte.* 2 Bde. (10 Lfgn.).

Verzeih daher, lieber Vater, da ich Dich bitte, mir das Monatsgeld, das Du mir versprochen hast, jetzt schon zu geben. Liebe Mutter, ich bitte Dich, hilf mir beim Vater bitten; Du weißt ja – ich muß Dir ja zum Kristgeschenk etwas geben, wie Du schon einmal sagtest, dem Vater natürl. auch. Von dem, was ich von der Mutter bekommen habe lege ich Dir hier Rechnung:

	2 f 24 Kr. habe ich erhalten.
für ein Portemonnaie	30 Kr.
einmal in's Theater	30 Kr.

dann die deutsche Übersetzung von Caesar's gallischen Krieg, um eine Erleichterung beim Übersetzen zu haben

12 Kr.

d.h. 12 Kr. von dem gelde das mir die Mutter gegeben, aber das ganze kostet 32 Kr., da sind nemlich 20 Kr. noch von dem gelde, daß ich mir noch von meinem früheren Monatsgelde mitgenommen habe; ich habe also ausgegeben 1 f 12 Kr., so bleibt mir noch 1 f 12 Kr., den ich auch habe.

Ich bitte euch, schreibt mir bald; wie geht's euch? wie kam der Lehner nach Haus? habt ihr den Schlüssel zu meinem Kasten gefunden? ist der Toni brav? Der heurige[8] gut? Was macht das Haus?[9] noch kein Käufer? ist's nichts mit dem Fink? wir alle wünschen aus ganzem Herzen, die Geschäfte mit dem Haus gingen bald zu Ende. Mir geht's recht gut, versteht sich; der Großmutter,[10] Tante Resi, Onkel Küttner u.s.w. etz. auch.

Wir werden wieder im Theresianum[11] Prüfung machen, wie ich neulich erfuhr. Alle Augenblikke was neues! Der Herr von Fuhrmann ist aber diesmal nicht selbst Schuld daran; denn der Herr Direktor Kappellmann redete ihm selbst zu, nicht auf der Universität Prüfung mit uns zu machen, sondern am Theresianum, denn die Spannung der Professoren an der Universität sei doch noch zu groß, dann sei es auch eine Beleidigung der theresianischen Professormühe. Mir ist's einesteils doch am Theresianum lieber, denn der Professor der Matematik a.d. Universität, der sich mit Herrn v. Fuhrmann am meisten zertragen hatte und mir mit seinem roten Barte und roten Haaren keine geringe Furcht vor dem Durchfallen bei meiner ersten Prüfung an d. Univers. eingejagt hatte, hätte mich leicht einmal durchratschen laßen können, was für mich ein sehr unangenehmer Streich gewesen wäre; während der MatematikProfessor am Theresianum ein lustiger und durchaus nicht strenger

---

8 Der heurige Wein, der ab 11.11. jeden Jahres ausgeschenkt wird.
9 Anton Stadler plante, das Gut, welches er in Göllersdorf bewirtschaftete, zu verkaufen und mit seiner Familie nach Wien zu ziehen.
10 Vgl. Anm. 4 (Brief 1).
11 Vgl. Anm. 5 (Brief 2).

Mann ist, der beim Ausfragen Spaße und Witze macht, so daß man glaubt, man werde gar nicht ausgefragt, sondern unterhalte sich nur so mit ihm. Ich verbleibe, in der Hoffnung, Ihr werdet mir meine Bitte nicht abschlagen,

Euer
dankbarer Sohn
Wilhelm

Grüße u. Küße von allen an alle. Liebe Mutter besuch uns bald – aber ohne Toni nicht!, der muß auch mit!
WScherer

4. Scherer an Anna Stadler und Anton von Stadler

Wiesentheid/Unterfranken, 12. August 1857. Mittwoch

Wiesentheid,[12] 12 Aug.

Heute vormittags erhielt ich Euren lieben brief u. hatte viel freude dran, namentlich darüber, daß Ihr mir alle geschrieben: macht es immer so und Ihr könt meines ganz besondren dankes sicher sein.

Noch habe ich Euch über meinen Dresdner aufenthalt zu berichten. Vater scheint mich misverstanden zu haben, da er schreibt, ich hätte mich doch einen ganzen tag in Dresden aufhalten soll⟨,⟩ dies geschah ja indertat. Wir kamen nemlich dort um 2 ¼ uhr nachmittags an und blieben bis 6 uhr abends des andren tags. Freilich konten wir lange nicht alle schätze Dresdns besichtigen: das würde auch so viel zeit erfordern, daß es gar nicht im plan einer reise liegen konte, die an allen sehenswürdigkeiten nur »vorüberfliegen« u. namentlich »das geld so viel als möglich schonen« zum hauptgesetz hat. nur die hauptsachen oder viel mehr die hauptsache, die gemäldegallerie, konten wir besichtigen u. höchstens anderes noch nebenher. Daß wir Mittwoch abends im theater waren, meine ich schon geschrieben zu haben; den Donnerstag früh sahen wir die stadt an und besuchten hierauf die samlung von gypsabgüssen, die mich sehr interessirte: eine zusammenstellung der bedeutendsten werke der bildhauerei von den ältesten zeiten bis auf die gegenwart, namentlich der herlichsten griechischen u. römischen meisterwerke. dann besahen wir die gemäldegallerie, natürlich nur die bedeutendsten bilder (worüber mir mein reisehandbuch auskunft gab) u. selbst diese zum teil nur flüchtig. ich war schrecklich ermüdet, als wir sie verließen, tante Anna natür-

---

12 Im fränkischen Wiesentheid lebten Teile der Familie Merkel, Verwandte Scherers väterlicherseits.

lich noch mehr, als ich. Es war 3 uhr, als wir in unser hôtel kamen. Die übrige zeit vergieng mit zusammenpacken, zusammenrechnen etc. – Das unangenehmste, was uns bisher passierte, ist, daß wir in Leipzig übernachten mußten. wir hatten nemlich darauf gerechnet, daß wir die fahrt in einem fort von Dresden bis Bamberg würden machen können: nun erfuhren wir aber in Dresden, es sei dies unmöglich u. ließe sich nicht anders volbringen, als daß wir abends 6 uhr nach Leipzig führen, dort übernachteten u. erst andern tags früh 5 uhr unsre reise fortsezten. so geschah es denn auch. – In Leipzig hatten wir nachts gewitter, das erste nach so langer zeit. die fahrt nach Bamberg verlief ohne besondre vorfälle. die gegend ist mitunter recht hübsch. In Bamberg erwartete uns Wilhelm Merkel an der bahn. die stadt besehen konten wir nicht mehr: ich habe mir aber vorgenommen, einige tage früher von hier abzureisen, um Bamberg u. Nürnberg zu besichtigen. ⟨…⟩

Grüße von allen an alle: alles erkundigt sich angelegentlich um Euch alle. Adieu.

Wilhelm

Schreibt mir ja gewis wieder alle <u>drei</u>. Toni laße ich mein besondres wolgefallen an ihm (»nach den urkunden u. nachrichten die mir über ihn vorliegen«) ausdrücken. Ein extrakuss von Auguste der Mutter.

W.

5. Scherer an Anna Stadler

Berlin, 13. April 1860. Freitag

Berlin, Freitag 13 April 1860.

Liebe Mutter,

obwol ich schon gestern morgens hier angekommen bin, so hatte ich doch den ganzen Tag über so viel herum zu laufen u. kam so spät abends nach Hause, daß es unmöglich gewesen wäre, Dir gestern noch zu schreiben.

Welche Enttäuschung ich noch am Wiener Bahnhof erfuhr – nemlich in Betreff der Fahrreise und der Zeit der Ankunft in Berlin – wird Dir wol Metzker schon gesagt haben u. vielleicht auch Reinisch, wenn der letztere anders, wie er versprach, die Photographie für Plattensteiner bereits abgeholt hat. In Breslau kamen wir etwa um 12 Uhr Mittags an; die Reisegesellschaft bis dahin war teilweise erträglich, teilweise sogar gut. Erst um $^1/_2$ 20 Uhr abends gieng der Zug von Breslau nach Berlin; ich benutzte daher die Zwischenzeit, um die an sich ziemlich interessante, an Sehenswürdigkeiten arme Stadt zu durchwandern und um 2 Fachgenossen: Professor Heinrich Rückert und Privatdocent Dr Friedrich Pfeiffer aufzusuchen; den ersteren traf ich leider nicht, aber in dem letzteren lernte ich einen äußerst liebenswürdigen und mit mir vielfach überein stimmenden, noch jungen Mann kennen, der mich für die anfangs empfundene Unannemlichkeit, mich in Breslau aufhalten zu müssen, vollständig entschädigte. Nach Berlin kam ich wie gesagt gestern früh um ungefär 6 Uhr. Mein erster Gang, nachdem ich mich im Hotel gewaschen und umgezogen hatte, war zu Ernst v. Teschenberg, den ich von Wien aus kannte und an den ich überdies mehrere Briefe hatte. Wir begrüßten uns aufs herzlichste: er, erfreut endlich wieder einen Östreicher zu sehen und östreichische Sprechweise zu hören, ich, erfreut unmittelbar nach meiner Ankunft einen Östreicher und gar einen so liebenswürdigen und ausgezeichneten gefunden zu haben. Er führte mich gleich über die Hauptplätze und Straßen der Stadt und ins neue Museum; dann giengen wir Wohnungsuchen und fanden auch, nachdem wir vielleicht 10 angesehen hatten, eine passende, leider teure. Einzelne Zimmer bekommt man hier fast gar nicht, immer Zimmer mit Schlafcabinet. Die Preise wechseln zwischen 10 und 13 Thaler, nemlich in der Gegend, in der ich ja doch wohnen wollte, nicht zu weit von der Universität und Bibliothek. Meine Wohnung besteht also ebenfalls aus Zimmer und Cabinet und kostet 10 Thlr, wobei die Bedienung (d.i. auch Kleider- u. Stiefelputzen) eingeschlossen ist. Ich werde meinem nächsten Brief eine Zeichnung davon beilegen, damit Du jeden Kasten weißt, in welcher Gegend meines Zimmers er steht. Ich habe ferner den Vorteil ganz nahe bei Teschenberg zu wohnen, der – ich erwähne dies um zu zeigen daß meine Wohnung durchaus nicht unvorteilhaft gewählt ist – der für ein kleineres Zimmer als meines ohne Cabinet 12 Tlr zahlt.

Mit Teschenberg gieng ich zu Dr Rosenhain,[13] o. Professor der Mathematik an der Universität zu Königsberg und wirkl. Mitglied der Berliner Akademie, an den ich ebenfalls einen Brief hatte und der durchaus nicht als ein Mann erscheint, der fühlt daß er die genannten Titel hat, sondern sich ganz als unsersgleichen benimmt und betrachtet. Dies kannst Du daraus schließen, daß er nach Tisch mit Teschenberg und mir in mein Hotel gieng, und mir nach bewerkstelligtem Umzug meine Sachen auspacken und ordnen half. Den übrigen Tag brachte ich in Gemeinschaft mit Teschenberg und Prof. Rosenhain zu: in einem Concert (Beethoven'sche Symphonien für 3 Silbergroschen), dann in »Weimanns Local«, wo ziemlich schlechte Musik u. Gesang waren, endlich in einem Bierhaus bis etwa 12 Uhr.

13 Johann Georg Rosenhain war seit 1857 nicht ordentlicher, sondern außerordentlicher Professor der Mathematik in Königsberg, seit 1859 korrespondierendes, nicht jedoch »wirkliches« (ordentliches) Mitglied der Königlichen Akademie der Wissenschaften.

Das ist alles was ich bisher erlebt habe; ich hoffe, es wird änlich gut auch in Zukunft gehen. Jetzt lebe wol, grüße mir Toni, Großmutter,[14] Küttners; der Vater wird wol nicht zu Hause sein. An meine Freunde werde ich erst mit dem nächsten Brief an Dich schreiben (warscheinlich nächsten Sonntag noch nicht, aber im Lauf der folgenden Woche sicherlich noch). Du hast hoffentlich nicht noch lange nach meiner Abreise geweint?

Dein treuer
Wilhelm.

Meine Adresse: Herrn W.S., stud. phil.
Berlin, Kanonierstraße 26a, 2 Treppen.

6. Scherer an Anton von Stadler

Berlin, 26./28. April 1860. Donnerstag/Sonnabend

Lieber vater,

ich glaube meinen geburtstag an den ich durch den brief der mutter erinnert wurde nicht besser feiern zu können als indem ich Dir schreibe. besonders nachdem Du Dich darüber gekränkt fültest daß ich an Dich speciell noch keinen brief gerichtet. der schluss meines vorigen briefes kann Dir zeigen daß ich Dich noch in Waltersdorf glaubte u. es für einfacher u. natürlicher hielt, nur nach Wien zu schreiben. und »gekränkt«! konntest Du aus einem solchen umstand auf eine verminderung meiner liebe für Dich schließen? u. grade jetzt wo Du mir die Deinige in so hohem grade durch die tat zu erkennen gabst, jetzt, wo mich die erfarungen des letzten jares gelert haben, durch wie lange jare hindurch ich schon Dein großer schuldner bin.

aber lassen wir das. vielleicht kommt noch gelegenheit, Dir meine anhänglichkeit besser zu beweisen als durch versicherungen. –

Ich will vor allem die fragen beantworten, die die mutter an mich gerichtet u. noch mereres in diesem sinne (nemlich über meine äußern lebensverhältnisse) hinzufügen. die bilder sind ganz gut angekommen; ich habe heute noch ein neues dazu erhalten, nemlich von Sommaruga. kleider habe ich mit ausname eines hutes noch nicht gekauft, sondern alle besuche (2 derselben sind übrigens noch zu machen) in meiner schäbigen schwarzen hose, dito frack, dito weste gemacht. In ein par häuser hier eingefürt zu werden, was mir Teschenberg antrug, werde ich aus solchen gründen u. auch mit rücksicht auf meine zeit ablenen. vielleicht kann ich aber die anschaffung neuer schwarzer kleider doch nicht vermeiden; dann muss ich – wollend od. nicht

14 Vgl. Anm. 4 (Brief 1).

wollend – in den sauren apfel beißen. ich bedaure jetzt ser, nicht Deinem rat gefolgt zu sein u. nicht in Wien mich neu gekleidet zu haben. Da wäre doch das zalen leichter gewesen, besonders da – der agio[15] gerechnet – hier ganz derselbe preis sich ergibt. – seit meinem letzten briefe habe ich schon wieder ungeheure auslagen gehabt. für das collegiengeld dachte ich monatlich zurückzulegen; es muste aber gleich anfangs bezalt werden – mit 17 tlr. 18 $^1/_2$ sgr.; die für meine collegien unmittelbar notwendigen bücher kommen auf 8 $^1/_2$ taler. u. nun findet sich noch, daß mein sanskritwörterbuch nicht mer ausreicht u. prof. Weber sagt mir, wenn ich es überhaupt weiter bringen wollte müste ich mir unbedingt das neue Petersburger wörterbuch[16] anschaffen, welches kostet – 17 taler. – wem sollte da nicht schwindlich werden? – meine wonungs- u. essensbedürfnisse habe ich onehin noch unter meinen Wiener voranschlag herabgesetzt (wenn es anders auf die Dauer so geht.) ich esse nemlich um 6 tlr. monatlich zu mittag, für frühstück werde ich vielleicht 3 tlr. bezalen müssen, den ganzen nachmittag über esse ich nichts od. höchstens um 3 pfennige ein brötchen (mit ausname von Sonntag, wo ich in unsrer sonntagsgesellschaft unmöglich der einzige nicht essende unter essenden sein kann). dazu wonung u. bedienung um 10 tlr. gerechnet macht monatlich 19 od. 20 taler; ich dachte in Wien an 22 od. 23 tlr. – meine wonung ist übrigens kaum zu teuer bezalt; meine wirtin, eine witwe, ist ser ordentlich u. wird mir auch waschen, richtet mir meine lampe (die ich für 2 tlr 10 sgr. gekauft habe) u. hält alles ser nett u. rein. auch von wanzen habe ich noch nichts entdeckt. bequemlichkeit gar habe ich vollauf: sogar bücherstelle u. schreibpult, wie aus beiliegendem plan meiner wonung[17] zu ersehen.

Berl. 28/4 860

Da enthält nun was ich vorgestern geschrieben wieder nichts als klagen. es scheint, Ir werdet Euch gewönen müssen, alle leiden meiner kasse mit durchzumachen. ⟨…⟩

Grüße bitte ich die mutter außer an großmutter u. Küttners, deren kleiner Toni mich ser gedauert hat, auch an Lemberg Leni, Marie Laib u. Melanie auszurichten. ebenso an Metzker, den ich meine gymnasialcollegen – besonders auch die ich vor meiner abreise nicht mer gesehen (Grysar u.a.) – zu grüßen bitte.

WSch

---

15 Agio (frz.): Aufgeld; der Betrag, um welchen der Preis einer Geldsorte den Nennwert derselben übersteigt.
16 Otto Böhtlingk u. Rudolph Roth: *Sanskrit-Wörterbuch*. Hg. v. der Kaiserlichen Akademie der Wissenschaften St. Petersburg. 7 Bde. St. Petersburg 1855-75.
17 Die Beilage ist nicht erhalten.

⟨...⟩

Meine besuche sind sämtlich ganz nach wunsch aufgenommen worden.[18] Mommsen war sogar so freundlich mir an die professoren Haupt u. Müllenhoff, um derenwillen ich hauptsächlich hergekommen, an die ich aber von Wien aus nicht empfolen war, karten anzutragen u. zu geben, die mir auch wirklich bei beiden eine ser gute aufname verschafften. auch Grimm, der jedoch durch den tod seines bruders[19] ser gelitten zu haben scheint, war ser liebenswürdig u. forderte mich auf, in öfters zu besuchen.

18 Die Umstände seiner ersten Begegnungen mit Karl Müllenhoff und Jacob Grimm hat Scherer ausführlicher in einem Brief an Ludwig Speidel vom 27.5.1880 geschildert: »Johannes Vahlen, jetzt mein College, damals mein philologischer Lehrer in Wien, hatte mich an [Theodor] Mommsen adressirt, und dieser gab mir eine Karte an Müllenhoff ... Meine ersten Gespräche mit Müllenhoff hätte ich wol ebenso vergessen, wie die mit Jacob Grimm, wenn nicht Müllenhoff selbst mich oft daran erinnert hätte, daß ich ziemlich in den ersten Worten, die ich überhaupt vorbrachte, damit herausplatzte, ich sei nach Berlin gekommen, um die Methode zu lernen. [...] Das Aeußere meines ersten Besuches bei Grimm habe ich Ihnen wohl erzählt? [...] Jacob Grimm las [Franz] Pfeiffer's Empfehlungskarte, die ich ihm hineinschickte; er hatte augenscheinlich die Rückseite nicht angesehen, meinte offenbar, Pfeiffer werde eintreten – war freudig erregt aufgestanden – er hatte Pfeiffer sehr gern, kannte ihn aber meines Wissens noch nicht persönlich; enttäuscht sah er einen jungen Menschen vor sich, wies auf die Karte und fragte mich mit einer Stimme, die ich noch höre – sie klang etwas bedeckt, aber ungemein sanft: ›Sind Sie sein Sohn?‹ Ich machte ihn auf die Rückseite aufmerksam; nun begriff er, ließ mich auf sein kleines Sofa sitzen und wendete seinen Stuhl zu mir. Er saß ziemlich dicht vor mir, den Kopf vorgebeugt, sichtlich bemüht, durch genaues Aufmerken die Schwäche seines Gehörs zu corrigiren. / Aber was wir sprachen, ist mir völlig entschwunden. Ich suchte mir das ehrwürdige Gesicht einzuprägen, Zug für Zug. Es erschütterte mich, dem Begründer der Wissenschaft so dicht gegenüber zu sitzen, der auch ich in meinem bescheidenen Theile dienen wollte. Und neben dieser Thatsache verschwand wol Alles, was er mir in seiner gütigen milden Weise sagen mochte.« (*BW Scherer-Speidel*, S. 3 f.). Vgl. *Nottscheid (2003)* (ebd. S. 39 Abbildung der in SBBPK, NL 166 (W. Scherer): 37 erhaltenen Empfehlungskarte von Pfeiffer).

19 Wilhelm Grimm.

7. Scherer an Anna Stadler, Anton von Stadler und Toni Stadler

Berlin, 11. Mai 1860. Freitag

Berl., 11 mai 1860.

Meine lieben Eltern,

damit Ihr nicht eifersüchtig seid auf einander, schreibe ich Euch unter gemeinsamem Titel; und damit Ihrs lesen könnt, in deutscher Schrift. Schönen Dank für Euren lieben Brief: er ist an sich nicht sehr lange ausgeblieben, aber für meinen Wunsch von Euch zu hören doch zu lange. Wenigstens habe ich in der Zwischenzeit, in der ich ohne Nachricht blieb, ein paar melancholische Augenblicke gehabt, so eine Art Sehnsucht nach den Fleischtöpfen Ägyptens. Unterdessen habe ich hier meine Rechnung für den ersten Monat (es waren nur 18 Tage) bezalt, die glaub ich ziemlich billich ausgefallen ist (ungef. 8 Thlr). Auch die erste Wäsche ist vorübergegangen: ich habe zwar kein Urteil; aber der Vergleich mit den von Hause mitgebrachten Sachen zeigte keine Verschlechterung. Über den Preis werde ich seinerzeit berichten. Wenn nicht die kolossalen Bücherbedürfnisse wären – Ihr dürft mir wol glauben, daß es wirkliche, nicht eingebildete Bedürfnisse sind; ich würde mir sonst nicht Entbehrungen im Essen und in den selbst wolfeilsten Vergnügungen auferlegen – wenn also die Bücher nicht wären, so würde es (auch Kleider mitgerechnet) nicht so gar schwer sein, mit 40 Thaler monatlich daraus zu kommen. Übrigens danke ich sehr, daß mir das Mainzer Geld[20] gleich geschickt werden soll; es wird mir wol tun.

Diesen einen Punkt ausgenommen – und ich empfinde ihn nicht <u>so</u> schwer, daß er etwa Gegenstand meiner beständigen Sorge wäre – geht es mir ganz gut. Es ist unglaublich, wie viel ich seit der kurzen Zeit meines Hierseins schon aus Vorlesungen und persönlichem Umgang zur Befestigung meines Urteils, zu sicherer Methode meiner Studien gelernt habe. Freilich bin ich auch sehr fleißig, was hier wegen meiner geringeren geselligen Verpflichtungen auch leichter ist, als in Wien. Die Verwendung meiner Zeit ist ungefär diese: Wöchentlich 16 Stunden Vorlesungen:[21] Vormittag eine Stunde täglich

---

20 Von den Stipendien, die Scherer während seiner Berliner Studiensemester erhielt, ist in späteren Briefen (vgl. Briefe 8 u. 11) noch mehrmals die Rede. Der genaue Zusammenhang konnte nicht ermittelt werden. Offenbar handelte es sich dabei um eine familiäre Zuwendung, zu der aber auch Nichtverwandte des Stifters Zugang hatten.

21 Im Sommersemester 1860 belegte Scherer laut seinem Berliner Studienbuch (ABBAW, NL W. Scherer: 3) die folgenden Lehrveranstaltungen: bei Moriz Haupt (Klassische Philologie) »Propert. eleg.«; bei Karl Müllenhoff (Deutsche Philologie)

mit Ausname Mittwochs und Samstags. Nachmittag (außer Samstag) täglich 2-3 Stunden. Die übrige Zeit studiere ich, entweder zu Hause oder auf der königl. Bibliothek; das ist nemlich von 6 oder ¹/₂ 7 Uhr Morgens bis 10 oder 11 Uhr Abends. Nur manchmal gehe ich im »Tiergarten« spazieren oder mache Besuche. Die größte Freude und die sicherste Gewähr, daß mein hiesiger Aufenthalt, mag er was immer kosten, nicht verloren sein wird, – ist mir die Freundlichkeit, das liebreiche Entgegenkommen das ich hier überall, und bei den bedeutendsten Männern am meisten erfare. So ist Grimm, den ich nun schon zweimal besucht habe; so sind die Prof. Müllenhoff und Haupt. Der erstere hat mich eingeladen, ihn abends in seiner Familie zu besuchen (was ich aber noch nicht getan). Der letztere ist hier allgemein verschrieen wegen seiner Unzugänglichkeit: keiner meiner unmittelbaren Collegen hier hat Umgang mit ihm. Ich – freilich empfolen durch eine Karte,²² die mir Mommsen an ihn gab, – habe ihn bei 2maligem Besuche nicht nur nicht abstoßend, sondern äußerst liebenswürdig, sogar gemütlich gefunden. Ich bin weit entfernt, mir hierauf etwas zu gute zu tun; aber als ein großes Glück darf ich es ohne Zweifel betrachten und als unberechenbaren Nutzen, daß ich von Anfang an mit diesen Männern in persönliche Berührung treten konnte. Nun lebt wol. Grüßt mir alle Verwante und Bekannte (auch Pakls meine Empfelung). Die Reisekosten für Tante Leni zu berechnen konnte ich leider noch nicht Zeit finden. Die beiden Briefe besorgt Ihr mir wol: den an Langer kann ja Cili in den Erdberger Pfarrhof tragen, den an Sommaruga ist vielleicht Metzker so gütig zum Univ.-Portier mitzunehmen. – Ist Conradi in Wien oder in Gmunden? ich hab es leider vergessen (denn bei meiner Abreise sagte er mir, wo er sich die nächste Zeit aufhalten würde) – und weiß nun nicht, wohin ihm schreiben.

Der Eurige
WScherer

Lieber Bruder,

Die Mutter schrieb mir, es scheine ihr, als wärest Du jetzt etwas fleißiger. Es ist warhaftig nicht um Dir überhaupt nur etwas zu schreiben und um das gesagte in den Wind hinaus zu sprechen, daß ich Dir hier über die Weise, wie Du Dich bisher in allem Deinem Tun gezeigt, ein par Worte schreibe. Wie

---

»Gramm. Theod. & Gothic.« und »Lingu Anglosaxon. (Beowulf)«; bei Albrecht Weber (Sanskrit) »Kalidasa Malav. Kagnimitea« und »Gramm. Sanscrita«. Eine genaue Übersicht aller in Berlin besuchten Vorlesungen und Übungen gibt *Sternsdorff (1979)*, S. 72, Anm. 1.

22 Vgl. Brief 6, dazu Anm. 18.

lange wird man von Dir noch sagen müssen, Du scheinst Dich zu bessern; wie oft hat man es schon gesagt und wie oft hat man sich damit geteuscht. Ich bin sehr weit von der Anmaßung entfernt, zu glauben, ich hätte je meine Pflichten nur annähernd vollkommen erfüllt. Aber für Dich bin ich noch lange Beispiel. Ich habe wenigstens zeitlich gewust, daß der Mensch Pflichten hat und daß diese für den Knaben darin bestehen, seinen Eltern zu gehorchen und zu lernen, unablässig und unverdrossen zu lernen. Ich habe früh gewust und empfunden, daß man sich abends ruhiger hinlegen kann, wenn man den Tag über gelernt, als wenn man gespielt hat. – Du hast ein gutes Herz, das ist wahr; aber Du hast es nur am sehr unrechten Orte, wenn Du es Deinem Vater gegenüber nicht hast, der sich für Dich die grösten Mühen auferlegt, der um Deinetwillen die Ruhe, die er sich gönnen könnte, in saure arbeitsvolle Stunden verwandelt; Du hast gar kein Herz, wenn Du davon nicht gerührt wirst, wenn Du noch nicht einsehen willst, worin solcher Liebe gegenüber Deine Verpflichtung besteht. Es ist höchste Zeit, es ist nicht lange mehr Zeit, daß Du umkehrst, um ein bessrer Mensch zu werden. – Leb wol. Schreibe mir oft und ausfürlich über das was Du lernst und liesest. So weit es meine Zeit erlaubt will ich Dir gerne, wenn auch nicht jedesmal, antworten.

Dein Wilhelm.

Laura bitte ich meinen herzlichsten Glückwunsch zu melden; ich hätte ihr wol selbst geschrieben, könnte ich nur Zeit finden.

8. Scherer an Anna Stadler

(Berlin), 21. Mai 1860. Montag

Liebe Mutter,

vielen Dank daß Du Dich endlich meiner erbarmt u. mir geschrieben hast. Ich habe schon sehnlichst Nachricht von Euch erwartet und mir alle möglichen Bedenken über Euer langes Schweigen gemacht.

Ihr habt hoffentlich auf dem Umschlage meines letzten Briefes die Anzeige gefunden, daß ich das Geld von Mainz[23] erhielt. Ich habe mir übrigens nicht gleich Frack und Hose gekauft: mein Frack muß noch in seiner gegenwärtigen Gestalt eine gute Weile fort dauern; Hose aber habe ich mir für 6 Thlr angeschafft. Andere neue Kleider brauche ich wenigstens nicht notwendig; so namentlich keinen Sommerüberrock, weil ich im Notfall den Plaid dafür nehme. Hast Du meinen braunen Rock etwa schon verkauft? Wenn nicht, so bitte ich Dich tue es auch nicht; mir ist jetzt leid daß ich ihn nicht mitge-

---

23 Vgl. Anm. 20 (Brief 7).

nommen habe – und so bald denk ich werden wir uns doch sehen, daß ich bis dahin mit dem schwarzen Rock ausreiche. Wie hat dir mein Wonungsplan gefallen? Du schreibst nichts darüber. Nicht wahr, es ist alles recht hübsch bequem? –

Bezüglich meiner Kasse wird sich warscheinlich am Ende dieses Monats herausstellen, daß ich in 2 Monaten so viel gebraucht haben werde als für 3 hätte langen sollen. Dennoch habe ich die leise Hoffnung, ich würde es herein bringen können. Nur freilich ist dabei das neulich erwähnte teure Sanskritwörterbuch[24] noch nicht angeschafft, was ich denn auch die Absicht habe einstweilen zu sparen.

– Für Deine ausfürlichen Mitteilungen über Euer ganzes Tun und Treiben bin ich Dir sehr verbunden. fahre ja fort, mich in dieser Weise von allem was bei Euch vorgeht in Kenntnis zu setzen. Nur so können wir einander immerfort nahe bleiben, wenn eines vom andern möglichst viel weiß. Ich habe <u>darum</u> Euch einen Plan meiner Zimmer geschickt und <u>darum</u> Euch so ausfürlich über meine knappen Geldverhältnisse geklagt. – Ich wünschte sehr daß Ihr auch jetzt schon die Frage in Erwägung zieht, wie wir uns möglichst bald, (etwa im September schon?) sehen könnten. Trotz aller Zufriedenheit fehlt es mir durchaus nicht an Augenblicken recht lebhafter und mächtiger Sensucht. Und dann träume ich wol eine Menge Plan⟨e⟩ und Projecte für mich hin, von denen hoffentlich doch irgend eines zur Ausfürung kommt. Doch darüber haben wir ja noch Zeit uns zu besprechen.

Einen Frühling hats hier eigentlich nicht gegeben; unmittelbar auf große Kälte (ich bin noch vor 14 Tagen im Winterrock herumgegangen) ist große Hitze gefolgt. Meine Wohnung hat glücklicherweise auf der Seite meines Studierzimmers nur Morgensonne. –

Vorigen Montag (heute vor 8 Tagen) war ich das erstemal in Gesellschaft: bei Hermann Grimm, dem Sohn des verstorbenen Wilhelm. Er hat eine sehr liebenswürdige Frau[25] und auch sonst waren ganz angenehme Leute da, so daß ich mich vollkommen nach Wunsche unterhielt. Samstags war ich abends bei Prof. Müllenhoff und brachte auch hier einige sehr genußreiche Stunden zu. Für morgen abends bin ich zu Prof. Weber zum sogenannten »Sanskritkränzchen« geladen. –

Wie ists mit Conradi? ich möchte ihm schreiben und weiß nicht wohin.

Grüße außer Großm. Küttn. an *Tante*. Aussmann. – Der Vater soll mir doch ja wenn er zurückkommt ein par Zeilen schreiben.

<u>Wilhelm</u>

⟨…⟩

21/5 860

24 Vgl. Anm. 16 (Brief 6).
25 Gisela Grimm.

9. Scherer an Anna Stadler und Anton von Stadler

Berlin, 8. Juni 1860. Freitag

Meine lieben Eltern!

Es ist gleich 3/4 8 u. um 8 werden die Briefe abgeholt; ich bin eben ziemlich beschäftigt und kann nicht ausfürlich schreiben: ist eigentlich ums Papier schade für dies Zeug. Aber da die Mutter schon die Befürchtung ausspricht: »wenn ich nur nicht krank werde«; so scheint Euch dieser Gedanke aus mir unbegreiflichen Gründen nahegelegen und um also keine Besorgnis in Euch aufkommen zu lassen, schreibe ich heute nur, um Euch von meinem völligen Wolsein zu versichern und bitte zugleich, künftig aus einem 3-4 tägigen oder längern Stillschweigen meinerseits überhaupt nichts zu schließen, da ich ja durchaus nicht Herr meiner Zeit bin und dann doch für meine 3 Silbergr. eine ziemliche Zal Buchstaben aufs Papier malen will. So hätte ich heute gern einen Brief an Conradi beigeschlossen, dem ich unverantwortlicherweise noch nicht geschrieben habe.

Woher kommt die Zuversicht, mit der die Mutter davon spricht, wir würden uns im Herbst sehen; besonders da es wenig den Anschein hat, als könnte ich mir die nötigen Geldmittel beschaffen? Auch bezüglich der Vermutung, ich würde vielleicht nur 1 Jahr hier bleiben, kann ich wenig tröstliches sagen; so viel ich bis jezt sehe sind <u>wenigstens</u> 2 Jahre nötig. –

Heute vor 8 Tagen war ich abends bei Duncker,[26] wo ich Prof. Droysen sammt Frau[27] u. Töchtern[28] kennen lernte. Gestern machte ich bei »Frau Geheimrath« Duncker Reconnaissancevisite u. sie sagte mir, wenn ich irgend welchen Rat brauchte in Bezug auf meine häusliche Oekonomie so sollte ich mich nur an sie wenden.

Freut mich, daß Tony etwas braver ist; er soll nur sehen, die ohnehin geringen Forderungen die man an ihn stellt vollständig zu befriedigen.

Reichsrateröffnung:[29] – Reden der Ungarn sehr gefreut.

Adieu! Der Eurige
WScherer

26 Franz und Lina Duncker, deren Salon in der Potsdamer Straße Scherer regelmäßig besuchte. Vgl. Einleitung zu den Briefen an Lina Duncker (Briefe 33-38).
27 Emma Droysen.
28 Anna und Marie Droysen.
29 Der durch Kaiserliches Patent vom 5.3.1860 durch 38 Vertreter aus den Landtagen der österreichischen Kronländer verstärkte Reichsrat hatte am 31.5. seine Beratungen über eine neue Verfassung aufgenommen. Die von den Ungarn und Tschechen gebildete föderalistische Fraktion trat gegen eine Beschneidung der Länderautonomien und für eine Stärkung der Landtage ein.

Berl. 8/6 860

Bitte um baldige Antwort, dann bekommt ihr auch einen anständigeren Brief zur Erwiderung. Geht doch einer – Mutter oder Vater, wer Zeit hat – zu Langer und grüßt ihn von mir: er soll mir doch bald einmal schreiben. Dienstags und Freitags ist er den ganzen Tag zu Hause; das sind seine Amtstage.

10. Scherer an Anna Stadler

Berlin, 14. Dezember 1860. Freitag

Liebe Mutter,

verzeihe daß ich die Beantwortung Deines Briefes, die Du ja umgehend wünschtest, so lange habe anstehen lassen; aber teils bin ich ser von allen möglichen Studien u. Arbeiten in anspruch genommen, teils durch die – verhältnißmäßig vielen – Gesellschaften, in denen ich mich jetzt bewege, u. die gerade mit den annemlichsten Teil meines hiesigen Aufenthaltes ausmachen. Montags bin ich bei Hermann Grimm oder Adolf Stahr, Donnerstag bei Prof. Gosche u. Samstags bei Prof. Müllenhoff, Sonntags endlich in einem Kränzchen[30] verschiedener Professoren, Privatdozenten u. Studenten. Dienstag Mittwoch u. Freitag bleiben also nur frei, wenn nicht etwa eine Einladung zu Duncker oder zu Prof. Weber mich von den Büchern abruft. Trotzdem bin ich mit dem Fortgange meiner Studien ziemlich zufrieden, soweit man sich nemlich überhaupt je genug tun kann; auch mußt Du Dir nicht etwa vorstellen, daß ich wirklich alle 8 Tage jene genannten Kreise besuche. Höchstens Sonntag u. Montag Abends pflege ich in der Regel in Gesellschaft zuzubringen.

Du siehst jedesfalls, daß ich alle Ursache habe, meine Zeit zusammen zu halten u. daß ich mich auch aus diesem Grund schwer entschließe, an Conradi zu schreiben, wo die Schwierigkeit der Situation u. die wirklich große Abbitte, die ich ihm zu tun habe, eine genaue Überlegung und Abwägung des zu schreibenden, und vor allem Sammlung verlangen. ⟨…⟩

30 Gemeint ist vermutlich der so genannte ›Selbstmörderklub‹, ein Stammtisch, zu
   dem sich in den 1860er Jahren vornehmlich jüngere Berliner Akademiker zusammenfanden, um über aktuelle wissenschaftliche, politische und kulturelle Fragen
   zu diskutieren. Mitglieder des Kreises, der seinen Namen den zweifelhaften Berufsaussichten seiner Teilnehmer verdankte, waren neben Scherer u. a. Wilhelm
   Dilthey, Herman Grimm, Bernhard Erdmannsdörffer, Heinrich von Treitschke
   sowie als gelegentliche Gäste Julian Schmidt und Theodor Mommsen. Vgl. Erich
   Rothacker: *Einleitung in die Geisteswissenschaften.* Tübingen ²1930, S. 137.

Bezüglich Tonis Lectüre fällt mir ein, daß er wol schon lesen kann: »Plutarch's Biographien«,[31] (welche im Bücherkasten im Zimmer des Vaters stehen) u. ihm gewis viel Freude machen werden. Dem Toni selber übrigens auf seinen Brief zu antworten habe ich keine Zeit mehr. Was macht der Vater. Ist das eine größere Commission in Heiligenkreuz?[32] – Was sagte er zu der gegenwärtigen politischen Constellation?[33] Ich warte täglich von Morgen bis Abend, von Abend bis Morgen, daß endlich die ersente Nachricht ankomme, Schmerling sei Minister geworden u. habe ein möglichst liberales Programm aufgestellt. Merkwürdig ist die neueste Schwenkung, welche hier plötzlich das Organ der äußersten Demokratie »Die Volkszeitung«[34] auf die Seite Oesterreichs macht, indem sie nemlich von Oesterreich erwartet, es werde um Preußen die deutschen Sympathien zu entziehen sich in Deutschland möglichst liberal geberden. Das sind meiner Meinung Hirngespinste u. das ganze scheint vielmer eine Drohung gegen Preußen, als sonst etwas.

Adieu. Grüße Vater Toni, Großmutter u. Küttners. Was macht Lemberg Leni?

Dein aufrichtiger Sohn

WScherer

Berlin, 14 Dezember 860

---

31 *Biographien des Plutarch.* Mit Anmerkungen v. Gottlob Benedict von Schirach. 8 Bde. Wien, Prag 1796. – Ein Exemplar dieser Ausgabe des Werkes wird auch in einem Katalog mit Büchern aus dem Nachlass von Wilhelm Joseph Schmitt erwähnt. Vgl. SBBPK, NL 166 (W. Scherer): 31.

32 Nicht ermittelt.

33 Nach dem Scheitern einer Verfassungsreform über den erweiterten Reichsrat (vgl. Anm. 29, Brief 9) hatte Kaiser Franz Joseph am 20.10.1860 das so genannte ›Oktoberdiplom‹ zur Sicherung der Autonomie der Kronländer und der Einheit des Kaiserreiches erlassen. Dieses föderalistische Staatsgrundgesetz, dem sowohl die deutschen als auch die ungarischen Bevölkerungsteile Widerstand entgegensetzten, wurde wenige Monate später durch das zentralistische ›Februarpatent‹ (vgl. Brief 12, dazu Anm. 48) ersetzt. Die unten von Scherer gewünschte Ernennung des deutschliberalen Anton von Schmerling zum Staatsminister war bereits einen Tag vor seinem Schreiben, am 13.12.1860, erfolgt.

34 Die Berliner *Volkszeitung*, 1853 von Franz Duncker begründet, galt als das Organ der liberalen und demokratischen Opposition in Preußen.

11. Scherer an Anton von Stadler

Berlin, 29. Januar 1861. Dienstag

Lieber Vater,

ich beeile mich Euren Brief, den ich heute erhalten, zu beantworten. Du hättest mir nichts tröstlicheres schreiben können, als die Versicherung, wenigstens bis Ende Juli noch in Berlin studieren zu können. Ich hatte kaum den Gedanken gefaßt, zu Ostern von hier fort zu gehen, als ich zu empfinden anfieng, wie unendlich schwer es mir werden würde, mich jetzt schon loszureißen. Die Univ. Wien würde mir, nachdem ich in Berlin gewesen nichts sonderliches mer bieten können. Und Prag überhaupt nicht: es ist gar kein ausgezeichneter Lerer meines Faches dort, vilmer sogar ein exquisiter Dummkopf.[35] Was mich hinziehen könnte, wäre nur die gute Gelegenheit, čechisch zu lernen u. daran ein eingehenderes Studium der slavischen Sprachen überhaupt zu schließen. Ferner, daß der dortige Philosoph[36] – u. ich muß mich um meiner Rigorosen[37] willen notwendig wärend des Sommers mit Philosophie beschäftigen – ungefär ebenso gut ist als der hiesige.[38] Endlich, daß ich nach Wien jetzt schon zurückgekert, weder die nötige Ruhe u. Unzerstreutheit für meine Studien finden würde, noch die nötige Festigkeit in meinem Wissen, um meinem wissenschaftlichen Gegner Prof. Pfeiffer[39] mit der gehörigen Sicherheit entgegentreten zu können. Es bliebe also, um wegen der Geldverhältnisse eine österreichische Universität zu wälen, nur Prag übrig.

Besonders schwer würde mir aber den Abschid von hier machen, daß mein Verhältnis zu den Prof. Haupt u. Müllenhoff mit jedem Tage angene-

---

35 Gemeint ist Johann von Kelle, seit 1857 Ordinarius für deutsche Sprache und Literatur an der Prager Universität.

36 Gemeint ist wohl Johann Heinrich Löwe, seit 1858 Ordinarius für Philosophie in Prag.

37 Scherer kehrte zu Ostern 1861 nach Wien zurück, wo er an der dortigen Universität zwischen Oktober 1861 und April 1862 seine Doktorprüfung ablegte, die damals ›nur‹ aus den Rigorosa in Philosophie, Universalgeschichte, Mathematik und Physik bestand, während eine Prüfung im eigentlichen Fach, wie Scherer auch weiter unten bemerkt, nicht stattfand. Vgl. *Sternsdorff (1979)*, S. 74 f. (mit Quellen).

38 Gemeint ist Adolf von Trendelenburg, bei dem Scherer im Sommersemester 1861 philosophische Vorlesungen und Übungen belegte. Vgl. *Sternsdorff (1979)*, S. 72, Anm. 1.

39 Zu Scherers Verhältnis zu seinem Wiener Lehrer Franz Pfeiffer vgl. Einleitung zu den Briefen an Pfeiffer (Briefe 29-32).

mer und enger wird.* Ersterer äußerte sich neulich ser zufrieden über eine Textesherstellung eines altdeutschen Gedichtes[40] die ich teilweise gemacht habe, u. jezt im Begriffe bin zu vollenden, u. deutete schon neue Plane zu änlichen Arbeiten an. Müllenhoff aber werde ich mich im Laufe dieses Sommers warscheinlich durch Beihilfe an der Herausgabe eines Buches[41] nützlich machen können, wobei ich einige Arbeiten, die im zeitraubend, mir aber ersprießlich sind, zu übernemen mich angetragen habe. –

Meine Äußerung bezüglich meines Doktorates hat diesen Sinn: Meine Rigorosen[42] muß ich aus 4 Gegenständen machen, mit deren keinem ich mich je so eingehend wie mit meiner Fachwissenschaft beschäftigt habe, wärend ich um diese letztere gar nicht gefragt werde. Also natürlich, daß wärend des Jares das ich zu Vollendung der Rigorosen wol brauchen werde, meine Fachgegenstände, je nachdem mir jene Arbeiten schwer oder leicht werden, mer oder weniger leiden müssen. –

Kobbe schreibt folgendes: ...»Zugleich bemerke Ihnen, daß, bezüglich der Erlangung der Doktorwürde, folgender Passus in der Stiftungsurkunde vorkommt: ›4. Ist der Alumnus von des Stifters Verwantschaft, so bekommt er aus den Stipendiengeldern auch die (weiter) bestimmte Gebühr für Doktors Defension und Promotion.‹ – Seit meiner zwölfjährigen Verwaltung ist jedoch eine »Gebühr« für das erlangte Doktor Diplom nicht bezalt worden.«[43] –

– Du siehst: mein Raum geht schon wieder zu Ende u. meine Zeit auch. An die Mutter, die mir onehin nur mer Anhängsel an Deine Briefe schreibt, kann ich daher nicht mer besonders schreiben. Übrigens muß ich noch meine besondere Freude ausdrücken über das Lob das sie Dir spendet, daß Du so fromm u. geduldig seist. Wünsche nur, daß sie Dich nicht verschrien habe. – Wie geht es Toni in der Schule? Bei ihnen ist wol bald das Semester zu Ende? –

* Ich schreibe dies u. das folgende nicht weil ich mir was darauf einbilde – denn ich weiß ser gut, wie schwach meine Kräfte u. wie groß die Nachsicht der genannten Herrn –, sondern nur, weil ich denke es werde Euch dies freuen. Ich möchte auch nicht, daß weiter davon geredet würde.

---

40 Es handelt sich um eine ungedruckt gebliebene Bearbeitung von Konrads von Würzburg *Schwanritter* (vgl. *VL* 5, Sp. 290 f.), die Scherer im Wintersemester 1860/61 anfertigte und noch 1863 mit Korrekturen von Moriz Haupt in seine Wiener Habilitation einbrachte. Vgl. die Angaben in Dokument II.
41 Gemeint ist die 1864 erschienene Ausgabe *Denkmäler 1*. Zu Scherers Mitarbeit an dem Buch vgl. Dokument II.
42 Vgl. Anm. 37 (Brief 11).
43 Zu den von Scherer empfangenen Stipendien vgl. Anm. 20 (Brief 7).

Warum gehst Du nicht auch einmal zu Schmerling oder Plener[44]? oder in den jur.-polit. Leseverein[45] [in dem Du auch Langer träfest, von dem ich überh. etwas hören möchte, da ich immer nicht dazu komme im zu schreiben u. wenigstens wünschte, daß er höre wie es mir gehe u. daß Du mich bei im entschuldigst, wegen der wirklich großen Masse meiner Arbeiten]. – Es müßte doch ser interessant für Dich sein zu jenen zu gehen u. vielleicht auch vorteilhaft für Dich – u. vielleicht mich.**

Viele Grüße an Großm. Küttner.

WScherer

Berlin 29.1.861.

⟨…⟩

Kennst Du Dr Ferd. Stamm? Er ist ein Bekannter von Haupt, der im J. 1848 von Leipzig aus mit im zusammentraf.

** NB. Eine Anstellung im Unterrichtsministerium, wenn Schmerling u. Plener am Ruder bleiben oder noch mer drankommen, wäre gar nicht so uneben.

12. Scherer an Anna Stadler und Anton von Stadler

(Berlin), 28. März 1861. Donnerstag

Meine lieben Eltern!

Eigentlich hätte ich genau den Termin abwarten u. also erst nächsten Montag schreiben sollen, da Ihr so hart mit mir ins Gericht geht u. sogar zu Drohungen schreitet. Mit Gewalt ist immer noch weniger auszurichten, als mit Gutem. Ich bin überzeugt, Ihr würdet sehr unzufrieden sein, schriebe ich

44 Ignaz von Plener gehörte als Finanzminister zu den wichtigsten Mitgliedern der im Dezember 1860 gebildeten neuen Regierung unter Staatsminister Anton von Schmerling. Vgl. Anm. 33 (Brief 10).

45 Der Juridisch-politische Leseverein, 1841 in Wien als Vereinigung von Beamten, Juristen und Professoren gegründet, war das Diskussionsforum der gemäßigt liberalen bildungsbürgerlichen Oberschicht. Er hatte starken Anteil an den meinungsbildenden Prozessen im Vorfeld der Revolution von 1848 und der österreichischen Verfassungsreformen bis 1867. Zu seinen zahlreichen Mitgliedern gehörte auch der Politiker Anton von Schmerling. Vgl. Wilhelm Brauneder: *Leseverein und Rechtskultur. Der juridisch-politische Leseverein zu Wien 1840 bis 1990.* Wien 1992.

grade nur, wie es mir geht – u. mehr schreiben, das erfordert immer einige
Zeit u gehörige Samlung – für mich eine Unterbrechung meiner Arbeiten.
Daß ich übrigens 3 Wochen nicht soll geschrieben haben, muß entweder ein
Irrtum Euerseits sein oder es ist ein Brief verloren gegangen.
Meinen Paß, um das gleich vorweg zu sagen, habe ich schon zur Gesandt-
schaft getragen. Man verlängerte ihn auf 4 Wochen u. schrieb wegen des wei-
teren nach Hause. – Meine Zeugnisse habe ich noch nicht besorgt, da mir
noch die Bestätigungen merer Professoren felen. Nicht war: ich brauche 2
Sittenzeugnisse u. 2 Zeugnisse meiner Anwesenheit hier? –[46]
Für die ausfürlichen Mitteilungen aus unserem politischen Leben schönen
Dank. Ich bekam ein viel klareres Bild, als aus den Zeitungen, da mir österreichische nur selten in die Hände fallen u. die Berliner – zwar viel bessere
Correspondenzen aus Wien enthalten, als die Wiener Blätter aus Berlin, –
aber doch meiner lebhaften Neugierde nicht volle Genüge tun. Wie hoch
würde es kommen, sich auf die »Presse«[47] zu abonnieren? Oder könntet u.
wolltet Ihr mir sie etwa päckchenweise von Woche zu Woche – mit Weg-
schneidung der Annoncen etz. – schicken? –
Die österr. V*er*fassungsstatuten[48] habe ich bekommen, aber noch immer
nicht vollständig durchstudiert, was ich ja auch nicht brauche, da die einzelnen Landtage sich ja ziemlich äneln. Auszusetzen gibts freilich überall noch
genug. So die Ernennung der Präsidenten durch den Kaiser, die beispillos
lange Sitzungsperiode, das 3 Klassen Walgesetz,[49] die öffentliche Abstim-
mung (welche je_tz_ wo der Liberalismus obenauf ist freilich eher gute Wir-

46 Scherer benötigte die erwähnten Unterlagen im Zusammenhang mit seiner
    Rückmeldung an die Universität Wien. Vgl. Anm. 37 (Brief 11).
47 *Die Presse*, 1848 gegründete, liberale Wiener Tageszeitung, nicht zu verwechseln
    mit der erst seit 1864 erscheinenden *Neuen Freien Presse*.
48 Das am 26.2.1861 durch kaiserliches Patent erlassene »Grundgesetz über die
    Reichsvertretung« (auch »Februarpatent«) samt »Landesordnungen« für die
    Kronländer revidierte das föderalistische »Oktoberdiplom« (vgl. Brief 10, dazu
    Anm. 33) zugunsten eines deutsch-zentralistischen Systems und markiert den Be-
    ginn der liberalen Ära in Österreich. Wichtigste Elemente der neuen Verfassung
    waren: Reichsrat mit Zweikammernsystem, indirekte Wahl der Abgeordneten
    über die Landtage, Aufteilung der Legislative zwischen Krone und Reichsrat,
    Notverordnungsrecht des Monarchen. Das Wahlrecht verschaffte dem deutschen
    Bevölkerungsdrittel die absolute Mehrheit an Mandaten.
49 Ein Dreiklassenwahlrecht nach preußischem Vorbild (nach Steuerklassen-Zensus)
    war nur auf der Ebene der Gemeinden vorgesehen. Die Wahl der Landtage erfolg-
    te auf der Basis des Zensus aus vier Kurien: Großgrundbesitzer, Handels- und
    Gewerbekammern, Städte und Märkte, Landgemeinden. Die nach Ländern un-
    terschiedlich hoch festgelegte Mindeststeuerleistung ermöglichte jeweils nur einer
    Minorität von 5-10 Prozent die Wahlbeteiligung.

kung getan hat, welche aber, wenn nach 6 Jaren das Verhältnis sich – was
Gott verhüte – umgekrt haben sollte, alle jetzigen Errungenschaften zu
nichte machen könnte), das passive Walrecht erst mit 30 Jahren u. auch manches andere.

Daß dem Adel ein so weiter Raum gestattet, neme ich wie schon
gesagt,[50] nicht so ser übel, aber bescheide mich gerne, über diese Verhältnisse
vil weniger Einsicht zu besitzen als Du: mein Hauptargument für den Adel
ist seine Stellung vor 1848,[51] wo die ständische Opposition das einzig eigentliche treibende Element im Staate war (– hatte doch veranlaßt dadurch
Fst Metternich, wie jetzt aus den schweizerischen Gesandtschaftsberichten ur-
kundlich nachgewiesen ist, eine der jetzigen nicht ganz unänliche Verfassung
in der Mitte der 40iger Jare ausgearbeitet,[52] welche nur an dem Widerstande
des Erzhzgs Ludwig u. Kolowrats[53] scheiterte –). Von den Ständen gieng ja
auch der Anstoß zur Märzrevolution[54] aus: Sind die Adlichen verschwunden

50 Gemeint ist ein hier nicht abgedruckter Brief an Anton von Stadler vom 4.3.1861
    (SBBPK, NL 166 (W. Scherer): 101), in dem Scherer sich entsprechend geäußert
    hatte.

51 Der reformorientierte Adel, besonders der der niederösterreichischen Landstände,
    opponierte damals gegen das starre Metternich'sche System, indem er sich z. B. für
    die Grundentlastung, d. h. für die Abschaffung der bäuerlichen Erbuntertänig-
    keit einsetzte.

52 Scherers Ausführungen zu Metternichs angeblichem Verfassungsplan folgen der
    Darstellung bei Adolf Schmidt: *Zeitgenössische Geschichten*. Bd. 2: *Österreich 1830-
    1848*. Berlin 1859, S. 615 ff., der u. a. diplomatische Depeschen eines Schweizer
    Gesandten über Vorgänge in der Wiener Geheimen Staatskonferenz auswertete.
    Dass Scherer diese Darstellung kannte, belegt Brief 30 (dazu Anm. 33). Nach heu-
    tigem Forschungsstand dachte Metternich 1847 weder an eine Verfassung noch an
    einen Reichsrat, sondern erwog nur ein stärkeres Prüfungsrecht der Landstände
    in Haushaltsfragen. Vgl. dazu schon Heinrich Ritter von Srbik: *Metternich. Der
    Staatsmann und der Mensch*. Bd. 2. München 1925, S. 209-211 (mit weiterführen-
    der Literatur).

53 Erzherzog Ludwig von Habsburg und Franz Anton Graf Kolowrat-Liebsteinský
    waren Mitglieder der von Staatskanzler Metternich geführten Geheimen Staats-
    konferenz, die ab 1837 faktisch die Regierungsgeschäfte für den geistesschwachen
    Kaiser Ferdinand I. führte.

54 Infolge der Ereignisse der österreichischen Märzrevolution erklärte Staatskanzler
    Metternich am 13.3.1848 seinen Rücktritt und ging vorübergehend ins Exil. Scherers
    folgende Schilderungen beziehen sich auf die am Tag der Revolution erfolgten
    Beratungen dreier an Kaiser Ferdinand gerichteter Petitionen im österreichischen
    Landtag, betreffend das Reformprogramm der Stände, die so genannte »Bürger-
    petition« zur Pressefreiheit und die der Studenten nach universitärer Lehrfreiheit.
    Unter dem Druck massenhaft demonstrierender Studenten und Arbeiter sah sich
    die Ständeversammlung gezwungen, eine größere Abordnung in Viererreihen in die

oder ausgestorben welche damals in langer Procession zur Burg ziehend die ersten Grundlinien der österr. Freiheit erbaten u. erhielten? Und wer waren denn die 51 Großgrundbesitzer welche die bekannte Erklärung verfaßten? Der Vergleich Oesterreichs mit den N.amerik. St.[55] trifft ser wol zu u. läßt sich ins einzelne ausfüren, auch mancher fruchtbare Gedanke sich daraus für die Gestaltung Oesterreichs gewinnen. – Über ein Ministerverantwortlichkeitsgesetz[56] bin ich mit Dr Zelinka einverstanden, da davon erst die Rede sein kann, wenn der allgemeine Reichstag[57] eine Warheit geworden, – würde also wol Gefar laufen auch ausgepfiffen zu werden, wenn ich 10 Jare anticipieren u. candidieren könnte. Vielleicht würde ich das auch über noch andren Punkten Gefar laufen, ist doch was Du verächtlich »Deutschtümelei« nennst mein eigentlichster Standpunkt. Jede gesunde Politik gibt keinen Posten auf, den sie Aussicht hat zu behaupten. Die Verteidigung Venedigs[58] gegen jeden Angriff steht uns fest u. Deutschland wollen wir faren lassen? Wo sind denn die Wurzeln all unsres Lebens u. Wesens als in Deutschland, was sind wir denn one die deutsche Bildung? u. wie werden wir denn fertig werden mit unsren Nationalitäten, wenn wir unsren Rückhalt in Deutschland aufgeben? Laß heute eine ungarische Revolution[59] u. einen Angriff Italiens, nicht mer

kaiserliche Hofburg zu schicken, um dort die Petitionen vorzutragen. Allerdings stimmten nur 33 von 127 Mitgliedern der Versammlung dem Inhalt der Petitionen auch förmlich zu, darunter der Großgrundbesitzer Graf Breuner, einer der Wortführer der ständischen Opposition. Die von Scherer genannte Zahl von 51 oppositionellen Großgrundbesitzern in der Ständeversammlung ist nicht belegt.

55 In den USA war am 12.4.1861 der Sezessionskrieg zwischen den Nord- und Südstaaten ausgebrochen. Der Vergleich lag für Scherer wohl aufgrund der in Österreich drohenden nationalen Sezessionen nahe, auf die er sich unten bezieht.

56 Eine Rechenschaftspflicht der Minister dem Parlament gegenüber wurde von der liberalen Öffentlichkeit immer wieder gefordert, kam aber bis zum Ende der Monarchie nie zustande. In welchem Zusammenhang sich der damalige stellvertretende Bürgermeister von Wien, Andreas Zelinka (der am 16.6.1861 Bürgermeister wurde), zu diesem Thema geäußert hatte, konnte nicht ermittelt werden.

57 Der allgemeine Reichstag (gegenüber dem ›engeren‹ Reichstag nur für die österreichische Landeshälfte) war die im Februarpatent (vgl. Anm. 48, Brief 12) vorgesehene politische Gesamtvertretung unter Einschluss Ungarns.

58 Nach der Rückeroberung der Lombardei im österreichisch-italienischen Krieg von 1859 waren das in Folge der Vereinbarungen des Wiener Kongresses an Österreich zurückgegebene Venedig und sein Hinterland das erklärte nächste Ziel der italienischen Befreiungsbewegung.

59 1849 war das Haus Habsburg durch den Reichsverweser der kurzlebigen Republik Ungarn, Lajos Kossuth, für abgesetzt erklärt worden. Der ungarische Aufstand konnte nur mit Hilfe Russlands niedergeschlagen werden.

Piemonts (wie 48.49)[60] zusammentreffen – auch in Polen ist kein Stadion[61] mer u. die Kroaten sind nicht mer was sie zu Jellačič Zeit[62] gewesen, die Dalmatiner sind von Italien her angesteckt, die Serben und Rumänen[63] haben jetzt einen Halt in den Donaufürstentümern u. selbst die Böhmen[64] wollen ja den alten hussitischen Geist wieder heraufbeschwören. Können wir allein, wir Deutschösterreicher, dieser Übermacht Herr werden? Wird uns Rußland etwa wieder helfen?[65] Und wenn es dies täte, wie elend, russischer Hilfe sein Fortbestehen danken zu müssen? Und vergessen wir nicht, daß hinter Coura[66] u. Victor Emanuel u. vielleicht auch hinter den Polen Louis Napeoléon steht, daß jetzt kein mit sich selbst beschäftigtes gärendes Frankreich, sondern ein mächtiges, in sich selbst gefestigtes, jeden Augenblick zur Tat bereites jener Dinge Zuschauer wäre. Und wo anders sind dann unsre natürlichen Bundesgenossen als in Deutschland?

Freilich der Graf Schwerin hat neulich in der Kammer[67] von einem Zusammengehn mit Oesterreich gesprochen u. damit indertat den Standpunkt der jetzigen Regierung – den Standpunkt auch der seit 1815[68] mit kleiner Unter-

60 Die Lombardei war 1848 von Truppen des Königreichs Sardinien besetzt, zuletzt aber von Radetzky zurückerobert worden. Viktor Emanuel II., König von Piemont-Sardinien, stand seit März 1861 an der Spitze des neuen Königreichs Sardinien.

61 Franz Graf von Stadion, 1846-48 Statthalter von Galizien und im Revolutionsjahr 1848 österreichischer Innenminister, galt als ›starker Mann‹ und unbürokratischer Reformer. Seiner geschickten Politik gelang nach dem Krakauer Aufstand (1846) eine Eindämmung der nationalpolitischen Ambitionen in Polen.

62 Josef Graf Jellačič, Vertreter der kroatischen Unabhängigkeitsbewegung, aber dennoch kaisertreu, kämpfte, 1848 zum Banus von Kroatien ernannt, gegen die aufständischen Ungarn.

63 Serben und Rumänen besaßen ebenso wie die Kroaten als nationale Minderheiten in den Ländern der ungarischen Krone keinen kollektiven Rechtsstatus, nur bürgerliche Individualrechte.

64 Tschechische Abgeordnete nahmen an der ersten Session des neuen ›engeren‹ Reichstages (ab Mai 1861) teil, blieben aber fern, als man das historische Recht ihrer Länder (»böhmisches Staatsrecht«) als Verfassungsgrundlage nicht anerkennen wollte.

65 Vgl. Anm. 59 (Brief 12).

66 Gemeint ist offenbar Camillo Graf Cavour (nicht: Coura), Ministerpräsident des Königreichs Sardinien; er war seit den 50er Jahren die treibende Kraft der italienischen Einigungsbewegung (›Risorgimento‹), mit dem Kaiser Napoléon III. von Frankreich (Louis Napoléon) im Krieg gegen Österreich von 1859 verbündet war.

67 Gemeint ist der preußische Landtag. Die von Scherer zitierte Erklärung des preußischen Innenministers Maximilian Graf von Schwerin konnte nicht ermittelt werden.

68 Gemeint ist: seit der Gründung des Deutschen Bundes als Resultat des Wiener Kongresses im Jahr 1815.

brechung traditionellen preußischen Politik – bezeichnet. Aber nach jener Erklärung Schwerins brachten Berliner Witzblätter eine Zeichnung:[69] ein Preuße u. ein Oesterreicher Arm in Arm, der leztre umsinkend, zum Tode getroffen von den Flintenschüssen des Italieners u. den Steinwürfen eines Magyaren, wird mit Mühe aufrecht erhalten vom Preußen, der seinerseits tief in den Dreck geraten ist u. vor Schüssen u. Steinwürfen gleichfalls nicht sicher.»Das seien die Aussichten beim Zusammengehn mit Oesterreich!« – So ist hier die Stimmung u. das erzälte nicht einmal das ärgste. Und die Heldentaten des westfälischen Junkertums (Vincke)[70] kennt Ihr ja selbst. Aber auch die Freundschaft des preußischen Ministeriums – abgesehen davon daß Gf Schwerin zu dem »zusammengehen« hinzufügte: »so lange es uns bequem ist« – kann uns wenig nützen. Denn das liberale Ministerium* wird bald allen Boden im Volke verloren haben.[71] Schon beginnt man allgemein zu spötteln über die geringen Früchte welche die mit so großem Enthusiasmus begrüßte neue Aera getragen. Und selbst in Regierungskreisen will man jetzt schon damals gewußt haben, daß von der Persönlichkeit des PrinzRegenten, jetz. Königs[72] kein volles Eingehen auf die Strebungen des Liberalis-

* Ministerium sei nichts (Parodie von Schleinitz)[73] nennt man es jezt

69 Die Karikatur konnte nicht ermittelt werden.

70 Der konkrete Hintergrund dieser Anspielung auf Georg von Vincke, den Fraktionsführer der liberalen Mehrheit im preußischen Landtag und späteren Oppositionsführer der Altliberalen, ist unklar. Scherers ironische Distanz zu Vincke und dessen gemäßigtem Liberalismus erklärt sich aus seiner offensichtlichen Nähe zu den sich zu diesem Zeitpunkt parteipolitisch formierenden fortschrittlichen Liberalen in der preußischen Politik (Deutsche Fortschrittspartei).

71 Die durch Prinzregent Wilhelm von Preußen im November 1858 eingesetzte Regierung unter Karl Anton Fürst von Hohenzollern-Sigmaringen und Wilhelms bald sprichwörtlich gewordenes Programm der »moralischen Eroberungen« weckten Hoffnungen der liberalen Mehrheit im preußischen Landtag (und ihrer Sympathisanten in Österreich) auf eine innere und äußere Liberalisierung Preußens, die sich nicht erfüllten. 1860 kam es im Streit um die Heeresreform zu einer zunehmenden Entfremdung zwischen dem König und der Regierung sowie den unterschiedlichen Regierungsfraktionen. Die wiederholte Ablehnung der Militärvorlage durch den preußischen Landtag mündete 1862 in einen offenen Verfassungskonflikt.

72 Prinzregent Wilhelm war im Januar 1861 seinem verstorbenen, kinderlosen Bruder Friedrich Wilhelm IV. auf den preußischen Thron gefolgt.

73 Der preußische Außenminister Alexander von Schleinitz unterhielt enge Beziehungen zur königlichen Familie und galt deshalb als ›Höfling‹; er wurde später auch Minister des königlichen Hauses. Auf diesen Zusammenhang dürfte das von Scherer zitierte Wort von der »Parodie« anspielen.

mus zu erwarten sei. Die ministerielle Partei-Fraction Vincke – dominiert freilich noch in der Kammer; aber sie selbst ist schon in Widerspruch mit dem Ministerium u. erleidet in der öffentlichen Meinung eine Niederlage nach der andern: eine große parlamentarische Niederlage steht ihr vielleicht nahe bevor.[74] Sie hat ire Herrschaft überhaupt nur dem Umstande zu danken daß die Demokraten – um gegen die Conservativen Stimmzersplitterung zu vermeiden – mit den Constitutionellen gestimmt hatten. Das ist jezt anders geworden: überall sind die Coalitionen zwischen Demokraten u. Constitut. wieder gesprengt u. bei den neuen Walen werden die Demokraten wieder selbständig auftreten, ja schon jezt ist es bei einzelnen Nachwalen gelungen Demokraten – so Waldeck, den Fürer der Linken in der preußischen Nationalversamlung von 48 u. den »Vater der jetzigen Verfassung«[75] – in die Kammer zu bringen. Einer der hervorragendsten Mitglieder dieser Partei – welche es durchaus nicht auf Umsturz, Revolution oder Befeindung des monarchischen Princips abgesehen hat – sagte mir: »ich möchte jezt Minister von Oesterreich sein u. es wäre mir ein leichtes im die Sympathien von ganz Deutschland zu gewinnen.« Und mit Andeutung von Unterstützung, »wenn« – hat auch die demokratische Volkszeitung[76] Hn v. Schmerling[77] begrüßt. Oesterreich könnte alle die für sich gewinnen, welche zuerst deutsch, dann preußisch sind. Auch Waldeck deutete in der Kammer an, wie viel Deutschland zu gewinnen habe, wenn ein Wettstreit zwischen Oesterreich u. Preußen ent-

---

74 Scherer bezieht sich hier auf die Zersplitterung der preußischen Liberalen in der Spätphase der ›Neuen Ära‹ und nimmt hellsichtig den Machtverlust der gemäßigten Liberalen um Vincke in den Landtagswahlen vom Dezember 1861 vorweg. Als deren Hauptergebnis wurde die neu gegründete Deutsche Fortschrittspartei zur stärksten liberalen Kraft in der preußischen Politik. Das von einer fortschrittlich-liberalen Mehrheit bestimmte Abgeordnetenhaus wurde jedoch ein Jahr darauf auf königlichen Erlass hin aufgelöst.

75 Benedikt Waldeck, radikaler Demokrat in der Berliner (preußischen) Nationalversammlung, hatte entscheidenden Anteil an der sich unter radikaldemokratischen Prämissen vollziehenden Umarbeitung eines ersten, an der belgischen Verfassung von 1831 orientierten Entwurfs der preußischen Verfassung (»Charte Waldeck« vom 26.7.1848). Scherers nur eingeschränkte Bezugnahme auf Waldeck als ›Verfassungsvater‹ geht wahrscheinlich auf die Tatsache zurück, dass Waldecks Verfassungsentwurf, obwohl durch die monarchische Reaktion grundsätzlich revidiert, dennoch nicht ganz ohne Einfluss auf die vom König bereits am 5.12.1848 oktroyierte Verfassung (in Kraft seit 31.1.1850) war.

76 Vgl. Anm. 34 (Brief 10).

77 Die Ernennung des großdeutsch gesinnten Liberalen Anton von Schmerling zum österreichischen Staatsminister (vgl. Anm. 33, Brief 10) weckte allgemein Hoffnungen auf Fortschritte in der nach dem Scheitern der Revolutionen von 1848 festgefahrenen ›deutschen Frage‹, die sich nicht erfüllten.

stünde, wenn eines das andre an deutscher Gesinnung zu überbieten suchte. Der Nationalverein[78] kann mit Erfolg nur bekämpft werden, wenn sich demselben eine großdeutsche Partei[79] entgegenstellte, welche in ganz Süddeutschland u. Oesterreich u. am Rhein einen sicheren Boden hätte. Aber sie selbst kann nur gegründet werden u. bestehen, wenn sie hinter sich einen österreichischen Minister hat der die Fane des Liberalismus u. des großen einigen Deutschlands hochhält. Ich habe die Hoffnung nicht aufgegeben, der ehemalige Reichsminister[80] werde diese Mission auf sich nemen u. bescheide mich gerne, daß in diesem Augenblicke der rechte Zeitpunkt noch nicht gekommen sei. Oesterreich muß erst in sich gefestigt sein. Ein Parlament kann er freilich nicht berufen; aber zwischen der jetzigen Misere u. einem Parlament ligt noch vieles inzwischen das alles besser ist als der jetzige Zustand. Er braucht nicht einmal auf was neues zu denken: die Gegenvorschläge Baierns u. Würtembergs gegen die preuß. Union[81] (noch kürzlich wieder aufgefrischt u. ausgeführt durch eine Broschüre[82] von Constantin Frantz), die Verhandlungen zwischen Oesterr. u Preußen vor Reaktivierung des Bundestags[83] bieten ein vortreffliches Material. Der Bundestag selbst ist leicht zu umgehn, da seine Rechtsbeständigkeit ja unschwer zu leugnen.

78 Der Deutsche Nationalverein war ein 1859 erfolgter Zusammenschluss liberaler und demokratischer Honoratioren (u. a. Heinrich von Sybel, Gustav Freytag, Hermann Schulze-Delitzsch), die für ein deutsches Erbkaisertum mit Parlamentarismus und die kleindeutsche Einheit unter preußischer Führung eintraten.

79 Eine solche Parteiung formierte sich im Oktober 1862 als Deutscher Reformverein, welcher Großdeutsche aller Schattierungen versammelte, deren Ziel eine Reform des Deutschen Bundes unter österreichischer Führung war.

80 Gemeint ist Anton von Schmerling, ehemals Reichsminister(präsident) der Frankfurter Nationalversammlung von 1848. Vgl. Anm. 77 (Brief 12).

81 Der Begriff ›Preußische Union‹ bezeichnet die Politik Preußens zur Erringung einer Vormachtstellung im reaktivierten Deutschen Bund, erstmals versucht 1849/50 mit der Absicht, einen preußisch-kleindeutschen Bundesstaat auf dynastischem Weg zu gründen, was durch Österreich im Vertrag von Olmütz (29.11.1850) vereitelt wurde. In der Folge wurde der offene politische und militärische Dualismus zwischen Preußen und der alten Bundesvormacht Österreich bestimmend.

82 Constantin von Frantz: Drei und dreißig Sätze vom deutschen Bunde. Berlin 1861. Frantz plädiert für eine föderalistisch-großdeutsche Lösung, die durch eine triadische Reform des Deutschen Bundes zu erreichen sei: Neben den Führungsmächten Österreich und Preußen sollte ein von sieben Mittelstaaten gewählter Vertreter die neue Zentralgewalt anstelle des alten Bundestages ausüben, wobei die drei Staatsoberhäupter persönlich an die Spitze des Bundesreformprojekts treten.

83 Der Deutsche Bundestag fungierte als oberste Behörde des Deutschen Bundes in Frankfurt am Main (1815-66) und war die ständige Versammlung von Gesandten der Einzelstaaten.

Nicht bloß wir brauchen Deutschland, sondern Deutschland braucht ebensoser uns. Niemals kann eine monarchische Einigung unter Preußen stattfinden. Alle Welt ist darüber einig, den Individualismus als ein constitutives Element des deutschen Charakters zu bezeichen u. man vergißt daß Preußen ein centralisierender Staat ist. Noch ehe es ein Preußen gab war die Rechtsbildung in ganz Norddeutschland durchaus centralisierend. Der größte Teil des heutigen Preußen wurde durch Eroberung dem deutschen Wesen gewonnen. Die Einheit Preußens ruht auf der Einheit _eines_ deutschen Stammes, wie auf einer gleichen England u. die skandinavischen Reiche. Und gleichberechtigt in Deutschland sind die Mitteldeutschen: Düringer u. Franken, Baiern, Schwaben, Oesterreicher. Ich habe gar nichts gegen die Anwendung des Nationalitätsprincipes auf die Deutschen, wenn wir es so verstehen wollen wie z.b. die Magyaren dies tun.[84] Dann ist es eine heilige Pflicht, ebensoser die Schleswigholsteiner bei Deutschland zu erhalten, als die Sachsen in Siebenbürgen sich nicht dem deutschen Wesen entfremden zu lassen.

Für eine so verstandene Einheit aller Deutschen aber ist nur allein Oesterreich der natürliche Mittelpunkt. Versteht mich wol: ich will keinen Vorrang Oesterreichs. Das natürliche Interesse Oesterreichs fällt zusammen mit dem Deutschlands. Betrachte man die deutsche Frage vom individuellen Standpunkt irgend eines andern Stammes: Zuletzt hat jeder Mensch den natürlichen Egoismus, sich selbst recht groß zu machen. Der bairische wirtembergische etc. Localpatriotismus hat das Interesse sich möglichst unabhängig zu stellen: bei einer monarchischen Einigung, bei einem Parlament, kurz je mer die Formen der Deutschen Einigung staatlichen Charakter annemen, desto mer haben jene das Interesse jeder solchen Einigung sich zu widersetzen, u. zwar gilt das gleicherweise von dem Volke wie von den Regierungen. – Dagegen Preußen als centralisierender Staat wird die Einheit Deutschlands, nach der _es_ strebt, bei deren Begründung _es_ vorangienge, nie anders verstehen, denn als eine centralistische mit monarchischer Spitze. – Der Widerstand Süddeutschlands, Oesterreichs muß bei einer _solchen_ Einigung überwunden werden: _der Weg zu ihr fürt nur durch den Bürgerkrieg_.[85] Das Ziel ist die Zerdrückung der deutschen Stammesindividualitäten.

84 Scherers Bezugnahme auf Ungarn zielt offenbar auf eine Verpflichtung, die an der Peripherie lebenden eigenen Minderheiten zu schützen. Problematisch erscheint die Feststellung im Hinblick auf den damals herrschenden rigorosen Sprachnationalismus (Magyarisierung) und die Verweigerung von Minderheitenrechten in der ungarischen Reichshälfte, die ihren Höhepunkt in Form einer forcierten Magyarisierungspolitik jedoch erst im Laufe der folgenden Jahrzehnte erreichen sollten.

85 Scherers Prognose nimmt die Konstellation des preußisch-österreichischen Krieges von 1866 vorweg.

Diejenigen welche das Heil Deutschlands in Preußen suchen berufen sich so oft auf das italienische Beispiel, hat doch auch der Nationalverein dieser Analogie seine Entstehung zu verdanken.[86] Sie ist aber ganz falsch: das lert die Geschichte der italischen Einungen. Ich kann hier nur andeuten, nicht ausfüren. Die Größe Rom's ist auf centralistischem Wege gegründet worden. Das Papsttum selbst ist eine Centralisierung der Religion. Machiavelli[87] sah die Einheit Italiens nicht anders an. Gioberti[88] wollte glaub ich den Papst als Haupt des ital. Einheitsstaates, aber über einen centralisierten Staat war er derselben Meinung, die jetzt auf andrem Wege iren Abschluß oder doch ihre Begründung gefunden hat. – Sieht man ferner auf die Mittel durch die Italien so weit gekommen ist, so sind es 2 Umstände: die Persönlichkeit des sardischen Königs[89] u. daß die vertriebenen Dynastien keinen Boden in irem Volke hatten oder sich dessen Liebe durch Tyrannei verscherzten. Dazu noch die anfängliche französische Hilfe u. die innere Schwäche des neapolitanischen Heres.[90] – Nun dagegen Deutschland! Kein Hohenzoller wird je die Rolle V. Emmanuels übernemen u. die süddeutschen Fürsten haben tiefe Wurzeln in den Herzen irer Völker u.s.w. Und auch der Zug der deutschen Entwicklung geht vielmer nach einer aus den vorragendsten Fürsten gebildeten Reichsregierung.[91] U.s.w.

Und sehen wir nun Oesterreich! Seit dem 16. Jarhundert war es der einzige Erhalter der vollen deutschen Einheit. Die Unterdrückung des Protestantismus in Oesterreich u. Böhmen durch die Ferdinande[92] war der Preis für das Zusammenbleiben des ganzen Deutschland. Wenn Oesterreich den Egoismus hat, bei Deutschland bleiben zu wollen, so ist dies jener gesunde u. nützliche Egoismus, der einer größren Gesamtheit zu gute kommt, weil die Interessen dieser Gesamtheit unauflöslich mit den seinigen verbunden sind. Oesterr. ist nichts weniger als ein centralisierender Staat. Das hat sich ja bei

86 Die italienische Nationalpartei Società Nazionale, gegründet 1856, war das unmittelbare organisatorische Vorbild des Deutschen Nationalvereins. Vgl. Anm. 78 (Brief 12).

87 Niccolò Macchiavellis politischer Traktat *Il principe*, 1532 nach dem Zusammenbruch der italienischen Einzelstaaten veröffentlicht, schließt mit dem Appell zur nationalstaatlichen Einigung Italiens.

88 Der Priester und Philosoph Vincenzo Gioberti vertrat als liberaler katholischer Publizist das nationale Programm eines »Neoguelfentums« mit dem Ziel einer Föderation der italienischen Staaten unter Führung des Papstes.

89 Viktor Emanuel II. Vgl. Anm. 60 (Brief 12).

90 Vgl. Anm. 66 (Brief 12).

91 Scherer übernimmt hier das Programm Constantins von Frantz. Vgl. Anm. 82 (Brief 12).

92 Gemeint ist die gewaltsame Gegenreformation unter den Habsburgern Ferdinand I. (1556-64) und Ferdinand II. (1619-37).

dem Versuche gezeigt, es dazu zu machen.[93] Dieser Versuch war eine Ver-
kenung des Lebensprincipes Oe.s, daher mußte es zu Grunde gehen. Ich freu
mich, jetzt für mich die Wiener Ztg selbst citieren zu können, welche in irem
tagleitenden Artikel[94] zu den Verfassungsstatuten ausdrücklich u. ser schön
hervorhebt, wie Oesterr. das Princip der Selbstregierung auch auf die Kronländer ausdent, wärend es sonst nur in Gemeinden zur Geltung kommt.
Eben darum hat auch Deutschland nichts zu befaren, wenn es sich mit Oester.
zu einer festern Einheit bindet. Oe. wird nie der Individualität irgend eines
deutschen Stammes zu nahe treten u. nie dulden, daß dies von einem andern
geschehe. Darum ist es also gleichmäßig im Interesse Deutschlands u. Oest.s
sich zusammenzuschließen: auch die Weltstellung Oe.s weist gar nicht wie
Du sagst mer nach Osten.

Aber ich muß schließen diesen onehin viel zu langen Brief. Ich habe noch
viel detailliertere Gedanken über die Einzelheiten der österr. Politik in
Deutschland u. auch über Venetien. In ersterer Hinsicht lassen sich schöne
Resultate gewinnen durch Geltendmachung des Stammesprincips: Ich stehe
nicht an auch die »⟨Re⟩vision« der Wiener Verträge[95] in den Mund zu nehmen: nur muß sich in die innern Angelegenheiten Deutschlands kein Fremder mischen wollen. – Adieu

WSch

28.3.861

Montag vor 8 Tagen habe ich in dem Salon der Frau Gisela Grimm einen Vortrag gehalten über: ›die österreichische Poesie im 12. u. 13. Jarhundert‹.[96]

13. Scherer an Anton von Stadler

Berlin, 13. Februar 1863. Freitag

Lieber Vater,

verzeih mein langes Stillschweigen; wenn irgend einmal, so ist es jetzt zu entschuldigen. Ich habe die letzte Zeit fleißig gearbeitet und sehe jetzt wenigstens Licht; Müllenhoff ist bald fertig mit seinem Teil und auch ich mit mei-

---

93 Scherer spielt auf die Ära des österreichischen Neoabsolutismus (1851-60) an.
94 Der Leitartikel, auf den Scherer Bezug nimmt, erschien in der *Wiener Zeitung*,
   Nr. 48 vom 27.2.1861, S. 708-711.
95 Gemeint ist offenbar die Wiener Kongreßakte vom 8.6.1815, in der die Gründung
   des Deutschen Bundes proklamiert wurde.
96 Hierzu konnte nichts ermittelt werden.

nem Anteil an den poetischen Stücken die wir aufnehmen u. welche alle zusammen das erste Buch[97] bilden sollen; in 14 Tagen können wir vielleicht so weit sein, daß der Beginn des Druckes keinem Anstande unterliegt. Dann habe ich freilich noch das ganze zweite Buch, die Prosa umfassend, auszuarbeiten. Aber die Vorarbeiten dazu habe ich größten teils fertig; u. die definitive Feststellung u. Bearbeitung wird also hoffentlich gleichmäßig ohne größeren Aufenthalt vorschreiten. Wie gesagt also: es ist wenigstens ein Ende abzusehen. Und ich bin sehr froh.

Ich danke Dir für Zusendung der Militärbefreiung u. habe meinen Paß bereits verlängern lassen. Haben sich österreichische Gerichte solche Flegeleien noch immer nicht abgewöhnt, daß sie sich scheuen einem Menschen das ihm gebührende »Herr« zu geben? Das Hollabrunner Bezirksamt hat es wenigstens für gut gefunden die Milit.-Befreiung nur »dem Wilh. Sch.« zu erteilen. Die Aufforderung um Unterschrift des Großjährigkeitsgesuches ist an »den W. Scherer« noch nicht gekommen. Wird also wahrscheinlich einige Zeit verstreichen bis nur die formellen Anstände beseitigt u. die Erledigung der Sache in Angriff genommen werden kann. Vielleicht gelangt das Hollabrunner Schreiben an das hiesige Stadtgericht, wenn ich längst wieder in Wien bin.

Ich habe Dir wol noch gar nicht den Empfang des Wiesbader Stipendiums[98] gemeldet? wobei sich auf zolldickem Conceptpapier ein Brief des P.T. Kobbe befand, ich möge mich am Ende des Wintersemesters in einem Gesuch an die Nassau'sche Regierung wenden, von der Vollendung meiner Studien Anzeige machen u. »den Antrag stellen, die letzte Stipendienportion zur Auszahlung zu bringen.« Den Empfang habe ich ihm, wie er es wünschte, gleich angezeigt u. für die gütige Auskunft mich bedankt.

Adieu. Viele Grüße. Die Anstrengung ist nicht so groß daß sie gefährlich werden könnte.

Euer Wilhelm

B. 13.2.863

Der Wiener Fasching[99] ist ja sehr lustig, wenn man Wiener Blätter ansieht, sollte man meinen, der »Debardeurismus« sei in den Mittelpunct der euro-

---

97 Vgl. Anm. 41 (Brief 11).
98 Vgl. Anm. 20 (Brief 7).
99 Scherer entnimmt die folgenden Informationen offenbar hauptsächlich der von ihm aus Wien bezogenen Tageszeitung »Die Presse« (vgl. Brief 12, dazu Anm. 47), die zwischen Mitte Januar und Mitte Februar unter der Überschrift »Wiener Geschichten« ausführliche Berichte über die Wiener Karnevalssaison druckte, in denen etwa von der »brausenden Tollheit des Debardeurismus« (11.1.1863) und einer »Debardeur-Manie« (25.1.1863) die Rede ist. Bei den Debardeuren handelte es

päischen Politik getreten. Es war schon bedenklich, daß das erste Symptom der neuerwachten constitutionellen Freiheit nicht etwa ein Gesetz über die Grundrechte, auch keines über Schwurgerichte oder Ministerverantwortlichkeit[100] u. noch weniger etwa eine Aufhebung des Concordates,[101] eine Emancipation der Schule von der Kirche, – sondern ein über alles Maaß ausschweifender u. unsittlicher Carneval war. Und man hat die Frechheit stolz zu sagen »sollens uns nachmachen!«[102] Man scheut sich nicht, was einst ein Mittel des Despotismus war, die sittliche Unterwühlung des Volkes, zu preisen als wäre es eine Errungenschaft! Man scheint Paris um den Ruhm der luderlichsten Stadt zu beneiden u. vielleicht tragen sich Leute mit der Hoffnung, aus Wien werde eine glückliche Nebenbuhlerin dieses Ruhmes herauswachsen. Gut, macht nur aus Wien ein Bordell: seht aber zu daß es kein Lazareth – der Freiheit werde.

14. Scherer an Anton von Stadler

(Berlin, 7. April 1863). Osterdienstag

Lieber Vater,

ich schreibe Dir nicht so bald, als Du und ich wol gewünscht hätten. Ich wollte viel schreiben – denn Dein letzter Brief verlangt eine ausführliche Antwort in mehr als einer Beziehung – und wollte gesammelt schreiben: zu beidem konnte ich es nicht bringen, kann es auch heute nicht. ⟨…⟩

Die Zeit die ich auf diesen Brief wenden konnte, ist eigentlich vorbei u. ich sollte schon auf der Bibliothek sein, um die letzte Revision meiner Sachen

---

sich um junge Männer, die halbmaskiert in ärmellosen Trikots mit bunten Hütchen und Busenstreifen auftraten. Näheres über den Brauch des Debardeurismus konnte nicht ermittelt werden, der Begriff ist abgeleitet aus (frz.) ›débardeur‹: »Schiffsauslader, auch Name einer Maske mit dem Kostüm eines solchen« (*Meyer* Bd. 4, S. 647).

100 Vgl. Anm. 56 (Brief 12).

101 Das Konkordat von 1855 brachte der katholischen Kirche in Österreich den Höhepunkt ihres Einflusses, es entzog u. a. Eherecht, Schulwesen und den Klerus dem staatlichem Machtbereich. Die von der liberalen Opposition lange geforderte formelle Aufhebung erfolgte erst 1874.

102 Scherer zitiert hier aus einem wenige Tage zuvor erschienenen Zeitungsbericht über den großen Narrenabend des Wiener Männergesang-Vereins, an dessen Ende rhetorisch die Frage nach dem Resultat für Wien aufgeworfen wird: »Wir antworten mit den populär gewordenen Worten des Gemeinderathes aus der Posse ›Vom Juristentage‹: Sollens uns nachmachen!« (*Die Presse* vom 3.2.1863).

für den Druck[103] zu beginnen. Also von Politik nur soviel: Du fragst rund heraus, um meinen Standpunct. Ich kann ihn kurz in zwei Worte fassen: Großösterreicher u. Kleindeutscher.[104] Es hat mich unendlich gefreut Dich der letzteren Partei plötzlich so nahe zu sehen, wie du es in Deinem letzten Briefe bist. Es hat wol niemals eine so unlogische Parteibildung gegeben, wie bei uns in Österreich. Die Centralisten wollen das bisherige Verhältnis zu Deutschland festhalten, wollen also die zum Deutschen Bund[105] gehörigen Länder insofern von den übrigen abtrennen, als dieselben außerhalb des österreich. Staates noch einer obersten Autorität in gewissen Dingen unterworfen bleiben sollen. Andererseits wären die Föderalisten, wenn ich nach einer Broschüre[106] des Hrn Friedmann urteilen kann, geneigt sich mit der deutschen Nationalpartei[107] zu verbünden. Die Logik scheint mir zu fordern, daß ein ehrlicher Centralist, wie ich es bin, für den Austritt Österreichs aus dem Deutschen Bund sei. Wir werden dadurch auch denjenigen Bundesgenossen gewinnen, der nicht nur unser natürlichster, sondern auch unser zuverlässigster ist: das deutsche Volk. Und wir die Partei werden diesen Bundesgenossen in allen äußeren inneren Fragen haben, wenn ein Moment uns dabei leitet: – – Alle großen Völkerbewegungen dieses Jahrhunderts gehen auf 2 große Motive zurück: Freiheit u. Nationalität. Siegreich aber sind, wenn man genauer zusieht, nur diejenigen gewesen, in welchen entweder das erste oder beide zusammen wirkten. Eine bloß nationale Erhebung hat noch keinen Sieg errungen; denn die italienische Sache war auch die Sache der italie-

---

103 Vgl. Anm. 41 (Brief 11).

104 Scherers Sympathien für ein nicht absolutistisch verfasstes Großösterreich unter Führung der Deutsch-Liberalen gehen deutlich hervor aus seinen Ausführungen zu den österreichischen Verfassungsreformen in den Briefen 10-13. Zu seinem speziellen Verständnis des Begriffes ›kleindeutsch‹ vgl. vor allem seine Hinweise zu dem Programm Constantins von Frantz in Brief 12, dazu Anm. 82 u. 91.

105 Der Deutsche Bund war der durch die auf dem Wiener Kongress beschlossene Deutsche Bundesakte vom 8.6.1815 gegründete lose Zusammenschluss von zunächst 38 (zuletzt 35) deutschen Staaten einschließlich Österreichs.

106 Otto Bernhard Friedmann: *Zur Einigung Österreichs. Eine Denkschrift.* Wien 1862 [²1865]. Der konservativ-liberale Föderalist Friedmann plädierte in seiner Schrift innenpolitisch für eine Abkehr von der seiner Ansicht nach erfolglosen zentralistischen Politik der Regierung Schmerling zu Gunsten einer Neuordnung »auf Grundlage des historischen und staatsrechtlichen Dualismus« der beiden Reichshälften. Außenpolitisch trat er für den Austritt Österreichs aus dem Deutschen Bund und ein neues völkerrechtliches Bündnis zwischen den Partnern ein – ein Gedanke, den Scherer hier aufnimmt.

107 Gemeint ist der Deutsche Nationalverein. Vgl. Anm. 78 (Brief 12).

nischen Freiheit, Cavour[108] nicht bloß der Annectierer, sondern der größte italienische Liberale. Man versuche es also ein mal jene beiden Ideen in Gegensatz zu stellen, d.h. man mache die Freiheit zur Sache der centralist. Partei in Österreich, u. wir wollen sehen, ob die Nationalität dagegen aufkommen kann. Meine feste Überzeugung ist, daß sie unterliegen muß. Aber bis jetzt kann man nicht sagen, daß energische Anstalten gemacht seien, von Seite unseres Ministeriums,[109] eine rechte u. feste Freiheit um die uns Ungarn beneiden könnte aufzurichten. Die höhesten Elemente des Widerstands in Ungarn[110] sind Feudale; gründen wir uns einen Rechtsstaat – u. das wird freilich nicht durch eine papierne Verfassung die selbst feudale, ständische Elemente hat gegründet – so müssen wir siegen, so wahr alle ewigen u großen Ideen der Menschheit einmal siegen müssen.

Adieu. Viele Grüße an alle. Mutter soll auch wieder einmal schreiben.

Dein
Wilhelm

Osterdienstag.

15. Scherer an Anton von Stadler

(Berlin), 17. April 1863. Freitag

Lieber Vater,

Dein Urteil über Lorenz ist höchst ungerecht.[111] Und wenn ein so erbärmliches u. verächtliches Machwerk wie jenes Feuilleton der Presse auf Männer wie Dich u. Hr Oberle eine solche Wirkung aus üben kann, so muß sich ja wahr-

---

108 Vgl. Anm. 66 (Brief 12).

109 Gemeint ist die Regierung unter Staatsminister Anton von Schmerling.

110 Die Mehrheit der ungarischen Stände opponierte gegen die im Februar 1861 proklamierte Verfassung (vgl. Brief 12, dazu Anm. 48). Die Juni 1863 eröffnete zweite Sitzung des österreichischen Reichsrates wurde von den ungarischen Vertretern boykottiert.

111 Scherers folgende Ausführungen beziehen sich auf Ottokar Lorenz' Monographie *Joseph II und die Belgische Revolution nach den Papieren des General-Gouverneurs Grafen Murray 1787*. Wien 1862. Lorenz' kritische Darstellung der Regentschaft Josephs II., der vor allem im Gedächtnis der Deutsch-Österreicher lange als sozialreformerischer Wohltäter und Verteidiger des einheitlichen Staatsgedankens lebendig war, hatte vielfache Kritik hervorgerufen. Das von Scherer erwähnte Feuilleton erschien u. d. T. *Zur Geschichte Joseph's II*. In: *Die Presse*. Nr. 100 v. 12.4.1862, S. 1-3. Der lediglich mit »B« zeichnende Verfasser, der aus der Sicht der unter der »Gedankenmacht« des Vormärz aufgewachsenen Josephiner der Gegen-

haftig die schlechteste Sorte des Literatenthums, diejenige die sich durch persönliche Verunglimpfungen ehrenhafter Männer hervorzutun sucht, in ihrem verwerflichen Gebahren aufgemuntert fühlen. Ich bin nicht mit allem was Lorenz schreibt u. was er tut einverstanden, auch mir erscheint sein Urteil über Joseph II ungerecht, weil es den Anschein gewinnt, als sollte dabei nicht der gute Wille in seinen Bestrebungen anerkannt werden. Lorenz hat sogar dieses sein scharfes Urteil auf Friedrich den Großen ausgedehnt, von welchem Joseph II. doch nur in vieler Beziehung ein schwaches Nachbild ist; u. ich bin weit entfernt das zu billichen. Die Preußen haben alle Ursache, sein Andenken hochzuhalten. Die Revolutionäre auf den Thronen des 18. Jahrhunderts sind einmal die Vorläufer der französischen Revolution, mögen auch die Formen in denen sie ihre Wirksamkeit ausübten, sehr wenig freiheitlich, ja despotisch gewesen sein. Der Despotismus bedient sich zu aller Zeit der selben Mittel u. wenn daher ein Historiker Analogien zwischen Philipp II u. Joseph II entdeckt, so sind dies Analogien zwischen zwei Despoten: Das bleibt wahr u. unumstößlich, ob nun der eine derselben sein Volk auf einem Wege führte, dessen Ziel die Freiheit, u. der andre auf einem, dessen Ziel Verfinsterung u. Unfreiheit, ist für diese Frage, (nemlich ob sie beide Despoten gewesen) vollständig gleichgiltig. Beim Wiederlesen Deines Briefes sah ich noch, daß ich nun auch zu den Leuten gehöre, die das Donnerwetter niederschlagen soll. Bin ich nun auch »schon verpfafft?«

Wie kannst Du Dich zu der Behauptung hinreißen lassen, zu der sich selbst der Verf. jener Recension nicht verstieg, Lorenz habe seine Seele den »Schwarzen« verkauft? Als Lorenz gegen Joseph II protestierte, so geschah es im Namen der Freiheit, u. der praktische Zweck den er dabei im Auge hatte, entsprang aus der Erwägung, daß wir in Österreich so lange vor einem aufgeklärten Despotismus nicht sicher seien, als die »Mythe von Joseph II« in der landläufigen Gestalt in dem Bewußtsein der Leute fest sitze. Die Ungerechtigkeit welche in Lorenz' Beurteilung Josephs in der Tat liegt, entspringt aus einer sehr lauteren Quelle, aus einer Geschichtsauffassung die durch einen englischen Historiker: Th. Buckle zuerst in umfänglicher Weise[112] geltend ge-

wart »das leuchtende Bild des großen Kaisers, zu dem wir hoffend aufblickten« zeichnete, nahm vor allem an dem Vergleich »mit dem grausamen Philipp von Spanien« Anstoß: Lorenz stelle unbillig die Wohlfahrt des Volkes als einzigen Zweck des Regierens bei Joseph mit der Überzeugung des Schöpfers der spanischen Inquisition, der Menschheit und ihrem Seelenheil zu dienen, auf eine Stufe. Zur Rezeption von Lorenz' Buch vgl. auch die anonym erschienene Gegenschrift von Alexander Gigl: *Kaiser Joseph II. und Herr Ottocar Lorenz.* Wien 1863.

112   Scherer bezieht sich auf das Hauptwerk von Henry Thomas Buckle: *History of the civilisation in England.* 3 Bde. London 1857-61 (deutsche Erstausgabe: *Geschichte der Zivilisation in England.* Übers. v. Arnold Ruge. 2 Bde. Leipzig, Heidelberg 1860).

macht wurde, u. welche ihrerseits hinwiederum auf den Lehren eines englischen Nationalökonomen u. Philosophen, John Stuart Mill, beruht, dessen Buch, ›über die Freiheit‹[113] in aller Welt gepriesen wird als ein rechtes System des modernen Liberalismus. Jene Geschichtsauffassung ist einseitig: Mittelalter u. was nachher kommt, bis zu den Revolutionen, wird unter der großen Rubrik ›bevormundender Geist‹ zusammengefaßt u. in Bausch u. Bogen verworfen. Das hat Lorenz auf Joseph II angewendet, u. wollte man ihn widerlegen, so müßte man die Grundsätze von denen er ausgegangen, zu widerlegen suchen. Aber in dieser Weise loszufahren u. einfach speculieren auf die ›Josephsmythe‹ wie sie nun einmal in den Herzen der meisten Österreicher festsitzt, das wird nur einer tun dessen Motive nicht die lautersten sind. Und ein persönlicher Grund, (welcher Art speciell, weiß ich nicht) verrät sich wie in mehreren Wendungen im einzelnen, so namentlich darin, daß der Recensent ein volles Jahr hat verstreichen lassen, bis er seiner josephinischen Begeisterung resp. Entrüstung Luft zu machen für gut fand. Von Lorenz ist bekannt daß er zu den eifrigsten publicistischen Gegnern des Ministeriums Bach – Thun[114] gehörte und daher auch den Haß desselben auf alle Weise fühlen mußte. Wenn man ihm heute einen Vorwurf machen kann, so ist es der, ein zu unbedingter Anhänger des Ministeriums Schmerling zu sein.[115] Vielleicht sollte auch gegen dieses die eigentliche Spitze jenes Angriffes gerichtet sein. Lorenz hatte in Österreichs »neuer Aera« viel Glück gehabt u. darum viele Neider. Es gibt vielleicht in der Welt keinen so depravierten Journalismus als den österreichischen oder doch den Wiener.

Von wem hast Du Dir das Märchen erzählen lassen, es düfte in Berlin auf den Straßen nicht geraucht werden?

Nächste Woche beginnt unser Druck,[116] wir bekommen wöchentlich 2 Bogen – ich habe noch eine Masse aufzuarbeiten u. muß mich dazu halten.

113 John Stuart Mill: *On Liberty.* London 1859 (deutsche Erstausgabe: *Über die Freiheit.* Übers. v. Eduard Pickford. Frankfurt/M. 1860).

114 Der langjährige österreichische Innenminister Alexander von Bach war in der Ära des Neoabsolutismus ab 1852 eigentlicher Leiter der Regierung. Die klerikalabsolutistische Politik des »Ministerium Bach« gipfelte im Konkordat von 1855, an dessen Abschluss der Bildungsminister Leo Graf Thun-Hohenstein federführend beteiligt war.

115 Lorenz war im Dezember 1860, kurz nach Einsetzung der Regierung Anton von Schmerlings (vgl. Anm. 33, Brief 10) außerordentlicher Professor geworden, 1861 folgte die Ernennung zum Ordinarius. Im gleichen Jahr verfasste er im Auftrag Schmerlings die gegen den ungarischen Politiker Ferenc Deák gerichtete, anonym erschienene Schrift *Deáks Adress-Entwurf und das Staatsrecht Österreichs.* Wien 1861 [²1861].

116 Vgl. Anm. 41 (Brief 11).

Wie viel Honorar ich bekomme, werde ich nicht sagen, da es sehr wenig ist. Nicht die Arbeitszeit wird bezahlt, sondern die Bogenzahl. Und wir haben uns bemüht, durch eine aufs äußerste getriebene Kürze des Ausdrucks dieselbe so gering als möglich zu machen. Es werden 20-30 Bogen werden. Wann ich zurückkomme wird sich erst Ende dieses Monats mit einiger Bestimtheit sagen lassen. – Die Einkommensteuer Angelegenheit ist mir nicht ganz deutlich. Wie viel muß nachgezahlt werden? Den Brief der Mutter konnte ich ganz gut lesen u. danke schön dafür. An Hermine einen herzlichen Gruß.

17.4.863.

Tonis Fortschritte im Zeichnen u. Malen sind gewiß recht erfreulich, auch darum weil sie ihm sehr zu statten kommen werden, wenn es bei seinen Vorsätzen in betreff seines künftigen Berufes bleibt; aber erfreulicher wäre es doch, wenn er endlich einmal ein Semester mit Ehren bestünde. Ich werde nicht aufhören, Dir die Notwendigkeit vorzuhalten, ihn Ein Jahr wiederholen zu lassen.

16. Scherer an Anton von Stadler

(Berlin?), 15. Juli 1863. Mittwoch

Lieber Vater!

In aller Eile beantworte ich Deinen Brief, rechne aber sehr darauf, daß Dir kurz lieber ist als gar nicht.

Meine Habilitationsgeschichte[117] ist nicht <u>so</u> schlimm, als sie, wie ich aus Deinem Brief ersehe, das vergrößernde Gerücht gemacht hat. Sie ist aber <u>sehr</u>

---

117 Scherer hatte am 26.4.1863 bei der philosophischen Fakultät der Universität Wien die Erteilung der venia legendi für das Fach deutsche Sprache und Literatur beantragt. Die Fakultät gab jedoch einem Gutachten des germanistischen Ordinarius Franz Pfeiffer statt, der die von Scherer als Habilitationsleistung vorgelegten altdeutschen Textbearbeitungen aus der mit Karl Müllenhoff besorgten Ausgabe *Denkmäler deutscher Poesie und Prosa aus dem VIII-XII. Jahrhundert* (= *Denkmäler I*) als unzureichend für eine Erteilung der Lehrerlaubnis für das ganze Fach einschließlich der Literaturgeschichte ansah. Dieser Beschluss wurde Scherer am 13.7.1863 durch das Dekanat mitgeteilt, das ihm jedoch zugleich die Option einräumte, das Gesuch unter Beschränkung seiner Vorlesungen »auf das rein sprachliche Gebiet« erneut vorzulegen: »so daß Sie dann nur für die gothische, althochdeutsche und mittelhochdeutsche Grammatik und Erklärung alt- und mittelhochdeutscher Sprachdenkmäler die venia legendi nachsuchen [...]«

schlimm; d.h. für Pfeiffer, auf den sie ein sehr schlechtes Licht wirft. Im Vertrauen gesagt: auch die philologischen Mitglieder des Prof. collegiums müssen merkwürdig verblendet gewesen sein, einen so verkehrten Bescheid zuzulassen wie mir geworden ist: man hat mich nemlich nur für Grammatik u. Exegese acceptiert, für Literaturgeschichte aber meine Vorlagen nicht genügend befunden;* mir indes sogleich gesagt daß gegen Vorlegung einer literaturgeschichtlichen Abhandlung diese Erweiterung meiner Befugnis keinem Anstand unterliegt. – Die grammatischen u. lediglichen erklärenden Teile unseres Buches habe ich seit fast einem Jahr vollendet – die ganze Zeit seither auf die Ausarbeitung gerade der literaturgeschichtlichen gewendet –; u. nun sagt man mir: mein Buch enthalte nichts literaturgeschichtliches; obwol sich gerade unter den vorgelegten Stücken 2 befanden die gerade in literaturgesch. Beziehung den ganz besonderen Beifall Haupts u Müllenhoffs erhielten. – Ich nehme also diese teilweise Zulassung vorläufig an, erkläre aber sogleich daß ich mir vorbehielte, nach dem Erscheinen meines Buches mein Gesuch um vollständige Approbation zu erneuern. Das tue ich natürlich nicht eher als bis ich in Wien bin u. durch vorherige Besprechungen mit Bonitz u. Vahlen (den class. Philologen) die Genehmigung meines Gesuches gesichert habe. Im Notfall kommt es mir auf eine eigene Abhandlung auch nicht an: aber fest entschlossen bin ich, nicht eher zu lesen als bis ich die volle Zulassung habe.

Die Stubenrauch'sche Geschichte[118] kannte ich nur in ihren Anfängen u. ohne den Namen ⟨Holossys⟩. Danke für die Mitteilung.

* Jeder Philologe nemlich muß aus seiner eigenen Erfahrung wissen, daß das Gegenteil (Approbation für Literaturgesch. allein) zwar Sinn hat, dies aber ganz u. gar unsinnig u. lächerlich ist, da ich keinen Schriftsteller erklären kann ohne Kenntnis der Literaturgeschichte; wol aber Literaturgeschichte lesen kann ohne im Stande zu sein, einen einzigen Schriftsteller zu erklären. So ist es z.b. eine bekannte Sache, daß Gervinus der eigentl. Begründer der deutschen Literat.gesch. nicht im Stande ist, einen altdeutschen Text aus der verderbnis der handschriftlichen Überlieferung herauszuschälen.

(ABBAW, NL W. Scherer: 24). Nachdem Scherer in einem zweiten Gesuch vom 14.2.1864 den geforderten Auflagen nachgekommen war, wurde die Habilitation im Juni 1864 vollzogen, woraufhin Scherer im Oktober des Jahres seine Vorlesungen aufnahm. Erst 1866 wurde ihm auf wiederholten Antrag die Lehrerlaubnis für das gesamte Fach erteilt. Vgl. ausführlich *Sternsdorff (1979)*, S. 75-80 (mit Angabe weiterer Quellen), außerdem Dokument II.

118 Mit Stubenrauch ist vermutlich der Wiener Jurist und Kommunalpolitiker Moriz von Stubenrauch gemeint. Zu den Vorgängen, auf die Scherer anspielt, konnte nichts ermittelt werden.

Bezüglich der 300 f ist es wol am besten, wenn Du mir sie schickst. Wie lange sollen sie dauern?

15. July 863.

Herzliche Grüße
Dein Wilhelm

17. Scherer an Anna Stadler

(Berlin), 24. Februar 1868. Montag

Liebe Mutter,

Warum schreibt mir keins von Euch? Es ist ja nun wirklich so lang um Angst zu kriegen. Vater hat doch meinen Brief mit dem Zahlungsauftrag an Gerold's[119] bekommen? Hat er denselben ausgeführt? Wie geht's Euch? Seid Ihr alle gesund? Hat Tony am Schluß des Wintersemesters anständige Classen?

Damit Ihr die Sache nicht durch andere Leute erfahrt, will ich Euch doch mittheilen, daß ich eine wenn auch noch schwache Aussicht habe als ordentlicher Professor an die Universität Würzburg zu kommen, welche ich natürlich dem abgelegenen Graz vorziehen würde, sofern ich die Wahl hätte und sofern nicht beide Aussichten zu Wasser werden.[120] Ihr müßt aber gegen <u>Jedermann</u> davon schweigen, auch z.b. gegen Horawitz. Die Sache steht so, daß

119 Die Gerold'sche Buchhandlung in Wien.
120 Im Vorfeld seiner im Juli 1868 erfolgten Ernennung zum Nachfolger Franz Pfeiffers war Scherer auch für die germanistischen Ordinariate in Würzburg und Graz im Gespräch gewesen. Die neu geschaffene Stelle in Würzburg, wo das Fach zuvor lediglich durch einen Extraordinarius vertreten wurde, übernahm Matthias Lexer. Scherer, für den sich u. a. Karl Müllenhoff, Moriz Haupt und Konrad Hofmann verwandt hatten, wurde an zweiter Stelle vorgeschlagen. Vgl. Wolfgang Brückner: »Deutsche Philologie und Volkskunde an der Universität Würzburg bis 1925. Ein Beitrag zur wissenschaftlichen Institutionengeschichte«. In: *Sichtweisen der Volkskunde. Zur Geschichte und Forschungspraxis einer Disziplin.* Hg. v. Albrecht Uhmann u. Andreas Kuntz. Berlin, Hamburg 1988, S. 33-61, hier S. 39, ferner Brief 55, dazu Anm. 71. Für den Grazer Lehrstuhl (Nachfolge: Karl Tomaschek) war Scherer an erster Stelle vorgeschlagen, vor Lexer, Richard Heinzel und Johann Lambel. Scherer verwandte erfolgreich seinen Einfluss auf die Wiener Unterrichtsbehörde für die Berufung seines engen Freundes Heinzel. Vgl. Erich Leitner: *Die neuere deutsche Philologie an der Universität Graz 1851-1954. Ein Beitrag zur Geschichte der Germanistik in Österreich.* Graz 1973 (Publikationen aus dem Archiv der Universität Graz 1), S. 38-42.

der Referent mir mitgetheilt hat, er beabsichtige mich an erster Stelle vorzu-schlagen. Wenn er das nun thut, so braucht es immer noch die Zustimmung der Facultät, des Senats und der Münchner Regierung. – Ich stehe mit Adolf Merkel auch in Correspondenz damit er seinerseits alle Verbindungen, die er etwa nach Würzburg oder München habe, für mich in Bewegung setzt. Adieu. Seid Alle herzlichst gegrüßt von Eurem

Wilhelm

24.2.68.

18. Scherer an Anton von Stadler

(Wien, Ende August 1870)

Lieber Vater,

Hoffentlich hast Du das Buch von Stahr (»Er muß nieder!«),[121] das ich Dir heute morgens unter Kreuzband schickte, richtig bekommen. Ich denke mir daß es Dich interessiren u. die kräftige deutsche Sprache Dir gefallen wird, wenn Du es auch vor Deinen Herrschaften nicht zeigen darfst. Ich will mir demnächst den deutschen Enthusiasmus[122] in der Nähe ansehen. Ich schreibe nur noch einige Artikel in die Presse[123] u. dann schnüre ich mein Bündel um für ein paar Wochen Norddeutschland aufzusuchen. Es ist eine wahre Freude jetzt zu leben u. zu sehen, wie die Deutschen sich aufraffen, nachdem Jahrhunderte lang alle Völker Europas sich die Füße an ihnen abgewischt haben. Nun sollte nur noch in Preußen ein liberaler Geist einziehen, so würde nichts mehr die Einigung Süd- und Norddeutschlands hemmen können. Und in irgend einer Form müßte diese Ermannung u. Aufraffung auch uns ausgestoßenen Deut-schen in Oesterreich zu gute kommen. Die Deutschen Siege in Frankreich sind mir zu Kopfe gestiegen wie Champagner, berauschend, entzückend.

121 Adolf Stahr: *Er muß nieder! Sturmglockenrufe wider den Einbrecher.* Berlin 1870 [²1870]. – Es handelt sich um eine gegen die französische Politik gerichtete Streitschrift.

122 Infolge der Streitigkeiten um die spanische Erbfolge hatte Frankreich Preußen am 19.7.1870 den Krieg erklärt. Nach anfänglichen Erfolgen erlitten die zahlen-mäßig stark unterlegenen Franzosen im Laufe des August eine Serie schwerer Niederlagen. Vgl. auch Anm. 127 (Brief 19).

123 In der Wiener *Presse* (vgl. Anm. 47, Brief 12) erschienen während des infrage kommenden Zeitraumes die folgenden Beiträge von Scherer: *Die deutsche Litte-ratur-Revolution.* In: *Die Presse.* Nr. 232 v. 23.8.1870 (wiederholt: *VA*, S. 337-345); *Friedrich Schleiermacher.* Ebd. Nr. 243 v. 3.9.1870 (wiederholt: *VA*, S. 373-379); *Über die Religion.* Ebd. Nr. 247 v. 7.9.1870 (wiederholt: *VA*, S. 380-388).

Heute habe ich auch mit Schrötter gesprochen.[124] Er läßt Dir sagen, Du sollst nur die Geduld nicht verlieren. Du hast die Sache so lange vernachläßigt, daß jetzt keine plötzliche Besserung eintreten kann. Eine chronische Entzündung ist nicht mit einem Male gehoben. Du mußt sogar gefaßt sein darauf, daß Du noch Beschwerden beim Schlingen bekommst (wenigstens Unbequemlichkeit), da Anschwellungen trotz dem Mittel das er Dir gegeben hat, noch gelegentlich eintreten können. Jedenfalls sollst Du die Geduld nicht verlieren – u. ihn besuchen, sobald Du wieder nach Wien kommst. Auch läßt er Dir einschärfen, seine Diät- u. Verhaltungsregeln ja genau zu befolgen – nicht bei schlechtem Wetter ausgehen usw. .. Du wirst das ja ohnedies wissen, wie er es Dir gesagt hat. Die Malzbonbons werden wir Dir morgen kaufen u. schicken – wenn Du glaubst, daß sie Dir gut thun, so hat Schrötter nichts dagegen; nur läßt er Dir sagen, Du sollst nicht zu viel davon essen, weil Du Dir sonst den Magen verdirbst.

So, nun habe ich wol alles bestellt u nichts vergessen. Leb recht wol u. unterhalte Dich gut, laß' Dir die Zeit nicht lang werden.

Herzlichst Dein treuer

Wilhelm

Es ist spät Abends u die Mutter will nichts mehr hinzufügen, grüßt Dich aber schönstens. Daß Toni beim Adolf[125] ist, weißt Du wol schon.

19. Scherer an Anton von Stadler

(Berlin), 2. September 1870. Freitag

Lieber Vater.

Du beschämst mich durch Deinen heutigen Brief, mit dem Du mir zuvorkamst. So lange ich hier bin, habe ich vor Dir zu schreiben, bin aber nicht dazu gekommen aus reiner Bummelei. Die Tage vergehen mir ohne daß ich genau anzugeben wüßte wie, ohne eigentliche Beschäftigung, mit vielen Besuchen, Briefen, Correcturen – u. dabei habe ich immer noch nicht einmal alle meine Freunde gesehen u habe fortwährend über Mangel an Zeit zu klagen. Du siehst, mein Zustand ist das reine Gegenteil der Langenweile über die Du klagst. –

---

124 Der Larynghologe Leopold Schrötter von Kristelli hatte bei Anton Stadler Kehlkopfkrebs diagnostiziert; dieser starb am 23.9.1870 »an einem Lungenemphysem das hinzugekommen war« (Scherer an Karl Müllenhoff, Brief vom 30.8.1870, *BW Müllenhoff-Scherer*, Nr. 169, S. 402). Vgl. auch Brief 19.

125 Adolph Merkel.

Natürlich lebt man ganz im Krieg.[126] Andere Gespräche werden selten geführt, jeder sammelt Nachrichten u. erzählt was er erfahren hat. Man debattirt über die Stellung der Armeen, beklagt die Größe der Verluste, sucht zu errathen, welche Bewegungen u. Thaten zunächst im Felde zu erwarten wären. Vorgestern Abend lag ich schon im Bette, hatte das Licht ausgelöscht u. versuchte zu schlafen, als Franz Duncker an meine Thüre kam u. mir die Nachricht vom Siege bei Beaumont[127] mittheilte, dem so schnell neue Siege nachgefolgt sind. Ich sprang auf, zog mich rasch notdürftig an, u. machte noch einen Spaziergang bis unter die Linden, wo die Extrablätter mit den telegraphischen Depeschen ausgeboten wurden u. noch manche Gruppe von Menschen aufgeregt beisammen stand.

Es ist was Großes um diese Zeit, u. ich freue mich, zum Theil sie hier durchzuleben. Wenn man schon nicht auf dem Kriegsschauplatz sein kann, so ist Berlin der richtige Ort. Daß man den Franzosen Elsaß u. einen Theil von Lothringen (mit Metz) nehmen werde, ist nun kein Zweifel mehr.[128] Ebenso steht es fest, daß man sich bei diesen Vorhaben von keinem der Neutralen irgendetwas werde einreden lassen. Außerdem aber scheint es, daß man suchen wird mit Napoleon selbst Frieden zu schließen. Man wird es den Franzosen überlassen, ihn nachher selbst fortzujagen, falls sie es fertig bringen. –

Die Nachrichten über Dein Befinden[129] thun mir sehr leid. Aber ich möchte Dich doch bitten, auf Schrötter nach wie vor das vollste Vertrauen zu setzen. Gerade was Du mir schreibst, spricht dafür. Du mußt Dich ja selbst erinnern, daß er mir voraussagte u. ich Dir dann mittheilte, es würden sich Schlingbeschwerden einstellen. Dies ist genau eingetroffen. Du siehst also daß er Deinen Zustand erkannt hat, daß wir also auch hoffen dürfen, er werde zur Milderung u. Hebung desselben die richtigen Mittel finden. Jedenfalls aber mußt Du ihn gleich besuchen, wenn Du nach Wien kommst.

Lebwol, lieber Vater, ich schreibe Dir bald wieder. Daß Toni nichts von sich hören läßt ist sehr unrecht; auch mich läßt er ohne Antwort.

Von ganzem Herzen
Dein getreuer
Wilhelm.

2. Septb. 70

126 Vgl. Anm. 122 (Brief 18).
127 Am 30. August hatte das preußische Heer die Vorhut der französischen Armee bei Beaumont überrascht, die sich daraufhin nach Sedan zurückzog. Hier fand am folgenden Tag die Entscheidungsschlacht statt, als deren Ergebnis sich Napoléon III. mit 85.000 Männern in deutsche Gefangenschaft begab.
128 Als Folge des verlorenen Krieges trat Frankreich 1871 gemäß den Vereinbarungen im Frieden von Frankfurt das Elsass sowie Lothringen mit Metz an Deutschland ab.
129 Vgl. Anm. 124 (Brief 18).

20. *Scherer an Anna Stadler*

(Wien), 18. Juni (1872). Dienstag

Liebe Mutter.

Den Brief von Toni wirst Du mittlerweile bekommen haben, mache Dir keine Sorgen um ihn, wenn er einmal nicht schreibt, Du weißt ja wie er darin ist. Zwischen der Hanni und ihm scheint fortwährend ein stiller Krieg zu bestehen, jetzt übrigens ohne daß sie böse auf einander sind. Aber er macht sich einen Spaß daraus, sich schlechter zu machen als er ist. Und das finde ich schließlich ziemlich unschuldig, besonders so lange er es mir erzählt. – Über meine Freunde habe ich mich in der Akademie-Angelegenheit[130] nicht zu beklagen. Es ist eigentlich nur ein wirklicher Freund, der dabei in Betracht kommt und den ich von jeher als solchen angesehen habe – und der hat sich natürlich hierbei ebenso bewährt wie bei jeder anderen Gelegenheit: das ist Miklosich. – Lorenz befindet sich ja der Akademie gegenüber in dem gleichen Falle wie ich: er ist auch nicht drin und wird von den richtigen Oesterreichern noch mehr gefürchtet als ich.

Du mußt auch gar nicht denken, daß ich die Sache irgend als persönliche Kränkung empfinde, oder daß mein Ehrgeiz im Spiele sei. Durchaus nicht. Es ist nur eine Frage der wissenschaftlichen Macht. Die Akademie verfügt über große Summen zu wissenschaftlichen Zwecken alle Jahr. Und einen Theil dieser Summen auch für mein Fach zu verwerthen, gar nicht einmal für meine eigenen Arbeiten, sondern nur um die Arbeiten anderer zu unterstützen und anzuregen – das ist mein Wunsch. Und auf dessen Erfüllung habe ich längst ein Recht, da mein Fach gar nicht vertreten ist jetzt in der Akademie.

Im übrigen wüßte ich Dir nichts zu erzählen. Auswärts gegessen habe ich noch wenig. Sonntag war ich in Döbling zu Tisch. Nächsten Freitag werde ich in die Oed gehen und Emilie[131] dann mit herein nehmen u. sie gleich auf den Westbahnhof zu ihrer Gasteiner Reise bringen. Soll ich Dir meinen »Grillparzer«[132] schicken? Der Separatabdruck ist jetzt erschienen. Das Hono-

---

130 Scherer war bereits seit 1869 korrespondierendes Mitglied der Kaiserlichen Akademie der Wissenschaften in Wien, wurde jedoch aufgrund seiner deutsch-liberalen Gesinnung niemals ordentliches Mitglied. Im Sommer 1872 war er bei der Zuwahl von vier neuen Mitgliedern erneut übergangen worden. Vgl. Scherers Brief an Karl Müllenhoff vom 15.6.1872, *BW Müllenhoff-Scherer*, Nr. 218, S. 472 f.; über Scherers Verhältnis zur Wiener Akademie vgl. auch Brief 98.

131 Emilie Gilewska.

132 Wilhelm Scherer: »Zum Gedächtnis Franz Grillparzers«. In: *Österreichische Wochenschrift für Wissenschaft und Kunst* N. F. 1 (1872), S. 577-594, 617-632, 651-667, 693-702 u. 710-725 (auch separat: Wien 1872).

rar im Ganzen wird 360 f betragen: woraus zu ersehen daß ich noch nicht ganz
abgewirtschaftet habe.

Dienstag 18. Juni.

Mit herzlichem Gruß
Dein treuer
Wilhelm

Schreib nur hübsch fleißig und wenn Du an uns denkst, so denke daß wir
gut aufgehoben sind und Du Dir keine »Grämnisse« zu machen brauchst.
Frau Lorenz[133] hat wieder mit ihrer Hand sehr viel zu leiden. Dagegen ist
er[134] dies Jahr ganz wohl.

21. Scherer an Anna Stadler

(Wien), 30. August 1872. Freitag

Liebe Mutter.

Freitag 30. Aug. 72

Du wirst glauben, es stecke irgend eine Nachlässigkeit meinerseits dahinter,
wenn ich Dir die Entscheidung[135] noch nicht geschrieben. Die Sache steht aber
durchaus nicht so. Innerlich bin ich freilich entschieden, äußerlich ist aber
die Entscheidung noch nicht erfolgt. Ich habe noch über einen bestimmten
Punct eine Anfrage nach Berlin gerichtet, und sobald die Antwort darauf in
befriedigender Weise erfolgt, werde ich die Berufung annehmen. Man hat
mich hier bis zum letzten Augenblick unwürdig behandelt. Ich schrieb Dir
doch daß der Minister mich ersuchte bis Mittwoch zu warten, bis dahin wolle
er mir seine letzten Anträge machen. Es wurde ausdrücklich verabredet, daß
nicht ich ins Ministerium zu kommen hätte, sondern daß er mir es sagen las-

133 Marie Lorenz.
134 Ottokar Lorenz.
135 Das Folgende bezieht sich auf die damals noch schwebenden Verhandlungen über
     die Annahme des Rufes an die neu gegründete deutsche Universität in Straßburg
     und die damit im Zusammenhang stehenden Bleibeverhandlungen in Wien.
     Die endgültige Entscheidung zugunsten Straßburgs fiel wenige Wochen später:
     Am 10.10.1872 reichte Scherer beim Ministerium für Cultus und Unterricht sein
     Entlassungsgesuch ein, dem am 24.10. stattgegeben wurde. Vgl. die entsprechen-
     den Dokumente in Scherers Personalakte, Österreichisches Staatsarchiv Wien
     (ohne Paginierung). Zur Vorgeschichte des Straßburger Rufes vgl. den Doku-
     mentenanhang in *BW Scherer-Steinmeyer*, hier Nr. 1⁺-6⁺, S. 308-315.

sen würde, was er ausgerichtet hätte. Das sollte bis Mittwoch sein – heute ist Freitag u. ich habe noch kein Wort aus dem Ministerium gehört!

Ich habe von Lorenz einen liebenswürdigen warmen Brief der mich vor einer Ablehnung <u>warnt</u>. Und ein zweimaliges Gespräch mit Miklosich hatte das Resultat daß er mir schließlich sagte:»Wie die Sachen liegen, bleibt nichts übrig als daß Sie den Ruf annehmen; ich würde es an Ihrer Stelle auch thun.« Hartel hat im Minister. erfahren daß sie sagen, sie könnten mir nicht mehr als 4000 f bieten. Angesichts dieser Sachlage wirst Du wol selbst einsehen daß ich eine so bedeutende Vermehrung meiner jährlichen Einkünfte nicht aus der Hand lassen darf. Das schmerzlichste, ja fast das einzig schmerzliche, ist dabei die Notwendigkeit, uns vorläufig zu trennen u. unseren Haushalt, der so schön gegründet war, für einige Zeit aufzulösen. Du mußt Dir aber vorstellen daß das nichts anderes ist als seinerzeit meine Abwesenheit in Berlin oder Tonis Abwesenheit in Würzburg – ein blos vorübergehender Zustand der uns nachher die Segnung des Zusammenseins um so lebhafter empfinden lassen wird.

Ich sage Dir für heute Lebewohl. Ich hätte Dir längst wieder geschrieben, wenn ich nicht stündlich einen Bescheid des Ministeriums erwartet hätte.

Grüße mir Paul und Cili recht schön u. danke ihnen nochmals für die freundliche Aufnahme die ich bei ihnen gefunden.

Ganz Dein
Wilhelm

Die Notiz im heutigen Abendblatt der »Deutschen Ztg«[136] darf Dich nicht beunruhigen. Ich weiß nicht von wem sie herrührt. Jedenfalls weißt Du das genauere.

22. *Scherer an Anna Stadler*

Berlin, 8. Oktober 1876. Sonntag

Berlin 8 October 76.

Liebe Mutter.

Ich bin hier, soeben eingerichtet, im Thiergartenhotel. Briefe an mich sind also zu adressiren:

Berlin. W.
Thiergartenhotel.

136 Gemeint ist wohl die in der *Deutschen Zeitung* v. 30.8.1872, Abendblatt, S. 2 f., erschienene Meldung über eine Reihe von Deserteuren, die aus der Wiener Station entwichen waren. Bei dem darin erwähnten »Oberkanonier Karl Stadler« dürfte es sich um einen Verwandten Anton von Stadlers gehandelt haben.

Ich habe nur rasch im Vorbeifahren Lina[137] gesehen u. begrüßt, bald aber kam Mariechen[138] dazu, so daß ich noch wenig eingehend mit ihr reden konnte und mich lieber im Hotel waschen und umziehen wollte.

Als ich ihr von München aus telegraphirte, ich würde kommen, so telegraphirte sie zurück: »Meinetwegen nicht kommen. Sonst sehr willkommen« – und aus einem an die Eisenbahn geschickten Zettel ersah ich daß sie inderthat glaubte, meine plötzliche Reise hinge mit meiner Berliner Professur zusammen. Nein! Deshalb wäre ich nicht 14 Stunden durch die Nacht gefahren. Sondern ich will versuchen, ob sie noch zu retten ist; denn ich bin überzeugt daß die Rückkehr in diese gräuliche, nach meinen Begriffen durch und durch unsittliche Existenz ihr Tod ist. Ich habe ja ihr Tagebuch vom letzten Sommer gelesen und weiß daß der gesundeste Mensch ein solches Leben nicht ertragen könnte ohne dabei verrückt zu werden oder nach und nach dahin zu siechen. Formell ist die Person entlassen, aber wo ist die Garantie daß das Verhältnis nicht doch fortgesetzt wird? Das Versprechen, sich zu trennen von der Mätresse, hat er ja schon einmal abgelegt und hat es gebrochen. Und überhaupt, darauf kommt es ja gar nicht mehr an, sondern darauf daß dieser Mensch[139] innerlich herunter gekommen ist, daß er seinem Geschäft wie seiner Familie nur noch wie ein Träumer und Stümper gegenüber steht – und daß an seiner Seite eine fein organisirte Frau verkommen oder sich selbst verlieren muß.

Du wirst die natürliche Frage auf der Zunge haben, was ich zu thun gedenke?

Vielleicht sollte ich es Dir vorläufig verschweigen um Dir alle Unsicherheiten, alle Conflicte, alles Schwebende zu ersparen. Vielleicht sollte ich einfach vor Dich treten mit dem fertigen Resultat: entweder »ich habe nichts ausgerichtet« oder »die Sache wird so und so verlaufen, das hab ich gethan, das will ich thun.« Dieser Weg wäre für Dich der leichtere, der mildere. Aber ich bin ihn vielleicht schon zu oft gegangen im Leben. Zu oft hab ich auf eigene Hand gehandelt oder gelitten und Dir dabei vielleicht doch keinen Kummer erspart, sondern Dir nur den neuen Kummer bereitet, daß Du meintest, ich hätte kein Vertrauen zu Dir.

Deshalb habe ich mich nach reiflicher Überlegung dahin entschieden, diesmal offen zu werden, im voraus Dir zu sagen was ich beabsichtige, noch

---

137 Lina Duncker. Zu den Konflikten mit ihrem Mann Franz Duncker, die der Brief dokumentiert, und zu der Rolle, die Scherer darin spielte, konnten weitere Quellen nicht ermittelt werden. Die Ehe hielt jedoch bis zum Tod Lina Dunckers im Jahr 1885. Vgl. Einleitung zu den Briefen an Lina Duncker (Briefe 33-38).
138 Marie Duncker.
139 Franz Duncker.

ehe ich irgendetwas gethan habe. Verzeih wenn ich Dir damit Kummer mache – ich kann nicht anders, das ist meine feste Überzeugung.
Laß mich etwas vorausschicken.

Linas Plan sich scheiden zu lassen ist jetzt nicht zum ersten Mal gefaßt
worden; sie hat ihn schon öfters gehabt; aber niemals habe ich im geringsten
darauf eingewirkt. Der Entschluß ist frei aus ihrer Seele entsprungen, und in
früherer Zeit habe ich eher abgeredet, als zugeredet. Diesmal allerdings habe
ich beigestimmt und gutgeheißen, weil es mir höchste Zeit schien, wenn sie
nicht zu Grunde gehen sollte. Und diesmal hatte ich allerdings einen Hintergedanken. Der war: daß ich künftig Lina zunächst stehen sollte, daß wir in
Berlin vereinigt, in einer Wohnung oder in zwei nahe gelegenen Wohnungen,
unter Deinen Augen ein Leben fortsetzen sollten, beglückt und beglückend
wie wir es so oft auf Reisen geführt. Ob sich aus einem solchen Leben ein
näheres auch äußeres Band ergeben würde, ob man es gleichsam vor der Welt
legalisiren ließe: das konnte in meinen Gedanken ganz der Zukunft anheimgestellt bleiben. Es mußte vor allem abhängen von dem Umstande, ob wirklich
keine andere Herzensneigung mich zu fesseln vermöchte; ob Lina sich zu einer
anscheinend so »unnatürlichen« Ehe entschliessen könnte; ob Du beistimmen würdest; ob Mariechen beistimmen würde u.s.w. u.s.w. Das alles wie
gesagt, war für mich eine zweite und uneigentliche Frage; die Hauptsache,
daß wir zusammen leben würden, wesentlich auf einander angewiesen, wesentlich für einander da.

Und jetzt ist also an die Stelle der Scheidung eine sogenannte »Versöhnung«
getreten, Lina abgerungen in einem Augenblick der Schwäche, ein innerlich
ganz unmögliches Ding. Ich bin entschlossen mit allen Mitteln dagegen an-
zukämpfen; ich bin entschlossen, um Lina aller Unsicherheit über die Zukunft zu entreißen, welche sie nach der Scheidung erwarten würde – ich bin
entschlossen ihr meine Hand anzubieten.

Es widerstrebt mir daß ich den Entschluß fassen muß ohne Dich vorher
gefragt zu haben, ohne Deiner Beistimmung sicher zu sein. Es widerstrebt
mir auch, daß ich ihr diesen Antrag nicht machen kann erst wenn sie frei ist,
daß ich es jetzt thun muß um sie möglicherweise erst frei zu machen.

Aber ich kann nicht anders. Die Sache duldete keinen Aufschub, ich kann
nicht auf Deine Beistimmung warten – u. ich kann andererseits doch auch
nicht glauben, daß Du mir einen ernsten Widerstand entgegensetzen würdest, wenn ich die Überzeugung habe, das was ich will ist mein Glück. Und
diese Überzeugung habe ich.

Ich kenne Lina seit 16 Jahren, seit 13 Jahren bin ich ihr nahe befreundet –
in den verschiedensten Lebenslagen habe ich sie kennen gelernt u. bewährt
gefunden. Ich weiß wie behaglich sie einem das Leben zu machen versteht;
wie viel Theilnahme sie für geistige Dinge hat; wie gut, wie liebenswürdig,
wie sparsam, was für eine vortreffliche Hausfrau sie ist. Und vor allem, ich

weiß, wie sehr sie Dich liebt und wie sehr sie Dich zu würdigen weiß. Ich habe stets ganz genau gewußt, daß unter allen Frauen, die ich kennen lernte, ihr keine gleich kommt. Emilie[140] ist entfernt nicht im Stande zu beglücken wie sie, sie hat immer Unbehaglichkeit im Gefolge, sie hat zu Dir nie ein natürliches Verhältnis bekommen können. Oder Maria,[141] die ich mir öfters darauf angesehen habe, ob sie nicht eine Frau für mich gäbe, – auf was für bedenkliche Spuren von Unliebenswürdigkeit, von unverständigem Eigensinn sind wir bei ihr gestoßen! Und paßt eine Frau in ein Professorenhaus, die zwei Stunden zu ihrer einfachen Toilette braucht? Und so könnte ich sie Dir alle nach der Reihe herzählen, ob Du sie kennst oder nicht kennst – ich habe verglichen u. erwogen, ich habe immer Gegengründe gefunden viel stärker als irgend einer der gegen Lina vorgebracht werden kann.

Das einzige, was gegen sie einzuwenden ist, ist ihr Alter u. Ihre Kränklichkeit. Und es ist wahr, es läßt sich viel sagen gegen die Abschließung von Ehen, bei denen es äußerst unwahrscheinlich ist daß Kinder daraus hervorgehen werden. Aber gibt es nicht genug kinderlose Ehen, die sehr glücklich sind? Und es gibt auch einige berühmte Beispiele von sehr glücklichen Ehen, in denen die Frauen bis zu 15 Jahren älter waren als die Männer. Und ich – um es aufrichtig zu sagen – bin meiner physischen Anlage nach kein Mensch, bei dem die physische Seite der Ehe sehr stark in Betracht käme. Die Reize die mich am meisten anzogen waren immer geistiger Natur.

Ich weiß also genau, was ich thue, liebste Mutter, u. ich weiß auch wie böse die Welt über solche Ehen urteilt. Aber was gehen mich diese Urteile an, wenn ich sie nicht höre u. wenn ich glücklich bin? Und dann, ein Vierteljahr lang wird geredet; nachher redet kein Mensch mehr ein Wort darüber.

Ich flehe Dich an, sei mir nicht entgegen, gib mir Deinen Segen zu meinen Beginnen. Ich weiß es ist zu meinem Glück und zu Linas Glück, und daher auch zu Deinem Glück. Zwischen uns würde sich gar nichts ändern, als daß Dein Leben ein ruhigeres schöneres beglückteres werden könnte.

Ob Lina auf meine Pläne eingehen wird? Ich ahne es nicht. Ich fürchte, sie hat nicht den Muth. Aber es könnte ihren Muth stärken, es könnte meinen Bestrebungen Unterstützung leihen, wenn Du rückhaltlos beistimmtest. Könntest Du Dich rasch entschließen, ja zu sagen, so bitte ich, telegraphire mir nur die einfachen Worte:

Professor Scherer.

Berlin. Thiergartenhotel.

Bin einverstanden.

Nina.

140 Emilie Gilewska.
141 Nicht ermittelt.

Es wird Dir vielleicht schwer, meine Bitte zu erfüllen. Du hast Dir heimlich wohl eine Jüngere, eine blühendere Braut für mich gedacht. Aber, liebe Mutter, ich habe Angst vor diesen jungen blühenden Bräuten, welche an einen Mann wahrscheinlich stärkere Ansprüche machen, als ich neben meinen Berufspflichten erfüllen kann. So bescheiden, wie Du gegenüber Deinen beiden Männern warst, so bescheiden sind wenige Mädchen. Und die Wahrscheinlichkeit daß mir auf meinem Lebenswege noch eine solche begegnet, ist sehr gering. Ich glaube nicht daß ich ein zweites Mal in die Lage komme, eine solche Bitte an Dich zu richten. Es wird wohl das erste u. einzige Mal in meinem Leben sein, daß ich dem Entschluß zur Ehe so nahe komme. Sei mir nicht entgegen, liebste, liebe Mutter! Ich bitte Dich!

In Liebe u Treue
ewig verbunden Dein
Wilhelm

Ich bitte Dich, laß mir mittelst Postanweisung 600 Mark ausbezahlen.

Sonntag Abends.

Es ist mir lieb daß ich den Brief den ganzen Tag über mit mir herumgetragen, u. daß ich nun weiteres melden kann. Lina setzt meinen Absichten den bestimmtesten Widerstand entgegen. Sie sagt:»ich bin eine alte Frau, nur noch gut um die Mutter eines 18jährigen Mädchens zu sein; das ist jetzt mein einziger Beruf. Wie werd ich mich in eine so lächerliche Position begeben, als 50jährige Frau einen so viel jüngeren Mann zu heiraten?« Das ist ihr Standpunct, aber ich bleibe auf dem meinigen. Und ich bleibe dabei Dich zu bitten daß Du mir Deinen Segen dazu womöglich telegraphisch gibst. So viel ist mir schon jetzt klar: jetzt wird sich nichts entscheiden nach dieser Richtung. Aber wenn es, wie ich hoffe, doch zur Scheidung kommt, wenn Lina frei wird, dann ist es Zeit auf diese Meinung zurückzugreifen; u. es wäre mir eine Beruhigung zu wissen daß ich Dich auf jeden Fall auf meiner Seite habe. Aber vielleicht ist es unrecht Dich so zu drängen; schreibe also, wenn Du es lieber willst – u. noch einmal verzeih mir, wenn ich Dir Kummer mache. Ich hatte die Anwandlung diesen ganzen Brief doch zu unterdrücken, aber es wird mir eine solche Beruhigung sein, wenn ich Dich endlich unterrichtet weiß, darüber, wie es in mir aussieht, was ich möchte u. was ich beabsichtige, jetzt oder in der Zukunft.

23. *Scherer an Anna Stadler und Toni Stadler*

Hamburg, 11. Oktober 1878. Freitag

Hamburg Hôtel de l'Europe
11. Octb. 78

Liebe Mutter, lieber Toni, denkt Euch, denkt Euch – ich habe mich in Hamburg verlobt – verlobt – <u>verlobt ich</u>!!¹⁴²
Mit wem? Natürlich mit der Mimerl. Das süße Geschöpf! Ich ging schon in Helgoland damit um – hatte aber sehr weise kluge Vorsätze – wollte sie hier nur sehen, dann mit Dir, Mutter, überlegen, Dich fragen ob Du auch glaubst daß sie die rechte ist, die mich glücklich macht u. Dich ehrt, die für mich die Hingebung u. Aufopferungsfähigkeit hat, die Du für unsere Väter gehabt hast. Die das einfache warme Herz u die wahre Güte hat, auf der allein alles Glück beruht – – – kurz ich war sehr weise u. klug u. wollte es recht verständig machen – – u ich war so dumm wie alle Verliebten sind – gestern Abend hatte ich sie glücklich bis an ihre Wohnung gebracht – u. nicht die leiseste Zärtlichkeit hatte ich mir erlaubt – – aber im Moment des Abschiedes, da war ich überwältigt – ich weiß nicht wie es kam – ich glaube ich fragte sie, ob sie mir gut sei – –

o ich weiß es nicht mehr, aber es war da, es ist da, u es soll nicht mehr verschwinden dies reine ganze große Lieben – ich besitze dies liebe warme unschuldige Herz u will es mir bewahren, hinfort als mein köstlichstes Besitztum. Du fühlst wie ich zittere, ich kann nicht mehr schreiben jetzt, telegraphire mir daß Du einverstanden bist – mir war es, als wir von Straßburg fortfuhren, als ob ich in Deinen Augen was gelesen hätte, was wie der Wunsch, wie die Frage aussah: wäre das nicht die Frau für meinen Wilhelm gewesen?

Ich komme vermuthlich Montag – kann es noch nicht genauer sagen – Toni wird mich unter diesen veränderten Umständen gewiß gern erwarten – wenns auch noch bis Montag dauert. Ich wollte trotz der Verlobung heute fahren, mit Dir sprechen, dann wieder kommen in der Nacht von Samstag auf Sonntag – aber ich glaube Du wirst mir nicht böse sein, wenn ichs so mache, wir hätten uns sonst heute gar nicht sehen können. Das arme Kind ist so schrecklich mit Proben geplagt.

Lebt wohl.

Euer getreuer
Wilhelm

---

142 Die Verlobung zwischen Scherer und Marie Leeder fand am 10.10.1878 im Hause des Hamburger Arztes Moritz Adolph Unna statt. Vgl. Einleitung zu den Briefen an Marie Scherer (Briefe 109-118).

24. Scherer an Anna Stadler

Berlin, 11. Dezember 1880. Sonnabend

Berlin 11. Decber. 80

Liebe Mutter.

Sind Deine Schmerzen so leicht zu heben, Deine Thränen durch einen Brief zu stillen, so soll es an mir nicht fehlen. Gerne füge ich hinzu, daß ich mir jedesmal vornehme, wenn eine solche Pause eingetreten ist, mich künftig zu bessern. Seinen Eltern gegenüber aber bleibt man wohl immer Kind u. kann für seine Tugend nicht einstehen. Grade so wie jetzt hast Du Dich einst beklagt, wenn ich aus dem Institut[143] nach Göllersdorf oder später aus Berlin nach Wien nicht häufiger schrieb u. auch damals faßte ich immer die besten Vorsätze ohne sie doch consequent durchzuführen.

Über meine veränderten Beziehungen zu Müllenhoff habe ich nur darum nichts geschrieben oder schreiben lassen, weil es mir ganz unnöthig schien Dich dadurch zu betrüben. Auch war meine Absicht anfangs, die Sache ganz geheim zu halten. Dann traten aber Nothwendigkeiten ein, bald dem einen bald dem andern eine Andeutung zu machen; Frau Müllenhoff[144] empfand auch das Bedürfnis mit Rödiger davon zu reden. Und discret sind nun einmal die jungen Herren nicht. Kurz, ich merkte bald, daß alle möglichen Leute, die es nichts anging, sich damit beschäftigten. Die Ursache der Differenz ist eine sehr ehrenvolle für mich und eine sehr beschämende für meinen alten Freund. Ich hatte in einem der Litteraturartikel[145] der N.fr. Presse die jetzt übliche Judenverfolgung mißbilligt. Und darüber gerieth der Alte so in

143 Vgl. Anm. 3 (Brief 1).

144 Fernande Müllenhoff.

145 Wilhelm Scherer: »Skizzen aus der ältesten deutschen Litteraturgeschichte. Kreuzzüge und Toleranz«. In: *NFP.* Nr. 5529 vom 20.1.1880 (Vorabdruck aus: *Scherer: GdL (1883)*, S. 87-99). Der Schluss des Artikels nimmt Bezug auf den durch Heinrich von Treitschke ausgelösten »Berliner Antisemitismusstreit«: »In diesem ekelhaften Judenstreite, der in Deutschland Dimensionen angenommen hat, von denen man in Oesterreich vielleicht nichts ahnt, werden nicht nur muthwillig neue Standes- und Classenkämpfe geschürt, als ob wir an dem Jammer der Social-Demokratie nicht genug hätten; es wird von treuen patriotischen Männern im besten Glauben eine unreine Sache verfochten, welche ursprünglich von der reichsfeindlichen Presse, von Ultramontanen, Reactionären und Particularisten zur Verdächtigung der maßgeblichen Reichspolitik in Bewegung gesetzt war; es wird den schlechtesten Instincten der Masse geschmeichelt.« (Ebd. S. 4). Zum ›Antisemitismusstreit‹ vgl. Einleitung zum Briefwechsel mit Theodor Mommsen (Briefe 95-100), zu den Auseinandersetzungen darüber zwischen Scherer und Müllenhoff auch *Sternsdorff (1979)*, S. 216 f. (mit weiteren Quellen).

Wuth, daß er mich bei der nächsten Facultätssitzung nicht mehr kannte. Die Ursache seines Zornes wußte ich gar nicht und erfuhr sie erst viel später durch die Frau. Er hat sich nun aber so weit wieder besonnen, daß er mich nach einiger Zeit in der Facultät anredete, als ob nichts gewesen wäre, worauf ich natürlich meinerseits einging. Daß aber kein gesellschaftlicher Verkehr mehr stattfinden sollte, hat er ausdrücklich gewünscht und wurde im Anfang des Wintersemesters constatirt. Natürlich hat mich die Sache im Sommer tief erregt. Jetzt bin ich darüber hinaus. Wenn man sich sagen kann daß man an einem solchen Bruch absolut unschuldig ist, so muß man es hinnehmen, wie eine äußere Fügung, wie schlechtes Wetter oder Krankheit.

In dieser Hinsicht, liebe Mutter, muß ich nun aber bei dem Grundsatz bleiben, Dir kleine Unannehmlichkeiten, die mir etwa begegnen, nicht mitzutheilen. Aber wenn sie Dir was darüber zutragen, was Dich beunruhigt, so bitte ich Dich ein für allemal es mir zu schreiben und ich werde Dir gern alle Auskunft darüber geben. Ich kann Dir doch nicht schreiben, wenn irgend einer einmal eine unartige Recension über mich schreibt; und doch kann auch darüber in Wien oder anderwärts gesprochen werden u. können sich die Leute den Kopf darüber zerbrechen, ob ich antworten oder nicht antworten würde, ob ich mich ärger oder nicht u.s.w. Solche Dinge sind Kindereien für mich u. ich spreche vielleicht einmal mit einem meiner Schüler davon, der mir gerade in Wurf kommt; aber darüber ernsthafte Mittheilungen an Dich niederzuschreiben, würde ich mich schämen.

Wenn z.B. die Sache mit Müllenhoff im October (wie ich bis dahin hoffte) wieder ins gleiche gekommen wäre, so wäre es doch viel besser, Du wüßtest nichts davon, als daß Du Dir Sorge gemacht hast. –

Meine Finanzen stehen nicht so glänzend wie voriges Jahr um diese Zeit. Aber ich habe doch wieder über 1200 M. Collegiengeld eingenommen.

Lebewohl. Mit der Länge dieses Briefes bist Du nun wohl zufrieden, obgleich von Hermännchen[146] wieder nichts drin steht, der ein recht lieber Kerl ist u. mir recht liebenswürdig zuzulachen pflegt.

Dein treuer
Wilhelm

146 Herman Scherer.

25. Scherer an Anna Stadler

Berlin, 14. März 1884. Freitag

Berlin 14.3.84

Liebe Mutter.

Etwas Entschiedenes kann ich Dir nicht auf die Frage sagen, ob ich in 14 Tagen nach München komme. Sehr gerne würde ich der Hochzeit[147] dieses lieben Paares beiwohnen, und ich habe mir meine Anwesenheit dabei schon oft in Gedanken ausgemalt. Aber – es sind eben verschiedene Abers dabei, welche es mir nicht möglich machen, ein darauf bezügliches Versprechen abzulegen. Ich verlaße Mimi unter den gegenwärtigen Umständen[148] nicht gern. Daß ich das Eisenbahnfahren so schwer vertrage, fällt auch mit ins Gewicht. Acht Tage muß ich doch immer rechnen auf eine solche Fahrt nach München, wenn es nicht eine elende Hetze werden soll. Ob ich aber acht Tage entbehren kann? Meine Verhältnisse sind durch Müllenhoffs Tod[149] gänzlich verändert, und es wäre, um mit gewissen Dingen in Ordnung zu kommen, dringend erwünscht, daß ich die ganzen diesmal ohnedies kurzen Osterferien zur Verfügung hätte. Ungethane Arbeit lastet immer auf eine höchst peinliche Weise auf mir. Und wie leicht werden die großen Ferien noch in Mitleidenschaft gezogen, wenn ich mich jetzt nicht gehörig dazu halte!

Ich bin jetzt endlich in die Akademie der Wissenschaften gewählt worden.[150] Müllenhoff hat noch den Antrag gestellt. Darin liegt doch etwas Versöhnendes.[151] Ich möchte fast glauben, daß unter seiner hiesigen Umgebung sein Tod mir am meisten nahe gegangen ist. So sehr ich gegen Alles, was ihn betraf, glaubte abgestumpft zu sein: so habe ich das Ereignis doch als ein tief ernstes und einschneidendes empfunden.

Bis gestern hat im Grunde meine Semester-Arbeit gedauert; erst heute fangen die Ferien für mich wirklich an.

Lebewohl, liebe Mutter, grüße Sophie[152] und Toni herzlich von mir.

Dein
Wilhelm

147 Gemeint ist die Hochzeit von Scherers Halbbruder Toni Stadler, die am 31.3.1884 in München stattfand. Vgl. Scherers Brief an Elias von Steinmeyer vom 23.3.1884, *BW Scherer-Steinmeyer*, Nr. 416, S. 271.
148 Marie Scherer erwartete ihr zweites Kind, die am 28.4.1884 geborene Maria Scherer.
149 Karl Müllenhoff starb am 14.2.1884.
150 Scherer wurde am 9.4.1884 zum ordentlichen Mitglied der historisch-philologischen Klasse bei der Königlichen Akademie der Wissenschaften in Berlin gewählt.
151 Vgl. Brief 24, dazu Anm. 145.
152 Sophie Stadler.

26. Scherer an Anna Stadler

Berlin, 14. April 1885. Dienstag

Berlin 14.4 85

Liebe Mutter.

Verzeih daß das Geld so lang ausgeblieben ist. Aber Du hast mir ja versprochen, mich zu mahnen, wenn ich vergesse! Warum hast Du es nicht gethan? Ist die Summe richtig? Du hast mir wiederholt darüber geschrieben. Aber die Briefe scheinen unter anderen vergraben zu sein u. ich schicke nur nach ungefährer Erinnerung/./ Ich will noch ein paar Tage fort in die sächsische Schweiz. Das hat mir voriges Jahr so wohl gethan und für das ganze Jahr genutzt. Bis nach Weihnachten ist es mir sehr gut gegangen. Seitdem, aber weniger, und seit dem Anfange der Ferien leide ich an Kreuzschmerzen, die zwar nicht arg, aber unbequem sind und vermuthlich auf Verdauungsstörungen beruhen; so daß einige Tage, in denen ich fleißig gehe und wandere, mir gewiß gut thun werden.

Unser Gärtchen ist schon angepflanzt.[153] Die Öfen sind gesetzt; die Tapeten ausgesucht. Es wird wahrscheinlich Alles noch vor dem Termin fertig. Wie werde ich mich freuen, wenn ich Dir einmal alles zeigen und Dich in meinem Hause beherbergen kann! Es hat mir schon so viel Freude gemacht und macht sie mir täglich, daß ich mich des Entschlusses immer von neuem freue. Mit dem Gelde komm ich, wie es scheint, ganz gut aus. Ich habe noch immer ein wenig in der Bank liegen, das ich nicht anzugreifen brauche. Aber die dritte Auflage meiner Litteraturgeschichte,[154] die soeben erscheint, wird auch in 6000 Exemplaren gedruckt. D.h. ich habe mindestens eine Einnahme von 6000 Mark davon, wahrscheinlich aber mehr. Damit läßt sich denn schon eine Strecke reichen, auch wenn man ein Klavier und sehr viele Tapezierer-Arbeiten und gewiß noch manches Unvorhergesehene braucht. Es ist doch schön daß meine langen angestrengten Arbeiten auch einen materiellen Lohn abwerfen!

153 Das Ehepaar Scherer bezog im August 1885 ein Haus in der Lessingstraße 56, Berlin N. W., im Tiergartenviertel. Die mondäne und geräumige neue Wohnstätte besaß »Boudoir, Erker, Herrenzimmer, Salon, Speisezimmer, Vestibüle, Kinderspielzimmer, Bibliothek, Schlafzimmer, Kinderschlafzimmer, Fremdenzimmer, Küche, Balkon und Portierzimmer« (*Höppner (1987a)*, S. 161; nach Quellen aus dem Nachlass).

154 *Scherer: GdL (1883).* – Die zweite Auflage der Literaturgeschichte war 1884 erschienen, die dritte kam 1885 heraus.

Mimi und den Kindern geht es gut. Die Kleine[155] hat, wahrscheinlich durch hervorkommende Zähne bedrängt, einige Zeit recht schlecht geschlafen und dadurch auch Mimi gestört. Es scheint aber, daß sich das jetzt zum Besseren wendet. Du weißt, daß es Wilhelm Merkel so schlecht geht? Er liegt bei seinem Bruder[156] in Schweinfurt, hoffnungslos, wie es scheint, und mit seinem Zustande ganz genau bekannt.

Mit den besten Grüßen
Dein
Wilhelm

27. Scherer an Anna Stadler

Bad Gastein, 28. August 1885. Freitag

Bad Gastein bei Gruber
28. August 1885.

Liebe Mutter.

An Goethes Geburtstag will ich endlich meine lange Briefschuld Dir gegenüber gut machen. Es ist sonderbar, wie hier die Zeit vergeht mit Trinken, Baden, Essen, Schlafen, Spazierengehen, so daß man fortwährend in Anspruch genommen ist u. die einfachsten Geschäfte nicht erledigt werden. Für mich kommen freilich Correcturen hinzu, die mich überall verfolgen; und daß das Lesen und Schreiben sich mit der Cur sehr wenig zu vertragen scheint: ich bekomme immer gleich Kopfschmerzen, wenn ich ein bischen anhaltend zu lesen oder zu schreiben versuche.

Auch Mimi wurde in die Badebummelei hineingezogen u. kam hier zu nichts, hat Dir aber hoffentlich von Stixenstein aus schon geschrieben.

Die Reise hierher war sehr hübsch, nur das Hotel in Zell am See äußerst schlecht. Als wir hier einfuhren, begegnete uns – als der erste Gasteiner Mensch – die Großherzogin[157] auf ihrer Spazierfahrt. Auf einem unserer ersten Spaziergänge sahen wir sie auf einer Bank sitzen, an der wir vorüber mußten; sie redete mich an und bat mich, Abends um 8 Uhr zu ihr zu kommen. Da war ich denn eine Stunde bei ihr allein, und unsere Goethe Angelegenheiten[158]

---

155 Gemeint ist Maria Scherer. Vgl. Anm. 148 (Brief 25).
156 Adolph Merkel.
157 Sophie Großherzogin von Sachsen-Weimar.
158 Vgl. hierzu Einleitung zu den Briefen Gustav von Loepers an Scherer (Briefe 101-103).

wurden ausführlich besprochen. Später habe ich sie noch einmal besucht und einmal auch bei ihr gegessen. Die Druckproben der neuen Goethe-Ausgabe[159] sind hieher bestellt und besprochen worden. Eine Abendstunde nach dem Abendessen brachten wir meist mit der Umgebung der Großherzogin, der sehr liebenswürdigen jungen Hofdame Frl. v. Beaulieu, dem Theaterintendanten v. Loën (einen Urgroßneffen Goethes) und dem Oberen Hofmeister v. d. Gabelentz zu. Und das wird auch wohl künftig meine Hauptgesellschaft bleiben, da die Großherzogin sich vermuthlich bis zum 7. Sptb. in Gastein aufhält, was auch für mich der früheste Termin der Abreise wäre.

Diese Einzelheiten wollte ich Dir nicht vorenthalten, da Du sie ausdrücklich zu wissen wünschtest.

Über die Wirkungen der Cur weiß ich noch nichts rechtes zu sagen. Es geht mir ausgezeichnet, wenn ich weder schreibe noch lese. Und ich zweifle nicht daß schließlich eine segensreiche Wirkung zurückbleibt.

Mit den treuesten Grüßen
Dein
Wilhelm

28. Scherer an Anna Stadler

Berlin, 17. Oktober 1885. Sonnabend

BERLIN N.W., LESSINGSTRASSE 56.
17. Octber 85.

Liebe Mutter

Mimi hat Dir von hier aus gleich geschrieben, allerdings nach Kössen, wo wir Dich vermuthen mußten. Du hast mich wieder nicht daran erinnert, Dir rechtzeitig das Geld zu schicken; bitte thue es doch immer vor Ablauf des Vierteljahres. Ich wollte dann, als es mir einfiel, nicht schicken, ehe ich genau wußte, ob Du in Kössen oder in Wien.

Jetzt lege ich 250 Mark bei.

Uns geht es so weit gut; nur Hermann[160] hat schon wieder einmal Halsschmerzen gehabt (die Berliner Luft ist offenbar weniger wohlthätig, als die Stixensteiner); und ich muß mich noch sehr schonen, um meinen Magen

---

159 Die von Scherer in Zusammenarbeit mit Gustav von Loeper und Erich Schmidt vorbereitete *Weimarer Ausgabe* von Goethes Werken, auch Sophien-Ausgabe genannt, deren erste Bände 1887 erschienen.

160 Herman Scherer.

nicht abermals in die Versuchung eines Katarrhs zu führen. Ich bin viel magerer geworden; das scheint mir aber noch der einzige Vortheil der ganzen Ferien-Cur.

Das Haus macht uns sehr glücklich.[161] Der Tapezier hat sehr viel Geschmack bewiesen. Das Äußere des Hauses wenigstens können wir Dir in beiligender Photographie[162] vorstellen.

Das Decanat[163] nimmt mich schon jetzt sehr in Anspruch; ebenso die Goethe-Gesellschaft.[164] Geschäfte über Geschäfte! Es wird ein unbehagliches Jahr werden. Aber mein Vorgänger[165] im Decanat hat über 12 000 Mark eingenommen! (Was Du freilich niemandem zu sagen brauchst.)

Toni hat immer davon gesprochen, mir ein großes Bild schicken zu wollen. Du kannst ihm die zarte Andeutung machen, daß für ein großes Bild bei uns kaum Platz ist; oder wenigstens möchte ich, daß er sich selbst den Platz erst ausgesucht hätte. Aber für kleine Bildchen, wie Mimi schon 2 von ihm hat, wäre recht viel Platz; – sowohl für kleine Landschaften wie für kleine Stillleben!

> Mit den treuesten Grüßen
> Dein
> Wilhelm.

---

161 Vgl. Anm. 153 (Brief 26).
162 Die Beilage ist nicht erhalten.
163 Scherer war für das Jahr 1886 zum Dekan der philosophischen Fakultät der Berliner Universität gewählt worden.
164 Die Weimarer Goethe-Gesellschaft, gegründet im Juni 1885. Vgl. hierzu Brief 102, dazu Anm. 11.
165 Scherers Vorgänger als Dekan war der Orientalist Eberhard Schrader.

Briefe an Franz Pfeiffer
1860 – 1864

Franz Pfeiffer (1815-1868)[1] war Scherers germanistischer Lehrer während seiner drei ersten Semester an der Wiener Universität und (seit 1857) sein Vorgänger auf dem dortigen Lehrstuhl für deutsche Sprache und Literatur. Zuvor war der gebürtige Schweizer, ein Schüler von Hans Ferdinand Massmann, Gymnasial-Professor und Bibliothekar in Stuttgart, wo er außerdem als Sekretär des Litterarischen Vereins tätig war. Im so genannten ›Nibelungenstreit‹ wandte sich Pfeiffer früh gegen die von Karl Lachmann aufgestellten Theorien zur Entstehung des »Nibelungen«-Textes. Als Herausgeber der Zeitschrift »Germania« (seit 1856) und der »Deutschen Classiker des Mittelalters« (seit 1864) wurde er neben Adolf Holtzmann und Friedrich Zarncke zum wichtigsten Wortführer gegen die ›Berliner Schule‹. Dennoch unterstützte Pfeiffer im Frühjahr 1860 Scherers Übersiedlung nach Berlin, indem er ihm eine Empfehlung an Jacob Grimm schrieb, mit dem er seit langem in freundschaftlichen Beziehungen stand. Nachdem Scherer sich in Berlin eng an seine dortigen Lehrer Moriz Haupt und Karl Müllenhoff angeschlossen hatte, kam die Beziehung zu seinem alten Lehrer schnell zum Erliegen. Später behinderte Pfeiffer Scherer bei seinen Versuchen, sich in Wien als Privatdozent zu etablieren, konnte aber freilich nicht verhindern, dass der junge Konkurrent zunehmend in die Position seines designierten Nachfolgers hineinwuchs. In späteren Jahren bedauerte Scherer seinen Bruch mit Pfeiffer und die nachfolgenden Auseinandersetzungen. Bereits bei seinem Tode würdigte er ihn in Form einer kritischen und zugleich respektvollen Gedenkrede.[2]

1   Literatur: Karl Bartsch: »Franz Pfeiffer. Eine Biographie«. In: *Briefwechsel zwischen Joseph Freiherrn von Laßberg und Ludwig Uhland. Hg. v. Franz Pfeiffer [und Joseph Maria Wagner]*. Wien 1870, S. XVII-CVII (mit Schriftenverzeichnis); *Panzer (1921)* (darin Erstdruck der Briefe 29 u. 30); *BW Pfeiffer-Bartsch; Kolk (1990)*, S. 22-29; *Kofler (1998); Nottscheid (2003)*; zu den persönlichen Beziehungen zwischen Scherer und Pfeiffer vgl. auch *Sternsdorff (1979)*, S. 75-81 und S. 94-96 (auf Grundlage der amtlichen Dokumente zu Scherers Wiener Habilitationsverfahren) – *ADB* (Edward Schröder); *NDB* (Hans-Joachim Koppitz); *IGL* (Robert Pichl).

2   Im vorliegenden Band abgedruckt als Dokument IV. Vgl. auch Scherers Brief an Karl Müllenhoff vom 2.6.1868 (*BW Müllenhoff-Scherer*, Nr. 92, S. 256 f.), seinen Brief an Friedrich Zarncke vom 30.6.1869 (Brief 92) sowie die in Anm. 3 (Anhang, Dokument IV) zitierte Tagebuchstelle.

29. Scherer an Pfeiffer

Berlin, 20. Mai 1860. Sonntag

Vererter herr professor,

dass ich erst jetzt von Irer gütigen erlaubnis Inen schreiben zu dürfen[3] gebrauch machte hat seinen grund darin, daß ich mir eher ein nur einigermaßen bestimtes urteil über hiesige verhältnisse nicht zutraute.

Ich habe es hier anders u. ich darf wol sagen weit besser gefunden, als ich
vermutete. da ist weder die gefürchtete persönliche unzugänglichkeit u. vornehme abschließung noch die tyrannei gegen abweichende meinungen, –
namentlich nicht bei Müllenhoff, in dessen ganzer art man überhaupt nicht
den verf. von »z. gesch. der NN«[4] suchen würde; aber auch von Haupt bekam ich einen günstigeren eindruck als selbst durch Lexers schilderung:[5] er
ist weder unliebenswürdig noch so durchaus unduldsam gegen widerspruch.
wie ich in jetzt beurteile – allerdings wer weiß was mich länger fortgesetzter
umgang lert? – wage ich sogar die vermutung, wenn persönliche bekanntschaft die wissenschaftlichen differenzen begütigen u. mildern würde, es
wäre zwischen Inen und im so weit nicht gekommen.

Was meine bisherigen studien betrifft, so wurde ich durch Müllenh.s deutsche übungen [üb. das Nib.l. von str. 1957 Lm.[6] an] veranlaßt, den Nibelun-

---

3 Wie aus einem Brief von Joseph Maria Wagner an Scherer vom 17.2.1861 hervorgeht, hat Pfeiffer die an ihn gerichteten Briefe Scherers aus Berlin nicht beantwortet: »Er [Pfeiffer] läßt Ihnen sagen, Sie möchten nur fortfahren mit schreiben. Er
läse mit vielem vergnügen Ihre berichte, doch fehle es ihm zum antworten an aller
zeit.« (ABBAW, NL W. Scherer: 976).

4 Karl Müllenhoff: »Zur Geschichte der Nibelunge Not«. In: *Allgemeine Monatsschrift für Wissenschaft und Literatur* (1854), S. 877-979 (auch separat: Braunschweig
1855). Müllenhoff verteidigt in dieser Schrift in scharfer, zuweilen polemischer Form
Karl Lachmanns Auffassung vom ursprünglichen Charakter der Nibelungen-
handschrift ›A‹ gegen die kritischen Einwendungen von Adolf Holtzmann (vgl.
Anm. 7, Brief 29) und Friedrich Zarncke (vgl. Anm. 8, Brief 29). Zu den wissenschaftlichen Auseinandersetzungen um die Leithandschrift des *Nibelungenliedes*
und Lachmanns Liedertheorie, deren unterschiedliche Parteiungen Scherer im Folgenden skizziert, vgl. ausführlich Otfrid Ehrismann: *Das Nibelungenlied in Deutschland. Studien zur Rezeption des Nibelungenlieds von der Mitte des 18. Jahrhunderts bis
zum Ersten Weltkrieg.* München 1975 (Münchner germanistische Beiträge 14).

5 Matthias Lexer hatte während seines Berliner Semesters 1857 zu den Hörern von
Moriz Haupt gehört. Vgl. *Panzer (1921)*, S. 46, Anm. 1.

6 Gemeint ist die Ausgabe von Karl Lachmann: *Der Nibelunge Not mit der Klage.
Nach der ältesten Überlieferung mit Bezeichnung des Unechten und den Abweichungen
der gemeinen Lesarten.* Berlin 1841 [[1]1826; 3. Ausg. Hg. v. Moriz Haupt. Berlin 1851].

gen eine eingehendere beschäftigung zu widmen. ich fieng damit an, Holtzmanns untersuchungen[7] wieder zu studieren, die ich das erstemal nur flüchtig u. als gymnasiast noch ganz urteilslos gelesen hatte. das dort über die hss.
frage gesagte habe ich nun nach genauer u. sorgfältiger prüfung in hohem
grade unüberzeugend gefunden. es ist dort so wenig als bei Zarncke[8] der versuch gemacht, die argumente für die ursprünglichkeit von A zu widerlegen.
nemlich 1. lesarten von B u. C durch ändrung von A entstanden (dasselbe
argument z.b. Neidh. s. IX Barl. s. 408)[9] 2. die unwarscheinlichkeit, dass eine
verschiedenheit des tons wie sie in A nicht zu leugnen ist, durch bloße
schreibversehn u. schreibwillkürlichkeiten hervorgebracht sei. – zur widerlegung dieser gründe scheint nötig: 1. der nachweis, dass die beispiele aus A
entstandner lesarten von B u. C illusorisch sind, daß vielmer der umgekerte
weg stattgefunden habe, daß es unwar ist, A sei die hs.,»in der die verderb-
nisse klar vorliegen, an denen die andern herumbessern.«[10] das ist aber damit
nicht gezeigt, daß man eine anzahl ›bessrer‹ lesarten von C auffürt. (darum
scheint mir auch Rieger's verteidigung[11] von A unstatthaft.) – 2. der nachweis
dass verschiedenheiten des tons in A nicht existieren. darauf hatte es wol heinrich fischer[12] abgesehn, der aber schon die schwierigkeit seines vorhabens viel
zu wenig begriff, als dass er es hätte erreichen können. – 3. der nachweis daß
bei der überlieferung andrer altdeutscher gedichte ein änliches verhältnis walte,
wo eine handschr. unschönes u. entberliches [daß es dergleichen in den Nib.
gibt gesteht auch Holtzmann zu] noch unschöner u. entberlicher macht,
schönes u. vortreffliches aber in schärfer ausgeprägter individualität hervortreten läßt.

7 Adolf Holtzmann: *Untersuchungen über das Nibelungenlied.* Stuttgart 1854.
8 Friedrich Zarncke: *Zur Nibelungenfrage. Ein Vortrag.* Leipzig 1854.
9 Hierzu kommentiert *Panzer (1921)*, S. 46, Anm. 6:»Moritz [!] Haupt bemerkt in
    seiner Ausgabe des Neidhardt von Reuenthal, Leipzig 1858, S. IX von der Riedegger
    Hs., der er im wesentlichen gefolgt ist: ›Wo sie fehlerhaft ist, durfte ich nicht vor-
    schnell zu den andern Hss. greifen, sondern oft konnte durch leise Änderung aus
    ihr das Richtige oder Genügende gewonnen werden‹ – also ähnlich wie Lach-
    mann mit der Nib.-Hs. A verfuhr. Unbestimmter spricht Franz Pfeiffer in seiner
    Ausgabe von Rudolfs Barlaam, Leipzig 1843, S. 408 über die Hss.«
10 Zitat aus Müllenhoff (wie Anm. 4, Brief 29), S. 99 (Buchausgabe).
11 Max Rieger: *Zur Kritik der Nibelunge.* Gießen 1855. Rieger »hatte nachzuweisen
    versucht, ›daß A im allgemeinen den besten, angemeßensten gehalt- und aus-
    drucksvollsten Text gewährt‹ und daß so ›A der echtere Text sei, weil der bessere‹
    (S. 101 u. 114 seiner Schrift).« (*Panzer (1921)*, S. 46, Anm. 8).
12 Heinrich Fischer: *Nibelungenlied oder Nibelungenlieder?* Hannover 1859.

Diese 3 nachweise finde ich in den mir bekannten schriften zur Nibelungenfrage (es mangeln mir nur Holtzmanns »kampf«[13] u. J.G. Hermanns »widersprüche«[14]) nicht gegeben. ich sehe daher keinen andern rat als vorläufig
mich auf den Lm.schen standpunkt zu stellen. ich sage ›vorläufig‹; denn natürlich bin ich weit entfernt, in meine argumentation vertrauen zu setzen; an
dem grundsatz, den ich vor Inen schon einmal ausgesprochen zu haben meine,
in allen wissenschaftlichen einzelfragen so lange gar keine wirkliche überzeugung zu haben, bis ich nicht einen gewissen grad der herrschaft über das gesamte gebiet erlangt habe, an diesem grundsatze halte ich fest. – wenn ich
einst nach jaren größere reife des wissens u. des urteils erreicht habe u. es mir
vergönnt ist, meine studien an Irer seite, wo ich sie begonnen, fortzusetzen,
dann werde ich ja auch gelegenheit haben, aus Irem munde bessere gründe
gegen die Lm.sche ansicht zu hören u. damit die möglichkeit einer sichern
entscheidung für die eine oder andre sache zu erlangen.

Verzeihen Sie, daß ich Sie zum schlusse mit einigen fragen behellige. Müllenhoff wünschte von mir einige auskünfte, die ich im nicht geben konnte u.
um die ich so frei bin, mich unmittelbar an Sie selbst zu wenden. Beabsichtigen Sie den Wolfdietrich der Wiener Piaristen hs.[15] in irgend einer Weise
selbst wissenschaftlich zu verwerten? oder würden Sie, falls dies nicht wäre
oder nur in einer mitteilung von einzelheiten [wie Holtzm. üb. Nib. hs. k][16]
bestünde, in an Müllenhoff zur benützung bei seiner ausgabe [die sonst wies

13 Adolf Holtzmann: *Kampf um der Nibelunge Hort gegen Lachmanns Nachtreter.*
    Stuttgart 1855.
14 Joseph Gottfried Herrmann: *Widersprüche in Lachmanns Kritik der Nibelunge
    nachgewiesen.* Wien 1855.
15 Die Wiener Piaristenhandschrift (auch: Wiener Heldenbuch), erst 1856 im Wie-
    ner Piaristenkollegium St. Joseph entdeckt (heute: Österreichische National-
    bibliothek, Cod. 15478), enthält u. a. den *Ortnit* und den *Wolfdietrich D.* Die von
    Müllenhoff geplanten Editionen erschienen erst Jahre später im Rahmen der von
    seinen Schülern bearbeiteten Sammelausgabe: *Ortnit und die Wolfdietriche.* Nach
    Müllenhoffs Vorarbeiten hg. v. Arthur Amelung u. Oscar Jänicke. 2 Bde. Berlin
    1873-74 (Deutsches Heldenbuch 3, 4). »Die Piaristenhandschrift ist dort für den
    Ortnit nach einer Abschrift [Josef] Strobls, für den Wolfdietrich nach dem Original
    benutzt.« (*Panzer (1921)*, S. 47, Anm. 2). Eine Ausgabe von Pfeiffer ist nicht erschie-
    nen, ob sich, wie Scherer vermutete, Abschriften der beiden Texte in seinem Be-
    sitz befanden, konnte nicht ermittelt werden.
16 Adolf Holtzmann: »Nibelungen. Handschrift K«. In: *Germania* 4 (1859), S. 315-337.
    Die Nibelungenhandschrift ›k‹ stammt ebenfalls aus der Wiener Piaristenhand-
    schrift. Pfeiffer hatte Holtzmann nicht, wie Scherer offenbar annimmt, eine eigene
    Abschrift, sondern das von ihm selbst entliehene Original zur Benutzung über-
    lassen. Vgl. *Kofler (1998)*, S. 58.

scheint ganz liegen bliebe] überlassen? – Besitzen Sie auch eine abschrift des
Ortnit aus jener hs.?
J. Grimm hat mir aufgetragen, Sie herzlichst von im zu grüßen.

Ir treuergebner schüler
Wilh. Scherer

Berlin, 20 mai 1860
Kanonierstraße 26 A.

30. Scherer an Pfeiffer

Berlin, 6. Dezember 1860. Donnerstag

Verehrter herr professor,

ich erlaube mir, Ihnen – vielleicht etwas spät – heute den ersten bericht über
meine bisherigen studien zu übersenden. Freilich habe ich seit dem 25t oktober, wo die vorlesungen u. damit eine regelmaeszige tätigkeit meinerseits erst
wieder begannen, noch nicht viel vorwärts gebracht: ich bin zu sehr auf verschiedenartige gegenstände zerstreut, die mich nicht zu einer streng geordneten durcharbeitung eines einzelnen kleinen gebietes kommen lassen. so wolbekannt mir die nachteile solcher zersplitterung sind, so kann ich doch kaum
davon ablassen. denn einerseits habe ich zu viel nachzuholen (selbst noch vom
gymnasium her) u. andrerseits scheint mir eine vollständige concentration jetzt
noch nicht geboten u. unabweislich. – Mein referieren erstrecke ich billich
über mein gesamtes tun u. bitte Sie, mir es anzuzeigen, wenn Sie etwas anders,
sei es ausfürlicher sei es knapper, wünschen.
    Ich gehe von den vorlesungen[17] aus, die ich besuche.
    Bei Haupt höre ich Tacitus' Germania (4stündig). – daran anknüpfend
suche ich, um meinem wenigen latein in etwas aufzuhelfen, von dem römischen historischen stil eine geschichtliche erkenntnis zu gewinnen u. habe daher zunächst Caes. b. gall.[18] u. Sallust. Catil.[19] vollständig gelesen. eben bin ich
an Caes. b. civil.[20] – auszerdem pflege ich mich auch am latein. seminar, wo

17 Die genauen Titel der im Folgenden erwähnten Vorlesungen und Übungen, die
    Scherer im Wintersemester 1860/61 in Berlin belegte, lauten:»Taciti Germania« bei
    Moriz Haupt;»Exercitatt. Goth. Theod.«, »Nibelungiad. interpr.« und »Carm.
    Eddica« bei Karl Müllenhoff;»Hist. imp. & iur. German« bei Carl Gustav Homeyer; »Kalidasa Meghaduta« bei Albrecht Weber. Vgl. Studienbuch von Wilhelm Scherer, ABBAW, NL W. Scherer: 3.
18 Caius Iulius Caesar: *De bello Gallico.*
19 Gaius Sallustius Crispus: *Coniuratio Catilinae.*
20 Caius Iulius Caesar: *De bello civili.*

Plautus' mil. glor.[21] gelesen wird, zu beteiligen, wenn man beteiligen nennen kann, daß ich zuhöre. Müllenhoff hält gotische Übungen, die natürlich fortwährendes Mitarbeiten verlangen. wir lasen die stücke in Wackernagels LB[22] u. haben jetzt begonnen, stücke der evangelien aus dem griech. ins gotische zu übersetzen. anknüpfend hieran habe ich (u. das war bisher wol meine hauptarbeit) ungefähr die hälfte des Ulfilas teils wieder durchgearbeitet teils neu gelesen – mit ausführlicher u. eingehender benutzung von Grimms gramm.,[23] von Schulzes glossar,[24] dann meiner schon früher gefertigten auszüge aus der Gabel.- Löbe'schen syntax.[25] Auszerdem höre ich bei Müllenhoff Nibelungen u. Edda, beides 4stündig. das letzte colleg erfordert ebenfalls, wie die übungen, beständiges mitarbeiten, da Müllenh. die zuhörer selbst übersetzen läßt. Weber liest Kâlidâs. Meghadûta.[26] die verhältnismäßige schwierigkeit des gegenstandes macht jedesmalige vorbereitung nötig (besonders wenn man selbst interpretiert, was auf mich beinahe wöchentlich fällt). übrigens habe ich meine sskr. studien bisher darauf allein beschränken müssen.

Endlich höre ich Homeyers deutsche reichs- u. rechtsgeschichte (ebenfalls 4stündig). mit bezug darauf studierte ich Waitz, vf. gesch. bd I.[27] vollständig u. Eichhorn[28] u. Zöpfl[29] stellenweise: in Sybels»entstehung des deutschen königtums«[30] stecke ich mitten innen.

Um das eben aufgezälte zusammenzufassen, so sehen Sie daß latein, gotisch u. rechtsgeschichte mein hauptaugenmerk waren. Ich darf aber nicht zu erwähnen vergessen, daß ich in rücksicht auf die mir bevorstehenden österr. doctorsprüfungen[31] mich in den dabei erforderlichen gebieten ein wenig

---

21 Titus Maccius Plautus: *Miles gloriosus.*
22 *Altdeutsches Lesebuch.* Hg. v. Wilhelm Wackernagel. Basel 1835 [³1847].
23 Jacob Grimm: *Deutsche Grammatik.* 4 Th. Göttingen 1819-37.
24 Ernst Schulze: *Gothisches Glossar.* Magdeburg 1848.
25 *Ulfilas Veteris et novi testamenti versionis gothicae fragmenti quae supersunt ediderunt* H.[ans] C.[onon] de Gabelentz et J.[ulius] Löbe. Vol. II,2: *Grammaticam linguae gothicae continens: addicta est tabula lapide expressa.* Lipsiae [Leipzig] 1846.
26 Kalidasa: *Meghaduta* (Der Wolkenbote), eine altindische Dichtung aus dem 6. Jahrhundert.
27 Georg Waitz: *Deutsche Verfassungsgeschichte.* Bd. 1. Kiel 1848.
28 Karl Friedrich Eichhorn: *Deutsche Staats- und Rechtsgeschichte.* 4 Bde. Göttingen 1808-23 [⁵1843-44].
29 Heinrich Zoepfl: *Deutsche Staats- und Rechtsgeschichte. Compendiarisch dargestellt zum Gebrauche bei akademischen Vorlesungen.* 2 Bde. Heidelberg 1834-36 [³1858].
30 Heinrich von Sybel: *Entstehung des deutschen Königthums.* Frankfurt/M. 1844.
31 Vgl. Anm. 37, (Brief 11).

umzusehen beginne. die gegenwärtigen österreichischen entwicklungen,[32] denen ich begreiflich mit dem lebhaftesten interesse gefolgt bin u. folge, legten es nahe mit der neuesten geschichte zu beginnen. es kam dazu, wie ich nicht verhelen will, der wunsch, hier, wo täglich so viel ungerechtes über Oesterreich gesagt u. der nicht kleine balken im eigenen auge übersehn oder doch überdeckt wird, – hier nicht der dinge unkundig u. unfähig mitzusprechen zu erscheinen. So las ich denn Adolf Schmidts zeitgenöss. geschichten,[33] (Gf. Hartigs) genesis der revolution in Oesterreich,[34] Wolfg. Menzels geschichte der lezten 40 jahre (bd I),[35] zum teil genau, indem ich Gervinus (19t jh)[36] Rochau (französ. gesch.)[37] H. Reuchlin (ital. gesch.)[38] zu rate zog. Wenn ich dazu noch füge, dass ich nebenbei ziemlich viel französisch – älteres u. neueres – gelesen u. natürlich auch meinen Göthe u. Shakespear nicht völlig vernachlässigt habe, so ist wohl nichts zu berichten vergessen, was irgend in betracht käme, um ein urteil, ob ich meine zeit wol oder übel angewendet, zu begründen.

Ich bin so frei, Sie um ein solches urteil, falls Sie mir so viel zeit schenken können, zu bitten u. ergreife die gelegenheit, um Ihnen für die freundlichkeit zu danken, mit der Sie sich gütigst meiner so fatalen rekrutierungsangelegenheit annamen.

Ihr
ergebner
Wilh. Scherer

Berlin, 6. dezember 1860
(Unt. d. Linden 5)

32 Scherer spielt auf die dynamischen Entwicklungen im politischen Leben Österreichs am Ende der Ära des Neoabsolutismus an. Vgl. Brief 9, dazu Anm. 29, Brief 10, dazu Anm. 33 und Brief 12, dazu Anm. 48 ff.

33 Adolf Schmidt: *Zeitgenössische Geschichten*. 2 Bde. Berlin 1859.

34 Franz Graf von Hartig: *Genesis der Revolution in Österreich im Jahre 1848*. Leipzig 1850 [³1851].

35 Wolfgang Menzel: *Geschichte Europas vom Sturze Napoleons bis auf die Gegenwart (1816-1856)*. 2 Bde. Stuttgart 1857 [²1859] (auch unter dem Titel: *Geschichte der letzten vierzig Jahre*).

36 Georg Gottfried Gervinus: *Geschichte des 19. Jahrhunderts*. Bd. 1. Leipzig 1856.

37 August Ludwig von Rochau: *Geschichte Frankreichs vom Sturze Napoleons bis zur Wiederherstellung des Kaiserthums 1814-1852*. 2 Bde. Leipzig 1858 (Staatengeschichte der neuesten Zeit 1).

38 Hermann Reuchlin: *Geschichte Italiens von der Gründung der regierenden Dynastien bis zur Gegenwart*. 4 Bde. Leipzig 1859-73 (Staatengeschichte der neuesten Zeit); die Bde. 1-2 waren 1859-60 erschienen.

31. Scherer an Pfeiffer

Wien, 14. April 1862. Montag

Geehrter Herr Professor!

Die Arbeiten für mein mathemat-physik. Rigorosum[39] machen mir es leider unmöglich, Ihrer freundlichen Einladung nach, Sie zu besuchen – u. so bin ich so frei, Ihnen schriftlich das Ersuchen meines Freundes Gombert noch einmal vorzutragen, da sich früher nicht Gelegenheit ergab, ausfürlicher davon zu sprechen. Wie ich Ihnen schon gesagt zu haben glaube, hat Ihre eigene Äußerung[40] in der Germania ihn veranlaßt, Ihnen, zum Belege seiner Befähigung für eine Ausgabe der Kindh. J.,[41] s. Dissertation[42] zu übersenden, u. ersucht er Sie nun, wenn Sie – wie ich nicht zweifle – s. Arbeit gut finden, ihm Ihre Abschrift der Laßberg'schen Hs. zu überlassen. Natürlich fällt es ihm nicht ein, Ihr angefürtes Versprechen dahin zu deuten, daß Sie ihm, einem Ihnen persönlich ganz unbekannten, die Hs. zum Geschenk machen sollten, sondern er bittet Sie, ihm den Preis zu nennen, für welchen Sie sie ihm ablassen wollten, u. hat mich bevollmächtigt, den Kauf für ihn abzuschließen.

Wenn Sie mich von Ihrer Entscheidung, so bald es Ihnen tunlich, in Kenntnis setzen wollten, so würden Sie Gombert u. mich sehr verbinden.

Ergebenst
WScherer

14. April 1862
Landstraße
Spitalgasse 15.

---

39 Im Rahmen der Doktorprüfung an der Universität Wien. Vgl. Anm. 37 (Brief 11).
40 Vgl. Anm. 41 (Brief 31).
41 Konrads von Fußesbrunnen Gedicht *Kindheit Jesu*, entstanden um 1200. Albert Gomberts Ausgabe erschien unter dem Titel:»Zu Konrad von Fußesbrunnen Kindheit Jesu«. In: *Programm des Friedrich-Wilhelms-Gymnasiums zu Königsberg in der Neumark*. Königsberg 1866, S. 3-17. Ebd. S. 3 dankt Gombert Pfeiffer für die Überlassung einer Abschrift der aus dem Besitz Joseph von Laßbergs stammenden Handschrift C (damals: Fürstenbergische Hofbibliothek Donaueschingen, heute im Bestand der Badischen Landesbibliothek Karlsruhe: Cod. Donaueschingen 74). Pfeiffer hatte zuvor in einer Anmerkung zu Karl Bartschs Rezension einer früheren Fußesbrunnen-Ausgabe (*Die Kindheit Jesu. Gedicht des 12. Jahrhunderts*. Hg. v. Julius Feifalik. Wien 1859) geschrieben, das Gedicht verdiene»eine neue, bessere und vollständige Ausgabe […]. Für eine solche steht meine Abschrift von C mit Vergnügen jedem zu einer solchen Arbeit Berufenen zu Dienst.« (*Germania* 5 (1859), S. 251, Anm. 1).
42 Albert Gombert: *De tribus carminibus theotiscis*. Halle 1861.

32. Scherer an Pfeiffer

Wien, 22. Juni 1864. Dienstag

Geehrter Herr Professor,

zu meinem großen Bedauern erfahre ich, und erfahre ich erst jetzt zufällig, daß es Sitte ist zu einer Probevorlesung[43] den daran beteiligten Herren Professoren eine besondere Einladung zu machen; daß ich also Ihre Abwesenheit bei meiner Probevorlesung vielleicht nur dem Umstande zuzuschreiben habe daß ich eine solche besondere Einladung bei Ihnen unterließ. Sollte ich mich in dieser Voraussetzung nicht irren, so gestatten Sie mir Ihnen die Versicherung zu geben daß mir das Bestehen jener Sitte gänzlich unbekannt war. Eine Versicherung von deren Wahrheit Sie Sich um so leichter überzeugen werden, als ich auch den übrigen, anwesenden Herren Professoren – wie diese ohne Zweifel bestätigen werden – eine ähnliche Einladung nicht gemacht habe. Gestatten Sie mir hinzuzufügen daß ich aufrichtig bedauere eine notwendige Höflichkeit nicht beobachtet zu haben.

Ich bin mit der schuldigen Achtung
Wilhelm Scherer

Wien 22 Juni 864.

---

43 Scherer hatte am 7.3.1864 seinen Habilitationsvortrag *Über den Ursprung der deutschen Litteratur* (erschienen in: *PJb* 13 (1864), S. 445-464, auch separat: Berlin 1864; wiederholt: *VA*, S. 71-100) gehalten. Pfeiffer blieb dem Ereignis fern. Vgl. Scherers Brief an Karl Müllenhoff vom 9.3.1864, *BW Müllenhoff-Scherer*, Nr. 18, S. 37. Zu Pfeiffers Rolle bei Scherers Wiener Habilitationsverfahren vgl. Anm. 117 (Brief 16).

Briefe an Lina Duncker
1864 – 1870

Mit Lina Duncker, geb. Tendering (1825-1885),[1] *war Scherer über mehr als zwanzig Jahre in einer engen persönlichen und intellektuellen Freundschaft verbunden. Sie war die Gattin des Verlagsbuchhändlers und liberalen Politikers Franz Duncker (1822-1888), der vielfältige kulturelle und politische Interessen verfolgte. In seinem Berliner Verlag, der über einen eigenen Druckereibetrieb verfügte, erschienen neben der »Volkszeitung« (1853 ff.), die sich unter seinem Einfluss zum Organ der liberalen Opposition entwickelte, und dem »Sonntagsblatt für Jedermann aus dem Volke« (1863 ff.) belletristische, wissenschaftliche und sozialpolitische Schriften. Er betätigte sich außerdem in der Arbeiterbildungsvereinsbewegung und gehörte 1861 zu den Mitbegründern der Fortschrittspartei. Lina Duncker führte in der Potsdamer Straße einen Salon, in dem im Laufe der Jahre u. a. Ferdinand Lassalle, Gottfried Keller, Fanny Lewald, Julius Rodenberg, Arnold Ruge, Friedrich Spielhagen und Adolf Stahr verkehrten. Scherer wurde im Sommer 1860, nur wenige Wochen nach seiner Ankunft in Berlin, im Hause Duncker eingeführt.*[2] *Die Freundschaft mit Lina Duncker wurde später durch regelmäßige Besuche in Berlin, auf gemeinsamen Reisen, die sie u. a. nach Schlangenbad, Wien und Solothurn führten, und während einer ausgedehnten Korrespondenz vertieft. Wie aus den Briefen hervorgeht, übernahm die Freundin häufig Mittlerdienste zwischen Scherer und dem Verlag ihres Mannes, in dem 1868 »Die Geschichte der deutschen Sprache« und 1871 die gemeinsam mit Ottokar Lorenz verfasste »Geschichte des Elsaß« herauskamen. Im Jahre 1876, als Lina Duncker plante, sich von ihrem Mann scheiden zu lassen, machte Scherer ihr einen Heiratsantrag, den sie jedoch zurückwies.*[3]

1   Literatur: *Zur Erinnerung an Lina Duncker geb. Tendering.* o.O. (Berlin) o.J. (1885); Emil Ermatinger: »Gottfried Keller und das Dunckersche Haus in Berlin«. In: *DR* Bd. 153 (1912), S. 36-59 u. 221-243 (darin S. 38 f. Abdruck von Friedrich Spielhagens Trauerrede auf Lina Duncker); Heinrich Spiero: *Das poetische Berlin. Alt-Berlin.* München 1911 (Pandora 5), S. 147-150; Petra Wilhelmy: *Der Berliner Salon im 19. Jahrhundert (1780-1914).* Berlin, New York 1989 (Veröffentlichungen der Historischen Kommission zu Berlin 73), S. 222-231 u. 642-645 (dort weitere Quellen und Literatur; S. 645 Hinweis auf Scherer in der Liste der Salongäste) – *Kullnick; LdF;* zu Franz Duncker und seinem Verlag: Karl Duncker: *Franz Duncker. Lebensbild eines Volksfreundes.* Leipzig 1888; Franz Mehring: *Franz Duncker. Ein Gedenkblatt.* Berlin 1888; Inge Schlieben: »Franz Duncker, ein Verleger von Marx und Engels«. In: *Beiträge zur Geschichte des Buchwesens* 8 (1981), S. 9-43.
2   Vgl. Brief 9.
3   Vgl. Brief 22.

33. Scherer an Lina Duncker

Wien, 5. November 1864. Sonnabend

Wien 5 November

Verehrte Frau,

vielen innigen Dank für Ihre schönen Geschenke. Meine Freude darüber war um so größer als ich Ihr Schawlversprechen ganz vergessen hatte u. nun vollständig überrascht wurde. Ich kann kaum mehr als Ihnen heute den Empfang anzeigen. Ich stecke in so vielerlei begonnener Arbeit u Lectüre daß ich sie kaum zu bewältigen weiß. So wie sich irgend Eifer bei mir einstellt, zersplittere ich mich in hundert Richtungen. Und habe keine Einheit u. keinen festen Grund in mir, als nur allein im Herzen, wo die Bilder meiner Freunde wohnen.

Einige angenehme, aber eigentlich Ernsterem abgestohlene Stunden hat mir in diesen Tagen Freytags neuer Roman[4] verschafft. Etwas großes ist er freilich nicht, u. seine Gegner werden mit Lust, u. nicht einmal mit Unrecht, darüber herfallen u. es zerfleischen. Große Leidenschaft u. kräftig geflügelte, hoch tragende Phantasie ist bei Freytag nun einmal nicht zu finden. Darauf muß man von vorneherein bei ihm verzichten. Auch diese Verherrlichung der bürgerlichen Langweiligkeit, u. diese Abwesenheit aller großen Conflicte (bis jetzt) ist mir zuwider. Dennoch ist es interessant grade die Welt verherrlicht zu sehen, in der man selbst lebt. Denn consequenterweise u. dem Motto von ›Soll u Haben‹[5] getreu wird nun die andere Hälfte dessen was die Herren als deutsche Arbeit anerkennen, es wird nach dem Kaufmannsstande nun der gelehrte vorgenommen und »in seiner Tüchtigkeit« geschildert. Aber ich kenne an diesem Stande viel mehr Schattenseiten als Freytag darstellt u. als er wahrscheinlich zugeben würde. Ich sehe viel mehr borniertes Handwerkswesen u. kurzsichtigen Zunftgeist als bei ihm zur Erscheinung kommt. Ich sehe unzählige Gegensätze zu wahrhaft menschenwürdiger Bildung, wo er umgekehrt deren Erfüllung erblickt.

Und der kleine Punct um den sich das ganze dreht! Offenbar hat seine Phantasie die Anregung zu dem Werke aus den – auch Ihnen ja wohl bekannten – Thaten des Fälschers Simonides[6] erhalten. Und wahrscheinlich ist

---

4 Gustav Freytag: *Die verlorene Handschrift*. 3 Bde. Leipzig 1864 [⁴1865].

5 Gustav Freytag: *Soll und Haben*. 3 Bde. Leipzig 1855.

6 Die Affaire um den griechischen Fälscher Konstantinos Simonides, der in den 1840er und -50er Jahren zahlreiche von ihm selbst hergestellte mittelalterliche Handschriftenfälschungen in Umlauf brachte, erregte in ganz Europa Aufsehen. Vgl. *Unte (1987)*, S. 139, Anm. 32 (mit weiterführender Literatur).

der Plan <u>der</u> (ich spreche von der Sache in der Voraussetzung daß Sie das Buch entweder schon gelesen haben oder doch ganz gewiß lesen werden): Daß das übergroße Selbstgefühl des Professors Felix Werner durch eine Fälschung des Magisters Knips, die jener nicht als solche erkennt, gedemütigt wird. Dieser F. Werner ist fast in jedem Zug seines Charakters (aber gar nicht seiner Schicksale) Porträt, u. zwar Porträt von Moriz Haupt[7] in Berlin dessen Namen Sie wenn nicht sonst, so doch von mir gewiß schon gehört haben. Es ist in der That ein herrlicher Mensch, u. nichts hat mich so stolz gemacht als daß ich mir sein Lob zu erwerben gewußt habe, wie mir bei der Arbeit sein Rat, sein Urteil, sein Tadel beinah entscheidend war, weil die sorgfältigste eigene Erwägung immer bestätigte was Er in einem Augenblicke u. wie aus Instinct aussprach. Zum Romanhelden aber eignet sich dieser Charakter nicht, weil der Kreis in welchem er sich bewegt ihm unmöglich große Schicksale geben kann. Als Nebenfigur wäre er vortrefflich gewesen wie »T.O. Schröter« in »Soll u Haben«.

Ich kann auch nicht die Spitze des deutschen Gelehrtentumes erkennen in dieser Richtung der Thätigkeit welche Freytag vorführt. Ganz entblößt wenigstens sind wir noch nicht von den ringenden Charakteren die in's Unendliche wollen u. daran ihre Kräfte verzehren. Der höchste Typus des deutschen Gelehrtentums bleibt für mich Faust. Es ist traurig, wenn man das Tragische in seinem Wesen vergleicht mit dem woraus bei »Felix Werner« sich ein wahrscheinlich tragisch sein sollendes Geschick herausspinnt – So tief sind wir in unseren Idealen heruntergekommen!

Verzeihen Sie diese wenig persönliche Epistel. Aber der Gegenstand hat mich innerlich beschäftigt u. ich wüßte Niemanden darüber zu schreiben als an Sie. – Leben Sie recht wohl u. bleiben Sie mir gut.

W.S.

Wollen Sie mir nicht sagen, was Sie von Frese hören? – Auch möchte ich Sie an Ihr Versprechen erinnern, mir einen Brief Ihrer Schwester Betty[8] zum Lesen zu schicken.

---

7   Zu dem Porträt Moriz Haupts in dem Roman vgl. *Unte (1987)*, S. 138-142, außerdem Scherers Brief an Müllenhoff vom 8./18.11.1864, *BW Müllenhoff-Scherer*, Nr. 30, S. 88.
8   Betty Tendering.

34. Scherer an Lina Duncker

(Wien), 14. Dezember (1864). Mittwoch

14 December

Verehrte Frau,

Habe ich Ihnen etwas abzubitten, oder darf ich Sie ein wenig schelten? Ich weiß es nicht, u. erwarte Aufschluß von Ihnen. Unsere letzten Briefe haben sich gekreuzt, wer hat nun die Verpflichtung wieder von vorne anzufangen? Wenn ich sie habe, u. also verseumt habe: so bekenne ich mich gerne schuldig, erflehe u. erhoffe Ihre Verzeihung, da ja diese Art Schulden glücklicherweise zu denjenigen gehören, die sich leicht gut machen lassen. Haben Sie meinen Jac. Grimm[9] schon bekommen? Ich habe wenigstens die Aushängebogen, aber noch nicht die Abdrücke, daher ich fürchte: die letzteren sind auch in Berlin noch nicht vertheilt. Große Freude hatte ich nicht, indem ich die Arbeit jetzt gedruckt las. Ich habe sie doch für etwas besser gehalten im Manuscript, als ich sie jetzt finde. Nach dem Wiederlesen war ich ganz niedergedrückt. Daß vollends Sie das geringste Interesse daran nehmen könnten, hoffe ich nicht mehr. Denn grade die Anfangspartien die am sorgfältigsten gearbeitet waren, lesen sich am schwersten, dünkt mich. Und die späteren lesen sich nur leicht für einen der den darin behandelten Sachen Theilnahme schenkt.

Dies u. anderes hat mir wieder manche Anwandlungen von Unmut u. Verdrossenheit eingetragen. Zu dem anderen rechne ich auch die politische Luft die jetzt in Folge der Adreßdebatte[10] hier weht. So abgehärtet bin ich noch nicht, daß ich das Gegentheil meiner Überzeugungen aussprechen möchte. Und durch das Aussprechen der Wahrheit in ein Wespennest zu stoßen, dazu fühle ich eben auch keine Lust, u. bin weit entfernt dies etwa für eine Pflicht zu halten. Für Vaterlandsverrath oder so was ähnliches würde es angesehen werden, wenn man die einfache Äußerung wagte: was nützen alle

---

9 Gemeint ist der im Dezember 1864 erschienene Auftakt zu Scherers großem Grimm-Aufsatz in den *Preußischen Jahrbüchern:* »Jacob Grimm. Erster Artikel«. In: *PJb* Bd. 14 (1864), S. 632-680.

10 Die überwiegende Mehrheit der Abgeordneten des österreichischen Reichsrates hatte am 6.12.1864 dem Entwurf einer Adresse zu grundsätzlichen Fragen der Innen- und Außenpolitik an die Regierung Schmerling und den Kaiser zugestimmt. Das Parlament empfahl darin u. a. eine Neuorientierung der Außenpolitik gegenüber Preußen (vgl. Anm. 11, Brief 34), die Neuverhandlung des österreichischen Konkordats mit dem Vatikan (vgl. Anm. 101, Brief 13) und die Weiterentwicklung der Verfassung, insbesondere die Einführung der Ministerverantwortlichkeit (vgl. Anm. 56, Brief 12) gegenüber dem Parlament.

schönen u. ergreifenden Oppositionsreden, wenn man einverstanden ist das einzige nicht zu wollen was helfen kann: eine durchgreifende Änderung der auswärtigen Politik.[11] Darin sind die Herren alle Regierungsmänner, worin sie es am wenigsten sein sollten. Aber schon zu viel davon. Zwischen uns sollte u. brauchte eigentlich von diesen Dingen nicht die Rede zu sein: aber wie ich hier den überquellenden Unwillen nicht ganz zurückhalten konnte, so mischte sich auch in die Unterredung mit Ihnen ein Tropfen davon. Ihnen gehören sonst nur die freudigeren Regungen in meinem Gemüt. Erinnern Sie Sich manchmal, daß es nun ein Jahr wird, daß wir uns etwas genauer kennen? Ich habe alle alten Billette aufgehoben, nur leider tragen dieselben keine andren Daten als die Bezeichnung der Wochentage. So daß es mir benommen bleibt, meine kleinen Erinnerungsfeste an bestimmten Tagen zu feiern. Deshalb vertheile ich sie eben auf alle Tage.

Leben Sie herzlichst wohl, u. grüßen Ihren Herrn Gemahl, den künftigen Ichthyosaurus[12] von französisch-Saarbrücken nach der »Reform«.[13]

Treulichst
Ihr
W.S.

35. Scherer an Lina Duncker

(Wien), 1. bis 3. Juli 1866. Sonntag/Montag/Dienstag

Liebste Freundin

1.7.66.

Seit 8 Tagen wieder keine Nachricht von Ihnen. Ob Sie meine Briefe erhalten haben werden? Ich schrieb Ihnen 2 unmittelbar hintereinander vorigen Montag. Halten Sie mir meine Ungeduld zu gute bei den gegenwärtigen öffent-

---

11 Scherer dachte hier wohl nicht zuletzt an das Scheitern der deutschen Bundesreform (1863) und an den Dissens mit Preußen über Schleswig-Holstein nach dem gemeinsamen Sieg über Dänemark im deutsch-dänischen Krieg (1864). Der österreichische Außenminister Johann Bernard Graf Rechberg und Rothenlöwen war bereits am 27.10.1864 im Zusammenhang mit Vorwürfen, er habe sich während des Krieges von Bismarck für die preußischen Interessen missbrauchen lassen, zurückgetreten.
12 Ein reptiler Fischsaurier aus der Jura-Epoche.
13 Die in der Formulierung »Ichthyosaurus von französisch-Saarbrücken nach der ›Reform‹« enthaltene Anspielung konnte nicht aufgeklärt werden.

lichen Verhältnissen.[14] Eine Nachricht von Ihnen ist mir ein wahres Labsal. Man vergisst sonst ganz daß man auch noch Privatempfindungen u. ein Privatleben hat. In meiner Thätigkeit ist nichts hinlänglich fesselndes. Jedes kleine Hinderniß des Studiums, jede auftauchende Schwierigkeit treibt von da weg und zu unendlichen Conjecturen u Betrachtungen die schließlich zu nichts führen als zu völlig trostlosem Schwanken des Urteils, wenn an die Zukunft gedacht wird. Gestern verbracht ich den Nachmittag damit die ganze diplomatische Geschichte seit Januar zu recapitulieren: es ist beschämend vom österreichischen Standpunct diesen gänzlichen Verfall unserer Diplomatie vor sich zu sehen. Der Diplomaten schwere Fehler u. unglaubliches Ungeschick hat uns in diese fürchterliche Lage gestürzt. Und wenn all das Schlimme eintrifft was die heute angelangten Nachrichten über Miserfolge in Böhmen[15] befürchten lassen, so ist die Armee nicht im Stande die Scharte welche der Diplomatie geschlagen worden, wieder auszuwetzen. Sie wissen übrigens ja wie ich denke über die Folgen eines Sieges. … Das Niederschlagendste bleibt doch daß der unzweifelhafte Wille der Regierten nicht stark genug gewesen ist den Frevel der Regierungen unmöglich zu machen. Diese Schlappe, – mehr als das: diese furchtbare Niederlage welche das deutsche Volk erlitten hat ist bereits entschieden u. irgend eine andere Niederlage von der wir in den nächsten Tagen hören müssen, ob Preußens, ob Oesterreichs, kommt dieser an Bedeutung und Tragweite entfernt nicht gleich. Dafür gibt es nur Eine Sühne: das Ereignis[16] das einflußreiche Mitglieder Ihrer Partei[17] nicht herbeiführen sondern nur »gerüstet erwarten« wollen. Wenn es ihren eigenen Interessen gilt, scheuen sich die Deutschen Blut zu vergießen. Aber um die Interessen einer beliebigen Dynastie lassen sie sich geduldig zur Schlachtbank schleppen; um die Errungenschaften ihrer Litteratur und Kunst, um das ganze stolze Gebäude ihrer Cultur jammern sie höchstens u. klagen

14 Das Folgende bezieht sich auf den preußisch-österreichischen Krieg, der am 19.6. 1866 mit der Kriegserklärung Preußens begonnen hatte. Äußerer Anlass war der Konflikt um den Besitz der Herzogtümer Schleswig und Holstein. Auf Seiten Österreichs standen die deutschen Mittelstaaten (Bayern, Hannover, Sachsen, Württemberg, Baden etc.), auf Seiten Preußens einige der norddeutschen und der thüringischen Kleinstaaten sowie Italien. Die Entscheidung für Preußen fiel in Böhmen, wo das österreichisch-sächsische Heer am 3.7.1866 in der Schlacht von Königgrätz eine schwere Niederlage erlitt. Am 26.7. wurde der Vorfriede von Nikolsburg, am 23.8. der Friede von Prag geschlossen, in dessen Folge Österreich die preußischen Annexionen in Norddeutschland anerkennen musste.
15 Vgl. Anm. 14 (Brief 35).
16 Scherer dachte, wie das Folgende nahe legt, vermutlich an einen Bürgerkrieg.
17 Gemeint sind die deutsch-liberalen Kräfte innerhalb der *Deutschen Fortschrittspartei*, zu deren Gründungsmitgliedern Franz Duncker gehörte.

das Schicksal an das sie ihnen zerstört. Aber als es galt diese rechtzeitig zu wahren, fand sich niemand auf dem Platz. Und keine einzige Anklage bleibt bestehen als gegen diejenigen selbst, welche lieber zehntausende auf deutschen Schlachtfeldern bluten sehen als einige Hunderte in den Straßen deutscher Residenzen. Unser armes, armes Vaterland! Und wer an alle die stolzen Worte denkt mit denen wir seit Jahren unsere Ohnmacht beschönigt haben!

2.7.66.

Erst heute erhalte ich Ihren Brief den Sie schon Sonnabend in meinen Händen glaubten. Ich will nur gleich hieher setzen, daß von Ihren Briefen mir bis jetzt keiner verloren, aber allerdings ein Sontagsbl.[18] wie es scheint nicht zugekommen. Was ich morgen im Kriegsministerium über Leutn. D.[19] erfahren kann, will ich morgen beifügen. Und dann nach Ihrem Wunsch diese Zeilen über Paris befördern. Sz.[20] hat aber den heute erhaltenen Brief frankiert, ich werde ihn bitten das bei dem meinigen zu unterlassen u. ersuche Sie, wenn Sie seine Freundlichkeit noch mal in Anspruch nehmen, das gleiche von ihm zu verlangen.

Dienstag.

Im Kriegsministerium kann man mir keine weitere Auskunft geben als daß das 34. Jägerbataillon noch nicht im Feuer war. Bei der Nordarmee steht es jedoch allerdings.* Benedek hat seinerzeit allen Ausländern freigestellt aus der Armee auszutreten, der Oberleutnant scheint davon also nicht Gebrauch gemacht zu haben, sonst wüßten Sie es ja wohl. – Ich verspreche die Verlustlisten genau durchzugehn u. sobald das 34. Jägerbataillon wirklich im Feuer war, Ihnen <u>sofort</u> Bericht zu erstatten. Auch habe ich an Carl D. geschrieben (weiß allerdings nicht ob er den Brief bei vielleicht herrschender Verwirrung bekommen wird) daß man in Berlin ohne Nachricht von ihm sei u. daß er

---

* Über eine einzelne Person eine sichere Auskunft zu geben, erklärt man im Ministerium für unmöglich, u. das ist ja begreiflich genug.

18 Das im Verlag von Franz Duncker erscheinende Berliner *Sonntagsblatt für Jedermann aus dem Volke*, in welchem Scherer in den Jahren 1865 und 1866 unter Pseudonym eine Reihe von Artikeln veröffentlichte. Vgl. die Hinweise in Konrad Burdachs Bibliographie in *KS 2*, S. 394.
19 Carl D. war vermutlich ein Verwandter von Franz Duncker, der in der österreichischen Armee diente. Es könnte sich dabei um den späteren Oberst Carl (von) Duncker gehandelt haben, der auch als Militärschriftsteller hervortrat, über dessen verwandtschaftliche Beziehungen zu der Berliner Verlegerfamilie jedoch nichts ermittelt werden konnte.
20 Nicht ermittelt.

durch mich den Eltern ziemlich sicher einen Brief zukommen lassen könne: ich meine auf dem Wege über Paris. Ich glaube daß man Sz.s Güte durch öfteres Inanspruchnehmen durchaus nicht misbraucht, falls er nur nicht frankiert. Wenn Gefangene nach Berlin kommen u. Sie können meinen Landsleuten was freundliches erweisen, so thun Sie es wohl auch ohne meine Fürbitte.

Treulichst Ihr
W.S.

Ich werde übrigens bei der Post noch einmal den Versuch machen, ob man den Brief nicht über Paris von Post wegen schicken will.

36. Scherer an Lina Duncker

(Wien), 7. Juli 1866. Sonnabend

Liebste Freundin.

ich habe heute Ihren Brief vom letzten Sonntag und Montag erhalten und danke Ihnen daß Sie treulich Sich meiner erinnern u. mich so regelmäßig von Ihnen wissen lassen. Besten innigsten Dank auch für das Bild das recht hübsch ist u. mir sehr lieb sein würde, wenn ich nicht ein besseres täglich vor Augen hätte, jugendfrisch wie Ihre Seele.

Erwarten Sie keine Antwort, erwarten Sie keinen ordentlichen Brief, begnügen Sie Sich mit dieser einfachen Empfangsbestätigung. Es ist mir schlechterdings unmöglich, außer daß ich mich auf meine Arbeit mit wütendem Eifer concentrire, etwas anderes zu denken u. zu empfinden als unsere öffentlichen Dinge.[21] M.[22] ist heute angekommen, ich habe sie einen Augenblick gesehen, wir haben nichts gesprochen als eben davon. Sie ist abgeschnitten von ihrem Daheim u. seit 14 Tagen ohne Nachricht, hofft ihr Mann sei auf dem Wege zu ihr u. geht gleich morgen auf das Land. Es wird noch einige Zeit dauern bis ich ihr auf wenige Tage folgen kann. Die Unthätigkeit ist eine schlechte Medicin für den gegenwärtigen Jammer, u. für die Verdammnis dem Allgemeinen nichts sein zu können, durch irgend welche Thätigkeit gibt es nur einen Trost, den ich eben suche: unausgesetzte, eifrige Arbeit, Arbeit u. wieder Arbeit.

21 Vgl. Anm. 14 (Brief 35).
22 Gemeint ist vermutlich die mit Scherer befreundete Emilie (Mili) Gilewska; ihr Mann, der Mediziner Karol Gilewski, war Professor in Krakau. Scherer besuchte sie häufig auf ihrem Gut in der Oed bei Waldegg/Niederösterreich.

Es rächt sich jetzt daß ich mich in Einsamkeit abschloß u. keine Verbindungen nach irgend einer Seite hin anknüpfte. Es gibt für mich keinen Weg zu irgendwelcher Einwirkung auf den Gang unseres politischen Lebens. Und dennoch ist jetzt der Augenblick, diese 6 Wochen des Waffenstillstandes,[23] in denen es an den wenigen unabhängigen Liberalen ist, eine solche Einwirkung zu üben durch öffentliche Demonstrationen für den Frieden u. durch Petitionen und laute Formulierung der Forderungen von denen unsere weitere Existenz abhängt. Ich weiß nicht ob es zu solchen Demonstrationen kommt, bezweifle es aber, obgleich ich überzeugt bin daß ohne dieselben unsere Niederlage zunächst ohne eine günstige Rückwirkung auf unsere innere Politik bleiben wird, daß meine Befürchtungen nicht übel waren, infolge eines diesseitigen Sieges würde eine Zeit furchtbarster Reaction über uns hereinbrechen, zeigt die Vertagung des ungarischen Landtages als erste Frucht der Schlacht von Custozza.[24]

Wäre die Katastrophe nicht so schrecklich, so könnte ich mit Befriedigung meine Bekannten hier an alles das erinnern, was ich vor Ausbruch des Krieges ihnen meist ungehört vorhielt. Wie berechtigt war es daß ich es geradezu nicht begreifen konnte und als Tollheit erklärte sich in diesen Krieg zu stürzen: Mein Gott, wer mag aber jetzt daran denken, ob er damals Recht gehabt hat oder nicht!

Ich sage ich weiß nicht ob es zu jenen Manifestationen der öffentlichen Meinung kommt oder nicht. Ich fürchte, die wenigsten haben den Muth dazu. Und die den Willen u. den Muth hätten, denen fehlen die Mittel dergleichen erfolgreich in Scene zu setzen. Ich hätte den Muth, Alles öffentlich zu sagen, auch das Bitterste u Schärfste für die Regierung, auch das Gefährlichste für mich. Denn die Gefahr hier unmöglich zu werden, wissen Sie wohl, ist für mich keine Abschreckung. Aber – aber – was kann ich thun? –

Was Sie über F.s[25] Project andeuten, ist mir – nicht ganz verständlich. Ebensowenig kann ich verstehen, weshalb Sie in ein österreichisches oder böhmisches Bad nicht »dürfen«.

Sie schreiben, ein Brief vom 22 scheine mir nicht zugekommen zu sein.

23 Diese Information beruhte offenbar auf einem Irrtum: Preußen hatte Österreichs erstes Friedensangebot am 4.7.1866 abgelehnt. Auch die am gleichen Tag durch Kaiser Napoléon III. (in Gegenleistung für die Abtretung Venetiens an Frankreich) eingeleiteten Friedensbemühungen scheiterten vorerst. Mit Preußen wurde schließlich am 21.7.1866 ein vorläufiger Waffenstillstand vereinbart, der am 26.7. im Vorfrieden von Nikolsburg bestätigt wurde. Am 12.8. folgte der Waffenstillstand von Cormons zwischen Österreich und Italien.

24 Am 24.6.1866 hatte Österreich im südwestlich von Verona gelegenen Custozza das wesentlich größere italienische Heer besiegt.

25 Franz Duncker; über das Projekt konnte nichts ermittelt werden.

Einen Brief vom 22 besitze ich allerdings nicht, wohl aber einen mit dem Poststempel vom 23. Das ist doch wahrscheinlich derselbe? Leben Sie wohl, ich hoffe Ihnen bald wieder zu schreiben, wenn ich fähiger dazu bin.

Von ganzem Herzen
Der Ihrige
Sonnabend 7.7.66.

37. Scherer an Lina Duncker

(Wien), 26. Juli (1868). Sonntag

Liebe Freundin,

es hat mich in der letzten Zeit Manches betroffen, wovon ich mich noch nicht erholt habe. Das ist der Grund weshalb ich Ihnen so lange nicht schrieb und auch heute nur für Ihren eben erhaltenen Brief danken will: Gestatten Sie mir diese dunkle Ausdrucksweise, rufen Sie Sich allenfalls auch den Inhalt Ihres letzten Briefes vor dem heutigen ins Gedächtnis, und verlangen Sie nicht daß ich mich näher über allen Harm verbreite. Mein nächstes Interesse ist, mir die Arbeitsstimmung zu erhalten, denn ich arbeite in der That ganz vergnügt, selbst heute, ungestört von dem Schützenfestjubel der von der Straße brausend zu meiner Studirstube dringt. Ich muß also alles Unangenehme mit mir allein abmachen, mich brieflich darüber auszulassen, macht, wie Sie wissen, Übel nur ärger; ich rede mich in Eifer, sage auch wohl ein Wort zu viel, u. die Folge ist nur daß sich neue Verdrießlichkeiten auf die alten häufen. Ich will endlich wenigstens so viel gewonnen haben, daß sich mein Leben in einer gewissen ungestörten Gleichmäßigkeit abspinnt, in der meine Thätigkeit gedeihen kann.

Daß ich über die Art, wie ich die Professur[26] empfinde, gegen Sie so aufrichtig war, thut mir natürlich angesichts Ihrer heutigen Äußerungen sehr leid. Ich hätte ja ohne Mühe Ihnen geradeso wie allen anderen Leuten von dem »großen Glück« vorschwatzen können u. alle die anderen Formeln hätte ich wiederholen können auch bei Ihnen, die ich mir zum täglichen Gebrauch zusammenstellte, so wie ich mir dachte daß ein regulärer mittelmäßiger Mensch in meiner Lage ungefähr empfinden müßte. Ich bedaure wie gesagt, daß ich Ihnen die Wahrheit schuldig zu sein glaubte u. mich zeigte wie ich vor mir selbst dastehe. Ich würde auch vor mir selbst ein hübscheres u.

26 Scherer war am 3.7.1868 zum Nachfolger des verstorbenen Franz Pfeiffer in Wien ernannt worden.

angenehmeres Bild geben, wenn ich als naiver Junge in Seligkeit schwömme. Ob diese Seligkeit sich einstellte, wenn ich zu dem Amt auch ein Haus bekäme? Ich weiß es nicht, bezweifle aber daß mir das Haus reine Vortheile brächte, ja ich vermuthe fast daß meine eigentlichen Lebenszwecke darunter leiden würden.

Und wenn gleichwol dieses Element der Sehnsucht aus meinem Herzen hartnäckig nicht weichen will, wenn ich mir fortwährend das Glück mit einer geliebten Frau ausmalen muß: so sage ich mir daß auch die Sehnsucht ein Gut ist, besser als das Nichts, als die Oede u Leere des Herzens – und daß ich eben vielleicht bestimmt bin nach dieser Seite hin nicht weiter als bis zur Sehnsucht zu gelangen, so daß die Erfüllung dem entgegen wäre was das Schicksal mit mir vorhaben mag. Übrigens beurteilen Sie meine äußere Lage falsch, wenn Sie sie für hervorragend günstig oder gar glänzend halten: vom 1. August an werde ich eben bequem und ohne Sorgen leben können, mehr bedeutet die Veränderung nicht.

In der Oed war ich nur 2 ganze Tage, gestern vor 8 Tagen Abends kam ich hinaus, Dienstag Mittag fuhr ich wieder fort. Emilie[27] scheint sehr gelitten zu haben, ich finde sie stark verändert, fast theilnahmslos für Leben, Welt, Menschen, auch für ihre Freunde. Und zwar so daß man gleich das entschiedene Gefühl bekommt, da sei nichts zu helfen, wenn nicht ihre doch vielleicht noch kräftige Natur sich selbst wieder aufrafft. Es wäre ein wenig hart, wenn ich schon jetzt anfangen müßte, einsamer und einsamer zu werden. Aber verzeihen Sie diese affectirten melancholischen Reflexionen, ich bin ja ungeheuer lustig und glücklich und stelle mich blos so. –

Ihr Brief an Erdm*annsdörffer.* scheint – Sie müssen mir das Wort nachsehen – eine arge Tactlosigkeit gewesen zu sein. Das ist doch wahrhaftig ein Gegenstand über den man höchstens sprechen kann, u. wenn man das nicht vermag, so ist es ein schweres Zeichen daß man nicht darüber schreiben darf. –

Ich gehe vielleicht zum internationalen Congreß für Geschichte u. Altertumskunde[28] (14-21. Septb.) nach Bonn. Es wäre mir lieb zu erfahren, wie zu diesem Datum etwa die Dispositionen von Marie Wentzel stimmen.

Mit den herzlichsten Grüßen an die Ihrigen
unverändert Ihr
Sch.

Sonntag 26.7.

27 Emilie Gilewska. Vgl. Anm. 22 (Brief 36).
28 Vgl. hierzu den Tagungsband: *Internationaler Congress für Alterthumskunde und Geschichte – Congrès International d'Archéologie et d'Histoire.* Bonn 1868. Ob Scherer zu den Teilnehmern des Kongresses gehörte, konnte nicht ermittelt werden.

38. Scherer an Lina Duncker

(Wien), 9. Oktober 1870. Sonntag

9 Octb. 70

Liebste Freundin

Eben geht Lorenz weg u. hat mir zu meinem Schrecke mitgetheilt daß er an Franz[29] noch immer nicht geschrieben, wie er doch am Dienstag bereits zu thun vorhatte. Es kamen ihm allerlei Sitzungen dazwischen, dann die Abreise seiner Schwiegereltern[30] u schließlich der Besuch Rankes, der ihn sehr in Anspruch nimmt. Mittlerweile werden Sie aus meinen letzthin gegebenen Andeutungen (bei denen ich Lorenzens Brief voraussetzte) entnommen haben wie die Sache steht, daß wir das Buch[31] zusammen machen wollen. Er hat bereits 2 Capitel fertig, die er seiner Frau[32] u mir vorlas, wovon aber das erste Capitel nochmal umgeschrieben u. in 2 getheilt werden muß. Nun wird aber doch etwas anderes daraus, als sich wol Franz ursprünglich dachte. Lorenz hat das Princip festgehalten, das er gleich Franz gegenüber aufstellte: es käme darauf an einige anschauliche, die Phantasie fesselnde <u>Bilder</u> zu entrollen. Ein solches »Bild« fordert aber eine gewisse Ausführlichkeit, damit es anschaulich werde. Und will man diese Bilder auch in einen Rahmen stellen, d.h. den allgemeinen Zusammenhang u chronologischen Faden festhalten, so wird das ursprünglich beabsichtigte Maß von 8 Bogen unmöglich eingehalten werden können. <u>Mir</u> geht es gradeso: ich muß eine Anzahl litterarischer Porträts entwerfen, u. sollen die anschaulich werden, so darf ich gleichfalls die Worte nicht sparen. Man hat nur die Wahl: <u>entweder</u> so wie wirs machen, <u>oder</u> Compendienstil, eine Art Schulbuch, das <u>Sie</u> z.b. gewiß nur mit Überwindung lesen würden. Das Muster das uns vorschwebt sind Freytags Bilder aus der deutschen Vergangenheit.[33] Das Publicum, worauf unser Buch zu rechnen hat, wäre ungefähr dasselbe: auch das dächte ich, wäre kein kleines Publicum.

Nun aber der Termin! Wir <u>können</u> uns nicht binden, obgleich wir unser möglichstes thun rasch vorwärts zu kommen. Ich wollte gestern Abend mit 1

---

29 Franz Duncker.
30 Franz Karl und Marie Lott.
31 Gemeint ist die gemeinsam mit Ottokar Lorenz verfasste *Geschichte des Elsasses*, deren erste Auflage Ende 1871 im Verlag von Franz Duncker erschien. Das erst wenige Wochen zuvor von Duncker angeregte Buch sollte von der aktuellen Diskussion um das Elsass im Zusammenhang mit der seit Anfang September 1870 absehbaren Niederlage Frankreichs im preußisch-französischen Krieg profitieren. Vgl. Anm. 34 (Brief 38).
32 Marie Lorenz.
33 Gustav Freytag: *Bilder aus der deutschen Vergangenheit.* Leipzig 1859 [²1867].

Cap. fertig sein, habe es nicht dahin gebracht. Lorenz ist seit Anfang der Woche nicht im Stande gewesen etwas weitres zu schreiben – wir verfügen eben beide nicht hinlänglich über unsere Zeit u. können uns überdies nicht entschließen durch eilfertige Mache dem Product zu schaden. Also wir können uns nicht zu einem bestimmten Termin verpflichten. Aber ich denke, wir brauchens auch nicht. Denn politisch hat die Sache keine Eile, mindestens 1 Jahr lang wird Elsaß für Deutschland eine brennende Frage sein auch nach dem Friedensschluß.[34] Bis zum Friedenschluß vergeht wol auch noch eine geraume Zeit. Also daß unser Stoff oder das Interesse dafür veralte, brauchen wir nicht zu fürchten. Und geschäftlich? Ich glaube nicht daß wir Concurrenz zu befürchten haben, vor der uns bange zu sein brauchte.

Soll ich sagen, bis wann ich hoffe fertig zu sein, so wäre es etwa in 4 Wochen, wenn ich so fortarbeiten kann wie bisher. Und Lorenz wird wol auch nicht zurückbleiben, da er entschiedenen Vorsprung hat. Die Hauptsache wäre vielleicht daß unser Buch noch auf die Weihnachtstische käme – u. das soll sich erreichen lassen, denk ich. Ich will wenigstens, so weit meine physische Kraft reicht, es an Eifer u Mühe nicht fehlen lassen. –

Es war mir gegangen wie Ihnen. Ich hätte über die schönen Tage weinen können, die wir ununterbrochen erlebten u. die ich nur in der Stadt, von meinen 4 Wänden aus genießen konnte. Wenn ich nur wenigstens die Mutter[35] vermocht hätte aufs Land zu gehen. Sie wollte aber nicht, wenn ich hier bliebe. Also habe ich mich zu heute Abend endlich in der Oed[36] angekündigt – gerade heute aber ist das Wetter zum ersten mal trüb, kalt u stürmisch u. wird nun wol so bleiben. Um so leichter wird es mir werden am Mittwoch wieder hier einzutreffen, wie ich mir vorgenommen. Ich fahre also heute um 5 mit der Mutter ab, sie nach Baden u. Ebreichsdorf, ich nach Felixdorf u. Oed. Gestern Abend habe ich meinen Bruder[37] zur Bahn gebracht. Was ist der frisch munter u. kräftig! Wenn ich doch auch noch so wäre. Aber freilich ich war nie so, u. was Lebensgenuß, Heiterkeit u Glück heißt, habe ich erst kennen gelernt als ich nur noch wenig Gebrauch davon machen konnte.

Treulich
W.S.

Hoffentlich können Sie den Brief lesen – ich schreibe im letzten Moment vor der Abfahrt.

34 Die Kampfhandlungen zwischen Frankreich und Preußen dauerten noch bis Mitte Januar 1871 an. Im Frieden von Frankfurt (10.5.1871) musste Frankreich das Elsass und Lothringen an Deutschland abtreten.
35 Anna Stadler.
36 Vgl. Anm. 22 (Brief 36).
37 Toni Stadler.

Briefwechsel mit Rudolf Haym
1863 – 1885

Der Philosoph und Literarhistoriker Rudolf Haym (1821-1901)[1] war einer der wichtigsten Förderer Scherers in dessen schriftstellerischen Anfängen. Im Anschluss an theologische und philologische Studien in Halle und Berlin hatte Haym sich zunächst publizistisch und politisch betätigt. 1848 war er Abgeordneter des Frankfurter Parlaments, 1866/67 Mitglied der nationalliberalen Fraktion im preußischen Landtag. Dem kulturpolitischen Programm des Liberalismus blieb Haym auch als leitender Redakteur der »Preußischen Jahrbücher« (1858-1865) verpflichtet. Als Ordinarius in Halle (seit 1868) hielt Haym sowohl philosophische als auch literaturgeschichtliche Vorlesungen. Als seine Hauptwerke gelten »Die romantische Schule« (1870) und »Herder nach seinem Leben und seinen Werken« (1880-85). Die von Haym redigierten »Preußischen Jahrbücher« waren das erste bedeutende Periodikum, in dem Scherer regelmäßig veröffentlichte. Hier erschien 1864/65 die erste Fassung seiner Monographie über Jacob Grimm, eine Arbeit, die Haym nicht allein anregte, sondern auch während ihrer schwierigen Entstehungsphase begleitete. Die 1863 einsetzende Korrespondenz dauerte bis in die letzten Lebensjahre Scherers an, verlor aber nach Hayms Ausscheiden aus der Redaktion der »Jahrbücher« an Kontinuität.

1   Literatur: Berthold Delbrück: »Rudolf Haym«. In: *Euphorion* 8 (1901), S. 842-849; Wilhelm Schrader: »Rudolf Theodor Haym«. In: *BJb* 2. Bd. 6 (1901), S. 33-47; Rudolf Haym: *Ausgewählter Briefwechsel.* Hg. v. Hans Rosenberg. Berlin, Leipzig 1930 (Deutsche Geschichtsquellen des 19. Jahrhunderts 27) [Nachdruck: Osnabrück 1967]; Hans Rosenberg: *Rudolf Haym und die Anfänge des klassischen Liberalismus.* München, Berlin 1933 (Historische Zeitschrift, Beiheft 31); Ernst Howald: »Der Literaturhistoriker Rudolf Haym«. In: ders.: *Deutsch-französisches Mosaik.* Zürich 1962 (Erasmus-Bibliothek), S. 199-216; Margot Krohn: »Rudolf Haym, der Politiker und Herausgeber der Preußischen Jahrbücher«. In: *Jahrbuch der Schlesischen Friedrich-Wilhelms-Universität zu Breslau* 15 (1970), S. 92-145; Michael Ansel: *Prutz, Hettner und Haym: Hegelianische Literaturgeschichtsschreibung zwischen spekulativer Kunstdeutung und philologischer Quellenkritik.* Tübingen 2003 (Studien und Texte zur Sozialgeschichte der Literatur 95). – *NDB* (Ernst Howald); *Killy* (Michael Behnen); *IGL* (Michael Ansel).

39. Haym an Scherer

Halle/Saale, 23. Dezember 1863. Mittwoch

Halle, 23. December 1863.

Hochverehrter Herr Doctor!

So eben erhalte ich von Herrn Dr. Wehrenpfennig die umständliche Mittheilung über ein Ereigniß,[2] ganz dazu angethan, mir alle Weihnachtsstimmung zu vergällen. Ich sehe nun, wie unrecht es war, daß ich, freilich unter dem Druck von Arbeiten und Geschäften, die längst gehegte Absicht, mit Ihnen direct in Beziehung zu treten, nicht ausführte. Der nunmehrige unglückliche Anlaß läßt mich nicht säumen, sondern treibt mich eilig an's Papier. Ich beginne mit der Bitte, Sie wollen mich, einen persönlich Ihnen ganz Unbekannten, freundlich anhören. Schon vor dem Tode J. Grimm's trug ich mich mit der Idee, in den Preußischen Jahrbb., in Anknüpfung etwa an das Grimm'sche Wörterbuch[3] einen Essay über die germanistische Philologie, deren Ursprung, Fortschritte u. Früchte in unserm Vaterlande zu bringen. Eine entfernte Aussicht, durch

2 Wilhelm Wehrenpfennig hatte in den Text einer von Scherer verfassten Rezension zweier Akademiereden von Jacob Grimm (vgl. Anm. 7, Brief 39), die im Dezemberheft der *Preußischen Jahrbücher* erschienen war, eingegriffen, ohne mit dem Autor Rücksprache zu nehmen. Scherer hatte Wehrenpfennig daraufhin mitgeteilt, »daß ich Niemandem das Recht zugestehen kann, meine Aufsätze zu verstümmeln. Sie konnten mir die Anzeige zurückgeben: das war mein Wunsch: ich log nicht, als ich Ihnen denselben aussprach. Sie konnten mir Verbesserungsvorschläge machen, gleich oder später: mit Vergnügen wäre ich darauf eingegangen. [...] Es würde die Eitelkeit verraten, als könnte Ihnen an meiner Mitarbeiterschaft das geringste gelegen sein, wenn ich Sie ersuchte, mich nicht in die Notwendigkeit zu versetzen, Ihnen mündlich wiederholen zu müssen, daß ich keine Möglichkeit mehr sehe, mit Ihrer sehr geschätzten Zeitschrift in ein näheres Verhältnis zu treten. – Für den Artikel über Jacob Grimm werden Sie z.b. in Herrn Professor Zacher in Halle einen bei weiterem geeigneteren Bearbeiter finden.« (Scherer an Wilhelm Wehrenpfennig, Brief vom 20.12.1863, Universitäts- u. Landesbibliothek Halle, NL Haym: Yi 23 IV S 6). – Haym konnte Scherer jedoch überzeugen, den bereits vereinbarten Artikel über Jacob Grimm zu schreiben. Die umfangreiche Arbeit, über die auch in den folgenden Briefen verhandelt wird, erschien schließlich in mehreren Partien: »Jacob Grimm. Erster Artikel«. In: *PJb* Bd. 14 (1864), S. 632-680 u. Bd. 15 (1865), S. 1-32; »Zweiter Artikel«. Ebd. Bd. 16 (1865), S. 1-47 u. 99-139. Im Folgenden wird nach der ersten Buchausgabe von 1865 (= *Jacob Grimm 1*) zitiert.

3 Das *Deutsche Wörterbuch* von Jacob und Wilhelm Grimm erschien seit 1854 im Leipziger Verlag von Salomon Hirzel.

K. Goedeke einen solchen Aufsatz zu erhalten, scheiterte nachdem ich lange hingehalten worden; kein Ersatz wollte sich finden, obgleich mein Freund Hirzel in Leipzig wiederholt mit mir über die Realisirung jenes Gedankens rathschlagte u. mir mit seinen Connexionen behülflich war. Der Tod J. Grimm's belebte den Gedanken auf's Neue u. gab ihm die Wendung, daß es sich nun in erster Linie um die Herausstellung der Persönlichkeit u. der Verdienste des Dahingegangenen handeln müsse – eines Mannes, dessen Liebenswürdigkeit persönlich erfahren zu haben ich mich rühmen darf, der zu der Zeit, als ich in Berlin die Constit. Zeitung[4] redigirte in patriotischem Eifer u., ich darf hinzufügen, in persönlichem Vertrauen zu mir, wiederholt sogar in jener Zeitung sich vernehmen ließ: – es galt dieselbe deutsche Sache, die in disem Augenblick wieder all' unsre Sorge aufgerufen hat. Mein erster Gedanke war daß dies wohl eine Angelegenheit sei, in der – trotz aller wissenschaftlichen Differenzen – Gervinus sein journalistisches Schweigen brechen dürfte, ja ich stellte es mir als die würdigste Todtenfeier vor, wenn gerade er es unternähme, der Welt, dem Vaterlande zu sagen, was sie verloren hätten. Gervinus jedoch glaubt, keine Stunde mehr, über die er zu verfügen hat, der großen Arbeit[5] entziehen zu dürfen, die er als die Aufgabe seines Lebens betrachtet; er wies mich auf Hermann Grimm hin, u. ich war, obgleich ich auch diesem persönlich unbekannt bin, um so mehr bereit, dieser Hinweisung nachzugeben, da ich diesen für den Verfasser des Artikels[6] über seinen Onkel in der Berliner Allg. Zeitung hielt, eines Artikels, den ich herzlich bewundert u. recht eigentlich dankbar gelesen hatte. Nun war aber inzwischen Dr. Wehrenpfennig von mir als Mitredacteur der Preuß. Jahrbb. gewonnen

4 Die *Constitutionelle Zeitung* in Berlin, gegründet 1849 als Parteiorgan der liberalen konstitutionellen Partei, wurde in den Jahren 1850/51 von Haym redigiert. Jacob Grimm veröffentlichte hier zwischen August 1850 und Februar 1851 insgesamt sechs kurze Artikel (erneut abgedruckt in: Jacob Grimm: *Kleinere Schriften.* Bd. 8. Hg. v. Edward Ippel. Berlin 1890, S. 448-455) zu aktuellen politischen Ereignissen. Haym spielt im Folgenden besonders auf drei Stellungnahmen an, in denen Grimm Partei für die schleswig-holsteinische Befreiungsbewegung ergriffen hatte, die sich bei Ausgang des ersten deutsch-dänischen Krieges gegen die dänische Herrschaft erhoben hatte. Der Schleswig-Holstein-Konflikt war Ende 1863 durch die in der dänischen Novemberverfassung formulierten Ansprüche auf Schleswig erneut akut geworden. Dänemarks Weigerung, den Annexionsplan aufzugeben, führte im Januar 1864 zum Ausbruch des preußisch-österreichischen Krieges gegen Dänemark, der im Juli 1864 mit der Niederlage der Dänen endete.

5 Gemeint ist das letzte Hauptwerk von Georg Gottfried Gervinus: *Geschichte des 19. Jahrhunderts.* 8 Bde. Leipzig 1856-66.

6 (Wilhelm Scherer:) »Jacob Grimm«. In: *Berliner Allgemeine Zeitung.* Nr. 447 v. 25.9.1863 (wiederholt: *Jacob Grimm 2,* S. 341 ff.) – Der anonyme Nekrolog war Scherers erste Veröffentlichung.

worden; ich bat diesen, es persönlich bei H. Grimm zu versuchen, vorbehaltend, meinerseits brieflich das Gesuch zu unterstützen. Es war zu Letzterem keine Zeit mehr, als mir Wehrenpf. die Ablehnung Grimm's – in unwiderleglicher Weise motivirt – meldete. Gleichzeitig machte er mir die Mittheilung, daß Sie sich der Aufgabe unterziehen wollten, u. es war das einer von den glücklichen Momenten, wie sie einem Redacteur nicht oft kommen: denn fast in derselben Stunde hatte mir Hirzel geschrieben, eben Sie seien der Verfasser des erwähnten Zeitungsartikels. Hätte ich jetzt, wie ich vorhatte, an Sie geschrieben – vermuthlich, daß Alles anders gekommen u. daß das neuste Zerwürfniß vermieden worden wäre!

Das Zerwürfniß ist da; aber ich halte dafür, daß unter Männern, denen es ernstlich um die Sache zu thun ist, da wo die Sache so stark mithilft, eine Verständigung niemals ausgeschlossen ist. Diese Hoffnung beruht, was die Sache anlangt, näher auf Folgendem.

Sie finden Sich durch die Correcturen, welche Dr. W. mit Ihrer Anzeige der »Zwei Reden«[7] vorgenommen hat, beleidigt. Ich will nicht untersuchen, welche Entschuldigung dem H. Dr W. für sein rücksichtsloses Verfahren etwa zur Seite steht; er ist mein College, u. ich würde herzlich wünschen, daß er besser entschuldigt wäre als dies, nach seinen eignen Andeutungen, der Fall ist. Allein er hat Sie an dem Punkte verletzt, an dem ich ganz von derselben Empfindlichkeit bin wie Sie u. an dem ich immer die Besten am empfindlichsten gefunden habe. Es giebt vielleicht einen Gesichtspunkt, von dem aus der Ihnen zugefügte Schaden glimpflicher erscheint – wenn man etwa den Gesammtcharakter dieser Notizen, ihre Anorganität u. dgl. in's Auge faßt. Doch ich muthe Ihnen nicht zu, diesen Gesichtspunkt zu dem Ihrigen zu machen. Wie ich es ansehn mag: Sie haben zuletzt doch Recht u. mein College hat im Ganzen mit seinem Verfahren, leider, glaube ich, auch im Einzelnen mit seinen Änderungen Unrecht. Allein, Hochverehrter Herr, die Pr. Jahrbücher sind nicht Dr. Wehrenpfennig. Noch bin ich in diesem Hause der Herr. Die Zeitschrift trägt meinen Namen u. ich trage kein Bedenken, meinen Gehülfen Ihnen gegenüber förmlichst zu désavouiren. Unmöglich kann ich Ihnen mit einer Auseinandersetzung der persönlichen Verhältnisse beschwerlich fallen, die mich veranlaßt haben, seit October d.J. die eine Hälfte der Redactionsgeschäfte H. Dr. Wehrenpf. zu übertragen, zu dessen

7   Rede auf Wilhelm Grimm und Rede über das Alter, gehalten in der Königl. Akademie der Wissenschaften in Berlin von Jacob Grimm. Hg. v. Herman Grimm. Berlin 1863. – Scherers anonyme Rezension erschien in: PJb Bd. 12 (1863), S. 628. – Die Verfasserschaft ermittelte erst Jürgen Sternsdorff nach dem in Anm. 2 (Brief 39) zitierten Brief von Scherer an Wilhelm Wehrenpfennig. Vgl. Sternsdorff (1979), S. 73, Anm. 1, wo jedoch irrtümlich Haym, in dessen Nachlass das Schreiben liegt, als Adressat angegeben ist.

Tüchtigkeit ich aus vielen Gründen ein Vertrauen habe, das durch einzelne Mißgriffe, wie den in Rede stehenden, nicht erschüttert ist, wenn mich dieselben auch zur Vorsicht mahnen. Genug aber, daß ich Ihnen wiederhole: der eigentliche Herausgeber bin ich, u. über die Hälfte der Aufsätze der Zeitschrift ging u. geht ferner durch meine, zum Theil nur durch meine Hände. Besteht aber keine unbedingte Solidarität zwischen mir u. W., noch viel weniger eine Identität zwischen den Jahrbb. u. W. – denn, wenn ich nicht irre, ist ein Zerwürfniß mit dem Letzteren nicht nothwendig eins mit den Ersteren u. die Möglichkeit Ihrerseits, in einem freundlichen Verhältniß zu der Zeitschrift zu bleiben, ist nicht ausgeschlossen. Es heißt nicht, eine mißliche Sache überkleistern u. verschleiern, wenn ich, einfach in mein Recht eintretend, mich persönlich mit der Bitte an Sie wende, mir das Vertrauen zuzuwenden, das Sie meinem Collegen mit Grund entziehen. Ich, u. zwar auch ich nicht für mich, sondern im Interesse der Pr. Jahrbb., der nicht schlechten Zwecke u. Ziele, die dieselben verfolgen, bitte Sie um den Aufsatz über J. Grimm. Derselbe wird durch Sie an mich gelangen; er wird Ihren Namen tragen u. schon deshalb gedruckt werden, wie Sie ihn schrieben, kein Wort ohne Ihre Zustimmung geändert! Ich oder besser Sie selbst werden den Aufsatz im Druck corrigiren. Manuscript u. Correcturbogen werden – wie bisher immer unter meiner alleinigen Redaction – zwischen Ihnen und mir hin u. hergehn, und es kann Sie nicht berühren, daß andere Aufsätze, vielleicht in demselben Heft der Zeitschrift, von H. Dr. W. redigirt werden.

Mir liegt die Zeitschrift u. die geistige Wirkung, die ich derselben zutraue, unsagbar am Herzen. Sie entschuldigen den – fast zudringlichen Eifer – mit dem ich für dieselbe werbe und bitte.

Wie sehr es mir um gerade diese Arbeit u. gerade von Ihnen zu thun ist, wissen Sie aus meiner obigen Erzählung. Ich habe keine Hoffnung, Sie ersetzt zu sehen. Gewiß, keine. Denn meinem Freunde Zacher traue ich Gelehrsamkeit genug, aber keineswegs die Fähigkeit zu, einen dem Geist u. der Form der Jahrbb. gemäßen Aufsatz zu schreiben.[8]

Eine andre Saite – ich meine das Andenken Grimm's, das Ihnen theurer noch ist als mir u. das über diesem Streite steht – rühre ich nicht. Ich will nicht überreden. Möchten Sie mir mit zwei freundlichen Worten schreiben, daß Sie nicht die Sache u. nicht mich entgelten lassen wollen, was Herr Dr. W. gefehlt hat.

Ich bin mit Hochachtung u. Ergebenheit

ganz der Ihrige
R. Haym

---

8 Scherer selbst hatte Julius Zacher in seinem in Anm. 2 (Brief 39) zitierten Brief an Wilhelm Wehrenpfennig vorgeschlagen.

40. Haym an Scherer

Halle/Saale, 9. August 1864. Dienstag

Halle, 9. Aug. 1864.

Geehrtester Herr College!

Was werden Sie nur gedacht haben, daß bis jetzt Ihr freundlicher Brief vom 21. Juni[9] unbeantwortet geblieben? Vom 21. Juni! – ja so steht wirklich da, u. ich erschrecke, indem ich es lese u. abschreibe. Könnten Sie nur dies Erschrecken sehen: Sie würden mir meine Saumseligkeit verzeihen u. dieselbe begreifen. Die Zeit nämlich geht Einem niemals schneller dahin, als wenn man sie mit Arbeit recht ausstopft, u. das war wirklich in den letzten Wochen mein Fall, wo ich meine lange Abhandlung über Schopenhauer[10] zu bestimmten Terminen fertig schaffen mußte. Nun kam hinzu, daß Sie von einer in 8 Tagen anzutretenden Reise geschrieben hatten. Darüber übersah ich Ihren Wunsch, recht bald meine Meinung über Ihre Dispositionen zu der Grimm'schen Arbeit zu erfahren; ich wollte Sie erst zurückgekehrt sein lassen – und nun verschiebe man nur einen Brief auf ein paar Wochen, so werden gar so leicht Monate daraus! – – Gestern habe ich meine Vorlesungen geschlossen u. ich habe nun nur den dringenden Wunsch u. die herzliche Bitte, Sie wollen die späte Antwort ganz so freundlich aufnehmen, als ob ich Ihnen unmittelbar nach Empfang Ihres Briefes geantwortet hätte. Gefahr war ja nicht im Verzuge, da Sie einen nahen Termin für die Vollendung Ihres Aufsatzes nicht in Aussicht stellten. Es freut mich, nun, nach Verlauf von 7 oder 8 Wochen hoffen zu dürfen, daß die Vollendung näher gerückt ist, u. das Erste soll sein, daß ich Ihnen meine Freude darüber ausdrücke. In der Zwischenzeit habe ich auch mit H. Grimm mehrere Briefe gewechselt, und auch er, dem ich für die Förderung Ihres Unternehmens danken zu müssen glaubte, ist voll hoffender Erwartung dessen, was Ihnen schließlich gelingen wird. Daß das Ausbleiben meiner Gegenäußerungen auf einige Fragen Ihres Briefs Ihre Arbeit nicht in Stocken gebracht haben wird, darf ich doch wohl sicher annehmen: Sie wissen zu gut, wie unbedingt ich Ihnen freie Hand lasse, wie ich mich in keiner Weise berechtigt halte, Ihnen dazwischen zu reden. Ob Sie directer oder indirecter oder gar nicht an die seit J.G.'s Tode erschienenen Schriften, ob Sie an diesen Tod selbst anknüpfen wollen oder nicht – Sie werden das Alles mit dem Takt u. Sinn, den ich in Ihrem ersten Aufsatz[11] bewun-

---

9 Scherers Brief ist nicht überliefert.

10 Rudolf Haym: *Arthur Schopenhauer. Besonders abgedruckt aus dem vierzehnten Bande der Preußischen Jahrbücher.* Berlin 1864.

11 Vgl. Anm. 6 (Brief 39).

dere, zu Jedermanns u. ganz gewiß zu meiner Zufriedenheit einrichten. Zu Jedermanns – das ist wohl zu viel gesagt, da ja auch Ihr Vortrag über den »Ursprung«[12] Angriffe erfahren hat, die Sie hoffentlich nicht irritirt haben. Wollen Sie das Erscheinen des ersten Bandes der gesammelten Schriften[13] abwarten, so ist mir auch das recht. Ich habe einen einzigen bestimmten Wunsch. Es ist der, daß jedenfalls die Arbeit noch in diesem Jahre, sei es nun im October-, im November- oder im Decemberheft erscheinen möchte. Bis dahin nämlich bin ich noch berechtigter Mitredacteur; auch später würde ich in Beziehung auf Sie ganz als solcher auftreten dürfen, aber officiell denke ich mit dem 1. Januar auszuscheiden, wie ich denn schon jetzt von der Vorderseite des Titelblattes mich auf dessen Rückseite zurückgezogen habe. Es ist mein Ehrgeiz, der Zeitschrift bis zu Ende dieses Jahres noch einige werthvolle Beiträge zuzuwenden, u. auf den Ihrigen habe ich meine Rechnung immer mit gestellt, wenn ich überschlug, was sich würde herbeischaffen lassen. Sie werden von Ihrem Standpunkt diese Terminsetzung u. deren Grund gewiß ebenso approbiren, mich aber nicht so mißverstehen, als ob ich den November als Präclusivtermin bezeichnen wollte. Sie verlangen ohne Zweifel ebenso, wie ich, in den nächsten Wochen mit der Arbeit zu Ende zu kommen. Was ich thun könnte, um Ihnen entgegenzukommen, würde ich bereitwilligst thun. Die Selbstbiogr. W. Grimm's[14] z.b. glaube ich Ihnen schaffen zu können, wenn Sie inzwischen nicht längst sie erhalten haben; über Freiexemplare u. dgl. verfügen Sie nach Belieben. Ich habe nur noch zu bitten, daß Sie nicht Gleiches mit Gleichem vergelten, sondern mich recht bald von dem derzeitigen Stande der Angelegenheit in Kenntniß setzen wollen. Auch bei Ihnen sind ja wohl jetzt Ferien, u. auch diese werden Ihrer Arbeit zu Statten kommen. Es freut mich, daß auch für Sie jetzt wieder von Ferien die Rede ist, u. von Herzen wiederhole ich meinen Glückwunsch zu Ihrer akademischen Stellung.[15]

Mit achtungsvollem u. freundschaftlichem Gruß

ganz ergebenst
R. Haym

12 Wilhelm Scherer: »Über den Ursprung der deutschen Literatur«. In: PJb Bd. 13 (1864), S. 445-464 (auch separat: Berlin 1864). Eine besonders negative anonyme Rezension (vermutlicher Verfasser: Friedrich Zarncke), die hier vielleicht gemeint ist, erschien in LCBl Nr. 24 (1864), Sp. 572-574.

13 Jacob Grimm: *Kleinere Schriften*. 8 Bde. Berlin, Gütersloh 1865-90.

14 Wilhelm Grimm: »Selbstbiographie«. In: Karl Wilhelm Justi: *Grundlage zu einer hessischen Gelehrten-, Schriftsteller- und Künstlergeschichte vom Jahre 1806 bis zum Jahre 1830*. Marburg 1831, S. 164-183.

15 Scherer war im Juni 1864 zum Privatdozenten an der Wiener Universität ernannt worden. Vgl. Anm. 117 (Brief 16).

41. Scherer an Haym

Wien, 1. Oktober 1864. Sonnabend

Verehrter Herr College

hier ist endlich das breitgeratene Opus.[16] Ich denke es sind etwa 3 Bogen. Kürzungen verträgt es ganz gewiß. Aber um sie so vorzunehmen daß es nicht Schaden leidet (u. was bliebe wenn diesem ohnehin schadhaftem Ding noch mehr Schaden angetan würde?), müste ich es Wochen, vielleicht Monate lang liegen lassen bis es mir ganz fremd geworden wäre. Jetzt hätte ich zerstört was vielleicht das einzige Verdienstliche daran ist, die Composition. – Es ist so aufgeschwollen weil ich mir über gewisse Dinge selbst erst Aufschluß schaffen wollte. In dem rückständigen findet sich weniger dergleichen. Dort kann neue Betrachtung wohl nur bestätigen was ich schon weiß. Hier hatte ich allerwegen zu lernen. – Die ganze Anlage des 2t Artikels wird anders. Die Hauptrichtungen der Grimmschen Thätigkeit bilden die Einteilung, das Biographische wird wie zufällig eingeschoben. Specielle Auskünfte über Arbeiten anderer Fachgenossen als JGrs werden ausdrücklich abgewiesen, nur durch Critik Grimms hingewiesen auf die dringendsten Aufgaben der Gegenwart. – Ich hoffe der 2t Artikel wird nur die Hälfte etwa des ersten ausmachen. Das ist ein Misverhältnis das sich nun einmal herausgebildet hat u. nicht wegzuschaffen ist, zu dem ich mir aber durch die einleitenden Worte u. die Begrenzung der Aufgabe (Begreifen u. Beurteilen J Grs)[17] das Recht gesichert.

Jedenfalls muß der 2t Artikel diesem ersten <u>als einem Ganzen</u> gegenüberstehen. Da ich nun meine Zustimmung zu einer Trennung des ersten nicht versagen kann, wenn er wirklich zu umfangreich geworden ist, so dürfte dieses Verhältnis durch die Trennung wenigstens nicht zerstört werden. Den Punct anzugeben wo die Trennung eintreten könnte ist ungemein schwer. Ich finde durchaus keinen anderen als Bl. 101 bei dem Absatz. Und auch da ist er unangenehm genug, denn der Knotenpunct an dem ich einsetze wo ich <u>die</u> wissenschaftliche Jugendgeschichte der Grimm an die Jugendgeschichte der germanistischen Wissenschaft anknüpfe, ist Arnims Einsiedlerzeitung,[18] u.

---

16 Gemeint ist der erste Teil der Abhandlung über Jacob Grimm. Zu der unten von Scherer erörterten Erscheinungsweise in den *Preußischen Jahrbüchern* vgl. die Angaben in Anm. 2 (Brief 39).

17 Vgl. *Jacob Grimm 1*, S. 2.

18 Die durch Achim von Arnim herausgegebene *Zeitung für Einsiedler*, erschienen 1808, sollte durch enthusiastische Erkundung des germanischen Altertums an der Wiederentdeckung einer gesamtdeutschen Identität mitwirken. Mitarbeiter des

diese Anknüpfung wird mir verdeckt, wenn der Leser grade an diesem Puncte sich unterbrechen muß. Die große Episode über die Geschichte der Wissenschaft verliert dann diesen Charakter, wenn ein ganzer Artikel wenn auch nur vorläufig darin ausläuft: u. es erhält das Ansehen des Willkürlichen was vor Allem grade das Ansehen des Notwendigen haben müste, das es mir ohnehin nicht gelungen ist überall so hervorzuheben wie ich gewünscht hätte. Die Behandlung Tiecks[19] z.B. wird gewiß den Eindruck des überflüssigen machen. Aber sie sollte weil ich Verallgemeinerungen ohne vollständige Induction fasse u. eine vollständige Induction nicht möglich war (vgl. Bl. 82),[20] diese ersetzen u. an einem Beispiele die Gemütsstimmung zeigen welche die notwendige Voraussetzung war für die Einführung unserer altdeutschen Studien ins heutige deutsche Geistesleben. Das hätte ich ja freilich ausdrücklich sagen können. Aber diese didaktischen Phrasen die den Leser ausdrücklich auf den Standpunkt führen wo er stehen muß, widerstreben mir. Doch ich schweife ab.

Ich sehe nur Ein Mittel um die unentbehrliche Gegenüberstellung des 1t u. 2t Artikels möglich zu machen. Der Aufsatz wird wie ich gethan als »Erster Artikel« bezeichnet, ans Ende desselben »(der Schluß des ersten Artikels folgt ihm[21] nächsten Heft.)« ohne Namensunterschrift. Aufschrift in dem nächsten Heft »JGr. Erster Artikel (Schluß).« Am Ende Unterschrift u. Datum (das Datum weil mittlerweile der 1t Band der gesammelten Schriften[22] erscheinen dürfte u. ich den 2t Artikel dann daran anknüpfen könnte) wie im Manuscript. – Die 3t Abteilung würde als »Zweiter Artikel« bezeichnet. – Die in den Jahrb. üblichen römischen Ziffern würden nicht genug sondern. Woran ich sonst dachte, den beiden Artikeln besondere Titel zu geben, verwerfe ich, denn die Zusammengehörigkeit beider soll doch auch nicht geleugnet werden.

Mein Vorschlag tritt, wenn ich nicht irre, heraus aus dem in den Preuß. Jahrb. üblichen. Aber Sie werden meine Gründe prüfen, u. sie hoffentlich

kurzlebigen Projektes waren auch die Grimms. Für die von Scherer bezeichnete Stelle vgl. *Jacob Grimm 1*, S. 42.

19 Vgl. *Jacob Grimm 1*, S. 32-36.

20 Die gemeinte Stelle ist vermutlich die folgende, den Ausführungen über Tieck vorausgehende: »Zweierlei Motive überhaupt führen die Romantiker auf das Altdeutsche. Ihr Gedanke einer allgemeinen Literaturwissenschaft, das Erforschen der Poesie in allen Gestalten leitet die Schlegel; der Charakter seiner eigenen Poesie und seine innerste Seelenstimmung und Gemüthsverfassung leitet Tieck dazu hin.« (*Jacob Grimm 1*, S. 32).

21 So in der Handschrift.

22 Vgl. Anm. 13 (Brief 40). – Tatsächlich eröffnete Scherer seinen zweiten Grimm-Artikel mit einer Besprechung des ersten Bandes von Grimms *Kleineren Schriften*. Vgl. *Jacob Grimm 1*, S. 81-84.

billichen, oder aber mich auf das Irrige derselben aufmerksam machen u. mir Ihre Gegenvorschläge mitteilen. Ein kleiner Einbruch in den Usus Ihrer Zeitschrift scheint mir geringfügiger als wenn ein darin enthaltener Aufsatz der ohnehin der Nachsicht dringend bedarf, durch ein zu ängstliches Festhalten an dem Usus in den Augen des Publicums noch mehr verlieren müste. Sollten Sie übrigens den 1t Artikel im Decemberheft erst bringen wollen, so wäre ich auch damit vollkommen einverstanden. Es thut mir leid daß ich Ihnen solche Fatalitäten bereite, herzlich leid. Ich bin augenscheinlich nicht prädestiniert – man sieht es an solchen Dingen am deutlichsten – für ein anderes als ein Fachpublicum zu schreiben.

Doch darf ich Sie wohl bitten mir Ihr Urteil über den Aufsatz zu schreiben, sobald Sie ihn gelesen haben? Aber aufrichtig! Für ein uneingeschränktes Lob bin ich nicht so dankbar als für den kleinsten Tadel der mir eine künftige Richtschnur werden kann. Das Lob der Formvollendung werden Sie hier nicht wiederholen. – Gewisse Fehler kennt niemand so gut als der Autor selbst u. kann niemand ebenso gut kennen. Aber es gibt andere, welche jedem anderen leichter zu erkennen sind als ihm selbst. Wäre ich in Berlin, so hätte mir der Aufsatz eine mindestens 3fache Läuterung durch Freundesurteil passieren müssen. Es ist ein wesentlicher Nachteil daß ihm diese fast ganz versagt blieb.

Noch eine Bitte habe ich: daß Sie im Lesen kleine Fehler des Ausdrucks verbessern (wie Sie ja beim »Ursprung«[23] auch an 2 Stellen wenn ich nicht irre getan), von denen Sie sicher sind daß ich darauf aufmerksam gemacht, sie ebenfalls verbessern würde. Ich habe den Aufsatz nicht ein einziges mal in Ruhe ganz durchlesen können.

Abdrücke würde ich Herrn Reimer[24] bitten an folgende Addressen in Berlin zu schicken:[25] an Herrn Franz Duncker, Prof. Haupt, Prof. Müllenhoff je einen, an Hr Dr Erdmannsdörfer 2. – 7 Abdrücke bitte ich mir aus – die Aushängebogen erbitte ich gleich nachdem sie abgezogen worden, damit ich etwaige Druckfehler deren Verbesserung mir wesentlich scheint (im »Ursprung« blieben 2 stehen) noch vor Abschluß des Heftes bemerken u. sie am Schlusse desselben anzeigen kann.

23 Vgl. Anm. 12 (Brief 40).
24 Hans Reimer.
25 Zu der folgenden Aufzählung findet sich in der Handschrift die vermutlich von Hayms Hand stammende Ergänzung »an Herman Grimm«; diese dürfte auf Scherers nachträgliche Bitte in Brief 43 zurückgehen, den Abdruck auch an Grimm zu senden.

Ich bin etwas gespannt. Es wäre doch schade, wenn so viel ungern geleistete Arbeit ganz umsonst, ohne Nutzen für die Wissenschaft und Publicum wäre aufgewendet worden.

Mit hochachtungsvollem Gruß
Ihr ergebenster
Scherer.

1. October 864.
Wien.

42. Haym an Scherer

Halle/Saale, 12. Oktober 1864. Mittwoch

Verehrter Herr College!

So ungeduldig ich selbst war, Ihnen Weiteres über Ihren Aufsatz[26] mitzutheilen, so habe ich es doch bis heut damit anstehn lassen müssen, da ich erst nach wiederholtem Hin- u. Herschreiben die schwierige Frage des Placements habe definitiv entscheiden können – definitiv, falls Sie, wie ich hoffe u. bitte, zustimmen. In Aussicht auf das Eingehn Ihres Aufsatzes war allerdings Raum in unserm Novemberheft aufgespart, aber es war dabei auf etwa zwei Bogen gerechnet. Mit allem Hin- u. Herprobiren war nun auch nachträglich nicht mehr Raum zu ermitteln, und doch beträgt die erste größere Hälfte Ihres »Ersten Artikels« mindestens drei Bogen, wahrscheinlich noch etwas mehr. An eine ausnahmsweise Verstärkung des Heftes war am Schluß des Semesters, wo nach dem Wunsch des Verlegers eher früher begangene Unmäßigkeiten gut gemacht als neue begangen werden sollen, auch nicht zu denken. Ihre Weigerungen über den Punkt der Theilung waren zu kategorisch, Ihre Gründe dafür zu überzeugend oder doch zu Achtung gebietend, als daß ich hätte versuchen können die Erlaubniß eines früheren Abbrechens von Ihnen zu erbitten – genug, es blieb nur die Auskunft, die Sie selbst schon suppeditiren, die ganze Sache bis auf das Decemberheft hinauszuschieben. Auch hier wird aber für 5 Bogen nicht Platz sein; u. ich muß daher, Ihre beiden Vorschläge combinirend, die erste größere Hälfte in den Decbr, den Schluß in den Januar bringen. Ich denke, daß Sie dagegen nichts Erhebliches werden einwenden können, da ja das neue Jahr blos formaliter einen Einschnitt macht, die Leser, die ganze Ökonomie der Zeitschrift u.s.w. dieselben bleiben, auch mein Verhältniß zu der Zeitschrift – wenn Sie darauf irgend einen Werth legen sollten – sich noch in das neue Jahr, wie ich jetzt sehe, hinüberstrecken wird. Die Art u. Weise des Abbrechens soll ganz nach Ihrem Wun-

26 Vgl. Anm. 16 (Brief 41).

sche eingerichtet werden, nur daß Sie vielleicht gestatten, daß das »Fortsetzung folgt« in eine synonyme Redactionsanmerkung verwandelt wird, wobei gerade das Decemberheft als Motiv gebraucht werden könnte. Ihre sonstigen Wünsche werden natürlich erfüllt werden. Sollten Sie – verzeihen Sie diese Äußerung mir persönlich – noch einen in Betreff des Zeitpunkts der Honorarzahlung haben, so verbürge ich mich auch für dessen Erfüllung.

Ich hoffe, wie gesagt, daß Sie dies mühsam ermittelte Arrangement durch keinen Einspruch stören werden, denn wie glücklich ich über den Besitz dieser Arbeit bin, kann ich Ihnen nicht lebhaft genug sagen. Nachdem ich die begonnene Lectüre des *Manu*scripts wieder aufgenommen, habe ich dasselbe bis zum letzten Buchstaben mit steigender Theilnahme ununterbrochen durchgelesen. Ich muß wiederholen, daß ich die weniger abgewogene Form für einen Mangel halte, der beinahe zum Vorzug wird. Man kann im Feilen zu viel zu thun, und wenn Einige diesen Vorwurf gegen Ihren »Ursprung«[27] erhoben haben, so fällt diesmal jeder Grund dazu fort. Die Arbeit hätte, wenn Sie sie öfter sich hätten durch die Hand gehen lassen, hie u. da ohne Zweifel comprimirt werden können, aber eine fehlerhafte Organisation des Ganzen war Ihnen auch so unmöglich, ebenso wie ungefällige Einzelheiten. Man sieht vielleicht hie u. da zu sehr, daß Sie manche Punkte erst zum Zweck dieser Arbeit sich herangeholt u. bei sich selbst in's Klare gebracht, wie ich zb. die Ausführung über Kanne[28] dahin zählen möchte; man sieht die Studien, u. diese Studienstriche wären vielleicht bei längerem Liegenlassen u. wiederholtem Durcharbeiten mehr verblaßt – allein ich finde nicht, daß dergleichen einem Essay nicht anstünde, und ganz gewiß ist es, daß darüber Niemand ein Recht hat, einen Tadel zu erheben, der dabei belehrt wird, d.h. also wohl in Wahrheit Niemand überhaupt. Am wenigsten motivirt hat mir die Ausführlichkeit geschienen, mit der Sie auf die Herder'schen Anregungen u. Winke durch wörtliche Citate[29] eingehen; auch Uhlands Übereinstimmung mit Jean-Pauls Ästhetik[30] wollte mir als ein halbes hors d'oeuvre vorkommen u.s.w. – aber doch wieder bin ich überzeugt, daß Niemand, da die Sachen einmal da stehn, sie wegwünschen wird, da sie so belehrend u. interessant an sich sind. Dasselbe gilt wohl von dem, was Sie kritisch episodisch über Ursprung u. Wanderung der Märchen beibringen[31] u.s.w. Am Anfang, bei der Lebensgeschichte, sind mir ein paar Mal allgemeine psychologische Reflexionen[32] aufgefallen, die, sich unwillkürlich ausspinnend, den rascheren

27 Vgl. Anm. 12 (Brief 40).
28 Vgl. *Jacob Grimm I*, S. 67 f.
29 Vgl. z. B. *Jacob Grimm I*, S. 22 f., 25, 28.
30 Vgl. *Jacob Grimm I*, S. 46.
31 Vgl. *Jacob Grimm I*, S. 57-61.
32 Vgl. z. B. *Jacob Grimm I*, S. 3 f.

Gang der Erzählung retardiren – diese würde ich nach meinem Gefühl zu streichen rathen. Auch kommt dreimal eine Charakteristik des weitausgreifenden Jünglingsalters[33] vor – eine Wiederholung, die mir aufgefallen ist. – Schon indeß ist mir leid, diese Bemerkungen, die wohl sehr subjectiv u. zudem unbedeutend sind, niedergeschrieben zu haben; denn meine Absicht geht durchaus darauf, Sie von Ihrer Arbeit besser denken zu machen als es nach einigen Ihrer Äußerungen der Fall zu sein scheint. Es ist mein aufrichtiger Glaube, daß Ihnen von Ihren Fachgenossen Keiner diese Arbeit gleich oder nachmachen konnte; denn wer verbände mit dieser Frische, diesem geistvollen Zuhausesein im Allgemeinen, dieser pietätsvollen Freude an dem Leben u. den Leistungen der beiden geschilderten Männer eine gleiche reife u. in's Einzelne gehende gründliche Sachkenntniß oder mit dieser Letzteren jene ersten Eigenschaften. Ich bewundere die feste, wahrheitsstrenge Gerechtigkeit Ihres sich nie überhebenden Urtheils, die Weite des literatur- u. culturgeschichtlichen Überblicks und ich erfreue mich in einem Grade wie ich kaum gehofft hatte der Übereinstimmung, in der ich mich zu allen Ihren allgemeinen Ansichten befinde, da ich Ihnen doch in's fachlich Besondere nur zum geringsten Theile folgen kann. Sie werden dieser Freude nichts abdingen wollen u. deren Äußerung nicht für Lob mißdeuten. Ich bedaure daß all dergleichen u. daß auch Ausstellungen sich so mühsam schreiben läßt, u. schwarz auf weiß sich so schlecht ausnimmt. Das Ganze mit Ihnen durchzusprechen würde mir die größte Lust sein, u. es würde nicht fehlen, daß dann auch manches kleinere Aber zur Sprache käme, das zu leise ist, als daß ich schriftlich davon reden möchte. Überdies habe ich mich schon zu sehr ausgebreitet. Mir bleibt übrig, Ihnen recht warm zu danken u. die Zuversicht auszusprechen, daß Sie den zweiten Artikel unmittelbar dem Ersten werden folgen lassen.

Mit hochachtungsvollem Gruß u. freundschaftlicher Ergebenheit

Ganz der Ihrige
R. Haym

Halle, 12. October 64.

---

33 Vgl. *Jacob Grimm I*, S. 9, 18, 37.

43. Scherer an Haym

Wien, 17. Oktober 1864. Montag

Wien 17 Octb. 64.

Sie haben mich recht beruhigt, verehrter Hr College, durch Ihren bereits sehnlich erwarteten Brief. Ihre Übereinstimmung mit den allgemeinen Ansichten meiner Arbeit ist mir von großem Wert. Mit Ihren Einwendungen bin ich größtenteils vollkommen einverstanden, u. bin überzeugt auch noch sonst oft das richtige Maaß dessen was zu geben u. zu verschweigen war, verfehlt zu haben. Um dies Maaß zu finden, hätte mir der Aufsatz notwendig erst ganz fremd werden müssen u. was ich selbst neues dabei gefunden u. darin niedergelegt, altbekannt. Daß ich dreimal die entscheidende Bedeutung der ersten 20er Jahre für die Charakterbildung[34] hervorgehoben, ist seltsam u. wunderlich. Ich habe damit wohl mehreren Lesern als grade wünschenswert ist, mein eigenes Alter verraten, einige dadurch zu strengerem, andere vielleicht zu milderem Urteil gestimmt. Unsere wissenschaftliche Psychologie – wenn ich sie anders vollständig genug kenne, u. allerdings hält sich meine Kenntnis fast ganz innerhalb der Herbart'schen Schule – ist viel zu wenig zubereitet zum historischen Gebrauch. Und man muß daher bei der historischen Betrachtung alles aus sich selbst nehmen. Wobei es dann nicht fehlen kann daß ein Jüngerer manchen groben Misgriff sich zu Schulden kommen lasse. Ich kann die Vermutung nicht abwehren daß solche Misgriffe, daß Irrtümer in der Sache Ihnen an den psychologischen Reflexionen[35] des biographischen Teils mehr misfallen haben, als die Retardation der Erzählung dadurch. Letztere habe ich merkwürdigerweise beim Lesen sogar als einen Vorzug empfunden, der die Gleichmäßigkeit des Tons in allen Teilen herzustellen helfe. Und auf der andern Seite schien es mir ein Nachteil der späteren Partien daß manch einzelne Tatsache nicht ins Licht der Reflexion gehoben worden, daß sie da stehe u. keine Auskunft über ihre ideelle Bedeutung gebe. Jenes Biographische habe ich nur unvollkommen gegenwärtig, es würde vielleicht stundenlanger Discussion oder doch Überlegung bedürfen, um mich zu überzeugen. Ich wage also keine Änderung.

Schade daß Sie mir nicht gesagt haben, ob der Artikel für ein nicht aus Fachmännern zusammengesetztes Publicum durchweg genießbar ist. Darum dreht sich meine Hauptsorge. Ich habe doch sehr specielle Dinge zur Sprache gebracht, u. einige Puncte weiß ich schon selbst wo ich daran gewiß zu viel getan, u. die ich ändern würde. Meine Hoffnung ist nur daß vielleicht der Leser darüber weggetragen werde wie über die Hügelchen einer Rutschbahn.

34 Vgl. Brief 42, dazu Anm. 29.
35 Vgl. Brief 42, dazu Anm. 32.

Das Äußere ist mir ganz recht wie Sie es vorschlagen. Die Nachricht daß Sie noch bleiben ist mir eine willkommene Gelegenheit noch einmal meine Meinung auszusprechen, daß Sie Sich den Jahrb. gar nicht entziehen müsten.[36] Haben Sie das Mscr. noch in Händen? Dann würde ich bitten einige Sätze die mir teils der Zufall teils die Briefe an Tieck geliefert haben, einzufügen. Wenn nicht, so ist es wohl unmöglich mir eine Correctur zu schicken, aber vielleicht könnten Sie Sich die erste Correct. schicken lassen u. jene Sätze hinzufügen, so daß sie der Berliner Corrector bei der zweiten Correctur nachtragen könnte – wenn die Postverbindung zwischen Halle u Berlin schnell genug ist? Wäre dies zu umständlich, so wissen Sie vielleicht einen andern Modus, unterbliebe es ganz, so wäre das auch grade kein Unglück. Das mislichste ist daß ich keinen vollständigen Text meiner Arbeit vorliegen habe, also nicht genau u. wörtlich die Einfügung anzugeben weiß, u. Sie damit quälen muß. Es tut mir leid daß Sie so viel Sorge mit mir haben.

Bei Herder ziemlich anfangs muß es deutlicher heißen:»Ein Johnson? Nur u.s.w. … Sprachweisen, das weit über Johnson hinausgeht, das uns Einer etc. …«[37]

Görres. Bei seiner ersten Erwähnung. Nach dem Satz:»Er begann in Heidelberg gleich mit Vorlesungen üb. altd. Litterat. trotz ob.flächl. Sachkenntnis (oder ähnlich)« ist einzuschalten:»Er arbeitete gleichzeitig an einer deutschen Volksliedersamlung von den ältesten Zeiten bis auf die Gegenwart, an einer Entwicklung des Ideenkreises im Mittelalter u. an einer Sagensammlung. Seine Arbeit über die deutschen Volksbücher, welche 1807 erschien, kann als eine Ausführung des zweiten dieser Projekte betrachtet werden. Das Buch ist wertvoll«[38] etc.

Jacob Grimm wo die Übersicht über seine litterarische Thätigkeit in den Jahren 1807-1812 gegeben wird. Der Abschnitt beginnt:»Wir sind noch sehr mangelhaft unterrichtet über diese Jahre« etc. Nach dem Satze:»Nur ungefähr läßt sich die Reihenfolge« … ist einzufügen:»Schon Ende 1807 schreibt Arnim aus Cassel: Hier gibt es einen sehr gelehrten deutschen Sprach u. Literaturkenner, Herr Kriegssecretär Grimm, er hat die vollständigste Samlung über alle alte Poesie. – Aber die erste größere Aufgabe«[39] etc.

Den letzten Punct muß ich ganz Ihrer Erwägung anheimgeben. Bei Kanne ist die für ihn so wichtige Analogie des Erzeugens u. Erkennens erwähnt. Und auch daß sie vor ihm durch Görres aufgestellt worden, ist gesagt. Soll nicht, um den Schein der Unwissenheit zu vermeiden, auch bemerkt werden daß

---

36 Vgl. Brief 42.
37 Vgl. *Jacob Grimm I*, S. 22.
38 Vgl. *Jacob Grimm I*, S. 44.
39 Vgl. *Jacob Grimm I*, S. 53.

sie sich vor Görres schon bei Wilh. v Humboldt findet?[40] In welcher Weise das geschehen müste, kann ich nicht angeben, weil ich den Wortlaut der Stelle meines Aufsatzes nicht vorliegen habe.

Nochmals: es tut mir herzlich leid daß ich Sie mit diesen Dingen behelligen muß. Und macht es Ihnen zu viel Mühe, so lassen Sie es.

Einen Entwurf des zweiten Artikels will ich in diesen Tagen niederzuschreiben versuchen, u. dann wie es Gelegenheit u. Stimmung gibt, daran bilden.

Sollte die Auszahlung des <u>ganzen</u> Honorars für den ersten Artikel schon im Januar keine Schwierigkeit haben, so wäre mir das sehr angenehm, und ich bitte um Ihre so freundlich angetragene Vermittelung. Meinen Sie aber daß Hr. Reimer[41] ungern von der Ordnung abweicht, so ist auch daran nichts gelegen.

Ich habe neulich vergessen daß auch Herman Grimm 1 Ex. der Bogen bekommen soll. Sie haben wohl die Güte das nachträglich anzuordnen.

Mit aufrichtiger Dankbarkeit für Ihren ausführlichen u. eingehenden Brief

Ihr ergebenster
Scherer

Sie geben mir fortwährend einen Titel der mir nicht gebürt, ich bin nicht Professor. Werde nur misbräuchlich hier manchmal so genannt, wie jeder Bürgerliche »Herr von«.

44. Haym an Scherer

Halle/Saale, 3. Februar 1876. Donnerstag

Halle, 3. Febr. 76.

Verehrtester Herr College!

Verzeihung zuerst dafür, daß ich Ihre freundliche Zuschrift[42] erst heute beantworte! Ich wollte versuchen, ob ich des in Rede stehenden Briefwechsels[43] etwa schon habhaft werden könne. Freilich aber: was derselbe auch enthalten

---

40 Vgl. hierzu *Jacob Grimm 1*, S. 67:»Der Hauptgedanke, von dem er [Kanne] ausgeht und auf den er oft zurückkommt [...] wurde schon vor ihm durch Görres (noch früher ja auch von Wilhelm von Humboldt) ausgesprochen: es ist die mythische Einerleiheit der Begriffe und Anschauungen des Erkennens und Zeugens.«

41 Vgl. Anm. 24 (Brief 41).

42 Scherers Brief ist nicht überliefert.

43 *Goethe's Briefwechsel mit den Gebrüdern von Humboldt (1795-1832).* Im Auftrage der von Goethe'schen Familie hg. v. Franz Thomas Bratranek. Leipzig 1876 (Neue Mittheilungen aus Johann Wolfgang von Goethe's handschriftlichem Nachlasse

u. wie bedeutend er auch sein möchte – es würde mir das die Antwort auf Ihre Anfrage wohl erschweren, sie aber nicht ändern können. Schwer genug wird mir die Ablehnung auch ohnedies; denn ebensosehr der Werth, den Sie auf eine Wiederanknüpfung äußrer persönlicher Beziehungen wie das Vertrauen, das Sie in mein Vermögen setzen, enthält die stärkste Versuchung für mich. Ich muß nichtsdestoweniger dieser Versuchung widerstehen. Mit einer größeren Arbeit[44] beschäftigt, an der ich schon seit Jahren erfahre, wie sehr ich Ursache habe, mit meiner Zeit u. meinen Kräften zu ökonomisiren, habe ich mir das Wort gegeben, jeder Ablenkung u. Zerstreuung zu entsagen. Die Pedanterie, mit der ich das thue, mag Ihnen ein Beweis meiner eingeschränkten Fähigkeiten sein – es ist darum nicht weniger Thatsache, daß ich seit lange jede Aufforderung zu Kritiken oder Essays, wie dringend dieselbe bald durch sachliche, bald durch persönliche Motive an mich herantrat, schweigend oder bittend u. entschuldigend zurückgewiesen habe. Wäre es anders, so würden Sie schon längst einmal etwas von mir zu sehn bekommen haben, da ich mich gerade auch gegen Sie als Schuldner fühle. Durch die Übersendung Ihrer Stella[45] haben Sie mich von Neuem dazu gemacht. Ihren feinen psychologischen Bemerkungen, Ihren geistreich-beweglichen Combinationen in dem Aufsatz bin ich hier wie sonst mit dem größten Interesse gefolgt. Wer stets so viel giebt u. so tief geht wie Sie, kann niemals auf einfache Zustimmung, er muß auch auf skeptische Gegengedanken rechnen. Man wünscht sich – was in meinen Augen das höchste Lob einer schriftstellerischen Äußerung ist – mit Ihnen mündlich discutiren, das Thema weiter fortspinnen zu können. So möchte ich fast das »Nicht zu weit gehen«, in gewissem Sinn zu meiner Devise machen. Nicht als ob ich meinte, daß man in solchen Dingen der Hypothesen entrathen könne, sondern nur daß es mir fruchtbarer erscheint, von sicheren Datis aus dem psychologisch-ästhetischen Verwandlungsprozesse nachzugehn, als worin doch zuletzt das wissenschaftliche Interesse solcher Analysen dichterischer Erzeugnisse beruht. Für mich ist, da Sie diesen zweiten Schritt von der Hypothese aus in der geistvollsten Weise thun, der Werth Ihrer Auseinandersetzungen ebendeshalb unabhängig von der Richtigkeit der Hypothese. – Versteht man sich auch mit so ein paar hingeworfenen Worten? – Schwerlich! aber Sie verstehen, deß bin ich gewiß, wenn ich

---

3). – Scherer hatte Haym aufgefordert für die *Zeitschrift für deutsches Altertum* eine Rezension der Ausgabe zu verfassen. Vgl. Scherers Brief an Elias von Steinmeyer vom 25.1.1876, *BW Scherer-Steinmeyer*, S. 70.

44 Rudolf Haym: *Herder nach seinem Leben und seinem Werken.* 2 Bde. Berlin 1880-85. – Eine kurze Besprechung beider Bände von Scherer erschien als Teil einer anonymen Sammelrezension in: *DR* Bd. 48 (1886), S. 158 (= *KS* 2, S. 237 f.).

45 Wilhelm Scherer: *Bemerkungen über Goethes Stella.* In: *DR* Bd. 6 (1876), S. 66-86.

Ihnen schließlich für Ihre Aufforderung sowohl wie für Ihre Zusendung den herzlichsten Dank sage u. Sie bitte, mit freundschaftlicher Gesinnung mich zu entschuldigen u. mir trotz Allem ein wenig gewogen zu bleiben.

Ganz der Ihrige
R. Haym

45. Scherer an Haym

Berlin, 22. Dezember 1884. Montag

Berlin 22.XII 84

Verehrter Herr College.

Mein Verleger hat Auftrag, Ihnen die zweite Aufl. meines Jacob Grimm[46] zu übersenden. Gestatten Sie mir, der Sendung hinzuzufügen, daß ich dankbar der Zeit gedenke, in welcher jenes Buch zum ersten Mal unter Ihrer Beihilfe flott wurde.

Es ist meine Schuld, daß Ihr »Herder« noch nicht in der Deutschen Rundschau angezeigt wurde.[47] Ich konnte nicht dazu kommen, rechtzeitig eine vorläufige Notiz zu schreiben. Beim zweiten Bande soll Alles nachgeholt werden und der tiefe Respect, den ich für das Buch empfinde, seinen Ausdruck finden. Ich sage das nicht, als ob Ihnen viel daran gelegen sein könnte, das Werk, das wahrhaftig für sich selbst spricht, durch mich besprochen zu sehen; sondern nur, weil es mich selbst drückt, daß ich bis jetzt nicht gethan, was ich als eine Art Pflicht ansehe, da ich nun einmal, ganz wider Vermuthen, ein recensirender Mensch geworden bin.

Mit verehrungsvoller Empfehlung
Ihr ergebener
Scherer

---

46 *Jacob Grimm 2.*
47 Vgl. Anm. 44 (Brief 44).

46. Haym an Scherer

Halle/Saale, 24. Dezember 1884. Mittwoch

Verehrtester Herr College!

Halle, 24. Decb. 84.

Ihr zu guter Stunde neu aufgelegter Jacob Grimm[48] mit den begleitenden Zeilen wird wohl das beste Weihnachtsgeschenk für diesmal für mich sein, obgleich mir Suphan den VII. Band seines Herder[49] angekündigt hat. Mit Beschämung habe ich das mir von seiner ersten Erscheinung an besonders werthe Buch jetzt aus Ihrer Hand erhalten u. mit noch größerer Ihre begleitenden Worte gelesen. Es hat geradezu etwas Verblüffendes für mich, wenn Sie Sich als meinen Schuldner bekennen – der ich auf zwei u. drei Ihrer freundlichen Zusendungen mit unfreundlicher, jedenfalls unhöflicher Hartnäckigkeit geschwiegen habe. Still habe ich Ihnen für das Alles gedankt u. nichts davon ohne kleineren oder größeren Gewinn gelesen. Aber ich bin ein in einen großen Pflichten- u. engen Gesichtskreis eingeschlossener Mensch; wenn ich mich nicht zurückhalte, beschränke u. rücksichtslos mit Stunden u. Minuten spare, so käme ich mit meinen Kräften nicht aus. Verzeihung also, u. im Voraus Nachsicht auch mit meinem Schlußband Herder![50] Ich habe noch die zwölf letzten Druckbogen zu corrigiren u. stehe dabei unter dem beständigen peinlichen Gefühl, gegen Euch weitausgreifende, aus dem Kleinen ins Große u. umgekehrt arbeitende Leute ein armer Stümper zu sein. Nehmen Sie das so wörtlich wie ich es schreibe. Dennoch freue ich mich auf den Moment, wo es mir vergönnt sein wird, Ihnen das Buch zu überreichen. Nach dem Hinscheiden so manches Älteren, der, wie zb. A. Schöll, treuen u. verstehenden Antheil an meiner Arbeit nahm, ist es mir tröstlich, auch unter den Jüngeren u. Lebenden noch Theilnehmung u. Nachsicht zu finden. Für heute nochmals herzlichen Dank! Mit den besten Wünschen, die sich beim Jahreswechsel Collegen u. Arbeitsgenossen nur irgend zurufen können, bin ich

Ihr
verehrungsvoll ergebener
R. Haym

---

48 Vgl. Anm. 46 (Brief 45).
49 Johann Gottfried Herder: *Sämmtliche Werke*. Hg. v. Bernhard Suphan. 33 Bde. Berlin 1877-1913. – Band 7 erschien 1884.
50 Vgl. Anm. 44 (Brief 44).

47. Scherer an Haym

Berlin, 25. Dezember 1885. Freitag

BERLIN NW., LESSINGSTRASSE 56.
25.12.85

Verehrter Herr College!

Heute erst kann ich Ihnen endlich für das schöne Geschenk Ihres ›Herder‹[51] danken. Ich bin am 18. November schwer krank geworden,[52] wie Sie vielleicht wissen, und eine sehr langsame Genesung hat noch nicht zur völligen Wiederherstellung geführt. Als ich nun im Bett wieder zu lesen anfangen durfte, zerlegte ich mir Ihren zweiten Band in kleinere Hefte und habe eines nach dem anderen durchgearbeitet, – wenn man das Lesen eines Kranken Arbeit nennen darf.

Das Buch hat mir überall reiche Belehrung geboten, und ich habe durchweg gern, ohne Ermüdung auch bei schwierigeren Partien, ja großentheils mit wahrer Spannung gelesen. Sachlich wie schriftstellerisch scheint es mir, wenn ich ein Urtheil habe und es ohne Anmaßung äußern darf, ein Werk ersten Ranges zu sein. Ihr Name wird für immer mit dem Namen Herders und mit dem neuen Glanz, den derselbe unter uns empfangen hat, verbunden bleiben.

Es kann natürlich nicht fehlen, daß ich bei einem Gegenstand, den ich selbständig kenne, auch Einwendungen zu machen habe. Und wie gerne würde ich sie zusammenhängend darlegen! Vielleicht kommt es dazu. In diesem Briefe jedenfalls muß ich mich kurz fassen, da ich noch mit einiger Mühe schreibe: Sie sehen es der Schrift vielleicht an.

Ich will daher nur Eines sagen.

Mich stört, daß Sie allzu oft Herder als Dilettanten den Fachleuten gegenüber stellen. Das Wort Dilettant hat im Munde hochmüthiger Fachleute einen gehässigen, ja verächtlichen Sinn bekommen und ist im Grunde nichts andres mehr, als das Schimpfwort, mit welchem der Zunftstolz die Unzünftigen von vornherein verdammt und aus dem Kreise derer, welche mitreden dürfen, hinausweist. Für die geschichtliche Betrachtung ist es ein höchst nebensächlicher Umstand, ob jemand in irgend einer Wissenschaft sogen. Fachmann war oder nicht. Sie hat, so viel ich sehe, in aller Wissenschaft drei Typen von Förderern zu unterscheiden: Anreger; Entdecker (im weitesten Sinn: alle welche sichere neue Resultate liefern) und solche, die beides sind. ... Ich kann die Betrachtungen, die sich daran knüpfen, über die Rolle eines jeden

---

51 Vgl. Anm. 44 (Brief 44).
52 Scherer hatte am 18.11.1885 einen Schlaganfall erlitten.

Typus nicht ausführen: Hand und auch Kopf werden widerspenstig. Aber über die außerordentliche Wichtigkeit des Anregers kann kein Zweifel sein. Und auf Grund solcher Betrachtungen, meine ich, würde Herder einige Stufen höher herauf rücken, als er in Ihrer Darstellung zu stehen kommt.

Nochmals meinen herzlichsten Dank!

Ihr
ergebener
Scherer

48. Haym an Scherer

Halle/Saale, 28. Dezember 1885. Montag

Halle, 28. Decb. 85.

Verehrter Herr College!

Es war ein großer Schreck für uns Alle, als wir die Nachricht von Ihrer Erkrankung[53] erhielten, u. eine große Beruhigung, als sich herausstellte, daß man übertrieben hatte. Ihr lieber Brief, zur Festzeit bei mir eingetroffen, ist mir nun die erwünschteste Bestätigung Ihrer fortschreitenden Wiederherstellung gewesen, womit sich etwas Stolz u. Freude darüber mischt, daß Sie Sich in diesen Wochen mit mir haben beschäftigen wollen. Aus allen Gründen ist mir Ihr Urtheil das werthvollste, wie es das gefürchtetste war. Repräsentiren Sie mir doch zugleich die verschiedensten Klassen von Lesern: – die Gebildeten, die Gelehrten, u. die im höchsten Sinne Sachverständigen. Nach allen Allgemeinheiten von freundlich gesinten persönlichen Freunden hatte ich ein wahres Verlangen einmal eine wirkliche Meinung von Jemand zu hören, der, wenn er gewollt, dies Buch[54] als ein anderes Buch auch hätte schreiben können. Haben Sie herzlichen Dank dafür, daß Sie neben dem Lobe, gegen das ich keinesweges gleichgültig bin, mir einige Andeutungen von Meinungsverschiedenheit gemacht haben. Was Sie besonders hervorheben, geht ins Große u. Ganze. Und da muß ich nun freilich sagen, daß es mich etwas niedergeschlagen hat, einen Eindruck bei Ihnen hervorgerufen zu haben, den ich nicht gewollt und deßen ich mir nicht bewußt war. Gott weiß es: ich fühle mich selbst so sehr als Dilettanten, daß ich unmöglich Lust haben kann, mit den Zünftlern gegen die gebildete u. ehrliche Liebhaberei Partei zu machen: Ich glaubte, das eminente Verdienst des allseitigen Anregers, die instigatorische Kraft des Herderschen Geistes so stark wie möglich betont zu haben,

53 Vgl. Anm. 52 (Brief 47).
54 Vgl. Anm. 44 (Brief 44).

glaubte nur hinterher immer die Kluft bezeichnen zu müssen, die die genialen Anticipationen von deren gesicherter Erfüllung trennt, glaubte den ange-
regten von dem ganz selbständigen Anreger unterscheiden, u. glaubte endlich die psychologischen Hergänge aufdecken zu müssen, die so oft bei den
kecken Vorgriffen des leidenschaftlich geistreichen Mannes mit im Spiele
waren. Nichts desto weniger ist mir Ihr Urtheil geradezu maßgebend. Der
Eindruck, den Sie empfangen haben – ich verlasse mich auf Ihr Gefühl – sagt
mir, daß ich dennoch die Gewichte nicht ganz so vertheilt habe, wie sie auf
der Wage der Wissenschaft u. der Geschichte der Wissenschaft u. Litteratur
hätten vertheilt werden sollen. Wenn ich außerdem bedenke, wie viele Einzelheiten, wo ich nicht belesen u. fachkundig genug war, der Berichtigung
bedürfen werden, zb müßte mir der Muth sinken, wenn ich mich nicht ge-
tröstete, einen Rahmen geschaffen zu haben, in dem Ihr Andren nun Eure
großen u. kleinen Correcturen zur Ehre Herders eintragen mögt. Von Ihnen
bin ich gewiß, daß Sie es immer mit großem Sinn u. mit billiger Würdigung
der Schwierigkeit gerade dieser biographischen Aufgabe thun werden. Haben Sie nochmals Dank für die Freude, die Sie mir mit Ihrem Briefe gemacht
haben. Ich kann den meinigen nicht anders als mit dem herzlichen Wunsche
schließen, daß Sie bald wieder im Wohlbesitz Ihrer Kräfte sein möchten. Ein
frohes neues u. noch manche gesunde u. reiche Lebensjahre!
Voll Hochachtung u. freundschaftlicher Ergebenheit.

Ihr
R. Haym

49. Scherer an Haym

Berlin, 29. Dezember 1885. Dienstag

BERLIN NW., LESSINGSTRASSE 56.
29.12.85

Verehrter Herr College.

Den Wunsch eines fröhlichen neuen Jahres zuvor!

Bei mir mischt sich in die Bemerkungen, die ich über Ihren Herder machte,
etwas Persönliches ein. Ich bin auf demselben Puncte für mich empfindlich,
auf dem ich es für Herder bin. Jedesmal, wenn mich einer mißwollend recen-
sirte, so geschah es, indem er das, was an anregender Kraft in der recensirten
Schrift stecken mochte, unterschlug und was nach einem willkürlich, aber
natürlich mit unfehlbarer Mine hingestellten ›exacten‹ Fach-Ideal an der letzten Vollendung mangeln mochte, aufs stärkste betonte.

Selbstverständlich habe ich nun bei Ihnen nicht Mißwollen gewittert, sondern ein Übermaß von Gerechtigkeit, welches vor der eigenen Liebe zum behandelten Gegenstande fortwährend auf der Hut ist.[55] Ich meinerseits fühle mich Herder gegenüber so sehr unbefangen, weil ich früh die anregende Kraft seiner Schriften selbst empfunden habe, dann aber, als ich anfing, mich mit ihm näher zu beschäftigen, mich nicht sympathisch von ihm berührt fühlte, bis von neuem durch Anlegung streng historischer Maßstäbe mein Respect vor ihm erwachte, um hoffentlich jeder Probe, auf die er noch gestellt werden könnte, zu widerstehen.

Zu diesem kleinen Nachtrag veranlaßt mich Ihr liebenswürdiger, zum Theil mich beschämender Brief.

Ein andres aber habe ich schon neulich sagen wollen, und nur schließlich im Schreiben wieder vergessen.

Sie gewinnen jetzt Muße u. werden anderseits schwerlich aufgelegt sein, gleich eine neue große Arbeit in Angriff zu nehmen. Wäre das nicht der rechte Zeitpunct, um einmal Ihre kleinen Schriften zu sammeln?[56] Wahrscheinlich kenne ich gar nicht alle Ihrer Essays für die Pr. Jahrb., obgleich ich denselben immer nachging. Aber von denen, die ich kenne, habe ich oft bedauert, daß sie mir nicht zu Gebote stehen, daß ich sie nicht bequem aufschlagen kann, sondern immer erst von der Bibliothek holen muß.

Sie werden nicht auf meine Anregung hin eine solche Sammlung in Angriff nehmen, wenn Sie selbst nie daran gedacht haben. Aber vermuthlich haben Sie doch gelegentlich daran gedacht u. sind auch von anderen längst dazu aufgefordert worden: ich möchte den Chor dieser Stimmen verstärken; und vielleicht treffe ich gerade den richtigen Augenblick?

Mit freundschaftlichem Gruß
Ihr
hochachtungsvoll ergebener
Scherer

---

55 Ähnlich äußerte sich Scherer am Schluss seiner Besprechung von Hayms Herder-Monographie (vgl. Anm. 44, Brief 44), wo er schreibt, der Verfasser habe seinen Gegenstand »durchaus nicht mit kritiklosem Enthusiasmus, sondern im Gegentheil manchmal mit zu viel Kritik« (zit n. *KS 2*, S. 238) behandelt.

56 Eine solche Ausgabe wurde erst nach Hayms Tod veranstaltet: Rudolf Haym: *Gesammelte Aufsätze*. Hg. v. Wilhelm Schrader. Berlin 1903.

Briefwechsel mit Konrad Hofmann
1864 – 1884

Der Germanist und Romanist Konrad Hofmann (1819-1890)[1] war über viele Jahre Scherers wichtigste Verbindung zum süddeutschen Wissenschaftsbetrieb. Hofmann, der in München seit 1837 zunächst Medizin studierte, wandte sich unter dem Einfluss von Johann Andreas Schmeller der Germanistik zu. Seine philologischen Studien vertiefte er in Erlangen, Berlin und Leipzig, wo er 1848 promoviert wurde. Wissenschaftliche Anerkennung erwarb Hofmann durch die Erforschung der Beziehungen zwischen altfranzösischer und mittelhochdeutscher Literatur, zahlreiche Ausgaben aus beiden Bereichen sind mit seinem Namen verbunden. 1853 wurde er als Nachfolger Schmellers in München außerordentlicher Professor und Hilfsarbeiter an der Hofbibliothek, 1856 erfolgte die Beförderung zum Ordinarius. Seit 1869 vertrat Hofmann zugleich mit dem germanistischen auch den romanistischen Lehrstuhl. Als Bewunderer Karl Lachmanns, den er während seines Berliner Semesters noch persönlich kennen gelernt hatte, sympathisierte Hofmann im so genannten Nibelungenstreit mit der Position der »Berliner Schule«, verhielt sich aber in seinen Publikationen weitgehend neutral. Scherer lernte Hofmann vermutlich um 1863 kennen, als er sich für Bibliotheksstudien in München aufhielt. Den 1864 einsetzenden Briefwechsel bestimmen sowohl fachliche wie wissenschaftspolitische Themen. 1868 verwandte sich Hofmann nachdrücklich für die Berufung Scherers von Wien nach Würzburg, 1884 setzte er die Wahl Scherers zum korrespondierenden Mitglied der Königlich-Bayerischen Akademie der Wissenschaften durch.

---

[1] Literatur: *Hertz (1892)* (mit Schriftenverzeichnis); Wolfgang Golther: »Konrad Hofmann«. In: *ZfdPh* 24 (1892), S. 64-67; Stefanie Seidel-Vollmann: *Die romanische Philologie an der Universität München (1826-1913). Zur Geschichte einer Disziplin in ihrer Aufbauzeit.* Berlin 1977 (Ludovico Maximilianea/Forschungen 8), S. 125-176; *Bonk (1995)*, S. 27-33 u. 136-150 (Darstellung), 373-375 (Auswahlbibliographie), 445 (Vita) – *ADB* (Wolfgang Golther); *IGL* (Magdalena Bonk).

50. Scherer an Hofmann

Bad Hall/Oberösterreich, 29. Juni 1864. Mittwoch

Hall in Oberösterreich.

29.6.864.

Geehrtester Herr Professor,

Sie werden ohne Zweifel finden daß meine Antwort auf Ihren freundlichen Brief vom 26 Febr.[2] sehr lange ausgeblieben ist, und leider kann ich dieses Urteil nur bestätigen ohne es zu mildern. Denn meine natürliche Unentschlossenheit und jenes fatale Hinausschieben, welches trägen Naturen eigen ist, scheint mir selbst nur eine Erklärung u. keine Entschuldigung. Wenigstens schwebte mir die Schuld lange als eine solche vor, u. den ersten freien Moment, nachdem ich aus der schwülen dumpfen Stadt entflohen, widme ich ihrer Einlösung. Mittlerweile wird Ihnen mein Habilitationsvortrag[3] als ein – hoffentlich angenehmer – Gruß zugekommen sein. Sie ersehen daraus bereits, wonach Sie so freundlich sind Sich zu erkundigen, daß ich mich in Wien habilitiert habe. Zur Charakteristik österreichischer Zustände sei Ihnen mitgeteilt daß die ministerielle Bestätigung meines Habilitationsgesuches erst vor ungefähr 8 Tagen an mich gelangt ist, und daß es – Sie wissen wem[4] – gelungen ist meine venia legendi auf Grammatik u Exegese einzuschränken, so daß ich also z.b. die litteraturgeschichtlichen Resultate welche ich selbst gefunden habe, nicht in der Form der Litteraturgeschichte vortragen darf. Nur um des lieben Friedens willen und den mir Wohlwollenden in der Facultät zu liebe, habe ich mir die Beschränkung vorläufig gefallen lassen. Auch deshalb, damit, wenn fortdauernde Befeindung mich zwingen sollte, meiner Heimat den Rücken zu kehren, – doch niemand meinen Trotz oder Eigensinn als den Grund betrachten kann. Über die Germania-Recensionen[5] u. die

---

2   In einem hier nicht abgedruckten Brief an Scherer vom 26.2.1864 (ABBAW, NL W. Scherer: 518) hatte Hofmann sich bei Scherer für den Empfang eines Exemplars der soeben erschienenen *Denkmäler deutscher Poesie und Prosa aus dem VIII.-XII. Jahrhundert* (*Denkmäler 1*) bedankt und verschiedene Fragen gestellt, auf die Scherer im Folgenden eingeht.

3   Wilhelm Scherer: »Über den Ursprung der deutschen Literatur«. In: *PJb* Bd. 13 (1864), S. 445-464 (auch separat: Berlin 1864).

4   Gemeint ist Franz Pfeiffer. Zu den Details von Scherers Wiener Habilitationsverfahren und der Rolle Pfeiffers dabei vgl. Brief 16, dazu Anm. 117.

5   Gemeint sind die Besprechungen von Karl Bartsch und Adolf Holtzmann zur Ausgabe der *Denkmäler deutscher Poesie und Prosa aus dem VIII.-XII. Jahrhundert* (*Denkmäler 1*), erschienen in: *Germania* 8 (1864), S. 55-68 u. 69-75. Den vor allem gegenüber den Anteilen Karl Müllenhoffs äußerst kritischen Rezensionen hatte

Redactionsbemerkung dazu wäre viel zu sagen, aber nichts was sich ein billicher u. gerechter Beurteiler nicht schon selbst gesagt haben wird. Der »berühmte Mann an der Warnow[6] der« etc. (ich acceptiere Ihre Bezeichnung) reiht sich unserem gemeinschaftlichen Liebling Kelle in Bezug auf »neues Latein« (Denkm. S. 526) an: septuagies septies[7] soll »77 mal« heißen! Ganz hingehen lassen darf man solche Dinge wohl nicht. Aber entschließe ich mich zu einer gelegentlichen Widerlegung, so soll sie kurz, sachlich u. ja nicht persönlich gereizt sein. Was Kelle anbelangt, so liefern die von mir mit der Wiener Hs. neuverglichenen Stücke aus Otfrid in Müllenhoffs »Altd. Sprachproben«[8] den Beweis der Unzuverlässigkeit seiner Otfr. Ausgabe.[9] (Wäre Ihnen vielleicht mit einem Exemplar von Müllenhoffs Sprachpr. gedient? So könnte ich eines zur Verfügung stellen. Bitte mir es jedoch bald anzuzeigen.)

Franz Pfeiffer als Herausgeber eine Redaktionsnotiz vorangestellt, in der es u. a. heißt: »Nicht um dem oben genannten Buche eine Auszeichnung widerfahren zu lassen, die ihm in keiner Weise zukommt, sondern weil sie, nur in der einstimmigen Verurteilung des in den Zuthaten Müllenhoff's herrschenden rohen pöbelhaften Tones zusammentreffend, sich gegenseitig ergänzen, theile ich die beiden mir gleichzeitig zugekommenen Anzeigen hier mit. […] Nicht unterlassen kann ich jedoch, hier schon den unwürdigen Ton zu rügen, womit Einer, der mit all seinem antiquarischen Kram dem grossen Manne nicht an's Knie reicht, an Jacob Grimm herumnergelt […] Für den aufmerksamen Leser liegt in diesem Verfahren allerdings nichts Auffallendes: ist es doch nur eine unverhüllte Fortsetzung dessen, was man im Stillen schon lange gegen den Mann geübt, dessen immer sichtbarer hervortretende Abneigung gegen die Lachmannische Kritik unbequem zu werden begann.« (ebd. S. 54).

6 Gemeint ist Karl Bartsch, damals Professor in Rostock (an der Warnow). Hofmann hatte den Spottnamen in seinem in Anm. 2 (Brief 50) nachgewiesenen Brief benutzt.

7 Zitat aus Matthäus, Kap. 18, Vers 22: »dicit illi Iesus non dico tibi usque septies sed usque septuagies septies«. Hintergrund ist eine Bemerkung von Karl Bartsch in seiner *Denkmäler*-Rezension (wie Anm. 2, Brief 50), hier S. 66: »[…] die Annahme einer Interpolation von sieben nach sibenzec in der letzten Stelle [d. i. *Denkmäler 1*, Nr. XLIV, 8,4] ist unbegründet; sibenzec siben stimmt mit der Bibel, und der Dichter, der, die Schrift sehr genau kannte, wird wohl auch die bekannte Stelle des Matthäus im Kopf gehabt haben.«

8 Vgl. *Altdeutsche Sprachproben*. Hg. v. Karl Müllenhoff. Berlin 1864, S. 75-88. Scherer dokumentierte die Abweichungen zwischen Kelles (vgl. Anm. 9, Brief 50) und seinem *Otfried*-Text in einer Anzeige der Sprachproben, in: *ZfdöG* 15 (1864), S. 627 f. (= *KS 1*, S. 559 f., hier S. 560).

9 Otfried von Weissenburg: *Evangelienbuch. Text und Einleitung*. Hg. v. Johann Kelle. Regensburg 1856.

Ihr überaus freundliches Anerbieten, uns mit dem Original von Rudperts Brief[10] u. anderem beschenken zu wollen, nehmen wir mit dem aufrichtigsten Danke an. – Leider vergaß ich das betreffende Germania-Heft: sonst möchte ich gerne mit Ihnen über das Wessobrunner Gebet,[11] worüber ich Müllenhoffs Ansichten[12] vollständig teile, einen kleinen Strauß ausfechten. – Für ein neues Heft von Haupts Zeitschr.[13] ist seit sehr langer Zeit das Material beisammen. Und es ist endlich Aussicht daß die Sache in Gang gebracht wird. –

Mit bestem Gruß
Ihr ergebener
Wilh. Scherer

Meine Adresse ist stets: Wien, Landstraße, Marxergasse 6.

51. Hofmann an Scherer

München, 19. Oktober 1864. Mittwoch

Verehrtester Herr Collega,

Sie entschuldigen, daß ich Ihren Brief vom 29. Juni d.J. erst heute beantworte, wenn ich Ihnen sage, daß 6 Wochen vorher am Pfingstsonntage, mein gutes Söhnchen Joseph, nach schweren 4monatlichen Leiden an den Nachwehen des Scharlachfiebers gestorben ist. Monate lang habe ich vor Kummer keinen Brief beantwortet, ja nicht einmal einen geöffnet. Die grüne Welt ist mir grau geworden. Und während ich dieß schreibe, liegt schon wieder meine Tochter Amalie an den Flecken od. Röteln krank. Sie können also auch heute keinen ordentlichen Brief von mir erwarten.

Von meinem bischen gelehrten Kram will ich gar nicht reden; denn der ist ganz ins Stocken gerathen. Später wird ers sich wohl wieder machen. Jetzt

10 Der *Brief Ruodperts von Sangallen*, eine lateinisch-althochdeutsche Schulübersetzung aus dem 11. Jahrhundert (vgl. *VL* 2, Art. *St. Galler Schularbeit*), war *Denkmäler 1*, Nr. LXXIX nach einem älteren Druck wiedergegeben worden. Die von Hofmann angebotene Abschrift des Originals in der Stiftsbibliothek St. Gallen wurde für die zweite Ausgabe verwandt. Vgl. *Denkmäler 2*, zu Nr. LXXX, S. 570.

11 Konrad Hofmann:»Das Wessobrunner Gebet«. In: *Germania* 9 (1864), S. 55-75.

12 Karl Müllenhoff hatte seine Ansichten zu dem Text im Rahmen seiner auch gedruckt erschienenen Berliner Antrittsvorlesung dargelegt: *De carmine Wessofontano et de versu ac stropharum usu apud Germanos antiquissimo*. Berolini 1861.

13 Von Moriz Haupts *Zeitschrift für deutsches Altertum* war seit Abschluss des 11. Jahrgangs (1859) kein Heft erschienen, der 12. Jahrgang wurde 1865 eröffnet.

sagen Sie mir lieber, was Sie treiben. Durch einen Studenten aus Dorpat, Dr. Hermann Masing, der im vorigen Semester von Wien hieher kam, um bei mir Gothisch u. Altfranzösisch zu hören, habe ich wohl erfahren, daß Ihr Verhältniß zu Pfeiffer ein böses ist. Von ihm selbst habe ich seit anderthalb Jahren nichts mehr gehört, er hat mir die Germania nicht mehr geschickt, meine Briefe unbeantwortet gelaßen, sogar eine Anfrage, in der ich ihn ersuchte, mir den Zeitpunkt anzugeben, bis wann ihm die Fortsetzung meiner gothischen Conjecturen und Worterklärungen[14] erwünscht wäre, kurzum, er hat Alles gethan, um mir seine Mißachtung zu bezeigen, insofern man dieß auf negative Weise thun kann. Ich gehöre also nicht mehr zu seinen Freunden, nicht mehr zu den Mitarbeitern der Germania,[15] und werde meine Sachen künftig wieder in den Schriften der hiesigen Akademie drucken laßen, der ich mich, ihm zu Gefallen u. auf sein ausdrückliches u. oft wiederholtes Verlangen, entzogen hatte, um für die Germania zu arbeiten. Wenn Haupt seine Zeitschrift wieder herausgibt, so ersuche ich ihn, mich als Mitarbeiter aufzunehmen.[16] Ich möchte ihm zunächst den Perceval von Crestien de Troies[17] liefern, keine erschöpfende Arbeit; denn nicht alle Handschriften habe ich vergleichen können; aber doch eine lesbare, verständliche u. correcte. Wenn ich für Pfeiffer zu schlecht bin, so bin ich doch vielleicht für Haupt gut genug. Wenigstens habe ich allen Grund, mit der Anerkennung, die er u. Müllenhoff mir zukommen ließen, zufrieden zu sein. Hier liegt wohl auch der Grund, warum Pfeiffer mir ohne die allergeringste Veranlaßung von meiner Seite in so beleidigender Weise den Stuhl vor die Thüre gesetzt hat. Es ist möglich, daß er jetzt wieder einlenken möchte, wenigstens hat er meine Erklärung von nasahelm,[18] die er seit anderthalb Jahren liegen ließ, abdrucken laßen. Indeß braucht er nicht zu fürchten, daß ich ihm jemals wieder lästig falle. Ich bin ein offener Mann u. diene der Wissenschaft nach meinen be-

14 Konrad Hofmann: »Gotische Conjecturen und Worterklärungen I«. In: *Germania* 8 (1863), S. 1-11. – Die geplante Fortsetzung ist nicht erschienen.

15 Zwischen 1857 und 1864 erschienen insgesamt 10 Beiträge von Hofmann in der *Germania*.

16 Die Zusammenarbeit kam nicht zustande. Erst nach dem Tod von Moriz Haupt (1876) erschienen einige kleinere Beiträge von Hofmann in der *Zeitschrift für deutsches Altertum*.

17 Diese Ausgabe kam nicht zustande. Vgl. Scherers Brief an Karl Müllenhoff vom 27.10.1864: »Er [Hofmann] schreibt er möchte Haupt bitten, ihm den Parceval des Chrestien in die Zeitschrift aufzunehmen. Er scheint das aber doch nicht zu wagen um nicht eine Fehlbitte zu tun. Würde nicht schon der große Umfang dem entgegenstehen? Wollen Sie wohl Haupt fragen? Hofmann dauert mich, er ist offenbar – moralisch betrachtet – ein schwacher Mensch ohne rechten Halt.« (*BW Müllenhoff-Scherer*, Nr. 29, S. 81).

18 Konrad Hofmann: »Nasahelm«. In: *Germania* 9 (1864), S. 228 f.

scheidenen Kräften; aber zum Pfeiffer-Holtzmannischen[19] Troßbuben mich herzugeben, dazu steht mir die Nase doch etwas zu hoch. Wenn Sie Ferdinand Wolf, Mussafia u. Miklosich sehen, so vermelden Sie Ihnen meine besten Grüße u. sagen ihnen, daß ich meine Schuld abtragen werde, so bald mein trauriger Kopf es erlaubt, in den nächsten Tagen od. Wochen. Um Müllenhoffs altd. Sprachproben[20] bitte ich, wenn Sie noch ein Exemplar haben. Vielleicht könnten Sie mir auch Haupts Rede auf J. Grimm[21] verschaffen.

Wegen des Wessobrunner Gebetes[22] ein andermal/./ Ich hätte es freilich nicht in dieser abgerißenen Weise herausgeben sollen, ohne die zusammenhangenden Gründe, die mich zu einer solchen Aufstellung geführt haben. Da wir indeß mit Gründen u. nicht mit bösen Reden gegeneinander anrücken werden, so hoffe ich, daß weder das Wessobrunner Gebet, noch sonst etwas unser gutes Vernehmen stören wird.

Schreiben Sie mir nur recht bald u. recht viel.

In aufrichtiger Hochachtung
Ihr treuergebenster
Conrad Hofmann

München 19 Oct. 1864.
Schellingstraße 7/3

52. Scherer an Hofmann

Wien, 16. Dezember 1864. Freitag

Verehrtester Herr Professor,

Sie kennen mich schon als einen unpünktlichen Correspondenten, und ich habe leider auch diesmal wieder alles gethan um diesen Ruf zu befestigen. Auch will ich heute, im Drang verschiedener Arbeiten, nur kurz sein u. mich auf das nötigste beschränken.

Ein Exemplar der Sprachproben,[23] das eine das ich noch übrig habe, will ich morgen an Gerold[24] geben, damit es Ihnen auf buchhändlerischem Wege

---

19 Franz Pfeiffer und Adolf Holtzmann gehörten zu den entschiedenen Gegnern der Berliner Schule.
20 Vgl. Anm. 8 (Brief 50).
21 Die Rede erschien erst nach dem Tod von Moriz Haupt: »Gedächtnisrede auf Jacob Grimm. [7. Juli 1864]«. In: ders.: *Opuscula*. Bd. 3,1. Leipzig 1876, S. 164-200.
22 Vgl. Anm. 11 u. 12 (Brief 50).
23 Vgl. Anm. 8 (Brief 50).
24 Die Gerold'sche Verlagsbuchhandlung in Wien.

zukomme. Ich lege die kurze Anzeige[25] bei die ich davon in die österreichische Gymnasialzeitschrift geliefert: nur wegen der Bemerkung über Kelle.

Leider ist auch der Otfridtext der Sprachproben von Druckfehlern nicht frei geblieben, die zwei bis jezt bemerkten sind vielleicht noch nicht alle. Die Wiener Hdschr. von Notkers Psalmen, woraus 1 Psalm in den Sprachpr.[26] mitgeteilt, beabsichtige ich vollständig herauszugeben,[27] u. in einer Einleitung die nicht unwichtigen sprachlichen Ergebnisse daraus zusammenzustellen. Es ist das umfassendste Denkmal des baierischen Dialects im XI Jh., jener merkwürdigen Sprache in der das Gefühl für die alten echten vollen Flexionen ganz geschwunden, aber die Freude an dem hellen vollen Klang noch geblieben ist, so daß beinah unterschiedslos alle Vocale in den Flexionen wechseln können u. daneben schon durchgehends auch das nivellierende klanglose e erscheint. Ich möchte die verwandten Denkmäler gerne möglichst vollständig zur Vergleichung herbeiziehen, u. deshalb namentlich die großen ungedruckten Münchener Glossensamlungen durchsehen. Da ich meine Pläne für den nächsten Sommer vielleicht sehr bald fassen muß; so haben Sie vielleicht die Güte mir zu schreiben, wie lange u wann (wenn überhaupt) die Münchener Hofbibliothek im Sommer geschlossen bleibt.

Von Haupts Zeitschr. soll nun endlich wieder ein neues Heft in Angriff genommen werden. Ich konnte noch nicht dazu kommen, meine geringen Beiträge[28] fertig zu machen. Ich theile mich zwischen meine Vorlesungen (über Minnes. Frühl.),[29] wobei sich noch allerlei neues woran ich Freude habe mir ergibt, und eine Arbeit über Jacob Grimm, wovon der Anfang[30] soeben in den Preuß. Jahrbüchern erschienen ist. Es sollte mir leid thun, wenn ich von den wenigen Abdrucken (wie ich fürchten muß) keinen für Sie erübrigen könnte: es haben sich zu viele Leute, die davon wußten, schon darauf pränumeriert. Wenn Sie die Arbeit sonst ansehen könnten u. mir darüber schrei-

---

25 Vgl. Anm. 8 (Brief 50).

26 »Aus Notkers Psalmenübersetzung (28. Psalm)«. In: *Altdeutsche Sprachproben* (wie Anm. 8, Brief 50), S. 88-90.

27 Diese Ausgabe konnte erst Jahre später mit Unterstützung der Kaiserlichen Akademie der Wissenschaften in Wien realisiert werden: *Notkers Psalmen*. Nach der Wiener Handschrift hg. v. Wilhelm Scherer u. Richard Heinzel. Straßburg 1876. Zu den sprachlichen Besonderheiten vgl. die Vorrede von Heinzel ebd. S. I-LII.

28 Das lange erwarte neue Heft der *Zeitschrift für deutsches Altertum* (vgl. Anm. 13, Brief 50) enthielt lediglich einen Beitrag von Scherer:»Eine lateinische Musterpredigt aus der Zeit Karls des Großen«. In: *ZfdA* 12 (1865), S. 436-446.

29 *Des Minnesangs Frühling*. Hg. v. Karl Lachmann u. Moriz Haupt. Leipzig 1857 [²1875].

30 Wilhelm Scherer: *Jacob Grimm. Erster Artikel*. In: *PJb* Bd. 14 (1864), S. 632-680.

ben wollten, so würde ich Ihnen sehr dankbar sein. Es ist eine kurze Geschichte der altdeutschen Philologie darin eingeschaltet. Haupts Rede über Jacob Grimm[31] ist leider nicht gedruckt worden, u ich weiß nichts davon, als was mir Müllenhoff schreibt,[32] daß sie ganz ausgezeichnet gewesen sein soll. Sie schrieben von Perceval.[33] Ich dachte mir sogleich, daß dieser doch etwas zu umfangreich für Haupts Zeitschr. sein dürfte (besonders nachdem in der Mitteilung umfangreicher Arbeiten in der letzten Zeit ohnehin fast etwas zu viel geschehen), und so meint auch Müllenhoff dem ich davon schrieb.[34] Wie wäre es aber wenn Sie die Fortsetzung Ihrer »got. Conject. etc.«[35] (natürlich nicht als »Fortsetzung«) Haupt antrügen? Und vielleicht außerdem (das ist mein persönlicher Wunsch sowohl, als auch ein wahres Bedürfnis der Wissenschaft) Ihre Vergleichung der Hs. der Oxforder Psalmen[36] bei Haupt veröffentlichten? Das würde Ihnen ja nicht die geringste Mühe machen, u. nachherige Ausgabe bliebe Ihnen dabei vollständig unbenommen. Diese letztere kann sich doch verzögern, u. unterdes müssen wir uns mit dem mangelhaften u. unsicheren Text behelfen, während Sie die Mittel in Händen halten, uns über Mangel und Unsicherheit mit einem Mal hinwegzuhelfen. Ich will Ihnen nicht weiter zureden, aber Sie werden, denke ich, selbst fühlen, daß Sie Sich den aufrichtigsten Dank aller Fachgenossen durch die Publication verdienen würden.

Zu ›nasahelm‹[37] erlauben Sie mir wohl zu bemerken, da Sie es wenigstens nicht ausdrücklich sagen, daß ja wohl ohne Zweifel nasa helmes zu lesen ist.

Ich schlage Ihren Brief noch einmal auf u. erinnere mich nun erst wieder, daß Sie aus dem tiefsten häuslichen Schmerze schreiben. Hoffentlich ist Ihnen eine weitere harte Prüfung des Schicksals, die Sie damals zu fürchten schie-

---

31 Vgl. Anm. 21 (Brief 51).
32 Vgl. Karl Müllenhoffs Brief an Scherer vom 1.8.1864, *BW Müllenhoff-Scherer*, Nr. 26, S. 64.
33 Vgl. Anm. 17 (Brief 51).
34 Vgl. Anm. 17 (Brief 51).
35 Vgl. Anm. 14 (Brief 51).
36 Gemeint sind die so genannten *Murbacher Hymnen*, überliefert in der damals erst kürzlich wiederaufgefundenen Handschrift cod. Ms. Junianus 25 der Bodleian Library in Oxford (vgl. *VL* 6, Sp. 804-810). Die unsichere Textgrundlage, von der Scherer unten spricht, ist die von Jacob Grimm auf Grundlage einer älteren Abschrift besorgte Ausgabe: *Ad auspicia professionis Philosophiae Ordinariae in Academia Georgia Augusta rite capienda invitat Jacobus Grimm. Inest hymnorum veteris ecclesiae XXVI. interpretatio theotisca nunc primum edita.* Gottingae 1830; eine Kollation Hofmanns dazu ist nicht erschienen, erst einige Jahre später kam eine vollständige Edition nach dem Original heraus: *Die Murbacher Hymnen.* Nach der Handschrift hg. v. Eduard Sievers. Halle 1874.
37 Vgl. Anm. 18 (Brief 51).

nen, erspart geblieben. Ich weiß wenig, was es auf sich hat, unter schweren Erregungen des Gemütes nach Fassung für wissenschaftliche Arbeiten zu ringen: aber dies wenige was ich davon weiß u. erfahren habe, das genügt um Alles zu begreifen was damals in Ihnen vorgehen u. Ihnen jede Thätigkeit verleiden mußte. Unter diesen Umständen sind wohl auch die Nachträge zu Schmeller[38] noch nicht weit gerückt? Wir warten mit der lebhaftesten Spannung darauf.

Meine Probevorlesung»über den Ursprung d. deutschen Literatur«[39] haben Sie hoffentlich bekommen, wie ich Auftrag gegeben hatte?

Sie erkundigen Sich nach meinem Verhältnis zu Pfeiffer. Es ist eben keines mehr. Wir grüßen uns, wenn wir uns begegnen: das ist die einzige verbliebene Spur eines ehemaligen Verhältnisses. Ich bin damit auch ganz zufrieden. Fehde muß einmal sein zwischen uns, u. er hat nicht genug innere Freiheit um bei dieser wissenschaftlichen Fehde meiner Person noch unbefangen gegenüberzustehen.

Lesen Sie die»österreichische Wochenschrift«? In der morgen erscheinenden Nummer finden Sie eine Anzeige von Holtzmann's Wolfdieterich,[40] die von mir herrührt. Sie wird vielleicht um so empfindlicher sein, weil sie ruhig, kaum mit einem Anflug von Spott gehalten ist.

– Das ist ja nun fast ein langer Brief geworden, wenigstens nach meinem sonstigen Maaß.

In vollkommenster Hochachtung
Ihr ergebenster
W. Scherer

16.XII.64. Wien

---

38 Johann Andreas Schmeller: *Bayerisches Wörterbuch.* 4 Bde. Stuttgart u. a. 1827-38. Eine selbstständige Bearbeitung der von Schmeller hinterlassenen Nachträge durch Hofmann ist nicht erschienen, diese gingen teilweise in die von Karl Frommann bearbeitete zweite Ausgabe des Wörterbuchs (München 1872-74) ein.

39 Vgl. Anm. 3 (Brief 50).

40 *Der große Wolfdieterich.* Hg. v. Adolf Holtzmann. Heidelberg 1865. – Scherers anonyme Anzeige erschien in: *Österreichische Wochenschrift für Kunst, Wissenschaft und öffentliches Leben* 4 (1864), S. 1620-1622 (= *KS 1,* S. 634-636).

53. Hofmann an Scherer

München, 25. Juli 1865. Dienstag

Geehrtester Herr College,

Mit gewohnter Saumsal habe ich Ihren Brief vom 16. December 1864 bis heute unbeantwortet gelassen, wo es vielleicht lange zu spät ist, überhaupt noch etwas zu sagen. Ich erwartete Sie inzwischen hier – da Sie nicht gekommen sind, haben Sie sich wohl die Handschrift, die Sie vergleichen wollten, nach Wien kommen laßen.[41] Auch was ich für Haupts Z.f.d.A.[42] vorbereitet hatte, ist nicht zur rechten Zeit fertig geworden od. um es richtiger zu sagen, ist zur rechten Zeit nicht fertig geworden; denn ich hatte auf einige Stellen in der Schlacht von Brunnauburg[43] hin eine Conjectur gegründet, die ich Jahre lang, wie meine Gewohnheit ist, mit mir herumtrug, durch keine bessere zu ersetzen wusste u. die im Zusammenhange glaube ich plausibel genug klang. Da finde ich endlich vor 14 Tagen!!! das höchst seltene u. an der betreffenden Stelle nothwendige Wort. So habe ich eine Anzahl von Stellen aus der Edda, dem Hildebrandsliede, u.s.w. behandelt, die ich außer dem Ergebniß der Vergleichung der wiedergefundenen Hymni V.E.[44] an Haupt unter dem Titel »Verschiedenes«[45] od. einem ähnlichen schicken wollte u. noch will. Inzwischen haben Sie den Meier Helmbrecht[46] natürlich erhalten u. werden in diesen Tagen auch noch einen umfassenden Nachtrag[47] dazu bekommen, der

---

41 Scherer hatte in Brief 52 angekündigt, für Bibliotheksstudien nach München kommen zu wollen.

42 *Zeitschrift für deutsches Altertum.* Von den im Folgenden von Hofmann projektierten Beiträgen ist keiner dort erschienen. Vgl. Anm. 16 (Brief 51).

43 Gemeint ist das unter dem Titel *The Battle of Brunnabuhr* bekannte altenglische Gedicht aus der *Angelsächsischen Chronik*, welches auf eine legendäre Schlacht im Jahr 937 zurückgeht. Vgl. *Lexikon des Mittelalters.* Hg. v. Robert-Henri Bautier. Bd. 2. München 1983, Sp. 757-758.

44 Abkürzung für »Hymnorum veteris ecclesiae«, eine durch Jacob Grimm geprägte ältere Bezeichnung für die *Murbacher Hymnen.* Vgl. die in Anm. 36 (Brief 52) genannte Ausgabe.

45 Nicht erschienen. Vgl. Anm. 16 (Brief 51).

46 Konrad Hofmann: »Über den Meier Helmbrecht«. In: *Sitzungsber. Bayern* Bd. II (1864), S. 181-191. – Die Abhandlung teilt Forschungsergebnisse von Friedrich Keinz zum historischen Lokal und zu sprachlichen Besonderheiten der *Helmbrecht-*Erzählung Wernhers de Gartenaere mit, die Keinz später zu dem Buch *Meier Helmbrecht und seine Heimat* (München 1865, ²1887) ausarbeitete.

47 »Nachträge des Herrn Keinz zum Meier Helmbrecht«. In: *Sitzungberichte Bayern* Bd. I (1865), S. 316-331.

seit einem Monat gedruckt, aber noch nicht ausgegeben ist. Es ist dieß ein sehr zeitgemäßer Fund denke ich, u. ein Gradmesser für die kritische Infallibilität Pfeiffers,[48] wie seinen Anhängern nicht leicht ein zweiter vorgehalten werden könnte. Auch hat sich bis jetzt nur Holtzmann zweifelnd verhalten (auf ihn spiele ich in meinem Vorworte zu den Nachträgen an) während Bartsch der Sache ebenso unbedingt beitritt, wie alle anderen, von denen wir Briefe haben, voran Haupt u. Müllenhoff.

Wie weit Lachmanns Ansehen in Süddeutschland untergraben ist, davon konnte ich mich heuer im Colleg über die Nibelunge überzeugen. Es waren 128 Studenten inscribirt, von denen etwa 30 kamen. Diese hatten alle den Text C (Zarncke[49] u. Holtzmann[50] ungefähr gleich stark vertreten), ein einziger hatte Lachmanns Kleine Ausgabe,[51] so daß ich keine Wahl hatte, als nach C zu lesen od. das Colleg zu schließen. So hatte ich nun beständig gegen C zu kämpfen u. es zugleich zu erklären, was vielleicht instructiv, jedenfalls für mich peinlich war. Die Leute wollen eben nichts mehr von germanischer Philologie wissen, sondern die ganze mit so schwerer Mühe gegründete Wissenschaft hat sich in Folge der wahnwitzigen Popularisirungen in einen romantisch-patriotisch-mystisch-mythischen Wassernebel aufgelöst, in welchem sie frei von den Banden des philologischen ABC hochmüthig-blödsinnig herumduseln u. herumfaseln. Dem entgegen habe ich nun endlich in diesem Semester ein germanisches Seminar[52] unter dem Titel Praktische Übungen eröffnet (mit 3 Studenten u. 3 Philistern, darunter einem Professor der Kath. Theologie)[53] was im Winter hoffentlich noch höher kommt u. wovon ich mir Wirkung verspreche.

---

48 Hofmann nimmt Bezug auf Franz Pfeiffers Abhandlung »Über Meier Helmbrecht«. In: *Sitzungsber. Wien* Bd. 41 (1863), S. 288-312 (wiederholt: ders.: *Forschung und Kritik auf dem Gebiete des deutschen Alterthums I.* Wien 1863, S. 5-29).

49 *Das Nibelungenlied.* Hg. v. Friedrich Zarncke. Leipzig 1856 [²1865].

50 *Das Nibelungenlied. In der ältesten Gestalt mit den Veränderungen des gemeinen Textes.* Hg. und mit einem Wörterbuch versehen v. Adolf Holtzmann. Stuttgart 1857.

51 Gemeint ist hier die zweite, im Oktavformat erschienene Ausgabe von Lachmanns *Nibelungen*-Text: *Der Nibelunge Not und die Klage. Nach der ältesten Überlieferung mit Bezeichnung des Unechten und mit den Abweichungen der gemeinen Lesart.* Hg. v. Karl Lachmann. Berlin 1841 [¹1826].

52 Offenbar ist ein informeller Kreis für die Teilnehmer an den deutschen Übungen gemeint. Tatsächlich stand Hofmann in München an der Spitze der Opposition gegen ein eigenständiges germanistisches Seminar, das hier erst 1892 unter seinem Nachfolger Matthias von Lexer eröffnet wurde. Vgl. *Bonk (1995)*, S. 39-45 u. S. 47-53.

53 Nicht ermittelt.

Ich schließe hier, da ich denke, Sie hier zu sehen.[54] Nach Wien zu Ihrer Feier[55] kann ich natürlich nicht kommen, möchte auch nicht wenn ich könnte, da ich solche öffentlichen Aufzüge mit Sprüchen u. Essen u. Champagnertrinken von je her verabscheut habe. Empfehlen Sie mich Ferd. Wolf u. Miklosich, auch Karajan, wenn sichs gerade trifft.

Mit besten Grüßen
Ihr ganz ergebenster
Conrad Hofmann

München 25. Juli 1865
Schellingstr. 7/3

Meinen besten Dank für Müllenhoffs Spr.pr.[56] die mir im Colleg treffliche Dienste leisten u. von den Zuhörern gerne gekauft werden, da Wackernagel[57] für diese Periode eben einmal ganz ungenügend ist.

54. Hofmann an Scherer

München, 3. Mai 1867. Freitag

Lieber Freund,

Seit einer Ewigkeit habe ich nichts mehr von Ihnen gehört, so daß ich gar nicht mehr weiß, ob ich Ihnen einen Brief schuldig bin, oder umgekehrt. Da wir beide sehr gewissenlose Correspondenten sind, so kommt nicht viel darauf an. Jedenfalls habe ich Ihnen noch zu danken für die Zusendung von Pfeiffers Forschungen u. Kritik No 2,[58] u. Ihrer herrlichen Arbeit über Williram,[59] die wahrhaft Epoche machend ist. Ich wäre nicht im Stande, solche Arbeiten zu machen; denn ich bin in meiner Jugend u. noch lange nachher so mit Katholicismus gequält worden, daß es mir nicht mehr möglich wäre,

54 Scherer kam im Sommer 1865 mehrere Wochen für Bibliotheksstudien nach München. Vgl. Scherers Brief an Karl Müllenhoff vom 8.9.1865, *BW Müllenhoff-Scherer*, Nr. 44, sowie oben Brief 52.

55 Gemeint sind die Feierlichkeiten zum 500-jährigen Gründungsjubiläum der 1365 gestifteten Universität Wien.

56 Vgl. Anm. 8 (Brief 50).

57 *Altdeutsches Lesebuch.* Hg. v. Wilhelm Wackernagel. Basel 1835 [³1847].

58 Franz Pfeiffer: *Forschung und Kritik auf dem Gebiete des deutschen Altherthums II.* Wien 1866.

59 Wilhelm Scherer: »Leben Willirams Abtes von Ebersberg in Baiern. Beitrag zur Geschichte des XI. Jahrhunderts«. In: *Sitzungsber. Wien* Bd. 53 (1866), S. 197-303 (auch separat: Wien 1866).

die nöthige Objectivität so lange andauernd zu bewahren, wie es für solche Forschungen unerläßlich ist. Nur im Heidenthum u. im fremden u. indifferenten Romanenthum habe ich das Gefühl vollkommener Ungenirtheit u. Wohligkeit. Aber Ihre Forschungen sind ganz unschätzbar und ich kann nur den einzigen Wunsch aussprechen, daß Sie Ihre Vorlesungen über die geistliche Dichtung des 11/12 Jh.[60] bald in gleicher Weise durch die Akademie ans Licht bringen. Pfeiffer wird Ihnen nach dieser u. Ihrer Schrift über J. Grimm doch wohl nicht mehr abstreiten, daß Sie ein Literarhistoriker[61] sind. Sie haben meine Arbeit über Schlummerlied, Bienensegen, Runen, Muspilli[62] hoffentlich erhalten. Wie gefällt sie Ihnen? Unser Freund Jaffé hat freilich das beste dabei gethan;[63] aber ich habe das unbestreitbare Verdienst,

60 Scherer hatte in Wien zuletzt im Sommersemester 1865 über ein mediävistisches Thema gelesen: »Erklärung österreichischer Sprachdenkmäler des 12. und 13. Jahrhunderts nach Wackernagels Lesebuch«.

61 Vgl. Brief 16, dazu Anm. 117.

62 Es handelt sich hier um mehrere kleinere Akademie-Abhandlungen, die Hofmann gemeinsam veröffentlicht hatte: »Über das Schlummerlied und den Bienensegen«. In: *Sitzungsber. Bayern* Bd. 2 (1866), S. 103-112; »Über einige Runeninschriften«. Ebd. S. 112-141 u. S. 204-208 (Nachtrag); »Über Docens Abschrift des Muspilli«. Ebd. S. 225-235.

63 Hofmann hatte in seiner Abhandlung »Über das Schlummerlied und den Bienensegen« (wie Anm. 62, Brief 54), S. 108 einen Befund des Historikers Philipp Jaffé wiedergegeben, nach dem es sich bei der Handschrift des 1852 von Georg Zappert entdeckten *Altdeutschen Schlummerliedes* um eine »moderne Fälschung« handle, die mit großer Wahrscheinlichkeit auf Zappert selbst zurückgehe. Jaffé begründete seine Feststellung in der Abhandlung »Zum Schlummerlied«. In: *ZfdA* 13 (1867), S. 496-501. Zapperts Abhandlung »Über ein altdeutsches Schlummerlied« (in: *Sitzungsber. Wien* Bd. 29 (1858), S. 302-314) rief in der Forschung kontroverse Reaktionen hervor. Zu denjenigen, die das Denkmal für echt hielten, gehörten u. a. Jacob Grimm, Theodor von Karajan, Franz von Miklosich und vor allem Franz Pfeiffer, der noch kurz zuvor ein umfangreiches Gutachten zu Gunsten Zapperts vorgelegt hatte: »Über das Wiener Schlummerlied. Eine Rettung«. In: *Sitzungsber. Wien* Bd. 52 (1866), S. 43-86 (wiederholt in: ders., wie Anm. 58, Brief 54, S. 43-86). Die Fälschungshypothese, die heute allgemein als bestätigt gilt, war schon vor Jaffé u. a. von Wilhelm Müller, Virgil Grohmann und Ludwig Uhland vertreten worden. Zu der Debatte vgl. Dietrich Gerhardt: »Über den Urheber des ›Altdeutschen Schlummerliedes‹«. In: ders.: *Süßkind von Trimberg. Berichtigungen zu einer Erinnerung*. Bern, Berlin u. a. 1997, S. 283-294 (mit älterer Literatur). – Auch Scherer glaubte an eine Fälschung, hielt jedoch abweichend von Jaffé nicht Zappert selbst, sondern den Germanisten (und Fälschungsexperten) Julius Feifalik für den Urheber. Vgl. seinen Brief an Karl Müllenhoff vom 5.5.1867, *BW Müllenhoff-Scherer*, Nr. 75, S. 209 f., außerdem seine diesbezügliche Bemerkung gegenüber Friedrich Zarncke in Brief 90.

wieder einmal den rechten Mann gefunden zu haben, so daß ich gewisser-
massen mit Falstaff sagen darf: ich bin Ursache daran, daß andere Leute witzig sind.[64] Diesen Winter über war ich an meinem alten Rheumatismus in den Inter-
costalmuskeln der rechten Seite so elend, daß ich nicht einmal aus dem Hause
gekommen bin, habe also so viel studiren können, daß es mir fast eine geistige Indigestion zugezogen hat. Da merkt man erst, wie wenig man weiß.
Gedruckt ist von mir das Rolandslied[65] worden. Wenn Sie sich für Altfranzösisch interessiren, schicke ich es Ihnen nächstens. Es fehlen nur noch ein
paar Bogen. Ich würde Ihnen rathen, es zu lesen, wobei ich erfahren möchte,
ob sie es prima vista glatt u. mit Genuß durchbringen, denn eine solche Wirkung habe ich beabsichtigt, was natürlich nicht ohne eine sehr radicale Kritik nach allen Richtungen durchzuführen war. Die Chrestomathie[66] von
Bartsch habe ich angefangen zu lesen, soweit der Ekel es zulässt; denn er ist
hier zum ganz gemeinen dummdreisten Charlatan herabgesunken, erklärt
mit eherner ;;;;; Wörter, die er nicht versteht, nach seinem Dafürhalten, sogar solche, die im Neufranzösischen noch vorkommen, eben so wie andere,
wo er einen corrupten Text hat u. Wörter die überhaupt nicht existiren, im
Glossaire mit der größten Schamlosigkeit so flottweg übersetzt, als hätte er
sie von Vater u. Mutter gelernt. Für Mussafia ist es eine Schande, daß er im
lit. Centr. bl. das faule Product angepriesen hat. Er hat es nicht aus Unzurech-
nungsfähigkeit gethan, wie Ebert[67] und Consorten, sondern aus feiger Rücksicht auf die Pfeiffersche Clique, um die er sich gar nicht zu kümmern
brauchte, wenn er wüsste, woran er ist. Früher sagte er mir, er bleibe in
Wien, solange Venedig östreichisch sei, dann gehe er nach Hause. Das hatte
seinen Sinn, nun scheint er es aber vergessen zu haben.[68] Was Bartsch betrifft, so muß etwas geschehen, nur weiß ich nicht, wo ich einen längeren

---

64 Zitat aus Shakespeares *Heinrich IV.*, 2. Teil, I, 2 (Schlegel-Tieck): »Ich bin nicht
    bloß selbst witzig, sondern auch Ursache, daß andre Witz haben.«

65 Die Ausgabe des *Rolandsliedes* ist nicht erschienen, Hofmann brach den Druck im
    letzten Moment aus unbekannten Gründen ab. Vgl. *Hertz (1892)*, S. 19. – Scherer
    muss jedoch, wie Brief 57 belegt, von Hofmann die schon ausgedruckten Teile der
    Ausgabe erhalten haben.

66 Karl Bartsch: *Chrestomathie de l'ancien français*. Leipzig 1866. Die unten erwähnte
    Rezension des Werkes von Adolf Mussafia erschien in *LCBl* Nr. 4 (1867), Sp. 99-
    102.

67 Eine Rezension des Romanisten Adolf Ebert konnte nicht ermittelt werden.

68 Infolge des verlorenen Kriegs gegen Preußen (1866) musste Österreich das 1815
    annektierte Venedig an Italien abtreten. Der gebürtige Dalmatier Adolf Mussafia
    lehrte seit langem in Wien, 1867 erhielt er ein Ordinariat für Romanistik.

Artikel[69] in dem Tone kalter Verachtung, der der Sache gebührt, drucken lassen könnte. Wissen Sie ein geeignetes Blatt? Nun schreiben Sie mir recht bald, wie es Ihnen geht u. was Sie treiben.

Mit besten Grüßen
Ihr ergebenster
C. Hofmann

München 3. Mai
1867
Schellingstr. 38/1

55. Scherer an Hofmann

(Wien, vor dem 7. Juni 1868)[70]

Lieber Freund,

Sie haben in den letzten Monaten so viel gethan um mich in der Würzburger Angelegenheit[71] zu fördern, daß ich Ihnen unter den ersten glaube die Nachricht schuldig zu sein, daß ich vermuthlich in Pfeiffer's Stelle einrücken werde. Leider erbe ich – wenn es geschieht – nur Pfeiffer's Stelle, nicht Pfeiffer's Gehalt.[72] Insofern wäre der Würzburger Ruf noch immer willkommen, aber ich sage ganz offen daß ich ihn jetzt nicht mehr annehmen würde, daß er nur den allerdings großen Werth für mich hätte, meine materielle Lage so weit zu verbessern, daß ich wenigstens – falls ich Lust hätte – heiraten könnte. Denn

---

69 Nicht erschienen.

70 Der ungefähre Entstehungszeitpunkt ergibt sich aus Hofmanns hier nicht abgedrucktem Antwortbrief vom 7.6.1868 (ABBAW, NL W. Scherer: 518).

71 Gemeint ist der neu geschaffene germanistische Lehrstuhl in Würzburg, für den Scherer im Vorfeld seiner Berufung zum Nachfolger von Franz Pfeiffer in Wien im Gespräch war. Vgl. hierzu Brief 17, dazu Anm. 120. Hofmann hatte sich bei den zuständigen Kommissionsmitgliedern für Scherers Berufung verwandt und setzte diese Bemühungen auch dann noch fort, als Scherers Bestallung in Wien bereits offiziell war. Vgl. seine hier nicht abgedruckten Briefe an Scherer vom 29.2.1868, 16.3.1868, 15.4.1868, 7.6.1868, ferner den Brief des in Würzburg lehrenden Historikers Franz Xaver Wegele an Hofmann vom 27.2.1868, in welchem Wegele versichert, er werde Scherer in Vorschlag bringen (alle ABBAW, NL W. Scherer: 518).

72 Das Jahresgehalt Franz Pfeiffers in Wien betrug 3000 Gulden, wozu noch ein Quartiergeld von 125 Gulden jährlich kam. Vgl. den Exkurs zu Professorengehältern in *BW Pfeiffer-Bartsch*, S. 271. Scherer erhielt zunächst nur das gesetzlich garantierte Mindestgehalt von 1600 Gulden.

mit 1600 fl jährlich hat man schon für sich allein in Wien keine glänzende
Existenz.

Das wollte ich Ihnen nur mittheilen u. grüße Sie herzlichst.

Ganz der Ihrige
Sch.

Ob nun wohl Lexer nach W*ürzb*urg kommen wird?[73] Jedenfalls hat er das
nächste Recht dazu.

56. Hofmann an Scherer

München, 15. August 1870. Montag

Lieber Freund,

Sie werden aus der Allg. Ztg.[74] ersehen haben, dass wir Münchner Professoren
mitten im deutschfranz. Kriege[75] auch den Kampf gegen das Pabstthum eröffnet haben. Heute nun erhalte ich aus Heidelberg von Gervinus einen
Brief, der mich zwingt, Ihnen diese Zeilen zu schreiben. Die phil. Facultät in
H*eidelberg.* hat sich mit dem Gedanken beschäftigt, Bartsch an Holtzmanns
Stelle[76] zu berufen u. nur der Krieg hat die weiteren Schritte sistirt. Es wäre
ein großes Unglück, wenn der schlimmste, (weil thätigste u. geschmeidigste)

73 Dies war der Fall. Vgl. Anm. 120 (Brief 17).

74 Die Augsburger *Allgemeine Zeitung* hatte am 11.8.1870 eine von 44 katholischen
Professoren der Münchner Universität, darunter Konrad Hofmann, unterzeichnete Erklärung veröffentlicht, in welcher diese sich gegen die auf dem Ersten Vatikanischen Konzil im Juli 1870 gefassten Beschlüsse, insbesondere das päpstliche
Unfehlbarkeitsdogma, ausgesprochen hatten. Die Erklärung war zugleich eine indirekte Solidaritätsadresse an den prominentesten Konzilsgegner, den Münchner
Theologen Ignaz von Döllinger, der 1871 aufgrund seiner Weigerung, die Beschlüsse anzuerkennen, exkommuniziert wurde. Vgl. Franz Xaver Bischof: *Theologie und Geschichte. Ignaz von Döllinger (1799-1890) in der zweiten Hälfte seines
Lebens. Ein Beitrag zu seiner Biographie.* Stuttgart, Berlin 1997 (Münchener kir-
chenhistorische Studien 9), S. 247.

75 Der deutsch-französische Krieg hatte am 19.7.1870 begonnen.

76 Adolf Holtzmann war am 3.7.1870 verstorben, zu seinem Nachfolger auf dem germanistischen Ordinariat in Heidelberg wurde, wie von Hofmann befürchtet, 1871
Karl Bartsch berufen. Scherer hatte bereits Anfang Juli Karl Müllenhoff gebeten,
seine eigenen Chancen für einen Ruf nach Heidelberg zu sondieren. Vgl. Scherers
Briefe an Müllenhoff vom 10.7.1870, *BW Müllenhoff-Scherer*, Nr. 163, S. 393 f.,
und vom 16.7.1870, ebd., Nr. 167, S. 398-400.

aller germanistischen Irrlehrer u. falschen Propheten an diese wichtige Stelle käme. So lange Holtzmann seine Paradoxen auskramte, über die man lachte, war die Gefahr nicht so gross, aber B. kleidet seinen Schwindel ganz anders ein. Sie müssen dahin zu wirken suchen, dass von Berlin aus etwas geschieht, damit ein wissenschaftlicher Mann an H. Stelle komme. Ich kann nur aufmerksam machen, was für eine Dummheit bevorsteht. Beiliegend einige opuscula.[77] Die Lobrede auf Pfeiffer[78] kann ich Ihnen leider nur in der verstümmelten Form schicken, die sie von der akademischen Censur erhalten hat. Wenn Sie hieher kommen, sollen Sie das Original sehen, welches ganz anders lautet.

Ihr K. Hofmann

München
15. August
1870
Theresienstr.
63/3

Bitte um Empfangsbestätigung in größter Eile

57. Scherer an Hofmann

Berlin, 25. August 1870. Donnerstag

Lieber Freund.

Ich kann Ihnen wirklich nur die kurze Empfangsbestätigung schicken, die Sie verlangten. Gewahre aber dabei zu meiner Beschämung, daß ich Ihnen noch nicht einmal für Ihr ausgezeichnetes Rolandslied[79] gedankt habe, an welchem ich viele Freude hatte. Wir haben ziemlich tief mit Mussafia hineingelesen u. fast jede Stunde gab uns Anlaß, uns mit Ihren Conjecturen u. Ver-

---

77 Neben dem im Brief erwähnten »Nachruf auf Franz Pfeiffer« (vgl. Anm. 78, Brief 56) dürfte es sich dabei um die folgenden akademischen Abhandlungen gehandelt haben, die Hofmann im ersten Halbjahr 1870 vorlegte:»Lebensskizze von August Schleicher«. In: *Sitzungsber. Bayern* Bd. I (1870), S. 379-434; »Hans Schneiders historisches Gedicht auf die Hinrichtung des Augsburger Bürgermeisters Schwarz (1478)«. Ebd., S. 500-511; »Über das Züricher Arzneibuch des XII. Jahrhunderts«. Ebd. S. 511-526; »Beiträge zur Textkritik der Nibelungen«. Ebd., S. 527 f.; »Über ein Notkerfragment«. Ebd. S. 529-531 u. 596 (Nachtrag).

78 Konrad Hofmann:»Nekrolog auf Franz Pfeiffer«. In: *Sitzungsber. Bayern* Bd. I (1870), S. 369-378.

79 Vgl. Anm. 65 (Brief 54).

besserungen auseinanderzusetzen. Ihre letzte freundliche Sendung habe ich fast im Moment der Abreise erhalten u. konnte nicht einmal alles durchsehen. Nur auf die Basler Recepte[80] stürzte ich mich mit begreiflicher Neugierde u. werde einige Ihrer Vorschläge, aber nicht alle, in die neue Ausgabe der Denkm. aufnehmen. Daß ich keine pharmaceutischen Kenntnisse besitze, hat mich doch nicht sehr beschämt.[81] Ob in Heidelberg[82] etwas zu machen sein wird, bezweifle ich. Hat denn Gervinus geschrieben, daß er für Bartsch eintreten würde? Von einem Gutunterrichteten[83] höre ich, daß in der Facultät vielmehr an Holland gedacht werde. Sollte die Berufung des Helden von Rostock, des Luca fapresto[84] der altdeutschen Philologie, wirklich blos eine Idee von Gervinus sein, so wären Sie ja gerade in der Lage, ihm die Wahrheit über diese Persönlichkeit mitzutheilen, da Sie dem Manne ganz unparteilich gegenüberstehen.

Mit bestem Gruß Ihr
ganz ergebener
Scherer

Berlin, Potsdamer Straße 20.
25.VIII.70.

80 Am Schluss seiner Abhandlung »Über das Züricher Arzneibuch des XII. Jahrhunderts« (wie Anm. 77, Brief 56), teilt Hofmann S. 524-526 Konjekturen zum Text eines Basler Rezeptes aus dem 8. Jahrhundert mit, das zuvor von Müllenhoff und Scherer (vgl. Denkmäler 1, Nr. LXII, S. 172 f.) ediert worden war. In der zweiten Auflage von 1873 (vgl. Denkmäler 2, Anm. zu Nr. LXII, S. 531) setzte sich Scherer kritisch mit Hofmanns Vorschlägen auseinander.
81 Scherer bezieht sich auf eine Stelle in Hofmanns Abhandlung »Über das Züricher Arzneibuch des XII. Jahrhunderts« (wie Anm. 77, Brief 56), S. 525: »Da sieht man wieder einmal recht hübsch, wie die Naturwissenschaft und die Geisteswissenschaft (zu der wir als sehr bescheidenes Glied ja auch die altdeutsche Philologie rechnen dürfen) sich gleichsam spielend die schönsten Dienste leisten könnten, wenn das commune vinculum scientiarum, von dem weiland Cicero gesprochen, mehr wäre als eine zu rhetorischen Citaten sehr empfehlenswerthe, sonst aber keiner Realität entsprechende Phrase.«
82 Vgl. Anm. 76 (Brief 56).
83 Gemeint ist vielleicht Scherers Freund Heinrich von Treitschke, der seit 1867 in Heidelberg Ordinarius für Geschichte war.
84 ›Luca fa presto‹ (ital.: »Luca, mach schnell!«) war der Spitzname des italienischen Barockmalers Luca Giordano, der für seine schnelle Produktionsweise berüchtigt war.

58. Hofmann an Scherer

München, (vor dem 1. Mai 1884)[85]

Lieber Freund,

Wenn es Ihnen recht ist, werde ich Sie in der nächsten Sitzung zum ord. ausw. Mitglied unserer Akademie[86] vorschlagen u. bitte in diesem Falle um einen Catalogue raisonné Ihrer opera omnia. So lange Müllenhoff lebte, war es leider nicht möglich, denn seine Polemik hatte eine Anzahl unserer Mitglieder so erbittert, dass ich ihn nicht durchgebracht hätte, oder nur mit knapper Majorität. In diesem Fall würden auch Sie die Wahl nicht angenommen haben.

> Mit besten Grüssen
> Ihr in alter
> Gesinnung
> ergebner
> Konrad Hofmann

München
Gartenstr.
36/0

---

85 Der Entstehungszeitpunkt wird durch das Datum von Scherers hier nicht abgedruckten Antwortbrief vom 1.5.1884 (BSB München, Hofmanniana 8) nahe gelegt.

86 Scherer wurde im Juni 1884 auf Vorschlag Hofmanns zum korrespondierenden Mitglied der philosophisch-historischen Klasse bei der Königlich-Bayerischen Akademie der Wissenschaften in München gewählt (vgl. Brief 59); das genaue Datum konnte bis Redaktionsschluss nicht ermittelt werden. Seinem hier nicht wiedergegebenen Antwortbrief (vgl. Anm. 85, Brief 58) legte Scherer das von Hofmann gewünschte Werkverzeichnis bei.

59. (Visitenkarte) Hofmann an Scherer

München, (vor dem 25. Juni 1884)[87]

L*ieber*. F*reund*. Sie sind am Samstag mit allen (31) Stimmen gewählt worden.[88] Im Winter will ich Encycplaedie[89] der germ. Studien[90] lesen u. möchte Sie zu diesem Behufe um die Capitelüberschriften Ihres betr. Collegs bitten, ⟨da⟩ ich mich conformiren würde.

mit Gruß u Glückwunsch

Dr. Konrad Hofmann
Professor und Akademiker

Gartenstr. 36/0

60. Scherer an Hofmann

Berlin, 25. Juni 1884. Mittwoch

Berlin 25.6.84.

Lieber Freund

Ich sage Ihnen besten Dank für die erfreuliche Nachricht,[91] die Sie mir schicken, und für die Sache selbst, die ich Ihrer liebenswürdigen Anregung verdanke.

Encyclopädie der deutschen Philologie[92] habe ich leider noch nicht gelesen; sondern nur Einleitung in die deutsche Philologie.[93] In dieser letzteren gab ich

---

87 Der Entstehungszeitpunkt wird durch das Datum von Scherers Antwort in Brief 60 nahe gelegt.

88 Vgl. Anm. 86 (Brief 58)

89 So in der Handschrift.

90 Eine Vorlesung mit diesem Titel hat Hofmann, soweit ermittelt, nicht gehalten. Zu dem Gegenstand vgl. Scherers Ausführungen in Brief 60, dazu Anm. 93.

91 Vgl. Brief 59.

92 Vgl. Brief 59.

93 Scherer hielt diese Vorlesung nur einmal, im Wintersemester 1879/80 in Berlin. Eine teilweise ausgeführte Disposition des Kollegheftes liegt heute im Freien Deutschen Hochstift (Hs. 5768; 83 Bll.). Einen stark bearbeiteten Auszug daraus hat nach dem Tod Scherers Erich Schmidt herausgegeben: »Wissenschaftliche Pflichten. Aus einer Vorlesung Wilhelm Scherers«. In: *Euphorion* 1 (1894), S. 1-4.

eine kurze Geschichte der deutschen Philologie
" " Grammatik
" " Metrik – dann
Grundzüge der Poetik und
" " Exegese, indem ich methodologisch die Arten der Kritik, die niedere, die höhere beschrieb, und dann Gesichtspuncte für die Exegese aufstellte, indem ich Alles schilderte, was auf strenger Exegese (die nicht blos das vorliegende Werk selbst, sondern auch dessen Entstehung und Zusammenhang mit der gesammten geistigen Entwickelung ins Auge faßt) beruht, z.b. die Litteraturgeschichte.

Dieses Colleg hab ich lange nicht gelesen. Wenn ich es wieder lese, z.b. im Winter 1885/6,[94] den ich zunächst dafür in Aussicht nehme, so möchte ich gerne eine vollständigere Encyclopädie und Methodologie daraus machen. Diese schwebt mir bisher aber nur im gröbsten Umriß vor. Ich würde suchen, mich ungefähr an Böckhs Encycl. und Meth.,[95] die ja gedruckt ist, zu halten.

Ungefähr würden wohl folgende Abtheilungen herauskommen, wobei Sie die Erweiterung meines alten Themas leicht erkennen. I. Geschichte der deutschen Philologie

II. Sprache – nicht Grammatik, sondern Besprechung der Probleme und der principiellen Standpuncte für die Lösung:

1)   Lautform (Laut- u. Formenlehre, da ja unsere »Formenlehre« entweder Syntax oder Geschichte des Lautverfalles ist)

2)   Wortbildung

3)   Bedeutungslehre: a) Lexica *etc. etc.*

b)   Syntax (hauptsächlich System der Syntax, worüber ich eine alte Recension[96] beilege*, die Sie vielleicht nicht besitzen)

III. Metrik (Äußere Form der Poesie)

IV. Poetik: a) innere Form: poet. Mittel u. Stil, z.b. das Formelwesen der altgermanischen Poesie

b)   poet. Gattungen: welche hat die altgerm. Poesie? welche kommen allmählich hinzu?

V. Exegese

* ich kann leider kein Exemplar finden! Es war eine Recension in der österr. Gymn. Zs.

94 Vgl. Anm. 93 (Brief 60)
95 August Böckh: *Enzyklopädie und Methodologie der philologischen Wissenschaften.* Hg. v. Ernst Bratuschek. Leipzig 1877.
96 Gemeint ist vermutlich die Sammelbesprechung »Schriften zur deutschen Grammatik III. Zur Syntax«. In: *ZfdöG* 29 (1878), S. 108-125.

VI. Kritik

VII. Litteraturgeschichte d.h. Beurteilung der bisherigen Behandlung

VIII. Sitte, Recht, Verfassung ⎱

IX. Mythologie u Religion ⎰ zunächst der heidnischen Germanen,
aber Angabe der Hilfsmittel auch für das Mittelalter.

Dies ist Alles, was ich Ihnen über mein künftiges Colleg bis jetzt zu melden wüßte. Es ist herzlich wenig!

Mit bestem Gruß

Ihr

Scherer

Briefe von Moriz Haupt
1866 – 1873

Der Germanist und Altphilologe Moriz Haupt (1808-1874)[1] gilt als einer der Gründerväter der deutschen Philologie. Neben seinem Berliner Kollegen Karl Müllenhoff war er Scherers wichtigster akademischer Lehrer. Haupt war Schüler von Gottfried Hermann, seinem späteren Schwiegervater, in Leipzig, wo er von 1826 bis 1830 Klassische Philologie studierte, 1837 Privatdozent wurde und im folgenden Jahr ein Extraordinariat erhielt. 1843 wurde er daselbst zum Ordinarius auf dem neu geschaffenen Lehrstuhl für deutsche Sprache und Literatur ernannt. Aufgrund seiner Beteiligung an der politischen Bewegung von 1848 im Jahre 1851 seines Amtes enthoben, wurde er 1853 Nachfolger von Karl Lachmann als Ordinarius für Römische Literatur in Berlin. Hier wirkte Haupt im Sinne der von Lachmann begründeten philologischen Traditionen, die er vor allem als Editor zahlreicher klassischer lateinischer und mittelhochdeutscher Texte förderte. Mit der Berufung von Karl Müllenhoff (1858) stellte er seine germanistische Lehrtätigkeit ein. 1841 begründete Haupt die »Zeitschrift für deutsches Altertum und deutsche Literatur«, die schnell zum wichtigsten wissenschaftlichen Forum der ›Berliner Schule‹ avancierte; ihre Herausgeberschaft übernahm Scherer 1872. Haupt förderte Scherer, der ihm 1860 durch Theodor Mommsen empfohlen wurde,[2] vor allem in seinen wissenschaftlichen Anfängen. Ihr späterer Kontakt verlief, brieflich wie persönlich, sporadisch.

1 Literatur: Wilhelm Scherer: »Moriz Haupt«. In: *Deutsche Zeitung.* Nr. 765/768 vom 18./21.2.1874 (= *KS 1,* S. 111-121); Julius Zacher: »Moriz Haupt«. In: *ZfdPh* 5 (1874), S. 445-456; Friedrich Ignatius: »Übersicht der germanistischen Thätigkeit Moriz Haupts«. In: *Germania* 19 (1874), S. 373-377 (Schriftenverzeichnis); Christian Belger: *Moriz Haupt als academischer Lehrer. Mit Bemerkungen Haupts zu Homer, den Tragikern, Theokrit, Plautus, Catull, Properz, Horaz, Tacitus, Wolfram von Eschenbach und einer biographischen Einleitung.* Berlin 1879 (Ergänzungen zum Schriftenverzeichnis); Karin Morvay: »Die ›Zeitschrift für deutsches Altertum‹ unter ihren ersten Herausgebern Haupt, Müllenhoff, Steinmeyer und Scherer (1841-1890)«. In: *Archiv für Geschichte des Buchwesens* 15 (1975), Sp. 470-520; *Unte (1987); Kolk (1990),* S. 49-53; Jan-Dirk Müller: »Moriz Haupt und die Anfänge der ›Zeitschrift für deutsches Altertum‹«. In: *Wissenschaft und Nation. Studien zur Entstehungsgeschichte der deutschen Literaturwissenschaft.* Hg. v. Jürgen Fohrmann u. Wilhelm Voßkamp. München 1991, S. 141-164; Edith Wenzel: »Moriz Haupt (1808-1874)«. In: *Wissenschaftsgeschichte der Germanistik in Porträts.* Hg. v. Christoph König, Hans-Harald Müller u. Werner Röcke. Berlin, New York 2000, S. 41-46 – *ADB* (W. Scherer) [= *KS 1,* S. 121-132]; *NDB* (Carl Becker); *Killy* (Claudia Händl); *IGL* (Uwe Meves).

2 Vgl. Anm. 18 (Brief 6)

61. Haupt an Scherer

Berlin, September 1866

Berlin sept. 1866

Lieber freund,

Maßmann ist schuld daran, daß ich sie mit einer bitte belästige. ich habe während die völker auf einander schlugen,[3] eine sammlung mittelhochdeutscher erzählungen[4] in sauberem texte mit den nöthigen anmerkungen so ziemlich fertig gebracht. sie soll etwa im nächsten sommer, mit dem Erec[5] zusammen erscheinen. aufgenommen habe ich darin die sehr merkwürdige erzählung von Mauricius von Craon[6] die Maßmann in Hagens Germania bd 9[7] schriftlich herausgegeben hat. diese scheußlichkeit verschlüge nur wenig wenn er die lesarten der hs. ordentlich angegeben hätte. aber damit ist er ebenso scheußlich verfahren und ich kann weder in meinen anmerkungen die überlieferung gehörig angeben noch auch mehrere stellen mit sicherheit verlassen. das gedicht steht bekanntlich in der großen hs. der Ambraser sammlung (bei Primisser s. 275 vor 31) bl. 2-5 unter der überschrift Von künig Nero ainem wüottrich[8]

3 Haupt spielt auf den deutsch-österreichischen Krieg von 1866 an.

4 Die Sammlung kam nicht zustande; Haupt entschloss sich, die Erzählungen einzeln zu veröffentlichen. Außer dem im Brief erwähnten *Mauritius von Craun* (vgl. Anm. 6, Brief 61) erschienen auf diese Weise: *Von dem übelen Weibe. Eine altdeutsche Erzählung.* Anmerkungen v. Moriz Haupt. Leipzig 1871, und (aus dem Nachlass) »Zwei Kaufleute. Eine erzählung von Ruprecht von Wirzburg«. Kritisch bearb. v. Moriz Haupt. In: *ZfdPh* 7 (1876), S. 65-90.

5 Hartmann von Aue: *Erec. Eine Erzählung.* Hg. v. Moriz Haupt. Leipzig 1871 [¹1839].

6 Eine mittelhochdeutsche Verserzählung, entstanden um 1200, einzig überliefert im Ambraser Heldenbuch (heute: Österreichische Nationalbibliothek, seria nova Nr. 2663). Haupts Ausgabe erschien einige Jahre später als geplant: »Moriz von Craon. Eine altdeutsche Erzählung«. Hg. v. Moriz Haupt. In: *Festgaben für Gustav Homeyer.* Berlin 1871, S. 27-89 (auch separat: Berlin 1871). Zur Überlieferung vgl. *Mauritius von Craun.* Hg. v. Heimo Reinitzer. Tübingen 2000 (Altdeutsche Textbibliothek 113), S. VII f. sowie allgemein *Ambraser Heldenbuch. Vollständige Faksimile-Ausgabe im Originalformat des Codex Vindobonensis seria nova 2663 der Österreichischen Nationalbibliothek.* Hg. v. Franz Unterkirchner. Graz 1973 (Codices selecti 43).

7 Hans Ferdinand Maßmann: »Ritter Mauritius von Crun und Gräfinn Beamunt«. In: *Germania. Neues Jahrbuch der Berlinischen Gesellschaft für Deutsche Sprache und Alterthumskunde.* Hg. v. Friedrich Heinrich von der Hagen. Bd. 9 (1850), S. 103-135.

8 Haupt zitiert den Text der dem *Mauritius von Craun* voranstehenden Titulatur nach der ersten Erwähnung bei Alois Primisser: *Die kaiserlich-königliche Ambraser Sammlung.* Wien 1819, S. 275.

etc. womit vielleicht Maßmann prophetisch gemeint ist. Mein Anliegen ist nun daß Sie mir diese erzählung abschreiben lassen. für das blatt einen ducaten, also 4 ducaten, zahl ich gern, aber ich bin auch mehr zu zahlen bereit. die hs. ist so leserlich daß Sie wohl leicht jemand auftreiben der eine zuverläßige abschrift besorgt. ist das frawen lob,⁹ das auf bl. 1 steht, der abschrift werth, so wünsche ich daß dieses gleich mit besorgt werdet.

Uns geht es hier sehr gut und wir sind nicht hochmütig, aber froh. von den österreichischen zuständen habe ich trotz allem was der krieg gelehrt hat keine deutliche vorstellung. aber ich hoffe daß das deutsche element sich mitten in der fäulniß und zersetzung doch erhalten und bewähren werde. freilich bedarf es wohl ernsteres zusammennehmens als das der herren gewesen ist die in Aussee tagten.¹⁰

Halten Sie sich frisch und schicken Sie einmal etwas für die zeitschrift, deren druck bald wieder beginnt.

Grüßen Sie Karajan, dessen Kummer¹¹ wohl schwer ist.

Herzlich Ihr
MHaupt

---

9   Ein Fragment aus der *Frauenehre* des Strickers, das gleichfalls im Ambraser Heldenbuch (vgl. Anm. 6, Brief 61) überliefert ist. Die erste (vollständige) Ausgabe besorgte Karl Ferdinand Kummer: »Strickers Frauenlob«. In: *ZfdA* 25 (1881), S. 290-301.

10 Im österreichischen Bad Aussee hatten Anfang September 1866 deutsch-liberal gesinnte Abgeordnete verschiedener österreichischer Landtage über die Stellung der Deutschen in Österreich nach dem Krieg mit Preußen diskutiert. In einem Pressebericht heißt es zu der Konferenz: »Man begegnete sich in dem Gedanken, daß die Deutschen Oesterreichs bestrebt sein müssen, bei der nothwendigen Neugestaltung des Reiches jene Geltung zu behaupten, welche einerseits der historischen Entwicklung der Deutsch-Oesterreicher entspricht, andererseits ihren nationalen Zusammenhang mit der großen deutschen Nation nicht außer Acht läßt. Zur Erreichung dieser Ziele erschien das Auftreten der Deutschen in Oesterreich als geschlossene politische Partei als eine nothwendige Vorbedingung. […] Man erkannte ferner, daß bei der gegebenen Lage des Reiches der […] begrenzte Dualismus [mit Ungarn] die einzige Form sei, in welcher die obberührten Bestrebungen der Deutsch-Oesterreicher und eine wahrhaft freiheitliche Verfassungsgestaltung erreicht werden kann.« (*NFP* v. 11.9.1866, Abendblatt, S. 1).

11 Die Bemerkung bezieht sich auf den Ausgang des deutsch-österreichischen Krieges von 1866, von dem Theodor von Karajan sich als österreichischer Patriot schwer getroffen fühlte. Vgl. Scherers Gedächtnisartikel »Moriz Haupt« (wie Anm. 1, Einleitung), *KS 1*, S. 119 (mit Bezug auf die Briefstelle).

62. Haupt an Scherer

Berlin, 7. April 1867. Sonntag

Berlin 7 april 1867.

Lieber freund,

das heft der zeitschrift ist ausgedruckt und zugesperrt. an sich ist es aber wohl das beste nicht ohne beziehung auf Jaffé gegen die schwerlich seligen herren Zappert und Feifalik und den noch nicht seligen herrn Pfeiffer vorzugehen.[12] Aber für die zeitschrift müssen Sie bald einmal etwas schicken.

Ich bin noch wegen der abschrift des Mauricius von Craon[13] in unfreiwilliger schuld: denn Sie haben mir nicht geschrieben was der copist erhalten. Hier ist das physische wetter naßkalt, das politische schwül. meine deutschen sachen[14] liegen seit dem herbste. Müllenhoff steckt tief in geographicis.[15] der verstorbene Nitzsch schrieb indagandae per carmina Homerica interpolationis praeparatio prima[16] u. noch einige solcher praeparationes: bis zur indagatio ist er nicht gekommen.

herzlich Ihr
MH.

12 Haupts Bemerkungen beziehen sich auf die Kontroversen um das von Georg Zappert entdeckte *Altdeutsche Schlummerlied*. Offenbar hatte Scherer, der einen eigenen Beitrag zu diesem Gegenstand plante, bei Haupt um die Möglichkeit der Veröffentlichung angefragt. Vgl. ausführlich Brief 54, dazu Anm. 63 (dort auch zur Rolle der von Haupt erwähnten Personen).

13 Vgl. Brief 61, dazu Anm. 6.

14 Gemeint ist wohl die in Brief 61 angekündigte Sammlung mittelhochdeutscher Erzählungen. Vgl. Anm. 4 (Brief 61).

15 Karl Müllenhoff wollte im Sommer 1867 seine vorliegenden ethno-geographischen Abhandlungen zur deutschen Altertumskunde im Rahmen eines Sammelbandes neu herausgeben, ein Plan, der nicht zur Ausführung gelangte. Vgl. Müllenhoffs Brief an Scherer vom 3.2.1867, *BW Müllenhoff-Scherer*, Nr. 69, hier S. 190 f. – Der nachfolgende Vergleich mit Gregor Wilhelm Nitzsch spielt auf Müllenhoffs Schwierigkeiten bei der Ausführung seines lange vorbereiteten Hauptwerkes an, der *Deutschen Altertumskunde*. Vgl. hierzu ausführlich Brief 128, dazu Anm. 22.

16 Gregorius Guilelmus Nitzsch (Gregor Wilhelm Nitzsch): *Indagandae per Homeri Odysseam interpolationis praeparatio*. Th. 1. Kieliae 1828 (mehr nicht erschienen).

63. *Haupt an Scherer*

Berlin, 8. Februar (1873). Sonnabend[17]

Lieber freund,

Berlin, den 8n febr.

in den regionen, in denen die geschicke der menschen wohl oder übel gelenkt werden, habe ich keine thüre, an die ich klopfen könnte, bin dort völlig unbekannt und kann mich nicht aufdrängen. ich bin außer stande etwas gegen den Ihre universität bedrohenden unverstand zu thun.[18] der unverstand ist arg. schon an sich ist es albern bei einer neuen universität, und gerade bei dieser, alsbald alte erprobte einrichtungen zu verlassen (denn auf Tübingen soll sich niemand berufen), mehr aber als unverstand ist es die elsässische universität französischer gestalt zu nähern. die sache ist so wichtig und die nichtsnutzigkeit des einfalles so klar dass es wohl helfen wird wenn Sie lauten lerm schlagen durch zeitungsartikel und in einer eingabe an Bismark, zu der Studemund sich gewiss mit Ihnen versteht. sogenannte collegialische rücksichten dürfen hier nicht gelten. unsere universität ist groß und unsere facultät ist zahlreich und der geschäftslauf ist dadurch erschwert: dennoch glaube ich dass unsere facultät keinen hat der nicht den segen der ungetheiltheit erkennt und sich nicht gegen theilung wehren würde. eine ungetheilte philosophische facultät ist bedingung einer wirklichen universität. die verkehrtheit Ihrer majorität ist sinnlos. also tapfer lärm gemacht, non sine ira et studio. wenn recht hervorgehoben wird dass die theilung französisch ist wird dies hoffentlich durchschlagen.

herzlich Ihr
MHpt

---

17 Zur Datierung vgl. Anm. 18 (Brief 63).

18 Das Folgende bezieht sich auf die an der Straßburger Universität beschlossene Ausgliederung einer naturwissenschaftlichen aus der philosophischen Fakultät. Die Mitglieder der Fakultät verhandelten seit Sommer 1872 mehrfach über diesen Gegenstand. In der abschließenden Beratung am 1. Februar 1873 wurde ein entsprechender Antrag des Physikers August Kundt mehrheitlich mit 13 zu 2 Stimmen angenommen. Das Fakultätsprotokoll vermerkt neben Scherer den Altphilologen Wilhelm Studemund als Opponenten der Entscheidung, zu der sich beide ein Separatvotum vorbehielten. Vgl. ABRS, AL 103 No. 862: Journal der philosophischen Facultät der Kaiser-Wilhelms-Universität Straßburg I. 1872-1905, hier Bd. 1872, Bl. 78. Mit dem Beschluss folgte Straßburg dem Beispiel der Universität Tübingen, die bereits 1862, als erste Hochschule in Deutschland, die Trennung der Fakultäten vollzogen hatte.

Briefe von Friedrich Spielhagen
1876 – 1880

Der Schriftsteller Friedrich Spielhagen (1829-1911)[1] gehörte zu Scherers engerem Bekanntenkreis während seiner Berliner Jahre und war eine seiner wichtigsten Bezugspersonen innerhalb des zeitgenössischen Literaturbetriebs. Im Anschluss an juristische und theologische Studien war Spielhagen von 1852 bis 1860 zunächst als Lehrer tätig, bevor er 1860 als Feuilletonredakteur der Hannoverschen »Zeitung für Norddeutschland« in den Literaturbetrieb eintrat. Seinen literarischen Ruhm begründete er als Verfasser realistischer Gegenwartsromane und -novellen, die auch außerhalb Deutschlands Beachtung fanden. Auf den ›Bestseller‹ »Problematische Naturen« (1861), der bis zur Jahrhundertwende in mehr als 20 Auflagen herauskam, folgten weitere Erfolgstitel wie »Hammer und Amboß« (1869) und »Sturmflut« (1877). 1878 bis 1884 war er außerdem Herausgeber von »Westermanns illustrierten deutschen Monatsheften«. Die persönliche Nähe hinderte Scherer, der gelegentlich in den von Spielhagen redigierten Zeitschriften veröffentlichte, nicht daran, in seinen Rezensionen zu dessen literarischer Produktion kritische Einwände zu formulieren. Auch der von Spielhagen verfochtenen Poetik des objektiven Erzählens, die er in seinen »Beiträgen zur Theorie und Technik des Romans« (1883) begründete, stand Scherer skeptisch gegenüber.[2]

---

1   Literatur: Richard M. Meyer: »Friedrich Spielhagen«. In: *Österreichische Rundschau.* Bd. 18 (1909), S. 322; Mario Krammer: »Friedrich Spielhagen«. In: *Mitteldeutsche Lebensbilder* 2 (1927), S. 383-389; Henrike Lamers: *Held oder Welt? Zum Romanwerk Friedrich Spielhagens.* Trier 1991 (Schriftenreihe Literaturwissenschaft 24); Gerhard Friedrich Spielhagen: *Geschichte der Familie Spielhagen: Ein Deutschlesebuch.* Nürnberg 1999; Jeffrey L. Sammons: *Friedrich Spielhagen: Novelist of Germany's False Dawn.* Tübingen 2004 (Untersuchungen zur deutschen Literaturgeschichte 117). – *Killy* (Eda Sagarra); *DBE*; *Kosch.* Zu den persönlichen Beziehungen zwischen Scherer und Spielhagen vgl. *Höppner (1987a),* S. 165 f., 175.

2   Vgl. vor allem die unter dem Titel »Zur Technik der modernen Erzählung« erschienene Sammelbesprechung von Romanen und Erzählungen Rudolf Lindaus und Spielhagens, in: *DR* Bd. 20 (1879), S. 151-158 (= *KS* 2, S. 159-170).

64. Spielhagen an Scherer

Berlin, 26. Dezember 1876. Dienstag

W. Berlin 26.12.76
Hohenzollernstraße 12

Verehrter Herr und Freund

Das Jahr soll nicht enden, ohne daß ich Ihnen für Ihren freundlichen Brief v. 6. D.[3] gedankt hätte. Wie lieb es mir gewesen wäre, gerade von Ihnen besprochen zu werden, wissen Sie.[4] Unser Einer muß so viel des oberflächlichsten, nichtsnutzigen, ja offenbar schädlichen u. schädigenden Geschwätzes über sich ergehen lassen, daß die Sehnsucht nach dem Urtheil u. der Beurtheilung eines wahrhaft Kundigen wohl berechtigt ist. Und diese Sehnsucht entspringt nicht einer rein egoistischen Quelle; ich denke dabei viel mehr an das Gemeinwohl als an mich. Die immer tiefer werdende Kluft zwischen der Gelehrten- und Literaten-Welt ist ein Unglück für beide. Nehmen Sie ein Buch wie Grimm's »Göthe«[5]! Was hilft es, in der Vorrede feierlich proclamiren, daß die Bilder unsrer Heroen von unserm höheren Standpunkt aus neu construirt werden müssen, wenn der Autor an keinem Punkte den Zusammenhang unsrer heutigen literarischen Bewegung mit den Errungenschaften jener großen Tage klar legt? Und mir däucht, gerade jungen Leuten gegenüber, die doch nicht nur Göthe u. Schiller lesen, ist diese Klarlegung gebieterische Pflicht. Daß Werther's Leiden, Wilhelm Meister, die Wahlverwandtschaften in ihrer Art einzige, in vielen Hinsichten niemals zu übertreffende Werke sind, weiß der Student auch sonst wohl u. kann es in tausend Büchern lesen. Was ihm zu wissen not thut u. was er nur von einem Lehrer, der im Strome seiner Zeit

---

3 Die Briefe Scherers an Spielhagen sind nicht überliefert.

4 Offenbar hatte Scherer die von Spielhagen gewünschte Besprechung seines Romans *Sturmflut* (Berlin 1877), von dem auch unten im Brief die Rede ist, abgelehnt.

5 Herman Grimm: *Goethe-Vorlesungen, gehalten an der königlichen Universität zu Berlin.* 2 Bde. Berlin 1877. Die weiter unten von Spielhagen erörterte Stelle über den Wahrhaftigkeitsanspruch von *Dichtung und Wahrheit* lautet:»Ich mache auf eine stylistische Wendung aufmerksam: es ist, sagt Goethe, die Rede von Gesinnungen und Handlungen, inwiefern sie sich ereignen können. Nicht also: inwiefern sie sich ereignet haben. Das ist ein Unterschied. Mit dem Worte ›können‹ wird die ganze Sesenheimer Affaire aus dem Bereich des Factischen in den des Möglichen versetzt. Und, in der That, Goethe hat nicht bloß Friederikens Character idealisirt, sondern er hat in seinen Sesenheimer Ereignissen nichts als einen kleinen Roman geliefert, eine Idylle, wie Loeper sagt, in der nur das Allgemeine Wahrheit, das Specielle dagegen Dichtung sei.« (Bd. 1, S. 81).

steht oder vielmehr schwimmt, erfahren kann, ist: wie verhalten sich die besten Romane unsrer Tage zu jenen? sind jene mustergiltig für alle Zeiten? oder, wenn sie es nicht sind, warum nicht? stellt die Zeit unsren Dichtern Aufgaben, welche mit der dichterischen Methode Göthe's nicht bewältigt werden können? u.s.w. u.s.w. Sie werden mir vielleicht einwerfen, diese u. ähnliche Fragen zu erörtern, ist nicht die Sache des Historikers; er hat nichts zu thun, als die Thatsachen reden zu lassen; das fabula docet ergiebt sich dann von selbst. Wenn das doch der Fall wäre! Wie viel ersprießlicher z.b. scheint es mir, anstatt bogenlang über das Verhältniß zu reden, das zwischen Friederike, Lili, Lotte[6] u. ihren respectiven poetischen Abbildern obwaltet oder auch nicht obwaltet, den jungen Leuten ein kleines Capitel über die Bedeutung des »Modells«[7] in jedweder Kunst vorzutragen! Darüber hätte dann Grimm auch vielleicht vergessen, auf I, 81 die curiose Unterscheidung zwischen:»sich ereignen können« u.»sich ereignet haben«[8] zu machen, eine Unterscheidung, mit der er die Vertrauungswürdigkeit von »Dichtung u. Wahrheit« meiner Ansicht nach, gänzlich aufhebt, d.h. allen seinen bezüglichen Erörterungen u. Deductionen den Boden, in welchem sie wurzeln u. aus dem sie herstammen, entzieht.

Doch, wohin gerathe ich? Ich polemisire gegen Grimm's, wie mir scheint, unfruchtbare historische Betrachtungsweise, u. wollte doch nur sagen, daß ich gerade von Ihnen eine Überbrückung der leidigen oben erwähnten Kluft erwartet habe u. erwarte. Sie haben nach dieser Seite bereits soviel gethan u. werden auch sicher in Zukunft dieser Arbeit so wenig müde werden, daß ich das Unglück, diesmal leer ausgegangen zu sein, bescheidentlich ertragen muß u. kann.

Was nun schließlich die Ausstellungen betrifft, die Sie an m. Roman[9] haben – das reiche Lob stecke ich ohne weiteres in die Tasche – so hat, glaube ich, Frenzel[10] hinsichtlich Giraldi's den Finger in die Wunde gelegt. Man würde den Intriganten passiren lassen, aber den Bösewicht auch noch zum Mann der hohen Politik zu machen – credat Judaeus Apella[11]! Man darf auch im Roman nicht – u. in dem am allerwenigsten – zu viel beweisen wollen.

---

6 Gemeint sind Goethes Freundinnen Friederike Brion, Anna Elisabeth (Lili) Schönemann und Charlotte (Lotte) Buff.

7 Zu diesem für Spielhagens Poetik zentralen Begriff vgl. die Ausführungen in dem Kapitel »Finder oder Erfinder?« in seinem Buch *Beiträge zur Theorie und Technik des Romans*. Berlin 1883, S. 19 ff.

8 Vgl. Anm. 5 (Brief 64).

9 Vgl. Anm. 4 (Brief 64).

10 Vermutlich Karl Frenzel; die Rezension konnte nicht ermittelt werden.

11 Zitat aus Horaz' *Satiren* I, 5, 100: »Credat Iudaeus Apella, non ego« (»Das mag der Jude Apella glauben – ich nicht.«).

Antonio finde ich auch heute noch nicht übertrieben, um sowenig als der Bursch von Anfang an mehr als halb crazy ist; indessen gestehe ich hier, wie überall, der individuellen Auffassung ihr gutes Recht zu. Vollkommen recht gebe ich Ihnen dagegen betreffs der Grabrede des Onkel Ernst. Auch habe ich keine Erklärung, als: ich konnte sie in dem Augenblick nicht besser machen, trotz meiner sehr lebhaften Empfindung nicht von der inneren, aber der formellen Unwahrheit. Vielleicht, daß ich später einmal versuche, auch hier das Richtige zu finden. Auch heute, wo wir bereits an der 2ten Auflage drucken, würde dieser Versuch kein durchaus vergeblicher sein.

Bei dem Transport der vielen Personen von dem Festlande nach der Insel geht es wohl mit rechten Dingen zu. Die Entfernung von Sundin (Stralsund) nach der Insel (Rügen) beträgt nur eine Viertelmeile über die rechts u. links ziemlich geschützte Wasserstraße. Nichtsdestoweniger muß Giraldi mehrere Stunden warten, bis die Havarie, welche die Dampffähre in der Morgenfrühe gehabt hat, ausgebessert ist, da kein Schiffer ihn im offnen Boot fahren will; vermittelst des Dampfers aber, dessen sich später auch die Andren bedienen, ist die Überfahrt, wenn auch schwierig, selbst gefahrvoll, aber doch möglich gewesen. Ich habe dergleichen Vorkommnisse wiederholt an Ort u. Stelle beobachtet u. miterlebt.

Und nun, verehrter Freund, verzeihen Sie diesen langen u., ich fürchte, etwas ¿¿¿¿¿¿¿¿ Brief. Es sind die Tage des Festes, zu denen ich Ihnen nachträglich bestes Glück gewünscht haben will.

Meine Frau empfielt sich Ihnen sehr u. ich bin, wie immer, mit herzlichem Gruß

Ihr
ergebenster
Friedrich Spielhagen

65. Spielhagen an Scherer

Berlin, 21. Mai 1880. Freitag

Berlin 21.5.80

Verehrter Freund!

Leider kann ich Ihnen meinen herzlichen Dank für Ihren Quisisana-Brief,[12] den ich so eben erhalten, nicht, wie ich wünschte, in Person bringen. Meine Elsa liegt seit vorgestern an den Masern! Ein 16jähriges, verständiges Mädchen

---

12 Friedrich Spielhagen: *Quisisana. Novelle.* Leipzig 1880. Zu den unten von Spielhagen aufgenommenen Kritikpunkten Scherers vgl. auch dessen kurze Besprechung

u. solche Kinderei! Der Fall ist glücklicherweise sehr leicht, aber Familienväter sind vice versa zur Rücksichtsnahme verpflichtet. So werden wir uns wohl erst auf dem neutralen Felde des Göthe-Denkmals[13] resp. Festmahls sehen. Da oder dort findet sich wohl ein Viertelstündchen zu eingehenderem Gespräch. Für heute also nur den Ausdruck meiner innigen Freude, daß ich es Ihnen Alles in Allem recht gemacht. Sie wissen, welchen hohen Werth ich auf Ihr Urtheil lege. Sehe ich doch in Ihnen den Mann, von dem eine neue Aera in der deutschen Literaturgeschichtsschreibung datiren wird! und existiren doch zwischen uns hinsichtlich der epischen Theorie gewisse Differenzen! doppelter Sporn für mich, mir Ihre Anerkennung zu erobern! Wie gern hätte ich also auch meinen Helden mit Haut u. Haar von Ihnen anerkannt gesehen; aber ich kann Ihnen nicht ganz verargen, daß Sie sich dagegen sträuben. Ich muß zugeben: ich habe, indem ich die verschiedenartigsten Qualitäten auf meinen Helden cumulirte, zwar nicht die Natur, aber vielleicht verletzt, was Shakspeare »die Bescheidenheit der Natur«[14] nennt. Ihre Bemerkung, die Lebenswahrheit der Gestalt würde gewonnen haben, wenn Bertram Mühe hätte, sich in das parlamentarische Treiben zu finden, ist sehr fein u. wahr. Er durfte immerhin ein ausgezeichneter Theoretiker, Broschürenschreiber etc sein: bei u. in der Praxis mußte es hapern. Dieser Fehler – wir sprechen noch darüber – thut mir nachträglich sehr leid, u. zwar besonders deßhalb, weil ich fürchte, wenn die Kritik an diesen wunden Punkt nicht vorsichtig rührt, wird das liebe Publicum das Kind mit dem Bade ausschütten, u. an meinem Helden auch da zweifeln, wo er für mich durchaus wahr u. wahrhaftig und unanfechtbar ist – so in seiner Selbstlosigkeit, in seiner totalen Hingabe u. Aufopferungsfähigkeit für ein geliebtes Wesen, das ihm im tiefsten Grunde (siehe die Nachtscene mit Karl)[15] doch

des Werkes, erschienen in: *DLZ* Nr. 3 v. 16.10.1880, Sp. 112 f. (= *KS 2*, S. 264 f.), in welcher Scherer zwar die virtuose Komposition Spielhagens lobt, zugleich aber die seiner Ansicht nach wenig glaubhafte Gestaltung der Figuren bemängelt: »[…] sie erscheinen uns nicht wahr, sondern romanhaft. An den Edelmuth des Helden glauben wir gern; aber wir möchten auch gern wissen, wie sich sein Character gebildet hat. Und andererseits: warum muß er gleich eine große parlamentarische Rolle spielen? Hätte er Mühe, in die praktische Politik, ein für ihn neues Feld, sich einzuarbeiten, so würde das dieselben Dienste thun und wesentlicher sein.« (zit. n. *KS 2*, S. 265).

13 Das von Fritz Schaper geschaffene Goethe-Denkmal im Berliner Tiergarten wurde wenige Tage später, am 2.6.1880, enthüllt.

14 Zitat aus Shakespeares *Hamlet* III,2 (Schlegel-Tieck): »Seid auch nicht allzu zahm, sondern laßt euer eigenes Urteil euren Meister sein: paßt die Gebärde dem Wort, das Wort der Gebärde an; wobei ihr sonderlich darauf achten müßt, niemals die Bescheidenheit der Natur zu überschreiten.«

15 Karl Bertram, die Hauptfigur in Spielhagens *Quisisana*-Novelle.

auch wieder nur der Repräsentant der Menschheit ist. Mir aber lag Alles daran, einer vom Egoismus so inficirten Zeit einen selbstlosen Menschen hinzustellen, an den sie glauben mußte. Wenn Sie also sich öffentlich über Qu. auslassen sollten[16] (ich hoffe, Sie thun's!) u. Sie wollten in Ihrer Analyse des Helden den wahren u. reinen Kern von der unbescheidenen Schaale reinlich lösen, wie Sie das ja besser verstehen, als irgend ein Andrer, – so werde ich Ihnen gerade dafür doppelt dankbar sein.

Auf Wiedersehen!

Ihr

Fr. Spielhagen

66. Spielhagen an Scherer

Berlin, 17. Juli 1880. Sonnabend

Berlin 17.7.80

Verehrter Freund.

Das »Athenäum« bittet mich um »Any particulars of the fire of Prof. Mommsen's«.[17] Nun höre ich, Sie sind bereits draußen gewesen u. wollen heute abermals hin. Vielleicht ist es für Mommsen selbst von Werth, seinen englischen

---

16 Vgl. Anm. 12 (Brief 65).

17 Theodor Mommsen hatte am 12. Juli 1880 durch einen Brand in seinem Hause große Teile seiner Bibliothek verloren. Durch Freunde wurden in der Folgezeit Bücher und Geld gesammelt, um ihm weiteres Arbeiten zu ermöglichen. Vgl. *Schöne (1923)*, S. 18, 30 f. – Scherers von Spielhagen an die englische Zeitschrift *Athenaeum* übermittelter Bericht (vgl. Brief 67) erschien unter dem Titel »Prof. Mommsen's Library«. In: *The Athenaeum. Journal of literature, science, the fine arts, music and the drama*. Nr. 2752 v. 24.7.1880, S. 115. Der Text dieser bislang unbekannten Veröffentlichung Scherers wird hier vollständig wiedergegeben: »An intimate friend of Prof. Mommsen sends us the following details respecting the calamity which has befallen that eminent scholar: – / ›On my visit to-day, the 16th, I received full confirmation of what the papers announced. The professor is still busily engaged searching the *débris*. Of books not many more are coming to light entire. His library must really be regarded as destroyed. *The ancient manuscripts from foreign libraries which were in his hands are partly damaged, no doubt; but it would seem that they may be regarded as having as a body been practically saved.* This was the case with the most important manuscript of Jordanis's Gothic history, which he had edited for the ›Monumenta Germaniae.‹ The edition is ready printed. In the collection of Roman inscriptions the main loss is in South Italy, because it will not perhaps be possible to collect again all the materials. The collection of Swiss

Verehrern etwas Authentisches mitzutheilen – es handelt sich natürlich nur um die literarische Seite – das Übrige ist ja durch die Zeitungen hinlänglich bekannt geworden. Jedenfalls wollte ich mir erlauben, bei Ihnen anzufragen, ob Sie mir einige Notizen mittheilen möchten. Ich muß diese Anfrage leider schriftlich stellen, da es mir, wie Sie vielleicht gehört, in letzter Zeit besonders schlecht geht. Meinen Brief an das Athenäum muß ich spätestens morgen (Sonnabend) Abend abschicken.

Entschuldigen Sie die Störung u. die Kritzelei u. seien Sie bestens gegrüßt von

Ihrem
Fr. Spielhagen

67. Spielhagen an Scherer

Berlin, 17. Juli 1880. Sonnabend

Berlin 17.7.80

Verehrter Freund

Herzlichen Dank für die so prompte u. freigebige Erfüllung meiner Bitte. Ich glaubte nichts Besseres thun zu können, als Ihren Brief (die 2 letzten Seiten ausgenommen) wörtlich abzuschreiben (Ihrer für englische Augen wohl nicht

inscriptions is also lost, and Mommsen will at once undertake its reconstruction, and so soon as he can get away he will proceed to Switzerland – not, as the papers say, to North Italy. Mommsen's MSS. of his lectures must be considered as destroyed, and they can only approximately be replaced from the note-books of his hearers. His *collectanea* are lost, and among these are unfortunately included those for the ›Römisches Staatsrecht‹ and the Roman history, and most valuable critical materials collected for the edition of the oldest writers on German history. / Many steps are being taken to restore his library. The Academy of Sciences yesterday decided to re-present him with the books which he received as a member. It has further been suggested that workers in his department should send him such of their writings as deal with subjects that interest the professor. The idea is being put in execution in Germany, and it is hoped and desired that foreign scholars may join in the movement. / I sought out Mommsen the morning after the catastrophe, and found him very much depressed. All references to his vigour and mental freshness and the possible restauration of his library were of no avail. To-day he was quite different – of course grave, and still thinking much of the greatness of the mischance that has befallen him, but on the whole collected and absorbed in the immediately necessary exertions. Already it was pleasant to observe that he deliberately used the phrase ›Missgeschick‹, while on Monday he said ›Unglück‹.« (Hervorhebung im Original).

ganz leserlichen Handschrift wegen) und an das Athenäum zu schicken. Ihren Namen habe ich selbstverständlich der Redaction genannt, Sie aber in der einleitenden Notiz nur als »vertrauter Freund M's«[18] bezeichnet u. hoffe, es so recht gemacht zu haben. Wo nicht, ist Remedur noch immer möglich.

Einliegend als Dankeszeichen – ὀλίγον τε φίλον τε[19] – ein (durch die Redaction etwas verstümmelter) Athenaeum-Artikel,[20] in welchem Ihrer Literaturgeschichte mit einigen Worten Erwähnung gethan.

Mit nochmaligem besten Dank und nachbarlichen Gruß

Ihr

Fr. Spielhagen

---

18 Vgl. Anm. 17 (Brief 66).
19 Zitat aus Homers *Ilias*, I, 167 f.; die Stelle lautet im Kontext: »σοὶ τὸ γέρας πολὺ μεῖζον, ἐγὼ δ' ὀλίγον τε φίλον τε ἔρχομ' ἔχων ἐπὶ νῆας, ἐπεί κε κάμω πολεμίζων.« – »Dein ist das größte Geschenk, und [ich], mit wenigem fröhlich, kehre zurück zu den Schiffen, ermattet vom heftigen Kampf.« (zit. n.: Homer: *Ilias. Deutsch und griechisch. Mit Urtext, Anhang und Registern.* Übertragen v. Hans Rupé. Düsseldorf u. a. ¹¹2001, S. 14).
20 Nicht ermittelt.

Briefwechsel mit Julius Zacher
1866 – 1869

Der aus Schlesien stammende Julius Zacher (1816-1887)[1] *studierte zunächst in Breslau von 1836 bis 1839 Theologie, Naturwissenschaften und deutsche Philologie (bei Heinrich Hoffmann von Fallersleben). In den folgenden Jahren versah er eine gräfliche Hauslehrerstelle, die ihn auch nach Den Haag führte, und ergänzte sein germanistisches Studium in Berlin bei Jacob Grimm und Karl Lachmann. Nach der 1844 in Halle vollzogenen Promotion und dem im folgenden Jahr in Berlin absolvierten Staatsexamen erhielt Zacher eine Kustodenstelle in Halle, wo er 1856 zum Extraordinarius ernannt wurde. 1859 erhielt er einen Ruf auf die Stelle eines Oberbibliothekars und Professors für deutsche Philologie in Königsberg, wurde jedoch schon 1863 auf eigenen Wunsch nach Halle zurückberufen, wo er bis zu seinem Tod lehrte. Zacher galt in den germanistischen Streitigkeiten der Zeit als ein ausgleichender und besonnener Vertreter seines Fachs. Sein wissenschaftliches Interesse galt vor allem der Erforschung und der kritischen Bearbeitung der schriftlichen Quellen der »Alexander«-Sage. Er war außerdem Begründer der »Zeitschrift für deutsche Philologie« (ab 1868) und der »Germanistischen Handbibliothek« (ab 1869), über deren Konzeption und Ziele er Scherer ausführlich berichtet. Zu einer direkten Mitarbeit Scherers an diesen Projekten kam es indes nicht, trotz zahlreicher Pläne und Erörterungen Zachers in dieser Richtung.*

---

1 Literatur: *Weinhold (1888)* (mit Schriftenverzeichnis); »Briefe Müllenhoffs und Hildebrands an Zacher«. Mitgetheilt v. Johannes Bolte. In: *Euphorion* 25 (1924), S. 10-17; Manfred Lemmer: »Julius Zacher und die Gründung des Seminars für deutsche Philologie an der Universität Halle«. In: *Wissenschaftliche Zeitschrift der Martin-Luther-Universität Halle-Wittenberg. Gesellschafts- und sprachwissenschaftliche Reihe* 5 (1956), S. 613-622; *Kolk (1990)*, S. 29-36; Uwe Meves: »Die Anfänge des Faches deutsche Sprache und Literatur an der Universität Königsberg. Von Karl Lachmann bis zu Julius Zacher«. In: *ZfdPh* 114 (1995), S. 376-393, hier S. 390-393; außerdem die in Anm. 47 (Brief 70) angeführte Literatur zur Geschichte der *Zeitschrift für deutsche Philologie*. – *ADB* (Edward Schröder); *IGL* (Uwe Meves); *Killy* (Rainer Kolk).

68. Zacher an Scherer

Halle/Saale, 25. Mai 1866. Freitag

Halle a/S. 25 Mai 1866.

Hochgeehrter Herr!

Herzlichsten Dank für die freundliche Zusendung Ihrer metrischen Abhandlung[2] und der Anzeige des Menzelschen Walther-Lebens.[3] Der metrische Aufsatz komt mir um so mehr zu Statten als ich grade in diesem Semester Metrik lese. Menzels Walther habe ich nur ganz obenhin angesehen, als ich ihn vom Buchhändler zur Ansicht erhielt, und was ich damals auf den ersten Blick erhaschte behagte mir so wenig, daß ich das breitspurige Buch gleich wider fortschickte. Wenn ich in einigen Semestern wider an die Vorlesung über Walther komme will ich das Ding durchlaufen und zusehen ob etwas daraus zu holen sein wird. Hrn. Pfeiffers neue Auflage[4] scheint ja mit ziemlichem Be-

2 Wilhelm Scherer: »Zur deutschen Metrik«. In: *ZfdöG* 16 (1865), S. 797-814 (= *KS* 2, S. 358-374).
3 Rudolf Menzel: *Das Leben Walthers von der Vogelweide*. Leipzig 1865. – Scherers Rezension erschien in: *ZfdöG* 17 (1866), S. 313-317 (= *KS* 1, S. 622-627).
4 *Walther von der Vogelweide*. Hg. v. Franz Pfeiffer. Leipzig ²1866 [¹1864] (DCM 1). – Zacher hatte der ersten Auflage dieser Ausgabe, mit der Pfeiffer zugleich seine Reihe der *Deutschen Classiker des Mittelalters mit Wort- und Sacherklärungen* eröffnete, eine ausführliche Rezension (in: *Neue Jahrbücher für Philologie und Pädagogik* 11 (1865), II. Abt., S. 449-465) gewidmet, in der er sich von der auf ein breites, den Kreis der Gelehrten überschreitendes Lesepublikum zielenden Programmatik des Unternehmens und insbesondere Pfeiffers Kritik an der textkritischen Schule Karl Lachmanns absetzte. Daran hatte sich eine längere, im scharfen Ton geführte publizistische Auseinandersetzung zwischen Zacher und Pfeiffer angeschlossen. Den vorläufig letzten Beitrag zur Debatte, auf den Zacher wohl auch unten anspielt, legte Pfeiffer mit dem Vorwort zur zweiten Auflage seiner *Walther*-Ausgabe vor, wo es über die von ihm so genannte »kritische Schule« u. a. heißt: »[sie] hält jeden Versuch, einen größern Leserkreis an den Resultaten unserer gelehrten Forschung teilnehmen zu lassen […] für einen Verrath an der Wissenschaft, als deren Hort und Hüter sie sich betrachtet. […] Die Zeiten ihrer Alleinherrschaft sind längst vorbei, und die beiden missgünstigen Stimmen, die sich aus ihrer Mitte über den ersten Band der Sammlung und über diese selbst vernehmen lassen, werden dem allgemeinen Beifall gegenüber wirkungslos verhallen; zeigen sie doch jedem […], daß die Schule nicht nur keine Ahnung hat von dem, was unsere Ausgaben wollen, sondern daß ihr auch vollständig die Fähigkeit gebricht, in einfacher verständlicher Weise lehrend und unterrichtend vor die Gebildeten unseres Volks zu treten.« (*Walther von der Vogelweide*, wie oben, S. XVI f.). Zu den Einzelheiten der Debatte und für weitere Literaturangaben vgl. *Weinhold (1888)*, S. 405.

hagen wider über denselben Leisten geschlagen zu sein. Die Verbeßerungen gegen die erste Auflage im einzelnen durchzugehen fühle ich mich nicht gemüßigt, obschon solche Balhörner, wie der Zusatz zur letzten Note auf S. 9 einige Erheiterung geben könnten: »Die Gegend (um Dobrilug) ist noch jetzt verrufen, traurig und elend«[5]! Zu einer Recension der zweiten Ausgabe verspüre ich auch weder Neigung noch Nöthigung; ich gedenke an der ersten[6] meiner Pflicht genügt zu haben: Dixi et animam salvavi![7] Aber nachdem was mir die Kinder aus der Schule heim u. was mir die Candidaten zum Examen berichten, konnte ich zur ersten Auflage allerdings nicht schweigen. Habe ichs doch erlebt, daß ein Theologe fürs philosoph. Doctorexamen eine Dißertation über Walthers Leben u. Dichten einreichte, für die er lediglich die Pfeiffersche Ausgabe gebraucht, Lachmann[8] u. Uhland[9] nicht mit einem Blicke angesehen hatte. Als ich die Feder ansetzte, wuste ich freilich, daß ich in ein Wespennest griff: aber die Meisterschaft im Toben und Schimpfen, welche der Recke nachgehends offenbart hat, hat meine kühnsten Erwartungen doch weitaus übertroffen. Ich wundere mich fast, daß ich noch wage mich von der Sonne bescheinen zu laßen. Und wenn gar erst die verheißene wißenschaftliche Widerlegung kommen wird, dann bin ich ganz tod! – Übrigens wäre ich doch einigermaßen neugierig, zu erfahren, wie man in Österreich die ganze Geschichte aufgenommen hat und ansieht. – Mit der Gudrun[10] u. dem Nibelungenliede[11] hat Bartsch sich wirklich Mühe gegeben; aber beim besten Willen kann ich die Bücher nicht brauchen. Im vorigen Semester habe ich die Gudrun im Privatißimum übersetzen u. erklären laßen, u. dazu auch die Ausgabe von Bartsch zugezogen: aber was stehen für wunderbare Geschichten in dem Buche, daß die Studenten selber fast auf jeder Seite hängen blieben! Auch Bartsch zu recensieren, und darzulegen wo der Fehler steckt, dazu habe ich weder Lust noch Zeit; es würde auch wenig frommen. Wol aber erwächst aus dieser ganzen Geschichte meines Bedänkens eine andere Folgerung, die ich mir erlauben will Ihnen kurz darzulegen.[12]

---

5 *Walther von der Vogelweide* (wie Anm. 4, Brief 68), S. 9.

6 Vgl. Anm. 4 (Brief 68).

7 (lat.): ›Ich habe gesprochen und meine Seele gerettet‹. – Das Sprichwort geht auf die lateinische Übersetzung einer Stelle im Buch *Ezechiel* (3, 17-19) zurück.

8 *Die Gedichte Walthers von der Vogelweide.* Hg. v. Karl Lachmann. Berlin 1827 [²1843]. – Die folgenden Auflagen bis zur damals gültigen vierten Ausgabe (Berlin 1864) hatte Moriz Haupt besorgt.

9 Ludwig Uhland: *Walther von der Vogelweide, ein altdeutscher Dichter.* Stuttgart, Tübingen 1822.

10 *Kudrun.* Hg. v. Karl Bartsch. Leipzig 1865 (DCM 2).

11 *Das Nibelungenlied.* Hg. v. Karl Bartsch. Leipzig 1866 (DCM 3).

12 Zacher entwirft im Folgenden einen ersten Plan der später von ihm begründeten

Schon ehe die Pfeifferschen commentierten Ausgg.[13] erschienen, ehe wir
überhaupt noch um den Plan derselben das Geringste wusten, waren wir hier
bereits zu der Überzeugung gediehen, daß commentierte Ausgaben altdeutscher Schriftwerke nöthig seien, nicht eben für das große Publicum, dem
man ja auf diese Weise wol gar nicht helfen kann, sondern für die Lernenden, und für philologisch gebildete Männer, welche altdeutsche Schriftwerke
kennen lernen wollen oder sollen, ohne Germanisten von Fach werden zu
wollen oder zu können. Letzterer Categorie würden namentlich zahlreiche
Gymnasiallehrer zufallen. Das Bedürfniß ist wesentlich gesteigert worden,
seit (von Neujahr 1866 ab) im preuß. Oberlehrerexamen Kentnis der altdeutschen Sprache u. Lit. officiel verlangt wird u. im bevorstehenden Prüfungs-
reglement[14] obligatorisch gemacht werden soll. Die meisten Philologen aber
können auf der Universität, falls überhaupt dort genügende Gelegenheit geboten ist, nur die wißenschaftliche Grundlage germanistischer Wißenschaft
gewinnen, u. später erlaubt ihnen das Amt nicht umfaßende Studien auf diesem Gebiete. Sollen diese nun auf dem Gymnasium deutschen Unterricht
geben, so müßen sie zu Büchern greifen, welche ihnen Hilfe geben für das was
sie aus eigenen Mitteln unmöglich beschaffen können. Greifen sie nun zu den
Pfeifferschen Ausgaben, so dringt der craßeste Dilettantismus in die gelehrten Schulen, und das ist das Schlimmste was geschehen kann; beßer gar kein
wißenschaftlicher Unterricht im Deutschen als solche Afterwißenschaft. –
Hier ist meines Bedänkens positive Hilfe unbedingt nothwendig, und hier
kann ich Müllenhoff durchaus nicht beipflichten, wenn er sagt:»mögen die
Leute zu uns in die Vorlesungen kommen u. das Erforderliche lernen, wir haben wichtigeres u. nöthigeres zu thun, als solche Bücher zu machen.«[15] Denn
nicht jeder kann auf eine Universität gehen, wo er gute u. ausreichende Anleitung erhält, nicht jeder kann solche Gelegenheit völlig ausnutzen, nicht
jeder kann später diese Studien nach Belieben fortsetzen u. ausdehnen. Also
die Nothwendigkeit der Sache steht für mich fest: es sind Ausgaben erforder-
lich, ungefähr nach dem Vorbilde der Haupt-Sauppeschen Klassikerausgaben,[16]
mutatis mutandis. Es sind daneben Handbücher nothwendig für Grammatik,

Germanistischen Handbibliothek, den er in Brief 70 weiter ausführt. Vgl. hierzu
Anm. 47 (Brief 70).

13 Vgl. Anm. 4 (Brief 68).

14 Gemeint ist das»Reglement für die Prüfungen der Kandidaten des höheren Schul-
amts in Preußen vom 12. Dezember 1866«, von dessen Inhalt Zacher bereits vor
seiner Veröffentlichung Kenntnis hatte. Vgl. *Weinhold (1888)*, S. 406.

15 Vermutlich in einem nicht erhaltenen Brief an Zacher. Karl Müllenhoff, dem Zacher seinen Plan gleichfalls eröffnete, erklärte»sich grundsätzlich gegen commentierte Ausgaben« (*Weinhold (1888)*, S. 406).

16 Gemeint ist die von Moriz Haupt und Hermann Sauppe begründete *Sammlung
griechischer und lateinischer Schriftsteller mit deutschen Anmerkungen*.

Metrik, Literärgeschichte, Mythologie, Antiquitäten *etc.* Das empfindliche Hindernis besteht lediglich in der Schwierigkeit Männer aufzufinden, welche solche Aufgaben zweckmäßig lösen können u. wollen.

Da erlaube ich mir denn, mich mit der vertrauensvollen Bitte an Sie zu wenden, daß Sie diesem beabsichtigten Unternehmen Ihre gütige Mitwirkung zuwenden, daß Sie die Bearbeitung des Walther[17] übernehmen. Eine Waltherausgabe erfordert Eigenschaften die sich nicht leicht beisammen finden; Sie aber könnens machen, könnens gut machen. Ist der Walther in guten Händen aufgehoben, dann darf das Unternehmen als gesichert gelten; ohne diese Voraussetzung aber möchte ich nicht damit vorgehen. Vom Parzival[18] wäre uns eine gute Ausgabe gesichert. Das andere würde sich leichter beschaffen laßen. Unser Verleger[19] ist gut, anständig u. willig. Machen Sie mir also die Freude, u. schicken Sie mir um der guten Sache willen, eine zustimmende Antwort. Freilich liegen leider augenblicklich die öffentlichen Zustände[20] schmählich im Argen, so daß mir selber die Lust zum Arbeiten vergeht. Ihre Regierung hat sich nicht minder verrannt als die unsrige, u. ein Waffensieg würde auf keiner Seite zum Guten führen, wenn nicht ganz andere Principien zur Geltung kommen. Aber eben weil die Zustände so unnatürlich sind, können sie nicht lange in solcher disharmonischer Schwebe bleiben, u. man hat mit dem Rechte auch die Pflicht für die Zukunft zu sorgen.

Haben wir nicht von Ihnen auch eine Metrik zu erwarten mit Benutzung des Lachmannschen Nachlaßes?[21] Und ist endlich eine Ausgabe von Lach-

---

17 Scherer schlug dieses Angebot aus, empfahl Zacher aber mit Erfolg den Müllenhoff-Schüler Wilhelm Wilmanns als Bearbeiter (vgl. Brief 69): *Walther von der Vogelweide.* Hg. v. Wilhelm Wilmanns. Halle 1869 (GHb 1).

18 Diese Ausgabe, zu deren Übernahme sich ursprünglich Karl Lucae bereit erklärt hatte (vgl. Brief 70), ist nicht erschienen. Erst nach dem Tod Zachers erschien in der Reihe eine Bearbeitung des Textes: *Wolframs von Eschenbach Parzival und Titurel.* Hg. v. Ernst Martin. 2 Bde. Halle 1900-03 *(GHb 9).*

19 Oswalt Bertram, der Besitzer des Verlags der Halleschen Waisenbuchhandlung, in der die von Zacher projektierten Ausgaben erschienen.

20 Die Spannungen zwischen Österreich und Preußen um die Vorherrschaft in den 1865 durch Dänemark abgetretenen Herzogtümern Schleswig und Holstein steuerten in jenen Wochen auf ihren Höhepunkt zu: Am 15. Juni 1866 brach der preußisch-österreichische Krieg aus.

21 Vgl. hierzu Scherers Ausführungen gegenüber Karl Müllenhoff: »Was die Ausgaben und Handbücher anlangt, so will er [Zacher] mich zur Metrik haben. Lockt mich gar nicht, da ich mich bei der Bearbeitung der Lachmannschen Metrik doch über alles Metrische aussprechen werde, was ich etwa weiß oder noch lerne.« (Scherer an Müllenhoff, Brief vom 7.4.1867, *BW Müllenhoff-Scherer,* Nr. 72, hier S. 202). Keines der beiden Bücher kam zustande.

BRIEFE 68 BIS 69

manns Kleinen Schriften[22] im Werke? Seit Jahren habe ich Haupt deshalb in den Ohren gelegen. Ich habe noch viel auf dem Herzen. Doch davon ein andermal. Der Walther war meine nächste Sorge. Und dabei laße ichs denn für heute bewenden, indem ich der Hoffnung Raum gebe, recht bald von Ihnen eine freundliche und geneigte Antwort zu erhalten. Wenigstens glaube ich versichert sein zu dürfen, daß Sie die Sache nicht leichter Hand abweisen, sondern in ernstliche u. freundliche Erwägung ziehen. In der vorzüglichsten Hochachtung u. mit den besten Wünschen für Ihr Wohlergehen habe ich die Ehre zu sein

Ihr
ganz ergebenster
J. Zacher.

69. Scherer an Zacher

Wien, 29. Mai 1866. Dienstag

Hochgeehrter Herr Professor.

Ich beeile mich auf Ihren freundlichen Brief und den ehrenvollen Antrag den er enthält zu erwidern, u. bitte Sie nur, meine Antwort darum nicht für leichtsinnig gegeben zu halten, weil sie schnell gegeben wird.

Principielle Gründe gegen die Editionen welche Sie in Aussicht nehmen habe ich durchaus nicht, ich würde mich im Gegenteil freuen u. es als ein großes Glück für das Gedeihen echter Wissenschaft betrachten, wenn wir eine Reihe von Commentaren besäßen. Erklärende Anmerkungen zum Parzival[23] aus jahrelanger Beschäftigung mit dem Gedichte hervorgegangen, werden nicht bloß preußischen Lehramtscandidaten, sondern z.b. mir von Nutzen und Vorteil sein. Überhaupt wie wenig können in Wahrheit Principien sich geltend machen u. Ansichten über das Gesamtbedürfnis unserer Wissenschaft. Eine leise Direction kann u. soll von da aus natürlich geübt werden. Aber im Allgemeinen gilt: jeder mache was er am besten zu machen versteht, gewöhnlich wird es ja mit dem zusammenfallen, wozu er am meisten Lust verspürt. Wende ich diese Reflexion auf den vorliegenden Fall an, so ergibt sich für mich in sehr bestimmter Weise das Gebot: mache den Walther[24] nicht. Sie

22 Der Plan wurde erst Jahre später verwirklicht: Karl Lachmann: *Kleinere Schriften.* Hg. v. Karl Müllenhoff u. Johannes Vahlen. 2 Bde. Berlin 1876.
23 Vgl. Brief 68, dazu Anm. 18.
24 Vgl. Brief 68, dazu Anm. 17.

sind so freundlich die erforderlichen Eigenschaften bei mir vereinigt vorauszu-
setzen, ich kann Sie versichern, daß ich eine sehr wesentliche nicht besitze:
das didaktische Talent. Auch etwas anderes für die Garantie der Ausführung
vielleicht noch wesentlicheres fehlt mir augenblicklich, und wahrscheinlich
noch Jahre lang: die Zeit.

Ich spreche nicht gerne von vorhabenden Arbeiten, aber ich überwinde
mich diesmal es zu thun, um Ihnen zu zeigen daß ich keine Ausflucht gebrauche. Von der Bearbeitung eines großen, leider lückenhaften Manuscrip-
tes Lachmanns über ahd. Metrik[25] wissen Sie ja bereits, in den metrischen
Bartschiaden[26] liegt die Aufforderung sich bei einer solchen Gelegenheit tiefer
auch auf die spätere Zeit einzulassen. Eine Arbeit über die österreichische Litteratur des XI.XII Jh.s, Ergebniss[27] meiner vorigjährigen Sommervorlesung,[28]
scheint mir darum von einer gewissen Dringlichkeit weil sie sich in ihren
Ausgängen mit der Nibelungensudelei[29] des Luca Fapresto der altdeutschen
Philologie zu befassen hätte die denn doch nicht ohne Antwort bleiben darf.
Auch können Sie wohl denken daß eine unbefangene Betrachtung mit anderen als Diemer'schen Augen[30] nicht resultatlos gewesen und dadurch die Litteratur des XI/XII Jhs zum teil in ein neues Licht gerückt ist. Es scheint mir
geboten mit dergleichen nicht zu lange hinterm Berge zu halten aus Gründen die Sie würdigen werden ohne daß ich sie ausspreche. – An eine der hie-

25 Vgl. Brief 68, Anm. 21.
26 Eine Metrik von Karl Bartsch ist nicht erschienen, gemeint sind vermutlich die
    Ausführungen zu dem Thema in den Vorworten seiner Ausgaben der *Gudrun*
    (vgl. Anm. 10, Brief 68) und des *Nibelungenliedes* (vgl. Anm. 11, Brief 68).
27 In der Handschrift korrigiert aus:»Ergebnisse«.
28 Im Sommersemester 1865 hatte Scherer in Wien »Erklärung österreichischer
    Sprachdenkmäler des 12. und 13. Jahrhunderts« gelesen. Zu diesem Themenkreis
    veröffentlichte Scherer neben der im vorliegenden Brief genannten *Williram*-Ab-
    handlung (vgl. Anm. 31, Brief 69) in den folgenden Jahren an größeren Studien:
    »Deutsche Studien I. Spervogel«. In: *Sitzungsber. Wien* Bd. 64 (1870), S. 283-355
    (auch separat: Wien 1870); »Deutsche Studien II. Die Anfänge des Minnesangs«.
    In: *Sitzungsber. Wien* Bd. 77 (1874), S. 437-516 (auch separat: Wien 1874); *Geist-
    liche Poeten der deutschen Kaiserzeit. Studien.* 2 H. Straßburg 1874-75 (QF 1, 7);
    Geschichte der deutschen Dichtung im elften und zwölften Jahrhundert. Straßburg
    1875 (QF 12).
29 Gemeint ist die *Nibelungenlied*-Ausgabe von Karl Bartsch (vgl. Anm. 11, Brief 68).
    Zu dem Spottnamen ›Luca fa presto‹ für Bartsch vgl. Brief 57, dazu Anm. 84.
30 Joseph Diemer hatte zuerst ausführlich über die geistliche Literatur im 11./
    12. Jahrhundert geforscht. Vgl. Scherers Nachruf »Joseph Diemer«. In: *Die Presse.*
    Nr. 171 v. 20.4.1869 (= *KS 1*, S. 85-90).

sigen Akademie eben überreichte Abhandlung über Willirams Leben[31] muß
sich eine andere darin schon halb vorausgesetzte anschließen; mit der Ausgabe
der Wiener Notkerhs.[32] (das umfassendste Denkmal des baierischen Dialects
aus dem XI Jh) schleppe ich mich nun schon seit meinen Studentenjahren u.
möchte diese Last endlich los sein.

Einer flüchtigen Laune, die mich in die
Reformationslitteratur lockte bin ich letzten Winter in Berlin so weit nachgegangen, daß ich meine wenn auch nicht eben große Beute in publicierbare
Form so bald als möglich bringen muß, soll nicht die ganze Sache liegen bleiben und gänzlich verloren gehen.[33] Dazu muß ich im nächsten Semester
neuere Litteraturgeschichte[34] lesen durch welche ich voraussichtlich ganz ab-
sorbiert werde. Da muß ohnedies die deutsche Syntax zu der ich gleichfalls,
wenn auch erst spärlich zu sammeln begonnen, wer weiß wie lange noch liegen bleiben.

Ich zweifle, ob von dem peinlichen Gefühl etwas auf Sie übergeht, das ich
selbst empfinde, indem ich mich so auf einmal an alle diese Pflichten erinnert
fühle, welche mir zum teil objective u. allgemeine, zum teil subjective und
zufällige Nöthigung auferlegt. Sie würden sonst mir selbst ohne weiteres bei-
fallen, daß ich dieses peinliche Gefühl nicht durch die Übernahme einer
neuen Verpflichtung vermehren darf, besonders da in diesem Falle nicht bloß
mein sehr ungeduldiges Naturell, sondern auch sachliche Gründe auf baldige
Ausführung dringen würden.

Noch etwas aber kommt hinzu, was jedes Schwanken auch ohne die bisherigen Erwägungen bei mir ausschließen würde. Es wäre nämlich einem Fähi-
geren durch meine Zusage der Antheil an Ihrem Unternehmen wahrscheinlich abgeschnitten der grade zum Walther ganz besonderen Beruf gezeigt hat.
In dem nächsten Hefte von Haupts Zeitschrift steht ein ausgezeichneter Aufsatz[35] über W. von Dr Wilmans in Altona (Müllenhoff muß nähere Addresse
wissen) der das entschiedenste Talent veräth und Ihren Beifall sicher nicht
minder erringen wird, als er mir, bei allerdings flüchtiger Durchlesung, desselben würdig schien. Ich würde es mir zum Verdienst anrechnen, wenn diese
Hinweisung den Anlaß zu einer neuen Waltheredition durch Wilmans gäbe.

31 Wilhelm Scherer: »Leben Willirams Abtes von Ebersberg in Baiern. Beitrag zur
   Geschichte des XI. Jahrhunderts«. In: *Sitzungsber. Wien* Bd. 53 (1866), S. 197-303
   (auch separat: Wien 1866). Zu den daran anschließenden Studien vgl. Anm. 28
   (Brief 69).
32 Diese Ausgabe erschien erst einige Jahre später: *Notkers Psalmen nach der Wiener
   Handschrift.* Hg. v. Richard Heinzel u. Wilhelm Scherer. Straßburg 1876.
33 Der Plan kam nicht zur Ausführung.
34 Im Wintersemester 1866/67 las Scherer über »Geschichte der deutschen Litteratur
   von Klopstock bis zu Schillers Tod«.
35 Wilhelm Wilmanns: »Zu Walther von der Vogelweide«. In: *ZfdA* 13 (1878), S. 217-
   288.

Sollte das Haupt'sche Heft noch lange auf sich warten lassen, so genügt auch Wilmans' Anzeige des Pfeiffer'schen Walther[36] in der Zeitschr. f. Gymnasialwesen XIX, Aprill, um Sie vorläufig über ihn zu orientieren.

Sie würden mich verbinden, wollten Sie mir näheres über Ihr Unternehmen mittheilen, namentlich wem die Handbücher der Litteraturgeschichte und der Grammatik zugetheilt. Dergleichen läge wenigstens auf meinem Wege, während mich an die Lyriker nicht einmal ein starkes Band innerer Sympathie fesselt. Selbst der Patriot Walther leidet darunter daß eine Zeit in welcher dynastische Gegensätze im Vordergrunde des politischen Lebens stehen, keine Parteirichtung erzeugt an welcher wir persönlich auch nur gemütlichen Anteil nehmen könnten. –

Sie fragen nach Pfeiffer.[37] Sein Credit scheint, wofern ich mich nicht teusche, hier beträchtlich im Sinken, und auch Ihre Anzeige[38] seines Walther hat dazu ihr Theil beigetragen. Daß Sie aber den Bartsch nicht auch vornehmen wollen, obgleich Sie Gelegenheit hatten, seine Sachen eingehend zu prüfen, bedaure ich sehr.[39] Mich quält Bonitz um eine Recens. der Bartsch.schen Nibel.[40] die in üble Hände fallen könnte wenn ich mich nicht bereit fände; u. mir ist es doch unmöglich, eingehend zu prüfen, ich werde sehen was ich so zufällig herausfische. So was schönes wie Pfeiffers Walther S. XVI die Erklärung von Zithêrôn[41] wird sich ja leider schwerlich finden.

Darf ich Sie bitten mich Ihren Collegen Prof. Dümmler und Haym die bereits in verschiedener Weise sich mir freundlich erzeigt, meine besten Empfehlungen zu sagen? Einen Ihrer Umgebung, Herrn Heyne, mußte ich neulich in der österr. Gymn. Ztschr. etwas hart anfassen,[42] es sollte mir leid

---

36 Wilhelm Wilmanns Rezension der ersten Ausgabe von Franz Pfeiffers *Walther*-Ausgabe (vgl. Anm. 4, Brief 68) erschien in: *Zeitschrift für das Gymnasialwesen* 17 (1865), S. 316-321.

37 Vgl. Brief 68.

38 Vgl. Anm. 4 (Brief 68).

39 Vgl. Zachers Ausführungen zu Karl Bartschs Ausgaben in Brief 68.

40 Vgl. Anm. 11 (Brief 68). – Scherers Rezension der Ausgabe erschien in *ZfdÖG* 17 (1866), S. 620-627 (= *KS I*, S. 641-649).

41 Scherer bezieht sich auf eine Erläuterung Pfeiffers zu den Huldigungsversen auf Walther in Gottfried von Straßburgs *Tristan*; zu der Stelle »ich meine ab in dem dône / da her von Zithêrône« heißt es: »*Zithêrôn*] die Stadt Cythera auf der Insel Kreta, wo Venus Aphrodite zuerst landete und ihr Tempel stand.« (*Walther von der Vogelweide*, wie Anm. 4, Brief 68, S. XVI, Fußnote). Pfeiffer übersah, dass schon Gottfried die Insel Kythera, den antiken Kultort der Aphrodite, mit dem Musenberg Kithäron verwechselte.

42 Scherer spielt auf seine in *ZfdÖG* 17 (1866), S. 628-632 erschienene Rezension zweier durch Moritz Heyne besorgter Ausgaben an: *Ulfilas oder die uns erhaltenen Denkmäler der gothischen Sprache. Text, Grammatik und Wörterbuch.* Bearb. u. hg. v.

thun wenn es ihn kränkte, aber es schien mir Pflicht ihm offen und gradeheraus zu sagen, daß seine Vielschreiberei vom Übel u. in seinem eigenen Interesse größere Bedächtigkeit und Überlegung nothwendig sei. – In der Hoffnung, Sie verstehen und entschuldigen meine Ablehnung und zweifeln nicht an meiner aufrichtigen Sympathie für Ihren Plan,

> mit der ausgezeichnetsten Hochachtung
> Ihr ergebenster
> Scherer

Wien 29.5.66.
III. Marxer Gasse 6.

70. *Zacher an Scherer*

Halle/Saale, 26. März 1867. Dienstag[43]

Halle 26 März 1866

Hochgeehrter Herr Doctor!

Seit unserer letzten Correspondenz hat die Weltgeschichte einen gründlichen Ruck bekommen,[44] der im deutschen Vaterlande gespalten und vereint hat wie es wol kaum jemand erwartet hat oder erwarten konnte, weil niemand vorauszusehen vermochte, daß die Schicksale und die Wechselfälle der Berechnungen, der Umstände u. der Fehler sich grade so gestalten würden. Wie aber auch die politischen Verhältniße sich gestaltet haben, an unserem gegenseitigen Verhältniß, welches wesentlich auf der gemeinsamen und gemeinsam bleibenden vaterländischen Wißenschaft ruht, ist hoffentlich nichts geändert worden; es wäre denn, daß wir das Bedürfnis eines treuen, ernstlichen und eifrigen Zusammenhaltens und Zusammenwirkens noch lebendiger und dringender fühlten und erkennten.

Die weitere Verfolgung meiner Absichten und Pläne hat durch die Ereigniße des verfloßenen Sommers eine ziemliche Störung erfahren. Der Krieg hatte

---

Friedrich Ludwig Stamm. 3. Aufl. bes. v. Moritz Heyne. Paderborn 1865; *Heliand*. Mit ausführlichem Glossar hg. v. Moritz Heyne. Paderborn 1866 (Bibliothek der ältesten deutschen Litteraturdenkmäler 1-2).

43 Zacher hat diesen Brief versehentlich falsch datiert. Das richtige Jahr 1867 geht aus Zachers eigenen Angaben zum Ausgang des preußisch-österreichischen Krieges und der bekannten Chronologie seiner Publikationsprojekte deutlich hervor, es wird außerdem durch Scherers Antwortbrief vom 4. April 1867 (Brief 71) bestätigt.

44 Vgl. Anm. 20 (Brief 68).

nicht blos die Correspondenzen unterbrochen, sondern auch die Lust, ja fast die Möglichkeit frischer zusammenhängender Arbeit aufgehoben, und die darauf folgende Seuche war nicht geeignet jene Lähmung aufzuheben. Beide haben auch auf meine Gesundheit nicht günstig gewirkt, u. mir von Pfingsten ab durch den ganzen Sommer, Herbst u. Winter hindurch viel Unbequemlichkeit gemacht. Doch habe ich in diesem Jahre die Sache wider aufgenommen, u. nachdem ich die wichtigsten Vorbedingungen geordnet u. gesichtet habe, bin ich nun eben daran die Angelegenheit in frischen Gang zu bringen.

Inzwischen sind Sie so gütig gewesen mir Ihr Buch über Williram[45] u. einige Recensionen zu senden, die ich mit ebensoviel Intereße wie Belehrung gelesen habe, und für welche ich Ihnen herzlich danke. Über Williram hätte ich gern noch mehr von Ihnen erfahren. Auch ich habe einmal wieder etwas in den Druck gegeben, eine Untersuchung über Kritik u. Geschichte des Textes der ältesten Aufzeichnung der Alexandersage, oder des Pseudocallisthenes[46] u. deßen was sich unmittelbar daran knüpft. Dies Büchlein gedachte ich Ihnen jetzt zu senden, aber ich habe die Exemplare noch nicht erhalten, und erfahre inzwischen, daß Sie in Berlin erwartet werden. Deshalb laße ich nun den Brief allein vorausgehen, damit er sie noch antreffe, das Exemplar dagegen will ich mit nach Berlin senden, damit es sicher in Ihre Hände gelange. Könnten Sie gelegentlich Zeit und Lust finden, ein paar Worte darüber in der österreich. Gymnasialzeitschrift zu sagen, so würden Sie mich sehr zu Danke verbinden.

Was nun mein beabsichtigtes Unternehmen betrifft, so steht es damit augenblicklich folgendermaßen:[47]

Beabsichtigt sind

---

45 Vgl. Anm. 31 (Brief 69).

46 Julius Zacher: *Pseudocallisthenes. Forschungen zur Kritik und Geschichte der ältesten Aufzeichnung der Alexandersage.* Halle 1867. – Eine Rezension Scherers in der *Zeitschrift für die österreichischen Gymnasien*, wie von Zacher unten angeregt, ist nicht erschienen.

47 Die folgenden Ausführungen nehmen – zum Teil bis in den Wortlaut hinein – vorweg, was Zacher in etwas weniger ausführlicher Form in einem für die wissenschaftliche Öffentlichkeit bestimmten Prospekt, der im Mai 1868 von der Halleschen Waisenbuchhandlung versandt wurde, über die von ihm beabsichtigten Publikationsunternehmen mitgeteilt hat. Die *Germanistische Handbibliothek* wurde 1869 mit der von Wilmanns bearbeiteten *Walther-Ausgabe* (vgl. Anm. 17, Brief 68) eröffnet und brachte es bis zum Jahr 1931, als das Unternehmen eingestellt wurde, auf insgesamt 11 Bände, ausnahmslos Ausgaben früh- und hochmittelalterlicher Texte, die zum Teil in mehreren Auflagen erschienen. Von den im vorliegenden Brief und im Prospekt ebenfalls projektierten Lehr- und Handbüchern ist indes keines erschienen. Der erste Jahrgang der bis heute existierenden *Zeitschrift für deutsche Philologie* wurde im Juni 1868 eröffnet. Mitherausgeber wurde Zachers Schüler, der Berliner Gymnasiallehrer Ernst Höpfner. Vgl. *Weinhold (1888), S. 405-410*, so-

1) Ausgaben altdeutscher Werke[48] mit guten nach den Grundsätzen u. der Methode objectiver Kritik gestalteten Texten; kritischer Apparat soll nur dann beigegeben werden, wenn es aus besonderen Gründen nothwendig oder wünschenswert erscheint. Dagegen soll alles für das Verständnis wesentlich nothwendige hinzugefügt werden, also eine Einleitung über Leben u. Werke des Verfaßers, über die Beschaffenheit der Textüberlieferung, über die literarhistor. u. ästhet. Bedeutung des Werkes *etc.*, ferner erklärende Anmerkungen, kritischen, sprachlichen u. sachlichen Inhaltes. Unmittelbar u. zunächst sollen diese Ausgaben bestimt sein für das Bedürfnis des Lernenden, des Studenten, des Candidaten, des Autodidacten, u. deshalb mindestens eine philologische Bildung voraussetzen wie sie das Gymnasium gewährt. Unmittelbar für den Handgebrauch von Gymnasiasten können diese Ausgaben schon deshalb nicht eingerichtet werden, weil der Umfang deßen, was überhaupt auf Gymnasien von altdeutschen Texten gelesen werden soll oder kann, immer nur ein ziemlich enger sein kann, u. weil hier die <u>mündliche</u> Anweisung das Beste, wo nicht alles, thun soll und muß. Wol aber ist zu wünschen, daß diese Ausgaben auch dem weiter fortgeschrittenen noch angenehm und nüzlich bleiben; die Bedürfniße dieser Stufe werden also in zweiter Linie zu berücksichtigen sein. Im Allgemeinen sollen die Ausgaben sich nicht in Erörterung des Elementaren verlieren, sondern bei dem vorwaltenden Streben auch dem lernenden Anfänger verständlich zu sein doch wesentlich auf die Aufzeigung u. Erläuterung des wirklich Schwierigen ihr Augenmerk richten.

2) Hilfs- u. Lehrbücher[49] in handlicher u. verständlicher Form, widerum das Bedürfnis des Lernenden in erster, das des Fortgeschrittenen in zweiter Linie berücksichtigend. Welche u. wie viele von diesen Lehrbüchern sich werden wirklich herstellen laßen, das wird wesentlich von dem Umstande abhängen, welche geeignete Männer sich dafür werden auffinden u. gewinnen laßen.

3) Endlich habe ich auf widerholtes mehrseitiges Andrängen mich entschloßen, den mislichen Versuch einer Zeitschrift[50] zu wagen, wie sie aus mehreren triftigen Gründen allerdings wünschenswert erscheint. Beginnen würde ich diese jedoch erst dann können, wenn es gelungen ist eine ausreichende Zahl geeigneter Mitarbeiter zu finden, u. wenn auch wirklich schon so viel Manuscript eingelaufen ist, daß die ersten Lieferungen sich thatsächlich decken.

wie Werner Besch/Hartmut Steinecke: »Zur Geschichte der Zeitschrift für deutsche Philologie«. In: *Zeitschrift für deutsche Philologie. Register zu den Bänden 1-100.* Berlin 1988, S. 19-33 (ebd. S. 20-23 ein Faksimile des Prospektes).

48 Vgl. Anm. 47 (Brief 70).

49 Dieser Teil der *Germanistischen Handbibliothek* wurde nicht realisiert. Vgl. Anm. 47 (Brief 70).

50 Das wurde die *Zeitschrift für deutsche Philologie.* Vgl. Anm. 47 (Brief 70).

Begreiflicherweise soll diese Zeitschrift nicht den Zweck haben ein bloßer Concurrent einer bereits bestehenden Zeitschrift, oder gar ein Doppelgänger der Hauptschen Zeitschrift[51] zu werden. Letzteres wäre ja entschieden unnöthig, u. würde sich für mich am wenigsten schicken, auch meinen Absichten u. meiner Denkweise durchaus zuwider laufen. Im Gegentheil, wenn diese beabsichtigte Zeitschrift, als eine germanistische, auch die von anderen bereits gepflegten Gebiete natürlich nicht principiel ausschließen kann, soll sie doch grade die Aufgabe haben, Gebiete zu pflegen u. Zwecke zu verfolgen, welchen[52] von anderen bestehenden Zeitschriften entweder grundsätzlich ausgeschloßen sind, oder nur beiläufig berührt werden. Es soll, dem Plane nach, eine Zeitschrift für germanische Philologie in ihrem ganzen Umfange werden, also ältere und neuere Zeit, u. auch die außerdeutschen germanischen Länder, Literaturen u. Sprachen in ihren Bereich ziehen. Sie soll dem Plane nach bringen:

1) Aufsätze aus allen Gebieten der deutschen Philologie: Kritik, Hermeneutik, Grammatik, Dialectologie, Metrik, Literaturgeschichte, Mythologie, Volksüberlieferung allerlei Art, Recht *etc.*, u. aus den Grenzgebieten der Theologie, Kunst *etc.* derartiges was wirkl. philologische Bedeutung hat. – Schwierig kann es vielleicht werden, auf den Gebieten der neueren Literatur, der Dialectologie, der Volksüberlieferungen, kurz überall da, wo anmaßliches Dilettantentum sich am leichtesten u. liebsten breit macht, unnützen Ballast abzuwehren.

2) Texte in beschränktem Umfange.

3) Kleiner[53] Mittheilungen allerlei Art.

4) Recensionen u. Anzeigen, auch Auszüge aus wichtigen, aber wenig verbreiteten u. schwer erreichbaren Werken. Zeitschriften. – Diese Abtheilung halte ich für ganz unerläßlich. Sie kann, wenn sich gute u. thätige Mitglieder in hinreichender Zahl finden sehr segensreich wirksam werden.

5) Allmählig auch Jahresübersichten über die Thätigkeit auf einzelnen Gebieten u. im germanischen Auslande (Niderlande, Scandinavien, Britannien; auch germanisches aus romanischen u. slawischen Ländern. NB Sie kennen ja Miklosich unzweifelhaft näher, würde der wol zum Mitthun geeignet u. gewillt sein?).[54]

Von einer Bibliographie würde ich zunächst absehen. Die liefert Bartsch bei Pfeiffer[55] schon zu ausführlich. Falls sich später ein Bedürfnis zu ihrer Auf-

---

51 Die von Moriz Haupt herausgegebene *Zeitschrift für deutsches Altertum und deutsche Literatur.*

52 So in der Handschrift.

53 So in der Handschrift.

54 Eine Zusammenarbeit mit dem Slawisten Franz von Miklosich kam nicht zustande.

55 Karl Bartsch veröffentlichte seit 1863 in Franz Pfeiffers *Germania* eine bibliogra-

nahme herausstellen sollte, würde das wol doch in etwas anderer Form geschehen müßen. Das wäre im Umriße der beabsichtigte Plan bezüglich des Inhaltes der Zeitschrift. Nun Haltung u. Zweck derselben.

Die Haltung soll eine durchaus wißenschaftliche sein, mithin soll die Form eines bloßen essays für gebildete Leser, u. alles bloß practische oder pädagogische principiel ausgeschloßen bleiben. Aber sie soll nicht lediglich auf das Bedürfnis des Forschers von Fach gerichtet, sondern so gehalten sein, daß sie, soweit als irgend thunlich, auch dem Verständniße derer zugänglich u. gerecht bleibt, für welche die übrigen Ausgaben u. Hand- u. Lehrbücher bestimt sind; ähnlich wie die Kuhnsche Zeitschrift[56] ausdrücklich auch den Standpunct der Gymnasiallehrer berücksichtigen will. Nachdem der Kreis der Germanisten den ursprünglichen Seidenfaden längst durchbrochen hat u. in die Breite gegangen ist, müßen wir diesen thatsächlichen Zustand, er mag uns nun genehm oder widerwärtig sein, auch thatsächlich anerkennen, uns darnach richten, ihm die beste Seite abgewinnen, u. nach Kräften für sein wahres Wohl u. Gedeihen zu wirken suchen. – Es versteht sich von allein, daß wir nur echte, objective u. würdige Kritik üben, u. alles persönliche, gehäßige u. unwürdige fern halten wollen.

Der Zweck der Zeitschrift soll ein dreifacher sein:

1) den Fortschritt u. die Verbreitung der germanistischen Wißenschaft überhaupt zu fördern,

2) die Verfaßer u. die Benutzer der beabsichtigten Ausgaben u. Handbücher in beständigem lebendigem Wechselverkehr u. auf dem laufenden der Wißenschaft zu erhalten,

3) das nationale u. internationale Band zwischen den einzelnen deutschen Stämmen u. den germanischen Völkern zu beleben u. zu festigen.

Da ich voraussetze, daß Sie als Österreicher von Geburt auch Ihr Österreich mit jener herzlichen Liebe hochhalten wie jeder unverschrobene Mensch sein eigenes Vaterland, so darf ich auch voraussetzen, daß Sie recht lebhaft u. tief empfinden wie das Heil Österreichs recht wesentlich in seinem deutschen Elemente ligt, u. wie sehr dieses deutsche Element des festen Anschlußes an das übrige Deutschland bedarf, wie sehr es also geboten ist, daß wir über den jetzigen politischen Spalt hinweg uns fest u. ehrlich die Hand reichen zu kräftigem gemeinschaftlichen Handeln im nationalen Sinne u. Intereße. Eben deshalb aber, weil ich Sie als den tüchtigsten Vertreter Deutscher Philologie in Österreich kenne u. hoch schätze, habe ich mir erlaubt, Ihnen mein Vorhaben so offen u. ausführlich darzulegen; eben deshalb hoffe ich auf Ihre

phische Übersicht über germanistische Neuerscheinungen des jeweils vorhergehenden Jahres.

56 Die von Adalbert Kuhn herausgegebene *Zeitschrift für vergleichende Sprachforschung*.

kräftige Mitwirkung zählen zu dürfen, zum mindesten aber hoffe u. bitte ich, daß Sie die Güte haben mögen, mir so bald als irgend möglich Ihre ganze Ansicht über mein gesamtes Vorhaben ebenso unverholen, ehrlich u. ausführlich mitzutheilen.

Sie werden nun noch wissen wollen, wie weit ich thatsächlich mit der Ausführung gediehen bin. Das kann freilich noch nicht sehr weit sein, da ich, wie oben gemeldet, beinahe ein Jahr lang so übel behindert war, u. erst jetzt wider die Sache nachdrücklich zu betreiben beginne. Doch ist wenigstens ein Anfang gemacht, der zu günstigen Erwartungen berechtigt.

Den Walther[57] hat Wilmanns übernommen, die Gudrun[58] Martin, den Parzival[59] Lucae u. am Nibelungenliede[60] will ich mich versuchen. Doch muß ich zuvor noch eine Abhandlung[61] ausarbeiten, in welcher ich Ihnen zu beweisen gedenke, daß der Parzival ein deutsches Gedicht ist, ein Mythus, den deutsche Stämme, wahrscheinlich Burgunder, mit nach Gallien genommen haben, wo

57 Vgl. Anm. 17 (Brief 68).
58 *Kudrun.* Hg. v. Ernst Martin. Halle 1872 (*GHb* 2).
59 Vgl. Anm. 18 (Brief 68).
60 Diese Ausgabe kam nicht zustande.
61 Eine solche Abhandlung ist nicht erschienen. Zachers Überlegungen zu einem deutschen Ursprung des *Parzival*-Stoffes und insbesondere die unten von ihm angedeutete Verwandtschaft zwischen der Gralssage und der Tannhäuser-Sage (vgl. auch Anm. 63, Brief 70) haben, soweit ermittelt, in dieser Form in der Forschung keine Rolle gespielt. Der durch Wolfram als Gewährsmann eingeführte Provenzale ›Kyot‹ (vgl. Anm. 62, Brief 70) und eine Anzahl von Namen in den ersten Büchern des *Parzival*-Romans haben jedoch immer wieder zu Spekulationen über weitere Quellen Wolframs neben *Li Contes de Graal* von Chrétien de Troyes geführt. Dass auch Scherer zumindest einen Zusammenhang mit deutschen Quellen für möglich hielt, äußerte er einige Jahre später gegenüber Georg Gottfried Gervinus: »Die Vermutung habe ich doch kaum geäußert (weil ich über ein wages Meinen damit noch nicht hinaus bin) – daß etwa die französ. Quelle ⟨*Anmerkung Blattende: worin Chrestien. de Troyes. Parz. benutzt u. gleichzeitig unter Berufung auf einen Provenz. Kyot gegen ihn polemisiert wurde*⟩ aus der Wolfr. schöpfte oder ein anderes Parziv. Gedicht schon früher nach Deutschland gekommen u. von Spielleuten der Teil von Gamuret u Belakane mit den Elementen einer deutschen Sage von einem *König*. von Friedeschottenland zu einem selbständigen Gedicht verwebt worden wäre – dieses dann von Wolfram gekannt u. zum 1. Buch Parz. benutzt. So würden sich die deutschen Namen in Parz. u. die merkw. steirischen Localanknüpfungen der Sage erklären. Aber, wie gesagt, es ist eine Vermutung, die ich nicht wage.« (Brief vom 10.1.1870, UB Heidelberg, NL Gervinus: Heid. Hs. 2528). Auf mögliche Beziehungen zwischen Wolframs *Parzival* und der Sage vom König Tyrol von Schotten und seinem Sohn Friedebrant hatte früher bereits Jacob Grimm hingewiesen, dessen diesbezüglichen Aufsatz Scherer sicher kannte: »Tyrol und Fridebrant«. In: *ZfdA* 1 (1841), S. 7-20, hier S. 7 f.

er christianisiert, u. nachgehends, im 12 Jh. von Guiot mit sehr geschickter Hand in ein politisch-theologisches Heilgedicht[62] zu Ehren seines Fürstenhauses umgearbeitet worden ist. Haupt ist dieser Ansicht zwar noch ziemlich abhold, aber richtig ist sie doch. Auch Lucae u. Heyne schüttelten Anfangs die Köpfe als ich sie ihnen darzulegen begann, wurden aber gar bald völlig überzeugt. War ich doch selber überrascht genug als ich unsern Tanhäuser als Condwiramurs Vater[63] entdeckte. Jänicke hat Lust den Tristan[64] zu bearbeiten, sobald er seines Anteils am Heldenbuche[65] erledigt[66] sein wird. Auch Zupitza hat unter der gleichen Voraussetzung seine Mitwirkung in Aussicht gestellt, nur ist er noch nicht darüber einig was er sich zur Bearbeitung wählen soll.

62 Gemeint ist hier eine *Parzival*-Bearbeitung des altfranzösischen Lyrikers Guiot de Provins, die zwar nicht überliefert ist, von deren Existenz Zacher aber ausging. Die durch Wilhelm Wackernagel begründete These, dass es sich bei dem in Wolframs von Eschenbach *Parzival*-Roman als literarischen Gewährsmann zitierten Provenzalen ›Kyot‹ um Guiot de Provins gehandelt habe, war einige Jahre zuvor durch den Wolfram-Forscher San-Marte (d. i. Albert Schulz) aktualisiert worden, dessen diesbezügliche Untersuchung übrigens in der Zacher nahe stehenden Halleschen Waisenbuchhandlung erschien. Vgl. *Des Guiot von Provins bis jetzt bekannte Dichtungen, altfranzösisch und in deutscher metrischer Übersetzung mit Einleitung, Anmerkungen und vollständigem erklärenden Wörterbuch.* Hg. v. Johann Friedrich Wolfart u. San-Marte. Halle 1861 (Parcival-Studien 1), bes. S. 11-23. Nach heutigem Forschungsstand gelten die Versuche, Kyot mit Guiot zu identifizieren, als gescheitert, wie überhaupt die Mehrheit der Interpreten davon ausgeht, dass es sich bei Kyot um eine von Wolfram fingierte Quelle handelt. Vgl. hierzu Joachim Bumke: *Wolfram von Eschenbach.* Stuttgart [6]1991 (Sammlung Metzler 36), S. 164-167 u. 202 f. (Literatur).
63 Gemeint ist Tampenteire (auch: Tampunteire), der in Wolframs *Parzival,* Buch IV auftritt. Für die von Zacher eingeführte Identifizierung mit der Tannhäuser-Figur konnten in der Wolfram-Literatur keinerlei Belege ermittelt werden.
64 Nicht erschienen.
65 *Deutsches Heldenbuch.* 5 Bde. Berlin 1866-70, ein von Karl Müllenhoff initiiertes Editionsunternehmen mit Ausgaben deutscher Heldenepen. Oscar Jänicke bearbeitete mit dem dabei anonym auftretenden Karl Müllenhoff Band 1 (*Biterolf und Dietleib. Laurin und Walberan. Mit Benutzung der von Franz Roth gesammelten Abschriften und Vergleichungen.* Berlin 1866) und gemeinsam mit Arthur Amelung den Doppelband 3 (*Ortnit und die Wolfdietriche. Nach Müllenhoffs Vorarbeiten.* Berlin 1871-73), Julius Zupitza den Band 5 (*Dietrichs Abenteuer von Albrecht von Kemenaten, nebst den Bruchstücken von Dietrich und Wenezlan.* Berlin 1870). Vgl. auch Scherers Rezension der Bände 1 und 2 (*Alpharts Tod, Dietrichs Flucht, Rabenschlacht.* Hg. v. Ernst Martin. Berlin 1866), erschienen in: *LCBl* Nr. 36 vom 29.8. 1868, Sp. 976-979 (= *KS 1,* S. 636-640).
66 So in der Handschrift.

Er hat große Lust eine Literaturgeschichte des altdeutschen Zeitraums[67] abzufaßen. Aber ich gestehe ganz ehrlich, daß ich denn doch besorge, <u>diese</u> Aufgabe möchte für ihn zu schwierig sein; auch vermag ich nicht abzusehen, wie sie in Oppeln[68] gelöst werden könnte.

Hier erlaube ich mir nun die Frage: Haben Sie die Absicht den Otfried[69] herauszugeben? Wenn ja, würden Sie geneigt sein, ihn dieser beabsichtigten Sammlung einzureihen? Wenn nein, würde es dann nicht vielleicht gerathen sein, den H. Zupitza um eine Ausgabe anzugehen? Eine Collation der Wiener hs. würde sich ja wohl ermöglichen laßen. Unter den Text würden die entsprechenden latein. Originalstellen zu setzen sein, wobei die Schwierigkeit bleibt, für die von Kelle[70] nicht aufgehellten Abschnitte die Quellen zu finden, denn die von Kelle dargebotenen waren nicht eben so gar schwer zu entdecken; weiter würden die erforderlichen Erklärungen beizufügen sein. Ein Gloßar ist in hohem Grade wünschenswert; das könnte aber als besonderer Band erscheinen.

Für die Hand- u. Lehrbücher ist es bei weitem schwieriger tüchtige Verfaßer zu ermitteln. Sicher untergebracht ist bis jetzt, u. in guten Händen, die Grammatik,[71] veranschlagt auf cca. 40 Bogen, goth. ahd. mhd. nhd., Laut-, Wortbildungs-, Flexionslehre u. Syntax.

Hier wäre mirs nun überaus erwünscht, wenn Sie sich bewegen ließen eine Metrik[72] abzufaßen. Eine Metrik brauchen wir wie einen Bißen Brot, u. Sie sind im Stande nicht blos die altdeutsche sondern auch die neu-deutsche gut zu schaffen. Wegen des Honorars würden wir uns, denke ich, wol einigen, da der Verleger gern sein Möglichstes thut. Haben Sie doch die Güte mir darüber gefälligen Bescheid zu geben, u. entschließen Sie sich dazu, wenn Sie irgend können.

Weiter aber bitte ich, mir freundlich zu sagen, in wie weit ich sonst auf Ihre gütige Mitwirkung rechnen kann. Beiträge zur Zeitschrift anlangend, würde ich mir deren Zusendung bis Johannis, also bis Ende Juni, erbitten. Die Zusicherung beabsichtigter Mitwirkung an der Zeitschrift habe ich be-

---

67 Nicht erschienen.

68 Julius Zupitza war damals Gymnasiallehrer im schlesischen Oppeln.

69 Scherer hatte für Karl Müllenhoffs *Altdeutsche Sprachproben* (Berlin 1864) Teile der Wiener Otfrid-Handschrift neu verglichen. Die Otfrid-Ausgabe der *Germanistischen Handbibliothek* übernahm ein anderer Bearbeiter: *Otfrids Evangelienbuch*. Hg. v. Oskar Erdmann. Halle 1882 (GHb 5). Vgl. auch Scherers Replik in Brief 71.

70 Otfrid von Weißenburg: *Evangelienbuch. Text und Einleitung*. Hg. v. Johann Kelle. Regensburg 1856.

71 Nicht erschienen.

72 Vgl. Anm. 21 (Brief 68).

reits von mehreren tüchtigen Forschern erhalten, deren Gesellschaft Ihnen gewis genehm sein würde. Das war es, was ich Ihnen am nöthigsten zu sagen hatte und nun rasch ohne Buch fortschicken muß, damit es Sie noch in Wien antreffe. Wenn es irgend angeht schreiben Sie wol auch noch Antwort bevor Sie abreisen; denn ich muß die kurzen Ferien benutzen um so viel als möglich in Gang zu bringen und festzumachen, u. da greift, wie bei jeder beginnenden Organisation immer eins in andere, u. alles bedingt sich gegenseitig.

Mit dem herzlichsten Wunsche daß es Ihnen recht wol gehen möge, u. einer baldigen freundlichen Antwort gewärtig, in vorzüglichster Hochachtung

Ihr
ganz ergebenster
J. Zacher.

71. *Scherer an Zacher*

(Wien), 7./10. April 1867. Sonntag/Mittwoch

7.4.67

Hochgeehrter Herr Professor,

Sie müssen mir verzeihen daß ich Ihrem Wunsche baldiger Antwort so schlecht nachgekommen bin. War aber jemals eine Zögerung gerechtfertigt, durch zwingende Umstände, so war es diesmal die Meinige. Ich hatte Manuscript zu liefern, damit nur der bereits aufgehaltene Druck meiner Grammatischen Untersuchungen[73] (ich schrieb Ihnen wohl schon davon) wieder fortgesetzt werden könne. Manuscript ist gestern nach heißer Arbeit abgegangen, so habe ich einen Augenblick des Aufathmens, in dem ich Briefschulden abtragen kann. Ich hoffte früher um diese Zeit schon auf dem Weg nach Berlin zu sein u. hoffte auch mich in Halle einstellen zu können, nun muß ich aber das eine wie das andere aufgeben u. werde wohl vor Schluß des Sommersemesters aus diesem Wien nicht mehr herauskommen. Hoffentlich entgeht mir nun nicht Ihre in Aussicht gestellte Schrift,[74] und haben Sie dieselbe auch nicht nach Berlin abgehen lassen. Sehr gerne werde ich in der Gymn. Zeitschr. darüber berichten.

Sie erlauben mir nun daß ich Punct für Punct Ihren freundlichen Brief beantwortend durchgehe.

73 *Scherer: GdS (1868).*
74 Vgl. Anm. 46 (Brief 70).

Haben Sie nicht einen Aufsatz über Abraham a S. Clara[75] von mir im Januarheft der Preuß. Jahrb. gelesen? Ich bedaure daß ich zu wenig Exempl. der Bogen hatte, um Ihnen eins davon zugehen zu lassen. Man hat hier den Aufsatz »pathologisch« beurtheilt. Vielleicht würden auch Sie gemerkt haben, welchen Einfluß die Ereignisse des letzten Sommers[76] darauf genommen haben. Der Glaube an die Lebensfähigkeit dieses Staates ist bei mir u. bei vielen auf immer dahin, wir haben triumphirt über den Weg der nationalen Sache und können den Moment des – uns Leben gebenden Todes kaum mehr erwarten. Insoferne sind unsere Beziehungen zu Deutschland weit inniger geworden als sie jemals gewesen. –

Ich staune ein wenig daß Sie über Williram mehr verlangen.[77] Meinen Sie damit Bericht über das Verhältnis der Hss., Mittheilung der kleinen lateinischen Gedichte, Beurtheilung der Sprache: so hoffe ich das Alles vielleicht im Laufe dieses Jahres noch zu geben. Meinen Sie aber genauere Untersuchung der Quellen seiner Paraphrase, so – dispensire ich mich davon vorläufig, als von einer Arbeit die nicht viel mehr zur Charakteristik des Vf. ergeben kann als ich aus der Vergleichung einer Stelle mit ihrer Quelle nachweist.[78] –

Zu dem Plane Ihrer Ausgaben und Handbücher meine ich schon früher meine völlige Zustimmung ganz unumwunden ausgesprochen zu haben.[79] Ich erwäge jetzt noch einmal jeden einzelnen Punct des Programmes das Sie dafür aufstellen, u. ich wüste auch gar nichts hinzuzusetzen, so wohlüberlegt u. reiflich bedacht finde ich Alles. Auch das einzige Bedenken das ich etwa geltend machen konnte, haben Sie im Voraus berücksichtigt: die altd. Philologie hat verhältnismäßig wenige Pfleger u. von diesen wenigen geht ein Theil falsche Wege in theilweise völlig fruchtloser Thätigkeit. Grund genug für die übrigen, ihre Kräfte zusammenzuhalten u. sorgfältig die Gegenstände ihrer Arbeit zu wählen, damit es auch ja die würdigsten u. ergebnisreichsten seien. In eine Thätigkeit zu lediglich praktischen, sei es Universitäts- sei es anderen Unterrichtszwecken möchte ich keinen der Guten sich verlieren sehen. Lassen Sie uns ja darauf halten also, daß nicht Arbeiten unternommen werden die keine neuen Resultate bringen, keine Förderung für unsere Wissenschaft involviren. Ich freue mich daß Sie ebendies als Ihr Augenmerk erklären, u. daß auch nach Ihrer Intention die populärere Form neue wissenschaftliche Erkenntnisse vortragen soll.

75 Wilhelm Scherer: »Pater Abraham a Sancta Clara«. In: PJb Bd. 19 (1867), S. 62-98 (= VA, S. 147-192).

76 Gemeint sind wohl die diplomatischen Verwicklungen, die in den preußisch-österreichischen Krieg (vgl. Anm. 20, Brief 68) mündeten.

77 Vgl. Anm. 31 (Brief 69) und Brief 70.

78 So in der Handschrift.

79 Vgl. Brief 69.

Dagegen kann ich Ihnen große Bedenken in Bezug auf Ihr Project einer Zeitschrift nicht verhehlen, u. äußere sie Ihnen so offenherzig, wie Sie mich es zu thun aufforderten.[80]

Ich gehe von der Concurrenz aus.

Über die Germania[81] werden wir uns leicht verständigen. Es ist klar daß jede Concurrenz mit diesem Organ u. Sammelpuncte aller Unberufenen ein Segen wäre u. dann am allermeisten, wenn die Concurrenz im Stande wäre, den Herren das Handwerk gänzlich zu legen. Ich glaube aber nicht daß dies Unkraut verderben würde. Vortheil sähe ich jedoch, wenn es gelänge, einige wenige Mitarbeiter aus der schlechten Gesellschaft herauszuziehen u. für das neue Unternehmen zu gewinnen.

Der entscheidende Punct ist das Verhältnis zu Haupts Zeitschrift.[82] Wie Ihr Unternehmen es anfangen wollte, um nicht eine Art Doppelgänger derselben zu werden, gestehe ich nicht zu begreifen. Alles was Sie als Gegenstand Ihrer Zeitschr. aufzählen ist auch Gegenstand der Zeitschr. f. d. Alt.: wissenschaftliche Erörterungen aus der Dialectologie können darin ebensowohl Platz finden u. haben Platz gefunden wie wissenschaftliche Mythologie, u. Volksüberlieferungen können wohl überhaupt in größerem Umfange nicht mehr Gegenstand einer Zeitschrift sein, so wenig als Abdruck einzelner Hss. von Werken die man in vielen Mss. besitzt. Läge ein Corpus der Volksüberlieferungen, gleichsam eine kritische Ausgabe, gestützt auf viele Hss. vor; so könnte eine Zs. Nachträge und Lesarten bringen: denen würde sich aber auch Haupt nicht verschließen. Es ist ferner von Haupt stets der Begriff Alterthum so wenig streng gehandhabt worden, als er in sich unbestimmt ist. Eine Untersuchung über ein pseudo. Fischart'sches Werk[83] z.b. wollte er im vor. J. von mir ohne Anstand aufnehmen. Bis ins 16. Jh. hinein also würden Sie Haupt eine unvermeidliche Concurrenz machen in jeder Hinsicht. Bliebe also nur als eigenes Gebiet die neuere Litteraturgeschichte und die Recensio-

80 Trotz seiner im Folgenden geschilderten Zweifel an Zachers Zeitschriftenplan gestattete Scherer die Aufnahme seines Namens in die Mitarbeiterliste der *Zeitschrift für deutsche Philologie* (vgl. den in Anm. 47, Brief 70 genannten Prospekt) und förderte das Unternehmen durch zwei in Einzelheiten kritische, insgesamt aber wohlwollende Rezensionen des ersten Jahrgangs, erschienen in: *ZfdöG* 19 (1868), S. 663-667 u. 21 (1870), S. 41-60 (= *KS 1*, S. 176-201). Vgl. auch Scherers Brief an Müllenhoff vom 7.4.1867, *BW Müllenhoff-Scherer*, Nr. 72, hier S. 202.

81 Franz Pfeiffers Zeitschrift *Germania*.

82 Vgl. Anm. 51 (Brief 70).

83 Gemeint ist das von Fischart bearbeitete Gedicht *Die Gelehrten, die Verkehrten*. Scherer stellte die Ergebnisse seiner Untersuchung dem Herausgeber von Fischarts Werken zur Verfügung. Vgl. *Johann Fischart's Sämmtliche Dichtungen*. Hg. u. mit Erläuterungen versehen v. Heinrich Kurz. Bd. 2. Leipzig 1866 (Deutsche Bibliothek 9), S. XLIV-XLVII. Vgl. ausführlich Brief 86, dazu Anm. 39.

nen. Beides sehr wünschenswerth, mir ganz speciell, denn ich recensire nicht ungern u. halte das Studium der neuern L.G. für principiell außerordentlich wichtig u. bin ihm mit Eifer u. Freude ergeben. Aber wollen Sie auf diese beiden Puncte das Hauptgewicht legen? Und gesetzt Sie wollten es, wie würden Sie es dahin bringen können, dafür die thätigsten Mitarbeiter zu gewinnen? Immer würde das Altdeutsche im Vordergrund stehen. Wissenschaftliche Bearbeiter der neuern L.G., wie viele machen Sie Sich anheischig in Deutschland übh. aufzufinden? Und ist denn diese Wissenschaft übh. gegründet? Wo sind die Muster der Methode? Wo sind die gestellten Probleme? usw... Eine Wissenschaft muß, dünkt mich, schon durch bedeutende Werke festen Bestand haben, damit eine Zs. fördernd eingreifend[84] kann. Unsere neue L.G. hat aber den einzigen Danzel als wirklichen Meister des Faches zu nennen. Und ich sehe Niemanden auf seinem Wege. Vielleicht M. Bernays, der aber zunächst mit kritischen Arbeiten vollauf beschäftigt scheint.

Demnach würde sich Ihre Zs. von der Hauptschen nur durch die Recensionen und durch solche Mitarbeiter unterscheiden, die augenblicklich (wie Wackernagel, Weinhold) sich beiden bestehenden Zss. fern halten oder die für die Germania zu gut sind u. sich ihr abspenstig machen ließen. In allem übrigen wären Sie Haupts Rival. Die Gebiete auf denen sich die Aufsätze bewegten, wären trotz der besprochenen scheinbaren Erweiterung des Programmes wesentlich dieselben, u. die Mehrzahl der Mitarbeiter auf die Sie zählen würden, wären gleichfalls eben diejenigen die sich an H*au*pts Zs. betheiligen.

Unter diesen Umständen wäre, so viel ich sehe, eines von zweien unausbleiblich: entweder der Bestand von H*au*pts Zs. wird durch die Ihrige in Frage gestellt; oder Ihre Zs. geht nach kurzem Bestand zu Grunde. Das eine wie das andere wäre vom Übel u. würfe ein unvortheilhaftes Licht auf uns Alle, ich meine: uns als wissenschaftliche Partei.

10/4

Ich bin neulich unterbrochen worden u. komme erst heute dazu, meinen Brief abzuschließen. Es wird ja alles Wesentliche in dem Vorhergehenden gesagt sein, u. der von mir angeführte Grund gegen die Zeitschrift scheint mir so stark, daß ich Einzelheiten nicht weiter erörtere. –

Ihrer Untersuchung über Parzival[85] sehe ich mit großer Begier entgegen u. wünsche uns daß Sie mit der Veröffentlichung nicht zu lange zurückhalten mögen. –

Was Zupitzas Litteraturgeschichte[86] anlangt, so kann ich gar nicht beurtheilen, wiefern ihm die erforderlichen Fähigkeiten zuzutrauen sind oder

84 So in der Handschrift.
85 Vgl. Brief 70, dazu Anm. 61.
86 Vgl. Brief 70, dazu Anm. 67.

nicht. Das Beste für die Handbücher wäre wohl wenn sich Müllenhoff bewegen ließe, seine Vorlesungen über altd. L.G. drucken zu lassen, die so wie sie sind Alles was es über den Gegenstand giebt, bei weitem übertreffen. Die Absicht den Otfrid[87] herauszugeben habe ich niemals gehegt, u. daß Zup*itza.* ihn ganz gut machen könne, bezweifle ich nicht. Nur müste er selbst die Wiener Hs. collationiren, um für die Sicherheit seiner L*esa*rten. einstehen zu können. Nur der Herausgeber selbst kann die volle Verantwortlichkeit tragen.

Über Ihren Antrag die Metrik[88] betreffend, möchte ich mich am liebsten jetzt noch nicht äußern müssen. Denn einerseits möchte ich nicht den Anschein haben, als ob ich meine Theilnahme für Ihr Unternehmen nur durch Worte kundgäbe u. andrerseits aber bin ich außer Stande, in diesem Augenblicke eine Verpflichtung zu übernehmen, die mir eine so große u. schwierige Arbeit auferlegte. Auch scheine ich mir aus anderen Gründen nicht sonderlich dazu geeignet. Die Herausgabe der Lachmann'schen ahd. Metrik,[89] die eigentlich mehr eine Bearbeitung als eine Herausgabe ist, läßt sich damit nicht verbinden. Ich wäre also in die Nothwendigkeit versetzt mich selbst auszuschreiben. Und in Bezug auf die neudeutsche Metrik, befände ich mich in der Alternative, Koberstein[90] entweder auszuschreiben oder zu übertreffen. Ersteres widerstrebt mir, letzteres würde ich wenn überhaupt, so nur durch einen so colossalen Aufwand an Zeit u Mühe leisten können, wie er meinem inneren Antheil an metrischen Dingen doch entfernt nicht entspräche. Bei diesem Allen bringe ich noch nicht einmal in Anschlag, daß ich nicht voraussehen kann, wie viele u. wo gelegene Puncte der Wissenschaft ich noch durch meine Vorlesungen werde genöthigt sein in den Kreis meiner Studien zu ziehen. Und doch hängt davon allein die Möglichkeit ab, über meine Zeit zu Gunsten eines solchen Handbuchs zu disponiren. – –

Indem ich hoffe daß Sie die Freimüthigkeit mit der ich mich über die Zs. aussprach, nicht misdeuten werden, hoffe ich – ob es mir nun gelingt selbstthätigen Antheil daran zu nehmen oder nicht – daß Ihre übrigen Unternehmungen vom besten Gedeihen u. Erfolge begleitet sein werden.

In ausgezeichneter Hochachtung
ganz ergebenst
WScherer

87 Vgl. Brief 70, dazu Anm. 69.
88 Vgl. Brief 70.
89 Vgl. Brief 68, dazu Anm. 21.
90 Gemeint sind wohl die entsprechenden Abschnitte in Karl August Kobersteins Hauptwerk: *Grundriß zur Geschichte der deutschen Nationallitteratur. Zum Gebrauch auf gelehrten Schulen empfohlen.* Leipzig 1827 [⁴3 Bde. 1847-66].

72. Zacher an Scherer

Halle/Saale, 18. Oktober 1867. Freitag

Halle 18 Oct. 1867.

Hochgeehrter Herr!

Daß Sie nicht zur Philologenversamlung[91] gekommen sind, habe nicht bloß ich bedauert. Auch Ihnen selber wäre es zuträglich gewesen, denn manche Antipathien, Schärfen u. Abneigungen werden durch den persönlichen Verkehr ausgeglichen oder doch gemildert, manche Dißonanz gelöst, manch heilsamer Einfluß geübt, u. diese gegenseitig ausgleichende u. befruchtende Wirkung ist ja eben das Hauptverdienst solcher Zusammenkünfte. Der ganze Süden war leider ausgeblieben. Eingezeichnet haben sich über 60, mehr als je vorher; die namhafteren waren: Möbius, Weinhold, Bartsch, Schiller, Schade, Kuhn, Hildebrand, Bech, Weigand, Köhler, Grein, Wilmanns, Martin, Schulz (San Marte), Ebel, Förstemann u. die hiesigen.[92] Die Verhandlungen selbst haben allerdings nichts besonders hervorragendes geboten. Martin gab eine gründliche Übersicht der mnl. Lit.;[93] außerdem haben wir eine Resolution zu Gunsten von Mannhardts mythol. Arbeiten gefaßt,[94] u. einen Antrag auf Staatsunterstützung des Grimmschen WB.[95] beschloßen. Die beifolgenden orthogr. Thesen[96]

91 Die »25. Versammlung deutscher Philologen und Schulmänner«, die vom 1. bis 4.10.1867 in Halle stattfand. Zacher fungierte als Präsident der germanistisch-romanistischen Sektion.

92 Vgl. das Teilnehmerverzeichnis in: *Verhandlungen der fünfundzwanzigsten Versammlung deutscher Philologen und Schulmänner in Halle vom 1. bis 4. Oktober 1867.* Leipzig 1868, S. 198-203.

93 Zu Ernst Martins Vortrag »Wesen und Verlauf der mittelniederländischen Dichtung« vgl. die referierende Mitschrift in: *Verhandlungen* (wie Anm. 92, Brief 72), S. 154-157.

94 Vgl. hierzu *Verhandlungen* (wie Anm. 92, Brief 72), S. 149 f.

95 Das seit 1854 erscheinende *Deutsche Wörterbuch* der Brüder Grimm. Zu dem erwähnten Antrag auf Staatsunterstützung, den Zacher im Namen der Germanistenversammlung Otto von Bismarck als Bundeskanzler des Norddeutschen Bundes vorlegte, vgl. *Verhandlungen* (wie Anm. 92, Brief 72), S. 150-154, außerdem Karl Stackmann: »Das Deutsche Wörterbuch als Akademieunternehmen«. In: *Die Wissenschaften in der Akademie. Vorträge beim Jubiläumskolloquium der Akademie der Wissenschaften zu Göttingen im Juli 2000.* Hg. v. Rudolf Smend u. Hans-Heinrich Voigt. Göttingen 2002 (Abhandlungen der Akademie der Wissenschaften zu Göttingen, Philologisch-historische Klasse, 3. Folge, 247), S. 247-319, hier S. 250-252 (dort Quellenangaben).

96 Julius Zacher: *Tatsachen und Grundsätze für Regelung der deutschen Schreibung.* Halle 1. Oktober 1867, auch abgedruckt in: *Verhandlungen* (wie Anm. 92, Brief 72),

sind, einem ausgesprochenen Wunsche zu folge, in einer gemeinschaftl. Sitzung der pädagog. u. germanist. Section zur Vorlage gekommen, wodurch ich genöthigt wurde, einen zweistündigen extemporierten Vortrag über deutsche Orthogr. zu halten, während eine Discußion der Thesen selbst aus Zeitmangel nicht mehr erfolgte, auch in so gemischter Versammlung wenig gefruchtet hätte. Indes hatte diese Anordnung doch den Vortheil, daß den prakt. Lehrern eine Reihe von Thatsachen u. Ideen vorgeführt wurde, die den meisten großenteils neu sein mochten, u. daß auch der betreffende Ministerialrath zuhörte, in deßen Reßort die schon lange im Ministerium beabsichtigte u. in Arbeit begriffene officielle Reform der Schulorthographie hauptsächlich schlägt.

Sie haben freilich Ursache, sich über mein langes Schweigen zu wundern, nur ist der von Ihnen vorausgesetzte Grund nicht der richtige. Denn keinesweges habe ich Ihnen die freimütige Äußerung über die beabsichtigte Zeitschrift[97] übel genommen; ich hatte Sie ja ausdrücklich darum gebeten, u. ich freue mich darüber, daß Sie rund heraus geredet haben, u. danke Ihnen aufrichtig dafür. Ihre Bedenken sind ganz u. gar auch die Meinigen; ja ich habe sogar noch mehr u. recht triftige. Ein Hauptbedenken ist mein eigener körperlicher Zustand, der grade für die Strapazen einer Zeitschriftsredaction ganz ungeeignet ist. In Königsberg habe ich meinen Augen derart zugesetzt u. für immer geschwächt, daß sie auf ein geringes Maß von täglicher Leistungsfähigkeit beschränkt sind; so daß ihnen also die Correspondenz u. übrige Arbeit der Redaction fast Gift ist. Diese Beschränkung der Leistungsfähigkeit ist auch der Hauptgrund meines langen Schweigens Ihnen gegenüber. Ferner aber bin ich zu penibel. Ich möchte nicht gern Untermittelmäßiges oder gar Schund bringen, kann aber auch nicht bei zu besorgenden Lücken mit raschen eigenen Leistungen vor den Riß treten. Könnte ich noch, wie damals ehe ich nach Königsberg gieng, tägl. 12-14 Stunden arbeiten, dann fürchtete ich weder hier noch sonst wo etwas.

Daß ich mit Haupt nicht concurrieren will, brauche ich Ihnen doch nicht auseinanderzusetzen. Daß ich aber freilich stellensweis mit ihm concurrieren muß ligt unvermeidlich in der Natur der Sache. Doch würden die guten Mitarbeiter grade für diese Parthie, wie Sie selbst schon bemerkt haben, doch fast ausschließlich grade diejenigen sein, die sich aus irgend welchem Grunde von der Hauptschen Ztschr.[98] fern halten, u. deshalb in dieser Beziehung zum Schaden der Wißenschaft brachliegen; wie z.B. Weinhold, Wackernagel, Möbius.

S. 142; ebd. S. 116-141 ist Zachers unten erwähnter Vortrag mit ausführlicher Begründung der Thesen nach dem stenographischen Sitzungsprotokoll wiedergegeben.

97 Vgl. Brief 71.
98 Vgl. Anm. 51 (Brief 70).

Aus diesen u. anderen sehr ernsten Bedenken habe ich mich sehr schwer, u. wie ich ganz offen gestehe, auch keinesweges gern zu dem höchst mislichen Versuche der Zeitschrift entschloßen. Wenn ichs aber schließlich dennoch gethan habe, wenn ich es gethan habe in der sicheren Voraussetzung, nicht einmal einen wirklichen pecuniären Gewinn davon zu ziehen, dann werden Sie überzeugt sein dürfen, daß ich diesen Entschluß für eine Nothwendigkeit halte, für ein Opfer, das um der guten Sache willen gebracht werden muß. Das würde ich Ihnen mündlich ganz gern aus einander setzen; schriftlich läßt sich das nicht gut machen. Könnte ich Ihnen namentlich die Erfahrungen des Breiteren vorlegen, die ich seit 2 Jahren als Examinator gemacht habe, so würden Sie schon darauf hin sich nicht mehr wundern. Ich habe auch namentlich die activen Schulmeister u. die Behörden im Auge.

Gutes Ms. habe ich erhalten für etwa ein Heft. Ich kann aber mit dem Drucke nicht beginnen, bevor 2-3 Hefte gedeckt sind, damit nicht sofort eine Verzögerung in der Heftfolge zu besorgen sei. Zugesichert sind mir namentlich, u. zwar von den besten Fachkennern, Übersichten u. Berichte über die gesamte deutsch-philolog. Thätigkeit Skandinaviens u. Hollands. Für Belgien u. England denke ich noch daßelbe zu gewinnen.[99] – Für die neuere Lit. haben wir zwar nicht viel tüchtige Leute, aber doch vielleicht mehr als wir vermuten, da uns ja ein zusammenhaltendes Fachorgan gänzlich gebricht. Da sind außer dem von Ihnen schon genannten Bernays z.B. noch Höpfner, Dilthey u. einzelne andere, bei denen es freilich darauf ankommen wird, ob u. wie sie werden mitwirken wollen.[100] – Und endlich brauchen wir doch gute Recensionen wie einen Bißen Brodt. Zarncke bat mich neulich, Sie zu ersuchen, daß Sie so gütig sein möchten die unter Müllenhoffs Leitung besorgte Ausg. des Heldenbuches[101] in seinem Centralblatte zu recensieren, u. ihm auch andere Recensionen zu liefern. Indem ich mich dieses Auftrages entledige, bitte ich, mir darüber eine Zeile Antwort zukommen zu laßen. Es fällt mir nicht ein, Sie Zarncken abspänstig machen zu wollen. Aber grade von Ihnen Recensionen für meine beabsichtigte Zeitschrift zu erhalten, wäre mir ein unschätzbarer Gewinn; denn Ihre Recensionen sind sämtlich tiefgreifend u. stets so beschaffen, daß auch der Kenner etwas für ihn wichtiges daraus lernt. Möchten Sie nicht die Güte haben, für meine Zeitschrift eine ausführliche Besprechung von Uhlands Schriften beizusteuern?[102] Was ich bis jetzt an Be-

---

99 Von den projektierten Berichten ist nur einer erschienen: Theodor Möbius: »Nordischer litteraturbericht«. In: ZfdPh 1 (1869), S. 339-437.

100 Von den Genannten wurde nur Ernst Höpfner, Zachers Mitherausgeber, Mitarbeiter der Zeitschrift.

101 Zu dieser Ausgabe vgl. Anm. 65 (Brief 70), zu Scherers Rezension im Literarischen Centralblatt auch Brief 82, dazu Anm. 3.

102 [Ludwig] Uhlands Schriften zur Geschichte der Dichtung und Sage. Hg. v. Wil-

sprechungen derselben gesehen habe, war durchgehends fast elend zu nennen. Und doch verdienen diese Schriften, sowol nach ihrem antiquierten wie nach ihrem bleibenden Inhalte, in so hohem Grade einer sachkundigen u. geschickten Würdigung. Sie können aber kaum vermuten, wieviel Confusions-Schaden grade der antiquierte Inhalt stiftet, weil Uhlands Name den unfähigen Benutzer blendet, oder ihm gar als Schild dient. Wilmanns Walther[103] soll nach Neujahr in den Druck gehen, dann soll Martins Gudrun[104] folgen. Den Tristan[105] hat Jänicke, den Parzival[106] Lucae übernommen, u. an den Nib.[107] will ich mich versuchen, sobald ich daran kommen kann. Ich wollte die Berliner kauften bei der Bonner Auction (Lempertz, 4 Nov.) die Hundeshagner hs. u. die Alpharths.[108] Die Metrik[109] hat Koberstein wegen seines hohen Alters abgelehnt. Besonders hat ihn Bechs Erek[110] u. deßen Billigung im Centralblatte erschreckt. Wilmanns will nun die Metrik machen. Auch die Grammatik[111] ist gut untergebracht. Wegen der Mythol.[112] stehe ich noch in Unterhandlung. Die Antiqq.[113] werde ich unter mehrere Bearbeiter u. in mehrere Bände theilen müßen u. schwer unterbringen können.

helm Ludwig Holland, Adelbert von Keller u. Franz Pfeiffer. 8 Bde. Stuttgart 1865-73. – Die von Scherer in Brief 73 zugesagte Rezension ist nicht erschienen.
103 Vgl. Anm. 17 (Brief 68).
104 Vgl. Anm. 58 (Brief 70).
105 Vgl. Anm. 64 (Brief 70).
106 Vgl. Anm. 18 (Brief 68).
107 Vgl. Anm. 60 (Brief 70).
108 Es handelt sich hier um die Handschrift ›d‹ des *Nibelungenliedes* (auch Hundeshagener Handschrift/Codex genannt) und die einzige überlieferte Handschrift von *Alpharts Tod*. Beide stammten aus dem Besitz des 1858 verstorbenen Schriftstellers und Architekten Bernhard Hundeshagen und wurden, wie Zacher hoffte, bei ihrer Versteigerung durch das Bonner Antiquariat Lempertz am 8. November 1867 von der Königlichen Bibliothek zu Berlin (heute: Staatsbibliothek zu Berlin – Preußischer Kulturbesitz) erworben. Vgl. Hermann Degering: *Kurzes Verzeichnis der germanischen Handschriften der Preußischen Staatsbibliothek I: Die Handschriften in Folioformat*. Leipzig 1925 (Mitteilungen aus der Preußischen Staatsbibliothek 7), S. 119 (zu Ms. Germ. fol. 855 u. 856) u. *Das Nibelungenlied in spätmittelalterlichen Illustrationen. Die 37 Bildseiten des Hundeshagenschen Kodex Ms. Germ. Fol. 855 der ehemaligen Preußischen Staatsbibliothek Berlin, derzeit Staatsbibliothek Preußischer Kulturbesitz*. Faksimileausgabe unter Mitarbeit v. Günther Schweikle hg. v. Hans Hornig. Bozen 1968, S. 11 u. S. 17, Anm. 18.
109 Vgl. Anm. 21 (Brief 68).
110 *Hartmann von Aue*. Hg. v. Fedor Bech. Bd. 1: *Erec der Wunderaere*. Leipzig 1867 (DCM 4).
111 Vgl. Anm. 71 (Brief 70).
112 Nicht erschienen.
113 Antiquitäten (Altertümer). Das Handbuch ist nicht erschienen.

H. Diemer (folgt anbei direct unter Kreuzband) schickte mir neulich zu meiner Überraschung Th. VI. seiner Beiträge.[114] Ich habe bei ihm angefragt ob er nicht ein Handb. der Antiq. von Kirche, Kloster u. Schule[115] übernehmen will. Ob ich damit einen richtigen Griff gethan habe weiß ich freilich nicht. Denn ein solches Handbuch kann eigentl. nur ein Katholik schreiben der mit gediegenem Wißen scharfes u. richtiges Urteil u. unabhängigen Character verbindet. Selbst kath. Pfarrer, wenigstens hier zu Lande, wißen jetzt nur noch wenig von diesen Dingen u. die Protestanten fast gar nichts, u. doch beruht darauf der weit überwigende Theil der mittelalt. Lit. Wie unentbehrlich diese Kenntniße zum Verständnis u. zur richtigen Würdigung der Literaturdenkmäler sind, haben Sie selber in Ihren Arbeiten am besten gezeigt. Ich umfaße darunter alle Interna u. Externa des Kirchen- Kloster- u. Schulwesens, Gebäude, Geräthe, Cult- u. Cultformulare, Zeiteinteilung u. Verwendung, gangbare Literatur etc etc. Es würde einen ganz stattlichen Band geben.

Ihre gütigen Zusendungen habe ich sämtl. erhalten u. mit dem lebendigsten Intereße gelesen u. danke Ihnen aufrichtigst dafür. Die Grobigkeit bei Besprechung des Abraham[116] u. des Fischart[117] vermag ich wol zu würdigen; wäre ich ein Östreicher, so dächte u. schriebe ich vielleicht noch herber; denn ich sehe leider nicht ab, wie Sie bei aller Anstrengung u. dem besten Willen aus Ihren gewaltigen Schwierigkeiten herauskommen sollen.

Zu Callisth. 3,6 ff[118] bemerke ich nachträglich, daß wir hier ein sehr altes Stück jener Fragebüchlein haben, deren Denkm. p. 343[119] gedacht ist. (Wenn ich nicht sehr irre, ich kann jetzt nicht nachsehen, stehen diese Fragen auch in den »Glossaria« der Thesauri von Stephanus u. Labbeus).[120]

---

114 *Ezzos Rede von dem rehten Anegenge oder Lied von den Wundern Christi aus dem J. 1065.* Aufgefunden und mit einer Einleitung und Anmerkungen neu hg. v. Joseph Diemer. Wien 1867 (Beiträge zur älteren deutschen Sprache und Literatur 6).

115 Nicht erschienen.

116 Vgl. Anm. 75 (Brief 71).

117 Gemeint ist Scherers Rezension von *Sämmtliche Dichtungen Johann Fischarts.* Hg. v. Heinrich Kurz. Bd. I, II. Leipzig 1866 (Deutsche Bibliothek 8-9), erschienen in: *ZfdöG* 18 (1867), S. 474-486.

118 Die Angabe verweist auf Zachers Inhaltsübersicht zum Alexanderroman des Pseudocallisthenes, wo an dieser Stelle eine »Unterredung Alexanders mit den Brahmanen« beschrieben wird, »welche hauptsächlich aus der Beantwortung spitzfindiger Fragen besteht« (*Pseudocallisthenes,* wie Anm. 46, Brief 70, S. 145).

119 *Denkmäler I,* S. 343, geben Müllenhoff und Scherer einen längeren Exkurs zu den »im mittelalter sehr verbreiteten frag- und antwortbüchlein […], die den aussprüchen des Secundus […] oder vielmehr der altercatio Hadriani et Epicteti […] nachgebildet waren«. Diese Ausführungen fehlen in der zweiten Ausgabe von 1873.

120 Gemeint sind vermutlich Henri (II.) Estiennes (lat. Henricus Stephanus) *Thesaurus linguae graecae* (5 Bde. Genf 1572 u. ö.) bzw. Philippe Labbés (lat. Lab-

Von Heyne wird demnächst eine zweite Ausg. des Beow.[121] erscheinen.
Wenn Sie erwägen wollen, daß er seine Schule bei Leo u. Pott gemacht hat,
werden Sie den bedeutenden Fortschritt in seinen Leistungen u. den Über-
gang zur Anerkennung der Lachmannschen Principien nicht verkennen. Daß
er schnell produciert ligt nicht bloß in seinem Character, sondern auch in
seiner ökonomischen Lage. Jedenfalls ist sein Wißen, Urteil, Energie u. Emp-
fänglichkeit für Beßeres anzuerkennen. Der Fortschritt der zweiten Beov. Ausg.
gegen die erste wird Ihnen nicht entgehen.
    Nun sind aber meine Augen wirklich sehr müde. Nehmen Sie also heute
so vorlieb u. erfreuen Sie mich recht bald durch eine freundliche Antwort.
    Mit den besten Wünschen für Ihr Wohlergehen in der vorzüglichsten
Hochachtung

Ihr
g*anz* ergebenster
J. Zacher.

73. Scherer an Zacher

(Wien), 21. Oktober 1867. Montag

Hochgeehrter Herr Professor,

Ich antworte sofort, aber nur 2 Zeilen. Ich soll in diesen 8 Tagen mein
Buch[122] fertig machen u. eile dann nach Berlin. Von dort aus mehr. Die Rec.
Uhlands[123] übernehme gern, mache aber auf die Unsicherheit dabei aufmerksam, eigentlich sollte ich gar nichts für die nächste Zeit versprechen, ich bin
sehr herunter, vor Frühjahr wärs nicht möglich, und ob dann ist auch die
Frage. Doch werde ich sehen wie mir der Ortswechsel u. das bischen Ruhe
das ich mir in Berlin ersehne u. erhoffe mir thun wird. Man ist dann gleich
auch thatenlustiger, wenn man körperlich wohler ist. Dann vielleicht auch
noch einmal über die Zeitschrift im Allgemeinen, doch führe ich <u>dazu</u> lieber
einmal zu Ihnen hinüber.

beus) *Linguae graecae prosodia, dialecti, epitheta, cum Thesauro prosodico graeco-
latino* (Paris 1654-63) [beide Werke nicht eingesehen].
121 *Beówulf.* Mit einem ausführlichen Glossar hg. v. Moritz Heyne. Paderborn ²1868
[¹1863] (Bibliothek der ältesten deutschen Literatur-Denkmäler 3/Angelsächsi-
sche Denkmäler I). – Scherers sehr kritische Rezension der Ausgabe erschien in:
ZfdöG 20 (1869), S. 89-112 (= *KS I*, S. 471-496).
122 *Scherer: GdS (1868).*
123 Vgl. Anm. 102 (Brief 72).

Wegen Zarnckes Anfrage[124] kann keine bestimmte Antwort geben, weil ich die Rec. des Held*en*b. für hies. Gymn Zs. übernommen. Wenn ich Anstalt für einen Ersatzmann treffen kann, wenn vielleicht mein Freund Heinzel bereit wäre (Sie haben doch s. Heinrich v Melk[125] gesehen?): so wollen wir sehen.

Große Lust habe ich nicht, möchte aber die dargebotene Gelegenheit nicht von der Hand weisen, in der Erwartung daß die hämischen Verunglimpfungen Haupts und Müllenhoffs[126] die eine Zeitlang im Centralbl. an der Tagesordnung waren, ein Ende nehmen sollen.

Die Kreuzbandsendung die Sie als gleichzeitig mit Ihrem Briefe eintreffend voraussetzen, habe ich <u>nicht</u> erhalten.

Verzeihen Sie, wenn ich mit diesem Briefe Ihren Augen hartes Ungemach bereite, meine Zeit ist ganz außerordentlich in Anspruch genommen.

Mit vorzüglicher Hochachtung
Ihr
ergebenster
Scherer

21.10.67.

74. Zacher an Scherer

Halle/Saale, 14. Mai 1868. Donnerstag

Halle a/S. 14 Mai 1868.

Hochgeehrter Herr!

Ihr gelehrtes, scharfsinniges, geistreiches und kühnes Buch[127] so durchzustudieren, daß ich mir hätte zumuten dürfen etwas öffentlich darüber zu sagen, dazu bin ich diese Wochen hier beim besten Willen außer Stande gewesen. Denn Sie behandeln eine ganze Menge der allerschwierigsten Fragen, welche sehr reiflich und ruhig erwogen sein wollen, ehe man wagen darf darüber mitzureden. Nachdem aber einige aufhaltende Schwierigkeiten wegen etlicher neu zu beschaffender Typen erledigt waren, ist der Setzer mit der Zeitschrift

---

124 Vgl. Brief 72, dazu Anm. 101.
125 *Heinrich von Melk.* Hg. v. Richard Heinzel. Berlin 1867.
126 Vgl. hierzu Scherers Briefwechsel mit Friedrich Zarncke (Briefe 82-94).
127 *Scherer: GdS (1868).* – Berthold Delbrücks Rezension des Buches, die Zacher mit Scherers Einverständnis eingeworben hatte, erschien in: *ZfdPh* 1 (1869), S. 124-128. Vgl. dazu auch Delbrücks Brief an Scherer vom 19.4.1868 (Brief 78), dazu Anm. 4 (Brief 78) und Zachers ausführlichere Äußerung zu dem Buch in Brief 77.

rasch vorwärts gegangen, so daß ich alle Hände voll zu thun hatte mit Correcturen und Correspondenzen, und zu andauerndem gesammeltem Studium weder Zeit noch Ruhe blieb. Da hat denn Dr. Delbrück, nachdem er zuvor Ihre Genehmigung eingeholt, die Anzeige[128] übernommen, und wegen seiner ausgedehnteren linguistischen Studien ist er dazu sogar viel befähigter und berufener als ich, der ich, wo es über das Deutsche hinausgeht, meist aus zweiter Hand schöpfen muß, also nicht mit der vollen wünschenswerten Selbständigkeit urteilen kann. Das Heft ist nun im Drucke vollendet und wird demnächst zur Versendung kommen. Inzwischen habe ich auch ein Programm[129] über das ganze Unternehmen drucken laßen, u. erlaube mir, Ihnen einige Exemplare davon unter Kreuzband (durch Besorgung der Verlagshandlung) zuzusenden. Sie waren so gütig mir anzubieten, daß Sie die Vertheilung in Wien besorgen wollten, und ich erlaube mir nun die ergebenste Bitte, den Herren Miklosich, v. Karajan, Mussafia, Heinzel und wen Sie sonst für geeignet halten, die Exemplare zu geben, u. sie in meinem Namen um ihre geneigte Mitwirkung zu ersuchen.[130] Sie haben wol auch die Güte, mir nächstens die Adreßen dieser Herren einschließlich ihrer Titel mitzutheilen, damit ich noch selbst an sie schreiben könne.

Dr. Hoepfner schrieb mir vorlängst, daß Sie geneigt seien, mir etwas über Lessings Berliner Aufenthalt[131] mitzutheilen für die Zeitschrift. Haben Sie dies oder etwas anderes, oder können Sie an die Anzeige von Uhlands Schriften[132] gelangen, so würden Sie mich durch gütige Zusendung sehr erfreuen u. verbinden.

Hoffentlich sind Sie ganz wolbehalten heimgekehrt, und Ihre Angelegenheiten,[133] über die Müllenhoff mir neuerdings schrieb, daß sie noch nicht erledigt seien, haben wol inzwischen auch einen Abschluß gefunden, von dem ich herzlichst wünsche, daß er ganz Ihren eigenen Wünschen entsprechend ausgefallen sein möge.

Ich stecke so im Gedränge, daß ich mich heut auf diese wenigen Zeilen beschränken muß.

128 Vgl. Anm. 127 (Brief 74).
129 Gemeint ist der in Anm. 47 (Brief 70) erwähnte Prospekt über die *Germanistische Handbibliothek* und die *Zeitschrift für deutsche Philologie*.
130 Von den Erwähnten wurde keiner Mitarbeiter der *Zeitschrift für deutsche Philologie*.
131 Ein Aufsatz von Scherer zu diesem Thema ist nicht erschienen.
132 Vgl. Anm. 102 (Brief 72).
133 Scherer stand damals in Berufungsverhandlungen mit den Universitäten in Graz und Würzburg (vgl. Brief 17, dazu Anm. 120), erwartete aber zugleich die Ernennung zum Nachfolger des schwer erkrankten Franz Pfeiffer in Wien, die nach dessen Tod (29.5.1868) am 3.7.1868 erfolgte.

Mit den herzlichsten Wünschen für Ihr Wohlergehen in der aufrichtigsten
Hochachtung

Ihr
ganz ergebenster
J. Zacher.

75. *Zacher an Scherer*

Halle/Saale, 30. Mai 1868. Sonnabend

Halle 30 Mai 1868.

Verehrtester Herr!

Für Ihren freundlichen gestern an mich gelangten Brief[134] bin ich Ihnen sehr
zu Danke verbunden. An die Herren Diemer, Tomaschek, Müller u. Wagner
habe ich sogleich Programme[135] unter Kreuzband abgesandt. Briefe hinzuzufügen war mir noch unmöglich, da ein Gedränge laufender Arbeiten erst zu
bewältigen ist. Ich werde es nachholen sobald ich irgend kann. Wollen Sie
inzwischen die Güte haben, bei einem oder dem anderen der von Ihnen bezeichneten Herren eine freundliche mündliche Vermittlung zu übernehmen,
so werden Sie mich sehr verbinden. An H. Mussafia[136] habe ich durch Vermittlung der Waisenhausbuchh. neulich ein Exempl. der Epitome Valerii[137] u.
des Iter Alexandri ad Paradisum[138] unter Kreuzband senden laßen; hoffentlich
hat er es richtig erhalten. Das erste Heft der Ztschr. ist fertig u. komt in 8 Tagen zur Versendung. Das zweite ist bereits über die Hälfte gesetzt, bis p. 198.
Manuscript ist zwar noch vorhanden, doch kann ich gutes neues sehr wol
brauchen, da das vorhandene für ein volles drittes Heft nicht mehr ausreicht.
Wenn Sie zu Kuhns Anmerkung[139] auf p. 115 etwas hinzufügen wollen, so
soll es mir ganz genehm sein. Wird Ihre Erörterung nicht zu lang und geht

134 Nicht überliefert.
135 Gemeint ist der in Anm. 47 (Brief 70) erwähnte Prospekt. Von den Genannten
     wurde keiner Mitarbeiter der *Zeitschrift für deutsche Philologie*. Mit Müller ist
     vermutlich der Wiener Sprachforscher Friedrich Müller gemeint.
136 Vgl. Brief 74, dazu Anm. 130.
137 *Julii Valerii epitome. Zur Begrüßung der germanistischen Section der XXV. Ver-
     sammlung deutscher Philologen und Schulmänner zu Halle.* Zum erstenmal hg. v.
     Julius Zacher. Halle 1867.
138 *Alexandri magni iter ad paradisum ex codd. mss. latinis* primus editit Julius Zacher.
     Regimonti 1859.
139 Vgl. Adalbert Kuhn: »Der schuss des wilden jägers auf den sonnenhirsch; ein
     beitrag zur vergleichenden mythologie der indogermanen«. In: *ZfdPh* 1 (1869),

sie mir bald zu, dann kann sie hoffentlich noch im zweiten Hefte Platz finden. Ganz genau läßt sich über den Raum vorweg nicht verfügen, da die einzelnen Aufsätze einander gegenseitig im Raume bedrängen, und nicht jedes
Manuscript eine ganz sichere Schätzung erlaubt.

Abhandlungen, anknüpfend an Ihr Buch u. an Delbrücks Besprechung[140]
deßelben, wären meines Bedänkens für die Zeitschrift sehr geeignet u. jedenfalls auch für die Wißenschaft von Wert u. Wirkung. Denn durch eine wol-
wollende Discußion, welche auf jeder Seite durch das Streben nach Erforschung der Wahrheit getragen ist, belebt sich nicht nur das Intereße der Leser
an dem Probleme, sondern es ergibt sich auch schließlich eine Klärung der
bereits aufgestellten Ansichten, und ein Zuwachs neuer fruchtbarer Gesichts-
punkte u. Gedanken. Es wäre sehr schön, wenn Sie bereits für das dritte Heft
etwas der Art niderschreiben könnten, so daß ich es in etwa 4, längstens 6 Wochen erhielte.

Das Honorar der Zeitschrift hat der Verleger[141] in Folge einer eingehenden
zwischen mir und ihm gepflogenen Erwägung auf acht Thaler für den Druckbogen angesetzt; das wären also 12 fl. östr. Wieviel Ihre Gymnasialzeitung[142]
zahlt, weiß ich nicht; wohl aber wäre mirs von geschäftlichem Intereße u.
Werte, es zu wißen. Hiernach wird H. Heinzel sich sehr leicht eine Berech-
nung machen können. Aus dem Programme u. dem ersten Hefte der Ztschr.
werden Sie ja ihren Character u. ihr Ziel leicht sicher entnehmen können.
Halten Sie nun H. Heinzels Vortrag[143] für geeignet, u. will er dann denselben
der Zeitschrift freundlichst überlaßen, so würde mir das ganz angenehm sein,
und würde ich um Zusendung ergebenst bitten. Eigentlich sollte ich wol von
vornherein voraussetzen, daß ein Aufsatz der für die östr. Gymn. Ztg. wol
geeignet ist, auch für diese Ztschr. paßend sein würde.

S. 89-119, hier S. 115, Anm. 1, wo Kuhn eine Feststellung in *Denkmäler 1,* S. 220
moniert, in der Scherer sich von den Ergebnissen der vergleichenden Mythologie
distanziert hatte. Scherer erwiderte darauf nicht in der Zeitschrift selbst, sondern
in seiner Rezension des ersten Heftes (vgl. Anm. 80, Brief 71): »Wenn Kuhn […]
wieder den Eber in den bekannten altdeutschen Versen der St. Galler Rhetorik
[…] für den Eber des Freyr erklärt, so darf ich dagegen mein Leben Willirams
[wie Anm. 31, Brief 69] S. 211 anführen, wo ich diese Verse einem Liede von der
Gründung der Burg Ebersberg zuzuweisen suchte, das uns in lateinischem Aus-
zuge erhalten ist.« (zit. n. *KS 1,* S. 180).

140 Vgl. Anm. 127 (Brief 74).
141 Vgl. Anm. 19 (Brief 68).
142 Die *Zeitschrift für die österreichischen Gymnasien.*
143 Nicht ermittelt. Richard Heinzel hat auch später nicht an der *Zeitschrift für deutsche Philologie* mitgearbeitet.

Ihren Wunsch, bezügl. auf Düntzer, aus Göthes Freundeskreis,[144] habe ich dem Verleger mitgetheilt, u. er will das Nöthige veranlaßen. – An Hm. Grimm hatte ich wegen lexicograph. handschriftl. Nachlaßes seines Vaters[145] zu Gunsten Lexers geschrieben.[146] Er antwortet mir, daß er mich en passant binnen 14 Tagen selbst zu besuchen gedenke. Da will ich denn mündlich mit ihm mich benehmen, u. bin Ihnen sehr dankbar für die Ihrem Briefe beigefügten Andeutungen über seine mögliche Mitwirkung. Ihre Vermutung über die Grundhs. der Nib. ist sehr scharfsinnig.[147] Nach Vollmers[148] Zählung enthält A 9264 + 2160 Langzeilen, gibt genau 11424/51 = 224 sp. = 56 Bl. = 7 quat. Gleichwol erscheint mir die Rechnung aus mehr als einem Grunde so bedenklich, daß ich keinen Schluß darauf bauen möchte. Erstlich gefallen mir die 51 Zeilen nicht, weil dann die Spalte nicht einmal mit einem Zeilenpaar, geschweige mit voller Strophe schließt. 12 Strophen u. 3 Zeilen auf die Spalte wäre eine so unsymmetrische u. unpraktische Theilung, wie sie nur irgend sein könnte. Zweitens: in A sind die Verse, und wei-

144 Heinrich Düntzer: *Aus Goethes Freundeskreise. Darstellungen aus dem Leben des Dichters.* Braunschweig 1868. – Die offenbar von Scherer geplante Besprechung kam nicht zustande.

145 Wilhelm Grimm.

146 Vermutlich wollte Matthias Lexer in Wilhelm Grimms handschriftlichen lexikographischen Nachlass Einblick nehmen. Lexer war bereits 1863 als Nachfolger Jacob Grimms für die Bearbeitung des *Deutschen Wörterbuchs* im Gespräch gewesen, die offizielle Bestallung erfolgte erst 1881 als er die Arbeit an den Bänden VII und XI,1 aufnahm.

147 Im Zentrum von Scherers Hypothese über die Beschaffenheit der nicht erhaltenen Grundhandschrift von *Nibelungenlied* und *Klage* stand die Annahme, dass sich die Zeilen-, Spalten- und Lagenverhältnisse dieser Handschrift analog zu denen der Handschrift A, der von Karl Lachmann und der Berliner Schule favorisierten Leithandschrift des *Nibelungenlied*, verhielten. In einem Brief an Karl Müllenhoff vom 2.6.1868 hat Scherer dies weiter ausgeführt: »Also die Handschrift in welcher Nibelungen und Klage zuerst vereinigt und in den Nibelungen jene famosen Pilgrimzeilen hinzugefügt waren, war in 224 Spalten zu 51 Zeilen geschrieben. Da A 50-52 Langzeilen in der Spalte hat, so bewahrt sie beinahe die alte Einrichtung […]. Nehmen wir an, daß ebenso jene Urhandschrift 2spaltig geschrieben war, auf jedem Blatt also 26 Strophen der Nibelunge Not, so zählte jedes Doppelblatt 8 Spalten. […] Wenn Sie wollen, können Sie Sich also vorstellen, daß die Urhandschrift aus 7 Lagen zu 4 Doppelblättern bestand.« (*BW Müllenhoff-Scherer*, Nr. 93, 17 f., dort auch die genauen, von Scherer zugrunde gelegten Zahlenverhältnisse, die Zacher im vorliegenden Brief aufnimmt). Auf eine öffentliche Darlegung seiner Annahmen hat Scherer verzichtet.

148 *Der Nibelunge nôt und diu klage.* Hg. v. Alois Josef Vollmer. Leipzig 1843 (Dichtungen des deutschen Mittelalters 1).

terhin auch die Strophen abgesetzt; in B. sind (Lachm. p. VI)[149] die Str. abgesetzt; ob auch die Verse, weiß ich nicht, da ich kein facs. habe; in C sind nach dem Lassbg. facs.[150] die Strophenanfänge zwar durch große Buchstaben kenntlich gemacht, aber weder Str. noch Verse abgesetzt. Also nur die jüngste u. nachläßigste dieser drei hss. hat sicher abgesetzte Str. u. V., die älteste u. sorgsamste hat sie entschieden nicht. Nun haben zwar schon die hss. des Otfr. nach dem facs. bei Graff[151] abgesetzte Str. u. Verse; denkbar u. möglich wären sie also auch in der Grundhs. der Nib. Aber <u>sicher</u> sind sie doch keinesweges; ja sie dünken mich nicht einmal wahrsch*ein*l., denn auch unsere ältesten u. besten Liederhss.,[152] die Weingartner, die Heidelb. 357 setzen Str. u. Verse nicht ab. Und es wäre doch sonderbar, wenn die Grundhandschrift abgesetzte Verse gehabt hätte, u. grade die besten nachfolgenden Schreiber hätten dieses sehr zweckmäßige Verfahren wider aufgegeben, erst ein verhältnismäßig später u. unsorgfältiger, der Schreiber (oder die Schreiber) von A, hätte(n) es wider aufgenommen. Je zweifelhafter aber die abgesetzten Verse in der Grundhs. erscheinen, desto zweifelhafter u. unsichrer wird auch ein darauf gebauter Schluß. Waren dagegen andrerseits die Verse in der Grundhs. nicht abgesetzt, dann fehlt das feste Maß der Zeilenlänge, u. dann ist wider kein rechnender Schluß zuläßig.

In der Hoffnung bald eine freundliche Zuschrift von Ihnen zu erhalten u. mit den besten Wünschen für Ihr Wohlergehen

Ihr
ganz ergebenster
J. Zacher.

149 *Der Nibelunge Not mit der Klage. In der ältesten Gestalt mit den Abweichungen der gemeinen Lesart* hg. v. Karl Lachmann. Berlin 1826. – Zacher zitiert nach der 4. Auflage (Bes. v. Moriz Haupt. Berlin 1867).

150 *Das Lied der Nibelunge, aus der ältesten und reichsten Handschrift des Reichsfreiherrn* [Joseph] *von Laßberg.* Hg. v. ihm selbst. Einzige ächte Ausgabe. St. Gallen, Konstanz 1846.

151 *Krist. Das älteste, von Otfrid im neunten Iahrhundert verfaszte hochdeutsche Gedicht. Nach den drei gleichzeitigen, zu Wien, München und Heidelberg befindlichen Handschriften mit einem Facsimile aus ieder der drei Handschriften.* Kritisch hg. v. E[berhard]. G[ottlieb].Graff. Königsberg 1831.

152 Gemeint sind die Weingartner Liederhandschrift B (Württembergische Landesbibliothek Stuttgart, HB XIII 1) und die Heidelberger Liederhandschrift A (Universitätsbibliothek Heidelberg, Cpg 357).

76. Zacher an Scherer

Halle/Saale, 13. Juni 1868. Sonnabend

Halle a.s. 13 Juni 1868.

Geehrtester Herr!

Die Verlagshandlung soll Ihnen gleichzeitig mit diesen Zeilen ein Exemplar des ersten Heftes der Ztschr. zugehen laßen, u. ich darf wol die Bitte hinzufügen, daß Sie die Güte haben mögen, dasselbe, so wie das dazu gehörige gesamte Unternehmen in der Oester. Gymnasialzeit*ung* mit einigen freundlichen Zeilen anzuzeigen u. zu besprechen.[153] An die in Ihrem Briefe vom 27 Mai bezeichneten Herren[154] zu schreiben ist mir noch nicht möglich geworden; komme ich doch so spät erst an gegenwärtige wenige Zeilen. Es knüpft sich an die Ausgabe des Heftes so viel Correspondenz, daß ich nicht nach allen Seiten hin rechtzeitig genügen kann. Pfeiffer[155] hätte ich von Herzen ein beßeres Loos gewünscht u. gegönnt. Möge wenigstens für seine hinterlaßene Familie ausreichend gesorgt sein. Was wird denn aus seinen laufenden Unternehmungen, Zeitschrift, Ausgaben, etc.? Werden diese im Intereße u. zum Vorteil der Hinterbliebenen fortgeführt? Wäre dies der Fall so würde mir obliegen alles zu meiden, was ihnen nachteilig werden könnte.

Sie bleiben nun wol in Wien.

Mit herzlichstem Gruße u. Wunsche besten Wohlergehens hochachtungsvollst

Ihr
ergebenster
J. Zacher.

---

153   Vgl. Anm. 80 (Brief 71).
154   Vgl. Brief 74, dazu Anm. 130.
155   Vgl. Anm. 133 (Brief 74). Den laufenden Jahrgang von Franz Pfeiffers *Germania* übernahm sein Schüler Joseph Maria Wagner. Hierin erschienen, als einziger Beitrag Scherers zu der Zeitschrift überhaupt, Erläuterungen zu einer Edition aus Pfeiffers Nachlass. Vgl. Franz Pfeiffer: »Zwei althochdeutsche Beichten«. In: *Germania* 13 (1868), S. 387-391, hier S. 387. Mit dem 14. Jahrgang (1870) übernahm Karl Bartsch die Leitung sowohl der *Germania* als auch der Reihe *Deutsche Classiker des Mittelalters mit Wort- und Sacherklärungen.*

77. Zacher an Scherer

Halle/Saale, 19./21. Dezember 1869. Sonnabend/Montag

Halle 19 Dcb. 1869.

Hochgeehrter herr college!

Längst schon hätte ich Ihnen geschrieben, wäre es mir nicht das jahr her zu übel ergangen. Im März hatte ich mir durch eine erkältung einen augenkatarrh zugezogen, der durch zusammentreffen ungünstiger umstände so hartnäckig wurde, dass ich ein vierteljahrlang ganz brach liegen muste, ohne lesen und schreiben zu dürfen, und dass ich sein noch heut nicht ganz erledigt bin, sondern noch täglich medicinische mittel brauchen muss, und zumal bei diesen kurzen dunklen tagen nur wenige stunden täglich arbeiten kann. Dadurch ist das fortgehen der zeitschrift verlangsamt u. namentlich meine correspondenz arg beeinträchtigt worden. Ich muste froh sein, wenn Ich nur eben die vorlesungen bestreiten u. ausser ihnen das allerdringendste beschaffen konnte. So haben denn auch die freundlichen briefe und sendungen, die mir aus Wien zugekommen sind, bislang noch ohne antwort bleiben müssen. So weit mirs irgend möglich wird, will ich in diesen weihnachtsferien das versäumte gut zu machen suchen; inzwischen aber bitte ich, dass Sie so freundlich sein mögen, bei Ihren bekannten mein langes schweigen aus dem angegebenen grunde zu entschuldigen. Aus gleichem grunde habe ich bei weitem nicht alles was ich wünschte schon in der zeitschrift berücksichtigen können; auch Ihre ausgabe der Grimmschen grammatik[156] konnte ich beim allerbesten willen noch nicht heranziehen, denn ich bin in diesen dingen leider fast ganz auf mich allein angewiesen. – Wenigstens aber Ihren freundlichen heut angelangten brief[157] will ich sofort zu beantworten suchen.

Dem hrn. Koch dürfen Sie über die vernachlässigung Ihres buches[158] nicht zürnen. Er sitzt in dem kleinen Eisenach lediglich auf sich selbst beschränkt, und es war ihm schon eine freude, durch meine ztschr. mit fachgenossen an der Hallischen universitaet in beziehung zu kommen. Wie Sie aus jedem bogen seines buches[159] ersehen können schöpft er alle über seine eigene quellenforschung hinausgreifende linguistische belehrung fast ausschliesslich aus Schlei-

---

156   Jacob Grimm: *Deutsche Grammatik. Erster Teil. Zweite Ausgabe. Neuer, vermehrter Abdruck.* Bes. v. Wilhelm Scherer. Berlin 1870. – Die Besprechung in Zachers Zeitschrift übernahm Elias von Steinmeyer, in: *ZfdPh* 4 (1873), S. 84-85.

157   Nicht überliefert.

158   *Scherer: GdS (1868).*

159   Carl Friedrich Koch: *Historische Grammatik.* Bd. 3,1: *Die Wortbildung.* Cassel, Göttingen 1868. – Die von Zacher geäußerte Kritik nimmt auch die Rezension von Moritz Heyne in *ZfdPh* 1 (1869), S. 371 f., auf.

cher[160] und ich selber habe mir erlaubt, ihn auf das gefährliche dieser quelle aufmerksam zu machen, damit er nicht Schleichersche theorien für historische facta nehme. – Rumpelt[161] hätte Ihr buch wol kaum benutzen können, da sein ms. wol schon früher fertig war, und wegen mancherlei zum theil von ihm selbst verschuldeter zeitraubender schwierigkeiten sehr lange in der druckerei gelegen hat. – Auch über Leo Meyer[162] dürfen Sie sich nicht beklagen; denn der pflegt andere überhaupt nicht zu berücksichtigen; u. ich habe mir erlaubt auf p. 227 des eben ausgegebenen heftes meine meinung über dieses verfahren auszusprechen.

21 Dcb.

Gestern bin ich, zumeist amtlich, derart in anspruch genommen worden, dass ich zu keiner zeile kommen konnte. Jetzt will ich versuchen den brief zu beendigen. Wenn Sie mir offenherzig Ihre verwunderung darüber aussprechen, dass Ihr buch weniger wirkt, als es bei seinem reichen inhalte sollte, und von Ihnen erwartet wurde, so darf ich mir wol erlauben, Ihnen ebenfalls offenherzig meine ansicht über die gründe dieser erscheinung mitzuteilen; und ich glaube voraussetzen zu dürfen dass diese offenherzigkeit Sie nicht verletzen und eine unfreundliche, sondern im gegenteil eine freundliche aufnahme finden werde. Ich schliesse freilich von mir aus; denn ich nehme jede in guter absicht gegen mich ausgesprochene kritik auch in gutem sinne auf.

Sie sind, meines erachtens, unter den jüngeren germanisten der begabteste. In Ihnen gesellt sich zu reichem und gründlichem wissen eine fruchtbare combinationsgabe, eine seltne inspiration des findens und entdeckens, und dazu grosse raschheit des denkens, aussprechens und handelns. Sie haben hierin, wie noch in anderem, eine verwandschaft mit Jac. Grimms beanlagung. Wie oft aber corrigiert sich Jac. Grimm, wie selten Lachmann. Da hätte ich denn wol gewünscht, Sie wären ein paar jahre in Lachmanns schule gewesen, aber bei ihm selber, denn sein eigenstes wesen hat sich auf seine schüler nicht

---

160 Gemeint ist das einflussreiche Hauptwerk von August Schleicher: *Compendium der vergleichenden Grammatik der indogermanischen Sprachen. Kurzer Abriss einer Laut- und Formenlehre der indogermanischen Ursprache, des Altindischen, Altiranischen, Altgriechischen, Altitalischen, Altkeltischen, Altslawischen, Litauischen und Altdeutschen.* Weimar 1861 [⁴1876].

161 Hermann Berthold Rumpelt: *Das natürliche System der Sprachlaute und sein Verhältnis zu den wichtigsten Cultursprachen, mit besonderer Rücksicht auf deutsche Grammatik und Orthographie.* Halle 1869. – Vgl. Scherers ausführliche Rezension, in: *ZfdöG* 21 (1870), S. 632-660 (= *KS 1*, S. 238-268).

162 Leo Meyer: *Die gothische Sprache. Ihre Lautgestaltung insbesondere im Verhältnis zum Altindischen, Griechischen und Lateinischen.* Berlin 1869. Vgl. Zachers Rezension in: *ZfdPh* 2 (1870), S. 226-228.

vererbt. Wenn Ihnen ein neuer gedanke komt, so geht es Ihnen ähnlich wie Jac. Grimm. Die energie und der glanz mit welchen dieser neue gedanke unter den vorhandenen älteren auftritt wird bei der raschheit Ihres wesens für Sie gefährlich, denn Sie laufen gefahr die stärke seines eindruckes mit dem grade seiner wahrheit zu verwechseln. Sie möchten ihn wol mit kühler kritik prüfen, aber Ihre lebendigkeit treibt Sie immer vorwärts zu wider neuen gedanken. Nun schreiben Sie, und die feder soll zugleich dem kühnen und raschen fluge Ihres gedankens folgen. Sie haben freilich die ganze summe der vielen combinationsfäden, der bewusten wie der mehr oder minder unbewusten, lebendig vor Ihren geistesaugen; und die lebendigkeit u. der glanz ersetzt und verdeckt Ihnen zugleich die noch vorhandene mangelhaftigkeit des oder jenes einzelnen. Diese totalitaet zu papiere zu bringen ist ganz unmöglich. Sie schreiben also hin, was Ihnen für jetzt als das wesentliche erscheint: aber der leser, der weniger kentnisse, weniger talent, minder kühnen u. raschen flug als Sie hat, der kann aus dem ihm vorgelegten die totalitaet Ihrer vorstellungen u. anschauungen in sich nicht nachschaffen, zu mal er augenblicklich noch von seinen eigenen ganz anderen vorstellungen beherrscht ist. Er ermattet in dem vergeblichen bestreben Ihnen zu folgen, und statt mit gespanntester aufmerksamkeit im zusammenhange zu lesen bricht er ab und liest bruchstückweise, und dann ist die beste wirkung abgeschwächt oder gar verloren.

Ihr buch »zur geschichte« etc. ist most, aber noch kein wein. Hierin ligt das ganze geheimnis. Nicht die kürze beeinträcht[163] seine wirkung, es könnte sogar an einzelnen stellen noch kürzer sein, sondern der mangel einer klassisch vollendeten architektonik, in welcher alle einzelnen linien ruhig und klar aber scharf gezogen in jedem einzelnen gliede sich rein u. sauber abgrenzen u. doch zusammen ein harmonisches ganzes geben. Schon Ihre denkmäler[164] sind selbst für den fachmann schwer zu lesen und werden deshalb stark unter ihrem inneren werthe wirken. Bei weitem mehr aber ist dies der fall in Ihrem »zur geschichte etc«. Wenn Sie beispielsweise auf s. x sagen, ein stück des beweises für die hier aufgestellte ansicht steht oben auf s. y, ein anderes oben auf s. z ein anderes wird unten folgen, so hat nicht der hundertste leser die geduld, den ganzen beweisproces nach dieser anleitung durchzumachen. – Sie haben ja gewis Ihren guten grund gehabt, Ihr buch so rasch zu schreiben; aber, zu mal bei der raschheit Ihres ganzen wesens, konnten Sie es doch nur thun auf kosten der klassischen ruhe, der harmonischen, im ganzen wie im kleinsten detail für den leser völlig durchsichtigen und woltuenden klarheit der darstellung. Da diese meine auffassung zum theil gegen die natur Ihren eigensten wesens läuft, werden Sie dieselbe vielleicht für ungerecht, unbillig oder irrtümlich ansehen. Wenn Sie aber ab und zu ihr ruhiger nachdenken

163 So in der Handschrift.
164 *Denkmäler 1.*

wollen, werden Sie das wahre darin doch nicht verkennen. Da niemand ganz aus sich herausgehen kann, wird Ihr denken, wie bei Jac. Grimm u. Wh. v. Humboldt, wol immer ein springendes bleiben, was gar kein tadel ist, da bedeutendes fast stets per inspirationem sprungweise gefunden wird, aber Sie werden auch darauf verzichten müssen, dass jeder Ihnen nachspringen könne. Auch werden Sie die plastische ruhe und formvollendung der darstellung schwerlich <u>vollkommen</u> erreichen, aber doch durch eigenen willen u. durch die mitwirkung des naturgesetzes der mit den jahren wachsenden ruhe sich ihr doch immer mehr annähern.

Misverständnisse u. mangelnde beachtung müssen Sie deshalb in objectiver auffassung der sachlage als eine kaum vermeidliche folge hinnehmen lernen, und können das um so eher, da es einem manne von Ihrem geistigen reichtume nicht darauf anzukommen braucht, ob er einige handvol thaler scheinbar unnütz ausgegeben hat.

Nehmen Sie also diese expectoration nicht für ungut. Dächte ich nicht so hoch von Ihnen, von Ihrem geiste und <u>character</u>, so hätte ich sie Ihnen und mir erspart.

Dass Sie so freundlich gewesen sind ztschr. 1, 2-4 ausführlich zu besprechen,[165] dafür danke ich Ihnen bestens. Lieb aber wäre mirs, wenn Sie gleich noch 2, 1.2. nachtragend hinzufügen wollten u. könnten. Bei dem zustande meiner augen frisst die ztschr. fast alle meine zeit. Die redaction kostet mich sehr viel arbeit u. zeit, zu mal ich fast alles allein besorgen muss. Unser fingerfertiger freund[166] von der Germania ist besser daran, da er täglich seine 12-14 stunden arbeiten u. viel herumreisen kann, so dass er leicht viel mehr mitarbeiter gewinnen u. anregen kann als ich. Mein streben geht zunächst darauf, die ztschr. nach besseren principien zu leiten u. über dem niveau der Germania zu halten, ob und wie weit mir das gelungen ist, das muss ich anderen zu beurteilen überlassen; und deshalb ist es mir sehr schätzbar das offenherzige urteil competenter richter zu vernehmen. Zarncke sagte freilich neulich im centralbl.,[167] er sehe keinen unterschied zwischen dieser ztschr. u. der Germania. Ich halte es aber für <u>nothwendig</u>, jener ganzen richtung nicht bloss passiv, sondern activ zu begegnen. Jene herren sind meist unzulängliche denker, und deshalb gefallen sie dem ebenfalls unzulänglich denkenden grösseren publicum so sehr. Deshalb arbeiten wir wie Hercules; schlagen wir der Hydra einen kopf ab, so wachsen ihr zwei andere; fressen wir den hühnern

---

165 Vgl. Anm. 80 (Brief 71). – Den neuen Jahrgang der Zeitschrift hat Scherer nicht besprochen.

166 Karl Bartsch, der die Redaktion der *Germania* übernommen hatte. Vgl. Anm. 155 (Brief 76).

167 Friedrich Zarnckes Rezension des ersten Jahrgangs der *Zeitschrift für deutsche Philologie* erschien in: *LCBl* Nr. 46 (1869), Sp. 1329 f.

die eier, so legen sie immer wider neue. Übrigens brauche ich wol kaum zu bemerken, dass <u>nicht</u> alles, was die verschiedenen mitarbeiter unter ihrem namen in der ztschr. drucken lassen, auch meine meinung ist.

Sie selbst wollten vorlängst so gütig sein, mir eine abhandlung über Uhlands werke[168] zu senden. Ich möchte Sie doch recht sehr bitten, dies vorhaben nicht zu vergessen. Die sache ist wegen Uhlands autoritaet <u>sehr</u> wichtig, u. kaum jemand könnte es besser machen als Sie. Zudem sind mir mittheilungen aus Oesterreich, und Ihre vor allem, doppelt schätzbar. Sie wissen und fühlen ja selber recht klar und lebendig, dass Oestreichs heil in Deutschland ligt, und dass Deutschland sich diesen wesentl. theil seiner selbst nicht darf entfremden lassen. Hier aber ist ein vaterländisches organ, in welchem beide theile sich unbehelligt durch politische lage zusammenfinden, sich gegenseitig fördern können.

Von Wilmanns Walther[169] habe ich mehrere kritiken gesehen, aber wenig gutes darin gefunden. Was meinen Sie denn zu Bartschens kritik[170] in den jahrbb. f. phil. u. paed. u. meiner kurzen entgegnung? Möchten Sie nicht selbst die güte haben, eine eingehende unbefangene kritik zu schreiben?[171] An der ausg. ist neben ihren tugenden doch manches auszusetzen, und mit mehr als einem wunsche habe ich bei Wilmanns nicht durchdringen können. Es ist nicht überflüssig wenn er einen u. den anderen fingerzeig gedruckt von unpartheiischen dritten erhält.

Martin will die Gudrun[172] zu Ostern zum druck einsenden.

Noch eins! Schon lange suche ich vergeblich jemanden, der das zeug u. die lust hätte, in einem oder mehreren artikeln eine gediegene kritik der erheblicheren neuen klassikerausgaben zu liefern (Schiller v. Goedeke, Goethe von Kurz etc. etc).[173] Es gehört dazu genaue sachkenntnis u. <u>tüchtige echt philolog. kritik</u>. Sie würden mich höchlichst erfreuen u. verbinden, wenn Sie mir

---

168 Vgl. Anm. 102 (Brief 72).
169 Vgl. Anm. 17 (Brief 68). – Karl Bartschs sehr kritische Rezension der Ausgabe erschien in: *Neue Jahrbücher für Philologie und Pädagogik* 15 (1869), II. Abt., S. 407-420, Zachers Erwiderung darauf ebd. S. 444 f. unter dem Titel:»Zu Hrn. Professor Barthschens [!] Recension von Wilmanns ›Walther von der Vogelweide‹«. Scherer besprach die wesentlich erweiterte zweite Ausgabe von Wilmanns *Walther* (Halle 1883), in: *AfdA* 10 (1884), S. 305-312.
170 Vgl. Anm. 169 (Brief 77).
171 Vgl. Anm. 169 (Brief 77).
172 Vgl. Anm. 58 (Brief 70).
173 *Schiller's sämmtliche Schriften.* Historisch-kritische Ausgabe. Hg. v. Karl Goedeke. 17 Bde. Stuttgart 1867-76; *Goethes Werke.* Hg. v. Heinrich Kurz. 12 Bde. Hildburghausen 1868-72 (Bibliothek der deutschen Nationalliteratur). – Keine der beiden Ausgaben wurde in Zachers Zeitschrift besprochen.

eine dafür geeignete persönlichkeit vorschlagen könnten. Sollte etwa Toma-schek der rechte mann sein?

Doch genug für heute, wo nicht schon zu viel!

Sie werden mich sehr erfreuen, wenn Sie mir recht bald und ausführlich schreiben wollen.

Von herzen ein glückliches fest und gesegnetes neues jahr wünschend in aufrichtigster hochachtung

Ihr

ganz ergebenster

J. Zacher.

Briefe von Berthold Delbrück
1868 – 1873

Der Indogermanist Berthold Delbrück (1842-1922)[1] studierte seit 1859 in Halle vergleichende Sprachwissenschaft bei August Friedrich Pott und Philosophie bei Rudolf Haym. 1861 wechselte er nach Berlin, wo die Sprachforscher Franz Bopp und Heymann Steinthal und der Sanskritist Albrecht Weber seine Lehrer waren. Mit 21 Jahren wurde er in Halle mit einer Arbeit über den griechischen Infinitiv[2] promoviert, die bereits seine Epoche machenden Forschungen auf dem Gebiet der vergleichenden indogermanischen Syntax ankündigte. Nach dem Staatsexamen arbeitete Delbrück als Hauslehrer in St. Petersburg, wo er den Sanskritisten Otto Böhtlingk kennen lernte. Im Anschluss an die Habilitation in Halle (1867) wurde er 1870 als Nachfolger August Leskiens nach Jena berufen, wo er 1873 zum Ordinarius für Sanskrit und Vergleichende Sprachwissenschaft ernannt wurde. Bis 1887 betätigte sich Delbrück auch erfolgreich als nationalliberaler Politiker. Delbrück lehnte alle Rufe an andere Universitäten ab und konzentrierte sich in Jena auf die Fertigstellung seiner grundlegenden Werke zur vergleichenden Syntax der indogermanischen Sprachen, zur altindischen und germanischen Syntax sowie zur Sprachtheorie. Der Kontakt des mit Karl Brugmann und Hermann Osthoff zu den ›indogermanistischen Junggrammatikern‹ zählenden Delbrück zu Wilhelm Scherer kam durch Vermittlung von Julius Zacher zustande.[3]

78. Delbrück an Scherer

Halle/Saale, 19. April 1868. Sonntag

Verehrtester herr doctor!

Ich habe Ihr buch[4] nun nicht einmal, sondern mehrere mal gelesen und habe auch nach Ihrem wunsche eine anzeige davon ziemlich fertig. Ich würde es aber Ihrem und meinem interesse zuwider halten, sie an Masius[5] zu schicken.

---

1   Literatur: Eduard Hermann: »Berthold Delbrück«. In: *Indogermanisches Jahrbuch* 8 (1920/21), S. 259-266; ders.: *Berthold Delbrück. Ein Gelehrtenleben aus Deutschlands großer Zeit.* Jena 1923 (mit Schriftenverzeichnis); *Einhauser (1989)*, S. 36-40. – *NDB* (Walther Wüst).
2   Berthold Delbrück: *De infinitivo graeco.* Diss. phil. Halle 1863.
3   Vgl. Brief 74.
4   *Scherer: GdS (1868).* – Delbrücks Rezension erschien in: *ZfdPh* 1 (1869), S. 124-128. Die Besprechung war in einem respektvollen, aber sehr kritischen Ton gehal-

So sehr mich nämlich auch Ihre arbeit erfreut und angeregt hat, darf ich Ihnen natürlich doch nicht verbergen, dass ich in den meisten wichtigen fragen mich Ihrer ansicht nicht anschliessen kann. Was sollen nun die leser von Jahn's jahrbüchern – also nichtfachleute – für eine vorstellung von Ihrem buche bekommen, wenn sie eine anzeige lesen, die in so vielen dingen widerspricht? Das verdienst, was darin liegt, probleme aufzustellen, die vorher noch nicht einmal angeregt sind, das würdigen nur die leute vom fach. Daher schlage ich Ihnen für meine recension eine fachzeitung und zwar Zachers zeitschrift vor. Da würde auch ich einige hypothesen über conjugation, auslautgesetz u.s.w. die ich in meiner anzeige vorgebracht habe, und womit ich Sie zum teil zu überzeugen hoffe (sic!) lieber gedruckt sehen, als bei dem verfasser der naturstudien.[6] Dazu kommt noch ein anderes. Zacher lässt Ihnen sagen, er wäre so überladen mit arbeit, dass er eine anzeige für das erste heft nicht machen könnte.[7] Und wann das zweite heft kommt (unter uns gesagt) das wissen die götter. Meine anzeige würde noch in das erste heft kommen und ca. in 3 wochen in Ihren händen sein.

So scheint es mir in allem betracht das beste, dass meine anzeige in das erste heft von Zachers ztschft kommt.

Ich hoffe dringend, dass Sie dann auf dies und das eingehen werden, was Ihnen als zweifel entgegengestellt ist, und dass wir der gelehrten welt einmal das beispiel einer polemik geben werden, bei der etwas herauskommt.

Mit herzlichen grüssen
Ihr
ergebenster
BDelbrück

Halle, grosse Wallstrasse 1
19 April 1868

ten und wies mit Nachdruck vor allem Scherers Ausführungen zu den Lautverschiebungen zurück. Scherer entgegnete auf Delbrück und andere Kritiker zu diesem Thema nicht direkt, sondern im Rahmen seiner umfangreichen Rezension von Hermann Berthold Rumpelts Monographie *Das natürliche System der Sprachlaute und sein Verhältniß zu den wichtigsten Cultursprachen, mit besonderer Rücksicht auf die deutsche Grammatik und Orthographie.* Halle 1869, erschienen in: *ZfdöG* 21 (1870), S. 632-670 (= *KS 1*, S. 238-268, hier S. 247 ff.).

5 Der Pädagoge Hermann Masius war Mitherausgeber der von Johann Christian Jahn begründeten *Neuen Jahrbücher für Pädagogik und Philologie* (auch: *Jahns Jahrbücher*), in denen die Rezension ursprünglich erscheinen sollte.

6 Hermann Masius: *Naturstudien. Skizzen aus der Pflanzen- und Thierwelt.* Leipzig 1852.

PS. Ich gebe mein manuscript nicht eher in die druckerei ab bis ich antwort habe. Sollte diese aber heut nach acht tagen noch nicht eingetroffen sein, so behalte ich mir freie disposition vor, da ich nicht möchte, dass Zachers zeitschrift länger verzögert wird.

79. Delbrück an Scherer

Jena, 2. März 1871. Donnerstag

Jena 2. März 1871

Verehrter Freund!

Wenn auch durch unsere Begegnung auf den schmalen Pfaden der Lautlehre ein kleines Reibungsgeräusch[8] zwischen uns entstanden ist, bin ich doch, im Vertrauen auf die Friedensliebe,[9] die uns jetzt alle erfüllt, so frei, Sie um eine Gefälligkeit zu bitten.

Der unersetzliche Bechstein,[10] der nach Rostock geht, soll hier ersetzt werden. Ein bescheidenes Extraordinariat. Man wünscht womöglich einen der schon docirt hat, und zwar wenn es geht zu Ostern. Es gilt, das Recht sich Wissenschaft zu nennen, für die Germanistik hier erst zu erobern.

Ich denke an Martin Zupitza Jänicke, möchte aber nicht eher einen vorschlagen, als ich ein Urtheil von einem Fachgenossen habe.

Sie würden mich aufrichtig verbinden, wenn Sie so gut sein wollten, einen Candidaten vorzuschlagen und eine kurze Personalbeschreibung, womöglich mit Angabe der Werke, so er hat ausgehen lassen, beizufügen/./

Mit herzlichen Grüßen
Ihr
ganz ergebener
BDelbrück

Wo möglich, <u>umgehend</u>.

---

7 In diesem Sinne schrieb Zacher auch selbst an Scherer. Vgl. Brief 74, dazu Anm. 127.

8 Delbrück verwendet hier scherzhaft einen terminus technicus aus den lautphysiologischen Untersuchungen Ernst von Brückes, von welchem auch Scherer in seiner Sprachgeschichte häufiger Gebrauch macht. Vgl. *Scherer: GdS (1868),* S. 40, 59 u. ö.

9 Delbrück spielt auf den Vorfrieden von Versailles an, der am 26. Februar 1871 als Ergebnis des Krieges von 1870/71 zwischen Frankreich und Preußen geschlossen und im Mai des Jahres durch den Friedensvertrag von Frankfurt bestätigt wurde.

10 Nachfolger von Reinhold Bechstein auf dem Jenaer Extraordinariat wurde noch 1871 der Leipziger Privatdozent Eduard Sievers. Scherer hatte sich, wie auch aus Brief 80 hervorgeht, für die Berufung des Müllenhoff-Schülers Julius Zupitza eingesetzt.

80. Delbrück an Scherer

Jena, 29. September 1872. Sonntag

Jena 29 Sept. 72.

Verehrter Freund!

Schon seit sehr langer Zeit habe ich die Absicht, Ihnen gegenüber mein arg belastetes Gewissen zu erleichtern, und mir womöglich Absolution zu holen. Ich hätte Ihnen längst ein Wort sagen sollen über unsere nun schon vermoderte Polemik über Lautverschiebung,[11] und über Ihren Brief betreffend Zupitza.[12] Was das erste betrifft, so habe ich Ihren Aufsatz[13] zusammen mit Georg Curtius durchgelesen und wir haben gründlich darüber debattirt. Ich kann nicht sagen, daß wir überzeugt worden wären, doch bin ich wenigstens auch nicht im Stande, Sie zu widerlegen, nicht als ob ich glaubte, daß die Sache nicht ins Reine zu bringen wäre, aber ich habe mich allmählich überzeugt, daß ich mich auf dieses Gebiet nicht hätte begeben sollen. Mir fehlt doch das rechte Verständniß für die Lautphysiologie, wenn ich mich auch ernstlich bemüht habe, es zu erlangen. Curtius wollte auf die Frage bei Gelegenheit zurückkommen. Wahrscheinlich bietet sie sich ihm bei einer neuen Auflage seiner Grundzüge.[14] Die andere Angelegenheit, – die Zupitzas – berührt sich mit der Lautphysiologie näher als man denken sollte. Sievers nämlich ist derjenige, der mir besonders die Ansicht von meiner Unzulänglichkeit in diesen Dingen zu Wege gebracht hat. Er hat ein unglaublich feines Ohr und eine Auffassung für die zartesten Nuancen des Lautes, die ich bewundere. Ueberhaupt haben wir an ihm eine sehr gute Acquisition gemacht. Sein Scharfsinn und seine Spürkraft sind ungewöhnlich, und er ist ein prächtiger braver Mensch. Was an Zupitza wenigstens für mich abstoßend ist, erzähle ich Ihnen einmal mündlich. Denn hoffentlich wird ja auch der Tag noch kommen, an dem wir wieder ein Glas Wein zusammen trinken, wie in der Rast Hamburg zu Halle.[15]

So weit meine Beichte. Was mein sonstiges Dasein betrifft, so glaube ich die letzten Jahre nicht eben schlecht benutzt zu haben. Ich weiß nicht, ob Sie

11 Vgl. Anm. 4 (Brief 78).
12 Vgl. Anm. 10 (Brief 79).
13 Gemeint ist die in Anm. 4 (Brief 78) angeführte Rezension des Buches von Hermann Berthold Rumpelt, in der Scherer u. a. auch auf kritische Einwendungen eingegangen war, die Georg Curtius gegen seine Thesen zur Lautverschiebung vorgebracht hatte. Vgl. Georg Curtius: *Grundzüge der griechischen Etymologie*. Leipzig ³1869, S. 394 f.
14 Vgl. Anm. 13 (Brief 80).
15 Zu diesem Treffen konnte nichts ermittelt werden.

meine Arbeit über die Modi[16] gelesen haben. Sie würden darin, wenn Sie sie einmal in die Hand nehmen, ernstliche Arbeit und, denke ich, manche Anschauung finden, die weiter zu führen geeignet ist. Ich hatte die Absicht unmittelbar darauf die Tempuslehre[17] folgen zu lassen, indessen die Furchen, die unsereins zieht, können ja nicht immer gerade sein. Ich sah bald, daß man erst eine vollständige Formenlehre des altindischen Verbums haben müsse, und habe mich deshalb seit zwei Jahren auf diese Arbeit gestürzt. Hoffentlich wird nach Jahresfrist eine vollständige Beschreibung des Verbums im Rigveda[18] fertig sein, in der sich alle Formen und alle Stellen, an denen sie erscheinen, aufgeführt finden sollen. Manchmal ist mir diesem unsäglich hartnäckigen Stoff gegenüber wohl der Athem ausgegangen, aber jetzt bin ich über den Berg. Es wird dabei manches für Sprachwissenschaft und vedische Philologie abfallen. Unschätzbar ist mir dabei der tägliche vertraute Verkehr mit Böhtlingk, der, wie Sie vielleicht wissen, sich in Jena aufhält.[19] Er ist ein wissenschaftlicher Charakter im eminentesten Sinne von dem man viel lernen kann. Ueberhaupt ist der wissenschaftliche Verkehr unter uns jetzt derartig, wie man ihn nur wünschen kann. Mit Curtius Windisch (der leider jetzt nach Heidelberg abzieht) Leskien komme ich oft zusammen, und es passirt nichts wichtiges in wissenschaftlichen Dingen, das man nicht mit einander bespräche. So weit ich die germanistischen Kreise kenne, haben Sie es nicht so gut. Unter den jungen Leipzigern, wie Sievers Paul Hildebrand jun. Braune etc. scheint allerdings ein ähnliches Verhältniß zu sein. Besser könnte es stehen mit der Vertretung unserer Wissenschaft an Universitäten. Ich bin zwar glücklicher Weise auf amtliche Einnahmen nicht nothwendig angewiesen, aber wenn es noch lange dauert, so wird mir die Stellung als extraordinarius doch lästig werden. Hier ist das collegialische Verhältniß so gut als ich es irgend wünschen kann, aber es existirt einmal kein Ordinariat für mein Fach, und vier Regierungen die zur Gründung eines solchen ihre Zustimmung geben müßten, sind schwer unter einen Hut zu bringen.

Ihnen ist es in dieser Beziehung glücklicher gegangen, obgleich in Straßburg die Rosen auch manche Dornen haben sollen. Wenn Sie wirklich hingehen, so

16 Berthold Delbrück: *Der Gebrauch des Conjunctivs und Optativs im Sanskrit und Griechischen.* Halle 1871 (Syntaktische Forschungen 1).

17 Berthold Delbrück: *Altindische Tempuslehre.* Halle 1876 (Syntaktische Forschungen 2).

18 Berthold Delbrück: *Das altindische Verbum aus den Hymnen des Rigveda seinem Baue nach dargestellt.* Halle 1874.

19 Delbrücks Lehrer und Freund Otto von Böthlingk hielt sich, obschon hauptamtliches Mitglied der Kaiserlichen Akademie der Wissenschaften in St. Petersburg, in den Jahren nach 1868 ständig in Jena auf.

empfehle ich Ihnen meinen Freund Böhmer.[20] Sie werden wissen, daß er als Theologe trotz seiner mannichfachen Verdienste wegen seiner Freisinnigkeit nicht vorwärts kommen konnte, und erst später zur Romanistik umgesattelt ist. Sie werden sich freuen, in ihm einen wahrhaft vornehmen Denker kennen zu lernen.

Nun habe ich zu einem so langen Briefe aufgeschwungen, wie er im Zeitalter der Postkarten[21] nicht mehr vorkommen sollte. Ich bitte Sie, mich auch einmal von Ihnen ausführlicher hören zu lassen. Wenn Sie Hartel sehen bitte ich ihn bestens von mir zu grüßen. Ich habe ihn in Leipzig[22] nicht so viel sprechen können, als ich gemocht hätte.

Mit alter Gesinnung
Ihr
BDelbrück

81. Delbrück an Scherer

Halle/Saale, 15. April (1873). Dienstag

Halle 15 April.
Verehrter Herr College!

Heute erst habe ich Ihren Wunsch, gelegentlich mit Curtius wegen einer Erwiderung in seinen Studien[23] zu sprechen, erfüllen können, da ich ihn den ganzen Winter über nicht gesehen habe. Selbstverständlich läßt er Ihnen sagen, daß es ihm sehr erfreulich sein würde, wenn Sie seine Studien benutzen wollten, leider aber könne er, wegen des Strikes der Buchdrucker nichts über die Zeit innerhalb welcher der Druck erfolgen könnte, bestimmen.

Da ich zugleich erfahre, daß Johannes Schmidt definitiv für Graz in Aussicht genommen ist, so kann ich endlich mein langes Schweigen in dieser Angelegenheit rechtfertigen. Ich hatte Ihnen, wie Sie sich erinnern werden, mit jener Gemüthlichkeit, die den Pommer manchmal befällt, über meine persön-

---

20 Der Romanist Eduard Böhmer gehörte wie Scherer selbst zum Gründungskollegium der deutschen Universität in Straßburg. Böhmer hatte in Halle zunächst Theologie gelehrt; zu dem von Delbrück angedeuteten politischen Hintergrund seiner 1866 erfolgten Umhabilitierung konnte nichts ermittelt werden.

21 Die Korrespondenzpostkarte war 1870 in Deutschland eingeführt worden.

22 Das Treffen hatte vermutlich anlässlich der »28. Versammlung deutscher Schulmänner und Philologen in Leipzig« (22.-25.5.1872) stattgefunden.

23 Gemeint sind die von Georg Curtius herausgegebenen *Studien zur griechischen und lateinischen Grammatik*. 10 Bde. Leipzig 1868-78. Die von Scherer geplante Erwiderung ist darin nicht erschienen.

lichen Verhältnisse geschrieben.[24] Meine Worte müssen ungeschickt gesetzt gewesen sein, denn Sie faßten sie so auf, als habe ich mich durch Ihre Vermittlung den Herren Grazern in Erinnerung bringen wollen. Wäre dies nicht Ihre Auffassung gewesen, so hätten Sie – glaube ich – nicht ohne meine Zustimmung meinen Freunden Mittheilung aus meinem Schreiben gemacht. Mir lagen solche Absichten fern, abgesehen von allen anderen Gründen schon deßhalb, weil ich im Voraus garnicht über Ablehnung oder Annahme eines eventuellen Rufes entscheiden konnte. Ich würde mich nach den Jenenser Anerbietungen gerichtet haben. Nachdem nun einmal gegen meine Absicht, von meiner Seite aus auf mich hingewiesen war (denn der Grazer Freund wird Ihre Auffassung getheilt haben) schien mir absolutes Stillschweigen geboten, weil ich nur so den widerlichen Verdacht der Rufmacherei fernhalten konnte.

Das sind die Gründe für mein Schweigen. Ich bitte Sie, sich in meine Lage zu versetzen, und Sie werden meine Gründe – glaube ich bestimmt – billigen.

Leben Sie wohl und nehmen Sie diese Expectoration nicht übel. Sie sind vielleicht noch nicht in die Lage gekommen, sich wegen des Verdachtes als hätten Sie sich irgendwo empfehlen wollen, zu vertheidigen. Ich auch nicht. Und darum mag meine Auseinandersetzung nicht allzu gewandt ausgefallen sein.

In aufrichtiger Hochachtung
Ihr
ergebenster
BDelbrück

24 Vgl. Brief 80. – Scherer hatte Delbrück offenbar für den damals in Graz neu geschaffenen Lehrstuhl für Vergleichende Sprachwissenschaft empfohlen, auf den 1873 Johannes Schmidt berufen wurde. Der von Delbrück erwähnte »Grazer Freund« war vermutlich der mit Scherer eng verbundene Richard Heinzel, der seit 1868 in Graz lehrte.

Briefwechsel mit Friedrich Zarncke
1868 – 1874

Der Germanist Friedrich Zarncke (1825-1891)[1] studierte seit 1844 zunächst in Rostock, dann in Leipzig, wo er klassische und deutsche Philologie bei Gottfried Hermann und bei Moriz Haupt hörte. Mit des letzeren Empfehlung konnte er 1846 in Berlin mit Karl Lachmann und den Grimms Kontakt aufnehmen. 1852 wurde Zarncke in Leipzig habilitiert. Bereits Ende 1850 hatte er daselbst das »Litterarische Centralblatt für Deutschland« begründet, das sich unter seiner Redaktion zu einer der bedeutendsten deutschen Rezensionszeitschriften entwickelte und ihm Erfolg und Einfluss sicherte. 1854 wurde Zarncke zum Extraordinarius ernannt und vertrat seither de facto den seit 1851 vakanten Leipziger Lehrstuhl von Moriz Haupt, der aus politischen Gründen seines Amtes enthoben worden war. Erst 1858 erhielt er dessen Ordinariat für Deutsche Sprache und Literatur. Zarncke machte sich zunächst mit Arbeiten zur Literatur und Kultur des späten Mittelalters einen Namen, vor allem mit seiner Edition von Sebastian Brants »Narrenschiff« (1854). Seine Arbeiten zum Nibelungenlied brachten ihn in eine Frontstellung zu den Schülern Karl Lachmanns, zu seinem alten Freund und Lehrer Haupt, insbesondere aber zu Karl Müllenhoff, der Zarncke mit maßloser Schärfe bekämpfte. Gemeinsam mit Wilhelm Müller gab er die von Georg Friedrich Benecke hinterlassenen Materialien zum »Mittelhochdeutschen Wörterbuch« (1854-66) heraus. Später wandte sich Zarncke, der auch bedeutende Arbeiten zur Universitätsgeschichte veröffentlichte, der neueren Literatur zu, insbesondere Lessing und Goethe. Unter seiner Fürsorge wuchs in Leipzig die Schule der germanistischen ›Junggrammatiker‹ heran (Hermann Paul, Wilhelm Braune, Eduard Sievers). Den Kontakt zu Scherer stellte Julius Zacher auf Ersuchen Zarnckes her, der Scherer als Mitarbeiter für das »Centralblatt« gewinnen wollte. Scherers nie ganz unbelasteter Kontakt zu Zarncke kam vermutlich auf Grund der heftigen Kontroversen zwischen Hermann Paul und Scherer zum Erliegen.

1 Literatur: *Vogt (1893)* (mit Schriftenverzeichnis); Eduard Zarncke: »Friedrich Zarncke, geb. am 7. Juli 1825, gest. am 15. Oktober 1891«. In: *Biographisches Jahrbuch für Altertumskunde* 18 (1895), S. 90-108 (auch separat: Berlin 1895); Friedrich Zarncke: *Kleine Schriften.* 2 Bde. Leipzig 1897-98 (Ergänzungen zur Bibliographie in Bd. 2); »Der Lehrer. Aus Briefen Friedrich Zarnckes«. Hg. v. Ulrich Pretzel. In: *Beiträge zur Geschichte der deutschen Sprache und Literatur* 100 (1978), S. 369-387; *Einhauser (1989); Kolk (1990),* S. 36-49; Thomas Lick: *Friedrich Zarncke und das »Literarische Centralblatt für Deutschland«. Eine buchgeschichtliche Untersuchung.* Wiesbaden 1993 (Buchwissenschaftliche Beiträge aus dem Deutschen Bucharchiv München 43); *Kofler (1998).* – ADB (Eduard Sievers); Killy (Hans-Joachim Koppitz); IGL (Redaktion).

82. Scherer an Zarncke

Berlin, 5. Januar 1868. Sonntag

Geehrter Herr Professor,

Sie haben mich durch Prof. Zacher auffordern lassen,[2] Müllenhoffs Helden-buch[3] im Centralblatt anzuzeigen und mich sonst durch Recensionen an Ihrem Journal zu betheiligen. Hoffentlich ist die Aufforderung nicht erloschen durch meine lange Zögerung mit der Antwort. Ich war von Anfang an nicht zweifelhaft über Annahme oder Ablehnung. Aber die letzten mit Arbeit zum Platzen vollgepfropften Octobertage in Wien, die durch vielfache geschäftliche und gesellige Abhaltungen zerstreuten Monate November u December vor. J. in Berlin ließen mich zur Äußerung einer bestimmten Entscheidung nicht kommen. Und so werde ich vom Januar 1868 mein Verhältnis zum Centralbl. datiren, wenn es Ihnen recht ist, daß ein solches begründet werde.

Ich meinerseits habe dazu nur zu bemerken, daß die neuen Beziehungen unbeschadet der alten zur österr. Gymnasialzeitschr.[4] und auf demselben Fuße eingerichtet werden müßten, wenn ich mit Vergnügen darauf eingehen soll. Unbeschadet: d.h. ich muß im Falle der Concurrenz meine Unlust am Recensirgeschäft zunächst zu Gunsten unserer Gymn. Zeitschr. überwinden dürfen, falls ich dort keinen Ersatzmann finde: Sie begreifen weshalb aus mehr als einem Grunde diese älteren localen Verpflichtungen bei mir in voller Kraft bleiben. Auf demselben Fuße: d.h. Sie müßten mir versprechen und zugestehen was mir Bonitz[5] stets willig gewährte: nur nach vorheriger Abrede mit mir Änderungen und Auslassungen vorzunehmen oder Redactionsbemerkungen hinzuzufügen. Ich darf mich wohl überzeugt halten daß Sie in dieser Bedingung nichts anderes als den aufrichtigen Wunsch erblicken, jede denkbare Mishelligkeit im voraus abzuwenden.

2 Vgl. Zachers Brief vom 18.10.1867 (Brief 72).

3 *Deutsches Heldenbuch.* 5 Bde. Berlin 1866-70, ein von Karl Müllenhoff initiiertes Editionsunternehmen mit Ausgaben deutscher Heldenepen. Die von Scherer übernommene Rezension der Bände 1 (*Biterolf und Dietleib.* Hg. v. Oskar Jänicke / *Laurin und Walberan.* [Hg. v. Karl Müllenhoff]. Berlin 1866) und 2 (*Alpharts Tod, Dietrichs Flucht, Rabenschlacht.* Hg. v. Ernst Martin. Berlin 1866), die Zarncke in seinen folgenden Briefen wiederholt einfordert, erschien schließlich in: *LCBl* Nr. 36 v. 29.8.1868, Sp. 976-979 (= *KS 1*, S. 636-640).

4 Die *Zeitschrift für die österreichischen Gymnasien*, damals herausgegeben von dem Altphilologen Hermann Bonitz, deren regelmäßiger Mitarbeiter Scherer seit 1865 war.

5 Vgl. Anm. 4 (Brief 82).

Ich ergreife diese Gelegenheit um einer lange verschobenen angenehmen Pflicht nachzukommen, indem ich Ihnen für manche werthvolle Zusendung meinen herzlichen Dank sage. Ausdrückliche Zustimmung oder zweifelnde Bedenken gegenüber Ihren letzten Schriften zu melden, bin ich im gegenwärtigen Augenblicke wo mir dieselben fehlen, leider nicht in der Lage.

Hochachtungsvoll ergebenst
WScherer

Berlin Ascan. Platz 2
5.I.68.

83. Zarncke an Scherer

Leipzig, 6. Januar 1868. Montag

Hochgeehrter Herr College.

Es hat mir von Anfang an eine aufrichtige Freude gewährt, daß sich zwischen uns durch Zusendungen eine Art Verhältniß anzubahnen begann, und ich habe früher schon darauf die Hoffnung begründet, daß dasselbe noch einmal ein näheres werden könnte. Nicht in dem egoistischen Sinne, eine Unterstützung für mein Blatt zu gewinnen, sondern ohne alle Hintergedanken, weil ich in Ihren Schriften einen Geist und eine Persönlichkeit glaubte durchschimmern zu sehen, zu der ich mich, trotz Allem was uns trennte, hingezogen fühlte.

Nun danke ich Ihnen, daß Sie direct an mich geschrieben haben und nun Wort gegen Wort ausgetauscht werden kann.

Mit Vergnügen gehe ich noch immer auf Ihre zusagende Antwort ein, und auf die Bedingungen, die Sie stellen. Sie sind ja selbstverständlich, zumal daß ich Änderungen nur nach erfolgtem Einvernehmen mir gestatte. Ich habe das auch immer so gehalten, wenn ich auch seiner Zeit mir erlaubte, unserm Freunde Müllenhoff einige Kraftausdrücke und drastische Wendungen unter Verschluß zu legen,[6] die dann, nach Lösung unserer Verbindung, wieder

---

6 Müllenhoff hatte in den Jahren 1853 und 1854, bevor es zwischen Zarncke und ihm in der Nibelungenfrage zum Zerwürfnis kam (vgl. Anm. 7, Brief 83), eine Reihe von Besprechungen im *Centralblatt* veröffentlicht. Wahrscheinlicher ist jedoch, dass Zarncke sich hier auf Müllenhoffs letzte Verlautbarung im *Centralblatt* bezieht, eine 1855 erschienene »Erklärung« zum Nibelungenstreit. Vgl. *LCBl* Nr. 14 (1855), Sp. 227 f. (gemeinsam mit Stellungnahmen von Moriz Haupt und Zarncke).

flügge wurden und dann (in der Gesch. der N.N.)[7] rachedürstend ihres früheren Kerkermeisters Haupt umschwirrten und um⟨pickten⟩. Aber auf solche Censorenthätigkeit werde ich ja bei Ihnen überhaupt nicht angewiesen sein. In einem Hauptpuncte müssen wir uns allerdings verständigen. Wir müssen uns beide versprechen, die persönlichen Differenzen, zu denen der Nibelungenstreit[8] die Veranlassung geworden ist, in unsern Urtheilen nicht hervortreten zu lassen. Wir müssen die verschiedenen Ansichten über dies Gedicht als gegebene Größen, als berechtigte Existenzen behandeln, mögen wir ihnen im Herzen auch alle Berechtigung abzusprechen Lust haben. Ich meinerseits will mir diese Bedingung fortan auferlegen. Selbstverständlich, sachliche Einwendungen sind dadurch nach keiner Seite hin ausgeschlossen. Auch Sie, hoffe ich, nehmen an solchem Compromiß keinen Anstoß. Die politischen Parteien in ihren gebildeteren Vertretern gewähren sich ja bereits gegenseitig diese Rücksicht.

Sie selber werden wünschen, Ihre Anzeigen durch ein Zeichen oder Ihre Namenschiffre zu kennzeichnen.[9]

Zunächst würde ich also einer Anzeige des Heldenbuches[10] entgegensehen. Eine recht triste Rolle spielen doch die Herren Martin u. Jänicke, die ihr Meister nicht einmal so viel werth hielt, seinen Namen neben dem ihrigen zu nennen, und die Sie jetzt vollends hinabstoßen, indem Sie das ganze Unternehmen nach Müllenhoffs Namen bezeichnen.

Willkommen sollte es mir auch sein, wenn Sie Uhlands Schriften,[11] über die im Centralblatt noch nicht die Rede gewesen ist, besprechen wollten. Ich würde vor Ostern nicht die Zeit finden, mich eingehender mit dem Buche zu beschäftigen, und Sie kennen es gewiß schon genauer.

---

7 Karl Müllenhoff: »Zur Geschichte der Nibelunge Noth«. In: *Allgemeine Monatsschrift für Wissenschaft und Literatur* (1854), S. 877-979 (auch separat: Braunschweig 1855). In dieser Schrift setzte sich Müllenhoff in scharfer Form von den kritischen Einwendungen Adolf Holtzmanns und Zarnckes gegen die Auffassungen Karl Lachmanns in der Frage der Entstehung des *Nibelungenlieds* ab. Die Folge waren jahrzehntelange Auseinandersetzungen zwischen den Anhängern Lachmanns und ihren Gegnern. Zur Position Zarnckes im Nibelungenstreit vgl. *Vogt (1893)*, S. 75-77.

8 Vgl. Anm. 7 (Brief 83).

9 Scherer wählte für seine Rezensionen im *Centralblatt* die leicht auflösbare Namenschiffre »Wh. Sch – er«.

10 Vgl. Anm. 3 (Brief 82).

11 [Ludwig] *Uhlands Schriften zur Geschichte der Dichtung und Sage.* Hg. v. Wilhelm Ludwig Holland, Adelbert von Keller u. Franz Pfeiffer. 8 Bde. Stuttgart 1865-73. – Scherer lehnte diese Rezension, zu der auch Julius Zacher ihn bereits erfolglos aufgefordert hatte (vgl. Brief 72, dazu Anm. 102), in Brief 84 ab.

Für Ihre mannigfachen frischen Zusendungen, neben denen <u>ich</u> schon etwas altes Gerümpel hervorholen mußte, sage ich Ihnen herzlichen Dank. Es freute mich sehr, war mir aber nicht unerwartet, mich mehrfach in principiellen Fragen mit Ihnen einverstanden zu finden. Doch für heute nicht mehr. Es sollte mich sehr freuen, wenn unser Verhältniß ein dauernderes würde als das mit Ihrem Freunde M.,[12] das anfangs auch so freudig begrüßt und dann – wahrlich nicht durch meine Schuld – mit so schrillem Ton zerrissen ward.

Mit hochachtungsvollem Gruße
ergebenst
Zarncke.

Leipzig,
d. 6t Jan. 68.

84. Scherer an Zarncke

Berlin, 23. Januar 1868. Donnerstag

Hochgeehrter Herr Professor,

Länger darf ich es nicht verschieben Ihnen für Ihren freundlichen Brief vom 6. d M. zu danken, ich hätte am liebsten gleich die Recension über das Heldenb.[13] mitgeschickt: sie wird leider aber noch ein paar Wochen ausstehen müssen. Der Grund der Verzögerung ist auch der der Verzögerung meiner Antwort. Ich bin im Begriffe, den Druck meiner Studien zur Geschichte der deutschen Sprache[14] abzuschließen, habe oft 3 Bogen des Tages zu corrigiren und daneben die lange verschobene u. darum höchst lästige Arbeit des Registers. Ich will Ihnen das Buch gleich nach seiner Vollendung – Mitte Februar etwa – zuschicken. Wenn die Güte der Bücher sich nach der Größe der darauf gewendeten Anstrengung richtete, so müßte dieses sehr gut geworden sein. Dennoch sehe ich mit großer Ängstlichkeit dem Erfolg entgegen: ich habe für deutsche und indogermanische Grammatik und Sprachgeschichte so viele <u>neue</u> Wege zu gehen gewagt, daß mir für deren <u>Richtigkeit</u> schon während der Arbeit bange genug geworden ist: – wenn aber jede neue Erwägung, in der man jeden einzelnen Punct wie die Aufstellung eines Fremden betrachtet, auf dieselben Resultate führt; was bleibt übrig als sich vorläufig

---

12 Karl Müllenhoff. Vgl. Anm. 6 (Brief 83).

13 Vgl. Anm. 3 (Brief 82).

14 *Scherer: GdS (1868).* – Zarncke vergab die Rezension an Ernst Windisch, sie erschien in: *LCBl* Nr. 7 (1869), Sp. 180-183.

der Kraft der Gedanken, die uns ergriffen haben, zu unterwerfen, bis die Prüfung Anderer sie entweder bestätigt oder uns davon befreit? Aber ich sollte nicht so viel reden von einem Buch das Sie noch nicht kennen. Ich weiß nicht, ob ich seiner Zeit Sie Selbst um eine Recension werde bitten dürfen[15] – ich wüßte im Augenblick selbst nicht genau zu sagen, ob der Schwerpunct derselben in der deutschen Grammatik oder in der Sprachvergleichung liegt: – sollten Sie das letztere finden, so würde der Sache, dem Buch und mir der größte Dienst erzeigt werden, wenn Georg Curtius sich zu einer Anzeige bewegen ließe. Doch dies Alles sei Ihnen anheimgestellt, daß ich Ihnen jetzt darüber schreibe müssen Sie einer Art von Lampenfieber zurechnen, der ich wie gesagt diesmal unterworfen bin. »Man müht sich, man strebt, zuletzt hat man's nicht erreicht«[16] – diese Worte Ranke's möchte wol jeder Autor auf seine Sachen setzen, auf diejenigen am meisten, auf die er die strengste und – wenn ich so sagen darf – ringendste Arbeit gewendet hat.

Lassen Sie mich mit wenigen Worten noch auf die Hauptpuncte Ihres Briefes antworten.

Ihre Grundlinien eines Compromisses – ich gebrauche Ihren Ausdruck – unterschreibe ich vollständig. Sie geben der Gesinnung Worte welche nach und nach die meinige geworden ist. Der gegenwärtige Zeitpunct ist geeigneter als irgend ein früherer für einen derartigen Compromiß. Beide Parteien haben das Gefühl daß im Wesentlichen Alles vorgebracht ist was zur Präcisirung des beiderseitigen Standpunctes gesagt werden konnte. Nicht blos der Streit, sondern auch das Thema ist gewissermaßen vorläufig erschöpft: neue Fragen werden auf die Bahn gebracht, die Forschung mag sich auf neue Gebiete wenden in deren Behandlung man sich einiger fühlt; und vor Allem, die großen Interessen welche die gesammten historischen Wissenschaften zu bewegen anfangen und bald noch viel mehr bewegen werden, müßen auch unsere deutsche Philologie so gewaltig erfassen, daß man billich zur Seite stellen mag was auf die tiefsten historischen Probleme nicht von so großem Einfluß ist wie manches Andere.

Bei allen Anzeigen die ich in's Centralbl. liefere, werde ich mich als Verfasser möglichst kenntlich machen.[17]

Wenn ich von »Müllenhoffs Heldenbuch« sprach,[18] so legen Sie dieser Bezeichnung einen Sinn bei den sie in meinem Munde durchaus nicht haben

15 Vgl. Anm. 14 (Brief 84).
16 Das Zitat entstammt der Vorrede von Leopold von Rankes Erstlingswerk: *Geschichten der romanischen und germanischen Völker von 1494 bis 1535.* Leipzig, Berlin 1824 [²1874], S. VIII.
17 Vgl. Anm. 9 (Brief 83).
18 Vgl. Brief 82, dazu Zarnckes Replik in Brief 83.

sollte. Spricht man doch von Ranke's Jahrbüchern[19] ohne daß Ranke eine Zeile davon geschrieben hätte. Thatsächlich steht Müllenh. an der Spitze des Unternehmens und hat an jeder einzelnen Ausgabe auf irgend eine Weise mitgewirkt. Meist sind es ja eigene früher beabsichtigte Arbeiten die er ehemaligen Zuhörern abtrat. Martin u Jänecke[20] kenne ich ziemlich genau noch von der Universität her, und glaube sagen zu dürfen daß Sie beide recht tüchtige Arbeitskräfte zu unterschätzen scheinen.

Uhlands Schriften[21] anzuzeigen, bin ich schon von einer anderen Seite aufgefordert worden, habe auch dahin noch nicht zugesagt, und würde jedenfalls nicht vor Ostern dazu kommen können. Ich weiß ohnedies kaum wie ich die Arbeitslast die für die nächste Zeit auf mir liegt, bewältigen soll. Ich muß Sie daher leider bitten, für Uhland nicht auf mich zu rechnen.

Darf ich bei dieser Gelegenheit fragen, ob Sie nicht bald eine Anzeige von Heinzel's Heinrich v. Melk[22] bringen werden? Es ist für einen Autor der sein erstes lange gepflegtes Buch in die Welt läßt, etwas hart, wenn er sehr lange auf das erste Anzeichen warten muß, daß das gelehrte Publicum von seiner Leistung auch nur Notiz genommen hat. Wenn ich meinem lieben Freunde ähnliche bittere Erfahrungen der Nichtbeachtung, wie ich sie an meinem Jacob Grimm[23] kennen lernte, ersparen könnte, so möchte ich gerne dazu beitragen.

Hochachtungsvoll ergebenst
W. Scherer

23.1.68.
Berlin

---

19 Gemeint sind die *Jahrbücher für deutsche Geschichte*, 1858 von der Königlich Bayerischen Akademie der Wissenschaften zu München begründet. Die Reihe blieb lange mit dem Namen des Historikers Leopold von Ranke verbunden, auf dessen Anregung sie zurückging.

20 Oscar Jänicke.

21 Vgl. Anm. 11 (Brief 83).

22 *Heinrich von Melk.* Hg. v. Richard Heinzel. Berlin 1867. – Die Ausgabe ist Wilhelm Scherer gewidmet. Zarnckes im Ganzen äußerst kritische Rezension erschien in: *LCBl* Nr. 21 (1868), Sp. 565-567. Eine empfehlende Besprechung von Scherer erschien in: *ZfdöG* 19 (1868), S. 564-579 (= *KS 1,* S. 604-620).

23 Scherers Grimm-Monographie (*Jacob Grimm 1*) war 1865 nicht im *Literarischen Centralblatt* besprochen worden. Vgl. Brief 85.

85. *Zarncke an Scherer*

Leipzig, 3. April 1868. Freitag

Hochverehrter Herr College.

Nachdem ich mit den Resten des Semesters einigermaßen aufgeräumt habe, will ich mir das Vergnügen nicht länger entziehen, an Sie zu schreiben und Ihnen für Ihre freundlichen Zeilen zu danken. Auf das von Ihnen in Aussicht gestellte Werk[24] bin ich sehr gespannt. Die allgemeine Richtung desselben ins Sprachvergleichende vermuthete ich bereits aus einigen Ihrer Anzeigen, aber von den Einzelheiten ahne ich noch Nichts, auch Delbrück, der mich besuchte, u. von dem ich Aufklärungen erwartete, erwies sich als völlig unorientiert. Sie werden also aller Orten überraschen. Wird auch die brennende Frage der Priorität der i:e, u:o zur Sprache kommen?[25] Doch ich will mich nicht neugierig gebärden. Im Centralblatt dürfen Sie der besten Behandlung gewärtig sein, auch wenn ich selber es vorziehen sollte, mich durch Ihre Forschungen lieber belehren zu lassen als mich über sie zu Gericht zu setzen.[26] Auf dem Gebiete der Sprachvergleichung bin ich überdies nur Gast. Daß Ihnen (in W*ürzb*urg)[27] so schnell eine thatsächliche Anerkennung Ihrer Studien blühen soll, erfreut mich aufrichtig.

Von meinem Nibelungenliede[28] ist kürzlich eine dritte Ausgabe erschienen. Ich erwähne dies, weil ich lange überlegte, ob ich Ihnen nicht ein Exemplar zusenden solle. Schließlich ließ ich es aber, weil ich es doch für bedenklich hielt, die Steine des Anstoßens einander geradezu selber in den Weg zu rollen.

Meine neuliche Äußerung über Martin[29] etc. haben Sie mißverstanden. Ueber die Tüchtigkeit derselben wollte ich mir kein Urtheil erlauben, ich fand es nur unbegreiflich, wie zwei Männer es übers Herz bringen, sich öffentlich einen derartigen Fußtritt versetzen zu lassen, wie ihnen H. M.ff[30] hier ap-

---

24 *Scherer: GdS (1868)*.

25 Tatsächlich wählte Scherer die von Zarncke angesprochene Frage nach der historischen Priorität bei der Entstehung der Ablautreihen im Germanischen zum Ausgangspunkt seiner sprachgeschichtlichen Untersuchungen. Vgl. *Scherer: GdS (1868)*, S. 6 f., außerdem Brief 91, dazu Anm. 119.

26 Die Rezension im *Centralblatt* übernahm Ernst Windisch. Vgl. Anm. 14 (Brief 84).

27 Scherer gehörte damals zu den Kandidaten für den neu geschaffenen germanistischen Lehrstuhl in Würzburg, auf den dann Matthias Lexer berufen wurde. Vgl. Brief 17, dazu Anm. 120 und Brief 55, dazu Anm. 71.

28 *Das Nibelungenlied*. Hg. v. Friedrich Zarncke. Leipzig ³1868 [¹1856]. Zarncke entschloss sich doch noch, Scherer das Buch zu schicken. Vgl. Brief 86, dazu Anm. 40.

29 Vgl. Brief 83.

30 Karl Müllenhoff.

pliciert, indem er es für unter seiner Würde hält, sich neben ihnen mit Namen zu nennen; hat er doch, unter Nasführung des Publicums, nicht einmal die Vorrede unterzeichnet. Von allen Verirrungen des Characters ist mir aber die die verächtlichste, wo ein hochmüthiges Gebahren nach Außen erkauft wird durch bedientenhafte Resignation im Innern einer Clique. In diesem Lichte aber erscheinen mir immer mehr jene Herren. Ich kann Sie versichern, daß ich mit meiner Ansicht nicht allein stehe. Heinzel's H.v.M.[31] habe ich jetzt angezeigt. Ich gestehe, daß mich die beleidigende Unart gegen Diemer verdrossen hat u. daß ich den jungen Mann nicht hinlänglich fest im Sattel sitzen sehe, um sich derartiges erlauben zu dürfen. Dennoch hoffe ich, mich objectiv genug gehalten zu haben, um dem Buche nicht zu schaden u. gegen den Verfasser nicht ungerecht zu erscheinen.

Sie geben mir noch nachträglich einen Rappenstoß, weil ich Ihre Abhandlungen über Jac. Grimm[32] nicht angezeigt habe. Ich habe sie wohl mit Interesse gelesen, und wenn ich nicht ein paar Worte über sie sagte, so geschah es im Drange der Arbeiten, die ja auch Sie nicht zu mindern beabsichtigen, wie es den Anschein gewinnt. Ja, in jenem Werke scheinen allerlei Aussichten, die Sie eröffneten und die ich nicht unbefangen genug war nicht auf mich mitzubeziehen, meine Arbeiten noch zu vermehren. Denn zum Beispiel, Verehrtester, im Fegefeuer den Schweinen den Parzival[33] zu erklären, was ich etwa als das meiner harrende Geschäft ansehen durfte, ist doch so leicht nicht, und darauf waren meine irdischen Hefte nicht vorbereitet. Also, da es doch heißt Media vita etc.,[34] so galt es bei Zeiten sich zu rüsten u.s.w., u.s.w. So ließ ich denn alles nicht strenge Nothwendige bei Seite u.s.w.

»Die ja auch Sie nicht zu mindern beabsichtigen«, das ist, Verehrtester, meinerseits ein Rappenstoß gegen Sie, den Sie hoffentlich verstehen. Aller-

31 Vgl. Anm. 22 (Brief 84). – Joseph Diemer hatte als erster einen Abdruck der Gedichte Heinrichs von Melk mit einer kritischen Erklärung der Texte verbunden. Vgl. *Kleinere Beiträge zur älteren deutschen Literatur und Sprache.* Hg. v. Joseph Diemer. Th. 3. Wien 1856, S. 191-310, und Scherers Replik in Brief 87.

32 Vgl. Anm. 23 (Brief 84); »Rappenstoß«, so in der Handschrift.

33 Die Anspielung bezieht sich auf den Schluss von Scherers Grimm-Monographie, an dem er in Anspielung auf Dante zunächst ein satirisches ›Purgatorio‹ inszenierte und dann fortfuhr: »Ein kleines Inferno ließe sich bevölkern mit denjenigen, die nach unserer Ueberzeugung ihre Kräfte nutzlos verschwenden und zur Ehre der Wissenschaft nichts beitragen, so viel sie selbst auch Ehre vor der Welt dabei gewinnen mögen. [...] Da wären die Popularitätshascher und sähen sich verdammt, einer Heerde von des göttlichen Eumäos Pflegebefohlenen den Parzival zu erklären.« (*Jacob Grimm 1*, S. 166).

34 Zitat der Anfangszeile des frühmittelalterlichen Hymnus *Media vita in morte sumus* (vgl. *VL 6*, Sp. 271-275), der früher Notker Balbulus zugeschrieben wurde.

dings weiß ich nicht, wie ich ferner durchkommen soll, wenn ich nicht energische Hülfe erlange. Ich werde mich entschließen müssen, einige Zeit lang die Deutsche Philologie in meinem Blatte ganz ruhen zu lassen: ich selber bin recht marode geworden.

Seit 10 Jahren gehe ich mit einer Ausgabe des Rosengarten A[35] um, aber noch immer bin ich nicht fertig. Seit Pfingsten vorigen Jahres, wo ich etwa bis zur 200sten Strophe gelangt war, habe ich keinen einzigen Augenblick gefunden, das betreffende Convolut auch nur aufzuschlagen. Nun weiß ich nicht, ob das »Heldenbuch«[36] bereits so weit gelangt ist. Wäre dies der Fall, so wäre es vielleicht das Beste, ich entsagte ganz und entzöge den Herrn Herausgebern das wohlfeile Vergnügen, einen Prügeljungen zur Hand zu haben, was dem Styl von Anfängern immer einen erwünschten Aufputz gewährt. Auch in dem Falle würde ich ganz zurücktreten, wenn etwa mir noch ganz unbekanntes Material sich in den Händen der Herausgeber des Heldenbuches befände. Können und mögen Sie mich darüber unterrichten?

Es sollte mir eine aufrichtige Freude sein, Sie persönlich kennen zu lernen und in meinem Hause begrüßen zu können. Wer, wie ich, an sechsfache Fesseln geschmiedet ist, der kann nicht daran denken, die Rolle des Aufsuchenden zu übernehmen.

Mit hochachtungsvollem Gruße
Ihr
aufrichtig ergebener
Zarncke.

Leipzig,
d. 3t April 68.

---

35 Der *Rosengarten zu Worms*, eine Erzählung aus dem Kreis der Dietrich-Epik (vgl. *VL* 8, Sp. 187). Zarnckes Ausgabe ist nicht erschienen, seine Vorarbeiten stellte er Karl Bartsch für dessen Aufsatz »Bruchstücke aus dem Rosengarten«. In: *Germania* 8 (1863), S. 196-208, zur Verfügung. Auch die im Rahmen des *Deutschen Heldenbuches* (vgl. Anm. 3, Brief 82) geplante Edition kam nicht zustande.
36 Vgl. Anm. 3 (Brief 82).

86. Zarncke an Scherer

Leipzig, 20. April 1868. Montag

Hochverehrter Herr College.

Anbei erfolgt das Corpus delicti.[37] Möge die Erinnerung an den 9t April,[38] die es bei Ihnen wieder wach rufen soll, keine unfreundliche sein! Ein anderes Corpus delicti werden Sie nächste Woche erhalten.[39] Ich theile nämlich Ihre Ansicht von der Interpolation in der von Fischart herausgegebenen »Bewärung des Sprichworts Die Gel. die Verk.« nicht in allen Einzelhei-

37 Es handelt sich hier mit großer Wahrscheinlichkeit um Zarnckes Abhandlung »Zur Vorgeschichte des Narrenschiffs«. In: *Serapeum. Zeitschrift für Bibliothekwissenschaft, Handschriftenkunde und ältere Literatur* 29 (1868), S. 29-54. Scherer bestätigt den Empfang erst in Brief 88.

38 Scherer war am 9.4.1868 auf der Durchreise von Berlin nach Wien in Leipzig mit Zarncke zusammengetroffen. In einem Brief an Karl Müllenhoff vom 10.5.1868 berichtete Scherer:»Mit Zarncke kam es nicht zu einem irgendwie bedeutenderen oder interessanteren Gespräch. Seine vermutlich latenten Beschwerden über Sie bei mir anzubringen machte er nicht den Versuch und hatte er offenbar nicht die Absicht. Mein Urteil über ihn stellte sich aus dem unmittelbaren Eindruck und aus dem Gespräch mit [Gustav] Freytag ziemlich fest. Es war für den Hauptpunct nicht ungünstig. Er unterscheidet sich wohlthuend von [Franz] Pfeiffers Fanatismus [...] Der wunde Punct aber scheint: er ist eine mediocre Natur, hat ein geheimes, durch Eitelkeit nagendes Gefühl davon, und macht daher auf gute Behandlung Anspruch; wo er die nicht findet, verliert er die sittliche Selbstcontrole. In seiner Art, die Dinge anzusehen ist eine *natürliche*, nicht *gewollte* Schiefheit.« (*BW Müllenhoff-Scherer*, Nr. 89, S. 248 f.). Rudolf Hildebrand berichtete über die Zusammenkunft, an der auch er teilgenommen hatte, in einem Brief an Reinhold Köhler vom 14.4.1868:»[...] ich war nebst Zarncke stundenlang mit ihm [Scherer] zusammen. Er ist, was seine schriften versprechen, ein wahrhaft bedeutender mensch; ich bin noch ganz voll von ihm, ich habe den eindruck eines genialen menschen noch kaum so gehabt wie gestern und dabei ist er durchaus liebenswürdig und angenehm. Gut, daß er *uns* gehört.« (*Briefe Rudolf Hildebrands*. Hg. u. erl. v. Helmut Wocke. Halle 1925, S. 113).

39 Das Folgende bezieht sich auf einen Beitrag zur Entstehung der 1584 unter Johann Fischarts Namen erschienenen Verssatire *Die Gelehrten die Verkehrten*, welchen Scherer Heinrich Kurz, dem Herausgeber von Fischarts Dichtungen, zur Verfügung gestellt hatte. Scherer stellte darin die These auf, dass in dem Druck zwei ältere, von Fischart nur geringfügig bearbeitete Gedichte, *Gelehrte, Verkehrte* und *Vom Glaubenszwang*, die heute allgemein Sebastian Franck zugeschrieben werden, durcheinander geraten seien. Zarncke glaubte ebenfalls an eine Interpolation, bestritt aber die von Scherer aufgestellten Einzelheiten zur Textgeschichte. Vgl. für

ten. Einmal halte ich II für eine durch I selbst veranlaßte Interpolation, u. dann habe ich auch einige Bedenken gegen die Umstellung der Hälften von II. Die Gründe, die mich hiezu bewegen, habe ich kurz angedeutet bei Gelegenheit der Anzeige des 3ten Bandes der Kurz'schen Ausgabe. Meine Bemerkungen sind natürlich nur für Sie geschrieben, denn wer wird sie sonst noch verstehen? Kurz selber ist ja völlig ohne Verständniß u. ohne Steuerruder in solchen Fragen. Da Sie doch sicher vorhaben, noch einmal selber über diesen Gegenstand zu handeln, so wollte ich meine Zweifel nicht zurückhalten und es sollte mich freuen, wenn Sie denselben einige Beachtung schenkten.

Ein Drittes,[40] gebe Gott kein Corpus delicti, geht zugleich mit diesem Briefe an Sie ab und trifft Sie vielleicht schon vor demselben. Der Stoßseufzer dringt aus meiner Brust, indem ich mir bewußt bin, mit wie kargem Material ich hier habe arbeiten müssen, und wie weit weniger begründet meine Zuversicht, keine Berichtigung oder Ergänzung zu erfahren, jetzt ist als sie war, da ich noch des Glücks genoß, in Berlin arbeiten zu können. Dennoch gebe ich mich der Hoffnung hin, nichts Wesentliches übersehen zu haben.

Unser neuliches Beisammensein[41] rauschte gar zu hastig vorüber, und ich hätte doch gerne noch Manches mit Ihnen besprochen. Das Eine ist ein Wunsch, der in mir doppelt lebhaft ward, als ich Ihre, von mir gewiß mit der größten Achtung aufgenommene, hohe Verehrung für Mh.[42] beobachtete. Daß ich dieselbe nur nach einer Richtung hin theile, nach einer andern entschieden bekämpfe, gehört nicht hieher. Aber recht dringend bitte ich Sie, mäßigen Sie den Ausdruck derselben bei der Anzeige des Heldenbuches,[43] das Sie, wie ich nun weiß, in viel engerer Verbindung zu Mh. setzen als ich

---

Scherers Beitrag *Johann Fischart's Sämmtliche Dichtungen.* Hg. v. Heinrich Kurz. Bd. 2. Leipzig 1866 (Deutsche Bibliothek 9), S. XLIV-XLVII; für Zarnckes Vorbehalte seine Rezension des dritten Bandes der Kurz'schen Ausgabe (Leipzig 1867 = Deutsche Bibliothek 10), in: *LCBl* Nr. 18 (1868), Sp. 483-484. Scherer verteidigt seine Auffassung in Brief 87. Zur Forschungsgeschichte des von Scherer aufgeworfenen Problemzusammenhangs und der daran anschließenden Verfasserfrage vgl. ausführlich Carlos Gilly: »Das Sprichwort ›Die Gelehrten die Verkehrten‹ oder der Verrat der Intellektuellen im Zeitalter der Glaubensspaltung«. In: *Forme e destinazione del messagio religioso. Aspetti della propaganda religiosa nel cinquecento. A cura di Antonio Rotondò.* Firenze 1990, S. 229-375, hier S. 310-324.

40 Gemeint ist hier vermutlich die neue Auflage von Zarnckes *Nibelungenlied*-Ausgabe (vgl. Anm. 28, Brief 85), für die sich Scherer in Brief 87 bedankt.

41 Vgl. Anm. 38 (Brief 86).

42 Karl Müllenhoff.

43 Vgl. Anm. 3 (Brief 82).

anzunehmen Grund hatte. Wie sehr ich Mh. gerecht zu werden suche u. fortan suchen werde, wird Ihnen die kurze Anzeige der HS.[44] gezeigt haben, aber
Sie müssen zugeben, schon der Anstand verbietet mir, in meinem Blatte eine
warme Glorification des Mannes zu bringen, der bis auf die neuesten Tage
mit ebenso boshaften wie kleinlichen u. ungerechten Nadelstichen mich zu
verfolgen fortgefahren hat. Ich vertraue Ihrem journalistischen Tacte, und
bitte Sie nur, meine Lage nicht zu verkennen.
Gerne hätte ich auch über Schade mehr mit Ihnen gesprochen. Wir haben
in unserem Gespräche mehr nur die negative Seite hervorgehoben. Daß sich
in Exactheit und Sauberkeit der Forschung Schade mit Mh. nicht vergleicht,
gebe ich Ihnen leicht zu. Der gleiche Vorwurf zog mir einmal die bekannte
Forderung auf Pistolen[45] zu. Aber daß Schade ein Mann von selbstständigen
Gedanken ist, und daß manche seiner Gedanken eine große Bedeutung für
unsere Wissenschaft erlangt haben, ist nicht in Abrede zu stellen. So ist ihm
das Verdienst nicht abzustreiten, jene künstliche Barre durchbrochen zu haben, die beim Jahre 1170 in unsere Litteraturgeschichte eingerammt war,
durch Hinauswerfung des Annoliedes u. durch richtigere Datirung des Rolandsliedes.[46] Bis dahin hatten wir diesseits 1170 ein ganz incommensurables
Mixtum-compositum der unglaublichsten Dinge neben einander. Jetzt haben
wir eine sich allmählig immer mehr bereichernde Geschichte unserer Litteratur im 12t Jh. erhalten, verständlich <u>vor</u> wie verständlich <u>nach</u> 1170. Es ist nur
ein gebührender Lohn, daß Schade die Fragmente einer alten Kaiserchro-
nik[47] entdeckt hat, die ein wichtiges Mittelglied in der allmähligen Erweiterung der Stoffe der Deutschen Litteratur bildet.

44 Wilhelm Grimm: *Die Deutsche Heldensage*. Hg. v. Karl Müllenhoff. Berlin ²1867
[¹1829]. Zarnckes kurze Rezension dazu erschien in: *LCBl* Nr. 11 (1868), Sp. 282 f.
45 Dazu konnte nichts ermittelt werden.
46 Zarncke bezieht sich hier auf Forschungsergebnisse, die Oskar Schade zuletzt in
seinem *Altdeutschen Lesebuch* (Th. 1. Halle 1862) fixiert hatte. Vgl. ebd. S. VI u.
117 (Datierung des *Rolandsliedes* auf um 1130) bzw. VII u. 90 (Datierung des *Annoliedes* auf um 1075). Mit der Datierung des *Annoliedes* bereits ins 11. Jahrhundert
widersprach Schade einem früheren Diktum Lachmanns auf 1183 (dem Jahr der
Kanonisierung Annos). Vgl. Karl Lachmann: »Ueber Singen und Sagen«. In: *Abh.
Berlin* (1833), S. 105-122, hier S. 112 (auch separat: Berlin 1835; wiederholt in: ders.:
Kleinere Schriften zur deutschen Philologie. Hg. v. Karl Müllenhoff. Berlin 1876,
S. 461-479), außerdem Scherers Replik dazu in Brief 87.
47 Vermutlich spielt Zarncke auf Schades Versuch an, nachzuweisen, dass es sich bei
der auch separat überlieferten *Crescentia*-Episode in der mittelhochdeutschen
Kaiserchronik um ein älteres ursprünglich selbstständiges Gedicht handele. Vgl.
Oskar Schade: *Crescentia. Ein niederrheinisches Gedicht aus dem 12. Jahrhundert*.
Berlin 1853.

In Ihrem Buche[48] wird hier wie in Halle fleißig studiert. Die Anregung, die es gewährt, ist ebenso allgemein u. durchgreifend, wie hie und da der Widerspruch.

Leben Sie wohl.

In aufrichtiger Ergebenheit
der Ihrige
Zarncke.

Lpzg.
d. 20t April 68.

87. Scherer an Zarncke

(Wien), 26. April 1868. Sonntag

Hochgeehrter Hr Professor,

Aus großem Gewirre der Arbeit zunächst eine kurze Bemerkung zu der heute gütig überschickten Fischartrecension.[49]
Wenn sich 1536 die Bemerkung findet der Vf. wolle über den Unterschied zwischen dem Amt und der Person ›hernach‹ handeln, so kann was um Z. 1239 über dies Thema ausgeführt wird, nicht voraufgegangen sein.[50] Geht man nun von den 2 fixen Puncten 1239 und 1536 aus, so erhält man die zwei einheitlichen Hauptmassen die ich nach Maßgabe des angef. Citates in eine der Überlieferung entgegengesetzte Ordnung bringen zu müssen glaubte.
Dazu stimmt, wenn d. Vf. 1207 bemerkt, er habe oben von dem Untersch. zwischen der Welt u Christi Reich gehandelt: nemlich 1436.
Ferner 898, was sich nicht auf 840-852 beziehen kann, wo von der Benutzung des Alten Testaments (896) nicht die Rede war. Dagegen vergleichen Sie z.b. 1640. Auch in der Lücke zwischen 1661 und 853 muß (nach 853f »aus mischung … des alt u. newen Test*ament*.«) von Bezüglichem die Rede gewesen sein. Der letzte Satz der Lücke: »[irgend ein erörterter Übelstand – wo kommt er anders her] denn aus mischung der Regiment des alt u. n*ewen*. Testament?«
Wenn Sie aber mit meiner Anordnung der Theile das Mittelstück lesen, so werden Sie nicht zweifeln daß es ein selbständiges Gedicht. Und dann können die Berührungen mit II nur so gedeutet werden, daß die gemeinschaftlichen Gedanken ursprünglich dort auftraten wo sie im größeren selbständi-

48 *Scherer: GdS (1868).*
49 Vgl. Anm. 39 (Brief 86; dort auch zum Folgenden). Scherer zitiert den Text nach Bd. 2 der Fischart-Ausgabe von Heinrich Kurz (vgl. ebd.).
50 Dazu Randvermerk von Zarncke: »doch / [Verse] 1560-1685«.

gen Zusammenhang auftraten. Ist aber II später, so kann sehr wohl derselbe Vf. auf Ideen die ihn noch eben tief beschäftigten so zurückkommen.

Ich halte also meine Ansichten vorläufig fest, doch verspreche ich neue Prüfung, wenn ich einmal öffentlich das umfassendere Interesse das diese Gedichte für mich gewonnen haben, werde darlegen können. Sollte ich etwa in einer Anzeige des 3. Kurz'schen Bandes[51] den ich noch nicht gesehen habe, in der Gymn.ztschr.[52] davon sprechen: so werde ich nur vortragen was ich soeben aus meinen alten Scripturen Ihnen aufzuzeichnen so frei war. Überzeugt es Sie also nicht, so wäre ich für briefl. Mittheilung Ihrer Gegengründe dankbar. – Für Ihr Nibel.l.[53] sage ich meinen besten Dank, die Einleitung habe ich nur rasch durchblicken können – zu, resp. gegen S. IV. XCVI[XX)] gesvarn[54] erlaube ich mir auf Graff 6,894 zu verweisen –, die Prüfung des Metrischen[55] hebe ich mir auf, bis ich Bartsch und Bech[56] werde lesen können. Ich habe so Vieles nachzuholen.

Über dem Heldenbuch[57] bin ich auch zum ersten mal ernstlich beschäftigt, ich hatte bis jetzt nur den Laurin und Alphart aufmerksamer in dieser Ausgabe gelesen. Nun hole ich mir das Übrige mit meinen älteren Aufzeichnungen darüber allmälich herbei und die versprochene Recension gedeiht unversehens. Daneben auch die über den Goethe-Voigt'schen Briefw.[58]

51 *Johann Fischart's Sämmtliche Dichtungen.* Hg. v. Heinrich Kurz. Bd. 3. Leipzig 1867 (Deutsche Bibliothek 10). – Scherer schrieb keine Rezension.

52 Vgl. Anm. 4 (Brief 82).

53 Zarncke hatte ein Exemplar der neuen Auflage seiner Ausgabe des *Nibelungenliedes* (vgl. Anm. 28, Brief 85) parallel zu Brief 86 gesandt.

54 Zarncke hatte in seiner Einleitung der Ansicht widersprochen, das zweimalige Vorkommen des Reimes »gesvarn : varn« lasse auf eine ›österreichische‹ Herkunft des *Nibelungen*-Verfassers schließen:»so ist das mindestens eine sehr schwache Stütze, da dieser Reim auch alterthümlich sein kann« (Zarnckes *Nibelungenlied,* wie Anm. 28, Brief 85, S. IV f., vgl. ebd. S. XCVI, Anm.). Scherer führt dagegen die von Graff gesammelten Belegstellen zu dem Wort an: *Althochdeutscher Sprachschatz oder Wörterbuch der althochdeutschen Sprache* […]. Etymologisch und grammatisch bearb. v. Eberhard Gottlieb Graff. Bd. 6. Berlin 1842, Sp. 894. (›GASUERAN‹).

55 Gemeint sind Zarnckes Ausführungen zur Metrik in der Einleitung seiner *Nibelungenlied*-Ausgabe (wie Anm. 28, Brief 85), S. LXXII-CII.

56 Gemeint sind hier vermutlich die Ausführungen zur Metrik in den Vorworten der zuvor von Bartsch und Bech in der Reihe *Deutsche Classiker des Mittelalters* besorgten Ausgaben: *Das Nibelungenlied.* Hg. v. Karl Bartsch. Leipzig 1866 (DCM 3); *Hartmann von Aue.* Hg. v. Fedor Bech. Bd. 1: *Erec der Wunderaere.* Leipzig 1867 (DCM 4).

57 Vgl. Anm. 3 (Brief 82).

58 *Goethes Briefe an Christian Gottlob von Voigt.* Hg. v. Otto Jahn. Leipzig 1868. – Scherers Rezension erschien in: *LCBl* Nr. 20 (1868), Sp. 544-546 (= *KS* 2, S. 247-249).

Das Exempl. des letzteren das Sie mir heute zugehen lassen, werde ich durch Buchhändlergelegenheit unverweilt remittiren, da es mir der Verabredung gemäß Hirzel[59] bereits übersendet hatte. Dabei kann ich die Bemerkung nicht unterdrücken daß die Einrichtung des Centralbl. bzgl. der Recensionsexemplare wenn sie auf mich stricte Anwendung findet, wahrscheinlich die Folge haben wird daß ich nur solche Bücher recensiren werde von denen mir persönliche Freiexempl. durch Autor oder Verleger zur Verfügung gestellt sind. Diese Bemerkung entspringt aus einer sehr natürlichen Empfindung, die jeder theilen wird für den wie für mich das Recensiren meist kein Vergnügen, sondern eine lästige Pflicht ist. Da nun wie ich aus Ihrer Sendung ersehe auch ausnahmsweise die Einrichtung von Gratisexemplaren beim Centralbl. besteht, so bitte ich mich derselben nach Möglichkeit theilhaftig werden zu lassen: für die österr. Gymnasialztschr.[60] habe ich mir noch nie ein Buch gekauft.

Bequemer wäre es gewesen hierüber mündlich zu sprechen. Überhaupt war unsere Begegnung,[61] wie Sie ja auch gefühlt haben, zu kurz um Alles was passend zur Sprache gekommen wäre, zu berühren. Z.b. vergaß ich Ihnen zu sagen, daß für den Roseng.[62] kaum neue Materialien den Herausgebern des Hb. zu Gebote stehen, und daß noch nicht entschieden ist wer diese Edition übernehmen soll. Ferner habe ich Heinzel nicht bei Ihnen entschuldigt der keineswegs die Absicht hatte gegen Diemer »beleidigend unartig« zu sein:[63] Diemer selbst hatte auch nicht das Gefühl, meines Wissens: vielmehr gab er seine Verwunderung zu erkennen, daß Heinzel ihn nach der Herausgabe des Heinrich v. Melk[64] nicht aufgesucht habe, um der wissenschaftlichen Berührung auf gemeinschaftlichem Arbeitsfelde die persönliche folgen zu lassen. – Mein Urtheil über Müllenhoffs persönlichen Charakter und Bedeutung für die Wissenschaft nicht öffentlich auszusprechen, würde mich keiner der von Ihnen angeführten Gründe[65] bestimmen können: auch nicht, um vollkommen aufrichtig zu sein, Ihr persönlichster. Denn das kann nur die Meinung sein, wenn Sie mich auffordern in Ihrem Blatte zu schreiben, daß ich <u>meine</u>

---

59 Salomon Hirzel, in dessen Leipziger Verlag der Band erschienen war.

60 Vgl. Anm. 4 (Brief 82).

61 Vgl. Brief 86, dazu Anm. 38.

62 Vgl. Brief 85, dazu Anm. 35.

63 Vgl. Brief 85, dazu Anm. 31.

64 Vgl. Anm. 22 (Brief 84).

65 Scherer bezieht sich auf Zarnckes Ausführungen in Brief 86. Seine Anzeige des *Deutschen Heldenbuchs* (vgl. Anm. 3, Brief 82) beginnt: »Die vorliegenden zwei Bände [...] sind eine Frucht der erfolgreichen Lehrtätigkeit, welche seit Jahren K. Müllenhoff an der Berliner Universität entfaltet. Müllenhoff hat einen Theil des Materials herbeigeschafft, den Plan entworfen, die Betheiligten – seine ehemaligen Zuhörer – dafür gewonnen, einige wichtige Vorarbeiten [...] denselben überliefert und das Schwierigste – den Laurin – selbst übernommen.« (zit. n. *KS 1*, S. 636).

Ansichten über Dinge und Personen ohne irgend welche Rücksicht – als die Pflicht nach bestem Wissen durchaus wahr zu sein – darin ausspreche. Dadurch daß ich mich ganz deutlich durch die Unterschrift Wilh. Sch-r[66] etwa – kenntlich mache, wird meiner Ansicht nach jede Rücksicht gewahrt. Ich werde meine Anzeige also ganz so schreiben, als ob ich von den Äußerungen Ihres Briefes nichts wüßte. Aber eine warme Glorification Mh.s wird sie trotzdem nicht enthalten. Aus Gründen die ich mit dem Verstand nicht vollständig aufzulösen weiß: ich kann nur sagen, es wäre gegen mein Gefühl. Vor ein paar Jahren wäre ich noch weniger im Stande gewesen einen persönlichen Freund öffentlich zu loben, ich hoffe nach und nach gelernt zu haben, es vollkommen objectiv durch Berufung auf bekanntes und unbestreitbares Thatsächliche zu thun, in diesem Falle z.b. wird vielleicht die Bemerkung vorkommen daß das Hb. eine Frucht der segensreichen Lehrthätigkeit ist die seit Jahren Mh. an der Berliner Univ. entwickelt – ich werde aber nicht im Stande sein gradehin zu sagen, was doch meine Meinung ist, daß sein Laurin[67] eine der glänzendsten Textesconstituierungen sei die unsere ganze altdeutsche Litt. aufzuweisen hat; und auch das wäre doch von einer warmen Glorification noch ziemlich weit entfernt. Logisch betrachtet darf man die Frage aufwerfen: habe ich nicht die Pflicht über einen persönlich nahe Stehenden ganz ebenso die volle wahre Meinung im Lob und in Anerkennung zu sagen, wie ich es im Tadel und in Bestreitung ohne weiters und unbedingt thun würde? Ich wiederhole aber: es würde gegen meine innerste Empfindung verstoßen. Ich fände es unschicklich, ja anmassend, und vor dem Publicum verdächtigend. Aber völlig komme ich mit Verstandeseinwendungen gegen jene Frage nicht auf: so bleibt schließlich wie in den meisten sittlichen Dingen ein Unauflösliches, Unfaßbares auf dem Grunde der Seele, in dessen Macht wir uns geben ohne genau zu wissen warum.

Verzeihen Sie diese vielleicht zu persönlichen Auslassungen. Ich kann nicht für meine Art, jeden einzelnen an sich kleinsten Fall an das Principielle, Letzte, Höchste anzuknüpfen. Und die Frage überhaupt ist ja durch Sie angeregt: ich würde nicht von selbst auf die Theorie die meiner Praxis zu Grunde liegt, eingegangen sein. Und nun sagen Sie mir: ob es Ihnen so recht ist, ob Sie mir zutrauen daß ich das Rechte und Schickliche aus natürlicher Eingebung treffen werde.

Über Schade ein andermal.[68] Es ist meiner trägen Feder eine unglaubliche Qual, Dinge die mündlich mit ein paar Worten in wenig Minuten abgethan sind, schriftlich zu behandeln wo sie niemals völlig ausgetragen werden. Die künstliche Barre des Jahres 1170 kenne ich nicht. Was die unschuldige Lach-

---

66 Vgl. Anm. 9 (Brief 83).
67 Vgl. Anm. 65 (Brief 87).
68 Zum Folgenden vgl. die Ausführungen Zarnckes in Brief 86, dazu Anm. 46.

mann'sche Anm. über die Lyriker[69] sagen wollte, halte ich im Wesentlichen noch heute für richtig: unter den namenlosen Liedern haben wir, glaube ich, nur das mit der künegin von Engellant[70] höher hinauf zu rücken, gegründete Ursache. Lachmann's Irrthum übers Annolied[71] war verzeihlich genug: die Heilignennung ist mir erst durch Voigt's Aufsatz über Capistran ganz verständlich geworden. Für den Anfang war es an sich gewiß richtig, sprachlichen Gründen möglichst wenig Gewicht beizumessen: die Geschichte der Sprache mußte erst aus den anderweitig fest stehenden Daten ihren Halt bekommen. Was hat mit sprachlichen Argumenten Holtzmann[72] im 7.8. Jahrhundert für Unfug getrieben! Nun endlich zum Schluß der langen Epistel. Ich glaube nicht daß irgend etwas darin Sie verletzen könnte. Überhaupt lassen Sie mich hoffen, daß niemals die Unbeholfenheit meines Ausdrucks, die mir selten wo ich für eine Sache warm bin das mildere Wort bequem eingiebt, – lassen Sie mich hoffen daß niemals diese Unbeholfenheit ein Hindernis der Verständigung zwischen uns bilden wird.

In aufrichtiger Ergebenheit
WScherer

26.4.68.

69 Nicht ermittelt.

70 Gemeint ist das mit »Woer diu Welt alliu mîn« beginnende Lied, welches in Karl Lachmanns und Moriz Haupts Sammlung *Des Minnesangs Frühling* (Berlin 1857 u. ö.) unter den *Namenlosen Liedern* (3,7) steht. Lachmann, der die Zeile »diu künegîn von Engellant« auf Eleonor von Poitou und Aquitanien, als Gattin Heinrichs II. ab 1154 Königin von England, bezog, schreibt, dass »es wohl noch in den Funfzigern des 12. Jahrhunderts gesungen sein wird« (*Über Singen und Sagen*, wie Anm. 46, Brief 86, S. 120). Scherer, dessen Einwand gegenüber Zacher nicht ganz verständlich ist, bestätigte in einem späteren Kommentar Lachmanns Datierungshypothese im wesentlichen: »Wie lange blieb Eleonore die Modeschönheit? Im Jahre 1160 war sie bereits 36 Jahre alt. Ihr Ruhm mag sich länger erhalten haben als ihre Blüte. Aber jünger als 1160 wird das Gedicht doch wohl nicht sein.« (*Deutsche Studien II. Die Anfänge des Minnesangs*. Wien 1874, S. 7).

71 Karl Lachmann war bei der Datierung des *Annoliedes* (vgl. Anm. 46, Brief 86) vom Jahr der Kanonisierung Annos (1183) ausgegangen. Voigt hatte am Beispiel des Dominikaners Johannes von Capestrano gezeigt, dass eine Heilignennung durchaus schon vor Abschluss des Kanonisierungsprozesses üblich sein konnte. Vgl. Georg Voigt: »Johannes von Capistrano, ein Heiliger des fünfzehnten Jahrhunderts«. In: *Historische Zeitschrift* 10 (1863), S. 19-96.

72 Möglicherweise dachte Scherer hier an Holtzmanns Versuch, die Identität von Kelten und Germanen aufgrund u. a. von sprachlichen Vergleichen nachzuweisen. Vgl. Adolf Holtzmann: *Kelten und Germanen. Eine historische Untersuchung*. Stuttgart 1855.

88. Scherer an Zarncke

(Wien), 2. Mai 1868. Sonnabend

Hochgeehrter Herr Professor,

Sie verzeihen mir, wenn ich Ihnen heute nur ganz rasch schreibe, ich habe noch gar nichts für die Montag beginnenden Vorlesungen gethan; und sonst Kopf und Hände voll der verschiedenartigsten Arbeit.

Ihre Argumente in Sachen des Pseudo-Fischartiorums[73] werde ich bestens in Erwägung ziehen, so bald ich wieder daran komme; ich muß jetzt natürlich das ganze noch einmal, vielleicht, wiederholt, lesen. Habe ich Ihnen denn neulich für »Zur Vorgeschichte des Narrenschiffs«[74] gedankt? Ich habe den Aufsatz sofort und mit dem größten Interesse gelesen. Über das was wir in der Litteraturgesch. erreicht haben und noch erreichen können, und was uns möglicherweise ganz verborgen bleibt, regt die Sache nicht eben erfreuliche Gedanken auf. Das Thema Müllenhoff brauchen wir ja nicht schriftlich zu erledigen.[75] Genug daß in der Frage die zunächst zur Discussion Anlaß gab, meine natür-

---

73 Zu der Auseinandersetzung um Fischart vgl. Briefe 86 u. 87, dazu Anm. 39 (Brief 86). Zarncke war in einem hier nicht abgedruckten Brief vom 29.4.1868 (ABBAW, NL W. Scherer: 1031) noch einmal auf das Thema eingegangen.

74 Vgl. Brief 86, dazu Anm. 37.

75 In dem in Anm. 73 (Brief 88) angeführten Brief hatte Zarncke mit Bezug auf Scherers Ausführungen in Brief 87 zu Müllenhoff geschrieben: »Was meine Bitte in Betr. Mh. angeht, so beurtheilen Sie meine Stellung in der Sache wohl nicht ganz richtig. In letzter Instanz bin doch ich allein für jede Zeile, die in meinem Blatte Aufnahme findet, verantwortlich. Mein Streit mit Mh. ist keine bloße Privatdiscussion, es ist eine öffentliche Angelegenheit geworden. Wenn ich mich maßlosem Hochmuth gegenüber meiner Haut gewehrt habe, so habe ich nicht bloß eigene Sache vertreten, ich habe im Sinne <u>Vieler</u> – u. schlechte Männer habe ich nie mitgezählt – gehandelt, die nicht minder empört waren über ein unerhörtes u. durch Nichts, nicht einmal durch Leistungen, berechtigtes Benehmen, das, zumal von Berlin aus, wie eine Heuschreckenplage die Deutschen Gelehrtenkreise bedroht. Wenn ein Mann, wenn ein Blatt, die beide von Jenem mit giftigem Spotte verfolgt sind, einem persönlichen Freunde desselben ein Urtheil über ihn anvertraut, so werden schon das Manche bedenklich finden mögen, ich trotze diesen Urtheilen im Gefühle meines guten Gewissens. Wenn aber dies Blatt seine Spalten hergiebt zu einer ganz besonderen Verherrlichung seines Gegners, so ist sein Redacteur – von seiner Ueberzeugung ganz abgesehen – entweder düpiert oder er ist ein Schleicher, er verdient den Verdacht, ein kopf- oder ein characterloser Mensch zu sein. Und diesen Ruf zu <u>verdienen</u> habe ich keine Lust. In allen

lichen Empfindungen mit Ihrer Ansicht der Dinge vollkommen übereinstimmen. Im Übrigen halte ich mich an das was früher zwischen uns ausgesprochen wurde. Im Januar schrieben Sie mir:»Wir müssen uns beide versprechen die persönlichen Differenzen zu denen d. Nib.streit Veranlaßung geworden ist, in unseren Urtheilen nicht hervortreten zu lassen.«[76] Und kürzlich mit Verweisung auf Ihre Anzeige d HS. versicherten Sie mich des Strebens, auch Mh. gerecht zu werden.[77] Was meine Person anlangt, so brauche ich auch nur auf schon gemachte Versprechungen zu verweisen; ich füge aber hinzu daß so viel an mir liegt ich auch nichts unterlassen werde, um Müllenh. zu veranlassen daß er nicht sachliche Meinungsverschiedenheiten in verletzender Form vorträgt.[78] Und das ist es worauf es ankommt: friedliche Polemik. Ich zweifle nicht daß sich im Gefolge davon auch mildere und gerechtere persönliche Schätzungen sich einfinden werden. Ich bin kein Mensch der sich durch geistige Vorzüge für moralische Schwächen blenden läßt, und ich habe manchmal gewünscht etwas jugendlicher und vertrauensvoller den Menschen gegenüber zustehn. Aber ich kann Sie versichern, daß mir wenige Männer vorgekommen sind, denen es so rein um die Sachen zu thun ist wie Müllenh. Wenn Sie die gleiche Ansicht nicht haben, wenn Sie irgend etwas was er gethan oder gesagt auf das Gegentheil deuten; so versuchen Sie es einmal auf meine Versicherung hin eine andere Erklärung für dergl. scheinbar widersprechende Facta zu suchen, und nicht blos wird sich diese finden, sondern Sie werden auch auf positive Bestätigung meiner Meinung stoßen. –

Die Rec. über Goethe-Voigt[79] ist, fürchte ich, zu lang gerathen. Ich habe aber schon meinen ursprünglichen Entwurf sehr stark gekürzt, so daß ich meine das Beste weggelassen zu haben – und ich wollte das Ding nicht noch

diesen Puncten fühlen Sie anders als ich, ich achte Ihre Empfindungen, und will nicht die häßliche Rolle spielen, Ihnen Ihre Freunde zu verklatschen. Aber im lebendigen Gefühle dieses Contrastes u. in dem Wunsche, ein eben angebahntes Verhältniß nicht sogleich wieder aufs Spiel zu setzen, schrieb ich jene Bitte an Sie.«

76 Vgl. Brief 83.
77 Vgl. Brief 86, dazu Anm. 44.
78 Scherer schrieb am 10.5.1868 in diesem Zusammenhang an Müllenhoff:»Gelegentlich hebt er [Zarncke] dann hervor daß er fortan immer bemüht sein werde, Ihnen gerecht zu werden, und beruft sich auf seine Anzeige von Wh. Grimms Heldensage. Ich erwiderte daß ich meinerseits, so viel an mir läge, Sie bestimmen wollte, der sachlichen Polemik alles persönlich Verletzende zu nehmen … Was ich denn hiemit gethan haben will. Die objectiven Gründe, die dazu veranlassen können, brauche ich Ihnen ja nicht aufzuzählen.« (*BW Müllenhoff-Scherer*, Nr. 89, S. 249).
79 Vgl. Anm. 58 (Brief 87).

einmal umschreiben. Haben Sie also für diesmal Nachsicht, ich will mich zu bessern suchen, wovon hoffentlich schon die demnächst eintreffende Anzeige des Heldenbuchs[80] Zeugnis ablegen wird.

In aufrichtiger Ergebenheit
WScherer

2. Mai 68.

89. Scherer an Zarncke

Wien, 23. Juli 1868. Donnerstag

Hochgeehrter Herr College,

Ich kann – vielbeschäftigt wie immer – nur wenige Begleitzeilen der endlich fertig gewordenen Recension[81] hinzufügen. Diese Begleitzeilen aber will ich nicht weglassen, um Ihnen aufrichtig zu danken für die freundliche Weise in der Sie meine erfolgte Ernennung[82] beurtheilen. Ich selbst nähere mich mehr mit Scheu, als mit frischem begeisterten Selbstgefühl der neuen vergrößerten Aufgabe. In Wien ist die Gefahr allzugroß daß durch den Lehrer der Gelehrte verschlungen werde, u. doch hängt man nur durch wissenschaftliche Production mit dem wissenschaftlichen Gesammtgeist der Nation zusammen. Indes hoffe ich daß mir die rasche Gabe des Glücks schließlich zum Heil ausschlagen werde.

Wegen der ungar. Nibel.[83] habe ich Gerolds[84] sofort Auftrag gegeben. Kennen Sie Il canto dei Nibelongi trad. di Carlo Cernezzi, Milano 1847, 8°?[85] Der Titel

---

80 Vgl. Anm. 3 (Brief 82).
81 Über das *Deutsche Heldenbuch*. Vgl. Anm. 3 (Brief 82).
82 Scherer war am 3.7.1868 in Nachfolge des verstorbenen Franz Pfeiffer zum Ordinarius in Wien ernannt worden. In einem hier nicht abgedruckten Brief vom 12.7. 1868 hatte Zarncke geschrieben:»Ich beeile mich, Ihnen meinen herzlichen Glückwunsch darzubringen zu Ihrer so bald erfolgten Ernennung. Es ist ein seltener Fall, so jung schon an eine so bedeutsame und so wirkungsreiche Stelle zu gelangen, aber auch Ihre Gegner werden Ihnen gerne das Zeugniß ausstellen, daß diese Gunst des Schicksales Sie nicht unverdient trifft, und im Interesse der Wissenschaft ist es gewiß mit Dank anzuerkennen, wenn eine bedeutende Tüchtigkeit recht schnell über all die Plackereien, die sonst mit der Erreichung einer Lebensstellung verknüpft zu sein pflegen, hinweggeschoben wird.« (ABBAW, NL W. Scherer: 1032).
83 *Nibelung-ének. Ó-német hosköltemény* [Das Nibelungenlied. Alt-Deutsches Heldenepos]. Aus dem Deutschen ins Ungarische übers. v. Károly Szász. Pest 1868 [²1869]. – Zarncke hatte Scherer in seinem in Anm. 82 (Brief 89) angeführten Brief um eine Übersendung dieses Buches gebeten.

aus dem Katalog der Hofbibl. abgeschrieben, angesehen hab ichs nicht. In Ihrer Nib.Ausg.[86] ist S. XLIX zum J. 1853 der Aufsatz[87] von Leo bei Wolf I 113-129 vergessen. Zum Lübben[88] darf ich vielleicht auf meine Anzeige der 2. Ausg. in der hies. Gymn. Ztschr. aufmerksam machen. Wenn Sie sie nicht kennen, steht noch ein Exempl. zu Diensten. Ich habe mich darin auch mit Ihnen über Nib. 480,4 auseinandergesetzt. – Zu Ihrer Ausg. S. 366 Anm. 1 erlaube ich mir auf Bartsch Unters.[89] S. 382 zu verweisen. – S. XIV und XVII fallen die Fragezeichen bei dem Aufbewahrungsort von X und i[90] weg, schon nach Lachmanns 3. Ausg.[91] p. VII.IX. – Ich raffe diese Notizen so aufs Gerathewol auf, ob sie Ihnen vielleicht irgend nütze seien.

Sehr gespannt bin ich darauf, wie u. durch wen sich das Centralbl. über meine »Zur Gesch. d. dt. Spr.«[92] äußern wird. Delbrücks Recens. hat in keiner Hauptsache einen schlagenden Gegengrund vorgebracht, ich werde darauf bei Zacher antworten,[93] meine Auffassung der Lautverschieb*u*ng ist in nichts

84 Die Gerold'sche Verlagsbuchhandlung in Wien.

85 *Canto dei Nibelongi: antico poema tedesco.* Prima traduzione di Carlo Cernezzi. Milano 1847.

86 Vgl. Anm. 28 (Brief 85).

87 Heinrich Leo: »Die alt-arische Grundlage des Nibelungenliedes«. In *Zeitschrift für deutsche Mythologie und Sittenkunde* [Hg. v. Johann Wilhelm Wolf] 1 (1853), S. 113-129. – Der Aufsatz fehlte in Zarnckes chronologischer Bibliographie der Forschungsliteratur.

88 August Lübben: *Wörterbuch zu der Nibelunge Not (Liet).* Oldenburg ²1865 [¹1854]. Scherers Rezension der zweiten Auflage erschien in: *ZfdöG* 17 (1866), S. 481-485 (= *KS 1*, S. 379-384). Die von Scherer angedeutete Auseinandersetzung dreht sich um die Deutung der Stelle »Sifriden mit dem gruoze / si [Brünhild] von den anderen schiet« (Scherer zitiert auch im Brief nach der Ausgabe von Karl Lachmann, wie Anm. 91, Brief 89, S. 480, Str. 4):»Den Siegfried schloß sie nicht in den allgemeinen Gruß mit ein, sie grüßte ihn besonders: sehr begreiflich, da er als Führer der Übrigen auftrat. Nein, sagt Herr Zarncke, es heißt: beim Gruße überging sie Siegfried, sie ließ ihm den Gruß nicht zu Theil werden, den alle Übrigen erhielten. Nun wenn Herr Zarncke wirklich die Meinung des Dichters getroffen hat, wer in aller Welt konnte das verstehn?« (zit. n. *KS 1*, S. 382). Zarncke verteidigte seine Ansicht in dem Aufsatz »Zum Nibelungenliede«. In: *Germania* 13 (1868), S. 445-469, hier S. 465-468.

89 Karl Bartsch: *Untersuchungen über das Nibelungenlied.* Wien 1865.

90 Gemeint sind die *Nibelungen*-Handschriften X (damals Wiener Hofbibliothek, heute Österreichische Nationalbibliothek) und i (damals Königliche Bibliothek zu Berlin, heute Staatsbibliothek zu Berlin – Preußischer Kulturbesitz).

91 *Der Nibelunge Not mit der Klage.* Hg. v. Karl Lachmann. Berlin ³1851.

92 Vgl. Anm. 14 (Brief 84). Die Rezension von Berthold Delbrück erschien in: *ZfdPh* 1 (1869), S. 124-128. Vgl. auch Brief 78, dazu Anm. 4.

93 Die Erwiderung ist nicht erschienen.

erschüttert. Überhaupt bin ich ziemlich entschlossen alle Einwendungen die mir bekannt werden entweder ausdrücklich anzuerkennen oder ausdrücklich zu widerlegen. Ich bin mir des redlichen Strebens bewußt, die Masse des Zweifelhaften nicht zu vermehren. Grade in diesem Licht scheinen aber Viele meine Arbeit zu sehen. Für mich liegt die Frage zum Recht oder Unrecht im Großen meiner Aufstellungen so: läßt sich in meinen Forschungen (aber in allen!) ein radical-verkehrtes Moment der Methode nachweisen oder nicht? Ich habe geglaubt die von Curtius u Schleicher geübte sprachvergl. Methode zu noch größerer Schärfe u Strenge auszubilden. Wenn mir das mislang, so muß mein Fehler ein principieller sein, falls sich mir nicht Unkenntnis wichtiger sprachlicher Facta aufzeigen läßt.

Doch ich muß mich Ihnen empfehlen, vielleicht zu persönlichem Wiedersehen im September oder October. Gehen Sie nach Würzburg?[94]

Hochachtungsvoll ergeben
Scherer

W. 23.7.68.

90. Scherer an Zarncke

Wien, 17. Juni 1869. Donnerstag

Hochverehrter Herr College.

Daß ich Ihren freundlichen letzten Brief[95] über ein Halbjahr lang unbeantwortet lassen konnte, ist unverantwortlich, ich weiß es – u. überhaupt nicht zu entschuldigen, sondern nur zu erklären aus dem Umstande der auch den vielangefochtenen Lakonismus meines Stils erklärt, aus meinem Haß gegen alles Schreiben, soweit es nicht Notizen sind. Ich kann den einfachsten Brief nicht schreiben ohne die Empfindung des Ärgers: wie leicht u einfach ließe sich das mündlich abmachen. Außerdem ist es mir die Zeit über gar nicht gut gegangen u. geht mir noch nicht gut. Im Februar fühlte ich plötzlich, daß ich mich überanstrengt hab u. mußte wochenlang mich aller Thätigkeit enthalten. Recht erholt habe ich mich dabei eben nicht, eine Reise während der Ferien wollte ich nicht unternehmen, weil sich den zerstreuten Winter durch ein wahrer Heißhunger nach zusammenhaengender Arbeit u. Production in mir angesammelt hatte u. ich von Tag zu Tag hoffte, mit voller Kraft wieder arbei-

94 In Würzburg fand vom 30.9. bis zum 3.10.1868 die »26. Versammlung deutscher Philologen und Schulmänner« statt.

95 Gemeint ist ein hier nicht abgedruckter Brief Zarnckes an Scherer vom 10.1.1869 (ABBAW, NL W. Scherer: 1031).

ten zu können – u. so begann das 2 Semester ohne daß ich weder völlig hergestellt noch zu irgend etwas ordentlichem gekommen war. Jetzt ist es so daß
ich zur Noth meine Vorlesungen versehe u. daneben Zeit zu gewinnen strebe
für die Formenlehre der Grimmschen Grammatik.[96] Ein lieblicher Zustand ist
das nicht. Für mich behalten kann ich ihn nicht, u. Klagen ist mir so zuwider.
Ich weise immer den Vorwurf der Hypochondrie zurück, wenn er mir gemacht
wird, weil mir zu wenig am Leben liegt, um ängstlich darüber zu wachen u.
dafür zu sorgen. Aber es müssen doch wol hypochondrische Gedanken sein,
mit denen ich mich jetzt zumeist herumschlage u. die ziemlich düsterer Art
sind. Ich möchte lieber gar nicht leben, als mit geschwächter Arbeitskraft leben,
denn etwas andres weiß ich nicht zu thun auf der Welt als arbeiten.

Verzeihen Sie mir, Sie sollen u. müssen heute einen Brief haben, u. wenn ich
diesen vernichte, so schreibe ich gewiß keinen anderen mehr, lesen Sie also
über das vorstehende hin, als ob Sie ein Selbstgespräch belauscht hätten. Ich
will wahrhaftig nicht mit meinem Gejammere auch noch anderen lästig fallen.

Sie werden wol schon von Dümmlers[97] die 1. Hälfte von Gramm. I zugeschickt erhalten haben, u. haben wol die Güte diesem 1. Band entweder
schon jetzt oder nach dem Erscheinen der 2. Hälfte ein paar Worte im Centralbl.[98] zu widmen. Wunderlich ist es, daß nun noch kein Mensch weiß, wie
sich die Ausgabe zu der früheren verhält u. wer für die Zusätze verantwortlich ist. Ich habe Dümmlers eine Notiz darüber geschickt, die sie in ihrer vor-
herigen Ankündigung u. Subscriptionseinladung, aber nicht auf dem Umschlag des Werkes selbst verwerteten, wie es richtig gewesen wäre. Doch bin
ich nicht frei von Schuld, denn ich hatte den Umschlag zur Correctur. Der
Vocalismus ist unangetastet geblieben, weil dafür die 3. Ausgabe vorliegt, die
nicht in die 2. verarbeitet werden konnte. Übrigens ist von den Notizen des
Handexemplars[99] benutzt was irgend benutzt werden konnte. Ich fasse die
Arbeit wesentlich als ein Werk der Pietät gegen den Verfasser, die deutsche
Philologie hängt so persönlich mit Jac Grimm zusammen, daß uns jede Äu-

---

96 Scherer arbeitete im Auftrage der Dümmler'schen Verlagsbuchhandlung an einer
    Neuausgabe von Jacob Grimms *Deutscher Grammatik* (4 Th. Göttingen 1826-37),
    unter Benutzung des Nachlasses und der Einträge in Grimms Handexemplar. Zu
    Scherers Lebzeiten erschienen davon nur die Bände 1 und 2 (Berlin 1870, 1878),
    die späteren übernahmen seine Schüler Edward Schröder und Gustav Roethe. Zu
    dem Projekt allgemein vgl. Scherers Vorrede in Band 1, S. 1-30 (auch separat unter
    dem Titel: *Zum neuen Abdruck von Jacob Grimms Deutscher Grammatik*. Berlin
    1870). Die Rezension des ersten Bandes bei Zarncke übernahm der mit Scherer
    befreundete Elias von Steinmeyer, in: *LCBl* Nr. 13 (1871), Sp. 320-321.
97 Vgl. Anm. 96 (Brief 90).
98 Vgl. Anm. 96 (Brief 90).
99 Vgl. Anm. 96 (Brief 90).

ßerung seiner geistigen Thätigkeit wertvoll ist. Die Befriedigung welche mir diese Arbeit des Einschaltens gewährt, ist eine außerordentlich geringe. Denn man kommt aus dem Zweifel, ob mans recht mache, nie heraus. Umarbeitung des Ganzen auf den neuesten Stand wäre viel leichter u. ersprießlicher, drum auch weit befriedigender gewesen, nach meinem Gefühl. Aber darf man das? Wer bin ich daß ich wagen dürfte, an diesem monumentalen Bau auch nur einen einzigen Stein zu verrücken! Der 2. Hälfte werde ich natürlich eine Vorrede[100] beifügen u. darin Rechenschaft von meinem Verfahren ablegen.

Windisch war ich sehr dankbar für seine Recension meiner Studien,[101] wenn ich auch leider seine Einwendungen nicht für begründet erachten konnte. Sie sagten mir in Ihrem letzten Briefe, ich müßte polemisch hervortreten. Den stärksten Anreiz dazu habe ich eben durch Kuhns Recension[102] bekommen. Aber ich werde dieser Verlockung rein aus physischen Gründen nicht folgen können. Ich finde keine Zeit dazu. Verschiedene Arbeiten liegen beinah vollendet da, u. waren so weit lange ehe ich einen Buchstaben der Studien zur GDS geschrieben hatte – man will doch nicht seine Sachen in den Schränken verstauben lassen, um deutlich Gesagtes noch zwei u. dreimal zu wiederholen. Ich kann für jetzt wirklich nicht u. muß mir es schon gefallen lassen daß einige Jahre hindurch meine linguistischen Ansichten mit mitleidigem Achselzucken wie ein phantastischer Traum behandelt werden. Seltsam daß nun Kuhn[103] wieder wie Steinthal[104] sich verpflichtet glauben, noch zu meiner Erziehung mitwirken u mich von meinem Hochmut kuriren zu müssen. Könnte ich den Herren doch nur schildern, in welcher Stimmung ich ihre Recensionen zur Hand nehme – ich habe, seit das Buch hinaus ist, von Tag zu Tag gewartet u gefürchtet daß einer kommt u. zeigt, ich hätte mich von Anfang bis zu Ende geirrt – u. jede Recension lese ich mit der Besorgnis diesen Nachweis zu entdecken. Ja es begegnete mir daß ich die Siegesgewißheit die sich bei Kuhn ausspricht, so unbefangen auf mich wirken ließ, daß ich ihm vollständig glaubte u. schon nach Trostgründen für meine Niederlage suchte, – als mich erneuerte u. ruhige Prüfung davon überzeugte, daß ich keinen einzigen meiner methodischen Grundgedanken zurück zu nehmen

---

100 Vgl. Anm. 96 (Brief 90).

101 *Scherer: GdS (1868)* wurde im *Literarischen Centralblatt* durch Ernst Windisch besprochen (vgl. Anm. 14, Brief 84). Zum Folgenden vgl. die von Scherer erwähnten Rezensionen des Werkes von Berthold Delbrück (*ZfdPh* 1, 1869, S. 124-128), Adalbert Kuhn (*Zeitschrift für Vergleichende Sprachforschung* 18, 1869, S. 321-411) und Heymann Steinthal (*Zeitschrift für Völkerpsychologie und Sprachwissenschaft* 5, 1868, S. 464-490).

102 Vgl. Anm. 101 (Brief 90).

103 Vgl. Anm. 101 (Brief 90).

104 Vgl. Anm. 101 (Brief 90).

brauche – u. auf die Einzelheiten kommt mirs nicht an, wie weit er darin hie u da recht haben mag, weiß ich durchaus nicht, da ich eben keine Zeit habe mit wahrhaft gründlicher Erwägung auf die Dinge zurück zu kommen. Wie gerne möchte ich den Herren den Beweis führen, daß ich weder hochmütig noch eigensinnig bin – durch eine einfache Erklärung im Centralblatt: »Ich habe Ihre Recensionen gelesen, meine Herren, Sie haben vollkommen recht, ich habe mich geirrt.« – ich kann Sie versichern daß es mir nicht darauf ankäme eine solche Erklärung abzugeben, wenn ich es der Wahrheit gemäß könnte. Sollte ich meine Überzeugungen nun abermals begründen, so müßte ich die Ferien daran setzen, denn im nächsten Winter lese ich Litteraturgesch. der Reformationszeit und Germania,[105] u daneben hat keine litterarische Arbeit Platz. Die Ferien aber muß ich mich vor allem gründlich ausruhen. Und wenn mir ein kleines Restchen zu freiem Gebrauch übrig bleibt, so will ich versuchen einiges von meinen litterargeschichtl. Forschungen über das XI u. XII Jh. zum Druck zu fördern. Ich habe diese Dinge seit dem Sommer 1865 liegen, der Williram[106] sollte das erste Stück einer längeren Reihe sein. –

In der Annahme nur eines Flammenrittes Siegfrieds[107] (Sie schrieben davon in Ihrem Letzten) treffen Sie mit Müllenhoff zusammen. –

Um Feifaliks Nachlaß[108] habe ich mich schon früher einmal vergeblich bemüht, um dem Fabrikanten des Schlummerliedes[109] auf die Spur zu kommen. Kein Mensch wußte mir darüber Auskunft zu geben.

105 Im Wintersemester 1869/70 las Scherer in Wien über »Deutsche Literaturgeschichte, vornehmlich im Zeitalter der Reformation« und »Erklärung der Germania des Tacitus«.

106 Wilhelm Scherer: *Leben Willirams Abtes von Ebersberg in Baiern. Beitrag zur Geschichte des XI. Jahrhunderts.* In: *Sitzungsber. Wien* Bd. 53 (1866), S. 197-303 (auch separat: Wien 1866).

107 Gemeint ist Sigurds Ritt durch die Waberlohe (Wafurlogi), den Flammenring, hinter welchem in der Heldensage der älteren *Edda* die von Odin mit dem Schlafdorn gestochene Brynhilde schläft. Zarncke hatte sich zu dem Problem, dass Sigurd das Zauberfeuer auch bei seinem zweiten Besuch bei der Walküre durchschreiten muss, in seinem in Anm. 95 (Brief 90) angeführten Brief geäußert: »Die Waberlohe darf nur einmal durchschritten werden. Damit ist die Bedingung erfüllt.«

108 In dem in Anm. 95 (Brief 90) angeführten Brief hatte Zarncke geschrieben: »Wissen Sie etwas von Feifalik's Nachlasse? Eine Arbeit über das Siegfriedslied gab ich vor etwa 12 Jahren auf, weil es mir wünschte und mehr Material zu haben schien. Er muß doch, obwohl ich über die Wahrheit seiner Angaben nicht mehr so günstig urtheile, wie früher, jedesfalls Manches zusammengebracht haben. Könnte ich seinen Nachlaß bekommen, so hätte ich wohl Lust, die Arbeit wieder aufzunehmen.« – Ein Nachlass von Julius Feifalik konnte nicht ermittelt werden.

109 Scherer vermutete in Julius Feifalik den Urheber des von Georg Zappert entdeckten *Altdeutschen Schlummerliedes.* Vgl. ausführlich Brief 54, dazu Anm. 63.

Geben Sie doch den Gedanken der Murbacertia[110] nicht auf. Glossenbe-
stimmung, ich denke so etwas theilt man sich am besten ein, jeden Tag 25
Stück, in kleinen Portionen ist bekanntlich Arsenik sehr gesund.

Mit herzlichem Gruß
Ihr ergebener
Scherer

17. Juni 869
Wien

91. Zarncke an Scherer

Leipzig, 24. Juni 1869. Donnerstag

Leipzig, d. 24t Juni 1869.

Geehrter Herr College.

Sie brauchten Sich wegen Ihres langen Schweigens nicht zu entschuldigen;
wer bloßen Schreibebriefen so wenig geneigt ist, wie ich, u. wer weiß, wie
mannigfach und wie umfassend thätig Sie sind, der hatte auf eine besondere
Antwort wahrlich gar nicht gerechnet. Daß mir ein Brief von Ihnen immer
sehr willkommen ist, wissen Sie freilich, nur möchte ich, daß Ihr letzter heiterer gelautet hätte als es der Fall war, und das ist der Grund, weßhalb ich
mich hinsetze u. einen Schreibebrief an Sie adressiere; denn ich mag Ihren Brief nicht ad acta legen, ohne Ihnen meine aufrichtige Theilnahme und
meine besten Wünsche ausgesprochen zu haben. Ich bitte Sie recht dringend,
daß Sie Sich schonen. Die Hast, mit der Sie denken und arbeiten, muthet
dem Nervensystem u. dem ganzen Körper eine Anstrengung zu, der selbst
energische Naturen auf die Dauer nicht gewachsen sind. Suchen Sie das
Sprühende Ihres Wesens etwas zu dämpfen u. Sich einmal eine Zeitlang voller behaglicher Ruhe zu überlassen. Schlagen Sie Sich einmal ein Vierteljahr
lang alle litterarischen Pläne aus dem Sinn; das ist schwer, aber es ist möglich,
u. der Ton Ihres Briefes beweist mir, daß Sie im Interesse Ihrer Person, u. damit
doch auch unserer Wissenschaft, Sich dieser Cur unterwerfen müssen.

110 Gemeint sind die so genannten *Murbacher Hymnen* (vgl. *VL* 6, Sp. 804-810; dazu
auch Anm. 36, Brief 52), überliefert im cod. Ms. Junianus 25 der Bodleian Library
in Oxford. Zarncke plante, wie er Scherer in seinem in Anm. 95 (Brief 90) angeführten Brief mitteilte, eine Ausgabe unter dem Titel »Monum. theot. Murbacen-
sia«, die jedoch nicht zustande kam.

Einigen Einfluß auf Ihre Stimmung werden doch auch die Recensionen Ihrer GDS.[111] ausgeübt haben. Sie müssen es nun auch erfahren, was es heißt, einem Kreise entgegenzutreten, der sich über eine Reihe von Ansichten in Uebereinstimmung gesetzt hat, der die Tradition für sich hat, u. der im Besitze einer Anzahl wirksamer Katheder ist. Da prallt eine neue Ansicht leicht wie eine Billardkugel ab. Hier gilt es den Angriff wieder aufzunehmen, u. mindestens zunächst an Einer Stelle den Gegner ostensibel zu schlagen. Aber versparen Sie das noch eine Zeitlang. Ihre Kräftigung ist fürs Erste noch Hauptsache.

Viel, zumal bei Kuhn,[112] haben Sie wohl Ihrer Stellung zu Mh.[113] zuzuschreiben. Die hie und da hervortretende Malice gilt gewiß mehr Ihrem Compagnon als Ihnen. Sie haben Sich ja so identificiert, daß man nur zu leicht von Einem auf den anderen überträgt. Und daß Ihr Freund ein wenig einnehmendes Gemisch von Hochmuth und rüpelhaftester Tactlosigkeit ist, wird Ihnen der widerliche Angriff[114] gegen Zacher wohl selber klar gemacht haben. Z's würdige und Mh. völlig schlagende, freilich in gewohnte Breite gerathene Antwort wird Ihnen wohl schon zugegangen sein.

Ihre Bearbeitung der Gr'schen Grammatik[115] ist mir noch nicht zugegangen. Ich bin sehr gespannt auf Ihre Bearbeitungsmethode. Ich kann mir keine andere denken, als Grimm's Randnotizen etc. nachzutragen. Eigene Ansichten hineinzutragen, schließlich unter Grimm's Namen eine eigene Grammatik zu edieren, ist doch gewiß nicht erlaubt. NB. Die Anzeige,[116] in der Sie Sich über Ihre Methode aussprechen, ist mir ebenfalls nicht zugekommen. Kann nicht auch die mir noch geliefert werden? Sowie ich das Heft erhalte, werde ich auch ein paar Worte darüber im CBl. sagen,[117] obwohl mir das Recensiren, das ewige Klugsch...ßen, allmählig recht über geworden ist.

Zu meinen Vorlesungen habe ich diesmal die Frage nach der Priorität der i, u u. e, o fürs Gotische u. Ahd. einer Prüfung unterzogen.[118] Meine Ansicht ist, daß die von Curtius zuerst vertretene Priorität der e u. o. unhaltbar ist.

---

111 Vgl. Brief 90, dazu Anm. 101.
112 Vgl. Anm. 101 (Brief 90)
113 Karl Müllenhoff.
114 Zarncke bezieht sich auf Karl Müllenhoffs Aufsatz »Zum Ludwigsliede« (in: *ZfdA* 14, 1869, S. 556-558), der in scharfen Worten einen textkritischen Kommentar Zachers (in: *ZfdPh* 1, 1869, S. 247) zurückweist. Zachers ausführliche Antwort erschien unter dem Titel »Zur Textkritik des Ludwigsliedes«. In: *ZfdPh* 1 (1869), S. 473-489.
115 Vgl. Anm. 96 (Brief 90)
116 Gemeint ist die von Scherer in Brief 90 erwähnte Vorrede zur *Deutschen Grammatik*. Vgl. Anm. 96 (Brief 90).
117 Vgl. Anm. 96 (Brief 90).
118 Vgl. Brief 85, dazu Anm. 25.

Hiermit stimmt auch, wie es scheint, Delbrück überein, der eigene Untersuchungen darüber zu publicieren gedenkt, zumal vom Standpunct der asiatischen Sprachen aus. So könnte denn, falls sich dieser Widerspruch bewährt, u. ich glaube, daß nur die Priorität der i u. u methodisch nachweisbar ist, Curtius recht zufrieden damit sein, daß Sie ihm durch die Verkündung von »Mh's Regel«[119] die Vertretung dieser Ansicht abgenommen, u. Mh. in erste Linie geschoben haben. Die Germanistik ist hier gegenwärtig wohl auf dem Damm. Auch Hildebrands Vorlesungen finden lebhafte Theilnahme, meine Grammatik ist von nahezu 140 Zuhörern besucht. Da wird man lebhaft angeregt, freilich von der Schriftstellerei auch sehr abgezogen. Hat man doch auch wirklich an einem solchen Zuhörerkreise, auf den man mit dem ganzen Gewichte seiner Individualität wirken kann, einen sichtbareren Beweis, wo das geäußerte Wort bleibt, als wenn man eine Schrift in die Welt sendet, von deren Wirkung man oft nur aus einigen höflichen Briefen u. einigen von Mißverständigung u. Flüchtigkeit zeugenden Recensionen etwas erfährt.

Doch, leben Sie wohl, u. beherzigen Sie, was ich im Eingange schrieb.

Herzlichst grüßend
Ihr ergebener
Zarncke.

92. Scherer an Zarncke

Wien, 30. Juni 1869. Mittwoch

Geehrter Herr College.

Sie schreiben in Ihrem freundlichen Briefe, für den ich bestens danke, von einer Anzeige,[120] worin ich mich über meine Bearbeitungsmethode der Grimmschen Gramm. ausspräche. Das muß auf einem Misverständnisse beruhen, eine solche Anzeige habe ich nicht geschrieben, überhaupt meines Wissens in der letzten Zeit keine Anzeige, die ich Ihnen nicht geschickt hätte (die über Heynes Beowulf[121] haben Sie doch erhalten?).

---

119 Vgl. *Scherer: GdS (1868)*, S. 7: »Längst aber hat Müllenhoff in seinen Vorlesungen den allgemeineren Satz aufgestellt und begründet: Die germanische scheinbare Spaltung von *a* in *i* und *u* beruhte auf einer älteren Spaltung und Färbung zu *e* und *o*.«

120 Vgl. Anm. 96 (Brief 90)

121 *Beówulf*. Mit einem ausführlichen Glossar hg. v. Moritz Heyne. Paderborn ²1868 [¹1863] (Bibliothek der ältesten deutschen Literatur-Denkmäler 3/Angelsächsi-

Nur in einer kurzen Vorrede zum 1. Band werde ich von meinem Verfahren Rechenschaft ablegen, das übrigens das einfachste von der Welt ist und eben dasjenige das auch Sie als das einzig mögliche hinstellen: Einschaltung der brauchbaren Randnotizen des Handexemplars. Ich habe mich darüber nur ausgelassen, weil mir ein paar Beispiele vorschwebten in denen anders verfahren worden (so durch Ebel in Zeuß Gramm. celt.,[122] durch Bernhardt in Löbells Gregor v Tours[123]) oder wo ähnliches Verfahren getadelt wurde, z.b. noch kürzlich durch Schröer Frommanns Ausgabe von Schmellers Bayr. Wb.,[124] an der ich nur aussetze daß das Hinzugekommene nicht durch äußere Zeichen als solches ersichtlich wird.

Für Ihre Teilnahme an meinem wenig erfreulichen Gesundheitsstand bin ich aufrichtig dankbar. Augenblicklich haben mir vier im Gebirg verbrachte Tage recht wohl gethan u. wieder Vertrauen in die Zukunft eingeflößt. Mutlosigkeit ist das einzige wirkliche Unglück für einen thätigen Menschen, u. wenn ich auch im allgemeinen wenig Teil an dieser Eigenschaft habe, so können mich doch physische Übel auf Augenblicke damit bekannt machen. Die Recensionen meiner Studien zur GDS[125] haben wol zur Vermehrung dieser Übel nichts beigetragen: höchstens umgekehrt hat mich eine Anzeige wie die Kuhnsche etwas länger beschäftigen können, als sie sonst gethan haben würde, weil mir alles Denken u. Überlegen mehr Mühe macht u. ich schwerer mit den Dingen zurecht komme. Daß der Ton nicht blos auf mich gemünzt ist, habe ich auch schon gedacht. Doch ist vielleicht meine Anzeige von Za-

sche Denkmäler 1). – Scherers Rezension erschien in: *ZfdöG* 20 (1869), S. 89-112 (= *KS 1*, S. 471-496).

122 *Grammatica Celtica e monumentis vetustis tam Hibernicae linguae quam Britannicarum dialectorum Cambricae, Cornicae, Aremoricae comparatis Gallicae priscae reliquiis construxit* J.[ohann] C.[aspar] Zeuss. Ed. alteram curavit H.[ermann] Wilhelm] Ebel. Berolini 1871 [¹1853]. Über sein Editionsverfahren hatte Ebel bereits vor Erscheinen der Ausgabe in einer separaten Schrift berichtet: *De supremis Zeussii curis positis in grammatica Celtica.* Schneidemühl 1869.

123 Johann Wilhelm Loebell: *Gregor von Tours und seine Zeit, vornehmlich aus seinen Werken geschildert. Ein Beitrag zur Geschichte der Entstehung und ersten Entwicklung romanisch-germanischer Verhältnisse.* Mit einem Vorwort v. Heinrich von Sybel. [Hg. v. Theodor Bernhardt.] Leipzig ²1869 [¹1839].

124 Johann Andreas Schmeller: *Bayerisches Wörterbuch.* Hg. durch die Historische Kommission bei der Kgl. Akademie der Wissenschaften. Bearb. v. Georg Karl Frommann. 2 Bde. München 1872-77 [zuvor: 4 Bde. Stuttgart u. a. 1827-38]. Die von Scherer erwähnte Rezension von Karl Julius Schröer bezieht sich auf die 1869 herausgekommene erste Teillieferung der Frommann'schen Ausgabe, sie erschien in: *Germania* 14 (1869), S. 247-254.

125 Vgl. Anm. 14 (Brief 84).

chers Zeitschr. Heft I,[126] worin ich an den Sonnenhirsch nicht glaube, Verbrechen genug. Müllenhoff käme wenigstens hier sehr unschuldig zu dem auch über ihn verhängten Anathema. Er hat meine sprachvergleichenden Ketzereien weder gebillicht noch misbillicht u. hält in solchen Dingen auf Curtius gewiß mehr als auf mich. Worüber ich mich weder beschwere noch wundere. Überhaupt ist Idealisirung nicht der zutreffende Ausdruck für mein Verhältnis zu Müllenhoff. Ich ehre M. wie einen Vater, u. habe alle Ursache dazu. Daß seine Polemik oft in verletzenden Formen auftritt leugne ich nicht. Aber, wenn in 100 Jahren die Geschichte der deutschen Philologie von unseren heutigen Bestrebungen überhaupt noch redet, glauben Sie daß jene Seiten von M.s Natur, die Sie so hart tadeln, anders als höchstens mit einer beiläufigen Bemerkung erwähnt werden werden? Und anderes wird sie doch genug an ihm zu rühmen haben. Ich halte mich – nicht blos bei M. – gerne an das Gute u. Bleibende im Menschen u. bereue es, ja (z.b. Pfeiffer gegenüber)[127] dieser Maxime nicht ganz treu geblieben zu sein. Wie ich denn auch einer großen Neigung zur Polemik nur auf politischem u. religiösem Gebiet den Zügel schießen lassen möchte u. z.b. für die künftige Behandlung meiner Recensenten mindestens die besten Vorsätze gefaßt habe. Wie sollte ich auch nicht? Da mein Respect vor den meisten dieser Herren keineswegs Höflichkeitsphrase sondern volle Wahrheit ist. –

Herzlichst grüßend
Ihr ergebener
Scherer

30. Juni 69.
Wien.

126 Scherers Rezension des ersten Heftes der von Julius Zacher herausgegebenen *Zeitschrift für deutsche Philologie* erschien in: *ZfdöG* 19 (1868), S. 663-667 (= *KS 1*, S. 176-181). Zu Scherers hier angedeuteter Auseinandersetzung mit Adalbert Kuhn über dessen Aufsatz »Der schuss des wilden jägers auf den sonnenhirsch; ein beitrag zur vergleichenden mythologie der indogermanen« (in: *ZfdPh* 1, 1869, S. 89-119) vgl. Anm. 139 (Brief 75).

127 Vgl. Einleitung zu den Briefen Franz Pfeiffers an Scherer (Briefe 29-32).

93. Scherer an Zarncke

Straßburg, 24. Juni 1874. Mittwoch

Verehrter Freund.

In Bern will man neben Ludwig Hirzel, dessen Interessen nach und nach specifisch litterarhistorisch geworden sind, noch einen eigentlichen Germanisten, der zugleich im Stande wäre ein Colleg über vergleichende Grammatik zu lesen.[128] Ich habe Dr Braune vorgeschlagen, vorbehaltlich näherer Erkundigung über seine Vertrautheit mit außergerman. Sprachen. Soeben erhalte ich die Vollmacht, solche näheren Erkundigungen einzuziehen, und thue es hiermit bei Ihnen. Ob Aussicht ist daß der Vorschlag durchdringt, erfahre ich nicht zugleich. Es sind in der Schweiz immer auch specifisch schweizerische Candidaten zur Hand, deren etwa mangelnde wissenschaftliche Qualitäten durch ihre Staatsangehörigkeit ersetzt werden. Ich muß aber darum bitten daß die Sache absolut unter uns bleibt. Ich bitte Sie ausdrücklich, auch Dr Braune selbst vorläufig gar nichts davon zu sagen. So bald ich sichereres weiß, melde ich es sofort.

Sie geben mir vielleicht alle sonstigen Daten, wie alt Dr B., ob er sich bereits habilitirt hat oder nicht. Hauptsächlich käme es nun darauf an, ob er

128 Die folgenden Ausführungen beziehen sich auf das Extraordinariat für Sprachwissenschaft in Bern, das 1873 vakant geworden war, nachdem Ludwig Tobler einen Ruf nach Zürich angenommen hatte. Scherer war vom Berner Ordinarius Ludwig Hirzel für die Besetzung um ein Votum gebeten worden. Über Hirzels Bericht an die Berufungskommission heißt es im Protokoll der Sitzung der philosophisch-historischen Abteilung der Universität Bern am 18.12.1874 : »[…] H. Prof. Scherer in Strassburg, an den sich Referent um Rath gewandt hat, […] hat […] mit grosser Entschiedenheit auf H. Dr. Braune in Leipzig als einen durchaus passenden Candidaten hingewiesen. Nähere Erkundigungen in Leipzig bei H. Prof. Zarncke haben dies günstige Urtheil bestätigt. Ebenso günstig spricht sich der Referent über die zahlreichen Arbeiten des H. Dr. Braune aus […]« (Dekanat der phil.-hist. Fakultät Bern: Protokollbuch der philosophischen Fakultät für das Jahr 1874, Bl. 17). Obschon die Mitglieder der Fakultät sich daraufhin einstimmig für die Berufung Braunes aussprachen, wurde nach längeren Beratungen mit der zuständigen Erziehungsdirektion in Bern zum Sommersemester 1876 der ursprünglich an zweiter Stelle vorgeschlagene Germanist Ferdinand Vetter, ein gebürtiger Schweizer, auf die mittlerweile zur ›germanistische Philologie‹ umgewidmete Stelle berufen. Vgl. die zum Berufungsakt erhaltenen Unterlagen in Vetters Berner Personalakte (UA Bern: BB III b Nr. 623), außerdem Richard Feller: *Die Universität Bern 1834–1934. Dargestellt im Auftrag der Unterrichtsdirektion des Kantons und des Senats der Universität.* Bern 1935, S. 314 f.

Sanskrit getrieben hat, ob er bei Curtius im Seminar arbeitete etc. Daß
er sich mit Slavisch beschäftigte, ersieht man ja aus seinen Arbeiten. Haben
Sie also die Güte, mir alles anzuführen, was seine Qualification auch für vergl.
Sprachwissenschaft ins Licht setzen kann. Am besten natürlich, wenn er auch
Sanskrit Gramm. lesen und leichtere *Sanskrit.* Texte interpretiren könnte. Aber
ausdrücklich verlangt ist nur ein Colleg über vergl. Grammatik.
Ich darf wol einer baldigen Antwort entgegensehen?

Mit herzlichen Grüßen
Ihr ergebener
Scherer

Straßburg 24.6.74.

94. Zarncke an Scherer

Leipzig, 28. Juni 1874. Sonntag

Hochgeehrter Herr College.

So ungerne ich einen Schritt thue, der mit dazu führen möchte, den mir ganz
besonders lieb gewordenen jungen Dr. Braune aus meiner Nähe zu entfernen,
so heischt doch die Pflicht, über die von Ihnen gestellten Fragen in günstig-
ster Weise zu berichten.[129] Braune ist ein Mann, der in ungewöhnlicher Weise
zu Sprachstudien befähigt ist, und der außerdem gerade der zur Zeit so wichtig gewordenen (mir nahezu über den Kopf wachsenden) physiologischen
Untersuchung der Sprachelemente besonders zugewandt ist. Er ist der indogermanischen Sprachen in der Hauptsache mächtig, des Keltischen und Per-
sischen weniger, der classischen Sprachen, des Germanischen u. Slavischen sehr
gut, des Sanskrit mindestens gut. Die Anfangsgründe der Sanskritgrammatik u.
Interpretation nicht allzu schwerer Sanskrittexte würde er gewiß übernehmen,
sein eigentliches Gebiet aber ist die wissenschaftliche, die vergleichende Grammatik. Er ist Mitglied von Curtius Seminar, wenn auch nicht sehr lange, gewesen, und ich bin selber Zeuge gewesen, wie Curtius fast überrascht sich
über die ungewöhnlichen Leistungen des jungen Mannes gelegentlich seiner
Promotion, also vor etwa 2 Jahren, aussprach.

W. Braune ist 1850 (20 Febr.) in Großthiemig bei Großenhain geboren, studierte seit Ostern 1869 bei uns, und hat 1872 hier promovirt. Seine Arbeiten
kennen Sie ja. Er besitzt ein sehr schnelles und bestimmtes Urtheil, ist aber
persönlich von den liebenswürdigsten und gewinnendsten Formen. Zur Zeit
ist er Assistent an der hiesigen Universitätsbibliothek, u. beschäftigt, sich zu

---

129 Vgl. Anm. 128 (Brief 93).

habilitieren. Bis dahin hatte er unterlassen, dies zu thun, um seinem Freunde Paul,[130] der jetzt nach Freiburg i/Br. berufen ist, u. der persönlich weniger Gewinnendes in seinem Auftreten hatte, nicht das Aufkommen unter den Studierenden zu erschweren. Im Laufe des Semesters wird seine Habilitation jedesfalls noch perfect.

Es ist meine Ueberzeugung, daß jede Universität sich freuen könnte, den Dr. Braune unter ihre Lehrkräfte aufnehmen zu können, und daß das Gebiet der vergleichenden Grammatik das ist, für das er in ganz besonderem Grade angelegt ist/./

Ihren Brief finde ich vor, von der Landessynode[131] in Dresden heimkehrend. Darum die Verspätung dieser Zeilen u. die etwas hastige Abfassung derselben.

In Dresden habe ich die Ueberzeugung gewonnen, daß aus dem Innern unserer Kirche heraus eine löbliche, die Gewissensfreiheit sichernde Entwicklung nicht wird angebahnt werden, daß aber dieselbe einen Druck von Seiten des Staates aus keinen Widerstand entgegensetzen wird. Ich werde mich daher auch nicht wieder in die Synode wählen lassen.

Ihre herzlichen Grüße erwiedere ich mit aufrichtiger Freundschaft, darf Ihnen aber nicht verhehlen, daß ich in einem kleinen Aufsatze über das Georgslied,[132] der eben ausgedruckt ist, über den Wiederabdruck der mich

130 Hermann Paul.
131 Zarncke war Mitglied der außerordentlichen evangelisch-lutherischen Landessynode von Sachsen, die am 18.6.1874 in Dresden getagt hatte. Vgl. *Verhandlungen der außerordentlichen evangelisch-lutherischen Landessynode im Königreiche Sachsen.* Dresden 1874.
132 Friedrich Zarncke: »Ueber den althochdeutschen Gesang vom heiligen Georg«. In: *Berichte über die Verhandlungen der Königlich Sächsischen Gesellschaft der Wissenschaften zu Leipzig. Philologisch-historische Classe* 26 (1874), S. 1-42. – Zarnckes heftiger Protest darin bezieht sich auf einen kurzen Kommentar Müllenhoffs (vgl. *Denkmäler 1*, S. 304; wiederholt: *Denkmäler 2*, S. 323), in welchem dieser, übrigens unter Verzicht auf namentliche Erwähnung Zarnckes, dessen frühere Kritik an Lachmanns Stropheneinteilung des *Georg*-Leiches (vgl. *LCBl*, 1854, Sp. 807; ebd., 1862, Sp. 141 f.) zurückgewiesen hatte. Zarncke entgegnete darauf:»Eine Widerlegung ist dieser Ansicht nicht zu Theil geworden, wohl aber ein scharfer Verweis für meine Unbesonnenheit, von Lachmann's Behauptung abgewichen zu sein, in den Denkmälern der Herren Müllenhoff u. Scherer […], der in seinem dienerhaften Hochmuthe, wie in der armseligen eigenen Rathlosigkeit charakteristischer als irgend etwas jene Richtung des sclavischen Festhaltens an Lachmann kennzeichnet, die so lange Jahre auf dem Gebiete unserer Deutschen Philologie nur Unheil angerichtet hat. […] Dass der schnöde und absprechende Ton allein nicht ausreiche, um mich, in Ermangelung jedes Grundes, von meinem Irrthum zurückzubringen, bedarf nicht der ausdrücklichen Erwähnung, auch heute hege ich noch die damals von mir ausgesprochene Ansicht.« (Zarncke, wie oben, S. 15 f.).

betreffenden schnöden Bemerkung in den Denkmälern ein paar böse Worte gesagt habe. Sie mögen Sich bei meinen Zuhörern erkundigen, mit welcher Achtung ich Ihrer u. Müllenhoff's in meinen Vorlesungen grundsätzlich erwähne; aber auf dem Gebiete der Litteratur ist es ein Anderes, da muß ich wieder hauen, wenn ich gehauen werde.

Also mit diesem kleinen Bedingnis

Ihr
aufrichtig ergebener
Fr. Zarncke.

Leipzig,
d. 28t Juni 1874.

Briefwechsel mit Theodor Mommsen
1874 – 1885

Als Schriftsteller wirkte der Jurist und Althistoriker Theodor Mommsen (1817-1903),[1] der 1854 bei Erscheinen des ersten Bandes seines Hauptwerkes, der »Römischen Geschichte«,[2] schlagartig berühmt wurde, schon auf dem Gymnasium stark auf Scherer. Persönlich begegnete Scherer Mommsen erstmals im April 1860, als er, versehen mit einer Empfehlung seines Wiener Lehrers Johannes Vahlen, bei ihm vorsprach. Mommsen war es dann, der Scherer Empfehlungen an die Berliner Germanisten Moriz Haupt und Karl Müllenhoff ausstellte. Als Ordinarius der alten Geschichte (seit 1861) und ständiger Sekretar der Königlichen Akademie der Wissenschaften (ab 1874) hatte Mommsen eine der einflussreichsten Positionen im Berliner Wissenschaftsbetrieb inne, die er zur Anregung und Durchführung wissenschaftlicher Großprojekte wie dem bis heute bestehenden »Corpus Inscriptionum Latinarum« nutzte. Daneben saß er als Vertreter national-demokratischer und liberaler Positionen im preußischen Abgeordnetenhaus und im Reichstag. Ein regelmäßiger schriftlicher Austausch zwischen Mommsen und Scherer ist erst seit 1872 nachweisbar. Später setzte sich Mommsen sowohl für Scherers Berufung nach Berlin (1877) als auch für dessen Wahl zum ordentlichen Mitglied der Berliner Akademie (1884) ein. Während des ›Berliner Antisemitismusstreits‹ (1879/81), in dem Mommsen gegen die antijüdischen Ausfälle des Historikers Heinrich von Treitschke auftrat, gehörte Scherer zu den loyalsten Unterstützern Mommsens.[3] Für die Berliner Jahre ist auch ein enger persönlicher Kontakt nachgewiesen, an dem auch nach dem Tode Scherers zwischen den Familien festgehalten wurde.

1   Literatur: *Schöne (1923)*; *Mommsen (1937)*; Alfred Heuß: *Theodor Mommsen und das neunzehnte Jahrhundert.* Kiel 1956; Lothar Wickert: *Theodor Mommsen. Eine Biographie.* 4 Bde. Frankfurt/M. 1959-80; Alexander Demandt: »Mommsen in Berlin«. In: *Wissenschaftspolitik in Berlin: Minister, Beamte, Ratgeber.* Hg. v. Wolfgang Treue u. Karlfried Gründer. Berlin 1987, S. 149-73; Stefan Rebenich: *Theodor Mommsen und Adolf Harnack. Wissenschaft und Politik im Berlin des ausgehenden 19. Jahrhunderts. Mit einem Anhang: Edition und Kommentierung des Briefwechsels.* Berlin, New York 1997; Karl Zangemeister: *Theodor Mommsen als Schriftsteller. Ein Verzeichnis seiner Schriften.* Im Auftrage der Königlichen Bibliothek bearb. u. fortges. v. Emil Jacobs. Neu bearb. v. Stefan Rebenich. Hildesheim 2000; Stefan Rebenich: *Theodor Mommsen. Eine Biographie.* München 2002. – *NDB* (Alexander Demandt); *BBKL* (Marco Frenschkowski); *Killy* (Rudolf Vierhaus).

2   Theodor Mommsen: *Römische Geschichte.* 4 Bde. Leipzig, Berlin 1854-85 (erschienen die Bde. 1-3, 5).

3   Vgl. ausführlich Brief 99, dazu Anm. 16.

1896 gab Mommsen in Gemeinschaft mit Erich Schmidt Scherers unvollendete Müllenhoff-Biographie[4] in Druck.

95. Scherer an Mommsen

Straßburg, 21. April 1874. Dienstag

Verehrter Herr College.

Sie fragen nach Vahlens Katholicismus,[5] ich kann nur sagen daß ich davon nie etwas gemerkt habe. Ich habe zwei Semester lang bei ihm gehört, war vier Jahre lang neben ihm Privatdocent, vier Jahre lang sein College in der Facultät: es ist mir weder kirchliche noch widerkirchliche Gesinnung von ihm bekannt geworden. Sie ist weder hervorgetreten als es sich um den katholischen Charakter[6] der Univ. Wien handelte, u. ich habe nie anders angenommen als daß er unser Bundesgenosse dagegen sei. Solche Gesinnung hat sich auch meines Wissens nicht gezeigt, als er Mitglied des niederösterr. Schulrathes war. Und niemals hat einer der entschieden liberal gesinnten Collegen mir eine derartige auf Vahlens Ansichten bezügliche Bemerkung mitgetheilt. Was er also denkt und meint und glaubt, das weiß ich nicht. Aber ich habe dieses Wissen nie entbehrt, denn zur Beurteilung seiner Handlungen war es ganz gleichgiltig. Würde z.b. ein Katholik, dessen Katholicismus zu fürchten wäre,

4 Wilhelm Scherer: *Karl Müllenhoff. Ein Lebensbild.* Berlin 1896.
5 Die nicht erhaltene Anfrage Mommsens, auf die sich Scherer bezieht, dürfte im Zusammenhang mit der noch im gleichen Jahr erfolgten Berufung des zuvor in Wien lehrenden Altphilologen Johannes Vahlen auf den Berliner Lehrstuhl des seit längerem erkrankten Moriz Haupt stehen, der im Dezember 1874 starb. Eine Zugehörigkeit Vahlens zum politischen Katholizismus wäre seiner Bestallung im protestantischen Preußen hinderlich gewesen. Scherers Bemerkung zum »katholischen Charakter« der Wiener Universität bezieht sich auf die langjährigen Bemühungen um eine Entkonfessionalisierung des österreichischen Hochschulwesens, die erst 1873 auf Initiative des liberalen Unterrichtsministers Karl von Stremayr durchgesetzt wurde. Zuvor war die Berufung von Professoren nichtkatholischen Bekenntnisses auf österreichische Lehrkanzeln nur in Ausnahmefällen möglich gewesen. Johannes Vahlen hatte zur Gruppe der 58 Wiener Professoren gehört, die im Januar 1865, in zeitlicher Nähe zum 500-jährigen Gründungsjubiläum der Universität Wien, eine Adresse mit der Forderung nach Entkonfessionalisierung ihrer Hochschule an Staatsminister Anton von Schmerling gerichtet hatten. Vgl. Hans Lentze: »Die Universitätsreform des Ministers Graf Leo Thun-Hohenstein«. In: *Sitzungsber. Wien* Bd. 239 (1862), 2. Abh., S. 1-372, hier S. 277 f.
6 Vgl. Anm. 5 (Brief 95).

an einer Univ. wie Wien sich für einen protestantischen Professor der Philo-sophie[7] erhitzen? Er hat es gethan und war dabei mein bester Bundesgenosse. Es ist mir bei dieser und allen ähnlichen Fragen auch nie eingefallen, daß sein äußeres Bekenntnis für ihn ein bestimmendes Motiv in praktischen Dingen sein könnte.

Dies ist alles was ich Ihnen zu sagen weiß. Immerhin muß ich bedauern daß ich nie ein directes Gespräch mit Vahlen gehabt, worin kirchliche und religiöse Fragen verhandelt worden wären. Ich wäre sonst möglicherweise in der Lage zu versichern daß er gar nichts mit dem Katholicismus gemein hat als eben das äußere Bekenntnis. Aber in diese Tiefe seines Herzens reicht, wie gesagt, meine Kenntnis nicht.

Mit hochachtungsvollem Gruße
Ihr ergebener
WScherer

Straßburg 21.4.74.

96. Scherer an Mommsen

Straßburg, 18. April 1877. Mittwoch

Verehrter Herr College.

Ein Brief Göpperts meldet mir, daß der preußische Finanzminister mir in Ber-lin kein höheres Gehalt bewilligen will als ich hier habe.[8] Meine Forderung, die sich der Unterrichtsminister aneignete, ging auf eine Gehaltserhöhung

---

7   Scherer bezieht sich auf seine vergeblichen Bemühungen, seinen Freund Wilhelm
    Dilthey als Nachfolger des Philosophen Franz Karl Lott in Wien durchzusetzen.
    Die Stelle war nach schwierigen, annähernd vier Jahre andauernden Verhandlungen
    (1870-74) und mehreren gescheiterten Berufungen mit Franz von Brentano besetzt
    worden. Vgl. hierzu ausführlich *BW Gomperz-Scherer*, S. 138, Anm. 59 (mit Quellen
    und älterer Literatur).

8   Die seit längerer Zeit zwischen Scherer und der preußischen Regierung, vertreten
    durch den Vortragenden Rat im Kultusministerium Heinrich Robert Göppert,
    geführten Verhandlungen über die Annahme des Rufes auf den in Berlin neu ge-
    schaffenen Lehrstuhl für neuere deutsche Litteraturgeschichte drohten noch im
    Frühsommer 1877 zu scheitern. Scherer forderte ein Jahresgehalt von 12.000 Mark,
    die Gegenseite war nicht bereit, mehr als 9.600 Mark zu bewilligen, was zusammen
    mit dem gesetzlichen Wohnungszuschuss von jährlich 900 Mark den bisherigen
    Bezügen Scherers in Straßburg entsprach. Finanzminister Otto Camphausen be-
    gründete seine bereits früher vorgetragene definitive Entscheidung in einem aus-
    führlichen Brief an den Kultusminister Adalbert Falk vom 11. Mai 1877: »Ich habe

von 500 Thalern, wozu dann noch der Wohnungszuschuß käme, der ja gleich durch die Steuern wieder absorbirt wird.

Ich erlaube mir, Ihnen das mitzutheilen und Sie, der Sie Sich für meine Berufung immer so lebhaft interessiert haben, um Ihren Rath zu bitten. Ich weiß nicht, wie weit ein solcher Bescheid als ein definitiver gelten kann. In Oesterreich pflegt der Finanzminister auch regelmäßig erst seine Gegenvorstellung zu machen; aber wenn dann der Unterrichtsminister sagt: »Ich muß den Mann haben«, so gibt der Fin. M. nach. In Preußen ist es wahrscheinlich anders? Der Calculator dominirt wohl? Durch das verrückte Verhältnis zwischen Preußen und dem Reich ist vollends jeder Verkehrtheit die Thüre geöffnet.

dort insbesondere hervorgehoben, daß, wenn der Entlassung des p. Scherer aus seinem Amte in Straßburg kein Bedenken entgegenstehe, und wenn er selbst seine Uebersiedlung an die hiesige Universität wünsche, mir doch kein Grund ersichtlich sein würde, der es rechtfertigen könnte, ihm hier eine höhere als die in Straßburg empfangene Besoldung zu bewilligen, weil sich schwerlich in Abrede stellen lasse, daß die hiesigen Verhältnisse für einen Universitätsprofessor und zumal für einen Docenten der deutschen Philologie resp. der neueren deutschen Litteraturgeschichte in jeder Hinsicht günstigere seien als diejenigen Straßburgs. Ew. Excellenz stellen das Ihrerseits auch keineswegs in Abrede; denn die Bemerkung, daß der p. Scherer sich scheue, hier in eine ökonomisch weniger freie Lage einzutreten, [...] glaube ich doch wohl nur als die Mittheilung einer subjektiven, unter der Voraussetzung der Bewilligung einer gleich hohen Besoldung aber thatsächlich unzutreffenden [...] Meinung des p. Scherer ansehen zu dürfen. In einer solchen unzutreffenden subjektiven Meinung und einer darauf basirten Forderung des p. Scherer liegt aber ein berücksichtigungswerther und rechtfertigender Grund, wie er für die Bewilligung der außerordentlich hohen Besoldung von 12.000 M. neben dem tarifmäßigen Wohnungsgeldzuschuß geltend zu machen sein müßte, meines Dafürhaltens nicht. Es scheint mir daher der Sachlage und den hier in Betracht kommenden, über die Bedeutung des Einzelfalles weit hinaus reichenden Rücksichten nicht zu entsprechen, daß auf die Forderung des p. Scherer [...] eingegangen werde, sondern vielmehr dringend geboten zu sein, ihn von der Annehmbarkeit einer geringeren Bewilligung thunlichst zu überzeugen oder noch weiter zuzuwarten, bis er wahrscheinlich von selbst diese Ueberzeugung gewinnt.« (GStA PK, Rep. 76 Va: Preußisches Kultusministerium, Sekt. II, Tit. IV, Nr. 47: Bd. 16, Bll. 13r.-14r.). Mit Brief vom 30.7.1877 teilte Scherer dem Kultusminister mit, dass er bereit sei, »in das Amt eines o. Professors an der phil.-Fakultät der Universität Berlin mit dem Beginn des kommenden Wintersemesters einzutreten« (ebd., Bl. 60). Eine inoffizielle Annahme der vom Ministerium gestellten Bedingungen hatte er Göppert bereits am 30. Mai telegraphisch (vgl. Brief 98) übermittelt. Die offizielle Ernennung erfolgte schließlich am 3.9.1877. Zu dem Berufungsverfahren und seiner langwierigen Vorgeschichte vgl. ausführlich *Sternsdorff (1979)*, S. 176-181.

Für mich handelt es sich darum, endlich in ein Definitivum zu kommen. Ich muß mich jetzt entscheiden, ob ich für immer hier bleiben, ob ich für immer mit einem Gehalt von zweifelhaftem Werthe nach Berlin gehen will. Ein neues Provisorium will ich unter keinen Umständen.

Ich bitte Sie daß Sie mir nach Ihrer besseren Kenntnis der Sachlage freundlichst Ihren Rath ertheilen.

Mit bestem Gruß
Ihr ergebener
Scherer

Straßburg 18.4.77

97. Mommsen an Scherer

Charlottenburg bei Berlin, 24. Mai 1877. Donnerstag

THEODOR MOMMSEN
CHARLOTTENBURG
bei Berlin
MARCHSTRASSE 6.

Lieber Herr College,

Also ist es gekommen, wie ich schon längst gefürchtet hatte; Ihre Berufung hieher ist unter den früher in Aussicht genommenen Modalitäten nicht ausführbar. Das ist eine Calamität, vor allem für uns, aber es ist dagegen nichts zu machen. Die Sache selbst lehrt auf das Deutlichste, und ich weiß es auch sonst positiv, daß Falk alles aufgeboten hat was er vermochte, aber vergeblich; und wo er gescheitert ist, können wir nichts erreichen. Hätte es etwas genutzt die Universität noch einmal zu fragen, so würde unser Minister das sicher gethan haben; denn er wußte sehr wohl, wie wir zu der Sache stehen. Jetzt die Facultät mit der Sache zu befassen könnte, auch wenn die nicht geringen formalen Schwierigkeiten zu überwinden wären, zu gar keinem praktischen Ergebniß führen.

Die Akademie ist sonst wohl in dergleichen Fällen eingetreten; sie hat mehrmals Berufungen in der Weise gefördert, daß sie für einen speciell akademischen Zweck eine außerordentliche Bewilligung für ein neues erst herzuberufendes Mitglied daneben beantragte. Leider ist auch dieser Weg, von allem anderen abgesehen, zur Zeit formell versperrt, da durch Conzes Berufung[9]

9 Der Archäologe Alexander Conze war am 22.2.1877 zum wirklichen Mitglied der Königlich-Preußischen Akademie der Wissenschaften gewählt worden, die for-

die geschlossene Zahl der Classe erfüllt ist und also augenblicklich keine
Wahl auch nur beantragt werden kann. Ich muß auch hinzufügen, da wir
Ihnen vor allen Dingen volle Klarheit über die Sachlage schuldig sind, daß
wenn Sie herkommen, auch nur die baldige Aufnahme in die Akademie[10]
und der Eintritt in die damit verbundene geringe Besoldung (900 M.) Ihnen
nicht verbürgt werden kann. Die Zahl der in petto vorhandenen Akademiker
ist bei den verschiedenen HH. Mitgliedern sehr groß, und wenn eine Stelle
frei wird, so weiß Gott allein, wie das Hunderennen endigt. Wir hatten bisher immer noch einige Stellen frei und damit eine gewisse Disposition; jetzt,
wo das nicht mehr der Fall ist, wird, fürchte ich, der Zufall außerordentlich
mitspielen.

Aber, lieber College, ist denn damit die Sache aus, auf die wir wenigstens
so viele und schöne Hoffnungen gebaut haben und die, wenn Sie nicht kommen, uns sehr leicht – die Stelle ist ja creirt! – zu dem lucrum cessans noch ein
damnum emergens bringen kann?[11]

Ich will nicht davon reden, daß es für Sie, bei Ihrer Leistungsfähigkeit und
bei den hiesigen Verhältnissen, ein Leichtes sein muß die doch am Ende geringe Differenz anderweitig auszugleichen; nicht davon, daß der Besuch Ihrer
Vorlesungen hier dann doch auch ins Gewicht fällt. Das sind alles Betrachtungen, die Sie von sich aus angestellt haben werden und die uns anzustellen
eigentlich nicht zukommt.

Aber darauf möchte ich Sie doch hinweisen, daß es sich in diesem Fall um
eine ernste und wichtige Lebensentscheidung handelt und daß diese, gestatten Sie mir es gerade heraus zu sagen, an eine so geringfügige Geldsumme
nicht geknüpft werden darf. Sie können doch unmöglich die Absicht haben
Ihre besten Jahre in einer Stadt zuzubringen, die bei unsern Lebzeiten nie ein
Brennpunct deutscher Cultur werden wird, die tief unter Köln und Berlin
und Hamburg steht, deren moralische Eroberung ganz gewiß nicht von den
dortigen Kathedern aus gemacht werden wird. Sie gehören Ihrem ganzen
Wesen nach in eine Metropole, und da Sie den tapferen Entschluß gefaßt

melle Bestätigung erfolgte am 23.4.1877. Vgl. Werner Hartkopf: *Die Berliner Akademie der Wissenschaften. Ihre Mitglieder und Preisträger 1700-1990.* Berlin 1992, S. 63.

10 Scherer wurde erst 1884 wirkliches Mitglied der Königlich-Preußischen Akademie
der Wissenschaften. Satzungsgemäß erlosch mit Annahme des Rufs nach Berlin
seine bereits seit 1875 bestehende korrespondierende Mitgliedschaft.

11 Mommsen variiert Begriffe aus der römischen Rechtssprache:»lucrum cessans«
(›brachliegender Gewinn‹), analog zu »pecunia cessat« (vgl. *Digesten* 26,7; 13,1):
›das Geld liegt brach, bringt keine Zinsen‹; »damnum emergens« (›ein zum Vor-
schein kommender, auftauchender Schaden‹), analog zu »aes alienum« bzw. »de-
bitum emerget« (vgl. *Digesten* 26,7; 43,1; 14,4,7 pr.): ›Schulden kommen noch
hinzu‹.

haben Wien zu verlassen und völlig ein Deutscher zu bleiben, so gehören sie[12] uns, gehören nach Berlin. Kommen Sie jetzt nicht zu uns, so fügen Sie sich, und damit auch all den hohen Interessen, die Sie hier fördern können, eine Beschädigung zu, die schwerer wiegt als die pecuniäre Einbuße, die Sie durch die Annahme des Rufs unter den jetzt möglichen Bedingungen vielleicht erleiden. Sie werden weder vor der Welt noch vor sich sich damit entschuldigen können, daß Sie, übrigens mit vollem Recht, die platte Starrheit unserer Regierung dafür verantwortlich machen. Die Wirthschaft hier wäre schon längst zu Grunde gegangen, wenn nicht Seiner Majestät ergebenste Opposition etwas hochherziger und aufopferungsfähiger wäre als die ergebenen Diener.

Denken Sie auch etwas an uns. Was soll hier werden? ich weiß es nicht, weiß nur, daß die Wahl nur zwischen verschiedenen Fehlern und argen, aber alsdann unvermeidlichen Dummheiten liegen wird.

Also, lieber Freund, entscheiden Sie sich. Ihrer Ehre geschieht dadurch auch äußerlich nicht der mindeste Abbruch, wenn Sie, wie Sie es können, erklären lieber mit pecuniärem Verlust nach Berlin zu gehen als in Straßburg zu bleiben. – Ich schreibe Ihnen erst heute, weil ich es nöthig fand, um ganz sicher zu gehen, mich erst noch nach der Sachlage zu erkundigen. Sie können das Factische, was ich Ihnen mittheile, als völlig sicher betrachten.

Ihr ergebenster
Mommsen

Berlin 24 Mai 77.

98. Scherer an Mommsen

Straßburg, 30. Mai 1877. Mittwoch

Verehrter College.

Ich danke Ihnen für die wahrhaft freundschaftliche Gesinnung die mir aus Ihrem Briefe überall entgegenleuchtet. Ich könnte den Betrachtungen, mit denen Sie für meine Übersiedelung plädiren, manches entgegensetzen; vor allem daß ich meiner Geistesverfassung nach nicht zur vita activa gehöre, zu der ich immer gerechnet werde, sondern zur vita contemplativa. Aber im ganzen war Ihre Argumentation an mich nicht verschwendet; sie hat viele Elemente in mir bestärkt die mich von hier weg u nach Berlin ziehen. Nach einer Richtung freilich haben auch Ihre Mittheilungen mir nur Erschwerung gebracht: ich meine, was Sie mir über die Akademie schreiben. Ich habe in Wien Jahre

12 So in der Handschrift.

lang in dem unerfreulichen Zustande gelebt, einer Akademie anzugehören u. doch nicht drin zu sein.[13] Ich habe diesen Zustand unerträglich gefunden u. er war mit unter den Gründen, die mich schließlich weg trieben. [*Und*] doch gab es in Wien mildernde Umstände: eine correspondirende Mitgliedschaft am Orte selbst ist dort statutenmäßig vorgesehen; sie ist an sich nichts schimpfliches daher; ferner die Gründe, aus denen man mich nicht zum wirklichen Mitgliede wählte, waren offenkundig politische: die österreich. Akademie wollte in ihrer Mitte kein so preußisch gesinntes Mitglied. Von Seite der preußischen Akademie könnte ich in der Nicht-Wahl nur eine beleidigende Zurücksetzung erblicken. Ich habe Ihnen das jetzt mit aller Offenheit aussprechen wollen, weil es nicht meine Absicht ist, später, gleichsam sollicitirend, mit einem Worte darauf zurückzukommen.

Ich habe heute, mit großer Selbstüberwindung, an Göppert telegraphirt daß ich acceptire. Und wenn sich nicht im RKAmt[14] neue Schwierigkeiten erheben, so darf ich hoffen im Herbst an derselben Facultät mit Ihnen zu sein. Ich rechne dieses nähere persönliche Verhältnis zu den wenigen Lichtpuncten sicheren Gewinnes, die mir in Berlin vorschweben.

Mit hochachtungsvollem Gruße
Ihr
ergebenster
Scherer

Straßburg 30.5.77.

13 Scherer war bereits seit 1869 korrespondierendes Mitglied der Kaiserlichen Akademie der Wissenschaften in Wien, wurde jedoch nie zum ordentlichen Mitglied gewählt.

14 Das Reichskanzleramt für Elsass-Lothringen hatte 1875, zu Beginn des Berufungsverfahrens, auf Wunsch von Reichskanzler Otto von Bismarck beim preußischen Kultusministerium aus politischen Gründen darauf gedrungen, von einer Wegberufung Scherers aus Straßburg im Interesse einer Stützung des Lehrkörpers an der erst 1872 gegründeten Universität abzusehen. Vgl. ausführlich *Sternsdorff (1979)*, S. 177 f. Am 21. Juli 1877 ließ Bismarck dem preußischen Kultusminister Falk auf Anfrage durch seinen Staatssekretär Karl Joseph Herzog mitteilen, »daß ich gegen die für den Beginn des nächsten Wintersemesters in Aussicht genommene Berufung des Professors Dr Scherer in Straßburg an die hiesige Universität, wenn ich auch dessen Verlust für Straßburg bedauere, doch nach Lage unserer früheren Korrespondenz und bei dem ausgesprochenen Willen des Professors Scherer, in Berlin zu wirken, Bedenken nicht mehr erheben will.« (GStA PK, wie Anm. 8, Brief 96, hier Bl. 53).

99. Scherer an Mommsen

Berlin, 12. November 1880. Freitag

Berlin 12.XI.80.

Verehrter Freund.

Was ich Ihnen in diesen schweren Tagen persönlich zu sagen hätte, bedarf eigentlich keines Aussprechens.[15] Sie wissen daß Ihre Freunde das herbe Leid, das Sie betroffen, tief beklagen. Möge das Schicksal seine Hand über Ihnen halten, daß kein Schlag dieser Art Sie jemals wieder treffe. Das wünsche Ihnen ich und wünscht Ihnen meine Frau, die meine Gesinnungen theilt.

Was den Aufruf[16] betrifft, den Sie mir übersandten, so habe ich Ihnen meine Unterschrift, da Sie sie rasch wünschten, auf einer Postkarte[17] übermittelt. Ich finde den Entwurf sehr gut, warm, würdig und gedankenvoll. Weitere Unterschriften möchte ich nicht auf eigene Hand werben, da Sie ja nur eine Elite wünschen u. ich nicht weiß, ob Sie jedermann, den ich auffordern könnte, zur Elite rechnen. Die Namen, die mir zunächst als noch feh-

15 Mommsens sechsjährige Tochter Käthe war am 10.11.1880 gestorben. Vgl. *Schöne (1923)*, S. 31.

16 Die mit Mommsens Namen verbundene »Erklärung« gegen die antijüdischen Ausfälle Heinrich von Treitschkes vom 12. November 1880 erschien in: *National-Zeitung*. Nr. 535 v. 14.11.1880, Morgen-Ausgabe, S. 1 (auch abgedruckt in: *Der Berliner Antisemitismusstreit*. Hg. v. Walter Boehlich. Frankfurt/M. 1965 [²1988 (insel taschenbuch 1098)], S. 204-206). Zu den 75 Persönlichkeiten aus dem öffentlichen Leben Berlins, die den »Aufruf« unterzeichneten, gehörten neben Scherer auch der Physiker Hermann von Helmholtz und der Philosoph Eduard Zeller. Zu Scherers Vorschlägen notierte Mommsen auf dem vorliegenden Brief das Konzept einer nicht erhaltenen Antwort: »An Sybel hab ich nicht geschrieben seiner Beamtenstellung wegen. / Helmholtz und [Emil] DuBois[-Reymond] habe ich aufgefordert/./ Unterschreiben sie, so erhalten Sie heute direct Nachricht. / Spielhagen überlaße ich Ihnen falls Sie deßwegen ⟨direct⟩ schreiben wollen. Ich werde es nicht thun. / Mommsen«. Der Brief enthält außerdem von fremder Hand den Vermerk »H. Gh. R. Stephan sub pet*ione*. remiss*ionis*. d 13«, der sich wohl entweder auf den Geheimen Commerzienrath Emil Stephan oder, weniger wahrscheinlich, auf den ehemaligen Regierungsrath Friedrich Stephan bezieht, die beide gleichfalls zu den Unterzeichnern der Erklärung gehörten. – Zum ›Berliner Antisemitismusstreit‹ allgemein vgl. noch Christhard Hoffmann: »Geschichte und Ideologie: Der Berliner Antisemitismusstreit 1879/81«. In: *Vorurteil und Völkermord. Entwicklungslinien des Antisemitismus. Hg. v. Wolfgang Benz u. Werner Bergmann. Freiburg/Br., Basel 1997 (Herder Spektrum 4577), S. 219-251, zu Scherers Engagement in der Affaire auch *Sternsdorff (1979)*, S. 215-217.

17 Im Bestand der Korrespondenzen Scherers an Mommsen nicht enthalten.

lend auffallen liegen Ihnen näher als mir u. sind mittlerweile gewiß schon gewonnen, Helmholtz Zeller Sybel. Sie müßten überhaupt so viele Akademiker⟨,⟩[18] als möglich haben, wie ich glaube.

Was die Litteratur anlangt, so läge es mir nahe, <u>Rudolf</u> Lindau aufzufordern, der als Beamter des auswärtigen Amtes gewiß gut wirken würde. Aber da die Lindaus[19] als Juden gelten, so muß man davon absehen. Dagegen möchte ich Sie fragen, ob ich nicht Spielhagen auffordern soll, der doch entschieden zu den namhaftesten u. weitestwirkenden Schriftstellern gehört?[20] <u>Ohne</u> Ihre Auctorisation thue ich es <u>nicht</u>.

Mit bestem Gruß
Ihr
Scherer

100. Scherer an Mommsen

Berlin, 12. Januar 1885. Montag[21]

Berlin 12. Januar 84.

Verehrter Freund.

Leider hab' ich noch wenig lesen können in Ihren Bogen, mich aber vorläufig mit Dr Friedjung in Verbindung gesetzt, um die Frist der Einsendung richtig vorzunehmen.[22]

18 Gemeint sind Mitglieder der Königlich-Preußischen Akademie der Wissenschaften in Berlin.

19 Die Brüder Paul und Rudolf Lindau gehörten nicht zu den Unterzeichnern des Aufrufs. – Paul Lindau hatte sich in dem Drama *Gräfin Lea* (1879) zeitnah mit dem Thema Antisemitismus auseinander gesetzt.

20 Friedrich Spielhagen gehörte nicht zu den Unterzeichnern des Aufrufs.

21 Scherer datierte den Brief versehentlich auf 1884. Das richtige Jahr lässt sich aus dem Erscheinen von Mommsens Manuskript und dem durch Scherer besorgten Vorabdruck erschließen. Vgl. Anm. 22 (Brief 100).

22 Das Folgende bezieht sich auf den 5. Band von Mommsens *Römischer Geschichte* (Berlin 1885). Die von Scherer in Absprache mit Mommsen veranlasste Vorveröffentlichung aus dem Manuskript erschien unter dem Titel:»Ein Blatt aus Theodor Mommsen's Römischer Geschichte. Mitgetheilt von Wilhelm Scherer«. In: *Deutsche Wochenschrift für die gemeinsamen nationalen Interessen Österreichs und Deutschlands.* Hg. v. Heinrich Friedjung. Nr. 5 v. 1.2.1885. Zum Abdruck kam darin eine Stelle aus dem 7. Kapitel (S. 249-252 der Buchausgabe),»worin Mommsen«, wie Scherer einleitend schreibt,»die schönsten Seiten des damaligen Griechen-

Bei vorläufigem Durchblättern ist mir S. 154[23] in hohem Grade aufgefallen, und ich müßte Ihnen ausführlich darüber schreiben, wenn ich nicht hoffte, Sie Mittwochs im Kränzchen[24] bei Tobler zu sprechen.

Dann bin ich auch hoffentlich überhaupt etwas weiter in dem Bande vorgedrungen.

Die 4 Seiten Einleitung[25] sind sehr glücklich gerathen und haben etwas überraschend Funkelndes, das die beste Stimmung für weitere Lectüre gibt.

So wie man appetitreizende Gerichte einschiebt oder, wenn ein ganzes Diner verzehrt ist, durch ponche romain sofort ein neues einleitet, welches dann wieder anstandslos verzehrt werden kann. So eröffnet sich dann die neue Histoire romaine, Ihr zweiter Faust, unter den besten Augurien. Es würde mich sehr freuen, wenn ich der Ariel sein könnte, welcher dem Faust (Sie nehmen ihn ja hauptsächlich autobiographisch!) des Lampenfiebers glühend bittre Pfeile entfernt.[26]

Ihr

Scherer

thums, den noch dauernden echten Hellenismus hervorhebt und zugleich eine Probe eigener milder Darstellung gibt, wie sich in den früheren Bänden kaum eine ähnliche finden dürfte«.

23 *Römische Geschichte*, Bd. 5 (wie Anm. 22, Brief 100), S. 154. – Mommsen handelt dort von der Barbarisierung, speziell Germanisierung des römischen Staates.

24 Gemeint ist das so genannte Mittwochs-Kränzchen, ein geselliger Kreis aus Berliner Gelehrten und ihren Familien, der seit den 1870er Jahren bestand. Regelmäßige Mitglieder waren zu Scherers Lebzeiten neben Mommsens auch der Romanist Adolf Tobler, der Althistoriker Otto Hirschfeld und der Kunsthistoriker Richard Schöne mit ihren Ehefrauen. Marie Scherer trat einige Jahre nach dem Tod ihres Mannes wieder ein. Vgl. *Schöne (1923)*, S. 21 f. und *Mommsen (1937)*, S. 28.

25 *Römische Geschichte*, Bd. 5 (wie Anm. 22, Brief 100), S. 3-6.

26 Scherer variiert eine Replik des Ariel aus Goethes *Faust II*, I, 1: »Entfernt des Vorwurfs glühend bittre Pfeile, / Sein Innres reinigt von erlebtem Graus.«

Briefe von Gustav von Loeper
1877 – 1885

Gustav von Loeper (1822-1891)[1] gehörte zur älteren, nichtakademischen Generation der Goetheforscher, deren Leistungen auch bei großen Teilen der Fachwissenschaft Anerkennung fanden. Im Hauptberuf Jurist, wurde Loeper 1854 in das preußische Hausministerium berufen, wo er 1865 zum Vortragenden Ministerialrat ernannt wurde und seit 1876 zugleich die Leitung des Geheimen Hausarchivs der Hohenzollern übernahm. Seit Mitte der 60er Jahre betrieb Loeper nebenher philologische Studien zu Leben und Werk Goethes und besorgte zahlreiche Editionen. Als sein Hauptwerk gelten die Kommentare zu Goethes »Gedichten«, zum »Faust« und zu »Dichtung und Wahrheit« in der so genannten Hempel'schen Ausgabe.[2] Scherer stand mit Loeper, den er sehr schätzte, seit 1876 in beständigem schriftlichen Austausch über Probleme der Goethe-Philologie. Beim Tode des letzten Goethe-Enkels wurden Loeper und Scherer 1885 durch Großherzogin Sophie von Sachsen-Weimar-Eisenach, der Erbin des Nachlasses, mit der Vorbereitung einer historisch-kritischen Gesamtausgabe beauftragt. Noch 1885 wurde die Weimarer Goethe-Gesellschaft gegründet, in deren ersten Vorstand Loeper und Scherer gemeinsam gewählt wurden. Loeper übernahm auch die Sichtung des Nachlasses und die Einrichtung des Goethe-Archivs in Weimar, dessen erster Direktor Scherers Schüler Erich Schmidt wurde. Die in Zusammenarbeit mit Loeper ausgearbeiteten Editionsprinzipien der Weimarer Ausgabe gehörten zu Scherers letzten Arbeiten.

---

1   Literatur: Ludwig Geiger: »Gustav von Loeper«. In: *GJb* 13 (1892), S. 243-246; »Eine Selbstbiographie Gustav von Loepers«. Ebd. 16 (1895), S. 219 f.; Erich Schmidt: »Gustav von Loeper«. In: ders.: *Charakteristiken. 2. Reihe.* Berlin ²1912, S. 256-259; »Aus der Frühzeit des Goethe-Schiller-Archivs. Briefe der Großherzogin Sophie von Sachsen an Gustav von Loeper«. Eingel. v. Anton Kippenberg. In: *Jahrbuch der Sammlung Kippenberg* 3 (1923), S. 233-258; vgl. außerdem die in Anm. 11 (Brief 102) genannte Literatur zur Weimarer Goethe-Gesellschaft – *ADB* (Ludwig Fränkel), *NDB* (Walter Schmitz).

2   *Goethes Werke. Nach den vorzüglichsten Quellen revidirte Ausgabe.* [Hg. v. Woldemar von Biedermann, Heinrich Düntzer, Salomon Kalischer, Gustav von Loeper u. Friedrich Strehlke.] 36 Th. (23 Bde.). Berlin 1868-79, darin Bd. 1-4: *Gedichte.* Berlin 1868-72 (von der zweiten Aufl. Berlin 1882-84 erschienen nur die Bde. 1-3); Bd. 12-13: *Faust. Eine Tragödie.* Th. 1-2. Berlin 1870; Bd. 20-23: *Goethes Dichtung und Wahrheit.* Th. 1-4. Berlin 1876.

101. Loeper an Scherer

Berlin, 30. Januar 1877. Dienstag

Geehrtester Herr Professor!

Für gütige Übersendung eines Separatabzugs Ihrer »Goethe-Philologie«[3] meinen herzlichsten Dank, mehr noch für die Art, wie Sie darin unsern Dilettantismus zu Ehren gebracht haben. Für den ersten Theil des Artikels, der oratio pro domo, wird Ihnen die ganze Deutsche Literaturhistoria dankbar sein. Auf diesem weiten Hintergrunde haben Sie es möglich gemacht, mit gleicher Gerechtigkeit so heterogene Leute wie Freund Grimm und Düntzer, Wegele und Reiffenstein zu behandeln.[4] Besonders lieb ist es mir wegen Düntzer, auf den der Jeder herabsehn zu können glaubt; Ihr Artikel wird ihn zwar nicht ganz befriedigen, da man Düntzer einmal nicht ohne Vorbehalt loben kann, aber doch erfreuen. Daß Sie Mézières[5] neben Lewes[6] und Grimm nennen, ist wohl mehr ein Akt internationaler Höflichkeit und der Symmetrie wegen; denn sein Buch steht doch wohl unendlich tiefer als die der beiden Andern. Ich wenigstens hab nichts darin gefunden. In Italien ist als Vierter der D. Gnoli erstanden, der über die Italienische Reise Manches beibringt.[7] Es

3 Wilhelm Scherer: »Goethe-Philologie«. In: NR 7 (1877), H. 1, S. 162-178 (= GA, S. 3-27). Neben denen der im Brief genannten Autoren hatte Scherer hier auch Loepers Leistungen für die Goethe-Philologie besonders hervorgehoben: »Aus Herrn von Loepers Anmerkungen [zu Dichtung und Wahrheit] wird jeder lernen. Wo Bekanntes wiederholt ist, geschieht es mit großer Klarheit und Kürze; das Buch bietet ein wahres Repertorium für die zerstreute und oft sehr entlegene Erläuterungslitteratur [...] Nichts ist außer Acht gelassen, was Goethes Erzählung irgendwie beleuchten kann.« (ebd. S. 16).

4 Scherer hatte sich auf die folgenden Veröffentlichungen bezogen: Herman Grimm: Goethe-Vorlesungen, gehalten an der königlichen Universität zu Berlin. 2 Bde. Berlin 1877; Goethes lyrische Gedichte. Erläutert v. Heinrich Düntzer. Leipzig 1876; Franz Xaver Wegele: Goethe als Historiker. Würzburg 1876; Karl Theodor von Reiffenstein: Bilder zu Goethe's Dichtung und Wahrheit. Blicke auf die Stätten, an denen er seine Kindheit verlebte. Nach eigenen Forschungen dargestellt und dem deutschen Volke gewidmet. Frankfurt/M. 1876.

5 Alfred Mézières: W. Goethe. Les œuvres expliquées par la vie. 2 vols. Paris 1872-73.

6 George Henry Lewes: The Life and works of Goethe. With sketches of his age and contemporaries from published and unpublished sources. 2 vols. London 1855 (deutsch: Goethe's Leben und Werke. Übers. v. Julius Frese. 2 Bde. Berlin 1857).

7 In einem hier nicht abgedruckten Brief an Scherer vom 1.2.1877 (ABBAW, NL W. Scherer: 650) erwähnt Loeper die beiden folgenden einschlägigen Arbeiten des italienischen Goethe-Forschers Domenico Gnoli: Gli Amori di Volfango Goethe. Traduzioni di D. G. Livorno 1875; »Wolfango Goethe a Roma«. In: Nuova Anto-

war meine Absicht, auch diese zu bearbeiten, und ich hatte dazu schon Einiges in Locis gesammelt; das Meiste sollte eine Reise nach Italien 1877 thun. Der Tod des Verlegers Hempel ist dazwischen getreten, und ich scheide damit aus seinem Unternehmen, da unsre Verbindung eine rein persönliche war. Dagegen bin ich mit »Dicht. & Wahrh.«[8] jetzt ganz fertig; die 5 angehängten Register machten viel Mühe und befriedigen mich doch nicht, da das Ganze, auch jenes Todes wegen, über's Knie gebrochen werden mußte. Vielleicht komme ich jetzt dazu, die Briefe an Frau von LaRoche[9] in's Publikum zu bringen.

Mit den besten Wünschen für Ihr Wirken und Ihre Unternehmungen

dankbar ergebenst
vLoeper.

Berlin, Wihelmstr. 73,
d. 30 Januar 1877.

102. Loeper an Scherer

Weimar, 8. Juni 1885. Montag

Verehrtester H. Professor!

Haben Sie bestens Dank für Ihre beiden gütigen Missiven,[10] die mir unsre Übereinstimmung in den schwebenden Weimarianis[11] zeigen. Besonders lieb ist mir, daß die Verlegung auf den 20 und 21t d. Mts, welche die Anwesenheit

---

logia di scienze, lettere ed arti 28 (1875), Nr. 10, S. 277-304 (teilweise überarbeitete Fassung eines früheren, in deutscher Sprache erschienenen Aufsatzes: »Das Goethe-Haus in Rom«. In: *NR* 2 (1872), H. 2, S. 143-148 u. 608).

8 Vgl. Anm. 2 (Einleitung Loeper).

9 *Briefe Goethe's an Sophie von La Roche und Bettina Brentano nebst dichterischen Beilagen.* Hg. v. Gustav von Loeper. Berlin 1879.

10 (frz.): ›Sendbrief, Beglaubigungsschreiben‹. – Die Briefe von Scherer an Loeper sind nicht überliefert.

11 Das Folgende bezieht sich großenteils auf die Vorbereitungen zur Gründung der Weimarer Goethe-Gesellschaft, an denen Loeper, der sich als Berater der Großherzogin Sophie zur Sichtung des Goethe'schen Nachlasses in Weimar aufhielt, beteiligt war. Die Gründungsfeierlichkeiten fanden am 20./21.6.1885 in Weimar statt. Vgl. ausführlich *Goetz (1936)*, S. 15-36 (ohne Quellenangaben), *Reiter (1999)*, S. 18-27, außerdem Ludwig Geiger: »Die Constituierung der Goethe-Gesellschaft in Weimar«. In: *DLZ* Nr. 27 v. 4.7.1885, Sp. 985-992, und den ersten »Jahresbericht der Goethe-Gesellschaft«. In: *GJb* 7 (1886), Anhang, S. 1-17 (mit Satzungen).

von Großh. und Großherzogin[12] ermöglicht, auch die Ihrige sichert. Ich denke, für unser Werk ist der längste Tag nicht zu lang. Meine hiesige Aufgabe ist die Perlustrirung und Schätzung des Archivs. Diese wird arg gehemmt durch die Berathungen über Goethe-Gesellschaft, Errichtung eines Archiv-Gebäudes *etc. etc.* Leider war Loen, der den Herrschaften nahe steht, in Karlsbad und kaum ist er zurückgekehrt, so führt ihn eine Familiensache nach Jena, so daß ich ihn nur <u>ein</u>mal, gestern, gesprochen. Wir haben uns über die Personen geeinigt, welche zum 20t einzuladen, alles in der Richtung Ihrer Vorschläge. Häckel und Litzmann stehen fest, und es steht nicht entgegen, daß Sie dem letztern die Absicht, ihn zur G.-Ausgabe zuzuziehn, mittheilen. An Hase war nicht gedacht, auch nicht an Lorenz, sie passen aber gut in unsren Plan. <u>Nach</u> Loen's Abreise bin ich noch zu einer andren Ansicht gelangt. Dazu, daß es, um nicht Stoff zu Rivalitäten zu geben, und bei keinem das Gefühl der Zurücksetzung zu erwecken, sich empfiehlt: zunächst eine öffentl. Erklärung[13] durch einen Kreis Weimaraner und Jenenser ausgehn zu lassen, worin die Absicht mitgetheilt wird, am 20. u. 21. d. Mts die Gesellschaft zu gründen, und zum Beitritt aufgefordert wird. Dies öffentlich. <u>Privatim</u> schreiben wir noch an <u>die</u>, welche wir besonders wünschen – dadurch erhält das Ganze den Charakter einer spezifisch Weimar. Gründung, mit einem durch den Appell an <u>Auswärtige</u> erweiterten Programm. Dann steht es bei Leuten wie Düntzer, ob sie kommen wollen. Wir schließen die Thore vor Niemand. Nur <u>eine</u> Modifikation: daß, da <u>Sie</u> in Weimar waren,[14] <u>ich</u> noch hier bin, auch Geiger als Mann des Jahrbuchs[15] nothwendig ist, <u>wir drei</u> schon in den Weimarischen Aufruf kommen. Dadurch wird zugleich das prävalirende Element für den Kundigen bezeichnet, und das wird Männer wie Düntzer wohltätig abschrecken. Ist dann die Gesellschaft constituirt, so mag sie auch

---

12 Großherzog Karl Alexander und Großherzogin Sophie von Sachsen-Weimar-Eisenach.

13 Das wurde der Aufruf des »Localkomité zur Bildung einer Goethe-Gesellschaft« vom 9.6.1885, in dem einige von Loepers folgenden Formulierungen wiederkehren. Vgl. den Abdruck bei *Goetz (1936)*, S. 24 f. Mitunterzeichner waren neben Scherer und Loeper u. a. auch die folgenden im Brief erwähnten Personen: der Goethe-forscher Ludwig Geiger, die Jenaer Hochschullehrer Berthold Litzmann, Ernst Häckel, Karl Hase und Ottokar Lorenz, die Weimarer Honoratioren Paul von Bojanowski, Adolf Guyet, Friedrich Oger von Loën und Theodor Stichling. Zur Vorgeschichte des Aufrufs vgl. *Reiter (1999)*, S. 19 f.

14 Scherer war wenige Tage zuvor selbst in Weimar gewesen. Eine Notiz über sein am 27.5.1885 geführtes Gespräch mit Großherzogin Sophie ist abgedruckt bei *Goetz (1936)*, S. 22 f. (ohne Quellenangabe). Vgl. auch Scherers Brief an Erich Schmidt vom 4.6.1885, *BW Scherer-Schmidt*, Nr. 261, S. 205 f.

15 Gemeint ist das seit 1880 von Ludwig Geiger herausgegebene *Goethe-Jahrbuch*, ab 1885 zugleich offizielles Mitteilungsorgan der Weimarer Goethe-Gesellschaft.

dies öffentlich verkünden:[16] das ist cura posterior. Sogleich will ich diesen Plan mit dem hies. Minist. Direktor Guyet, der auch schon mit Häckel in Verbindung, berathen und dann zu Loen nach Jena fahren, wodurch ich leider den heut. Tag für die Archiv-Durchmusterung verliere. Es geht übrigens in allem gut. Für die Ausgabe habe ich doch sehr reiche Substrate im Archiv gefunden (auch den Entwurf des Volksbuchs 1808),[17] ganz ausgez. Briefe an Behrisch 1767 u. 1768,[18] welche vielleicht am 20t vorzulegen (danach die Dresdner Reise im März 68;[19] Laune des Verl.[20] schon Herbst 67 ziemlich fertig, daneben ein Lustsp. Der Tugendspiegel[21] wozu die unerklärten Straßburger Papiere gehören, aber nichts von den Mitsch.).[22] Von den Mitschuldigen eine ältere Bearbeitung vorhanden. Wissen Sie auch, daß in den Venet. Epigr.,[23] wo ich ein Dutzend merkwürdiger ungedruckter gefunden – sehr

16 Dies geschah in Form des Aufrufs »An alle Verehrer Goethes«, datiert vom 1.7. 1885, erschienen separat und in mehreren Zeitungen, auch in:»Jahresbericht der Goethe-Gesellschaft« (wie Anm. 11, Brief 102), S. 11 f. Verfasser war nicht Scherer, wie die Aufnahme des Aufrufes in seine Bibliographie (vgl. *KS 1*, S. 414) nahe legt, sondern der Philosoph Kuno Fischer. Vgl. *Reiter (1999)*, S. 24.

17 Goethes *Vorarbeiten zu einem deutschen Volksbuch* (1808) erschienen aus dem Nachlass in *WA II*, Bd. 42, S. 397-428.

18 Die Briefe Goethes an seinen Jugendfreund Ernst Wolfgang Behrisch, aus denen Loeper einige seiner folgenden Mitteilungen schöpft, wurden im folgenden Jahr veröffentlicht: Ludwig Geiger:»Einundzwanzig Briefe Goethes an Behrisch. Oktober 1766 bis Mai 1768«. In: *GJb 7* (1886), S. 76-118 (Text) u. 142-151 (Kommentar).

19 Goethes heimliche Reise von Leipzig nach Dresden war bis dahin auf Herbst 1767 datiert worden. Vgl. den Brief an Behrisch vom März 1768 bei Geiger (wie Anm. 18, Brief 102), S. 114-116 (Text) u. 145 f. (Kommentar).

20 Goethes dramatisches Erstlingswerk, das Schäferspiel *Die Laune des Verliebten*, entstand zwischen Februar 1867 und April 1868; die erste Fassung war im November 1867 abgeschlossen. Vgl. Goethes Brief an Behrisch vom 20.11.1867 bei Geiger (wie Anm. 18, Brief 102), S. 107.

21 Von dem Lustspiel *Der Tugendspiegel* ist nur ein Fragment der Auftaktszene im Brief an Behrisch vom 27.11.1767 überliefert. Vgl. Geiger (wie Anm. 18, Brief 102), S. 109 f.

22 Das Lustspiel *Die Mitschuldigen* existierte in drei Fassungen, von denen hier vermutlich die zweite, zwischen Juni und September 1769 entstandene, gemeint ist. Die früheste Fassung (1768/69) war 1881 im Nachlass des Regierungsrates Wenzel entdeckt worden und kam erst später ins Weimarer Archiv. Vgl. Erich Schmidt:»Die älteste Fassung der ›Mitschuldigen‹ von Goethe. In: *NFP* Nr. 6193 v. 23.11.1881.

23 Goethes *Venezianische Epigramme* (1790) waren zuerst in einer redaktionell stark bearbeiteten Auswahl in Schillers *Musenalmanach auf das Jahr 1796* erschienen. Die damals ungedruckt gebliebenen Stücke wurden erst unter den Nachträgen und Paralipomena in *WA I*, Bde. 5,2 u. 53 veröffentlicht. Die von Loeper zitierte Stelle aus dem 66. Epigramm lautet im Erstdruck:»Wenige sind mir jedoch wie Gott / und Schlange zuwider, / Viere, Rauch des Tabacks, Wanzen / und Knob-

schlimme!! – statt des + bei Wanzen und Taback deutlich steht: <u>Christ</u>. Die Faustfragm. bieten auch viel Interesse; viele Zahme Xenien[24] ihnen entnommen. Ich habe verlangt, daß sowohl das G. Haus, als auch das G. Archiv den Gesellschaftern vom 20t gezeigt wird, letzteres mit einer Barrière, und Vitrinen, worin Sachen wie die Handschr. des Ewigen Juden[25] ausgelegt werden. Da könnten Sie u. ich Einiges vorzeigen und mittheilen[26] z.b. jene Briefe an Behrisch vorlesen. Daß <u>nicht</u> die Durchforschung des Archivs der Zweck der Gesellschaftsstiftung, sondern der von Ihnen angegebene: die Pflege der mit dem Namen G. verbundenen Litteratur, wird sehr zu betonen sein. Ausgangspunkt: Dasselbe einem einheimischen Dichter zuzuwenden, was bisher hier einem Ausländischen.[27] Alte Absicht. Jetzt in Folge des Aussterbens der Nachkommen Gs zur Reife gediehn. Zugleich in den Tagen des 20t ein orientierender Artikel[28] von Bojanowski in der Weimar. Zeitung, bestimmt, die Runde durch die Presse zu machen.

Der Plan mit E. Schmidt[29] ist noch nicht ganz reif. Heute bin ich wieder Gast im Belvedere; da hoffe ich den Gegenstand erörtern zu können. Ich sehe selbst, wie sehr hier ein litter. Faktotum fehlt, da ich so viel thun muß, was ich gar nicht mag; die Berufung hat daher alle Aussicht auf Realisierung. Als ich der Großh. von 10 000 M. Gehalt sprach, meinte sie, es sei für hiesige Verhältnisse sehr viel. Die Gehalts- Pensions- *etc.* Formalien müßte Stichling

---

lauch und †«. Im Original wurde das letzte Wort mit dem Messer radiert. Loepers Lesart»Christ«, die auch in *WA I*, Bd. 1, Anm. zu 66, wiederkehrt, kann am Original heute nicht mehr nachvollzogen werden. Vgl. auch das Faksimile in Johann Wolfgang Goethe: *Venezianische Epigramme. Eigenhändige Niederschriften, Transkription und Kommentar.* Hg. v. Jochen Golz u. Rosalinde Gothe. Frankfurt/M., Leipzig 1999, S. 275 u. Anm. ebd. S. 362.

24 Unter dem Titel *Zahme Xenien* veröffentlichte Goethe ab 1820 seine seit etwa 1815 entstandenen Spruchdichtungen.

25 Goethes unvollendet gebliebenes Versepos *Der Ewige Jude* (1774) erschien aus dem Nachlass in *WA I*, Bd. 38, S. 55-64.

26 Auf der konstituierenden Sitzung der Goethe-Gesellschaft am 21.6.1885 berichtete Loeper allgemein über den Inhalt des Goethe-Archivs, Scherer sprach über die darin vorhandenen Materialien zum *Faust*. Vgl. Geiger (wie Anm. 11, Brief 102), Sp. 989-991.

27 Loeper spielt auf die Aktivitäten der 1864 in Weimar unter dem Patronat der Großherzogin Sophie gegründeten Deutschen Shakespeare-Gesellschaft an.

28 Nicht ermittelt.

29 Gemeint ist die Berufung Erich Schmidts zum ersten Direktor des Goethe-Archivs. Großherzogin Sophie unterzeichnete am 21.6.1885 die Bestallungsurkunde, die offizielle Ernennung erfolgte am 8.10.1885. Vgl. *Reiter (1999)*, S. 45, ferner Scherers Brief an Schmidt vom 10.6.1885, *BW Scherer-Schmidt*, Nr. 266, S. 210, in dem er die folgenden Ausführungen Loepers zum Teil wörtlich zitiert.

in die Hand nehmen, weil Rücksichten auf hiesige Gewohnheiten zu nehmen sind; aber auch Stichling ist jetzt nicht hier. Zu hohes Gehalt würde Schmidt Neider schaffen und seine Stellung erschweren. Viell. ein geringeres festes Gehalt; und daneben eine persönl. Zulage. Es ist alles dieß erst am 20t hier abzumachen: jetzt drängt die Errichtung der Gesellschaft. Ganz Deutschland blickt auf uns. Wir dürfen keine Fehler machen. Seminarstellen[30] hat die Großh. auch nicht ganz abgelehnt. Für Ausgabe und Biographie[31] hat sie eine 100.000 Mark übersteigende Summe ausgesetzt. Wo kommt dergl. vor? Müssen wir das nicht benutzen? Gleichwohl hat sie Momente, wo sie über Geldmangel klagt, da sie aller Orten bauen läßt. Den Gedanken eines eignen Archiv-Gebäudes versuche ich ihr daher auszureden. Ein Saal des hies. neuen Archiv-Gebäudes reicht für die Aufnahme des G.-Archivs aus. Besser, daß die Baukosten produktiv für Seminar u. dergl. verwandt werden. Zu große Zumuthungen rufen einen Rückschlag hervor.

Bei ihrem tableau historique als Eingangs-Pforte zur Biographie verbleibt die Großherzogin. Da Ranke fehlt,[32] so sind wir auf Freund Julianus[33] kommen. Ich habe ihm jedoch nicht geschrieben, da ich Sie erst hören wollte. Wegen der Einheitlichkeit der Behandlung, welche bei persönlichen Besprechungen zu erreichen, wäre mir Schmidt ganz recht. Was Neues wird er dem Publikum nicht zu sagen brauchen; aber wir wissen, was er sagen wird; was Dove, was Andre, sagen würden, wer weiß es?

Doch jetzt nicht weiter: die Lage werden Sie jetzt übersehn. Von neuen Wendungen gebe ich Nachricht.

Mit bestem Gruß
der Ihrige
Loeper

Weimar
Russischer Hof
8 Juni 85.

Grüßen Sie Julianus; ihm zu schreiben, fehlt Zeit.

---

30 Scherers Plan, in Weimar ein Seminar für deutsche Philologie mit Stipendien für Nachwuchswissenschaftler zu gründen, die unter Erich Schmidts Anleitung studieren sollten, wurde nicht verwirklicht. Vgl. auch Scherers Brief an Schmidt vom 4.6.1885, *BW Scherer-Schmidt*, Nr. 261, hier S. 206.
31 Das von Großherzogin Sophie favorisierte Projekt einer umfassenden, nach Sachgebieten unterteilten Goethe-Biographie wurde bald fallengelassen. Die Einleitung – das unten von Loeper erwähnte »tableau historique« – hatte zunächst der Historiker Leopold von Ranke schreiben sollen, der jedoch ablehnte. Die Disposition der Großherzogin zu diesem Gegenstand ist abgedruckt bei *Goetz (1936)*, S. 20.
32 Vgl. Anm. 31 (Brief 102).
33 Julian Schmidt.

Am 20 u. 21t einmal Fest u Theater; einmal Diner beim Großh., ich glaube im Palais der Herzogin Amalia. Berathung der Statuten, Besichtigungen. Besprechungen.

103. Loeper an Scherer

Berlin, 26. August 1885. Mittwoch

Verehrtester Herr Professor!

Besten Dank für Ihren Wink aus den Bergen![34]
Der Anfall der Großherzogin, von dem die Zeitungen berichteten, hatte mir bereits die Feder zu einem Briefe an dieselbe in die Hand gedrückt; in Folge Ihrer montanen Mahnung habe ich dann auch über die Sachlage in causa Goethe berichtet. Um die Carlylischen Briefe[35] bemühen sich viele, diesseits und jenseits des Kanals. Auch sonst will Mancher Manches wissen; man muß aber den Unternehmungen der Großherzogin den Reiz der Neuheit wahren. Ganz still duckt sich Düntzer; er lauert wie ein Habicht und wird auf die Beute stoßen, sobald die ersten Publikationen an's Licht treten; er wird sie zu zerfleischen suchen, wie sie ausfallen mögen, freilich mit kraftlosen Fängen und stumpfen Zähnen.[36]
Ruhe, Alpenluft und die Gasteiner Quelle und Ache werden Sie gewiß bald herstellen. Das Beste schien <u>absolute</u> Enthaltung von Lesen und Schreiben, wobei <u>nur</u> diesem Briefchen eine Ausnahme gewährt werden möge. Auch Niemand sonst ist zu schreiben, es sei denn dem Unterzeichneten. Statt der Augen beschäftigen Sie mehr die Beine und die Lunge. Das ist auch Juliani[37] Meinung, der Sie herzlich grüßen läßt; er hatte so eben auch Nachricht von

---

34 Scherer hatte aus gesundheitlichen Gründen einen Kuraufenthalt in Bad Gastein angetreten, wo sich zur gleichen Zeit auch die Großherzogin Sophie aufhielt. Vgl. Brief 27.

35 Ausgaben des Briefwechsels zwischen Goethe und dem englischen Dichter Thomas Carlyle erschienen 1887 gleichzeitig in England und Deutschland: *Correspondence between Goethe and Carlyle*. Hg. v. Charles Eliot Norton. London 1887; *Goethe's und Carlyle's Briefwechsel*. Hg. v. H. Oldenburg. Berlin 1887.

36 Heinrich Düntzer begleitete das Erscheinen der Weimarer Goethe-Ausgabe mit umfangreichen Rezensionen in der *Zeitschrift für deutsche Philologie*. Auf die äußerst kritische Besprechung der 1887/88 erschienenen Auftaktbände in *ZfdPh* 23 (1891), S. 294-349, reagierte Loeper mit einer Erwiderung in *GJb* 12 (1891), S. 275-281.

37 Julian Schmidt.

Grimms,[38] der ihm unerwartet sein Conterfei aus Interlaken geschickt hatte. Grimm hat es erlangt, daß man ihm zu Gefallen ein 2 Uhr-Tabel d'Hôte dort eingerichtet hat. Frau Juliana ist zur Zeit in Karlsbad, und so erklärt es sich, daß der Herausgeber der fünfbändigen Litteraturgeschichte,[39] deren erster Korrekturbogen bereits vorliegt, und ich gestern Abend an Ihrer alten Wohnstelle in dem Eckwirthshause hitzigen Getränken fröhnten. In der Rousseau-Schenke ist es uns jetzt schon zu kühl. Wir empfehlen uns angelegentlichst Ihrer liederreichen Gattin, der es im heimathlichen Lande wohl sein möge. So eben hat mir mein Freund Kaudell mit seiner Gattin musikalische Grüße gespendet, auch Lob wegen meines Mendelssohn-Artikels,[40] als das Beste das über den Mann geschrieben sei: es ist das erste Lob, das ich einkassire, da die Familie nicht ganz zufrieden zu sein scheint.

Sonst habe ich zur Zeit, und bis in den Anfang des October die vices des Hausministers, und das stimmt mit dem Geist der litterarischen Apathie, der über mich gekommen. Hempel's Vierter Band,[41] in limbo, thut mir Leid. Es wäre an der Zeit, selbigen vorzunehmen, zumal das Goethe-Archiv grade für diesen Band nichts enthält und man da also nicht vergeblich arbeitet.

Somit alle guten Wünsche Ihnen Beiden!

von Ihrem ergebenen
Loeper.

Berlin
W. Wilhelmstr. 73,
d. 26. Aug: 1885

Ist H. v. Loen in Gastein,[42] so grüßen Sie ihn bestens von mir. Generaldirektor Schoene und Sybel sind unserm Verein[43] auch beigetreten. Der anständige Mensch schämt sich, ihm nicht anzugehören! Für 10 Mark kommt man in die beste Gesellschaft!

38 Herman und Gisela Grimm.
39 Julian Schmidt: *Geschichte der deutschen Litteratur von Leibnitz bis auf unsere Zeit.* 5 Bde. Berlin 1886-96.
40 Gustav von Loeper:»Felix Mendelssohn-Bartholdy«. In: *ADB* 21 (1885), S. 324-345.
41 Gemeint ist der nicht mehr erschienene vierte Band der zweiten Auflage von Goethes *Werken* in der Hempel'schen Ausgabe (vgl. Anm. 2, Einleitung Loeper) mit Loepers Kommentar zum *West-Östlichen Divan.*
42 Dies war der Fall. Vgl. Brief 27.
43 Gemeint ist die Weimarer Goethe-Gesellschaft.

Briefe von Julius Hoffory
1877 — 1886

Der in Dänemark geborene Nordist Julius Hoffory (1855-1897)[1] studierte von 1873 bis 1878 in Kopenhagen vergleichende Sprachwissenschaft, nordische Sprachen und Altertumskunde. 1877 nahm er Kontakt mit Wilhelm Scherer auf, der ihn nach Berlin einlud, wo Hoffory in den kommenden Jahren seine Studien unter der Anleitung von Scherer und Karl Müllenhoff fortsetzte. Im Sommer 1883 promovierte Hoffory in Kopenhagen mit einer Studie über die Entwicklung der altdeutschen Konsonanten.[2] Noch im gleichen Jahr wurde er auf Grundlage derselben Arbeit Privatdozent für Nordische Philologie und Allgemeine Phonetik an der Berliner Universität. Hier entfaltete Hoffory eine umfangreiche Lehr- und Forschungstätigkeit auf den Gebieten der Sprachwissenschaft, der Edda-Forschung und der Mythologie. Außerdem setzte er sich für die Verbreitung moderner skandinavischer Literatur in Deutschland ein, so durch Begründung der »Nordischen Bibliothek«(1889-91) und als Übersetzer von Werken Ludvig Holbergs und Hendrik Ibsens. 1887 wurde für ihn ein Extraordinariat für Nordistik geschaffen. Aufgrund einer unheilbaren Krankheit[3] wurde Hoffory 1893 in eine Berliner Heilanstalt eingewiesen, wo er vier Jahre später starb.

---

1 Literatur: *Heusler (1897)*; *Meyer (1898)*; Hans-Jürgen Hube: »Die Nordistik und das Berliner Germanische Seminar«. In: *WZHUB* 36 (1987), H. 9, S. 794-800 – *ADB* (Andreas Heusler); *IGL* (Hartmut Röhn/Per Øhrgaard).

2 Julius Hoffory: »Oldnordiske consonantstudier«. In: *Arkiv för nordisk filologi* 2 (1885), S. 1-96 (auch separat: Kopenhagen 1885); deutsche Fassung: »Altnordische Consonantenstudien«. In: *Beiträge zur Kunde der indogermanischen Sprachen* 9 (1884), S. 1-86 (auch separat: Göttingen 1884).

3 Laut *Heusler (1897)*, S. 611, erkrankte Hoffory Ende 1889 an Typhus und in dessen Folge an einer mit Wahnvorstellungen einhergehenden »geistige[n] Krankheit«. In Brief 106 ist schon 1884 von einem »Nervenleiden« die Rede.

104. Hoffory an Scherer

Kopenhagen, 26. August 1877. Sonntag

Kopenhagen (Ny Kongensgade 11) 26/8 77.

Hochverehrter hr. professor!

Obschon ich nicht die ehre habe Sie persönlich zu kennen, hoffe ich doch, dass Sie mir es nicht übel aufnehmen, dass ich Ihnen eine kleine sprachphysiologische abhandlung,[4] die ich so eben in Kuhn's Zeitschrift veröffentlichte, übersende.

Das opusculum ist, wie Sie sehen werden, nur ein bescheidener versuch Brücke's lautsystem – das ich erst aus Ihrem bahnbrechenden werke zur geschichte der deutschen sprache[5] kennen lernte – nach einigen seiten hin zu ergänzen und zu berichtigen. Es ist selbstfolge, dass ich mich dabei bestrebt habe mit möglichster vorsicht zu verfahren, so dass ich z.b. bei der aufstellung von neuen lauten immer die reale existenz betreffender laute nachzuweisen versucht – nicht in der meinung, dass das theoretische aufstellen der laute (auch wenn sie in keiner einzigen sprache vorkämen) unberechtigt wäre, sondern weil die realität einer sache immerhin der beste beweis für die möglichkeit derselben ist.

Obgleich ich die freude gehabt habe, dass Brücke's behandlung des engl. w und y so wie auch von mehreren anderen schwierigeren fragen in der neuen ausgabe der grundzüge[6] – die mir leider erst zuging, nachdem meine abhandlung bereits abgeschlossen war – mit der meinigen übereinstimmt, wage ich doch nicht zu hoffen, dass ich auch in all' den übrigen hauptsächlichen punkten das richtige getroffen, und es ist wol leider mehr als wahrscheinlich, dass meine arbeit auch behufs vieler einzelheiten verfehlt und lückenhaft ausgefallen und deshalb schonender nachsicht dringend bedirftig sei. Sie würden Mir dieselbe nicht verweigern, wenn Sie wüssten, mit wie vielen schwierigkeiten in Dänemark das studium der physiologischen lautlehre verbunden ist: unsere bibliotheken sind in dieser beziehung äusserst schlecht versehen, und in philologischen kreisen ist das interesse für solche problemen nichts weniger als rege.

---

4 Julius Hoffory: »Phonetische Streitfragen«. In: *Zeitschrift für vergleichende Sprachforschung* 12 (1877), S. 525-558. Ebd., S. 529, Anm. 2, verweist Hoffory auf Scherers lautphysiologische Untersuchungen.

5 *Scherer: GdS (1868).*

6 Ernst Wilhelm Brücke: *Grundzüge der Physiologie und Systematik der Sprachlaute für Linguisten und Taubstummenlehrer.* Wien ²1876 [¹1856]. Vgl. auch Scherers Rezension in: *AfdA* 3 (1877), S. 71-77 (= *KS 1*, S. 268-275).

Es würde mir daher um so mehr freude machen, falls meine arbeit einem Kenner, wie Sie es sind, dennoch nicht ganz verfehlt erscheinen sollte. Indem ich mich dieser hoffnung hingebe, möge es mir gestattet sein Ihnen nochmals mein tiefes dankgefühl für die vielfache anregung und belehrung, die ich aus Ihrem ebenso grossartigen als geistvollen werke zur gesch. d. deutschen spr. sowie auch aus anderen Ihrer schriften, soweit sie mir zugänglich gewesen, geschöpft, auszusprechen. Wenn Sie wüssten, verehrter hr. professor, wie viel ich Ihnen auch auf dem gebiete meines specialfaches (der altnordischen grammatik) zu verdanken habe, würden Sie es mir gewiss nicht verargen, dass ich es wage mich zu zeichnen als

Ihr ehrerbietiger und dankbarer schüler
cand. Julius Hoffory

105. Hoffory an Scherer

Westend bei Charlottenburg/Berlin, 27. November 1883. Dienstag

Westend d. 27. November.
1883
Kastanienallee 7.

Hochverehrter Hr. Professor!

Wie ich aus Copenhagen höre, setzt Möller alle Hebel in Bewegung um die Stelle dennoch zu bekommen.[7] Namentlich ist sein Oheim, ein Graf Knuth,[8] der, so viel ich weiss, früher mal dänischer Minister war und zweifellos mit dem jetzigen dänischen Cultusminister, der auch Junker ist, in freundschaftlicher Verbindung steht, eifrig in seinem Interesse thätig. Ich habe deshalb an Wimmer geschrieben, dass ich mich unter diesen Umständen nicht für gebunden erachte, falls ich nicht bis zum 5 December <u>sichere</u> Nachricht erhalte, dass ich die Stelle bekomme. Ob <u>hier</u> etwas für mich geschehen könnte, so

---

7 Hoffory hoffte auf das neu geschaffene Lektorat für deutsche Sprache und Literatur an der Universität Kopenhagen berufen zu werden. Die Stelle wurde im Januar 1884 mit seinem Konkurrenten, dem Kieler Privatdozenten Hermann Möller besetzt. Bei der Entscheidung des dänischen Kultusministeriums gegen Hoffory soll dessen maßgebliche Beteiligung an einem blasphemischen Studentenulk im Jahre 1874, der so genannten »Hoffory'ske Sag«, eine Rolle gespielt haben. Vgl. hierzu ausführlich Carl Dumreicher: *Studenterforeningens Historie 1870-1920*. Bd. 1. Kopenhagen 1934, S. 262-276.

8 Nicht ermittelt. Zu Möllers Verwandtschaft mit der dänischen Adelsfamilie Knuth vgl. Holger Pedersen:»Hermann Möller«. In: *Indogermanisches Jahrbuch* 12 (1928), S. 330-334, hier S. 330 f.

lange die Copenhagener Angelegenheit sich in der Schwebe befindet, möchte ich ganz ergebenst anheimstellen. Vorläufig habe ich an Wimmer geschrieben, er möge darauf hinwirken, dass die endliche Entscheidung so lange wie möglich herausgeschoben wird, falls der Minister noch nicht weiss, was er will, oder falls er nicht geneigt ist, mich anzustellen. Will er mich aber anstellen, so wünsche ich, wie oben bemerkt, die Berufung so bald wie möglich. – Wenn Sie heute Abend auf die Kneipe[9] kommen, könnten wir die Sache vielleicht besprechen; sonst werde ich mir erlauben, Sie morgen Vormittag in der Sprechstunde aufzusuchen.

Mit bester Empfehlung
Ihr ganz ergebener
Jul. Hoffory.

106. Hoffory an Scherer

Westend bei Charlottenburg/Berlin, 28. Dezember 1884. Sonntag

Westend b. Charlottenburg.
Kastanienallee 7.
d. 28.12.84

Theuerster Hr. Professor!

Herzlich und innig hat mich Ihr günstiges Urtheil über die Müllenhoff-Anzeige[10] gefreut. Als ich sie Ihnen brachte, war ich nicht ohne Besorgniss; jetzt darf ich Ihnen wohl verrathen, dass die Recension in erster Linie Ihnen ihre Entstehung verdankt. Und zwar nicht nur insofern, als sie hoffentlich Zeugniss davon ablegt, dass ich sowohl bei Ihnen als bei Müllenhoff in die Schule gegangen bin, sondern auch ganz direct. Als ich Sie am Abend von Müllen-

---

9 Gemeint ist die legendäre Berliner »Germanistenkneipe«, deren Ursprünge in Scherers Straßburger Zeit um 1872/73 liegen. Als zwangloser Verbund von aktiven und ehemaligen Mitgliedern des Germanischen Seminars sowie ihren Lehrern hat die Kneipe auch unter Scherers Nachfolgern bis in die Jahre des Zweiten Weltkriegs bestanden. Vgl. Wieland Schmidts Aufzeichnungen zur Geschichte der Kneipe, abgedruckt bei Petra Boden: »Charlotte Jolles über Julius Petersen. Zum wissenschaftlichen Leben am Germanischen Seminar in den 30er Jahren«. In: *WZHUB* 36 (1987), H. 7, S. 632-639, hier S. 634, Anm. 3.

10 Hofforys Rezension von Karl Müllenhoffs *Deutscher Altertumskunde* (Bd. 5,1. Berlin 1883) erschien in: *Göttingische Gelehrte Anzeigen* (1885), Nr. 1, S. 11-52. Scherers Lob galt vermutlich vor allem der darin unternommenen neuen Altersbestimmung mehrerer Lieder aus der *Edda*.

hoffs Todestage[11] nach Hause begleitete, äusserten Sie im Laufe des Gesprächs, dass ich – in wissenschaftlicher Hinsicht – keinen Muth habe. Dass Sie damals Recht hatten, will ich nicht bestreiten, nur glaube ich, dass meine Muthlosigkeit mit meinem Nervenleiden[12] eng zusammenhing. Ihre Äusserung wollte mir aber nicht aus dem Sinn, und ich überlegte mir in der folgenden Zeit, wie ich Ihnen am besten eine andere Meinung beibringen könnte, bis ich mich endlich entschloss die Besprechung der Alterthumskunde zum Probirstein meiner Courage zu machen. Da die Probe, nach Ihrer Karte zu urtheilen, nicht ungünstig ausgefallen ist, so hoffe ich, dass mir ein ander Mal auch Grösseres gelingen wird, und dass Sie noch an mir Freude erleben werden, vorausgesetzt dass es mit meiner Gesundheit auch künftig so vorwärts geht, wie es nach meiner Schweizerreise der Fall gewesen ist. An Eifer und Unternehmungslust soll es jedenfalls nicht fehlen.

Soeben empfing ich durch Reimer Ihren Jacob Grimm.[13] Auch hierfür meinen herzlichsten Dank! Ich freue mich recht darauf, das Buch in seiner neuen Gestalt wieder zu lesen. –

Falls Sie mir nicht abschreiben, werde ich Sie Mittwoch Nachmittag aufsuchen um die Vorlesungsfrage definitiv mit Ihnen zu besprechen.

> Mit den besten Empfehlungen
> Ihr
> Jul. Hoffory.

107. Hoffory an Scherer

London, 21. April 1886. Mittwoch

> London W
> 8 Duchess Street
> Portland Place
> d. 21.4.86.

Verehrter und theurer Hr. Professor!

Erst heute erhielt ich zugleich mit vielen anderen Briefschaften Ihre freundlichen Zeilen von meiner Wirthin zugeschickt, und mein Dank kommt deshalb etwas post festum. Hoffentlich erreicht er sie doch, wenn auch vielleicht

---

11 Karl Müllenhoff war am 19.2.1884 gestorben.
12 Vgl. Anm. 3 (Einleitung Hoffory).
13 *Jacob Grimm 2.*

erst auf Umwegen. Die erfreuliche Nachricht[14] war mir schon zu Anfang des Monats durch Geh. Rath Althoff mitgetheilt worden und ich habe, wie Sie aus dem Gegenwärtigen ersehen, die erste Rate zu einem Ausflug nach London benutzt, wo ich ein Paar lehrreiche Wochen verbracht habe. Über die hiesigen Faustaufführungen,[15] die Sie gewiss interessieren würden, hoffe ich Ihnen ausführlich berichten zu können, wenn wir uns in Berlin wiedersehen. ›Der erste Theil‹ wird seit Mitte December jeden Abend im Lyceum Theater vor ausverkauftem Hause gegeben in einer schrecklich verstümmelten Übersetzung (die grossen Monologe zu Anfang sind – bis auf etwa 15 Zeilen – gestrichen, dsgl. die Scenen mit Wagner, Hexenküche u.a.m.). Übrig geblieben ist wesentlich nur die Gretchentragödie aber selbst hier ist vielfach gestrichen und gekürzt worden. Der grosse Erfolg ist in erster Linie der überaus glänzenden, an die Meininger[16] erinnernden Inscenirung zu verdanken, in zweiter dem genialen Spiel von Irving als Mephisto und Ellen Terry als Gretchen. Die letztere dürfte in Deutschland keine ebenbürtige Nebenbuhlerin besitzen, so unerreichbar erschien sie mir sowol in den tragischen als in den naiven Scenen. Weniger gefiel mir Irving als Mephisto; die Farben waren nach meinem Gefühl zu dick aufgetragen und das Coquettiren mit dem Publicum zu störend. Faust selbst war natürlich, wie fast immer, ein Declamir-Scheusal.

Es freut mich herzlich, dass der Aufenhalt[17] Ihnen gut bekommen ist, und ich hoffe Sie völlig wieder hergestellt Anfang Mai in Berlin begrüssen zu können. Ich selbst werde wahrscheinlich am 1. oder 2. Mai eintreffen.

Mit nochmaligem Dank und bester Empfehlung an Ihre Frau Gemahlin und Sie selbst

Ihr treu ergebener
Jul. Hoffory.

14 Es könnte sich um Zuwendungen aus dem vom Preußischen Kultusministerium ausgesetzten Privatdocentenfonds gehandelt haben. Scherer hatte sich bereits 1884 beim zuständigen Referenten Friedrich Althoff für ein Stipendium für Hoffory aus dieser Quelle eingesetzt. Vgl. Brief 127.

15 Henry Irvings Inszenierung des *Faust I* in der von William Gorman Wills bearbeiteten Fassung hatte am 19.12.1885 im Londoner Lyceum-Theatre Premiere und wurde mit großem Erfolg bis November 1887 gespielt. Laut *Meyer (1898)*, S. 318, schickte Hoffory von London aus einen »Theaterbrief« über die Aufführung an seinen Freund und Mitarbeiter Paul Schlenther. Die vermutlich für die *Vossische Zeitung* bestimmte Besprechung konnte nicht ermittelt werden.

16 Gemeint ist die berühmte Schauspieltruppe des Meininger Hoftheaters, die ab 1874 unter der Leitung ihres Patrons Herzog Georg II. von Sachsen-Meiningen in ganz Europa gastierte.

17 So in der Handschrift.

108. Hoffory an Scherer

(Berlin), 23. Juni 1886. Mittwoch

23/6 86.

Verehrter Hr. Professor!

Wie mir Schröder erzählt, ist Röthe über die ihm zugetheilte »Novelle«[18] nicht sehr erfreut und möchte vielleicht am Liebsten dieselbe abgeben. Falls dieses geschehen sollte, und Niemand sonst begründeten Anspruch darauf hat, möchte ich Sie bitten zu erwägen, ob es möglich sei, mir die Herausgabe zu übertragen. Ich habe mich immer für die Kleine Dichtung interessirt u.a. auch deshalb, weil sich die allmähliche Entstehung derselben so genau verfolgen lässt, dass wir dadurch einen charakteristischen Einblick in Göthes Arbeitsmethode in seinen letzten Lebensjahren gewinnen. Ich glaube eine brauchbare Einleitung schreiben zu können und würde mich sehr freuen ein kleines Scherflein zum grossen Werke beizutragen. Vielleicht theilen Sie mir Ihre Ansicht morgen in der Universität mit!

Mit herzlichem Grusse
Ihr
Jul. Hoffory

18 Scherer war damals mit der Auswahl von Bearbeitern für die Weimarer Goethe-Ausgabe beschäftigt. Die Erzählung *Novelle* (1827) erschien in *WA I*, Bd. 18 (1895), herausgegeben von Gustav Roethe. Für Hoffory hatte Scherer Goethes Übersetzungen der Voltaire-Dramen *Tancred* (1799) und *Mahomet* (1800) vorgesehen: »Ich halte […] sehr viel auf Hoffory. […] Tancred und Mahomet gehören zu den Dingen, die ich am liebsten selbst machen würde. Die Aussicht, daß sie hier unter meine Augen gemacht werden, ist mir sehr angenehm. Hoffory wird mir allerdings allerlei Hübsches mitteilen.« (Scherer an Erich Schmidt, Brief vom 29.6.1886, *BW Scherer-Schmidt*, Nr. 321, S. 244 f.). Dieser Plan scheiterte an Hofforys fortschreitender Erkrankung.

Briefe an Marie Scherer, geb. Leeder
1878 – 1884

Scherer lernte seine zukünftige Frau Marie Leeder (1855-1939)[1] *bereits als junges Mädchen kennen.* Die Grundlage für die Bekanntschaft der Familien Scherer und Leeder dürfte der ähnliche berufliche Wirkungskreis der Väter gebildet haben, die beide in der Verwaltung gräflicher Güter in Niederösterreich tätig waren. In Scherers näheren Bekanntenkreis kam die junge Sängerin, die ihre Ausbildung am Wiener Konservatorium bei Mathilde Marchesi de Castrone erhalten hatte, jedoch erst im Jahr 1877, als sie ihr erstes professionelles Engagement an der Straßburger Oper antrat. Im darauffolgenden Jahr ging sie ans Stadttheater nach Hamburg, wo sich das Paar im November 1878 verlobte. Die Trauung wurde im Januar 1879 in Wien vollzogen. Mit Beginn ihrer Ehe zog Marie Scherer sich von der Bühne zurück, trat jedoch noch bis in die Zeit der Jahrhundertwende gelegentlich im privatem Kreise auf. 1880 wurde der Sohn Herman, 1884 die Tochter Maria geboren. Nach Scherers Tod verwandte Marie Scherer einen großen Teil ihrer Zeit für die Pflege des Scherer-Nachlasses, den sie sukzessive in öffentlichen Besitz überführte. Aus Scherers großem Freundes- und Schülerkreis, zu dem sie bis an ihr Lebensende engen Kontakt hielt, standen ihr Herman Grimm, Theodor Mommsen, Erich Schmidt und Konrad Burdach besonders nahe.

1 Literatur: *Marie Scherer. Zum Gedenken ihres hundertsten Geburtstages am 28. Oktober 1955.* [Hg. v. Wieland Schmidt]. Berlin 1955 (darin Nachrufe von Hans Lietzmann, Julius Petersen und Wieland Schmidt); Wieland Schmidt: »Scherers Goetheausgabe. Aus der geheimen Geschichte der Berliner Germanistik«. In: *Festgabe für Ulrich Pretzel. Zum 65. Geburtstag dargebracht von Freunden und Schülern.* Hg. v. Werner Simon, Wolfgang Bachofer u. Wolfgang Dittmann. Berlin 1963, S. 411-435; *Mommsen (1937)*, S. 26-28, 44; alle drei Veröffentlichungen berücksichtigen auch die Biographie der in den folgenden Briefen öfter erwähnten Kinder Herman und Maria Scherer, zur letzteren vgl. auch *Ein Frauenschicksal im Kriege. Briefe und Tagebuch-Aufzeichnungen von Schwester Maria Sonnenthal-Scherer.* Hg. v. Hermine von Sonnenthal. Berlin, Wien 1918.

109. Scherer an Marie Leeder

(Berlin), 23. (Oktober 1878). Mittwoch

Noch Mittwoch 23. a*bends.*

Mein geliebter Schatz, eben sind die Verlobungskarten[2] angekommen u ich habe ein kindisches Vergnügen damit. Ohne Zweifel erhältst Du die Deinigen morgen und ich will Dir daher noch heute aufschreiben, an wen ich in Straßburg u Wien schicke.

in Straßburg

v Möller Ledderhose Geffcken Baumgarten Dümichen Schricker Kohts Kussmaul Goldschmidt Michaelis Böhmer Studemund Laas Gerland Barack Deecke Simon Dursy Petersen Mitscher Euting Reuß OSchmidt Erich Schmidt Jacobsthal Knapp Schmoller Mühl Winnecke Kundt deBary Liebmann Schöll Heitz Kahn Laqueur Schmideberg Merkel Schultze Sohm Laband Krauss Althoff Köppen Nissen Lücke Richter Spach Bergmann Rödiger Baumeister Trübner Jolly Martin ten Brink

in Wien

Miklosich Lorenz Zimmermann Reinisch Lang Hartel Heinzel Gilewska Hanslick Eitelberger Dr Lott Thd Gomperz Max Gomperz Helene Auspitz Beyfus Seegen Frl Böhm Louis Jacoby Sommaruga Reichard v David Franz (Emil, Rudolf) Salzer Sauer Demuth Pauli Billroth Brücke Sickel Thausing Dr Ludw Heinzel Dr Seemüller Seligmann Meynert Speidel Exner Lemberg Brentano Horawitz Wertheimstein

Dies nur, damit Du nicht an die selben Leute schickst – lebewohl, höchste Zeit daß der Brief fortkommt – außerhalb Wien u Straßburg müssen wirs eben darauf ankommen lassen, daß doppelt geschickt werde/./

Sei taudendmal geküßt, mein Engel –

Ich finde die Karte reizend, Du weißt doch, das Couvert bleibt offen und eine 3 Pfennig-Marke drauf wie ein Kreuzband/./

Ich habe mir 200 bestellt, es scheint aber daß sie nicht reichen.

2   Am 10. Oktober 1878 hatten Scherer und Marie Leeder in Hamburg, im Hause ihres gemeinsamen Freundes Moritz Adolph Unna, Verlobung gefeiert. Im Scherer-Nachlass sind mehrere Hundert Glückwünsche zu diesem Ereignis erhalten, darunter auch von der Mehrzahl der im Folgenden genannten Personen. Vgl. SBBPK, NL 166 (W. Scherer): 236-243 (Glückwünsche zur Verlobung mit Marie Leeder).

110. Scherer an Marie Leeder

(Berlin, 27. Oktober 1878). Sonntag[3]

Sonntag.

Gestern u. heute hab ich was für Dich geschrieben, was Dir über Wien zukommen wird, aber vielleicht erst in 8 Tagen oder noch später.[4] Das ist vorläufig auch ein Räthsel. Der Hamburger Rätselmann hat noch ein zweites geschickt, u. jetzt glaube ich bestimmt, was ich wol gleich vermutete, daß es Georg[5] ist – ich bringe seine beiden poetischen Producte am Freitag mit u. wir wollen ihn damit necken. Gestern bei Müllenhoff war es sehr nett u. lebhaft, ich habe nur heute einen leisen Kopfschmerz davon. Ich suchte die Gedanken an Dich zu übertäuben, Rödigern u. einem sehr lieben Freund, Dr Jacoby,[6] schüttete ich mein Herz

3   Das Datum lässt sich aus der Angabe des Wochentages und der Vermutung schließen, dass der Brief Marie Leeder rechtzeitig zu ihrem 23. Geburtstag am 28.10. 1878 – Scherer nimmt darauf unten Bezug – erreichen sollte.

4   Es handelt sich hierbei um Scherers Besprechung des Bandes *Freundesbriefe der Brüder Grimm*. Hg. v. Alexander Reifferscheid. Heilbronn 1878, erschienen in: *NFP* Nr. 5093 v. 31.10.1878 (= *KS 1*, S. 46-53), die eine Reihe verschlüsselter privater Anspielungen auf Scherers Beziehung und Korrespondenz mit Marie Leeder enthält. Am deutlichsten tritt dies in der Schlusspartie des Feuilletons hervor, in welcher Scherer die frühen romantischen Bestrebungen der Brüder Grimm um die mittelalterliche Literatur vom seinerzeit aufkommenden Kult um die Werke Richard Wagners absetzt und bei dieser Gelegenheit auf seine Braut anspielt, die damals eine der Rheintöchter in Wagners *Rheingold* am Hamburger Stadttheater sang:»Die Deutschen unseres Jahrhunderts sind freilich auf jener Höhe der Menschheit nicht geblieben; der Pomp und falsche Glanz hat uns wieder umstrickt. Das Damals verhält sich zum Heute wie der echte Nibelungenhort zum – ›Rheingold‹. Die meisten heutigen Menschen gleichen dem thörichten Zwerg Alberich, ich meine dem Alberich von der neudeutschen Wahnfried-Façon, der sich von den Rheintöchtern und dann von den Göttern prellen läßt. Glücklich, wer aus diesem Zustande der Verzwergung wieder zur regulären Menschenhöhe aufwächst und statt einer neckenden Rheintochter ein einfach gutes Mädchen – unbildlich gesprochen: statt schimmernden, geschminkten Scheines im Leben, Forschen, Bilden die schlichte, schmucklose Wahrheit sucht, findet und genießt.« (zit. n. *KS 1*, S. 53).

5   Georg Unna, einer der Söhne von Moritz Adolph Unna, seine Rätselkorrespondenzen sind nicht überliefert.

6   Daniel Jacoby.

aus über die Schweinerei.[7] Frau Müllenhoff[8] brachte <u>selbst</u>, indem sie stramm
aufstand, einen Toast auf <u>Dich</u> oder auf das Brautpaar, ich weiß nicht mehr,
es hat mich sehr amüsirt, sie hatte es meiner Mutter schon vorher gesagt, diese
aber nichts verrathen, daß sie sich auf eine höchsteigenmündige Rede vorbe-
reite – sie ist von den jungen Doctoren die Germanistenmutter genannt worden, nun ließ sie die jüngste Germanistentochter leben. Sie freue sich rasend
auf Dich, sagte sie mir im Gespräch, u. zweifle nicht daß Ihr Euch finden
würdet. Ich meinerseits nehme alle solche Prophezeiungen still hin; die Hauptsache ist daß wir uns gefunden haben; ob Du Dich mit andren hier u. mit
meinen Freunden findest, ist eine Frage durchaus zweiten Ranges, da ich
überzeugt bin, daß Du nie etwas thun wirst, um mich meinen Freunden ab-
trünnig zu machen, wie man wol den Frauen zuweilen nachsagt.

Gestern Mittag hatte ich eine wichtige Unterredung mit Rodenberg, die
mich in den Stand setzt, falls es nöthig wäre, mein jährliches Einkommen um
3000 Mk zu vermehren.[9] Ich bin natürlich noch nichts eingegangen, da die
Sache reiflicher Überlegung bedarf. Ich müßte jährlich 8 Bogen in die Rundschau schreiben – aber verzeih, Du willst ja nichts von Geldsachen hören,
kleine Frau, sondern willst mich als Kassencerberus behandeln, vor dem Du
jeden ersten Dich zu fürchten, im übrigen aber nichts zu sorgen hättest. Warte!

Mir ist aber gar nicht so lächerlich zu Muthe. Ich ärgere mich daß ich
nicht gebeten habe, Du möchtest mir gestern Abend noch telegraphieren, wie
es Dir gegangen ist. Nun erfahre ich vielleicht morgen um 12 erst; denn Morgens muß ich um $^1/_2$ 9 Uhr aus dem Hause, da ist die Post noch nicht da –
dann von 9 bis 11 Uhr Vorlesung halten – immer mein geliebtes Mädchen im
Herzen – wie wird es mir gehen, zum ersten Mal trag ich dies neue große
Gefühl aufs Katheder – von Jacob Grimm wird erzählt, als er in Göttingen
las zu einer Zeit wo sein Bruder schwer krank war – da blieb er im Vortrag einmal stecken und sah mit sorgevollem Gesicht in die Luft u. entschuldigte sich:
»Mein Bruder ist so krank«. So könnte es auch kommen daß ich stecken bleibe u. nicht sorgenvoll, aber sehnsüchtig verwirrt und in Gedanken verloren
aufblicken müßte und dann sagte: »Ach, meine Braut hat heute Geburtstag
und ich kann nicht zu ihr« –

7 Bernhard Pollini, der Direktor des Hamburger Stadttheaters, an dem Marie Leeder
als Sängerin engagiert war, hatte sich geweigert, das Engagement vorzeitig zu lösen.
Die Hochzeit musste deshalb bis zum Auslaufen des Kontraktes verschoben werden. Vgl. Brief 111.

8 Fernande Müllenhoff.

9 Scherer schrieb seit 1876 regelmäßig für die von Julius Rodenberg herausgegebene
Deutsche Rundschau. Da seine Mitarbeit jedoch in den Jahren 1880 und 1881 (zugunsten der neu gegründeten *Deutschen Literaturzeitung*) vorübergehend zum Erliegen
kam, muss angenommen werden, dass er Rodenbergs Angebot ausgeschlagen hat.

Gesegnet sei mir der Tag! Also der 28 October 1855 ist für mich ein solcher Schicksalstag gewesen und ich wußte nichts davon. Laß sehen, wo mag ich damals gewesen sein. October 1855 kam ich – ich muß erst nachrechnen – wahrhaftig, es war doch auch sonst eine bedeutende Epoche für mich – – da kam ich in die VI. Gymnasialclasse, wo ich meinen lieben verstorbenen Lehrer Reichel kennen lernte, den ersten der mich wahrhaft begeisterte u. dem ich die Richtung aufs Deutsche Alterthum verdanke. Ich weiß ganz genau, wie er oben in dem kleinen Zimmer des akademischen Gymnasiums, wo damals unsere Classe untergebracht war, zu uns eintrat u. uns in einer kleinen Eröffnungsrede unsere Pflichten ans Herz legte und uns die griechische Sophrosyne, das Maßhalten, einschärfte – ich hab es lebenlang wenig befolgt u. bin recht maßlos gewesen – jetzt aber hoff ich die Tugend festzuhalten, daß sie mir nicht mehr entrinnt.

Am 28 October 1855 war ich übrigens nicht in der Schule, denn es war ein Sonntag u. ich war gewiß recht vergnügt; wenn ich doch ahnen könnte, was ich that u. wo ich war, als mein Glück geboren wurde … keine Stimmen in den Lüften haben mirs verkündigt, kein Stern hat stillgestanden um mir das Geheimnis zu melden – u. mein Herz schlug bewußtlos, als ihm sein künftiges Heil bereitet wurde. Ich werde mir einmal von Deiner Mutter[10] viel erzählen lassen, mein liebes Sonntagskind, wie Du Dich damals benommen hast u. wie Du aufgewachsen bist. Du hast Deinen Eltern gewiß niemals Kummer gemacht u. warst zu rücksichtsvoll um auch nur eine schwere Krankheit zu bekommen. Mach auch mir keinen Kummer, so weit Du's vermagst, mein geliebtes Mädchen; ich bin dankbar und treu, und jede Stunde reinen Glückes, die Du mir schenkst, jeder gute Blick und jeder süße Kuß wird mir wie ein unverdientes Geschenk sein, das ich mit Dank gegen Dich u. das Schicksal treulich in mir verschließe als meinen schönsten Lebensschmuck, als unverwelkliche Blume von überirdischem Duft.

Morgen übers Jahr – wie wird es da sein? Da haben wir uns schon, und möge uns die Sonne so goldig scheinen wie sie heute thut.

Lebewohl, Mimi. In Deinem heutigen Briefe hast Du mich zum ersten Mal Wilhelm genannt. Ich weiß noch gar nicht, wie es klingt von Deinen Lippen.

Sage Dr Unna jun. daß ich soeben seinen Anti-Kuno[11] gelesen habe. Mit vielem Vergnügen. Er schreibt vortrefflich, klar und hübsch, zum Theil glän-

---

10 Maria Leeder.

11 Paul Gerson Unna: »Kuno Fischer und das Gewissen. Zwei Excurse eines Mediciners«. In: *Zeitschrift für Völkerpsychologie und Sprachwissenschaft* 9 (1876), S. 97-118. Unnas Kritik an Kuno Fischers metaphysischer Freiheitslehre beruht auf einem dem Kausalitätsprinzip verpflichteten Determinismus. Auf einem solchen beruhen auch Scherers Ausführungen zu einem »System der nationalen Ethik« in der unten erwähnten »Widmung an Karl Müllenhoff«, die er seiner Sprachgeschichte voranstellte. Vgl. *Scherer: GdS (1868)*, S. VII f.

zend; es ist wirklich schade daß er den praktischen Beruf einem schriftstelle-
risch-gelehrten vorzieht. Der Punct, von dem er handelt und über den er neue
selbständige Gedanken vorträgt, steht im Mittelpuncte der sittlichen Welt:
und auch meine Gedanken sind vielfach um ihn geschweift. Ich bin im einzelnen denn allerdings vielfach anderer Ansicht u. freue mich, mit ihm noch
zu discutiren. In der Grundansicht sind wir einig, wie zu erwarten war. Mein
betreffendes Bekenntnis steht in der Widmung an Müllenhoff von 1868, die
Du hast, S. VII.

111. Scherer an Marie Leeder

(Berlin), 1. November 1878. Freitag

Freitag 1. November 78.

$^1/_2$ 2 Uhr! Nun sollt ich schon eine Stunde lang gegen Hamburg rollen, u. es
ist wieder so ein herrlicher Tag. Wenn dieser unverwüstliche Herbst, der uns
so viel Segen u gute Tage gebracht, uns nur noch 8 Tage länger getreu bleibt.
Am Sonntag in 8 Tagen ist wieder Vollmond; wenn ich das Alsterbassin noch
einmal an Deiner Seite im Vollmondglanze sehen könnte! ⟨...⟩
    Daß ich Dir meine Gedanken über Heirat auch nur angedeutet, thut mir
jetzt leid; es geschah freilich in der Meinung daß wir uns am Wochenende
sehen würden. Fürs erste nur so viel: Wir haben in Deutschland die Wohlthat
der Civilehe u sollten uns derselben bedienen. Eine lästige Formalität ist es
civil wie kirchlich. Diese Formalität hinter sich zu haben möglichst rasch, ist
angenehmer als sie noch vor sich zu haben. Für uns ist es eine absolute Formalität u. gar nichts andres, da auch ich mich seit dem 10. October als Deinen Mann betrachte. Hätten wir beschlossen die Angelegenheit in Hamburg
zu ordnen, so wäre Weihnachten die natürliche Zeit gewesen; u. falls Pollini
Dich nicht zu Neujahr frei gibt,[12] so hätten wir eben trotz des vollzogenen
juristischen Actes uns trennen müssen – mir angenehmer, als daß das äußere
rechtliche Band noch nicht bestünde. Jedenfalls so bald Du frei wärst vom
Theater, hätte ich Dich können in Berlin als meine Frau begrüßen. Ich habe
indessen von vornherein die Sache als discutabel behandelt u. insbesondere
über das kirchliche mich noch in keiner Weise geäußert, weil ich eben durch
Dich mündlich über die wahrscheinliche Stimmung Deines Vaters[13] belehrt
sein wollte. Da Du jetzt davon sprichst, so muß ich Dich daran erinnern daß
wir Katholiken sind u. daß es keine katholische Ehe ohne Beichte gibt. Einer

12 Vgl. Anm. 7 (Brief 110).
13 Karl Leeder.

Beichte aber werde ich mich unter keinen Umständen unterziehen. Ich spreche es mit dieser Entschiedenheit aus, weil es mein entschiedener unbeugsamer Wille ist. Ich bin bereit in dieser Beziehung bis an die Grenzen des Möglichen zu gehen. Daß ich mich einem kirchlichen Act überhaupt unterwerfe, während ich die Möglichkeit habe, ohne einen solchen durchzukommen, ist eine ungeheure Concession, die ich meinem Gewissen abdringen müßte u. die einen sehr sehr bitteren Tropfen hinein mischt in Glück u Lust. Aber eine förmliche Beichte nach dem bekannten Formular mit allem was daran hängt von Lüge Demüthigung Wegwerfung – eine Situation in der ein Pfaff in der Lage ist mich nach meinen religiösen Überzeugungen zu fragen und, wenn ich ihm die Wahrheit sage, verpflichtet ist, mir die Absolution zu verweigern: – dies ist das Unmögliche. Ich <u>kann</u> die Angelegenheit nicht behandeln, ich <u>darf</u> sie nicht behandeln, wie jeder Beliebige, der sich schlecht u recht mit den Formen abfindet u. da hin durch geht wie man eine bittere Medicin verschluckt. Ich bin in religiösen Angelegenheiten nicht jeder Beliebige; ich habe eine öffentliche Stellung u ich habe ein Princip zu vertreten. ... Es thut mir leid daß ich Dir diese ernsten Dinge schreiben muß. Aber ich darf keinen Augenblick zögern Dich wissen zu lassen daß wir hier vor einer ernsten Schwierigkeit stehen, welche uns – noch viele bittere Stunden machen kann. Zu überwinden ist sie u. muß sie sein, wär es auch mit Gewaltmitteln. Ich würde eher auf mich nehmen was von Lüge in einem Übertritt zum Protestantismus liegt, als die Lüge die im Schatten des Beichtstuhles sich birgt. Ein Bekannter von mir hat die kirchliche Trauung ohne Beichte durchgesetzt mittelst der Drohung zum Altkatholicismus überzutreten. Vielleicht hat Dein Vater irgendeinen guten Bekannten unter den Geistlichen, der mir die Sache in einer für mich möglichen Form entgegenbringt. Aber ich wiederhole: die strenge kirchliche Form ist eine Unmöglichkeit.

Gestern, als ich meinen Brief abbrach, mußte ich in eine Facultätssitzung; darnach in eine Donnerstagsgesellschaft,[14] die Julian Schmidt, der Litterarhistoriker, gegründet hat – Da neckte mich ein Freund, daß ich noch keinen Verlobungsring trüge. Ich antwortete ihm, was hiermit auch Dir gesagt sei: »Die Ringe liegen längst bei mir zu Hause, ich habe sie aber noch nicht berührt, denn es ist meine Absicht, daß ich sie persönlich nach Hamburg mitbringe u. daß wir sie uns gegenseitig anstecken.«

Julian Schmidt selbst, ein sehr vortrefflicher Mensch, aber etwas komisch in seinen Manieren, ist furchtbar neugierig auf Dich. Ich besuchte ihn neulich mit Grimm,[15] weil er bei mir gewesen war, mich aber verfehlt hatte. Große Enttäuschung bei ihm u. seiner Frau, daß ich keine Photographie von Dir bei

---

14 Zu dieser Gesellschaft, die Scherer auch in Brief 112 erwähnt, konnte nichts ermittelt werden.

15 Herman Grimm.

mir hatte! Ich habe nie eine bei mir – gerade nicht! Er hat schon neulich einmal Frau Duncker[16] auf der Straße angerufen, ob sie keine Photographie von Dir habe. Heute, soeben, macht er mir nun einen Besuch – ich sah ihm gleich die Neugierde an der Nase an, führte aber die verschiedenartigsten Gespräche u. that ihm nicht den Gefallen ihm entgegenzukommen – da wurde er endlich ungeduldig, sprang auf mitten im Gespräch u. verlangte ungestüm nach Deinem Bilde. Was ich dann nun nicht länger weigern konnte. – – Das werden schwere 8 Tage. Ich mag nichts drüber denken u. nichts drüber sagen – ich will scharf arbeiten um es zu überwinden …

Über die Hochzeitsfrage noch ein Wort, das ich oben vergaß. Wenn Du Werth darauf legst, noch zu Hause zu sein u. daß ich Dich dort abhole, so muß ich mich ja fügen. Mit dem Gefühle freilich daß dies zu den Bitterkeiten gehört, die uns das Schicksal zu allem Süßen beimengt. Aber ich bitte Dich schon jetzt: wenn Dich meine alten Freunde u Freundinnen darüber belehren wollen, wie ich sei u. wie Du mich behandeln müßtest *etc. etc.*, daß Du jedes derartige Gespräch zurückweisest. Du weißt mehr von mir u. kennst mich genauer, als irgendjemand von denen allen, weil ich Dir gegenüber mich selbst wahrer gezeigt habe u. mich stets wahr zu zeigen gewillt bin.

Außerdem bitte ich Dich zu erwägen: daß wir lange Osterferien haben u. für uns haben, womöglich in Italien. Das ist eine große Hauptsache für Dein u. mein u. für unser gemeinsames Leben. Wenn also eine kirchliche Ceremonie stattfinden soll, so müßte sie gleich zu Anfang der Ferien d.h. zu Anfang März stattfinden.

Ich weiß daß Dir dieser Brief keine Freude machen wird; aber erörtert mußten die Sachen einmal werden. Hoffentlich findest Du in dem Feuilleton[17] Ersatz, wobei Du mir bei jeder Zeile vorgeschwebt hast.

112. *Scherer an Marie Leeder*

(Berlin), 22. November 1878. Freitag

Freitag 22.XI.78

Mein Mimethje, Danke für Deinen Brief; etwas lieberes u erfreulicheres kannst Du mir nicht schreiben als daß es mir gelungen sei Dir Freude zu machen; ich habe so selten das Gefühl davon daß ich das könne: u. möchte es doch so gerne. Wie schlimm wird leider mein gestriger Brief gegen den vorgestrigen contrastiren. Wirst Du mir verzeihen haben, daß ich meine Erregung

16 Lina Duncker.
17 Vgl. Brief 110, dazu Anm. 4.

nicht ganz bemeistern konnte? Es war ein düsterer dumpfer schwerer Nachmittag; meine Rettung war pflichtmäßige Arbeit, die mir schon so oft wohlthätig gewesen ist u. die ich daher eigentlich mehr lieben sollte als ich in Wirklichkeit thue. Um $^1/_2$ 6 Uhr mußte ich in die Stadt, in die Facultätssitzung, um einen jungen Mann, meinen Schüler, zum Doctor zu examiniren. Glücklicherweise wußte er was, sonst ist mir das Examiniren fürchterlich. Und während Andere weiter examiniren, steht u geht u sitzt man mit den Collegen herum u. wird zerstreut. Mit Curtius sprach ich über die neuesten Funde in Olympia,[18] mit Nitzsch über altdeutsche Verfassung, mit Anderen über Anderes. Helmholtz wollte mich wieder zum Thee mitnehmen im Auftrage seiner Frau;[19] aber ich mußte diesmal in Julian Schmidts Donnerstagsgesellschaft,[20] die ich schon vor 8 Tagen geschwänzt hatte. Es war auch dort ganz hübsch, ich unterhielt mich mit Treitschke, Rudolf Grimm (Hermanns Bruder), Buchhändler Hertz. Julian behauptete: ich sei seit meiner Verlobung viel netter geworden. Was mich sehr erheiterte. – Seltsam was Alles für Menschen im Lauf eines einzigen Abends an einem vorübergehen; an wie vielerlei Interessen man Antheil hat. Ein reich bewegtes Leben u. doch nicht ermüdend, wenn man mit seinen Kräften verständig ökonomisirt. – Ich ging recht erfrischt nach Hause, u. brachte es fertig meine Gedanken von der fatalen Heiratsfrage[21] einfach abzuwenden und mit heiterer Freude an Dich zu denken.

Den Hrn Weiser hab ich einmal bei der Tili getroffen; war mir nicht angenehm. Franks erinnere ich mich selbstverständlich ganz wohl.

Grimms Goethe[22] schicke ich gleich; in meinem Handköfferchen hätte er vielleicht keinen Platz. Wies mir oft geht, wenn von einem mir genau bekannten Buche geredet wird, daß mich das reizt es zur Hand zu nehmen u. darin zu lesen: so hab ich auch eben mit diesem gethan, u. mich vieler schöner Stellen mit Vergnügen im Blättern erinnert. Es ist eigentlich sehr unvorsichtig von mir, Dir dieses Buch zu empfehlen; darnach wird Dir wol gar nichts mehr gefallen was ich geschrieben habe. Grimm besitzt eine Kraft Klarheit u Originalität der Sprache, zu der ich nie hinanreichen werde. Das Exemplar, das ich schicke, ist ein Schmutzexemplar – ich habe noch ein anderes sehr schönes –; die Striche u Bemerkungen rühren entweder von mir oder von Frau Duncker[23] her; u. Du solltest auch anstreichen was Dir besonders gefal-

---

18 Bei den von Georg Curtius geleiteten Ausgrabungen im griechischen Olympia wurde 1878 der Pergamon-Altar gefunden.

19 Anna Helmholtz.

20 Vgl. Anm. 14 (Brief III).

21 Vgl. Brief III.

22 Herman Grimm: *Goethe-Vorlesungen, gehalten an der königlichen Universität zu Berlin.* 2 Bde. Berlin 1877.

23 Lina Duncker.

len oder misfallen hat, etwa mit Rothstift daß mans nachher unterscheiden kann. Auch wenn Du den Drang hast Bemerkungen an den Rand zu schreiben, so thue Dir keinen Zwang an. Das Exemplar ist dazu da, und je mehr Du von Deinem Eigenen hineinsteckst, desto besser.

Grüße mir Unnas aufs schönste. Wenn Du mir von Babys[24] Geburtstag gesagt hättest, so würde ich gebeten haben, sie auch von mir zu beschenken. Weißt Du irgendwas, was ich ihr mitbringen könnte? Ich habe selbst gar wenig Einfälle für Geschenke, und bin vollends rathlos gegenüber Kindern.

Sei umarmt, geliebte Frau. Ich denke treu und warm an Dich, wenn auch wieder ernst u. nicht ohne Bangen vor der Lösung der Heiratsfrage. Unsere Sehnsucht wollen wir nicht gegen einander messen. Sie wogt bei Dir wie bei mir wol auf und nieder – das Herz »gleicht ganz dem Meere, hat Sturm u Ebb u Flut«[25] – manchmal ist die Trennung unerträglich – u. daß sich gar noch Vorurtheile zwischen uns stellen sollen, daß ich, der toleranteste Mensch, den ich kenne, durch Intoleranz leiden soll – da braust es freilich stürmisch auf in mir. Aber wenn ich in Dein klares lichtes Bild blicke, das so stralend in meiner Seele steht, – »mir ist es, denk ich nun an dich, als in den Mond zu sehn«[26] – da wird es wieder friedlich u. mild, u. ich vertraue daß sich eine angemessene Lösung finden muß.

Ich öffne meinen Brief noch einmal um nachzutragen daß soeben ^{1}/₂ 5 Uhr ein Schreiben Deines Vaters[27] eingetroffen, welches im wesentlichen dasselbe enthält wie die Briefe Deiner Eltern an Dich, nur weniger schroff in der Form – der Vater will sich umsehen, ob sich ein Geistlicher findet, der unseren – er sagt: meinen – Wünschen entgegenkommt.

113. Scherer an Marie Scherer

(Berlin), 3. Februar 1879. Montag

Montag 3.2.79.

Ich war also eben im Begriffe zu einem Diner bei Babette Meyer zu gehen, als Dein Brief ankam den ich nur eben überfliegen u dafür auf einer Postkarte danken konnte. Dort waren Gräfin Brühl und ihre Schwester,[28] Hr v. Arnim

---

24 Vermutlich eines der Kinder von Moritz Adolph und Ida Unna.
25 Aus Heinrich Heines *Buch der Lieder*, darin der Zyklus *Die Heimkehr*, 8. Gedicht.
26 Aus Goethes Gedicht *Jägers Abendlied*.
27 Karl Leeder.
28 Nicht ermittelt.

(Bismarcks Schwager) Dr Bamberger, Hans Hopfen, Frau Helmholtz,[29] Max M. v. Weber u. seine Tochter,[30] welche uns wirklich an Ihrem Hause hat vorbeigehen sehen wie ich ja vermuthet hatte. Ich saß zwischen Gräfin Brühl und Frl. v. Weber. Denke Dir, die letztere erzählte mir, es gehe in Wien die Version, Mili Gilewska habe Heinzel einen Korb gegeben! Darauf möchte ich nun schwören daß das nicht der Fall war.

Ich will noch gleich Deine Frage wegen des Dr Vischer beantworten,[31] so weit ich es für jetzt kann. Kunsthistoriker, wenn sie tüchtig sind, haben im allgemeinen jetzt sehr gute Aussichten, in Österreich wie in Deutschland. Alle jüngeren Kräfte haben rasch Carriere gemacht. Immer sind Stellen zu besetzen, theils Universitätsprofessuren, theils Directoren- oder Custoden- von Museen, theils Ministerialreferenten-Stellen: kurz, es ist eher Mangel an Menschen als Überfluß. Es kommt daher Alles darauf an, ob Dr Vischer tüchtig ist oder für tüchtig gilt. Vor strengen wissenschaftlichen Anforderungen können sehr wenige Kunsthistoriker bestehen; bei den meisten ist irgendwie ein Manco. Daher wird ein relativer Maßstab angelegt, und viele kommen vorwärts die es nicht verdienten. Einige mögen auch unverdientermaßen zurückgehalten werden, weil sie den wortführenden Herren nicht zu Gesichte stehen. Zu diesen wortführenden gehört Lützow nicht gerade, aber er steht mit ihnen in genauester Verbindung. Äußerlich Schaden hat sich also Dr. Vischer vielleicht gethan durch einen Bruch mit Lützow. … Welche Aussichten er nun wirklich hat, vermag ich nicht zu bestimmen, da ich selbst gar nichts von ihm gelesen und zufällig niemals mit einem Eingeweihteren von ihm gesprochen habe. Ich will mich aber jetzt erkundigen und Dir dann Bericht erstatten.

Da sind Sie ja recht in Ihrem neuen Element, meine verehrte Frau. Sich für junge strebsame Gelehrte interessiren, Protectionen zu üben, Stellen zu besetzen, Berufungen zu betreiben: Das sind die aller intimsten Beschäftigungen von Professorenfrauen. Ich bitte Sie auch den guten Gustel Sauer in Ihre hohe Protection zu nehmen, d.h. zunächst vor Collegen, vor Wiener Professoren günstig von ihm zu sprechen u. merken zu lassen daß Ihr Mann resp. Bräutigam resp. Unterthan viel von ihm halte und ihm eine wissenschaftliche Zukunft verspreche. Seine übergroßen Stimmmittel müssen dann als ein Vorzug für sein künftiges Lehramt geltend gemacht werden; und das echte Weanerthum seines Wesens muß, wie Sie schon ganz richtig thun, als ›Einfachheit u Natürlichkeit‹ gedeutet werden, durch welche man jedoch stets einen bedeutenden strebsamen Menschen durchmerke.

29 Anna von Helmholtz.
30 Maria von Weber.
31 Marie Scherers Interesse an der Karriere des Kunsthistorikers Robert Vischer, der sich 1879 in München habilitierte, erklärt sich durch ihre enge Freundschaft mit dessen Ehefrau Helene Vischer.

Der gute Gustel! Auch »der Schwarze«[32] genannt. Er hat die rücksichtslose Verwendung seiner Stimmmittel nicht erst in Bosnien zu lernen gebraucht, sondern uns schon immer damit erquickt. Spricht er denn noch immer das reine Lerchenfelderisch,[33] welches er nach Berlin mitbrachte und das sich durch sanfte Seminarsorgfalt nach und nach etwas milderte, – wie ich fürchte, aber in Bosnien wieder seine alte Unverfälschtheit gewinnen mußte? – Du findest meine Briefe witzig? ... Hast Du Goethes Dichtung u. Wahrheit gelesen und erinnerst Du Dich an die Geschichte,[34] wie er Klavierstunde haben will, weil er bei einem Kameraden einen so lustigen Klavierlehrer gefunden hat, der für jeden Finger besondere Spitznamen hat und die Tasten bildlich benennt u. für jeden Ton einen komischen Namen liefert? Der Lehrer wird auch engagirt – die Witze aber bleiben aus – bis einmal auch beim jungen Wolfgang Goethe ein Spielcamerad eintritt; da beginnt das Feuerwerk der Späße sofort, so daß auch dieser Knabe den vortrefflichen Mann sofort zum Lehrer haben will ... Es war also ein Werbemanöver des Lehrers ... So ist es vielleicht auch mit meinen angeblichen witzigen Briefen – Werbemanöver! Wenn ich Dich erst habe, hört es auf. Oder fürchtest Du nicht? Denkst Du, Dein heiteres Gesicht werde den Zauber stets von neuem erwirken? Oder falls es mit der Heiterkeit nicht geht, so legst Du Deine hohe Stirn in die Azucena-Falten[35] und donnerst mich nieder mit dem autoritativen Ausdruck ›Deine Mutter spricht mit Dir‹ – so also mit erhobener Rechten: ›Seien Sie witzig – ich befehle es, mein Herr!‹ (tiefer Alt) ¿¿¿¿¿¿

Du kannst Dir dann denken, wie das auf Commando ausgezeichnet gehen muß – denn ich werde vortrefflich erzogen sein.

Pfirt Di God, Weiberl, i hab Di lieb.

Ich lege mich allen drei Grazien – will sagen: den Schwestern Leeder[36] – zu Füßen.

32 Spitzname für August Sauer im Kreise der Scherer-Schüler.
33 Lerchenfelderisch dürfte sich auf Neulerchenfeld beziehen, damals ein Vorort von Wien, der für seine zahlreichen Heurigen-Stuben berühmt war.
34 Die von Scherer beschriebene Episode findet sich in *Dichtung und Wahrheit*, 1. Teil, 4. Buch.
35 Azucena, die alte Zigeunerin in Giacomo Verdis Oper *Troubadour*, war die letzte Rolle, die Marie Leeder vor ihrer Hochzeit mit Scherer am Hamburger Stadttheater gesungen hatte. Vgl. Scherers Brief an Erich Schmidt vom 25.1.1879, *BW Scherer-Schmidt*, Nr. 122, hier S. 115.
36 Marie Leeders Schwestern hießen Anna und Tessi Leeder.

114. Scherer an Marie Scherer

Berlin, 8. August 1882. Dienstag

Berl. 8. Aug. 82.

Mein geliebtes Herz – Du bekommst jetzt immer nur wenig Tropfen in meinen Briefen, keinen ordentlichen Regen, in dem Du tüchtig naß werden kannst, wie neulich den, den Du ›ganz gefährlich‹ nennst. Eben war Charlotte[37] hier, wie üblich, um Nachmittags, wenn sie um Zwibäcke fortgeht, zu fragen, ob etwas mitzunehmen sei. Und es war nichts mitzunehmen! Ich hatte auch so gelesen und gearbeitet, daß ich zu schreiben ganz vergessen ...[38] Schiller ist fertig, so weit ich ihn jetzt brauche; ich bin an kleinen Geistern, Göttinger Dichterbund u. dgl. Augenblicklich steht Voß auf dem Tapet u. ich habe einen älteren ganz vortrefflichen Aufsatz von Julian[39] über ihn gelesen, dazu 3 Bände einer Biographie vor mir, 4 Bände Briefwechsel – ich gedenke nicht Alles gewissenhaft zu durchmessen, da es sich höchstens um eine halbe Seite handelt, in der ich nur Dinge vorzubringen habe, die ich ohnedies weiß. Aber ein kleines Opfer fordert die Gründlichkeit immer!

Gestern Abends war ich bei den Jungens im Dessauer Garten; Schröder unwohl. Nur Burdach Röthe und Hoffory. Röthe begeistert von Bayreuth.[40] Burdach will auch hin. Gott sei Dank daß wirs nicht nöthig haben! Ich blieb vielleicht etwas zu lange. Wachte heute wieder mit eingenommenen Kopf auf und brauchte erst Douchen und einen Morgenspaziergang bis ich mich frei genug fühlte zur Arbeit. Immer auf einsamen Spaziergängen und so bei jeder Einkehr in mich selbst tritt mir das Bild Deiner Krankheit[41] nahe. Auch

---

37 Offenbar eine Hausangestellte.

38 Scherer arbeitete an seiner *Geschichte der deutschen Litteratur*. Die im Folgenden genannten Abschnitte über Schiller, Johann Heinrich Voß und den Göttinger Dichterbund erschienen im 7. Heft, das am 16.11.1882 ausgegeben wurde. Vgl. *Scherer: GdL (1883)*, S. 501 ff.

39 Julian Schmidt (Rez.): »Wilhelm Herbst. Johann Heinrich Voß. 2 Bde. Leipzig 1872–76«. In: *PJb* Bd. 38 (1876), S. 628–649.

40 Gemeint sind die seit 1876 jährlich stattfindenden Bayreuther Bühnenfestspiele der Werke Richard Wagners.

41 Marie Scherer hatte unter dem Eindruck der Nachrichten über den Brand, bei dem im Wiener Ringtheater am 8.12.1881 annähernd 400 Menschen ums Leben gekommen waren, einen schweren nervlichen Zusammenbruch erlitten. Vgl. Gustav Jacobsthals Brief an Scherer vom 22.12.1881 (SBBPK, NL 166 (W. Scherer): 145), zu dem Ereignis Franz Hadamowsky: *Wien. Theatergeschichte. Von den Anfängen bis zum Ende des Ersten Weltkriegs.* Wien, München 1988 (Geschichte der Stadt Wien 3), S. 705–707.

durch die italienische Reise ist es nicht verdeckt, nicht zurückgedrängt. Immer Du vor mir im Bette, glücklicher Weise nicht in den argen Verzerrungen des äußersten Leidens, sondern mehr in der langsamen Genesung, blass, geduldig, Deine Hand in der meinen, Deine Augen in den meinen, wie wir so oft beisammen waren – Stunden lang, so scheint es mir, obgleich das vielleicht eine falsche Erinnerung ist … Ich muß nichts erlebt haben, was mich so durch und durch erschütterte wie diese Krankheit. Selbst unsere Verlobung und Hermännchens[42] Geburt treten dahinter zurück. Und wie aber all solche großen Erlebnisse die Menschen, die sie gemeinsam treffen, die sie gemeinsam tragen, immer enger und enger zusammenschließen. Unauflöslich – nicht wahr? Unauflöslich, so lange wir beide auf Erden wandeln.

Lebewohl, Du treue liebe Seele.

115. Scherer an Marie Scherer

(Berlin), 9. Juli 1883. Montag

9.7.83.
Mein geliebtes Herz.

Dank für neuen Brief! Ich muß heut eilen zu flüchtigsten Worten. Gleich soll ich fort zum Examen, habe die Zeit auf Correcturen wenden müssen, auf den Schluß meines Textes.[43] Es werden volle 45 Bogen Text! Da kann ich kein Honorar weiter verlangen noch erwarten, da Reimer so zu sagen die Anmerkungen, Zeittafel, Register den Abonnenten gratis geben muß.

Meine Kopfschmerzen weg nach zwei gestern Abend genommenen Salicylpulvern. Der Schluß des Abends, ehe ich zu Abend aß, gehörte Müllenhoff, der mir einen feierlichen Besuch machte, um mir förmlich anzutragen und mich zu bitten, daß ich die neue Auflage der Denkmäler[44] allein übernehmen möchte. Ich habe zugesagt unter gewissen Bedingungen, die erfüllt werden. Unter diesen Bedingungen befand sich aber nicht etwa die Akademie.[45] Ich bleibe strenge dabei jede Annäherung von seiner Seite zu acceptiren, aber

---

42 Herman Scherer.
43 Gemeint ist das 8. Heft der *Geschichte der deutschen Litteratur*, das am 20.7.1883 ausgeliefert wurde.
44 Eine dritte Ausgabe der *Denkmäler deutscher Poesie und Prosa aus VII.-XII. Jahrhundert* (*Denkmäler 1-2*) kam zu Müllenhoffs und Scherers Lebzeiten nicht mehr zustande; sie erschien erst 1892 bearbeitet durch Elias von Steinmeyer.
45 Scherer wurde noch 1884 auf Vorschlag Karl Müllenhoffs zum ordentlichen Mitglied der Königlichen Akademie der Wissenschaften in Berlin gewählt.

meinerseits keine zu machen. Es wäre eine starke Annäherung oder Rückkehr zu freundschaftlichem Verkehr, wenn ich ihn um die Gefälligkeit bäte mir etwas zu verschaffen, was ich zu fordern ein Recht habe.

Wie schrecklich wird es sein 4 Stunden zu examiniren! Mein armes Weib! Ich klage von allem und für mich und komme nicht zu Dir. Du arme Liebe, gequält von einem unartigen Buben[46] und nun auch physisch vor der Zeit heimgesucht! Dulden Dulden Dulden! Das muß unsere Devise sein, die wir uns täglich vorsagen – in allen Unbehaglichkeiten und Einsamkeiten! Erkälte Dich nur nicht beim Baden des Jungen/./ Und segle! Es ist so herrlich und man vergisst dabei viel Leid und Pein.

Erich Schmidt hat auch meinen Schlußbogen erhalten und schreibt darüber eine entzückte Karte;[47] aber was will das sagen.

In treuer Liebe Dein.

116. Scherer an Marie Scherer

(Berlin), 25. Juli 1884. Freitag

25.7.84.

Mein geliebter Schatz. Ich bin wieder einmal so überhäuft mit dummen zeitraubenden Kleinigkeiten, daß mir die Absendung der 2 recommandierten. Briefe augenblicklich zu viel ist, da mir zwei entsprechende Couverts fehlen.

Gestern eine rasende Anstrengung. Drei Vorlesungen: eine von Mommsen in der Akademie;[48] und 2 Habilitationsreden.[49] Alles übrigens interessant. Nachher nahm mich Helmholtz mit und war unterwegs wie bei sich zu Hause äußerst liebenswürdig. Desgleichen die anderen. Wir waren allein, u. ich habe kaum noch so einen angenehmen Abend dort verbracht. Es kam vieles zur Sprache. Religiöses Litterarisches Musikalisches Politisches. Du hättest Helmholtz singen hören können! Er stimmte bei Tisch ein paar Tacte aus dem Parsifal an. Bamberger hat sich auch bei Helmholtzens sehr geschadet durch

---

46 Herman Scherer.

47 Schmidts Karte an Scherer vom 8.7.1883, abgedruckt in *BW Scherer-Schmidt*, Nr. 226, S. 185.

48 Theodor Mommsen hatte am 24.7.1884 vor der philosophisch-historischen Klasse der Königlich-Preußischen Akademie der Wissenschaften Vorträge »über die Caesares des Aurelius Victor« und »über das Verhältnis des Tacitus zu den Acten des Senats« gehalten. Vgl. *Abh. Berlin* (1884), S. XVII.

49 Nicht ermittelt.

sein unkluges Auftreten bei der Coloniendebatte.[50] Helmholtzens behaupten, die Juden könnten es nicht vertragen, wenn ein Christ auch die Thatkraft habe um ein Vermögen zu sammeln und vollends dieses Vermögen nicht blos an der Börse, sondern in Landbesitz zu vergrößern. Daher sei Adolf Hansemann allen Juden, wie Bamberger, Kronecker, ein Dorn im Auge.

Heute nach der Vorlesung war ich lang in meinem Seminarlocal.[51] Es steht noch nichts darin als die Müllenhoffschen Bücher in der Müllenhoffschen Ordnung, auf den Müllenhoffschen Repositionen – kein Tisch, kein Stuhl, kein Schrank, nicht einmal eine Bücherleiter – u. es wird wohl lange dauern bis Althoff mir das Nöthigste schafft.

Lebewohl, mein geliebtes Herz. Ich will zurück zur Arbeit, zur Müllenhoff-Biographie,[52] die ich am Dienstag mit so gutem Erfolge begann, an der ich seither aber nicht einen Strich thun konnte.

Meine Seele ist ganz bei Dir u. jeder Gedanke an Dich zugleich ein Dank an das gütige Schicksal, das Dich mir gegeben hat.

Heute dachte ich nach Hause fahrend einmal recht lebhaft an unsere künftige Heimat – das künftige Gärtchen schwebte mir vor – ich sah Turnapparate – ich sah Herman[53] seine Übungen machen – plötzlich tauchte auch die kleinste Mimi[54] vor mir auf, schon etwas größer, so etwa wie heute Hermännchen ist, und wollte auch anfangen Übungen zu machen und sah mich dabei mit einem so lieben Gesichtchen u. so großen Augen an, daß mir recht warm ums Herz wurde.

50 Der liberale Politiker Ludwig Bamberger stand an der Spitze der Opposition gegen die von Bismarck im Sommer 1884 eingeleitete Erschließung deutscher Kolonien in Afrika und Neuguina. Bambergers Angriffe, die sich auch gegen eine staatliche Subvention der kolonialen Geschäftsinteressen einzelner Großunternehmer, wie dem Bismarck nahe stehenden Bankier Adolph von Hansemann, richteten, bezeichnete Bismarck in seiner Verteidigungsrede vor dem Reichstag am 26.6.1884 als »höhnische Persiflage« (zit. n. Wippermann: Art. »Bamberger, Ludwig«. In: *ADB* 46, S. 199).

51 Das Local des von Scherer geplanten Germanischen Seminars der Berliner Universität befand sich in der Nähe des Universitätsgebäudes in der Dorotheenstraße 5. Als Grundstock war auf Scherers Antrag die Bibliothek Karl Müllenhoffs angekauft worden. Vgl. ausführlich Brief 135, dazu Anm. 51.

52 Wilhelm Scherer: *Karl Müllenhoff. Ein Lebensbild.* Berlin 1896. – Nach Scherers Tod wurde zunächst Edward Schröder mit der Vollendung der Biographie beauftragt; die Schlussredaktion übernahmen anonym Erich Schmidt und Theodor Mommsen. Arbeitsmaterialien und Teile des Manuskriptes befinden sich in SBBPK, NL 166 (W. Scherer): 57.

53 Herman Scherer.

54 Gemeint ist hier Maria Scherer, im Familienkreis auch »die Kleine« genannt.

117. Scherer an Marie Scherer

Berlin, 2. September 1884. Dienstag

B. 2.9.84.

Hab erst ein Drittel des Jacob Grimm[55] erledigt. Aber ich hoffe immer besser hineinzukommen, wie es schon jetzt entschieden der Fall ist. Eine merkwürdige Arbeit. Daß man so mit Händen greifen kann, welche Fortschritte man seit 20 Jahren gemacht hat! Ich hatte keine Ahnung davon. Das Buch schlug ich oft, las Seiten lang darin fort oder las es auch wohl ganz durch, wie damals als ich die Artikel »Grimm«[56] für die allgem. deutsche Biographie zu machen hatte. Aber ich merkte nichts. Merkte nicht, daß der Stil von Reflexionen trieft, daß die Sprache voll von überflüssigem Wortschwall ist, daß sie überall Kürzung verträgt und daher erfordert, daß der Ausdruck mühsam gesucht, die Übergänge eintönig, die Wendungen ärmlich sind. Und dabei weiß ich mich genau zu erinnern, wie ernst ich es nahm, wie gewissenhaft ich war, wie viel Zeit ich darauf wendete. Die Anfänge meines Schriftstellerthums werden mir sehr lebendig; und das Manuscript,[57] wie ich es jetzt herstelle, soll aufgehoben werden als ein auch an sich ziemlich lehrreiches Document.

Wunderbarer als die Kritik, die ich üben muß, ist mir die Blindheit der Zeit, die dazwischen liegt. Das kommt vom sachlichen Lesen, wo man nur den Inhalt sucht u. nicht auf die Form achtet.

Wie sehr aber habe ich mir Alles erarbeitet! Wie sehr insbesondere das bischen Stil, das ich etwa jetzt besitzen mag!

Lebwohl, mein Schatz, mein Leben! Ich wäre gern bei Dir. Nun aber solls auch nicht mehr zu lang dauern.

---

55 Gemeint ist die zweite, erweiterte Auflage der Monographie über Grimm (*Jacob Grimm 2*), die 1885 erschien.

56 Scherers Artikel über die Brüder Grimm erschienen in *ADB* 9 (1879), S. 678-688 (Jacob Grimm) u. S. 691-695 (Wilhelm Grimm).

57 Die Manuskripte der beiden Auflagen des *Jacob Grimm* schenkte Marie Scherer 1907 der Königlichen Bibliothek zu Berlin, sie wurden im Zweiten Weltkrieg vernichtet. Vgl. die Angaben zu diesem Teil des Nachlasses in der Einleitung zum vorliegenden Band.

118. Scherer an Marie Scherer

Berlin, 13. September 1884. Sonnabend

Berlin 13.9.84.

Gestern den Jacob Grimm[58] fertig gemacht. Das Ende war aber kein Freudensprung, sondern ganz anders. Ich hatte mir vorgenommen, meinen alten wenige Tage nach Jacob Grimms Tod geschriebenen Nekrolog[59] in den Schluß hineinzuarbeiten, weil darin die unmittelbare Anschauung seines Leichenbettes festgehalten ist. Nun hatte ich schon, je näher es dazu kam, eine immer größere Scheu empfunden, das alte Ding wiederzulesen. Endlich aber war ich so weit, und es konnte nicht länger verschoben bleiben. Ich las und setzte mich hin, um die Einarbeitung vorzunehmen; da faßte mich auf einmal die Erinnerung an jene Tage, an mein damaliges Kraftgefühl, die Erinnerung an die Grimm, Lachmann, an Haupt u. Müllenhoff, die damals hier noch in Wirksamkeit waren, u. daß jetzt die alle todt u. ich allein übrig geblieben an der Stelle wo sie standen u. um ihr Werk fortzusetzen, dabei das Gefühl, das ich so deutlich habe, schon sinkender Körper- und Arbeitskraft, die Ungewißheit, wie lange mir noch vergönnt bleiben würde, auf diesem Posten zu stehen, – das Alles faßte mich mit solcher plötzlicher Macht, daß ich in bittere Thränen ausbrach u. lange vergeblich im Zimmer umherlief ohne mich wieder fassen zu können.

Ich habe dann den alten Nekrolog ganz unverkürzt wörtlich ans Ende gestellt.

Brachte das Manuscript dann gleich zu Reimer. Dort erfuhr ich etwas sehr angenehmes. Von der Geibel-Rede[60] muß schon ein zweiter Abdruck gemacht werden. Ich strich gestern das Honorar für die erste und zweite ein, jede 150 Mark – machte 300 M. Äußerst hübsch. Ich habe nun also im ganzen schon 475 Mark durch jene mühevolle 14tägige Arbeit verdient.

Du wirst fragen, was ich dann nun noch hier thue. Wenn morgen nicht Sonntag wäre, so könnte ich vielleicht um einen Tag früher fertig werden. Aber Bank, Steuern etc. etc. (Du kennst die immer sich wiederholenden Abreisegeschäfte). Das mußte ich alles heut erledigen! Und es ist noch so viel andres zu thun: Drei Arbeiten fürs Ministerium (der holde Althoff!) u. eine

---

58 Vgl. Anm. 55 (Brief 117).

59 Wilhelm Scherer: »Jacob Grimm«. In: *Berliner Allgemeine Zeitung*. Nr. 447 v. 25.9.1863, der Text wird wörtlich wiederholt am Schluss von *Jacob Grimm 2*, S. 341 f.

60 Wilhelm Scherer: *Rede auf Geibel*. Berlin 1884 [²1884], Erstdruck in: *DR* Bd. 40 (1884), S. 36-45.

Masse Correcturen, die alle Tage lang, ja Wochen lang liegen geblieben sind, weil ich nicht ablassen wollte vom Jacob Grimm.

Ich werde genug zu thun haben, um Dienstag früh wirklich fortzukommen. Daß ich nicht die Nacht durch fahren will, wirst Du verstehen. Ich will mich lieber einen Tag langweilen, als eine halbe Nacht nicht schlafen.

Also Mittwoch Nachmittag!

Koswig-Rechnung ist heute gekommen, wird heut erledigt werden.

Briefe an Karl Richard Lepsius
1881 – 1883

Karl Richard Lepsius (1810-1884)¹ gilt als einer der Begründer der Ägyptologie in Deutschland, der er sich auf Anregung Wilhelms von Humboldt nach dem Studium der Klassischen Philologie bei August Boeckh zugewandt hatte. Im Anschluss an eine von ihm geleitete Forschungsexpedition nach Ägypten und Äthiopien wurde er 1846 in Berlin Ordinarius und arbeitete in den folgenden Jahren an seinem Hauptwerk »Denkmäler aus Aegypten und Aethiopien« (12 Bde., 1849-59). Wissenschaftsorganisatorischen Einfluss erlangte Lepsius in verschiedenen Nebenämtern, so als Direktor des Ägyptischen Museums Berlin (ab 1865) und als Präsident des Deutschen Archäologischen Instituts (1867-1880). 1867 übernahm Lepsius außerdem als Nachfolger von Georg Heinrich Pertz das Amt des Oberbibliothekars der Königlichen Bibliothek zu Berlin, die sich unter seiner Leitung in die Richtung einer modernen wissenschaftlichen Zentralbibliothek entwickelte. Scherers Beziehungen zu Lepsius waren überwiegend dienstlicher Art. Die beiden hier abgedruckten Briefe dokumentieren Scherers Plan zur Begründung einer Reihe mit Faksimile-Ausgaben alter deutscher Drucke, um dessen Unterstützung er bei Lepsius nachsuchte. Das innovative Unternehmen brachte es bis zu Scherers Tod nur auf wenige Bände.

1 Literatur: Georg Ebers: *Richard Lepsius*. Leipzig 1885 (mit Schriftenverzeichnis); *Karl Richard Lepsius (1810-1884). Akten der Tagung anläßlich seines 100. Geburtstages, 10.-12.7.1984 in Halle*. Hg. v. Elke Freier u. Walter F. Reineke. Berlin 1984; Fritz Hintze/Gerhard Rühlmann:»Karl Richard Lepsius. Begründer der deutschsprachigen Ägyptologie«. In: *Das Altertum* 30 (1984), S. 69-81; Friedhilde Krause:»Richard Lepsius als Leiter der Königlichen Bibliothek zu Berlin«. In: dies.: *Rund um die Bibliothek. Gesammelte Aufsätze und Studien*. Wiesbaden 1998 (Beiträge aus der Staatsbibliothek zu Berlin – Preußischer Kulturbesitz 7), S. 64-77. – *ADB* (Eduard Naville); *NDB* (Jürgen Settgast); *Killy* (Arno Matschiner).

119. Scherer an Lepsius

Berlin, 8. März 1881. Dienstag

Herrn Geh. Regierungsrath u. Oberbibliothekar
Prof. Dr Lepsius
Hochwohlgeboren
Berlin.

Berlin 8/3 81.

Ew. Hochwohlgeboren

beehre ich mich ganz ergebenst den Plan eines Unternehmens[2] vorzulegen, dessen Zustandekommen wesentlich von der Unterstützung abhängt, die es auf Seite der Kgl. Bibliothek zu erlangen hoffen darf. Die Kgl. Hof-Steindruckerei der Gebr. Burchard in Berlin hat die Absicht, ältere deutsche Drucke, besonders des XV und XVI Jhs, durch photolithographische Nachbildung zu erneuern. Sie hat mich gebeten, an die Spitze des Unternehmens zu treten, die Auswahl der Originale zu leiten und so den wissenschaftlichen Character des Unternehmens zu garantiren.

Ich habe mich im Interesse der Sache bereit erklärt, diesem Wunsche zu willfahren; und indem ich die Erwägungen darlege, welche mich dazu bestimmten, glaube ich zugleich die Gründe anzuführen, welche die Kgl. Bibliothek zur Förderung des Planes bewegen können.

2 Das Folgende bezieht sich auf die von Scherer begründete Reihe *Deutsche Drucke älterer Zeit in photolithographischer Nachbildung* (später: *Deutsche Drucke älterer Zeit in Nachbildungen, ausgewählt von Wilhelm Scherer*), in der in den Jahren 1881 bis 1885 insgesamt vier Bände erschienen; der erste bei der Königlichen Hof-Steindruckerei Gebrüder Burchard, die das Unternehmen angeregt hatte, die drei folgenden (mit neu einsetzender Bandzählung) bei der Georg Grote'schen Verlagsbuchhandlung, beide in Berlin: Thomas Murner: *Der Schelmen Zunft. 1512.* Mit einer Einleitung v. Wilhelm Scherer. Berlin 1881 (Deutsche Drucke ältester Zeit in photolithograpischer Nachbildung 1); *Die Septemberbibel. Das Neue Testament, deutsch von Martin Luther. Nachbildung der zu Wittenberg 1522 erschienenen 1. Ausgabe zum 400jährigen Geburtstage Luthers.* Mit einer Einleitung v. Julius Köstlin. Berlin 1883 (DDN 1); *Das älteste Faustbuch. Historia von D. Johann Fausten, dem weltbekannten Zauberer und Schwarzkünstler. Nachbildung der zu Frankfurt am Main 1587 durch Johann Spies gedruckten 1. Ausgabe.* Mit einer Einleitung v. Wilhelm Scherer. Berlin 1884 (DDN 2); *Passional Christi und Antichristi. Lucas Cranachs Holzschnitte mit dem Texte von Melanchthon. Nachbildung einer in der Einleitung sub A.1 bezeichneten Originalausgabe.* Mit einer Einleitung v. Gustav Kawerau. Berlin 1885 (DDN 3). Zu Scherers Ausführungen an Lepsius vgl. auch sein Vorwort zum ersten Band der Reihe (wie oben), hier S. 5 f., zu den drei bei Grote er-

Selbstverständlich wird ein solcher Plan in erster Linie mit dem Interesse rechnen, welches die Liebhaber den alten Drucken entgegenbringen: ein Interesse, das sich von Jahr zu Jahr steigert, während der antiquarische Handel es von Jahr zu Jahr weniger befriedigen kann und daher die Preise der Originaldrucke auf eine unglaubliche und rapid anwachsende Höhe treibt.

Diese Seite des Unternehmens liegt meinen Erwägungen gänzlich fern; und wenn es sich um weiter nichts als dies handelte, so würde ich meine Mitwirkung versagt haben. Aber auch die Wissenschaft hat ein entschiedenes Interesse an dem Unternehmen und kann dasselbe nur mit Freude begrüßen.

Es wird uns ein Mittel geboten, werthvolle unersetzliche alte Quellen unserer Litteratur vor dem möglichen Untergange zu schützen. Existiren viele derselben doch nur in wenigen Exemplaren, manche nur in Einem, und sind daher allen den Wechselfällen ausgesetzt, allen den Gefahren, denen Bücher, sie mögen noch so gut u. gewissenhaft verwahrt werden, nun einmal unterliegen.

Indem es allen Bibliotheken und den Forschern ermöglicht wird, solche Drucke in Facsimiles zu besitzen, wird unzweifelhaft ihre wissenschaftliche Verwerthung gefördert, ohne daß die Originale irgend einer Abnützung oder den Gefahren der Versendung ausgesetzt zu werden brauchen. Wie nützlich solche Facsimiles für die Forschung sind, habe ich selbst schon zu erproben Gelegenheit gehabt an dem durch die Gebr. Burchard hergestellten Eulenspiegel,[3] der nur in zwei defecten Exemplaren zu Wien und Berlin existirt, von dem also die photolithographische Nachbildung allein ein genügendes Bild gewährt.

Das Wichtigste aber und schon für sich allein Entscheidende ist Folgendes.

Ein beträchtlicher und sehr merkwürdiger Theil der Litteratur des XV/XVI Jhs ist von vornherein auf Bilder berechnet.[4] Sebastian Brands Narren-

schienenen Bänden der Reihe vgl. auch die Besprechung von Georg Ellinger, in: *ZfdPh* 19 (1887), S. 240-249.

3 Es handelt sich hierbei um die folgende, allerdings schon Jahre zuvor erschienene Faksimile-Ausgabe des um 1532 bei Servais Kruffter in Köln gedruckten *Ulenspiegel*-Buches, welcher die beiden von Scherer erwähnten defekten Exemplare in Berlin und Wien zugrundelagen: *Tyel Ulenspiegel. In niedersächsischer Mundart. Nach dem ältesten Druck des Servais Kruffter photolithographisch nachgebildet.* Berlin 1865. Das Buch erschien zwar im Verlag von A. Asher & Co. in Berlin, das Faksimile wurde aber in der Druckerei der Gebrüder Burchard hergestellt. Vgl. auch Scherers Hinweis auf den Band in seiner Monographie *Die Anfänge des deutschen Prosaromans und Jörg Wickram von Colmar. Eine Kritik.* Straßburg 1877 (QF 21), S. 28, wo von einer »prachtvollen photolithographischen Nachbildung« die Rede ist.

4 Von den im Folgenden genannten Autoren und Werken fanden nur Thomas Murner und das hier irrtümlich Luther zugeschriebene *Passional Christi und Antichristi* (Erstausgabe: Wittenberg 1521) Aufnahme in die Reihe. Vgl. Anm. 2 (Brief 119).

schiff,[5] die Werke Murners, Luthers Passional Christi u. Antichristi, Schwarzenbergs Memorial der Tugend,[6] der Teuerdank,[7] viele Bilderbogen von Hans Sachs und Fischart, die ganze Litteratur der Emblemata und Icones sind von ihren Verfassern nur mit den Bildern gedacht. Wer von solchen Werken lediglich den Text kennt, kennt nur Eine Hälfte des geistigen Productes und sehr oft nicht die schönere Hälfte. So weit diese Litteratur überhaupt ein wissenschaftliches Interesse verdient, so weit muß dasselbe gleichmäßig den Bildern und den beigefügten Texten entgegengebracht werden. Kritische Ausgaben von Werken des XV/XVI Jhs stehen in größerem Umfange nicht in Aussicht und sind für die nächste Zeit auch kaum in Aussicht zu nehmen; und selbst, wenn dies der Fall wäre, so würde es nicht passend sein, sie mit Nachbildungen von Holzschnitten zu verzieren. Facsimiles bieten der kritischen Edition beides: Quellen und nothwendige Ergänzung.

Aus allen diesen Gründen hab ich mich, wie gesagt, entschlossen, dem Unternehmen meinen Namen zu leihen und dafür zu sorgen, daß nicht das Interesse des Liebhabers, sondern in erster Linie die litterarhistorische Bedeutsamkeit bei der Auswahl der zu reproducirenden Drucke maßgebend sei. Es ist auch meine Absicht, in Fällen, wo ich es für nöthig halte, kurze Einleitungen beizugeben, die Wahl des betreffenden Druckes zu rechtfertigen, Emendationen mitzutheilen u.s.w.

Doch übernehme ich in dieser Hinsicht keine Verpflichtung gegenüber dem Publicum; und auf das entschiedenste werde ich den Schein zu vermeiden suchen, als ob die Facsimiles an die Stelle kritischer Ausgaben oder diesen etwas vorwegnehmen sollten.

Indem ich Ihnen die vorstehenden Erwägungen vorlege, gebe ich mich der Hoffnung hin, daß das Unternehmen, das ich hier zu charakterisiren versuchte, Ihre Billigung und Ihre Unterstützung finden möge.

Hochachtungsvoll ergebenst
Prof Dr W. Scherer

5   Sebastian Brant: *Der Narren Schyff.* Erstausgabe: Basel 1494.
6   Johann Freiherr von Schwarzenberg: *Das Büchle Memorial, das ist ain angedenckung der Tugend.* Erstausgabe: Augsburg 1535.
7   Maximilian I.: *Die geverlicheiten und eins theils der geschichten des löblichen und hoch berümbten helds und ritters Tewrdannck.* Erstausgabe: Nürnberg 1517.

120. Scherer an Lepsius

Berlin, 24. Juli 1883. Dienstag

Dem Königl. Geh. Oberregierungsrath und Oberbibliothekar
Prof. Dr Lepsius
Hochwohlgeboren
Berlin *Charlottenburg.*

Berlin, 24. Juli 1883

Ew. Hochwohlgeboren beehre ich mich auf Ihre geneigte Anfrage vom 21. d.M.[8] ganz ergebenst zu erwidern, daß das Ihnen bekannte photographische Unternehmen allerdings von den Gebr. Burchard auf die G. Grotesche Verlagsbuchhandlung übergegangen ist,[9] daß aber die wissenschaftliche Leitung desselben in meinen Händen und somit die Bedingung erfüllt bleibt, unter der Sie die Benutzung der alten Drucke der Kgl. Bibliothek mir freundlichst zusagten.

Es soll dafür Sorge getragen werden, daß künftig bei jedem Heft das Original, wonach es hergestellt ist, namhaft gemacht werde. Auch bei dem Burchardschen Hefte[10] dürfte dies nach den Intentionen der Groteschen Verlagsbuchhandlung nachträglich noch möglich sein.

Für die wissenschaftliche Edition von deutschen Texten des XV und XVI Jhs ist der Grundsatz maßgebend, die alten unter den Augen der Autoren gemachten Drucke genau, d.h. ohne Normalisirung der Orthographie und höchstens mit Auflösung der Abkürzungen, zu reproduciren. Es lag daher nahe bei dem jetzigen Stande der Technik, ein mechanisches Verfahren einzuschlagen, welches größere Garantien der Treue und Genauigkeit bietet, als sie der sorgfältigste und geübteste Corrector gewähren kann. Dieses Verfahren ermöglicht zugleich die Wiedergabe der Holzschnitte, welche für gewisse Werke namentlich des ausgehenden XV und beginnenden XVI Jhs. so wesentlich sind, daß der Text ohne die Bilder kaum verstanden werden kann. Es wird dadurch der

---

8 Lepsius hatte Scherer mit Brief vom 21.7.1883 – dem einzigen an Scherer, der von ihm erhalten ist – ersucht, ihm »den Uebergang des photographischen Unternehmens von den Gebr. Burchard auf die Grote'sche Verlagsbuchhandlung unter denselben früher festgestellten Bedingungen zu bestätigen, bevor ich der letzteren die Zusage ertheilen kann. Zugleich wünsche ich, daß bei allen späteren Heften immer zu ersehen sei, daß die Originale von der Königlichen Bibliothek entnommen sind, was ich bei dem Burchard'schen Hefte vermisse.« (ABBAW, NL W. Scherer: 623).

9 Vgl. Anm. 2 (Brief 119).

10 Gemeint ist die noch im Verlag der Gebrüder Burchard veröffentlichte Ausgabe von Murners *Schelmenzunft* (vgl. Anm. 2, Brief 119).

weitere Vortheil erreicht: daß durch eine den Originalen adäquate Nachbildung die betreffenden Werke in ihrer ursprünglichen Gestalt weiteren Kreisen zugänglich, daß diese ursprüngliche Gestalt unabhängig von den Schicksalen, welche die oft vereinzelten Exemplare des Originals erreichen können, für die Zukunft in höherem Masse gesichert wird und daß die kostbaren Originale selbst der Benutzung und der damit verbundenen Abnutzung in höherem Grad und leichter entzogen werden können, ohne die wissenschaftliche Ausnutzung zu schädigen.

Indem ich im vorstehenden noch einmal die Gründe zusammenfaßte, welche mich bestimmten, dem Unternehmen meine Mitwirkung zu leihen, entspreche ich einem von Ew. Hochwohlgeboren mündlich geäußerten Wunsche.

Ich danke Ihnen zugleich für die ebenfalls mündlich gegebene Zusage, eine Benutzung der betreffenden Drucke auf dem Kgl. Kupferstichkabinet gestatten zu wollen.[11] Die Generaldirection der Kgl. Museen ihrerseits hat ihre Bereitwilligkeit erklärt, diese Drucke in ihre Obhut zu nehmen.

Prof. Dr W. Scherer

11 Dazu Randvermerk von Lepsius: »wird nicht gewünscht«.

Briefwechsel mit Friedrich Althoff
1883 – 1885

Nach Abschluss der juristischen Ausbildung wirkte Friedrich Althoff (1839-1908)[1] zunächst als Referent für Kirchen- und Schulangelegenheiten an der Seite des Straßburger Oberpräsidenten von Möller. 1872 wurde er (ohne Promotion und Habilitation) zum Extraordinarius, 1880 zum Ordinarius der Jurisprudenz an der Universität Straßburg berufen, an deren Gründung und Aufbau er maßgeblich beteiligt war. Ende 1882 trat er im Rang eines Geheimen Regierungsrates, der für das Personalwesen zuständig war, in das Preußische Ministerium der Geistlichen, Unterrichts- und Medicinalangelegenheiten ein. 1897 wurde er hier zum Leiter der Abteilung für Universitäten und Höhere Schulen im Rang eines Ministerialdirektors berufen. Da er eine Ernennung zum Staatssekretär aussschlug, konnte Althoff in dieser Funktion, unbeeinträchtigt durch wechselnde politische Machtkonstellationen, bis zu seinem Abschied im Jahr 1907 unter fünf relativ schwachen Kultusministern einen kaum zu überschätzenden Einfluss auf nahezu sämtliche Bereiche des deutschen Hochschulwesens, der Wissenschaftsförderung und -verwaltung ausüben. Scherers Bekanntschaft mit Althoff geht auf beider Straßburger Zeit zurück, aus der Korrespondenz jedoch nicht überliefert ist. In Berlin diente Scherer Althoff in germanistischen Angelegenheiten wiederholt als Informant und Gutachter.

---

1   Literatur: Arnold Sachse: *Friedrich Althoff und sein Werk.* Berlin 1928; Bernhard vom Brocke: »Hochschul- und Wissenschaftspolitik in Preußen und im Deutschen Kaiserreich 1882-1907: Das ›System Althoff‹«. In: *Bildungspolitik in Preußen zur Zeit des Kaiserreichs.* Hg. v. Peter Baumgart. Stuttgart 1980 (Preußen in der Geschichte 1), S. 9-118; ders.: »Friedrich Althoff«. In: *Wissenschaftspolitik in Berlin. Minister, Beamte, Ratgeber.* Hg. v. Wolfgang Treue u. Karlfried Gründer. Berlin 1987 (Berlinische Lebensbilder 3), S. 195-215; *Wissenschaftsgeschichte und Wissenschaftspolitik im Industriezeitalter. Das »System Althoff« in historischer Perspektive.* Hg. v. Bernhard vom Brocke. Hildesheim 1991 (Geschichte von Bildung und Wissenschaft, Reihe B: Sammelwerke 5) – NDB (Franz Schnabel); BBKL (Klaus-Gunther Wesseling; mit umfangreichem Verzeichnis der Sekundärliteratur).

121. Althoff an Scherer

Berlin, 25. Februar 1883. Sonntag

BERLIN W. FRIEDRICH WILHELM STRASSE 17.

Den 25. Febr. 1883.

Sehr verehrter Herr Professor!

Haben Sie nicht in Ihrer Sammlung von akademischen Gelegenheitsschriften irgend etwas über akademische Lehrfreiheit,[2] was sich dazu eignet, event. den Herren Gegnern derselben im Abgeordnetenhause zu Gemüthe geführt zu werden? Ich meine, Zeller[3] u Andere hätten einmal davon geredet. Es wäre sehr dankenswerth, wenn Sie die Güte hätten, einmal nachzusehen. In einigen Stunden schicke ich wieder zu Ihnen u frage nach dem Ergebnisse Ihrer Bemühungen.

Hoffentlich befindet sich Ihre sehr verehrte Frau Gemahlin[4] wieder wohl.

Angelegentlichste
Empfehlungen
Ihr
ganz ergebener Althoff.

2   Der Physiologe Emil Du Bois-Reymond hatte in der Friedrich-Sitzung der Königlichen Akademie der Wissenschaften zu Berlin am 25.1.1883 einen Nachruf auf den 1882 verstorbenen Naturforscher Charles Darwin gehalten. Sein darin enthaltenes Bekenntnis zu Darwins evolutionstheoretischen Hypothesen wurde zum Anlass einer erregten Debatte im preußischen Landtag. Der evangelische Hofprediger und deutsch-konservative Abgeordnete Adolf Stoecker nutzte am 23.2.1883 die Landtagsberatungen über den Haushalt des preußischen Kultusministeriums zu einem Angriff auf Du Bois-Reymond, in dem er die Unvereinbarkeit zwischen Abstammungslehre und Schöpfungsglauben betonte. Du Bois-Reymond habe, so Stoecker, die Grenzen der Lehrfreiheit überschritten, indem er seine Ansichten nicht in einem geschlossenen wissenschaftlichen Kolleg, sondern in einer öffentlichen, in der Presse verbreiteten akademischen Rede vorgetragen habe. Althoffs Anfrage stand offenbar in Zusammenhang mit der Vorbereitung für die Responsion von Kultusminister Gustav von Goßler auf diesen auch vom katholischen Zentrum unterstützten Angriff. Ob Goßler in der Rede, mit der er am folgenden Tag, dem 26.2.1883, zugunsten Du Bois-Reymonds in die Debatte eingriff, die von Scherer in Brief 122 genannten Schriften verwertete, konnte bis Redaktionsschluss nicht ermittelt werden. Vgl. ausführlich Hermann Lübbe: »Wissenschaft und Weltanschauung. Ideenpolitische Fronten im Streit um Emil Du Bois-Reymond«. In: ders.: *Die Aufdringlichkeit der Geschichte. Herausforderungen der Moderne vom Historismus bis zum Nationalsozialismus.* Graz, Wien, Köln 1989, S. 257-274 (mit Quellen und Literatur).

3   Die von Althoff wohl gemeinte Schrift von Eduard Zeller wird in Anm. 5 (Brief 122) nachgewiesen.

4   Marie Scherer.

122. Scherer an Althoff

Berlin, 25. Februar 1883. Sonntag

Berlin 25. Februar 1883

Verehrtester Herr Geheimrath.

Ich verweise auf die folgenden Schriften,[5] namentlich
Helmholtz S. 16
Zeller S. 19
J. Grimm S. 179
Bréal S. 392
die Ihnen mehr oder minder werden dienen können.
Der Artikel ›Lehrfreiheit und Lernfreiheit‹[6] von Bluntschli in dessen Staatswörterbuch ist Ihnen wohl bekannt, steht event. jedoch auch zu Gebote.

Mit hochachtungsvollem Gruß
Ihr
Scherer

5   Von den hier angeführten Schriften sind nur die drei folgenden Titel mit Sicherheit ermittelbar: Hermann Helmholtz: *Über die akademische Freiheit der deutschen Universitäten. Rede beim Antritt des Rectorats an der Friedrich-Wilhelms-Universität zu Berlin gehalten am 15. October 1877.* Berlin 1877; Eduard Zeller: *Ueber Akademisches Lehren und Lernen. Rede zur Gedächtnisfeier der Friedrich-Wilhelms-Universität zu Berlin gehalten am 3. August 1879.* Berlin 1879 (wiederholt in: *Vorträge und Abhandlungen geschichtlichen Inhalts. Dritte Sammlung.* Leipzig 1884, S. 84-107); Jacob Grimm: »Über Schule Universität Akademie«. In: *Abh. Berlin* (1849), S. 152-190 (auch separat: Berlin 1851; wiederholt: ders.: *Kleinere Schriften.* Bd. 1. Berlin 1864, S. 211-254).

6   Johann Caspar Bluntschli: »Lehrfreiheit und Lernfreiheit«. In: *Deutsches Staatswörterbuch.* In Verbindung mit deutschen Gelehrten hg. v. J. C. B. unter Mitredaktion v. Karl Brater. 11 Bde. Stuttgart u. a. 1857-70, hier Bd. 6 (1861), S. 367-374.

123. Scherer an Althoff

Berlin, 27. Februar 1883. Dienstag

Berlin 27. Febr. 83.

Verehrter Herr Geh. Rath.

Da ich weiß, daß Sie Sich für Hennings Beförderung interessiren, so gestatten Sie mir die folgenden Bemerkungen.[7] Hennings Hauptconcurrent in Basel scheint Roediger zu sein – neben anderen. Roediger nun würde eine a.o. Professur in Berlin der ordentlichen Professur in Basel vorziehen. Wäre es nicht möglich, auf Grund unseres Fac. Antrages[8] ihm zuzusichern, daß eine a.o. und ihm bestimmte Professur für deutsche Philologie auf den nächsten Etat kommen soll? Rödiger würde dann diejenigen, die in Basel für ihn wirken (in erster Linie ist dies wohl Heyne selbst) davon verständigen, daß er seine Candidatur zurückziehe; und ich zweifle nicht, daß dieser Verzicht Henning zu gute käme. Es würde dadurch auch vermieden, daß etwa die Partei Henning und die Partei Rödiger sich gegenseitig neutralisirten und weder der eine noch der andere, sondern z.b. der Dr Behaghel in Heidelberg, ein sehr mediocres Ingenium, die Stelle erhielte?

7 Scherers Ausführungen beziehen sich auf die Nachfolge für Moritz Heyne als Ordinarius in Basel, für die zum damaligen Zeitpunkt zwei Schüler Scherers, der Straßburger Extraordinarius Rudolf Henning und – als Favorit – der Berliner Privatdozent Max Roediger, im Gespräch waren. Roediger lehnte den Ende April an ihn ergangenen Ruf ab, nachdem ihm wenige Tage später in Berlin ein Extraordinariat zugesichert worden war, das er zum Wintersemester 1883/84 antrat. Vgl. Brief 124, dazu Anm. 10. Nach Basel wurde daraufhin, wie von Scherer befürchtet, Otto Behaghel, zuvor Extraordinarius in Heidelberg, berufen. Heyne teilte Althoff hierzu brieflich am 9.6.1883 mit, »daß soeben der Prof. Behaghel [...] vom Regierungsrat Basels als mein Nachfolger ernannt worden ist. Nach der Ablehnung des Dr. Rödiger war dieß vorauszusehen, da Herr Behaghel sich durch gewichtige und hier sehr einflußreiche Stimmen aus Karlsruhe hat empfehlen lassen.« (GStA PK, VI. HA Familienarchive und Nachlässe, NL Friedrich Althoff E, Nr. 71, Bd. 2, Bl. 103).

8 Die Berliner philosophische Fakultät hatte am 10.2.1883 beim preußischen Kultusministerium die Ernennung Max Roedigers zum Extraordinarius beantragt. Vgl. die um Anmerkungen Althoffs für Minister Gossler ergänzte Vorlage des Antrages: GStA PK, Rep. 76, Va: Preußisches Kultusministerium, Sektion II, Titel IV, Nr. 47, Bd. 18, Bl. 250-252, dazu auch in Anm. 10 (Brief 124) zitierten Brief von Scherer und Müllenhoff, der die wesentlichen Argumente erneut aufgreift.

Über die neulich besprochenen Anfänge der wissenschaftl. Prüfungscommission geben Auskunft die »Ideen zu einer Instruction für die wissenschaftliche Deputation bei der Section des öffentlichen Unterrichts«[9] von Wilh. v. Humboldt (in dessen Gesamm. Werken 5, 333 ff.)
Mit hochachtungsvoller Empfehlung

Ihr ergebenster
Scherer

124. Althoff an Scherer

Berlin, 2. Mai 1883. Mittwoch

BERLIN W. FRIEDRICH WILHELM STRASSE 17.
Den 2. Mai **1883**.

Verehrter Herr Professor!

Heute habe ich sofort den Fall Roediger[10] dem Herrn Minister[11] vorgetragen. Derselbe ist mit der Begründung eines besoldeten Extraordinariats einverstanden. Ich habe ihn dringend gebeten, die Sache persönlich bei dem Herrn

9 Wilhelm von Humboldt: »Ideen zu einer Instruction für die wissenschaftliche Deputation bei der Section des öffentlichen Unterrichts (1809)«. In: ders.: *Gesammelte Werke*. Bd. 5. Berlin 1846, S. 333-343 (erneut in: W. v. H.: *Werke*. Hg. v. Andreas Flitner u. Klaus Giel. Bd. 4. Stuttgart 1964, S. 201-209). Die wissenschaftliche Prüfungskommission war 1816 aus der von Humboldt begründeten Deputation hervorgegangen, sie nahm von wissenschaftlicher Seite eine beratende Funktion bei der Gestaltung und Durchführung des öffentlichen Unterrichts ein.
10 Vgl. Brief 123, dazu Anm. 7 u. 8. – Einen Tag zuvor, am 2.5.1883, hatten sich Scherer und Karl Müllenhoff in einem gemeinsamen Schreiben nochmals an Althoff gewandt: »Die seit einiger Zeit erwartete Berufung des Dr Roediger zum Ordin. der deutschen Philologie in Basel ist nunmehr eingetroffen, und es entsteht die Gefahr, daß die Ihnen bekannten Pläne, die unsere Facultät mit ihm hegte, scheitern könnten. Wir erlauben uns daher noch einmal darauf hinzuweisen, daß die Ergänzung unserer Lehrkräfte für deutsche Philologie dringend nöthig ist, daß Dr Roediger sich als der geeignete Mann dafür bereits bewährt hat und daß es daher als das Natürliche und Gebotene erscheint, ihn gemäß dem Antrage der Facultät als Extraordinarius hier festzuhalten. Dem ersten der Unterzeichneten [Müllenhoff] ist es durch seinen Gesundheitszustand unmöglich gemacht, mehr als ein Privatcolleg und ein öffentliches zu lesen. Der zweite Unterzeichnete [Scherer] ist seinerseits nicht in der Lage, mehr als zwei Privatcollegien und ein öffentliches zu halten. Und doch fordert das Interesse des Universitätsunterrichtes im Deutschen eine Wiederholung bestimmter Vorlesungen in kurz bemessenen Terminen, welche

Finanzminister[12] zu befürworten, was er auch in Aussicht stellte. Hiernach steht die Sache gut. Haben Sie die Güte, dies Hrn Dekan Schrader, Herrn Geheimrath Müllenhoff und auch Hrn Dr. Rödiger selbst mitzutheilen.[13] Der letztere wird demnach, wie ich das schon mit ihm besprochen habe, gut thun, gegenüber Basel einstweilen noch dilatorisch zu verfahren. Morgen muß ich nach Göttingen. Samstag komme ich zurück u ich werde dann sofort die Angelegenheit wieder aufnehmen. Auch unterwegs kann ich etwas für die Sache thun, da der betr. Rath des Finanzministeriums mitfährt.

In größter Eile und unter den angelegentlichsten Empfehlungen

Ihr
ganz ergebenster Althoff

125. Althoff an Scherer

Berlin, 7. Dezember 1883. Freitag

Hochverehrter Herr Professor!

B. 7.12.83.

Zu meinem größten Bedauern kann ich Ihnen die Alterthumskunde[14] nicht mitschicken, weil ich das Buch auf meinem Bureau habe. Morgen werde ich es gleich mit bestem Dank zurücksenden.

nur durch Herbeiziehung eines Dritten ins Werk gesetzt werden kann. / Wir würden uns daher, wenn es nicht gelingen sollte, Herrn Dr Roediger jetzt hier festzuhalten, auf jeden Fall gezwungen sehen, eine anderweitige Berufung in Antrag zu bringen. Wir würden es aber selbstverständlich vorziehen, einen bestehenden und bewährten Zustand zu erhalten anstatt einen neuen auf verhältnismäßig weniger sicheren Fundamenten zu begründen. / In dieser Erwägung glauben wir, Ihnen den Antrag der Facultät noch einmal dringend empfehlen zu müssen.« (GStA PK, Rep. 76 Va: Preußisches Kultusministerium, Sekt. II, Tit. IV, Nr. 47, Bd. 18, Bll. 266-267). Althoff brachte die hier vorgetragenen Argumente in ein entsprechendes Ersuchen an den preußischen Finanzminister vom 10.5.1883 (ebd., Bl. 274-277) ein, dem kurze Zeit später stattgegeben wurde.

11 Gustav von Goßler.

12 Adolf von Scholz.

13 Auf der ersten Seite des Briefes notierte Scherer eine Nachricht an Max Roediger: »Lieber Roediger! Theile Ihnen als dem Nächstbetheiligten diesen Brief zuerst mit u. bitte Sie, ihn dann an die HH Müllenhoff u. Schrader zu befördern u. an mich zurückzuleiten / Ihr Scherer 3/5 83«.

14 Karl Müllenhoff: *Deutsche Altertumskunde*. Bd. 1. Berlin 1870. Scherer besorgte in jenen Tagen im Auftrage des bereits erkrankten Müllenhoff die Drucklegung von

Wie steht es jetzt mit dem Vorschlag[15] für die Akademie? In Betreff des Göthe-Archivs[16] bin ich zu der Ansicht gelangt, daß es am besten sein wird, wenn Sie oder Hr Professor Grimm oder wenn die beiden Herren gemeinschaftlich eine Reise zu Hrn v. Helldorff machen. Mein Besuch würde einen zu offiziellen Anstrich haben. Wäre ich im Augenblick nicht gar zu sehr in Anspruch genommen, würde ich um eine mündl. Rücksprache bitten. Vielleicht komme ich in einigen Tagen zu Ihnen.

Unter angelegentlichsten
Empfehlungen
Ihr
ganz ergebenster Althoff.

Bd. 5,1 der *Deutschen Altertumskunde* (Berlin 1883). Zu den durch Althoff geförderten Fortsetzungsarbeiten an dem Projekt vgl. Brief 128, dazu Anm. 22.

15 Nicht ermittelt.

16 Über die im Folgenden berührten inoffiziellen Beratungen zwischen Vertretern der preußischen Regierung und Weimarer Honoratioren zur Errichtung eines Goethe-Archivs *vor* dem Tod Walter von Goethes im Mai 1885, der den Nachlass seines Großvaters testamentarisch der Großherzogin Sophie von Sachsen-Weimar vermachte (vgl. Einleitung zu den Briefen Gustav von Loepers an Scherer, Briefe 101-103), ist bislang kaum etwas bekannt. Im Goethe-Schiller-Archiv existiert hierzu ein ab März 1884 datierender Briefwechsel »zwischen Friedrich Althoff, dem Weimarer Großherzoglich sächsischen Kammerherrn von Helldorff und dem Berliner [Kultus-]Minister von Goßler. Der Briefwechsel behandelt das ›Goethe-Archiv‹ im nationalen Interesse, er endet im Mai 1885, als sich die Gründung des Literaturarchivs abzeichnete. Zu konkreten Verhandlungen war es nicht gekommen. Obengenannte Personen traten eigentlich als Vermittler, nicht als Akteure auf.« (Briefliche Auskunft von Elsa-Marie Toelke, Goethe-Schiller-Archiv, Weimar, an Hans-Harald Müller vom 28.8.2002). Die zugehörigen Archivalien konnten bis Redaktionsschluss nicht eingesehen werden. Vgl. auch Brief 135.

126. Scherer an Althoff

Berlin, 1. Januar 1884. Dienstag

Berlin 1.1.84.

Verehrter Herr Geh. Rath.

Professor Grimm lehnt es ab, nach Weimar zu gehen.[17] Ich selbst komme nach langen Erwägungen auf meinen ersten Eindruck zurück, daß ich eine solche Mission nur übernehmen könnte, wenn sie eine förmliche wäre und wenn ich die Sache nicht als eine rein private zu behandeln hätte. Da Sie dies jedoch gerade wünschen, so muß ich mich dem Auftrag entziehen. Mit hochachtungsvoller Empfehlung und den besten Wünschen zum neuen Jahr

Ihr ergebener
Scherer

127. Scherer an Althoff

Berlin, 9. Februar 1884. Sonnabend

B. 9.2.84.

Verehrter Herr Geh. Rath.

Ich übersende das Gesuch[18] für Dr Hoffory und empfehle denselben noch einmal auf das wärmste Ihrer liebenswürdigen Fürsorge.

Sie gestatten mir dazu freundlichst noch folgende Bemerkungen.

Es wurde zwischen uns die Summe von 1200 Mk genannt. Ich habe erst seither den Dr Hoffory genauer nach der Höhe seiner Bedürfnisse gefragt. Es ergab sich daß er jährlich 2400 Mk braucht. Er muß jährlich 600 Mk auf Bücheranschaffungen rechnen; denn unsere Bibliotheken schaffen nordische Litteratur nicht systematisch nach – Sie haben da beiläufig wieder eine Illustration unserer überaus elenden, ja schandvollen Bibliothekszustände. Jeder Deutsche, der in London lebt, kann bequemer über germanistische Dinge arbeiten, als wir Berliner. Doch dies nebenbei! Ich bitte Sie inständigst, gehen Sie in der Bewilligung für Hoffory so hoch als irgend möglich.

---

17 Vgl. Anm. 16 (Brief 125).

18 Das nicht erhaltene Gesuch betraf Zuwendungen für Julius Hoffory aus Mitteln des preußischen Privatdozentenfonds. Hoffory, der sich 1883 in Berlin habilitiert hatte, wurde bis zu seiner Ernennung zum Extraordinarius (1887) aus dieser Quelle unterstützt. Vgl. Brief 107, dazu Anm. 14.

Bewilligungen aus dem sogen. Privatdocentenfonds sind sonst auf 2 Jahre gemacht und in der Regel für weitere 2 Jahre wiederholt worden. So war es z.b. bei Zimmer und Lichtenstein. Wenn dies auch hier möglich wäre, so würde es den Verhältnissen von Hoffory vorläufig die so wünschenswerthe Stabilität geben. Sonst kehrt binnen Jahresfrist gleich die ganze Frage wieder.

Hofforys Schriften Ihrem Wunsche gemäß mit zu überreichen war leider nicht möglich, da sie alle in Zeitschriften erschienen sind und dem Autor keine Separatdrücke mehr zu Gebote stehen. Er wird aber nicht verfehlen, seine nächsten Publicationen, die altnordischen Consonantenstudien[19] in deutscher Bearbeitung und dänische Berichte über die neueste deutsche Faustforschung,[20] geziemend vorzulegen.

Er selbst hat schon zwei Mal den Versuch gemacht, sich Ihnen persönlich vorzustellen, und wird diesen Versuch in der nächsten Woche wiederholen.

Wir bedauern sehr, daß wir um die Freude kamen, Sie heute zu sehen, und daß dies eine so traurige Veranlassung hatte. Wir wünschen Ihner verehrten Frau Gemahlin[21] baldigste Genesung.

Mit hochachtungsvoller Empfehlung

Ihr ergebener
Scherer

19 Julius Hoffory: »Altnordische Consonantenstudien«. In: *Beiträge zur Kunde der indogermanischen Sprachen* 9 (1884), S. 1-86 (auch separat: Göttingen 1884). Es handelt sich um Hofforys Berliner Habilitationsschrift, mit der ersten in dänisch geschriebenen Fassung hatte er sich zuvor in Kopenhagen bereits promoviert: *Oldnordiske consonantstudier*. Kopenhagen 1883.

20 Nicht ermittelt.

21 Marie Althoff.

128. Scherer an Althoff

Berlin, 17. Februar 1884. Sonntag

Herrn Geh. Regierungsrath
Dr. F Althoff.
Berlin.

Berlin 17. Februar 1884.

Verehrter Herr Geheimrath.

Es kann, nach meiner Kenntnis der Sachlage, kein Zweifel darüber obwalten, daß es möglich sein wird, Müllenhoffs »Deutsche Alterthumskunde«[22] auch dann zu vollenden, wenn es ihm seine Gesundheit nicht mehr gestatten sollte, diese Vollendung selbst zu überwachen.

Das Werk ist, wie Ihnen bekannt, auf 6 Bände berechnet, wovon der erste 1870[23] erschien und die erste Abtheilung des fünften[24] soeben durch mich auf Müllenhoffs Wunsch herausgegeben wurde. In diesem fünften Bande S. 1 be-

22 Scherers hier erst angedeuteter Plan, die Fortsetzung von Karl Müllenhoffs *Deutscher Altertumskunde* durch die Einwerbung staatlicher Mittel zu gewährleisten, konnte nach diversen Verhandlungen zwischen dem preußischen Kultus- und dem Finanzministerium, bei denen Althoff als Vermittler fungierte, durchgesetzt werden. Im April 1885 genehmigte der Finanzminister auf allerhöchsten Erlass des Kaisers Honorarmittel in Höhe von 28.000 Mark für die anfallenden Editionsarbeiten sowie ein Herausgeberhonorar von 3000 Mark für jeden fertiggestellten Band. Nach Scherers Tod übernahm Max Roediger die Herausgeberschaft, für die bereits unter Scherers Leitung durchgeführten Arbeiten erhielt Marie Scherer ein Honorar von 3000 Mark. Vgl. GStA PK, Acta betr. das germanische Seminar bei der Universität Berlin, Rep. 76 Va Sekt. 2, Tit. X, Nr. 119, Bd. 1 (1884-1905): Bll. 67-69, 82, 152. Zu dem von Scherer im Folgenden skizzierten Programm vgl. Müllenhoffs Vorworte in Bd. 1 (wie Anm. 14, Brief 125), S. III-IX, und Bd. 5,1 (wie Anm. 14, Brief 125), S. 1-2, ferner Scherers »Gedächtnisrede auf Karl Müllenhoff (Gelesen am Leibnizschen Jahrestage den 3. Juli 1884).« In: *Abh. Berlin* (1884), S. 1-16 (= *KS 1*, S. 137-147), in der einige der Formulierungen aus dem vorliegenden Brief wiederkehren. Die von Roediger in Zusammenarbeit mit dem bereits von Scherer als Hilfsarbeiter angestellten Otto Pniower bearbeiteten Nachlassbände der *Deutschen Altertumskunde* erschienen wie folgt: Bd. 2. Berlin 1887; Bd. 5,2. Berlin 1891; Bd. 3. Berlin 1892; Bd. 4. Berlin 1900. Über die von Scherer erwähnten Vorarbeiten und Abhandlungen Müllenhoffs vgl. auch die Vorworte Roedigers zu den jeweiligen Bänden.

23 Vgl. Anm. 14 (Brief 125).

24 Vgl. Anm. 14 (Brief 125).

richtet er selbst, daß der <u>zweite</u> Band bis auf ein paar Abschnitte und eine nachbessernde Durchsicht fertig liege, daß der dritte Band in den Vorarbeiten so gut wie ganz, in der Ausarbeitung allerdings nur zum Theil vollendet sei.

Dieser <u>dritte</u> Band sollte nach Müllenhoffs Intention den Beweis führen, daß die ältesten Germanen ihre Ursitze in Europa nicht später eingenommen haben können, als die urverwandten Stämme der Italiker und der Griechen ihre Sitze in Italien und Griechenland. Er sollte ferner auf Grund der Nachrichten der Griechen und Römer die Ausbreitung und Verzweigung der Germanen um den Anfang unserer Zeitrechnung darlegen. Ohne <u>genau</u> zu wissen, in welchem Zustande sich die von Müllenhoff für diesen Band erwähnten Vorarbeiten befinden, darf ich doch behaupten, daß der Inhalt dieses Bandes sich schon aus einigen früher publicirten Abhandlungen und aus Müllenhoffs Vorlesungen über die »Germania« des Tacitus herstellen lassen müßte. Von allen Vorlesungen, welche Müllenhoff gehalten, sind ausführliche Collegienhefte vorhanden, die zum Theil der Prüfung, Berichtigung und eigenen Ausführung ⟨diesem⟩ dienten, aber gewiß die meisten seiner wissenschaftlichen Gedanken enthalten. Auch das Collegienheft über »Beowulf«[25] wird vermuthlich Beiträge zu den ethnographischen Abschnitten des dritten Bandes liefern.

»Der <u>vierte</u> und <u>fünfte</u> Theil« – so lautete Müllenhoffs weiteres Programm – »hat dann weitere aus dem Zustande den jene Nachrichten (der Römer und Griechen) uns vor Augen stellen, den Gang, den ihre älteste Entwickelung überhaupt genommen hat, nach allen Seiten hin aufzuzeigen.«[26] Es sollte hier also von den politischen, wirtschaftlichen, sittlichen und religiösen Zuständen der alten Germanen die Rede sein. Auch hierfür würde das Collegienheft über die »Germania« des Tacitus den Haupt-Anhalt gewähren und den letzten Stand der Müllenhoffschen Forschungen erkennen lassen. Die sittlichen Anschauungen der Germanen wollte Müllenhoff aus den Personennamen entwickeln, worin seiner Ansicht nach das germanische Männer- und Frauenideal niedergelegt ist: hierüber sind ältere Abhandlungen vorhanden, außerdem aber noch besondere Sammlungen über altgermanische Namen.

25 Mit der separaten Herausgabe von Müllenhoffs *Beowulf*-Untersuchungen beauftragte Scherer seinen Schüler Edward Schröder. Vgl. Scherers Briefe an Schröder vom 17./22.4.1884, SUB Göttingen, NL Schröder: 907. Die Edition wurde später von einem anderen Schüler Müllenhoffs übernommen: Karl Müllenhoff: *Beovulf. Untersuchungen über das angelsächsische Epos und die älteste Geschichte der germanischen Seevölker.* Hg. v. H. Lübke. Berlin 1889.

26 Wörtliches Zitat aus Müllenhoffs Vorwort in *Deutsche Altertumskunde.* Bd. 5,1 (wie Anm. 14, Brief 125), S. 1. – Der vierte Band der *Altertumskunde* (wie Anm. 22, Brief 128) enthält statt der ursprünglich von Müllenhoff projektierten Darstellung seinen Kommentar zur *Germania* des Tacitus.

Für die germanische Religion treten gleichfalls ältere Abhandlungen, ein Collegienheft über Mythologie und Theile des Collegienheftes über die Edda ergänzend ein. Der sechste Theil[27] endlich sollte sich mit der in der germanischen Religion und Mythologie wurzelnden Heldensage beschäftigen und ihre Geschichte bis ans Ende des Mittelalters verfolgen. Die Herstellung ist möglich zum Theil wieder aus bereits publicierten Untersuchungen, zum Theil aus den Collegienheften über Geschichte der altdeutschen Poesie, über Beowulf, über das Nibelungenlied, über die Edda. Mehr als das Vorstehende vermag ich für den Augenblick nicht zu sagen. Einen eingehenderen Arbeitsplan zu entwerfen, ist die Zeit noch nicht gekommen: er hätte nur Sinn auf Grund einer genauen Kenntnis aller Müllenhoffschen Manuskripte. Noch aber braucht man die Hoffnung nicht unbedingt aufzugeben, daß vielleicht Müllenhoff selbst wieder in die Lage kommen könnte, Dispositionen für die Fortsetzung und Beendigung seines großen Lebenswerkes zu treffen.

Mit hochachtungsvoller Empfehlung

Ihr ergebener
Scherer

129. Scherer an Althoff

Berlin, 8. März 1884. Sonnabend

Berlin 8.3.84

Verehrter Herr Geh. Rath.

Ihrem Wunsche gemäß theile ich Ihnen mit, daß die gestrige Commissionssitzung[28] einen mir sehr überraschenden Verlauf genommen hat. Die drei übrigen Mitglieder waren in der Ansicht einig, daß man die Besetzung etwas

---

27 Nicht erschienen. Laut Edward Schröder entwickelte Scherer im Gespräch mit ihm das Programm eines sechsten Bandes, »den Müllenhoff nicht geplant hatte und den er selbst schreiben wollte: Rechtsgeschichte und Rechtsleben unserer Vorfahren; ein solches Werk, fügte er hinzu, könne sich sehr wohl zu einer Geschichte der deutschen Sitte auswachsen, wie das gewiß in der Richtung Jacob Grimms liege« (*BW Müllenhoff-Scherer*, Vorwort, S. XVI).

28 Das Folgende steht im Zusammenhang mit der Neubesetzung des Lehrstuhls von Karl Müllenhoff. Scherer plante, Müllenhoffs altdeutsche Professur selbst zu übernehmen und zugleich die Berufung Erich Schmidts auf sein bisheriges Ordinariat für neuere deutsche Litteraturgeschichte zu betreiben, ein Vorhaben, dass bei der

hinausschieben solle. Gegen Heyne wurden gewichtige Gründe geltend ge-macht,[29] denen ich mich nicht verschließen konnte. Anderseits muß ich selbst gestehen, daß Erich Schmidt ein wenig jung ist und daß es gerathen wäre, das vollständige Erscheinen seines »Lessing«[30] abzuwarten. So habe auch ich mich den 3 übrigen Mitgliedern angeschlossen; und wir werden in diesem Sinne an die Facultät, resp. an den Minister berichten.

Ich vermuthe daß ich mich veranlaßt finden werde, das Interimisticum möglichst abzukürzen; aber das Interimisticum selbst halte ich in der That für das sachlich richtigste.

Inzwischen habe ich gefunden, daß ich bei Müllenhoffs Alterthumskunde[31] doch vielleicht 2 Amanuenses anstellen kann zum Besten des Werkes; ich möchte daher dieser Frage noch nicht präjudiciren, wie ich vielleicht gestern gethan.

Mit hochachtungsvoller Empfehlung

Ihr
ergebener
Scherer

Berliner Fakultät auf Widerspruch stieß. Über den Fakultätsbeschluss vom 7.3. 1884 berichtete Scherer am 7.6.1884 an Erich Schmidt:»Derselbe ging dahin, eine Wiederbesetzung der zweiten Professur für deutsche Philologie vorläufig über-haupt nicht eintreten zu lassen, sondern auf unbestimmte Zeit zu verschieben. Der Beschluß ist in gewissem Sinne gegen mich gefaßt worden, aber ich habe nicht die äußeren Anstrengungen gemacht, um ihn zu verhindern, da er auch für mich viel einleuchtendes hatte. Nur das Prinzip suchte ich zu retten: daß *ich* Müllenhoff's Professur übernehme, und die meinige zu besetzen sei. Ich bin aber damit bei der Fakultät in der Minorität geblieben. Was mich ärgerte, mich eine Nacht und einige verdrießliche Stunden kostete. Denn nicht ohne inneren Kampf hatte ich mich zur Aufgabe der neueren Litteraturgeschichte entschlossen – und ich begegnete jetzt der entschiedenen Tendenz, mich gerade dabei, wenigstens vorläufig, festzuhalten.« (*BW Scherer-Schmidt*, Nr. 240, S. 191 f.). – Nach Scherers Tod wurde Schmidt be-reits zum Sommersemester 1887 zu seinem Nachfolger bestellt, während Müllen-hoffs Professur erst 1889 mit Karl Weinhold besetzt wurde.

29 Über den damals in Göttingen lehrenden Moritz Heyne war offenbar im Zusam-menhang mit der Neubesetzung (vgl. Anm. 28, Brief 129) verhandelt worden.

30 Erich Schmidt: *Lessing. Geschichte seines Lebens und seiner Schriften.* 2 Bde. Berlin 1884-92 [²1899].

31 Vgl. Brief 128, dazu Anm. 22.

130. Althoff an Scherer

Berlin, 9. Juli 1884. Mittwoch

Verehrter Herr Professor! Für Sie bin ich nicht bloß in meiner Sprechstunde, sondern stets sowohl in meinem Bureau wie zu Hause, sobald ich dort bin, zu haben.

Mit hochachtungsvoller Empfehlung
Ihr
ergebener Althoff.

B. 9.7.84.

131. Althoff an Scherer

Berlin, 31. Oktober 1884. Freitag

Hochgeehrter Herr Professor! Die Nat.Z. bringt eine Notiz,[32] wonach der päpstl. Unterarchivar Denifle (od. wie?) eine Gesch. der Univ. im Mittelalter in 4 Bden und in Gemeinschaft mit einem württemb. Jesuiten (Egerle?) eine histor. Zeitschr. bei Hans Reimer herausgeben wird.[33] H. Reimer hat mir das bestätigt mit dem Bemerken, daß Sie über das Unternehmen etc. orientirt seien. Darf ich mir die Frage erlauben, was Sie von den Herren wissen u von dem Unternehmen erwarten und weshalb die Herren wohl einen Berliner Verleger gewählt haben? Unter den angelegentlichsten Empfehlungen

Ihr
ganz ergebener Althoff.

B. 31.10.84.

32 Die Notiz aus der Berliner *Nationalzeitung* konnte nicht ermittelt werden.

33 Althoffs Anfrage, deren weiterer kulturpolitischer Hintergrund aus Brief 132 hervorgeht, betrifft zwei Publikationsunternehmen des Dominikaners und Historikers Heinrich Seuse Denifle, die in Hans Reimers Weidmannscher Buchhandlung in Berlin erschienen. Von Denifles ursprünglich auf vier Bände angelegter *Geschichte der Universitäten im Mittelalter* erschien nur der erste Band: *Die Entstehung der Universitäten des Mittelalters bis 1400*. Berlin 1885. Die erwähnte Zeitschrift ist das von Denifle und dem Mediävisten Franz Ehrle (nicht: Egerle) herausgegebene *Archiv für Literatur- und Kirchengeschichte des Mittelalters* (1885-90).

132. Scherer an Althoff

Berlin, 1. November 1884. Sonnabend

Berlin 1. Novber. 84.

Verehrter Herr Geh. Rath.

Von der beabsichtigten Zeitschrift[34] und dem Würtemb. Jesuiten habe ich selbst aus der Nat. Ztg. das erste Wort gehört. Aber mit dem andern Werke[35] des Pater. Denifle hat es einen sehr schlichten Zusammenhang. Denifle bewährte sich, da er noch in Graz war, als ein bedeutender Kenner der mittelalterigen Mystik.[36] Da er mir einmal nach Straßburg einen Aufsatz schickte, so forderte ich ihn auf oder ließ ihn durch Steinmeyer auffordern, uns Beiträge zur Geschichte der deutschen Mystik in die Zeitschrift für deutsches Alterthum (die in der Weidmannschen Buchhandlung bei Hans Reimer erscheint) zu geben. Er hat dann seit dem 19. Bande dieser Zeitschrift (1876) wiederholt Beiträge geschickt, welche an Bedeutung zusehends wuchsen. Zuletzt deckte er in einer Reihe von Aufsätzen[37] die merkwürdigen Fälschungen des Straßburgers Rulmann Merswin auf. Wenn Sie die Geschichte des Elsaßes[38] von Lorenz und mir besitzen, so bitte ich S. 77 über den Gottesfreund im Oberlande nachzulesen. Denifle wies nach daß dieser Mann nie existirte und mit allen seinen angeblichen Schriften eine Fälschung, eine Erfindung des Rulmann Merswin (a.a.O. S. 80) ist*. Der Keim zu dieser Entdeckung Denifles ist schon in seiner Schrift über die Bekehrung Taulers[39] enthalten, die ich als Heft 36 in die bei Trübner in Straßburg erscheinenden Quellen und Forschungen aufnahm.

* vgl. meine Geschichte d. deutschen Litt.[40] S. 240 fg

34 Vgl. Anm. 33 (Brief 131).
35 Vgl. Anm. 33 (Brief 131).
36 Vgl. Heinrich Seuse Denifle: *Das geistliche Leben – eine Blütenlese aus den deutschen Mystikern*. Graz 1873 [⁶1908].
37 Heinrich Seuse Denifle: »Das Leben der Margaretha von Kentzingen. Ein Beitrag zur Geschichte des Gottesfreundes im Oberland«. In: *ZfdA* 19 (1876), S. 478-491; ders.: »Die Dichtungen des Gottesfreundes im Oberlande«. Ebd. 24 (1880), S. 200-219 u. 280-324; ders.: »Die Dichtungen Rulman Merswins«. Ebd. 24 (1880), S. 463-540 u. 25 (1881), S. 101-122.
38 Scherer bezieht sich hier und im unten folgenden Verweis auf die zweite Auflage der *Geschichte des Elsasses* von 1872. Vgl. ebd. S. 77, 80.
39 Heinrich Seuse Denifle: *Taulers Bekehrung*. Straßburg 1879 (QF 36).
40 Vgl. *Scherer: GdL (1883)*, S. 240 f.

Denifle hatte nun den Wunsch, seine in unserer Zeitschr. erschienenen Aufsätze über den Gottesfreund im Oberland erweitert als Buch[41] erscheinen zu
lassen, und es entsprach einer gewissen geschäftlichen Convenienz, zunächst
dem Verleger der Zeitschrift den Verlag des Buches anzutragen.

Denifle war unterdessen nach Rom gezogen worden und wird oder wurde
vom gegenwärtigen Papst[42] zu den Vorarbeiten für eine neue Ausgabe[43] des
Thomas von Aquino verwendet. Die vielen Reisen, die er zu diesem Zwecke
zu machen hatte, verwendete er, um nebenbei seine Studien über die Geschichte der Mystik fortzuführen und auch jenem beabsichtigten Buch eine
breitere Grundlage zu geben. Er überraschte schließlich den Verleger mit
dem Antrag jenem Buch erst ein Werk über die Universitäten im Mittelalter[44] voranzuschicken, welches viele neue Entdeckungen und Documente
der Zeit vorlegen sollte.

Das ist, was ich von dem äußeren Hergange weiß. Im übrigen schmeichle
ich mir nicht, die etwaigen Nebengedanken eines katholischen Geistlichen zu
durchdringen.

Wenn der protestantische Verlag sich auf einem fast zufälligen Wege ganz
natürlich machte, so wird der P. Denifle wohl seine besonderen Gründe gehabt haben, welche es ihm wünschenswerth machten, den sich natürlich dar-
bietenden Weg zu benutzen.

Was ich darüber ohne besondere Aus- und Unterlegungskünste bemerken
kann, ist folgendes.

Die ersten kritischen Leistungen des P. Denifle sind in den historisch-politischen Blättern[45] erschienen und waren gegen die allgemein mit Beifall aufgenommene Geschichte der Mystik[46] von Preger, d.h. gegen ein Werk prote-
stantischer Gelehrsamkeit, gerichtet. Nach dem Urtheil Unparteiischer, z.B.
Steinmeyers (der hierüber ein entschiedeneres Urtheil hat, als ich), ist Denifle
dem Preger an Gelehrsamkeit wie an Kritik weit überlegen. Sie haben in unserer Zs. eine Controverse[47] über des Mystikers Suso Briefbuch ausgefoch-

---

41 Dieser Plan wurde nicht verwirklicht.
42 Leo XIII.
43 *Leonina: Sancti Thomae Aquinatis doctoris angelici Opera omnia iussu Leonis XIII.
    P. M. edita, cura et studio fratrum praedicatorum.* Rom 1882 ff. (bis 1992 sind 31 Bde.
    erschienen).
44 Vgl. Anm. 33 (Brief 131).
45 Die *Historisch-politischen Blätter für das katholische Deutschland,* eine seit 1838 in
    München erscheinende Zweimonatsschrift ultramontaner Ausrichtung.
46 Wilhelm Preger: *Geschichte der deutschen Mystik im Mittelalter.* 3 Bde. Leipzig
    1874-93.
47 Gemeint sind die folgenden Beiträge in *Zeitschrift* und *Anzeiger für deutsches Alter-
    tum:* Heinrich Seuse Denifle: »Zu Seuses ursprünglichem Briefbuch«. In: *ZfdA* 19

ten, in welcher Preger (wieder nach Steinmeyers Urtheil) entschieden den kürzeren zog.

Denifle wird vielleicht der Ansicht sein, daß seine Siege über Preger im Stande seien, die protestantische Theologie überhaupt zu discreditiren: eine Ansicht, die ich z.b. nicht im entferntesten theile. Und es wird ihm angenehm gewesen sein, nicht mehr in den hist.polit. Blättern, als einem katholisch-ultramontanen Parteiblatte, sondern in der Gesellschaft von Philologen, gleichsam vor einem unparteiischen Forum, aufzutreten.

Aus ähnlichen Gründen mag ihm der protestantische Verleger ohne theologischen Verlag, eine Firma philologisch-historischen Verlagscharakters, lieber sein, als etwa Manz in Regensburg oder eine sonstige Firma von ultramontanem Klange.

Ich bemerke noch, daß Denifle meiner Ansicht nach der bedeutendste Gelehrte ist, den das katholische Deutschland seit langer Zeit hervorgebracht hat und daß seine Arbeiten, so weit sie mir bekannt, als wirkliche Fortschritte historischer Erkenntnis, wie sie so leicht keinem anderem gelungen wären, betrachtet werden müssen. Nur weil ich diesen echten Forschersinn in seinen Arbeiten entdeckte, bin ich mit ihm in Verbindung getreten. Jüngere Freunde, wie Steinmeyer in Erlangen u. Schönbach in Graz, haben das Imponierende des Mannes noch stärker empfunden als ich. Ich glaube aber, daß mein Urtheil von dem eines protestantischen Kirchenhistorikers wie Karl Müller (der sich auch lebhaft für Denifles Arbeiten interessirt) nicht wesentlich abweicht. Wir bedauern beide die nichts weniger als urbane polemische Schärfe, welche Denifle regelmäßig gegen Preger aufwendet, und wir schätzen Preger viel höher, als ihn Denifle schätzt; aber wir schätzen Denifles positive Leistungen darum nicht weniger, weil wir ihn ungerecht gegen seinen Gegner finden.

Mit hochacht*un*gsvollen Empfehlungen

Ihr
ergebenster
Scherer

.

(1876), S. 346-371; Wilhelm Preger: »Entgegnung auf Zs. XIX, 346-371«. In: *AfdA* 1 (1876), S. 261-263; ders.: »Die Briefbücher Susos«. In: *ZfdA* 20 (1876), S. 373-415; H. S. D.: »Ein letztes Wort über Seuses Briefbücher«. Ebd. 21 (1877), S. 89-142; W. P.: »Erklärung«. In: *AfdA* 3 (1877), S. 211 f.; H. S. D: »Gegenerklärung«. Ebd. S. 212 f.

133. Scherer an Althoff

Berlin, 21. März 1885. Sonnabend

Berlin 21.3.85.

Verehrter Herr Geh. Rath.

Ich habe noch etwas heute vergessen. Darf ich die Acten über Müllenhoffs Berufung (1858) einsehen? Würden Sie vielleicht die Güte haben, falls dem nichts entgegensteht, mir mit einem Worte schriftlich zu sagen, um wie viel Uhr an welchem Tage ich ins Ministerium kommen kann, um mir einige Notizen aus den genannten Acten für meine Biographie[48] Müllenhoffs zu machen? Mit hochachtungsvoller Empfehlung

Ihr
ergebener
Scherer

134. Althoff an Scherer

Berlin, 28. März 1885. Sonnabend

Berlin, 28. März 1885.

Verehrter Herr Professor!

Beifolgend zur vertraulichen Kenntnißnahme die Akten, in denen sich (die Seite ist eingeschlagen) die Verhandlungen über Müllenhoff's Berufung finden. Sie können daraus abdrucken, was Ihnen gut scheint. Sofern aber etwas davon nach Verlautbarung von Staatsgeheimnissen aussieht, darf ich Sie wohl bitten, Sich vorher mit mir darüber in Benehmen zu setzen.

Der Immediatber. weg. der Müllenhoff'schen Alterthumskunde[49] ist heute an das Finanzministerium zurückgegangen. In etwa 14 Tagen bis 3 Wochen wird also die Allerhöchste Entscheidung erfolgen.

Verehrungsvollst
Ihr
ergebenster Althoff.

Darf ich um das Votum über Pietsch[50] bitten?

48 Wilhelm Scherer: *Karl Müllenhoff. Ein Lebensbild.* Berlin 1896. – Scherers Aufzeichnungen aus den von Althoff zur Verfügung gestellten Akten zu Müllenhoffs Berufung von Kiel nach Berlin sind nicht in das gedruckte Fragment der Biographie eingeflossen, sie liegen beim Manuskript. Vgl. Anm. 52 (Brief 116).

49 Vgl. Anm. 22 (Brief 128).

50 Paul Pietsch, damals Privatdozent in Kiel, wurde im Mai 1885 auf das germanistische Ordinariat in Greifswald berufen. Scherer sollte vermutlich über seine Eig-

135. Scherer an Althoff

Berlin, 17. April 1885. Freitag

Berlin 17.4.85.

Verehrter Herr Geh. Rath.

Indem ich Ihnen gleichzeitig einen Antrag auf Renumeration der Herren Dr Seelmann und Dr Joseph für die Catalogisirung der Müllenhoffschen Bibliothek[51] überreiche und denselben Ihrer wohlwollenden Genehmigung empfehle – erlaube ich mir Ihnen anzuzeigen, daß ich morgen für 3-4 Tage nach Schandau a.d. Elbe (Hôtel ⟨Serndig⟩) gehe, um mir eine dringend nöthige Erholung zu verschaffen. Ich nehme an, daß der Tod des letzten Enkels Goethes[52] mir zunächst keinerlei Pflichten auferlegt u. daß die ersten etwa nöthigen Schritte zur Durchführung unseres alten Programms[53] ebenso gut von

nung für diese Stelle gutachten, ein entsprechendes Votum konnte nicht ermittelt werden. Die reservierte Haltung Scherers gegenüber Pietschs wissenschaftlichen Leistungen geht deutlich hervor aus seiner Rezension von dessen Monographie *Martin Luther und die hochdeutsche Schriftsprache* (Breslau 1883), erschienen in: *DLZ* Nr. 1 v. 5.1.1884, Sp. 10 f.

51 Im Zusammenhang mit der Verhandlung über Mittel zur Fortsetzung von Karl Müllenhoffs *Deutscher Altertumskunde* (vgl. Anm. 22, Brief 128) hatte Scherer beim preußischen Finanzministerium auch den Ankauf von Müllenhoffs wissenschaftlichem Nachlass sowie seiner Bibliothek erwirkt, für welche die Erben Müllenhoffs ein Entgelt von 9000 Mark erhielten. Müllenhoffs Bibliothek bildete den Grundstock für die Bibliothek des Germanischen Seminars der Berliner Universität, das jedoch erst 1887 unter Scherers Nachfolger Erich Schmidt offiziell eröffnet wurde. Zu den langwierigen Vorbereitungen der Seminargründung, von denen auch der folgende Brief Scherers einen Eindruck vermittelt, vgl. ausführlich *Höppner (1987b)* (mit umfangreichen Quellenangaben), außerdem Scherers »Promemoria betreffend das Germanische Seminar, die Müllenhoffsche Bibliothek und Müllenhoffs Nachlaß« vom 14.9.1884, vollständig abgedruckt bei Uwe Meves: »Die Gründung germanistischer Seminare an den preußischen Universitäten (1875-1895)«. In: *Von der gelehrten zur disziplinären Gesellschaft.* Hg. v. Jürgen Fohrmann. Stuttgart 1987 (DVjs-Sonderheft 61), *69-*122, hier S. *118-*122 (Auszüge aus dem Dokument bereits bei *Höppner (1987b)*, S. 775 f.).

52 Walther von Goethe war am 15.4.1885 verstorben.

53 Vgl. Brief 125, dazu Anm. 16.

den Herren v. Loeper und Herman Grimm allein gethan werden können. Sollte ich mich in dieser Voraussetzung irren, so kann ich ja meine Rückkehr leicht beschleunigen.

Mit verehrungsvoller Empfehlung

Ihr
ergebener
Scherer

136. Scherer an Althoff

Berlin, 6. Juli 1885. Montag

Berlin 6. Juli 1885

Verehrter Herr Geh. Rath.

Ihre freundliche Frage kann ich nur sehr lakonisch beantworten, da ich wieder seit vorgestern von Kopfschmerzen geplagt werde.

Das Übel der Überbürdung, an dem ich kranke, kommt davon, daß die zweite germanistische Professur[54] an unserer Universität nicht besetzt ist. Aber hieran läßt sich meiner eigenen Überzeugung nach vorläufig nichts ändern. Ich halte den Dr Edward Schröder in Göttingen für meinen berufenen Mitarbeiter;[55] es wäre jedoch vermuthlich sehr schwer, schon jetzt die Form

---

54 Vgl. Brief 129, dazu Anm. 28.

55 Der unten noch weiter ausgeführte Plan, Edward Schröder, damals Privatdozent in Göttingen, zur Unterstützung Scherers nach Berlin zu holen, wurde schnell in die Tat umgesetzt. Bereits am 8.7.1885 konnte Scherer Schröder brieflich eine feste Zusage mitteilen: »Wenn Sie Sich entschließen können, zum Anfang des Wintersemesters sich hier zu habilitiren, und mein Assistent am germanischen Seminar zu sein, so kann ich Ihnen vom 1. October ab eine monatliche Remuneration von 175 M. (= jährlich 2100 Mk) in Aussicht stellen, welche allerdings nur so lange dauert, als die zweite ordentliche Professur für deutsche Philologe unbesetzt ist. [...] Was ich Ihnen schreibe, beruht auf einer soeben mit GR Althoff getroffenen, vom Herrn Minister bekräftigten Abrede. Althoff hat Sie sich in meiner Gegenwart in sein Notizbuch eingetragen und eine entsprechende Eintragung in mein Notizbuch unterschrieben. [...] Es weiß hier noch kein Mensch davon außer meine Frau, Althoff und der Minister. Den Ausdruck Assistent müssen Sie nicht gerade betonen: Ihre Hauptverpflichtungen werden sein: 1) die Bibliotheksverwaltung des Seminars; 2) gewisse Sprachstunden im Seminar, wo Sie zu Auskünften für die Sem. Mitgl. bereit sein müssen; 3) Abhaltung von Übungen. Doch dies nur eine vorläufige Skizze – der ganze Gedanke ist bei mir selbst noch nicht 4 Tage alt.« (SUB Göttingen, NL Schröder: 907). Schröder, der nach dem Tod Scherers

zu finden, in der er dazu gemacht werden könnte. Doch will ich unten hierüber einen Vorschlag machen.

Eine unmittelbare Sorge, die mir allerdings, wie ich glaube, ohne große
Mühe abgenommen werden könnte, ist das Provisorium des germanischen
Seminars.[56]

Zwei Semester lang steht die Seminar- ehemals Müllenhoffsche Bibliothek[57] bereits unbenutzt, weil sie in dem provisorischen Local keinen Platz
hat und das definitive nicht in Stand gesetzt ist. Durch die Güte des Herrn
Ministers besitze ich ein Extraordinarium zur Ergänzung der Bibliothek; aber
ich kann davon so gut wie keinen Gebrauch machen, weil eine Vermehrung
der Bücher zugleich die Verlegenheit, sie aufzustellen, vermehrt. Den Müllenhoffschen handschriftlichen Nachlaß[58] fand ich, um derselben ungünsti-
gen Raumverhältnisse willen, nöthig, einstweilen in meiner Wohnung auf-
zubewahren, in der eigentlich kein Platz ist: der Nachlaß wird die Mühen u.
die Verantwortung meines demnächstigen Umzuges[59] vermehren.

Die Herstellung eines definitiven Seminarlocales ist der erste und nächste
Wunsch, den ich augenblicklich hege.

Dazu kommt dann freilich der weitere: auch in Bezug auf die Dotation,
auf das Ordinarium des Seminars aus dem Provisorium ins Definitivum zu
kommen: was hoffentlich mit dem nächsten Etat gelingt.

Endlich kann ich drittens nicht verhehlen, daß die aus sachlichen Gründen
so sehr wünschenswerthe Errichtung des Seminars nach der Seite der Verwaltung hin eine neue persönliche Last für mich bedeutet. Und wenn es möglich
wäre, mir hierfür Hilfe und so Erleichterung zu schaffen, so würde ich das
mit lebhaftem und warmem Danke begrüßen. Ich bemerke, daß ich Herrn
Prof. Roediger nicht gut den Antrag machen kann, sich an der Verwaltung
des Seminares zu betheiligen, den Verkehr mit Buchhändler und Buchbinder
zu übernehmen, für Katalogisirung regelmäßig zu sorgen und eine Über-
wachung der Benutzer gelegentlich eintreten zu lassen: Herr Prof. Roediger
ist durch die Redaction der Deutschen Litteratur-Zeitung schon allzu sehr
äußerlich in Anspruch genommen und von lebhafter wissenschaftlicher
Thätigkeit abgehalten, worunter nothwendig auch seine Lehrthätigkeit leiden muß. – Herr Privatdocent Dr Julius Hoffory ist mir schon jetzt für die Ergänzung der scandinavischen Theile von Müllenhoffs Bibliothek nützlich

in Berlin Extraordinarius wurde, hatte bis 1889, als er einem Ruf nach Göttingen
folgte, maßgeblichen Anteil an der Verwaltung des Berliner Seminars. Vgl. auch
Höppner (1987b), S. 774 (mit weiteren Quellen).

56 Vgl. Anm. 51 (Brief 135).
57 Vgl. Anm. 51 (Brief 135).
58 Vgl. Anm. 51 (Brief 135).
59 Vgl. Anm. 153 (Brief 26).

gewesen; aber in die gesammte Verwaltung einzugreifen, das würde schon seiner speciellen Studienrichtung nicht entsprechen. Nur ein besonders angestellter Bibliothekar würde mir eine wirksame Erleichterung schaffen. Und wenn es gelänge zu diesem Zwecke Mittel flüßig zu machen; so könnte ich daraufhin die Verantwortung übernehmen, Herrn Dr Edward Schröder zu einer Umhabilitirung zu veranlassen und ihm die Stelle zu übertragen. Sie würde dann von selbst nicht blos den Charakter einer Bibliothekar-Stelle, sondern vielmehr den einer Assistenten-Stelle bekommen; und Dr Schröder hätte bestimmte Verpflichtungen in Bezug auf die mit den Seminar-Mitgliedern anzustellenden Übungen zu übernehmen. Ich kenne die häuslichen Verhältniße Schröders genau genug, um zu wissen, daß er einen Antrag dieser Art nothwendig annehmen müßte. Wir hätten dann diese junge ausgezeichnete Kraft, auf welche nicht blos ich die größten Hoffnungen setze, auf welche schon Müllenhoff viel vertraute, für unsere Universität gewonnen und doch in einer Form, welche weder ihn zu rasch erhöbe (obgleich er eher zu bescheiden, als zu hochmüthig ist) noch uns vorzeitig bände noch seine älteren Collegen verletzte.

Ich gestehe, verehrter Herr Geh. Rath, daß mir erst, während ich schreibe, dieser Gedanke voll aufgegangen ist. Er leuchtet mir aber in hohem Maße ein und wäre die Erfüllung dessen, was ich, wie Ihnen bekannt, schon lange wünsche.

Es entzieht sich meiner Beurtheilung, ob die Mittel, vielleicht in der Form einer jährlich neu zu bewilligenden Renumeration, etwa aus den für die zweite germanistische Professur verfügbaren Summen entnommen werden könnten, so daß sie mit einer vielleicht später eintretenden Beförderung Schröders zum Extraordinarius hinweg fielen.

Das Vorstehende Ihrer oft bewährten wohlwollenden Gesinnung vertrauensvoll empfehlend,

zeichne ich
Ihr
aufrichtig ergebener
Scherer

Briefwechsel mit Otto Pniower
1885

Otto Pniower (1859-1932)[1] war einer der letzten gemeinsamen Schüler von Karl Müllenhoff und Scherer. Im Anschluss an seine Promotion (1883) vermittelte Scherer Pniower eine Stellung als wissenschaftliche Hilfskraft bei der Herausgabe der nachgelassenen Bände von Müllenhoffs »Deutscher Altertumskunde«, eine Aufgabe, die ihn über Scherers Tod hinaus bis 1893 beschäftigte.[2] Im gleichen Jahr trat Pniower, dem aufgrund seiner jüdischen Herkunft die Hochschullaufbahn erschwert war, als wissenschaftlicher Hilfsarbeiter in die Dienste des Märkischen Provinzialmuseums ein, wo er 1911 zum Kustos und 1918 zum Direktor aufstieg. 1902 erhielt er den preußischen Professorentitel verliehen. Neben seinem Hauptamt entfaltete Pniower eine umfangreiche Vortragstätigkeit und legte eine Vielzahl von Editionen und wissenschaftlichen Veröffentlichungen vor, die sich schwerpunktmäßig um Goethe und Theodor Fontane gruppieren. Als sein Hauptwerk gilt die Monographie zur Entstehungsgeschichte des »Faust« (1899), mit der er auch an die Goethe-Studien seines Lehrers anschloss. Seit 1915 gehörte Pniower zudem dem Kuratorium zur Verleihung des Wilhelm-Scherer-Preises an, der von seinem ehemaligen Schulkameraden und engem Freund, dem Literaturhistoriker Richard M. Meyer gestiftet worden war.

1   Literatur: Volker Maeusel: »›die alles in allem so günstige Gestaltung meines Lebens‹. Die außeruniversitäre Karriere eines Scherer-Schülers. Bio-Bibliographisches über Otto Pniower«. In: *Berliner Hefte zur Geschichte des literarischen Lebens* 2 (1997), S. 109-143 (mit Schriftenverzeichnis); ders.: »Fontane oder Faust – Otto Pniowers literarische Arbeitsfelder in seiner Darstellung«. In: *Berliner Universität und deutsche Literaturgeschichte. Studien im Dreiländereck von Wissenschaft, Literatur und Publizistik.* Hg. v. Gesine Bey. Frankfurt/M., Berlin 1998 (Berliner Beiträge zur Wissenschaftsgeschichte 1), S. 185-199; Lothar Schirmer: »Auf der Suche nach der verlorenen Identität – Otto Pniower (1859-1912)«. In: *Jahrbuch Stiftung Stadtmuseum Berlin* 7 (2001), S. 289-319 (mit erweitertem Schriftenverzeichnis); Kerstin Gebuhr: »Richard M. Meyers Wilhelm Scherer-Stiftung. Die kurze Geschichte einer fast vergessenen Institution«. In: *MAGG* H. 19/20 (2001), S. 47-49. – *NDB* (Volker Maeusel); *IGL* (ders.).

2   Zu diesem Projekt vgl. ausführlich Brief 128, dazu Anm. 22 (dort auch bibliographische Angaben zu den Nachlassbänden), speziell zu Pniowers Tätigkeit Maeusel: »›die alles in allem so günstige Gestaltung meines Lebens‹« (wie Anm. 1, Einleitung Pniower), S. 111-114.

137. *Scherer an Pniower*

Berlin, 10. August 1885. Montag

Berlin, NW, Lessingstraße 56
10. Aug. 85.

Lieber Dr Pniower.

Es freut mich, so Günstiges über Ihr Befinden zu hören.[3] Aber vergessen Sie nie, daß Ihr Gefühl dabei weniger zuverläßig ist, als das Urtheil des Arztes; und halten Sie Sich, bitte, für gerade so krank, als Ihr Arzt Sie hält. Jedenfalls schonen Sie Sich genau nach Vorschrift. Das ist vorläufig auch das Beste und Nützlichste, das Sie für unsere gemeinsame Arbeit an der Alterthumskunde[4] thun können. Suchen Sie auch die Wiederaufnahme der Arbeit nicht zu beschleunigen; sondern seien Sie ganz folgsam u. willig in allen Dingen, welche der Arzt von Ihnen verlangt. Auch wenn Sie im Herbst noch nicht arbeiten können, werden Ihnen die 500 Mk für das letzte Quartal ausbezahlt werden; ich habe das gestern mit Gh. R. Althoff so besprochen.

Kommen Sie zurück, ehe ich wieder hier anwesend bin, so bitte ich Sie, erst Ihre Spangenberg-Arbeiten[5] abzuschließen.

3   Pniower musste nach einem Blutsturz mehrere Monate in einem Sanatorium in Bad Falkenstein/Taunus verbringen. Vgl. Brief 138, außerdem Maeusel: »die alles in allem so günstige Gestaltung meines Lebens«« (Anm. 1, Einleitung Pniower), S. III.

4   Vgl. Anm. 2 (Einleitung Pniower).

5   Es handelte sich um Arbeiten an einem größerem Werk über den elsässischen Dichter Wolfhart Spangenberg, mit dessen Abschluss Scherer Pniower beauftragt hatte, das jedoch nie erschienen ist. Ein Teil des Manuskriptes war, wie Scherer Erich Schmidt mitteilte, »seit dem Herbst 1873 druckfertig: was wörtlich zu verstehen. Ich habe wahrscheinlich keinen Strich mehr an dem betr. Manuskript zu tun.« (Brief vom 5.10.1884, *BW Scherer-Schmidt*, Nr. 241, hier S. 193). Erste Ergebnisse lieferte Pniower im Sommer und Herbst 1885, darunter eine Analyse des Gedichtes vom *Eselskönig*, als dessen Verfasser er Spangenberg nachwies, ein Hinweis, den Scherer in der dritten Auflage der *Geschichte des Elsasses*. Berlin 1886, S. 554, aufgriff. Vgl. auch Pniowers hier nicht abgedruckten Brief an Scherer vom 26.8.1885 (ABBAW, NL W. Scherer: 767). Den Inhalt der geplanten Monographie chrakterisiert Ernst Martin in seiner kurz nach Scherers Tod erschienenen Spangenberg-Ausgabe: »Eingehend sollte Spangenbergs litterarische Tätigkeit gewürdigt werden in einer besonderen Schrift, für welche Scherer die Dramen selbst bearbeitet, die anderen Gedichte Herrn Dr. Otto Pniower überlassen hatte.« (Wolfhart Spangenberg: *Ausgewählte Dichtungen. Ganskönig – Saul – Mammons Sold – Glückswechsel.* Hg. v. Ernst Martin. Berlin 1887 (Elsässische Litteraturdenkmäler aus dem XIV-XVII. Jahrhundert 4), S. V-VI; vgl. ebd. S. V zu Scherers früheren Arbeiten über Spangenberg). Der Grund dafür, warum Pniower den Band nicht herausgegeben hat, ist unbekannt, das Manuskript konnte nicht ermittelt werden.

Ich werde nach Gastein[6] geschickt, wohin ich heute Abend abreise um am
17. dort anzukommen und 3-4 Wochen zu bleiben. Meine Adresse ist immer
die obige. Zurück komme ich Ende September.
Das Decanat wird mich in der Arbeit sehr hindern. Schönen Dank für
Ihre Glückwünsche! Der Umzug[7] ist glücklich vorüber, die Wiedereinrichtung
noch nicht. Und ich muß vieles in Unordnung hinterlassen.
Mit den besten Grüßen, auch von meiner Frau

Ihr
Scherer

138. Pniower an Scherer

Falkenstein/Taunus, 24. September 1885. Donnerstag

Sehr geehrter Herr Professor.

Bis vor kurzer Zeit hoffte ich Ihnen in diesen Tagen meinen Dank persönlich
abzustatten dafür, daß Sie wiederum in so liebenswürdiger Weise für mich
gesorgt haben. Aber Richard Meyer und seine Mutter,[8] die mich in der vorigen
Woche hier besuchten, einigten sich mit Herrn Dr. Dettweiler darin, daß ich
noch bis Mitte November hier bleiben sollte. Ich nahm dieses Resultat der
Besprechung nicht sehr günstig auf und nur auf die wiederholte Versicherung
von Rich. Meyer, daß Sie gegen diese späte Rückkunft nichts hätten und mich
vor Ende November doch nicht brauchen könnten, nur auf diese Versicherung
hin erklärte ich mich einverstanden damit, durft ich doch hoffen, diese lange
Zeit wenigstens einigermaßen zur Vorbereitung für die Altertumskunde[9] aus-
zunutzen. – Inzwischen ist mir freilich schon manches entgangen und wird
mir leider noch entgehen. So habe ich gehört, daß die Pariser Hdschr.[10] von

6 Zu diesem Aufenthalt vgl. auch Briefe 27 u. 103.
7 Vgl. Anm. 153 (Brief 26).
8 Elika Meyer.
9 Vgl. Anm. 2 (Einleitung Pniower).
10 Gemeint ist offenbar die Große Heidelberger bzw. Manessische Liederhandschrift
(Cod. Pal. Germ. 848), die Mitte des 17. Jahrhunderts von Heidelberg nach Frankreich gelangte. 1885 lag sie noch in der Bibliothèque Nationale in Paris (daher die
früher übliche Bezeichnung: Pariser Handschrift), 1888 wurde sie auf Initiative
des mit Scherer befreundeten Straßburger Buchhändlers Karl Trübner mit Unterstützung aus Mitteln des kaiserlichen Dispositionsfonds für die Universitätsbibliothek Heidelberg, ihren heutigen Liegeort, erworben. Vgl. *Cimelia Heidelbergensia.
30 illuminierte Handschriften der Universitätsbibliothek Heidelberg*. Ausgewählt u.
vorgestellt v. Wilfried Werner. Wiesbaden 1975, S. 63, 65. Zu Pniowers diesbezüglichen Arbeitsplänen konnte nichts ermittelt werden.

mir nun nicht mehr abgeschrieben werden könne. Und den Spangenberg muß ich vorläufig ganz aufstecken. Auch wäre ich Ihnen gerne soweit es möglich gewesen wäre, in geschäftlichen Dekanatssachen[11] behilflich gewesen. Alles das wird nun hinfällig und ich bedauer es wirklich von Herzen, Ihnen in einer Zeit, in der Sie so sehr beschäftigt sein werden, nicht im geringsten zu Diensten sein zu können. Vielleicht aber kann ich Ihnen von hier aus irgendwie gefällig sein? Arbeiten darf ich durchaus schon und es ist eigentlich nur die Furcht vor der Beliner Luft, die mich hier zurückhält. Das wird Ihnen auch Rich. Meyer gesagt haben, der wol schon bei Ihnen war, um sein Verhalten in meiner Angelegenheit vor Ihnen zu rechtfertigen. –

Mit den besten Empfehlungen an Ihre werte Frau Gemahlin und Sie

Ihr
sehr ergebener
Otto Pniower

Falkenstein i/Taunus den 24.9.85.

139. Pniower an Scherer

Falkenstein/Taunus, 9. Oktober 1885. Freitag

Sehr geehrter Herr Professor.

Zu meinem Erstaunen hörte ich, daß Ihnen Ihre Reise nicht sehr gut bekommen ist und daß Sie sich nicht wol fühlen. Ich hoffe aber, daß Ihr Uebel von keiner Bedeutung ist und sehr bald beseitigt sein wird. Jedenfalls wünsche ich Ihnen baldige Genesung. –

Das Gehalt habe ich durch Rich. Meyer bekommen; ich danke Ihnen noch mehr für Ihre freundliche Fürsorge. Die verlangten Quittungen folgen anbei. –

Ihren Vorschlag, mit der Anlage eines Registers für die Altertumskunde[12] zu beginnen, finde ich vorzüglich. Ich konnte mich auf keine Weise besser hineinarbeiten. – Ich habe auch schon damit angefangen, bin aber freilich noch nicht sehr weit vorgedrungen. Ich denke nämlich, sich bei diesem Register auf geographische Namen oder sonst irgend einen Punct zu beschränken, empfiehlt sich weniger als die Anlage eines vollständigen, alle Puncte umfassenden. Die Arbeit ist nicht viel größer und für die späteren, officiellen Regi-

---

11 Scherer war für das Jahr 1886 zum Dekan der philosophischen Fakultät der Berliner Universität gewählt worden.

12 Vgl. Anm. 2 (Einleitung Pniower).

ster ist, meine ich, die Ausdehnung auf alle Puncte doch nur von Vorteil. – Ich versuche auch, Notizen für die Sachregister zu sammeln. Für ein nicht-alphabetisches bietet die Inhaltsübersicht zum ersten Band Anhaltspuncte. – Ihre Instructionen habe ich wol verstanden, nur möchte ich fragen, ob ich in das Register auch Schriften moderner Gelehrter, die nur zum Zweck des Beleges citiert sind, mit aufnehmen soll. Würde also etwa im General-Register von Artikel: Grimm a. Mythologie[13] stehen und nur dabei alle Stellen aus ihr verzeichnet sein, die in der Altertumskunde irgendwie vorkommen? – Bis jetzt habe ich derartige Citate unter dem Namen der Autoren eingetragen, ich fühle aber jetzt schon, daß dadurch die Register sehr anschwellen würden. Ich denke auch, daß man sie jedenfalls dann entbehren könnte, wenn die Sache, um die es sich handelt, im Register sonst in einem anderen Artikel erwähnt wird. –

Im Uebrigen bewundere ich den grandiosen Scharfsinn Müllenhoffs in der Kritik der griechischen Heldensage oder noch mehr in der Reconstruction des Orendalen[14] Mythus aus dem Spielmannsgedicht, wobei mir nur das unbegreiflich ist, daß ein solcher Mann die Gabe seinen Scharfsinn auch in der Darstellung geltend zu machen, in so geringem Maße besaß. Für eine Sache, die er beweisen will, kommen die wichtigsten Argumente nicht dort vor, wo er sie bespricht, sondern oft früher oder später in einem ganz anderen Zusammenhange, wo sie gar nicht mehr die Bedeutung haben, die sie vorher an der richtigen Stelle gehabt hätten. Die Lectüre wird dadurch stellenweise recht schwer.

– Ich hoffe, Herr Professor, daß die Quittungen richtig ausgestellt sind. In solchen Dingen bin ich sehr ungeschickt. –

Indem ich mich Ihrer werten Frau Gemahlin wie Ihnen bestens empfehle, bin ich

sehr ergebenst
Otto Pniower

Falkenstein den 9.X.85.

---

13 Gemeint ist: Jacob Grimm: *Deutsche Mythologie*. Göttingen 1835 [³1854].
14 *Orendel*, eine Erzählung des 12. Jahrhunderts, deren Beziehungen zu älteren germanischen und nordischen Denkmälern Müllenhoff nachgewiesen hatte. Vgl. Karl Müllenhoff: *Deutsche Altertumskunde*. Bd. 1. Berlin 1870, S. 32 ff.

140. Scherer an Pniower

Berlin, *29. Oktober 1885. Donnerstag*

BERLIN NW., LESSINGSTRASSE 56.
29.10.85.

Lieber Dr Pniower.

Ich komme leider erst heute dazu, Ihnen für Ihren Brief vom 9. d.M. zu danken. Das Decanat[15] wirft bereits starke Schatten in meine Existenz, und dabei bin ich doch mit meinen Büchern *etc. etc.* noch lange nicht in Ordnung. Sehr schwer ist oft Alles wieder zu finden, was man doch beseßen und eingepackt haben muß. Schriften moderner Autoren würde ich <u>nicht</u> ins Register aufnehmen. Arbeiten Sie ein Sachregister aus, so ist das ja sehr schön, und wird uns natürlich bei der weiteren Arbeit sehr nützen. Die Quittungen sind so weit ganz richtig; nur muß man immer die Summe, um die es sich handelt, auch in Worten angeben. Doch dies für künftig! Vorläufig genügen auch die incorrecten Quittungen: sie bleiben ja unter uns, und es ist nur der Ordnung wegen. Ich sehe ein düsteres Jahr vor mir ohne Freude und ohne geistigen Ertrag. Ich tauge wenig zu Geschäften, d.h. sie interessieren mich nicht genug, und daher nehmen sie mir unverhältnismäßig viel Zeit. Mit bestem Gruß und den herzlichsten Wünschen für Ihr Wohlergehen

Ihr
Scherer

---

15 Vgl. Anm. 11 (Brief 138).

Brief von Georg Ellinger
1885

Georg Ellinger (1859-1940)[1] gehörte, wie Otto Pniower, zur letzten Gruppe der Schüler Scherers, bei dem er 1884 promovierte. Da ihm der Zugang zur Hochschullaufbahn aufgrund seiner Vermögensverhältnisse, vor allem aber seiner jüdischen Herkunft wegen erschwert war, gab er den Plan einer Habilitation auf. Von 1887 bis zu seiner Pensionierung 1924 war er als Lehrer für Deutsch und Geschichte an verschiedenen Berliner Schulen tätig, zuletzt am Sophien-Realgymnasium. Unter den zahlreichen Monographien, Aufsätzen und Editionen, die er als Privatgelehrter vorlegte, ragt als Hauptwerk seine »Geschichte der Neulateinischen Literatur im sechzehnten Jahrhundert« (3 Bde., 1929-1933) hervor, die er dem Andenken Wilhelm Scherers widmete. Er war außerdem aktives Mitglied mehrerer wissenschaftlicher Vereine, darunter der von ihm mitbegründeten Gesellschaft für deutsche Literatur (1888-1938). 1940, nachdem ihn der Deportationsbescheid nach Theresienstadt erreicht hatte, wählte er den Freitod.

141. Ellinger an Scherer

Berlin, 28. Juni 1885. Sonntag

N.W. Markthallenstraße, 6.
am 28. VI. 1885.

Hochverehrter Herr Professor!

Verzeihen Sie mir, wenn ich mir erlaube, in einer Angelegenheit schriftlich Ihren Rath einzuholen, die ich Ihnen mündlich vorzutragen nicht den Muth hatte. Um es gleich herauszusagen: ich möchte bei Ihnen anfragen, ob Sie es für möglich halten, daß ich mich habilitiren kann. Es würde sich dabei in erster Linie darum handeln, ob ich die dazu nöthige wissenschaftliche Befähigung hätte und das ist der Hauptpunkt, über den ich Sie bitten möchte, mir Ihr offenes Urtheil mitzutheilen. Daß es mir an Begeistrung, die doch eine der nothwendigsten Eigenschaften des Lehrers ist, an Begeisterung für das

---

1   Literatur: Fritz Homeyer: *Ein Leben für das Buch. Erinnerungen.* Aschaffenburg 1961, S. 55-59; Wieland Schmidt:»Erinnerungen an Georg Ellinger«. In: *Bibliothek – Buch – Geschichte. Kurt Köster zum 65. Geburtstag.* Hg. v. Günther Pflug, Brita Eckert u. Heinz Friesenhahn. Frankfurt/M. 1977 (Sonderveröffentlichungen der Deutschen Bibliothek 5), S. 291-200. – *NDB* (Albert Elschenbroich); *IGL* (Dieter Wuttke).

Studium nicht fehlt, glaube ich bestimmt versichern zu können; auch Ausdauer und Beharrlichkeit würden mir wol nicht mangeln. Aber an meiner wissenschaftlichen Befähigung habe ich oft gezweifelt und grade in dem letzten Jahr schwere Stunden erlebt, in denen ich mir die Frage vorgelegt habe, ob ich nicht alles Arbeiten auf litterarhistorischem und historischem Gebiet aufstecken und evangelischer Geistlicher[2] werden sollte, um mit aller Macht, die mir zu Gebote steht, für eine Richtung des Protestantismus zu wirken, der ich mit der ganzen Kraft meiner Seele zugethan bin. Aber das waren doch nur vorübergehende Stunden; über solche Gedanken siegte immer wieder die Liebe zu meinem Studium und jetzt sind diese Anwandlungen völlig überwunden.

Ich muß Sie um Verzeihung bitten, wenn ich Ihnen hier so ohne Weiteres meine innersten Gedanken enthülle, aber ich muß mich einmal aussprechen und ich wußte Niemanden, zu dem ich in dieser Angelegenheit größeres Vertrauen hätte, als zu Ihnen.

Eine zweite Frage – und zwar eine nicht unwesentliche – die für die Habilitation in Betracht käme, wäre der Vermögenszustand. Ich bin völlig unvermögend. Aber, wenn es mir jetzt schon gelingt, wo die Examenarbeiten mich fast ausschließlich in Anspruch nehmen, mich beinahe durch Artikelschreiben zu ernähren, so meine ich, müßte mir das bei meinen bescheidenen Ansprüchen später noch weit leichter fallen, und wenn es auch grade kein beneidenswerthes Los ist, sein Leben durch solche Aufsätzchen zu fristen, so würde doch die wissenschaftliche Thätigkeit es mir leicht machen, die kleinen Unannehmlichkeiten dieser Beschäftigung zu überwinden.

Sie werden nun fragen, warum ich Ihnen das nicht Alles persönlich vorgetragen habe. Ich sagte schon ⟨ersten⟩: ich habe nicht den Muth dazu gehabt. Ich hatte bei den beiden letzten Besuchen, die ich Ihnen machte, die Absicht, Sie in dieser Angelegenheit um Rath zu fragen, aber Ihre Gegenwart schnürte mir die Kehle zu; ich wagte mich nicht zu äußern, weil ich, offen gestanden, fürchtete, Sie würden mich auslachen und mich fragen, was ich mir da für verrückte Ideen in den Kopf gesetzt hätte. Auch einen Brief an Sie hatte ich schon einige Male angefangen, habe ihn aber immer wieder zerrissen und bin auch jetzt eigentlich noch zweifelhaft, ob ich diesen Brief abschicken soll.

Es würde sich natürlich von selbst verstehen, daß, wenn ich mich habilitieren wollte, ich noch vorher einige Jahre in angestrengter Arbeit mich insbesondere mit deutscher Grammatik beschäftigte.

Schließlich möchte ich Sie bitten, hochverehrter Herr Professor, mich nicht für einen übermüthigen Menschen zu halten, der gern hoch hinaus

2   Ellinger war 1885 vom jüdischen zum evangelischen Glauben übergetreten.

will. Ich würde den Gedanken, der mir schon am Ende meiner Studienzeit einmal gekommen und den ich damals gründlich niedergekämpft habe, gar nicht wieder aufgenommen haben und ihn solche Macht über mich gewinnen lassen, wenn ich nicht in der letzteren Zeit gesehen hätte, daß einige von meinen entfernteren Bekannten sich habilitirt haben und sich demnächst habilitiren wollen, die ich für rechte Flachköpfe und Renommisten halte.

Ich bin am Ende, hochverehrter Herr Professor, und bitte Sie nochmals, es mir nicht übel zu nehmen, daß ich Sie so in Anspruch nehme. Aber Sie sind mein Lehrer und zwar derjenige Lehrer, der auf die ganze Richtung meines ferneren Lebens bestimmend eingewirkt hat und dem ich mehr verdanke, als allen meinen andern Lehrern, selbst Droysen eingeschlossen. Aus diesem Grunde habe ich Ihnen ohne jeden Rückhalt meine geheimsten Gedanken auseinandergesetzt und bitte Sie, mir deswegen nicht böse zu sein.

In aufrichtiger Hochachtung
Georg Ellinger.

Anhang:
Dokumente I – V

I. Tagebuchartige Aufzeichnungen (12./13. September 1858)

Überlieferung: SBBPK, NL 166 (W. Scherer): 36 (Persönliche Aufzeichnungen, ca. 1858-1882).

Die Aufzeichnungen stammen aus den Tagen unmittelbar vor Scherers Maturitätsprüfung am Akademischen Gymnasium in Wien, die am 22.9.1858 stattfand. Unklar ist, ob diese Notizen, die als erste autobiographische Zeugnisse Scherers im engeren Sinne gelten können, ursprünglich Teil eines kontinuierlichen Diariums waren. Spätere tagebuchartige Aufzeichnungen, die im Nachlass erhalten sind, wurden jeweils im Zusammenhang mit besonderen biographischen Einschnitten aufgenommen und nach kurzer Zeit abgebrochen.

Wie ist doch so ganz anders: über eine sache reden u. sie ausfüren! wie oft habe ich (und am öftesten wol vorigen winter) über die macht des menschlichen willens mich mit aller begeisterung ausgelassen, nicht one das geheime gefül einer stolzen sicherheit ich sei in meiner entwickelung schon bis zur höhe der macht über mich selbst gediehen. schon damals überkam mich, wenn in unbedeutenden dingen ich einem gelüste keinen damm entgegensezte, ein gewisses unbehagen, mit dem zweifel, ob ich wohl bei andrer gelegenheit, wo es ernstlich drauf ankäme, selbstbeherschung zu zeigen, fest ⟨erfunden⟩ werden dürfte. wie lebhaft und wie quälend steigen jene gedanken heute vor meinem gedächtnisse herauf. was für eine ⟨leichte⟩ sache istes dem anschein nach sich zu einem augenblicklich unwillkomnen studium zu zwingen: kann ichs? bin ich nicht seit einem monat oft ratlos u. verzweifelnd gestanden einer aufgabe gegenüber, in die sich mit eifer zu stürzen u. die spielend zu überwinden meiner würdiger gewesen wäre. bin ich nicht selber einer von jenen menschen, gegen die ich so oft losgezogen mit allen waffen des spottes u. der verachtung, von jenen menschen, die ir empfinden, ir wünschen nicht der sittlichen macht ires willens zu beugen vermögen?

da steh ich nun ich armer tor,

u. sehe, wie unvollkommen wie begrenzt alles menschliche können, – u. wie gewagt abzusprechen, über was man nicht erprobt! aber weg mit allen faustschen anwandlungen! es müste mit dem teufel zugehn, wenn nicht die überzeugung, die pflicht der egoismus siegen sollte. auf! einen <u>lezten</u> versuch (hoffentlich ist kein neuer nötig) gemacht. u. nicht verzagt!

12 septb. 58

10 tage v. der maturat-prüfung

in solchen augenblicken fül ich recht lebhaft, wie bedeutend mich der beständige umgang, das zusammenleben mit einem mir ganz befreundeten wesen

359

vor dem ich kein hel hätte fördern würde. ich denke mir, daß ein sch¿¿¿¿¿er, ein minutenlanges gespräch, ein wort, e. blick der aufmunterung mir selbst, wenn ich schon halb ermattet, neues leben eingießen würde. nur mitteilen zu können u. mit teilname gehört zu werden, wäre mir stärkung u. erquick*ung*. Daß wir doch immer grade das am lebhaftesten wünschen, was uns versagt ist …

12 Sept. 58

In einer begeisterten stunde beschloß ich Lessing mir zum vorbild zu nemen. die kraft- u. energielosigkeit, die mich in lezter zeit ergriffen war zu jenem vornemen der grellste gegensaz. mir war auch Lessing wie aus den augen entschwunden. ich hatte die ganze weile über nicht an in gedacht oder doch wenigstens nicht in dem sinn, in dem ich sonst an in zu denken pflog, wo er mir vorschwebte in all seiner herlichkeit, all seinem unermüdlichen forschen u. ringen. heute trotz des gestrigen aufschwungs von meinen tagesarbeiten gelangweilt, greife ich nach dem gervinus[1] u. lese über Jean Paul, gleich wie um mich durch dies ⟨warnungs⟩volle beispiel von meiner gefülsseligkeit, denn diese war viel mit schuld an meiner leztlichen mutlosigkeit, – zu heilen. dies mittel wollte aber nicht recht anschlagen. ich blättre dann weiter in dem bande, da sticht mir von ungefär der name Lessing in die augen. himmel, wie mich das ergrif und wie mit einem schlag umwandelte. wie, rief's in mir, Lessing willst Du nachfolgen, Lessing dieser »mann« und bist noch knabenhaft genug, nicht einmal herr Deiner wünsche u. gelüste werden zu können? – u. ich las nach. diese glückliche regung benuzend, um mich weiter zu stärken. was dort gesagt war: es handelte über Lessings »Spinozismus«.[2] da war nun der rechte contrast beisammen. Jacobi-Lessing. die zwei standen vor mir da. wie beschämend dies gefül, dem erstern eine weile nicht ser fern gewesen zu sein, jener weisen generation, die sich die einheit von denken u. empfinden wiederherstellen wollte dadurch, daß sie einer gefülart nach träumte. es hob sich in mir alles was je edles u. gutes meine brust bewegt. wie weggewischt war alles hangende bangende wesen: ich war wieder der alte u. erkante mich selbst in mir wieder.

13 Septb. 58

1 Gemeint ist Georg Gottfried Gervinus' *Geschichte der poetischen Nationallitteratur der Deutschen*. 5 Th. Leipzig 1835-42 [³1840-44]. Scherer könnte als Gymnasiast die 4. Auflage kennen gelernt haben, die 1853 in vier Bänden unter dem neuen Titel *Geschichte der deutschen Dichtung* erschien.

2 Dies bezieht sich auf das durch den Philosophen Friedrich Heinrich Jacobi überlieferte, zwischen Lessing und ihm selbst geführte Zwiegespräch über Spinozismus im Juli 1780.

II. Lebenslauf zum Habilitationsgesuch (April 1863)

Überlieferung: ABBAW, NL W. Scherer: 25. – Der »Bericht über den Gang meiner Studien« entstand im Zusammenhang zu Scherers erstem Antrag auf Erteilung der venia legendi für deutsche Sprache und Literatur, den er am 26.4.1863 beim Professorenkollegium der philosophischen Facultät der Universität Wien einreichte.[1] Hier wiedergegeben wird die Entwurfsfassung, die sich im Nachlass erhalten hat.

Bericht
üb. d. Gang meiner Studien.

Meine Gymnasialbildung erhielt ich bis zur 4. Classe incl. durch Privatunterricht, von d. V-VIII Cl. an dem k.k. akademischen Gymnasium zu Wien, wo der nun verstorbene Dr K. Reichel meiner schon früher ausgesprochenen Neigung für historische u. philologische Studien die entscheidende Richtung. auf die deutsche Philologie gab.[2] Im Herbst 1858 bezog ich die Universität Wien, wo ich die drei ersten Semester zubrachte, zu Ostern 1860 die Universität zu Berlin. Im October 1861 unterzog ich mich zu Wien dem ersten exam. rigorosum zur Erlangung d. philos. Doctorwürde,[3] kehrte dann nach Berlin zurück, hauptsächlich um im Wintersemester 1861/62 die Vorlesungen Müllenhoffs üb. d. Litterargesch. u. AWebers üb. Rigveda[4] zu hören u. beabsichtigte um Ostern 1862 definitiv nach Wien zurückzukehren, um nach Erlangung d. philos. Doctorwürde an die Aus⟨fertigung⟩ eines ⟨größeren⟩ lang gehegten literar. Planes[5] zu gehen, als mich kurz vor meiner Abreise Prof.

1 Zu dem für Scherer unglücklichen Verlauf dieses ersten Habilitationsverfahrens vgl. Brief 16, dazu Anm. 117.
2 Vgl. hierzu Scherers ausführliche Angaben zu seiner Schullaufbahn in Dokument III.
3 Zu Scherers Wiener Promotionsverfahren und den von ihm abgelegten Rigorosa vgl. Anm. 37 (Brief 11).
4 Im Wintersemester 1862/63 hörte Scherer in Berlin laut Studienbuch (ABBAW, NL W. Scherer: 3) die folgenden Vorlesungen:»Tacit. Germania« und»Deutsche Literaturgeschichte« bei Karl Müllenhoff,»Rigveda« und»Kalidasae Urvaci« bei Albrecht Weber sowie»Geschichte des Revolutionszeitalters« bei Leopold von Ranke.
5 Möglicherweise bezieht sich Scherer auf die Herausgabe der Wiener Notker-Handschrift, die er, wie er Julius Zacher noch 1866 mitteilte, seit seiner Studentenzeit plante, welche jedoch erst 1876 erschien. Vgl. Brief 69, dazu Anm. 32.

K Müllenhoff mit dem überaus ehrenvollen Antrage überraschte, in Gemeinschaft mit ihm die kleinen Denkm. deutsch. poesie. u. prosa aus dem VIII-XI
resp. XII jh.[6] herauszugeben. ich ging deshalb, nachdem ich in Wien das 2 u.
3t exam. rigorosum überstanden hatte wieder nach Berlin u. indem ich meinen
Weg üb. München wählte war es mir möglich, dort wie schon früher in
Wien die mehrzahl der herauszugebenden Denkm. in den hss. einzusehen u.
zu vergleichen. Den ausarbeitungen meines anteils an jenem werk war meine
Zeit seither gewidmet. Dasselbe soll 2 bücher umfassen, in dem ersten die kleinen Denkmäler d.
deutschen poesie bis ins XII jh sammeln, aber so daß aus d. XII jh. nur die
strophischen gedichte, die aus der zeit vor 1170 erhalten sind aufgenommen
werden. Daraus sind mir zur Bearbeitung zugefallen: das Buch v. Christus u d.
Samariterin, die Bruchstücke einer ⟨poet.⟩ psalmenübersetzung (ps. 138.139),
de Heinrico (leich auf die aussöhnung Ottos I. m. s. bruder Heinrich), folgende
größtenteils deutsche stoffe behandelnde lat. gedichte des X.XI jhs: modus
qui et carrelmanninc, m. Florum, m. Liebinc, m. Ottinc, Alfrâd, Hêriger, Sacerdos
et lupus; die Leiche: summa theologiae, die 3 Jünglinge im feuerofen, Judith,
die Mariensequenzen a. St.Lambrecht u. von Muri, dann der paternosterleich
u. d. Leich v. der siebenzahl (beide bish. nur bei Mone Anzeiger 8, 39-46).[7]
Das zweite Buch enthält die kleinen prosaischen Denkmäler vom 8-XI jh,
aus dem XIIt bloß diejenigen b. denen e. ältere quelle mit ⟨grund⟩ vorausgesetzt werden darf. Es wird ganz allein von mir bearbeitet werden u. ist bereits so
weit vollendet, daß zum größeren Teil nur die letzte Redaction der Anmerkungen fehlt. Darin werden die meisten der früher v. Maßmann (die deutschen abschw. glaubens beicht u betformeln. Quedlinburg Leipzig 1839)[8]

6 Denkmäler 1. Die von Scherer unten erwähnten poetischen Stücke, die er für das
   Erste Buch der Ausgabe bearbeitete, sind: Christus und die Samariterin (Nr. X),
   Bruchstücke einer Psalmenübersetzung (Nr. XIII), De Heinrico (Nr. XVIII), Modus
   qui et carelmanninc (Nr. XIX), Modus florum (Nr. XX), Modus liebinc (Nr. XXI),
   Modus ottinc (Nr. XXII), Alfrad (Nr. XXIII), Heriger (Nr. XXIV), Sacerdus et lupus
   (Nr. XXV), Summa theologiae (Nr. XXXIV), Die drei Jünglinge im Feuerofen
   (Nr. XXXVI), Judith (Nr. XXXVII), Sequentia de S. Maria aus S. Lambrecht
   (Nr. XLI), Sequentia de S. Maria von Muri (Nr. XLII), Paternosterleich (Nr. XLIII),
   Von der Siebenzahl (Nr. XLIV). In den Anmerkungen zeichnete Scherer außerdem
   noch für ergänzende Excurse zu den Nrn. IX (Bittgesang an den heiligen Petrus)
   und XII (Ratperts Lobgesang auf den heiligen Gallus). Für die von Müllenhoff
   nochmals überarbeitete Nr. X (vgl. auch Scherers Hinweis dazu unten) zeichneten die beiden Herausgeber gemeinsam.

7 Gemeint ist der von Franz Josef Mone herausgegebene Anzeiger für Kunde der
   deutschen Vorzeit, hier Bd. 8 (1839), S. 39-46.

8 Die deutschen Abschwörungs-, Glaubens-, Beicht- und Betformeln. Vom achten bis
   zum zwölften Jahrhundert. Nebst Anhängen und Schriftnachbildungen. Hg. v. Hans

herausgegebenen stücke u. noch einige mehr erscheinen. die anmerkungen u. excurse werden der natur d Sache nach weniger reichlich sein als die zu den poet. stücken, doch darf ich hoffen daß zu ihrer Erklärung u. Zeitbestimmung sowie zur Erforschung ihrer Quellen keines der Hilfsmittel vernachläßigt worden ist, deren Benützung billicher Weise erwartet werden kann. Kaum brauche ich nach dem Gesagten noch zu bemerken, daß die Bearbeitung aller d. aufgeführten Stücke von mir in durchaus selbständiger u. unabhängiger Weise vorgenommen worden u. was Haupt oder Müllenhoff vor od. nach dem Abschlusse meiner Arbeit beisteuerten jedesmal ausdrücklich angegeben ist. Die erste ⟨Partie⟩ des ms. ist vor wenigen Tagen in die Druckerei gelangt, die Vollendung im Druck darf f. das ganze Werk im September dieses Jahres erwartet werden. Die Nummern 21.33.35.36.40[9] werden in der Gestalt, in welcher ich sie hier in eilig angefertigten Abschriften vorlege, erscheinen. Der Leich von Christus u d. Samariterin in etwas veränderter Fassung: ich habe die erste Ausarbeitung derselben beigelegt weil v. d. Veränderungen der zweiten das meiste Müllenhoff gehört.[10] Um die Zahl des Vorgelegten etwas zu vermehren, wurde auch eine Bearbeitung des Schwanritters. v. Conrad v Wirzburg beigefügt, die ich im Winter 1860/61, also vor dem Erscheinen der Roth'schen Ausgabe[11] anfertigte u die Prof. Haupt zu corrigieren die Güte hatte; doch ist fast überall ersichtlich geblieben was ihm, was mir gehört.

WScherer

Ferdinand Maßmann. Quedlinburg, Leipzig 1839 (Bibliothek der gesammten deutschen National-Literatur von der ältesten bis auf die neuere Zeit 7).

9 Da sich die Nummerierung der Stücke im späteren Druck verschoben hat, lässt sich von den durch Scherer als Habilitationsleistungen vorgelegten Textbearbeitungen mit Sicherheit nur das nachfolgend von ihm erwähnte Gedicht *Jesus und die Samariterin* (*Denkmäler* 1, Nr. X) identifizieren. Geht man davon aus, dass dieser Text mit der im Bericht genannten Nr. 20 identisch war, so legt ein Vergleich der weiteren Zahlenintervalle nahe, dass es sich bei den anderen Stücken um die folgenden gehandelt haben könnte: *Summa theologiae* (Nr. XXXIV = Nr. 33), *Die drei Jünglinge im Feuerofen* (Nr. XXXVI = Nr. 35), *Judith* (Nr. XXXVII = Nr. 36) und *Sequentia de S. Maria aus S. Lambrecht* (Nr. XLI = Nr. 40).

10 Vgl. Anm. 6 (Dokument II).

11 Konrad von Würzburg: *Der Schwanritter. Eine Erzählung.* Hg. v. Franz Roth. Frankfurt/M. 1861. – Zu der von Scherer bearbeiteten Fassung vgl. auch Brief 11, dazu Anm. 40.

III. Autobiographische Aufzeichnungen (5. Juni 1864)

Überlieferung: ABBAW, NL W. Scherer: 123 (Notizbuch mit verschiedenen Aufzeichnungen, 1863, 1864), hier Bll. 6r-7v.
Die am 5. Juni 1864[1] entstandenen Aufzeichnungen stellen das einzige autobiographische Dokument dar, in dem Scherer sich ausführlich über die Stationen seiner frühen Biographie und Details seines Bildungsweges äußert. Die Aufzeichnungen berücksichtigen neben frühen Kindheitserinnerungen vor allem die Schuljahre am Fuhrmann'schen Institut (1849-54) und am Akademischen Gymnasium in Wien (1854-1858).[2] Überliefert sind sie in einem Notizbuch, das Scherer seit Dezember 1863 für kürzere, häufig in Form von Aphorismen gefasste Aufzeichnungen zu literarischen, kunsttheoretischen und autobiographischen Themen benutzte.
Es ist anzunehmen, dass Scherer während der Arbeit an seinem ersten Artikel über Jacob Grimm für die »Preußischen Jahrbücher«, dessen erste Fassung er gleichfalls im Juni 1864 abschloss, zu eigenen autobiographischen Reflexionen angeregt wurde. Hierzu passt auch der in den Aufzeichnungen gewählte Fokus auf die »Neigung zu den altdeutschen Dingen« und die damit im Zusammenhang stehenden prägenden Bildungsvoraussetzungen und -erlebnisse, eine Perspektive, wie sie ähnlich im ersten Teil der Grimm-Biographie eingenommen wird.

Sonntag 5 Juni

Merkwürdig wie weit ich meine Neigung zu den altdeutschen Dingen hinauf verfolgen kann. Das Früheste u. wohl in mein 5t od. 6t Jahr fallend dürfte sein, daß ich unter den Bildern in SPalarts Gesch. des Costüms[3] die altgermanischen

---

1   Die von Scherer nicht angegebene Jahreszahl lässt sich neben den Datierungen früherer Eintragungen im gleichen Notizheft aus der Angabe des Wochentages Sonntag schließen, der während der infrage kommenden Jahre nur 1864 auf den 5. Juni fiel.

2   Vgl. hierzu wie überhaupt zum familiengeschichtlichen Hintergrund, der in den Aufzeichnungen berührt wird, die Einleitung zu den Briefen an die Mutter Anna Scherer-Stadler und den Stiefvater Anton von Stadler (Briefe 1-28) sowie die ersten Stücke dieser Korrespondenz.

3   Robert von Spalart: *Versuch über das Costüm der vorzüglichsten Völker des Alterthums, des Mittelalters und der neuern Zeiten. Nach den bewährtesten Schriftstellern* bearb. v. Robert von Spalart, fortges. v. Jacob Kaiserer. Hg. v. Ignatz Albrecht. 27 Th. Wien 1796-1811. – Dieses Werk ist, gleich einigen anderen, die im Folgenden erwähnt werden, in einem handschriftlich aufgesetzten Katalog »Oncle Schmitt'sche Bücher« aufgeführt, der sich unter den Familienpapieren im Nachlass (SBBPK, NL 166 (W. Scherer): 31) befindet. Es dürfte sich hierbei um Bücher aus der

allen übrigen vorzog. Dazu kann mancherley zusammengewirkt haben, vor allem: nur auf diesen Bildern war Landschaft dabei⟨,⟩ u zwar Wald. (Ich erinnere mich, daß im Theater Landschaftl. insbes. Walddecorationen von mir immer mit ängstlicher Freude erwartet u. herbeigewünscht wurden). Mit dem Wald war meine Kindesphantasie viel beschäftigt.

So lange wir in Göllersdorf wohnten (1845-1849) waren die Ausflüge, ein paar mal des Sommers unternommen, zu dem »Geflötz« im benachbarten Wald meine größte Seligkeit.

Die ersten Geschichten die mir erzählt wurden, soweit ich mich erinnere, waren nicht ordentliche rechtschaffene Märchen; sondern allerlei dummes Zeug wie es sich die Dienstmädchen selbst zusammendichteten. Da spielten der Wald u der Wolf eine große Rolle. M. Vater[4] reiste mit mir in Worten u. schnitt mir – auf dem Krankenbett noch – Papier-Soldaten aus. M. Mutter[5] betete mit mir: ich sehe uns noch beide kniend vor einem gewissen silbernen Cruzifix, das auf einem Bücherschrank stand, neben dem 1t Fenster des 1t Zimmers in Schönborn. Andrer Einwirkungen auf m Phantasie von Seite meiner Eltern damals entsinne ich mich nicht. Doch weiß ich noch vieles was ich zu Weihnachten 1844 (d. letzte in Schönborn) bekommen habe. Der Christbaum stand in dem Schlafzimmer der Mutter. M. Spielzeug: Wagen u Pferde u. Peitschen zumeist. Dies waren auch die Gegenstände welche ich unermüdlich zu zeichnen suchte. Doch davon ist jetzt nicht[6] die Rede. SPalart wird der früheste Punct sein.

2. Lectüre in Göllersdorf. Chr. Schmidt'sche Jugendschriften[7] u. L¿¿¿¿ Ch¿¿¿¿¿¿. Gellerts Fabeln.[8] Dann allerlei u. verschiedenartiges von Schönborn's

---

Hinterlassenschaft des Wiener Arztes Wilhelm Joseph Schmitt handeln, einem Bruder der Großmutter väterlicherseits, Elisabeth Scherer, geb. Schmitt. Dass der junge Scherer mit diesen Büchern Berührung hatte, legt auch ein mit dem Katalog überlieferter Brief von Antonie Goepfert, geb. Schmitt, an Scherers Onkel und zeitweiligen Vormund Carl Scherer vom 28.1.1845 nahe: »ich bin ganz mit Dir einverstanden, in Betreff der Bücher, und es wird mich freuen wenn Du recht viel darunter für den kleinen Wilhelm brauchen kannst; nur möchte ich daß Du von diesen Büchern ein kleines Anteil für mich als Andenken auswählen möchtest.« (ebd.).

4 Hier und im Folgenden ist der leibliche Vater, Wilhelm Scherer sen. gemeint.

5 Anna Scherer(-Stadler).

6 In der Handschrift in Kurzschrift.

7 Die religiös-erbaulichen Jugendschriften des Bestsellerautors Christoph von Schmid (nicht: Schmidt) waren in Scherers Jugend in zahlreichen Einzel- und Sammelausgaben verbreitet. Vgl. Monika Griesser, Josef Heinle: »Bibliographie [Christoph von Schmids]«. In: Christoph von Schmid und seine Zeit. Hg. v. Hans Pörnbacher. Weißenhorn 1968, S. 170-188.

8 Der Schmitt'sche Buchkatalog (vgl. Anm. 3, Dokument III) erwähnt die folgende Gellert-Ausgabe: Christian Fürchtegott Gellert: Poetische Schriften. 4 Th. Wien 1792.

mir geliehenes, worunter ich mich an Märchen – aber Gemachte wohl – erinnere, worin viel v. Riesen u. Zwergen die Rede war; auch an Geschichten in welchen Pulicinell[9] d Hauptrollen spielte. Besonders geliebt: Campes Robinson.[10] Geschichte d Alten. u. Neuen.Testaments mit Bildern:[11] daraus viel theils selbst gelesen, theils v. Mutter vorgelesen. (Neben Lesen Hauptbeschäftigung: Illuminieren v. Papiersoldaten). Endlich – u. dies h. das wichtigste – ein Buch »Nationen der Vorwelt«[12] glaub ich, 2 Bde, der eine beginnend mit Germanen u. Kelten. Das ganze mit vielen Bildern. Wieder waren mir die Germanen bevorzugt. Ich versuchte v. Ihnen viel den Text zu lesen, ermüdete aber an der Trockenheit desselben.

3. Weihnachten 1849 erhielt ich Dielitz' Mittelalter.[13] Das war e. mächtige Anregung. Blieb lange eins meiner liebsten Bücher. Wenn mir recht ist, waren besonders die Erzählungen v Belisar meine bevorzugten. – Ungefähr =zeitig oder wenig später fiel mir ein Buch i. die Hände, ähnlich f. d. Jugend bearbeitete Geschichten: Brunhild u. Fredegund, der Wittukind sind mir daraus gegenwärtig. Das bekam ich nur geliehen u. las es schnell durch. Aber der Eindruck war tief; sonst wäre mir nicht[14] gerade diese geblieben; Erinnerung an andere Lectüre ist lange nicht so lebhaft. Nur weiß ich noch mehrere Dielitz'sche Bücher, eines mit Reisebildern,[15] e. anderes »Helden d Neuzeit«.[16]

9 Pulicinella (auch Policinell, franz.: Polichinelle), eine der Masken der italienischen Commedia dell'arte, die als ›komische Figur‹ auch in die volkstümliche Literatur eingegangen ist.

10 Joachim Heinrich Campe: *Robinson der Jüngere*. München 1780.

11 Der Schmitt'sche Buchkatalog (vgl. Anm. 3, Dokument III) führt ein Werk »Bildliche Darstellungen des alten und neuen Testaments. 2 Theile« auf. Gemeint ist vermutlich: *Bilderbibel oder bildhafte Vorstellungen des Alten und Neuen Testaments in 72 Kupfertafeln mit ihrer Geschichte*. Wien 1817.

12 Carl Lang: *Die Nationen der Vorwelt hauptsächlich in dem Zeitraume der Größe von Griechenland und Rom: ihr häusliches Leben, ihre Arbeiten, Sitten und Gebräuche. Zur angenehmen belehrenden Unterhaltung der Jugend und ihrer Freunde*. Nach den besten Quellen bearbeitet und in Kupfern dargestellt. 2 Th. Leipzig o.J.

13 Theodor Dielitz: *Das Mittelalter: in vierzig historischen Gemälden für die reifere Jugend*. Mit Bildern v. Theodor Hosemann. Berlin 1848.

14 In der Handschrift in Kurzschrift.

15 Vermutlich: Theodor Dielitz: *Reisebilder für die Jugend bearbeitet*. Mit 8 illuminierten Bildern. Berlin 1843.

16 Theodor Dielitz: *Die Helden der Neuzeit. Erzählungen aus der neueren Geschichte für die reifere Jugend*. Mit 8 fein illuminierten Bildern v. Theodor Hosemann. Berlin 1850.

Besondere Vorliebe für Zugf. u. Abend: Wilhelm Tell.
(In d. 2t od 3t Gymn. Cl. las ich Wielands Oberon[17] u. Göthes Werther, in
d. 4t Wielands Agathon u. e Theil v. Thümmels Reisen,[18] auch mit Bewunde-
rung wenigstens der bedeutendsten Scene⟨n⟩ Werners Söhne d Thals.[19] – Aus
2t oder 3t bin ich historischer Neigungen sicher. Ein paar Hausbücher, in der
Fuhrmann'schen[20] Institutsbibliothek, wurden eifrig gelesen u daraus ein noch
vorhandner Entwurf v Geschi. Frankreichs[21] gearbeitet, worin allerlei Polemik
gegen Habsburg bei d Haaren herbeigezogen; =zeitig 1 Paar Wochen lang
geführte Tagebücher,[22] worin am 13. März allerlei enthusiastisches von österr.
Freiheit.[23] – Die histor. Neigungen sind früh. Noch i. d. 1t od. 2t Gymn. Cl.
durfte ich in Braunhirschen bei Onkel Carl[24] in Johannes Müller (24 Bb.)[25]
lesen. Ich zog die Geschi. d Langobarden aus. Darauf u. auf d gothischen
Geschichten verweilte ich besonders gerne (man erkennt sogleich die Anknüpfung an Dielitz MA.). – Daran schloß sich in Göllersdorf während d
Ferien (in 2t od. 3t) abermalige Lectüre Müllers u. dabei ein Entwurf einer
Periodisierung der Universalgeschichte (ich erinnere mich, daß die 2t Per. mit
d babyl. Thurmbau anfing); Müllers Übersicht der pers. Geschi. zog mich
auch sehr an; u. Schweizer Geschichte;[26] dabei Tacitus in Behrendts[27] Übersetzung. Letzterer ging auch während der 4t Cl. fort; ich hatte mir ihn mitgenommen nach Wien. Zugleich etwas Thiers Hist. de la révol.[28] – In d 5t Cl.

---

17 Der Schmitt'sche Buchkatalog (vgl. Anm. 3, Dokument III) erwähnt die Werk-
    ausgabe: Christoph Martin Wieland: *Sämtliche Werke*. 82 Bde. Wien 1797-1808.
18 Moritz August von Thümmel: *Reise in die mittäglichen Provinzen von Frankreich
    im Jahre 1785 bis 1786*. 10 Bde. Leipzig 1794-1805 (zahlreiche weitere Ausgaben).
19 Zacharias Werner: *Die Söhne des Thals. Drama*. 2 Th. Berlin 1803-1804 (zahlreiche
    weitere Ausgaben).
20 In den Jahren von 1849 bis 1854 besuchte Scherer als Privatist das von A. von Fuhr-
    mann geleitete Schulinstitut in der Erdberggasse in Wien. Vgl. Anm. 3 (Brief 1).
21 Nicht überliefert.
22 Nicht überliefert.
23 Die Ereignisse der österreichischen Märzrevolution (13.3.1848) führten zum Rück-
    tritt von Staatskanzler Clemens von Metternich und (vorübergehenden) Zuge-
    ständnissen seitens der Krone gegenüber der liberalen und ständischen Opposition.
    Vgl. auch Brief 12, dazu Anm. 54.
24 Carl Scherer.
25 Johannes von Müller: *Vierundzwanzig Bücher allgemeiner Geschichten, besonders
    der europäischen Menschheit*. 3 Bde. Tübingen 1810.
26 Johannes von Müller: *Geschichte der Schweizerischen Eidgenossenschaft [...] nach
    dem Plan Wilhelm Guthrie, Johann Gray, und anderer gelehrten Engländer entwor-
    fen*. 5 Bde. Leipzig 1786-1808.
27 Nicht ermittelt.
28 Adolphe Thiers: *Histoire de la Révolution Française*. 10 Bde. Paris 1823-27.

parallel mit dem Geschi*chts*unterricht im Gymn. Herders Ideen,[29] daran anknüpfend Herodot ausgezogen nach verschiedenen Rubriken geordnet. – Ferien von 5t und 6t Cl. Fußreise in NiederÖst. auf Kirchen geachtet, Gefühl d. Unwissenheit; zurückkomm*end* wage ich mich zuerst auf die Universitätsbibl. um Kugler[30] zu lesen. – Dann fasse ich den Plan alles auszulesen was im Pütz[31] als Hilfsmittel i. d. Anm. citiert ist! So: Bunsens Egypten,[32] Ewalds Geschi Israels,[33] Dunckers Geschi Altertums,[34] Müllers Etrusker,[35] Niebuhrs R.G.,[36] Peters Epochen d röm. Vf.[37] – natürlich das meiste unvollst*änd*ig gelesen! Dann auch Giesebrecht.[38] Um diese Zeit (i*n* d 6t) beginnt unter Reichels Einwirkung Neig*ung* z. Sprachvergleichung (Mommsen[39] damals auch!) u. germanistische Philologie. Das reicht dann so fort) …
In d. 2t Cl.[40] las ich aus Mozarts Leseb.[41] 3t Bd. (f. d. ³t Gymn. Cl.) mit Begier d Nib*elungen*. Prosaauszug, ein wohl gleichzeitig (oder früher?) angestellter V*er*such die Nibel. in Braunfels'[42] Übersetzung zu lesen schlug fehl. Es war

29 Johann Gottfried Herder: *Ideen zur Philosophie der Geschichte der Menschheit.* 4 Bde. Riga 1784-91. – Die genannte Erstausgabe des Werkes wird auch im Schmitt'schen Buchkatalog (vgl. Anm. 3, Dokument III) aufgeführt. Es dürfte sich dabei um das gleiche Exemplar handeln, welches 1887 mit Scherers Bibliothek an das Adelbert College in Cleveland, Ohio/USA verkauft wurde und heute zum Bestand der *Wilhelm Scherer Collection* (Department of Special Collections, Case Western Reserve University Library, Cleveland) gehört.

30 Franz Kugler: *Handbuch der Kunstgeschichte.* 2 Bde. Stuttgart 1841-42.

31 Wilhelm Pütz: *Lehrbuch der vergleichenden Erdbeschreibung für die oberen und mittleren Klassen höherer Lehranstalten.* Freiburg/Br. 1854 [¹⁶1897].

32 Christian Karl Josias Bunsen: *Ägyptens Stelle in der Weltgeschichte.* 5 Bde. Hamburg, Gotha 1845-56.

33 Heinrich Ewald: *Geschichte des Volkes Israel bis Christus.* 7 Bde. Göttingen 1843-50.

34 Max Duncker: *Geschichte des Alterthums.* 4 Bde. Leipzig 1852-57.

35 Karl Otfried Müller: *Die Etrusker.* 2 Bde. Breslau 1828.

36 Barthold Georg Niebuhr: *Römische Geschichte.* 3 Bde. Berlin 1811-32.

37 Karl Ludwig Peter: *Die Epochen der Verfassungsgeschichte der römischen Republik. Mit besonderer Berücksichtigung der Centuriatcomitien und der mit diesen vorgegangenen Veränderungen.* Leipzig 1841.

38 Wilhelm von Giesebrecht: *Geschichte der deutschen Kaiserzeit.* 6 Bde. Braunschweig 1855-96.

39 Gemeint sind die ersten Bände von Theodor Mommsens Hauptwerk: *Römische Geschichte.* Bd. 1-3. Berlin 1854-55 (Bd. 5. Berlin 1885).

40 Im Fuhrmann'schen Institut. Vgl. Anm. 20 (Dokument III).

41 J. Mozart: *Deutsches Lesebuch für die oberen Classen der Gymnasien.* 3 Bde. Wien 1854.

42 *Der Nibelunge Not – Das Nibelungenlied. Urtext mit gegenüberstehender Übersetzung.* Nebst Einleitung und Wörterbuch hg. v. Ludwig Braunfels. Frankfurt/M. 1846.

ein Eindruck wie bloß von Schneiderstrophen.[43] Hierauf einmal während der Ferien (ich meine schon im Winter 1849/50 mit der Mutter in Wien) fielen mir alte Scripturen meines Vaters i. d. Hände. Gedichte[44] desgl. Davon machten den größten Eindruck auf mich die direct aus der Stimmung jener Jahre – der Franzosenherrschaft (es sind sämtl Universitätsgedichte)[45] geflossenen. »Germanen« erscheint auch u.a. etwas v. Wolfram. Zugleich e. Entwurf[46] der nordischen Mythologie von Vater (*etwa*[47] Auszug aus Bragur I 60ff.[48]). Darin vergrub ich mich förmlich.* Und ich entwarf (*etwa*[49] in der 3t Gymn. Cl.)

* Suchte auch vaterländische Gedichte[50] zu machen, nach diesem Muster. Nahm zur Myth. Notizen aus ⟨Söhne⟩[51] u. RotteckWelckers Staatslexicon[52] hinzu [Kochs Compendium].[53]

43 Als ›Schneiderstrophen‹ werden die im *Nibelungenlied* mehrfach (z. B. Strophe 343-370) vorkommenden Passagen bezeichnet, in denen die prächtige Kleidung der Figuren detailreich beschrieben wird.

44 Den zahlreichen im Nachlass überlieferten Gedichten von Wilhelm Scherer sen. liegen auch Abschriften des Sohnes aus der Jugendzeit bei. Vgl. SBBPK, NL 166 (W. Scherer): 24-26 (Manuskripte von Wilhelm Scherer sen. I-III).

45 Wilhelm Scherer Sen. studierte in den Jahren 1806 bis 1811, als der größte Teil der süd- und westdeutschen Staaten im Zuge der napoleonischen Kriege unter französischer Okkupation stand, an den Universitäten von Würzburg und Erlangen. Vgl. SBBPK, NL 166 (W. Scherer): 27 (Wilhelm Scherer Sen. IV: Studienunterlagen u. a. Zeugnisse, 1806-13).

46 Nicht überliefert.

47 In der Handschrift in Kurzschrift.

48 »Über den Geist der nordischen Dichtkunst. Erster Brief«. In: *Bragur. Ein litterarisches Magazin der deutschen und nordischen Vorzeit.* Hg. v. Gottfried Böckh u. Friedrich David Gräter. Bd. 1 (Leipzig 1791), S. 55-87. Der mit dem Namenskürzel des Herausgebers Gräter gezeichnete Beitrag enthält S. 60-84 eine Reihe von Kommentaren zu den altnordischen Gottheiten (Odin, Thor, Frigga usf.).

49 In der Handschrift in Kurzschrift.

50 Nicht überliefert.

51 Vielleicht ist Zacharias Werners Roman *Die Söhne des Thals* (vgl. Anm. 19, Dokument III) gemeint.

52 *Das Staats-Lexikon. Enzyklopädie der sämmtlichen Staatswissenschaften für alle Stände.* In Verbindung mit vielen der angesehensten Publizisten Deutschlands hg. v. Carl von Rotteck und Carl Welcker. 18 Bde. Altona 1834-48.

53 Erduin Julius Koch: *Compendium der deutschen Literaturgeschichte von den ältesten Zeiten bis auf das Jahr 1781.* 2 Bde. Berlin 1790-98.

eine Vergleich*ung* zwi. der nordischen u. röm-griech. Myth. – Auch Klopstocks Oden[54] mit den einzelnen Anm. üb. nord Götter wurden wohl gebraucht. – Noch früher fällt, daß ich im (öster.) Morgenblatt Kyffhäuser Sagen (= Wiener Sagen v. Realis)[55] mit besondern Inter. las, u. was ich mir gemerkt hatte davon, in unserer Institutszeit*ung* »Minerva«[56] wiederzuerzählen suchte. – Damals auch e. Plan e*ines* Epos in Hexam. mit deutschem erfundenen Stoffe/./ Der Held sollte Rodbad[57] heißen. Daran schloß sich nun Joh. Müller u Tacitus – verallgemeinernd. Der eig*entl*iche Anstoß dann d*urc*h Reichel. Vorzugsweise Richt*ung* auf Mythologie,[58] auch vergleich*end*e.** Wobei meist bloß Duncker[59] u. Preller gr. Myth.[60] zu Gebote standen. f. a*lt*d*eu*tsch Grimm, Myth.[61] M¿¿¿, Wolf

** Dieses *nicht*[62] d*urc*h Reichel. – Wohl aber zieml*ich* direct GDS.[63] d*urc*h ihn.

54 Die Formulierung legt nahe, dass Scherer die folgende Ausgabe benutzt haben könnte: Friedrich Gottlieb Klopstock: *Oden und Elegien mit erklärenden Anmerkungen u. einer Einleitung von dem Leben und den Schriften des Dichters.* Hg. v. Christian Friedrich Rudolph Vetterlein. 3 Bde. Leipzig 1827-28 [²1833].

55 Die populären Bearbeitungen des Wiener Sagenkreises durch den Schriftsteller Realis (d. i. Gerhard Robert Walter von Coeckelberghe-Dützele) waren z. B. in der folgenden Ausgabe verbreitet: *Geschichten, Sagen und Merkwürdigkeiten aus Wien's Vorzeit und Gegenwart. Mit Benutzung vaterländischer Balladen von Johann Nepomuk Vogel.* Wien 1841. – Der Artikel aus dem *Österreichischen Morgenblatt,* auf den Scherer sich bezieht, konnte nicht ermittelt werden.

56 Nicht ermittelt. Es muss sich um eine Zeitung des Fuhrmann'schen Instituts (vgl. Anm. 20, Dokument III) gehandelt haben, das Scherer damals besuchte.

57 Offenbar in Anlehnung an Barbarossa.

58 Zu Scherers frühem Interesse an mythologischen Fragen vgl. auch seine späteren Erinnerungen in der Vorrede zu Wilhelm Mannhardt: *Mythologische Forschungen.* Hg. v. Hermann Patzig. Straßburg 1884 (QF 56): »Die deutsche Mythologie hatte mich in den Anfängen meiner Studien, noch auf der Schule, mit besonderer Macht ergriffen. In der obersten Gymnasialclasse las ich mit Begeisterung die eben erschienenen ›Germanischen Mythen‹ von Mannhardt [(vgl. Anm. 63, Dokument III)]; aber auf der Universität, die ich im Herbst 1858 bezog, lagen mir zunächst andere Pflichten ob, und nie wieder bis heute trat mir die Mythologie in den Vordergrund meiner wissenschaftlichen Interessen: nur daß ich auch für sie einen festen methodischen Standpunct zu gewinnen suchte.« (zit. n. *KS I,* S. 148).

59 Vgl. Anm. 34 (Dokument III).

60 Ludwig Preller: *Griechische Mythologie.* 2 Bde. Leipzig 1854.

61 Jacob Grimm: *Deutsche Mythologie.* Göttingen 1835 [³1854].

62 In der Handschrift in Kurzschrift.

63 Jacob Grimm: *Geschichte der deutschen Sprache.* 2 Bde. Leipzig 1848.

Beitr.,[64] Mannhardt germ. mythen.[65] Noch ehe letztere erschienen, hatte ich mir die Ansicht gebildet: Siegfrieds Drachenkampf = Indra mit Vitra.[66] – Dies bis ans Ende des Gymnasiums (gleichzeitig Julian Schmidt über mich mächtig).[67] – Mit Universität gleich gothisch aus Gabelentz-Löbe;[68] dann Dialecte, insbes. mitteldeutsch u altsächsisch.

64 Johann Wilhelm Wolf: *Beiträge zur deutschen Mythologie*. 2 Bde. Göttingen 1852-57.

65 Wilhelm Mannhardt: *Germanische Mythen. Forschungen*. Berlin 1854.

66 In der hinduistischen Mythologie tötet Indra, der Gott des Himmels, Vitra, den Drachen des Wassers.

67 Gemeint sind hier vermutlich sowohl Julian Schmidts Beiträge zu der von ihm mitherausgegebenen literarisch-politischen Zeitschrift *Die Grenzboten* als auch seine *Geschichte der deutschen Nationallitteratur im 19. Jahrhundert*. 2 Bde. Leipzig 1853 [⁴1858].

68 Hans Conon von der Gabelentz/Julius Löbe: *Ulfilas: Veteris et novi testamenti versionis gothicae fragmenta quae supersunt*. 2 Bde. Leipzig 1843-46.

IV. Entwurf einer Gedenkrede auf Franz Pfeiffer (5. Juni 1868)

Überlieferung: ABBAW, NL W. Scherer: 86. 7 Bll.

Scherers Konzept der Gedenkrede auf Franz Pfeiffer[1] ist nur in Form einer Abschrift erhalten, die Marie Scherer vermutlich für Konrad Burdach anfertigte, der zunächst plante, die Rede in die Ausgabe von Scherers »Kleinen Schriften« aufzunehmen, dann jedoch davon absah.[2] Marie Scherers Text enthält eine Reihe von vermutlich auf schwer entzifferbare Teile des Originals zurückgehenden Lücken, die in der Edition besonders ausgewiesen sind. Von Marie Scherers Hand stammt auch die Datierung »5. Juni 1868«. Zwei Tage zuvor war Scherer in Wien offiziell zum Nachfolger des am 29.5.1868 verstorbenen Pfeiffer ernannt worden. Die in der Rede erwähnte Vorlesung, in deren Rahmen die Worte gesprochen wurden, war das Kolleg über »Gothische und altdeutsche Grammatik«, die einzige Lehrveranstaltung, die Scherer im Sommersemester 1868 abhielt.

Der gemilderte Ton, mit dem Scherer seines alten Lehrers und dessen Verdiensten in dieser Rede gedenkt, deckt sich mit weiteren Zeugnissen aus den Tagen unmittelbar nach Pfeiffers Tod.[3] Die allgemeineren Ausführungen zu Beginn des Konzepts

1 Zu Pfeiffer vgl. Einleitung zu den Briefen an Franz Pfeiffer (Briefe 29-32) im vorliegenden Band.

2 Vgl. hierzu Burdachs Mitteilungen im Vorwort zu den *Kleinen Schriften*: »Lange schwankten wir, ob wir zwei ungedruckte Stücke mittheilen sollten: das Concept eines unmittelbar nach Franz Pfeiffers Tod im Colleg gesprochenen Nachrufs, der warm und treffend die Verdienste des verblichenen Gegners um die Kunde der mittelalterlichen Dialekte hervorhebt, und den Entwurf einer umfänglichen gehaltvollen Recension von Pauls Principien der Sprachgeschichte, stark polemisch, aber auch reich an lebhafter Anerkennung. Beide sind ehrenvolle Zeugnisse für die Gerechtigkeit ihres Autors. Zu ihrer Ausschließung bestimmte mich die Rücksicht auf den zu Gebote stehenden Raum und auch die Erwägung, daß sonst hier nur solche Worte Scherers zum Abdruck gelangen, die er selbst einer weiteren Öffentlichkeit für würdig gehalten hat.« (*KS 1*, S. VIII f.) – Der erwähnte Entwurf zu einer Rezension von Hermann Pauls *Principien der Sprachgeschichte* (Halle 1880, [2]1886) hat sich gleichfalls im Nachlass (ABBAW, NL W. Scherer: 140) erhalten.

3 Vgl. hierzu neben den in Anm. 2 (Einleitung Pfeiffer) angeführten Briefen auch die folgende auf den Tod Pfeiffers bezügliche Tagebucheintragung von Scherer: »Pfingsten fühl ich gar nicht. Ab. Pfeiffers Todt ist ein wichtiger Anlaß zu innerer Beugu*n*g, er ist unversöhnt mit mir gestorben, u. doch! Mit etwas mehr Weisheit u Mäßigu*n*g hätte sich e. erträgliches Verhältnis mit ihm festhalten lassen. Sollte freilich der junge Mann in den ersten 20ern mehr Mäßigu*n*g beweisen als ein älterer den 50ern nahe? Und war es nicht f. mich e. Frage der Würde u Tapferkeit? Es wäre ja wol bequemer gewesen in Frieden mit ihm zu leben. Wenn ich jetzt in die Stellung eintreten sollte, wär ichs auch im Stande. Aber damals: ich fürchtete m.

über den Zusammenhang von nationaler Selbsterkenntnis und den damit verbundenen Aufgaben der historischen Wissenschaften korrespondieren mit den Überlegungen zu einem »System nationaler Ethik«, mit denen Scherer seine erst kurz zuvor erschienene »Geschichte der deutschen Sprache« eingeleitet hatte.[4]

5. Juni 1868.

Franz Pfeiffer.

Ich will keine Charakteristik Frz. Pfeiffers schreiben; ich überlasse das Berufneren. Ich will nur, so weit der Blick der Gegenwart reicht, zu bestimmen suchen, welche Stelle Pfeiffer in der Wissenschaft einnahm der er diente. Je hervorragender der Mensch, desto weniger isolirt ist seine Existenz. Wenn ein vorzüglicher Mann uns entrissen wird, so ist ein Glied abgerissen von dem Körper der Gemeinsamkeit, der er angehörte. Jede Gemeinsamkeit ist eine Körperschaft. Ueber die Compagnie commandirt der Hauptmann, über das Regiment der Oberst, über die Armee der Feldmarschall. Der Wille, welchem Truppe u. Gelehrte unterthan; ist die Macht des zusammenhängenden Gedankenkreises. Wir müssen den Körper kennen, um das Glied zu würdigen.

Die Wissenschaft vom deutschen Alterthum, altdeutsche Philologie, deutsche Sprache, u. Litteratur, diese u. andere Namen sind im Schwang, um das Fach zu bezeichnen, in welches Pfeiffers Leistungen fallen. Alle solche Namen treffen nicht die Sache. Das Wesentliche ist, dass wir im Laufe des 19. Jahrhunderts die Wissenschaft bekommen haben, welche sich um die geistigen Lebensäußerungen unserer Nation bemüht, diese durch alle Abwandlungen der Zeiten hin verfolgt u. ihrem Ursprung nachspäht, indem sie die ersten Lebensäußerungen germanischer Völker zu belauschen sucht, welche germanische Eigenart gegenüber verwandten Völkern constituiren. Von dem wahren Antlitze unseres Volkes suchen wir den Schleier zu heben. Statt jener symbolischen Germania[5] *Lücke im Manuskript* u. Sturm festere Figur ist, suchen wir ein blaßes Wesen – aber sie hat thatsächlich existirt u. existirt noch. Nationalcharakteristik ist das letzte Ziel. Unsere Nation soll *Lücke im Manuskript* werden. Was die bewunderungswürdige Kunst großer Dichter hin-

Selbst*änd*igk*eit* einzubüßen, ein Tyrann war er ja.« (Tagebuch von Wilhelm Scherer, Wien, Mai-Juli 1868, Eintrag v. 31.5./1.6.1868, SBBPK, NL 166 (W. Scherer): 41).

4   Vgl. *Scherer: GdS (1868)*, S. VI-IX.

5   Scherer spielt hier auch darauf an, dass Pfeiffer die Germania, die seit den 1840er Jahren zum Symbol der in politischer Gesamtheit vereinigten deutschen Länder geworden war, zur Namenspatronin der von ihm ab 1856 von Wien aus herausgegebenen germanistischen Fachzeitschrift erhoben hatte.

stellt, mit der sie zeigen, wie ihre Helden zu dem wurden – – – ist das bewußte Streben dieser Wissenschaft für die ganze Nation. Diese Nation ist der Held. Möser wollte die deutsche Geschichte zur Epopon machen, deren Held der kleine Landeigenthümer, will sagen der Bauer wäre: für uns ist die ganze Nation der Held. Der Gedanke u. die allgemeine Wissenschaft vom Wesen der Nationen ist sehr alt. Für die neuere Zeit mag man Lord Baco[6] *Lücke im Manuskript* der ihn zuerst mit Energie aufstellt. ... Ein Zusammenhang von Gedanken[7] *Lücke im Manuskript* Wesen, das seine Macht auszubreiten strebt u. auf den günstigen Augenblick wartet. Baco's Gedanken[8] unterwirft sich im 18. Jahrh. der große Italiener Giambattista Vico, vor dem sich große Geheimnisse der Weltgeschichte zuerst in kühnen Ahnungen enthüllten – dann Hamann u. Herder.

Meine Herrn, ich kann den Faden unserer Vorlesung nicht wieder aufnehmen, ohne einige Worte dem Andenken des Mannes zu widmen, der in diesen Tagen uns, der Universität, der Wissenschaft, insbesondere der Wissenschaft entrissen entrissen worden ist, der auch wir nach unsern Kräften zu dienen beflissen sind. – Ein abschließendes Urtheil fällen über das, was er gewesen, was er gewollt, erstrebt u. was er erreicht hat, dieß kann nur von der Geschichte unserer Wissenschaft einst geleistet werden. Der Fortgang der Forschungen, die Ausbildung der Methode, die Sicherung *Lücke im Manuskript* Gewinnes muß zeigen, worin ihm Bleibendes gelungen, worin er geirrt hat. Wenn wir aber wagen dürfen dem Urtheil der Geschichte vorzugreifen, wenn wir wagen dürfen zu bestimmen wie eine weisere Nachwelt über ihn urtheilen wird: so dürfen wir vermuthen, dass sein Name unvergeßlich eingetragen bleiben wird in die Annalen der Wissenschaft u. daß die Nation ihn mit unter diejenigen zählen wird, die sie treu u. warm geliebt.

Auf welchen Motiven die deutsche Alterthumskunde beruht,[9] wie sie gegründet worden.

Daß Pfeiffers Thätigkeit in die Epoche fiel, wo sie gegründet war u. wo es das Ausbauen galt.

In wiefern das auf Publiciren der Texte ankam.

– Höfische Poesie[10] – darin[11] 1. Probestücke.

---

6 Gemeint ist der englische Philosoph Francis Bacon (auch: Baco of Berulam, oder kurz: Lord Baco).
7 Über dem Wort in der Handschrift: »?«.
8 Über dem Wort in der Handschrift: »?«.
9 Über dem Wort in der Handschrift: »?«.
10 Scherer bezieht sich hier wohl auf die vom jungen Pfeiffer besorgten Ausgaben großer Liederhandschriften des hohen Mittelalters: *Die Weingartner Liederhandschrift.* Hg. v. Franz Pfeiffer und F. Fellner. Stuttgart 1843 (Bibliothek des litterari-

Pfeiffers Unterschied von denjenigen, die sich mit bloßen Abdrücken begnügten; wie er die Entschuldigung der Armuth nicht gelten ließ. – Aber Pfeiffers eigentliche Bedeutung liegt nicht auf diesem Gebiete. Es gibt 2 Punkte, 2 Gebiete der altdeutschen Philologie worin Pfeiffer, wenn nicht neue Bahnen eingeschlagen, so doch neue, besondere Bahnen mit rastloser, unermüdlicher Energie verfolgt hat. Das ist geistliche Prosa des *Lücke im Manuskript* u. die Erforschung der älteren deutschen Mundarten.

Es scheint, dass von Anfang an seine Studien diese Richtung genommen hatten.

Vorrede zum Bechtold,[12] Mystiker;[13] Berthold Megenberg.[14] Wie vieles hatte er noch vor!

Lücke im Manuskript sollte kommen in letzten Lebensjahren hatte er sein Absehen hauptsächlich auf historische Prosa-Chroniken des *Lücke im Manuskript* gerichtet. – Damit hingen Mundarten zusammen, dass Schriftsteller aus der Zeit in welcher die ideale ~~Behandlung~~[15] Methode der Realistischen[16] gewichen war, die sich zugleich im Wesen des Redners zeigt, der sich des Volksdialekts bedient.

Mitteldeutsch. – Seine popularisierende Richtung. – Ab. fast allen Gliedern dermaliger[17] Litteraturgeschichte seine Thätigkeit zugewandt, fast alle Streitfragen behandelnd, – rastlos thätig, mit ungeheuern Eifer. Sie wissen, daß hier meine Meinung u. die seinige oft auseinander gingen. Aber Gewißheit, absolute Sicherheit gibts nicht.

Die Hauptsache ist, daß wir redlich gestrebt haben u. das hat Pfeiffer, wenn je irgend einer. – Der rastlose Eifer mit dem er der Wissenschaft diente hat ihn uns entrafft in der Blüthe seiner Jahre, nachdem coloßale Thätigkeit hinter ihm lag; eine viel coloßalere lag aber vielleicht noch vor ihm. Die Lücke die sein Tod gerissen wird noch lange schmerzlich nachempfunden werden.

An uns ist es ihm nachzuleben, nachzustreben. Das können wir durch redliche ernsthafte, leidenschaftliche Hingebung.

---

schen Vereins in Stuttgart V); *Die alte Heidelberger Liederhandschrift.* Hg. v. Franz Pfeiffer. Stuttgart 1844 (Bibliothek des litterarischen Vereins in Stuttgart IX).

11 Über dem Wort in der Handschrift: »?«.

12 Gemeint ist: *Berthold von Regensburg. Vollständige Ausgabe seiner Predigten mit einem Wörterbuch.* Hg. v. Franz Pfeiffer. Bd. 1. Wien 1862, darin Vorrede, S. I-XXXIV.

13 *Deutsche Mystiker des vierzehnten Jahrhunderts.* Hg. v. Franz Pfeiffer. 2 Bde. Leipzig 1845-57.

14 Gemeint ist: *Das Buch der Natur von Konrad von Megenberg. Die erste Naturgeschichte in deutscher Sprache.* Hg. v. Franz Pfeiffer. Stuttgart 1861.

15 Streichung und nachfolgende Ersetzung standen vermutlich bereits in Scherers Manuskript.

16 So in der Handschrift.

17 Über dem Wort in der Handschrift: »?«.

Die *Lücke im Manuskript* im Leben, wovon die Sittlichkeit zumeist abhängt, ist die, dass das Leben Mühe u. Arbeit sei. Und es ist überall eine andere Lebensführung nicht zu empfehlen, als daß wir die Regungen[18] unserer Nation belauschen u. ihnen diejenige Richtung zu geben suchen, bei welcher der größte Vortheil für das gemeine Wohl daraus resultirt.

18 Über dem Wort in der Handschrift: »?«.

V. Bericht über das Seminar für deutsche Philologie in Straßburg während der drei ersten Semester seines Bestehens (25. Mai 1874)

Überlieferung: ABRS: 103 AL 18: Acta der kaiserlichen Universität Straßburg (die Statuten, deren Revision, Abänderung und Ergänzung), Bll. 66r-68v.

Scherers Bericht über das von ihm begründete Seminar für deutsche Philologie ist an Wilhelm Ledderhose, den Curator der Universität Straßburg gerichtet, zu deren Gründungskollegium Scherer gehörte. Die in den Universitätsarchivakten überlieferte Ausfertigungsfassung gibt genaue Auskunft nicht nur über den Lehrbetrieb zwischen den Wintersemestern 1872/73 und 1873/74, sondern auch zu den Motiven, die zur Gründung des Seminars geführt hatten, welches das erste Institut dieser Art war, das über eine ältere und eine neuere Abteilung verfügte. Der Bericht ergänzt die Dokumente zu diesem Gegenstand, die erstmals im Zusammenhang des Briefwechsels zwischen Scherer und Elias von Steinmeyer ediert wurden. Die Edition beschränkt sich auf Scherers Text, die Bearbeitungsvermerke aus der Kanzlei Ledderhoses werden nicht abgedruckt.

Bericht des Prof. W. Scherer über das Seminar für deutsche Philologie
während der drei ersten Semester seines Bestehens
(Winter 1872/3 – Winter 1873/4).

Sr Hochwohlgeboren
Herrn Präsidenten Ledderhose
Curator der Universität
Straßburg.[1]

Ew. Hochwohlgeboren
geneigte Aufforderung vom 6 Mai d. J. gibt mir den willkommenen Anlaß, eine langversäumte Pflicht zu erfüllen und über den Bestand und die Thätigkeit des Seminars für deutsche Philologie zusammenfassenden gedrängten Bericht zu erstatten.

Während des ersten Semesters meiner hiesigen Wirksamkeit (Winter 1872/73) bestand das Seminar nur in den wöchentlich zweistündigen Übungen die ich angekündigt hatte und deren Zweck die sichere Einübung der gothischen und althochdeutschen Grammatik war, die ich in parallelgehenden Vorlesungen behandelte. Es hatten sich 14 Theilnehmer gemeldet, ebensoviele als die genannte Vorlesung hörten, und Fleiß und Betheiligung war so groß, daß ich von Neujahr ab für 6-8 Vorgeschrittenere noch besondere Übungen veranstaltete, in denen Gothisch und Altsächsisch getrieben wurde.

---

1   In der Handschrift steht die Adresse am Fuß des ersten Blattes.

377

Im Laufe des Sommersemesters 1873 konnte bereits das Seminarlocal im Schlosse benutzt werden und eine kleine Bibliothek bot das nöthigste dar für das Studium und die Vorbereitung zu den Übungen. In diesem Semester versuchte ich auch zuerst die Einrichtung zweier Abtheilungen des Seminares, wovon die eine der altdeutschen, die andere der modernern deutschen Philologie gewidmet war.

In jener wurde (zweistündig) der arme Heinrich von Hartmann von Aue gelesen und interpretirt zum Behufe der Einübung mittelhochdeutscher Grammatik und mittelhochdeutschen Wortgebrauches: 28 Theilnehmer hatten sich gemeldet, eine fast zu große Zahl, welche gleichwohl mit wenigen Ausnahmen bis zu Ende ausharrte.

Die moderne Abtheilung war mit besonderer Rücksicht auf elsäßische Studenten[2] eingerichtet worden u. dies hob meine Ankündigung ausdrücklich hervor. Ich glaubte daß die Elsäßer für die moderne deutsche Litteratur leichter zu gewinnen wären als für die ältere. Aber so wenig hier wie in einem Publicum über elsäßische Litteratur und Sprache, das ich in demselben Semester abhielt, sah ich meine Hoffnungen verwürklicht. Zu dem Publicum, das ich freilich in der nicht günstigen Stunde von 7-8 h früh las, hatten sich überhaupt nur 10 gemeldet, worunter nur 4 Elsäßer. Zu den modernen Übungen fanden sich nur zwei Elsäßer ein, wovon wiederum nur einer regelmäßig erschien, sichtlich stark interessirt, aber ohne den Muth eigener Betheiligung. Im vorigen Semester, um dies gleich hinzuzufügen, ging es nicht besser, und gegenwärtig nimmt leider kein Elsäßer an diesen Übungen theil.

Wohl aber ist gerade die moderne Abtheilung des Seminares für mich und die besten meiner Zuhörer eine Quelle steigenden Genusses und ein Mittelpunct des anregendsten Studiums geworden. Eine ähnliche Einrichtung besteht meines Wissens an keiner deutschen Universität. Die moderne Litteraturgeschichte wird nirgends wie hier streng wissenschaftlich in besonderen Übungen getrieben. Ich halte dieselbe nur eine Stunde wöchentlich ab, aber die Zeit reicht vollkommen aus, denn an die eigene Arbeit der Theilnehmer werden hier größere Anforderungen gestellt als in den altdeutschen Übungen. Während in den letzteren Texte interpretirt und den Einzelnen die Vorbereitung nur auf je eine Stunde zugemuthet wird, mußte in den modernen Übungen bisher noch stets gründliche eingehende und ausgebreitete Forschung verlangt werden. Im Sommersemester 1873 haben wir uns mit Lessing beschäftigt. Lessings Jugend im äußeren Umriß machte den Gegenstand des ersten Vortrages aus, dann kamen Lessings Verhältnis zur Anakreontik,

2 Zu den kulturpolitischen Implikationen, die von deutscher Seite mit der Gründung der Straßburger Universität im Elsass verbunden waren vgl. ausführlich John Eldon Craig: *A Mission for German Learning: The University of Strasbourg and the Alsatian Society, 1871-1914.* Diss. phil. Stanford University 1972.

Lessings Verhältnis zu Gellert in der poetischen Erzählung, die Entstehungsgeschichte des Laokoon, endlich Lessings Fabeln in Bezug auf ihren moralischen Gehalt zur Sprache. Eine Reihe guter, grossentheils vortrefflicher Arbeiten wurden geliefert, welche als wirkliche Bereicherungen unserer Kenntnis
gelten dürfen und Veröffentlichung verdienen.

In den starken Anforderungen, welche bisher an die Theilnehmer gestellt
werden mußten, erblicke ich einen Übelstand, dessen Hebung ich mir ernstlich angelegen sein lasse. Ich hoffe, später auch auf diesem Gebiete zur Interpretation von Texten übergehen zu können. Dies wird aber erst dann der Fall
sein, wenn die Seminarbibliothek reicher mit Werken der neueren deutschen
Litteratur versehen sein wird. Eine streng wissenschaftliche Interpretation
Goethescher Gedichte z.b. setzt das Vorhandensein einer vollständigen Goe-
thebibliothek voraus, wie sie weder die Universitäts- noch die Seminarbibliothek bis jetzt besitzt.

Die Zahl der Theilnehmer an den modernen Übungen betrug im Sommersemester 1873 im Ganzen 13.

Im Wintersemester 1873/4 mußten die altdeutschen Übungen in zwei Cur-
sen abgehalten werden. Einerseits kam es darauf an, diejenigen welche in den
beiden vorhergehenden Semestern Grammatik und Metrik gehört, Gothisch
Althochdeutsch und Mittelhochdeutsch eingeübt hatten, nun an die höheren
und schwereren Aufgaben der mittelhochdeutschen Textkritik heranzuführen.
Andererseits mußte Grammatik und die zugehörigen Übungen von neuem
begonnen werden. Beiderlei Übungen leitete in der Regel Prof. Steinmeyer.
An den textkritischen Übungen waren 18, an den grammatischen 16 Herren
betheiligt.

Die modernen Übungen, die ich selbst leitete, beschäftigten sich diesmal
ausschließlich mit Goethes Werther, dessen 100jahriges Jubiläum[3] wir dergestalt
stalt auf unsere Weise feierten. Meine einleitenden Bemerkungen gaben die
Gesichtspuncte an, unter denen der Stoff zu behandeln war: darnach wurde
dann in ausführlicher Erörterung »das Erlebte im Werther«, der Text des
W. in der ersten und zweiten Auflage und der abweichende Styl in beiden,
das Verhältnis des W. zu Rousseaus Nouvelle Héloïse,[4] endlich das Naturge-
fühl im Werther im Zusammenhang mit der Geschichte des Naturgefühls
im 18 Jh. überhaupt – besprochen. Zahl der Theilnehmer 14.

---

3 Goethes *Leiden des jungen Werthers* waren zuerst 1773 erschienen, die zweite stark
   überarbeitete Fassung, von der auch unten die Rede ist, erschien 1887.
4 Die Verwandtschaft zwischen Goethes *Werther* und Jean-Jacques Rousseaus Erzählung *Julie, où la Nouvelle Héloïse* (1761) behandelte noch im gleichen Jahr Scherers
   Schüler Erich Schmidt im Rahmen seiner Monographie *Richardson, Rousseau und
   Goethe. Ein Beitrag zur Geschichte des Romans im 18. Jahrhundert.* Jena 1875. Vgl.
   auch *Scherer: GdL (1883)*, S. 500.

Im laufenden Semester, wenn ich das hinzufügen soll, haben sich zu meinen Übungen über das Nibelungenlied 25, zu den Übungen über Parzival bei Prof. Steinmeyer 12, zu den modernen Übungen (Dramen des 16-18 Jh.) 13 Theilnehmer eingefunden. Doch bedürfen diese Zahlen vielleicht noch der Rectification.

Um ein vollständiges Bild unseres Seminarlebens zu geben, muß ich noch bemerken, daß neben den angekündigten und abgehaltenen altdeutschen Interpretationsübungen stets noch Arbeiten wissenschaftlicher Forschung einhergehen, wobei ich indessen immer nur auf die Besten u. auf diejenigen rechne, welche das Deutsche als Hauptfach betreiben. Wenn es vorgekommen ist daß auch solche Seminarmitglieder die ich nicht als specifische altdeutsche Philologen bezeichnen könnte, einzelne wissenschaftliche Arbeiten geliefert haben, so scheint mir dies ein besonders erfreulicher Umstand. Meist handelt es sich um Themata die mir in verschiedenen Stadien der Vollendung vorgelegt worden, die an einem Puncte fest angefaßt, dann mehrfacher Erweiterung fähig sind und meist den Keim zu Doctordissertationen in sich enthalten.

An derartigen Arbeiten ist bis jetzt überhaupt geliefert worden:[5]

1) Die St. Gallischen Sprachdenkmäler bis zum Tode Karls des Großen (Chronologie, Beiträge zur Textkritik des Vocab. St. Galli, vollständige Grammatik der StGaller Urkunden)

2) Reinmar von Hagenau und Heinrich von Rugge (XII/XIII Jh.)

3) Zu Ulrich von Lichtenstein. (XIII Jh.)

4) Der Mönch von Heilsbrunn (XIV Jh.)

5) Das Freisinger Paternoster, Grammatik

6) Das Wessobrunner Gebet, Grammatik

7) Die Metrik der namenlosen Lieder im Minnesangsfrühling

Ich möchte mich enthalten ein Gesammturteil über die bisherigen Resultate des germanischen Seminares zu fällen. Ich möchte wenigstens für ein solches Urteil nicht den Anspruch der Objectivität erheben. Denn ich möchte mich nicht mit einem Optimismus äußern, der auf Selbstlob hinauszulaufen scheinen könnte. Sicherlich wäre noch mehr erreicht, wenn ich mich seit meinem Aufenthalt in Straßburg einer immer gleichmäßigen zur Anregung fähigen

---

5 Von den im Folgenden genannten Dissertationen erschienen vier in der von Scherer mitbegründeten Reihe *Quellen und Forschungen zur Sprach- und Culturgeschichte der germanischen Völker*: Rudolf Henning: *Über die Sanctgallischen Sprachdenkmäler bis zum Tode Karls des Grossen*. Straßburg 1874 (QF 3); Erich Schmidt: *Reinmar von Hagenau und Heinrich von Rugge. Eine literarhistorische Untersuchung*. Straßburg 1874 (QF 4); Karl Knorr: *Über Ulrich von Lichtenstein. Historische und litterarische Untersuchungen*. Straßburg 1875 (QF 9); Albrecht Wagner: *Über den Mönch von Heilsbronn*. Straßburg 1876 (QF 15). Die anderen Arbeiten konnten nicht ermittelt werden.

Frische erfreut hätte oder wenn ich mehr direct darauf ausginge, junge talent-volle Männer ausdrücklich für mein Fach und für die Arbeit der Forschung heranzuziehen: allein das gestatte ich mir nicht, weil ich fürchten würde damit gegen die allgemeinen Zwecke des Universitätsunterrichtes zu verstoßen und eine Hypertrophie des germanistischen Studiums zu bewirken, die gewiß nicht erwünschenswerth wäre.

Wohl aber kann ich sagen: daß ich, nach dem Maße meines Strebens und nach dem Maße meiner Kraft, mit den erzielten Resultaten sehr zufrieden bin, daß sie bei weitem das übertreffen was ich bei meiner früheren Wirksamkeit erzielte und daß ich ebendeshalb die Ursache des guten Erfolges nicht in mir, sondern in dem vortrefflichen Geiste unserer Studenten erblicken darf.

Als Mangel empfinde ich am meisten, daß es mir bisher nicht gelungen ist, die Elsäßer zu lebendiger Theilnahme heranzuziehen. Das einzige was sie wirklich hören, scheinen die Publica über moderne deutsche Litteratur zu sein, die ich seit dem letzten Wintersemester halte. Doch kann ich die Zahl der Theilnehmer schwer controliren, weil in der Regel sich weit mehr Zuhörerschaft einfindet als sich bei mir oder bei der Quaestur meldet und weil ich bei diesen Meldungen nicht immer genau auf die Heimat des einzelnen achte. Der strengwissenschaftliche Geist der Forschung, in welchem alte und neuere deutsche Litteratur in den Seminarübungen behandelt wird, hat wohl noch etwas fremdartiges und vielleicht abstoßendes für junge Männer, die an historische Betrachtung der Muttersprache gar nicht und in der Litteraturgeschichte nur an die französischen geistreichen Nachproductionen gewöhnt sind. Hätte ich aber von der Strenge der Forderungen nachgelassen, so wäre nichts anderes geleistet worden als was in die Prima gehört und jene modernen Übungen, die jetzt mein besonderer Stolz und meine Freude sind, wären überhaupt nicht zu Stande gekommen, denn mehr als zwei Elsäßer haben von Anfang an nicht dazu Lust bezeigt, und den Studenten aus Altdeutschland durfte nur etwas geboten werden was über die Belehrungen der Schule beträchtlich hinaus ging. Die modernen Übungen – ich bin davon überzeugt – welche jetzt einem wirklichen Bedürfnisse der deutschen Wissenschaft und dieser Universität insbesondere entgegenkommen, hätten zwischen Leben und Sterben ein mühsames, für Lehrer und Schüler gleich unerfreuliches Dasein gefristet.

Ich kann die Betheiligung der Elsäßer daher nicht früher erwarten, als bis sie im allgemeinen sich den philologischen Studien und dem Lehrfache in größerer Zahl zuwenden. Was von der Theologie nebenbei abfällt, das könnte sich höchstens durch ausdrückliche Vorschrift auch den deutsch-philologischen Studien zuwenden lassen. Solche Vorschriften aber könnte ich meinerseits weder wünschen noch empfehlen.

Ergebenst
W Scherer

Straßburg 25 Mai 1874.

Kurzverzeichnis der abgedruckten Briefe

Briefe 1-28
Briefe an die Mutter Anna Stadler
und den Stiefvater Anton von Stadler. 1853-1885

1. Scherer an Anna Stadler und Anton von Stadler, Wien, 26. Mai 1853. Donnerstag. [H: SBBPK, NL 166 (W. Scherer): 98]

2. Scherer an Anton von Stadler, Wien, 9. Juli 1853. Sonnabend. [H: SBBPK, NL 166 (W. Scherer): 98]

3. Scherer an Anton von Stadler, Wien, 7. November 1853. Montag. [H: SBBPK, NL 166 (W. Scherer): 98]

4. Scherer an Anna Stadler und Anton von Stadler, Wiesentheid/Unterfranken, 12. August 1857. Mittwoch. [H: SBBPK, NL 166 (W. Scherer): 98]

5. Scherer an Anna Stadler, Berlin, 13. April 1860. Freitag. [H: SBBPK, NL 166 (W. Scherer): 100]

6. Scherer an Anton von Stadler, Berlin, 26./28. April 1860. Donnerstag/Sonnabend. [H: SBBPK, NL 166 (W. Scherer): 100]

7. Scherer an Anna Stadler, Anton von Stadler und Toni Stadler, Berlin, 11. Mai 1860. Freitag. [H: SBBPK, NL 166 (W. Scherer): 100]

8. Scherer an Anna Stadler, (Berlin), 21. Mai 1860. Montag. [H: SBBPK, NL 166 (W. Scherer): 100]

9. Scherer an Anna Stadler und Anton von Stadler, Berlin, 8. Juni 1860. Freitag. [H: SBBPK, NL 166 (W. Scherer): 100]

10. Scherer an Anna Stadler, Berlin, 14. Dezember 1860. Freitag. [H: SBBPK, NL 166 (W. Scherer): 100]

11. Scherer an Anton von Stadler, Berlin, 29. Januar 1861. Dienstag. [H: SBBPK, NL 166 (W. Scherer): 101]

12. Scherer an Anna Stadler und Anton von Stadler, (Berlin), 28. März 1861. Donnerstag. [H: SBBPK, NL 166 (W. Scherer): 101]

13. Scherer an Anton von Stadler, Berlin, 13. Februar 1863. Freitag. [H: SBBPK, NL 166 (W. Scherer): 103]

14. Scherer an Anton von Stadler, (Berlin, 7. April 1863). Osterdienstag. [H: SBBPK, NL 166 (W. Scherer): 103]

15. Scherer an Anton von Stadler, (Berlin), 17. April 1863. Freitag. [H: SBBPK, NL 166 (W. Scherer): 103]

16. Scherer an Anton von Stadler, (Berlin?), 15. Juli 1863. Mittwoch. [H: SBBPK, NL 166 (W. Scherer): 103]

17. Scherer an Anna Stadler, (Berlin), 24. Februar 1868. Montag. [H: SBBPK, NL 166 (W. Scherer): 108]

18. Scherer an Anton von Stadler, (Wien, Ende August 1870). [H: SBBPK, NL 166 (W. Scherer): 110]

19. Scherer an Anton von Stadler, (Berlin), 2. September 1870. Freitag. [H: SBBPK, NL 166 (W. Scherer): 110]

20. Scherer an Anna Stadler, (Wien), 18. Juni (1872). Dienstag. [H: SBBPK, NL 166 (W. Scherer): 112]
21. Scherer an Anna Stadler, (Wien), 30. August 1872. Freitag. [H: SBBPK, NL 166 (W. Scherer): 112]
22. Scherer an Anna Stadler, Berlin, 8. Oktober 1876. Sonntag. [H: SBBPK, NL 166 (W. Scherer): 116]
23. Scherer an Anna Stadler und Toni Stadler, Hamburg, 11. Oktober 1878. Freitag. [H: SBBPK, NL 166 (W. Scherer): 118]
24. Scherer an Anna Stadler, Berlin, 11. Dezember 1880. Sonnabend. [H: SBBPK, NL 166 (W. Scherer): 120]
25. Scherer an Anna Stadler, Berlin, 14. März 1884. Freitag. [H: SBBPK, NL 166 (W. Scherer): 124]
26. Scherer an Anna Stadler, Berlin, 14. April 1885. Dienstag. [H: SBBPK, NL 166 (W. Scherer): 125]
27. Scherer an Anna Stadler, Bad Gastein, 28. August 1885. Freitag. [H: SBBPK, NL 166 (W. Scherer): 125]
28. Scherer an Anna Stadler, Berlin, 17. Oktober 1885. Sonnabend. [H: SBBPK, NL 166 (W. Scherer): 103]

Briefe 29-32
Briefe an Franz Pfeiffer. 1860-1864

29. Scherer an Pfeiffer, Berlin, 20. Mai 1860. Sonntag. [H: DLA: B: Wilhelm Scherer]
30. Scherer an Pfeiffer, Berlin, 6. Dezember 1860. Donnerstag. [H: DLA: B: Wilhelm Scherer]
31. Scherer an Pfeiffer, Wien, 14. April 1862. Montag. [H: WLB, NL Pfeiffer: Cod. Hist. Q. 407]
32. Scherer an Pfeiffer, Wien, 22. Juni 1864. Dienstag. [H: WLB, NL Pfeiffer: Cod. Hist. Q. 407]

Briefe 33-38
Briefe an Lina Duncker. 1864-1870

33. Scherer an Lina Duncker, Wien, 5. November 1864. Sonnabend. [H: SBBPK, NL 166 (W. Scherer): 61]
34. Scherer an Lina Duncker, (Wien), 14. Dezember (1864). Mittwoch. [H: SBBPK, NL 166 (W. Scherer): 61]
35. Scherer an Lina Duncker, (Wien), 1. bis 3. Juli 1866. Sonntag/Montag/Dienstag. [H: SBBPK, NL 166 (W. Scherer): 61]
36. Scherer an Lina Duncker, (Wien), 7. Juli 1866. Sonnabend. [H: SBBPK, NL 166 (W. Scherer): 61]
37. Scherer an Lina Duncker, (Wien), 26. Juli (1868). Sonntag. [H: ABBAW, NL W. Scherer: 1050]

38. Scherer an Lina Duncker, (Wien), 9. Oktober 1870. Sonntag. [H: ABBAW, NL W. Scherer: 1050]

Briefe 39-49
Briefwechsel mit Rudolf Haym. 1863-1885

39. Haym an Scherer, Halle/Saale, 23. Dezember 1863. Mittwoch. [H: ABBAW, NL W. Scherer: 477]
40. Haym an Scherer, Halle/Saale, 9. August 1864. Dienstag. [H: ABBAW, NL W. Scherer: 477]
41. Scherer an Haym, Wien, 1. Oktober 1864. Sonnabend. [H: ULB Sachsen-Anhalt, NL Haym: Yi 23 IV. S. 6-11]
42. Haym an Scherer, Halle/Saale, 12. Oktober 1864. Mittwoch. [H: ABBAW, NL W. Scherer: 477]
43. Scherer an Haym, Wien, 17. Oktober 1864. Montag. [H: ULB Sachsen-Anhalt, NL Haym: Yi 23 IV. S. 6-11]
44. Haym an Scherer, Halle/Saale, 3. Februar 1876. Donnerstag. [H: ABBAW, NL W. Scherer: 477]
45. Scherer an Haym, Berlin, 22. Dezember 1884. Montag. [H: ULB Sachsen-Anhalt, NL Haym: Yi 23 IV. S. 6-11]
46. Haym an Scherer, Halle/Saale, 24. Dezember 1884. Mittwoch. [H: ABBAW, NL W. Scherer: 477]
47. Scherer an Haym, Berlin, 25. Dezember 1885. Freitag. [H: ULB Sachsen-Anhalt, NL Haym: Yi 23 IV. S. 6-11]
48. Haym an Scherer, Halle/Saale, 28. Dezember 1885. Montag. [H: ABBAW, NL W. Scherer: 477]
49. Scherer an Haym, Berlin, 29. Dezember 1885. Dienstag. [H: ULB Sachsen-Anhalt, NL Haym: Yi 23 IV. S. 6-11]

Briefe 50-60
Briefwechsel mit Konrad Hofmann. 1864-1884

50. Scherer an Hofmann, Bad Hall/Oberösterreich, 29. Juni 1864. Mittwoch. [H: BSB, Hofmanniana 9]
51. Hofmann an Scherer, München, 19. Oktober 1864. Mittwoch. [H: ABBAW, NL W. Scherer: 518]
52. Scherer an Hofmann, Wien, 16. Dezember 1864. Freitag. [H: BSB, Hofmanniana 9]
53. Hofmann an Scherer, München, 25. Juli 1865. Dienstag. [H: ABBAW, NL W. Scherer: 518]
54. Hofmann an Scherer, München, 3. Mai 1867. Freitag. [H: ABBAW, NL W. Scherer: 518]
55. Scherer an Hofmann, (Wien, vor dem 7. Juni 1868). [H: BSB, Hofmanniana 9]

56. Hofmann an Scherer, München, 15. August 1870. Montag. [H: ABBAW, NL W. Scherer: 518]
57. Scherer an Hofmann, Berlin, 25. August 1870. Donnerstag. [H: BSB, Hofmanniana 9]
58. Hofmann an Scherer, München, (vor dem 1. Mai 1884). [H: ABBAW, NL W. Scherer: 518]
59. (Visitenkarte) Hofmann an Scherer, München, (vor dem 25. Juni 1884). [H: ABBAW, NL W. Scherer: 518]
60. Scherer an Hofmann, Berlin, 25. Juni 1884. Mittwoch. [H: BSB, Hofmanniana 9]

Briefe 61-63
Briefe von Moriz Haupt. 1866-1873

61. Haupt an Scherer, Berlin, September 1866. [H: ABBAW, NL W. Scherer: 475]
62. Haupt an Scherer, Berlin, 7. April 1867. Sonntag. [H: ABBAW, NL W. Scherer: 475]
63. Haupt an Scherer, Berlin, 8. Februar (1873). Sonnabend. [H: ABBAW, NL W. Scherer: 475]

Briefe 64-67
Briefe von Friedrich Spielhagen. 1876-1880

64. Spielhagen an Scherer, Berlin, 26. Dezember 1876. Dienstag. [H: ABBAW, NL W. Scherer: 905]
65. Spielhagen an Scherer, Berlin, 21. Mai 1880. Freitag. [H: ABBAW, NL W. Scherer: 905]
66. Spielhagen an Scherer, Berlin, 17. Juli 1880. Sonnabend. [H: ABBAW, NL W. Scherer: 905]
67. Spielhagen an Scherer, Berlin, 17. Juli 1880. Sonnabend. [H: ABBAW, NL W. Scherer: 905]

Briefe 68-77
Briefwechsel mit Julius Zacher. 1866-1869

68. Zacher an Scherer, Halle/Saale, 25. Mai 1866. Freitag. [H: ABBAW, NL W. Scherer: 1032]
69. Scherer an Zacher, Wien, 29. Mai 1866. Dienstag. [H: SBBPK (BJK), Slg. Autographa: W. Scherer]
70. Zacher an Scherer, Halle/Saale, 26. März 1867. Dienstag. [H: ABBAW, NL W. Scherer: 1032]
71. Scherer an Zacher, (Wien), 7./10. April 1867. Sonntag/Mittwoch. [H: SBBPK (BJK), Slg. Autographa: W. Scherer]

72. Zacher an Scherer, Halle/Saale, 18. Oktober 1867. Freitag. [H: ABBAW, NL W. Scherer: 1032]
73. Scherer an Zacher, (Wien), 21. Oktober 1867. Montag. [H: SBBPK (BJK), Slg. Autographa: W. Scherer]
74. Zacher an Scherer, Halle/Saale, 14. Mai 1868. Donnerstag. [H: ABBAW, NL W. Scherer: 1032]
75. Zacher an Scherer, Halle/Saale, 30. Mai 1868. Sonnabend. [H: ABBAW, NL W. Scherer: 1032]
76. Zacher an Scherer, Halle/Saale, 13. Juni 1868. Sonnabend. [H: ABBAW, NL W. Scherer: 1032]
77. Zacher an Scherer, Halle/Saale, 19./21. Dezember 1869. Sonnabend/Montag. [H: ABBAW, NL W. Scherer: 1032]

Briefe 78-81
Briefe von Berthold Delbrück. 1868-1873

78. Delbrück an Scherer, Halle/Saale, 19. April 1868. Sonntag. [ABBAW, NL W. Scherer: 324]
79. Delbrück an Scherer, Jena, 2. März 1871. Donnerstag. [ABBAW, NL W. Scherer: 324]
80. Delbrück an Scherer, Jena, 29. September 1872. Sonntag. [ABBAW, NL W. Scherer: 324]
81. Delbrück an Scherer, Halle/Saale, 15. April (1873). Dienstag. [ABBAW, NL W. Scherer: 324]

Briefe 82-94
Briefwechsel mit Friedrich Zarncke. 1868-1874

82. Scherer an Zarncke, Berlin, 5. Januar 1868. Sonntag. [UB Leipzig, NL 249 (F. Zarncke): Scherer, W.]
83. Zarncke an Scherer, Leipzig, 6. Januar 1868. Montag. [ABBAW, NL W. Scherer: 1033]
84. Scherer an Zarncke, Berlin, 23. Januar 1868. Donnerstag. [UB Leipzig, NL 249 (F. Zarncke): Scherer, W.]
85. Zarncke an Scherer, Leipzig, 3. April 1868. Freitag. [ABBAW, NL W. Scherer: 1033]
86. Zarncke an Scherer, Leipzig, 20. April 1868. Montag. [ABBAW, NL W. Scherer: 1033]
87. Scherer an Zarncke, (Wien), 26. April 1868. Sonntag. [UB Leipzig, NL 249 (F. Zarncke): Scherer, W.]
88. Scherer an Zarncke, (Wien), 2. Mai 1868. Sonnabend. [UB Leipzig, NL 249 (F. Zarncke): Scherer, W.]
89. Scherer an Zarncke, Wien, 23. Juli 1868. Donnerstag. [UB Leipzig, NL 249 (F. Zarncke): Scherer, W.]

90. Scherer an Zarncke, Wien, 17. Juni 1869. Donnerstag. [UB Leipzig, NL 249 (F. Zarncke): Scherer, W.]
91. Zarncke an Scherer, Leipzig, 24. Juni 1869. Donnerstag. [ABBAW, NL W. Scherer: 1033]
92. Scherer an Zarncke, Wien, 30. Juni 1869. Mittwoch. [UB Leipzig, NL 249 (F. Zarncke): Scherer, W.]
93. Scherer an Zarncke, Straßburg, 24. Juni 1874. Mittwoch. [UB Leipzig, NL 249 (F. Zarncke: Scherer, W.]
94. Zarncke an Scherer, Leipzig, 28. Juni 1874. Sonntag. [ABBAW, NL W. Scherer: 1033]

Briefe 95-100
Briefwechsel mit Theodor Mommsen. 1874-1885

95. Scherer an Mommsen, Straßburg, 21. April 1874. Dienstag. [H: SBBPK, NL Mommsen I: W. Scherer]
96. Scherer an Mommsen, Straßburg, 18. April 1877. Mittwoch. [H: SBBPK, NL Mommsen I: W. Scherer]
97. Mommsen an Scherer, Charlottenburg bei Berlin, 24. Mai 1877. Donnerstag. [H: ABBAW, NL W. Scherer: 703]
98. Scherer an Mommsen, Straßburg, 30. Mai 1877. Mittwoch. [H: SBBPK, NL Mommsen I: W. Scherer]
99. Scherer an Mommsen, Berlin, 12. November 1880. Freitag. [H: SBBPK, NL Lothar Wickert: 413]
100. Scherer an Mommsen, Berlin, 12. Januar 1885. Montag. [H: SBBPK, NL Mommsen I: W. Scherer]

Briefe 101-103
Briefe von Gustav von Loeper. 1877-1885

101. Loeper an Scherer, Berlin, 30. Januar 1877. Dienstag. [H: ABBAW, NL W. Scherer: 650]
102. Loeper an Scherer, Weimar, 8. Juni 1885. Montag. [H: ABBAW, NL W. Scherer: 650]
103. Loeper an Scherer, Berlin, 26. August 1885. Mittwoch. [H: ABBAW, NL W. Scherer: 650]

Briefe 104-108
Briefe von Julius Hoffory. 1877-1886

104. Hoffory an Scherer, Kopenhagen, 26. August 1877. Sonntag. [H: ABBAW, NL W. Scherer: 515]

105. Hoffory an Scherer, Westend bei Charlottenburg/Berlin, 27. November 1883. Dienstag. [H: ABBAW, NL W. Scherer: 515]
106. Hoffory an Scherer, Westend bei Charlottenburg/Berlin, 28. Dezember 1884. Sonntag. [H: ABBAW, NL W. Scherer: 515]
107. Hoffory an Scherer, London, 21. April 1886. Mittwoch. [H: ABBAW, NL W. Scherer: 515]
108. Hoffory an Scherer, (Berlin), 23. Juni 1886. Mittwoch. [H: ABBAW, NL W. Scherer: 515]

Briefe 109-118
Briefe an Marie Scherer, geb. Leeder. 1878-1884

109. Scherer an Marie Leeder, (Berlin), 23. (Oktober 1878). Mittwoch. [H: SBBPK, NL 166 (W. Scherer): 83]
110. Scherer an Marie Leeder, (Berlin, 27. Oktober 1878). Sonntag. [H: SBBPK, NL 166 (W. Scherer): 83]
111. Scherer an Marie Leeder, (Berlin), 1. November 1878. Freitag. [H: SBBPK, NL 166 (W. Scherer): 84]
112. Scherer an Marie Leeder, (Berlin), 22. November 1878. Freitag. [H: SBBPK, NL 166 (W. Scherer): 84]
113. Scherer an Marie Scherer, (Berlin), 3. Februar 1879. Montag. [H: SBBPK, NL 166 (W. Scherer): 87]
114. Scherer an Marie Scherer, Berlin, 8. August 1882. Dienstag. [H: SBBPK, NL 166 (W. Scherer): 92]
115. Scherer an Marie Scherer, (Berlin), 9. Juli 1883. Montag. [H: SBBPK, NL 166 (W. Scherer): 93]
116. Scherer an Marie Scherer, (Berlin), 25. Juli 1884. Freitag. [H: SBBPK, NL 166 (W. Scherer): 96]
117. Scherer an Marie Scherer, Berlin, 2. September 1884. Dienstag. [H: SBBPK, NL 166 (W. Scherer): 96]
118. Scherer an Marie Scherer, Berlin, 13. September 1884. Sonnabend. [H: SBBPK, NL 166 (W. Scherer): 96]

Briefe 119-120
Briefe an Karl Richard Lepsius. 1881-1883

119. Scherer an Lepsius, Berlin, 8. März 1881. Dienstag. [H: SBBPK, Slg. Darmstaedter: 2 b 1865]
120. Scherer an Lepsius, Berlin, 24. Juli 1883. Dienstag. [H: SBBPK, Slg. Darmstaedter: 2 b 1865]

Briefe 121-136
Briefwechsel mit Friedrich Althoff. 1883-1885

121. Althoff an Scherer, Berlin, 25. Februar 1883. Sonntag. [H: ABBAW, NL W. Scherer: 209]
122. Scherer an Althoff, Berlin, 25. Februar 1883. Sonntag. [H: GStA PK, VI. HA Familienarchive und Nachlässe, NL Friedrich Althoff C, Nr. 19, Bd. 2, Bll. 117-118]
123. Scherer an Althoff, Berlin, 27. Februar 1883. Dienstag. [H: GStA PK, VI. HA Familienarchive und Nachlässe, NL Friedrich Althoff B, Nr. 203, Bd. 1, Bll. 162-163]
124. Althoff an Scherer, Berlin, 2. Mai 1883. Mittwoch. [H: ABBAW, NL W. Scherer: 209]
125. Althoff an Scherer, Berlin, 7. Dezember 1883. Freitag. [H: ABBAW, NL W. Scherer: 209]
126. Scherer an Althoff, Berlin, 1. Januar 1884. Dienstag. [H: GStA PK, VI. HA Familienarchive und Nachlässe, NL Friedrich Althoff B, Nr. 203, Bd. 1, Bl. 168]
127. Scherer an Althoff, Berlin, 9. Februar 1884. Sonnabend. [H: GStA PK, VI. HA Familienarchive und Nachlässe, NL Friedrich Althoff B, Nr. 203, Bd. 1, Bll. 171-172]
128. Scherer an Althoff, Berlin, 17. Februar 1884. Sonntag. [H: GStA PK, VI. HA Familienarchive und Nachlässe, NL Friedrich Althoff B, Nr. 203, Bd. 1, Bll. 173-174]
129. Scherer an Althoff, Berlin, 8. März 1884. Sonnabend. [H: GStA PK, VI. HA Familienarchive und Nachlässe, NL Friedrich Althoff B, Nr. 203, Bd. 1, Bl. 176]
130. Althoff an Scherer, Berlin, 9. Juli 1884. Mittwoch. [H: ABBAW, NL W. Scherer: 209]
131. Althoff an Scherer, Berlin, 31. Oktober 1884. Freitag. [H: ABBAW, NL W. Scherer: 209]
132. Scherer an Althoff, Berlin, 1. November 1884. Sonnabend. [H: GStA PK, VI. HA Familienarchive und Nachlässe, NL Friedrich Althoff B, Nr. 203, Bd. 1, Bll. 194-198]
133. Scherer an Althoff, Berlin, 21. März 1885. Sonnabend. [H: GStA PK, VI. HA Familienarchive und Nachlässe, NL Friedrich Althoff B, Nr. 203, Bd. 1, Bl. 208]
134. Althoff an Scherer, Berlin, 28. März 1885. Sonnabend. [H: ABBAW, NL W. Scherer: 209]
135. Scherer an Althoff, Berlin, 17. April 1885. Freitag. [H: GStA PK, VI. HA Familienarchive und Nachlässe, NL Friedrich Althoff B, Nr. 203, Bd. 1, Bll. 212-212a]
136. Scherer an Althoff, Berlin, 6. Juli 1885. Montag. [H: GStA PK, VI. HA Familienarchive und Nachlässe, NL Friedrich Althoff B, Nr. 203, Bd. 1, Bll. 214-217]

Briefe 137-140
Briefwechsel mit Otto Pniower. 1885

137. Scherer an Pniower, Berlin, 10. August 1885. Montag. [H: SBBPK, NL 229 (Wieland Schmidt): Kasten 1, Mappe 0]
138. Pniower an Scherer, Falkenstein/Taunus, 24. September 1885. Donnerstag. [ABBAW, NL W. Scherer: 767]

139. Pniower an Scherer, Falkenstein/Taunus, 9. Oktober 1885. Freitag. [H: ABBAW, NL W. Scherer: 767]

140. Scherer an Pniower, Berlin, 29. Oktober 1885. Donnerstag. [H: SBBPK, NL Wieland Schmidt: Kasten 1, Mappe 0]

Brief 141
Brief von Georg Ellinger. 1885

141. Ellinger an Scherer, Berlin, 28. Juni 1885. Sonntag. [ABBAW, NL W. Scherer: 363]

Verzeichnis von Beständen zu Wilhelm Scherer außerhalb seines Nachlasses

Die folgenden Aufstellungen enthalten nur solche Bestände zu Wilhelm Scherer, die sich außerhalb der verschiedenen Gliederungen seines Nachlasses in öffentlichen Bibliotheken und Archiven befinden. In der Hauptsache handelt es sich dabei um Briefe von (Tabelle I) und an Wilhelm Scherer (Tabelle II), die in diversen Nachlässen und Autographensammlungen überliefert sind. Aufgenommen wurden außerdem Manuskripte und persönliche Aufzeichnungen Scherers sowie Vorlesungsmitschriften seiner Schüler und eine Reihe von Manuskripten über Scherer (Tabelle III). Über Grundlagen, Umfang und den derzeitigen Stand der Autographenermittlung gibt der entsprechende Abschnitt im Editorischen Bericht dieser Ausgabe Auskunft. Die Hinweise auf Gegenbriefe bzw. weitere Briefe beziehen sich, wenn nichts anderes vermerkt ist, in der Regel auf die beiden großen Scherer-Nachlässe in der Berlin-Brandenburgischen Akademie der Wissenschaften (ABBAW) und der Staatsbibliothek zu Berlin – Preußischer Kulturbesitz (SBBPK).

I. Briefe von Scherer

Empfänger	Bestand	Liegeort	Signatur	Gegenbriefe
Althoff, Friedrich	60 Br., 1881-1886	GStA PK	HA VI., NL Friedrich Althoff B, Nr. 203, Bd. 1: Bll. 154-228; NL Friedrich Althoff C, Nr. 19, Bd. 2: Bll. 117-118	ABBAW, SBBPK
Auerbach, Berthold	1 Br., 1880	DLA	A: Auerbach	ABBAW
Aus'm Weerth, Ernst	1 Br., 1868	ULB Bonn	S 1361	-x-
Baechthold, Jakob	2 Br., 1 Kt., 1879-1885	ZB Zürich	Ms. Z II 587.24	ABBAW, SBBPK
Baumgarten, Hermann	1 Br., 1876	BABL	Baumgarten: N 2013, Nr. 22, Bl. 10	ABBAW, SBBPK
Benfey, Theodor	1 Br., 1868	UB Heidelberg	NL Benfey: Heid. Hs. 3476,77	-x-
Bresslau, Harry	1 Br., 1883	SBBPK	NL Bresslau: Scherer	ABBAW
Brugmann, Karl	2 Br., 3 Kt., 1 Drucks., 1876-1884	SBBPK	Slg. Darmstaedter: 2b 1865	ABBAW, SBBPK

Brunn, Heinrich	4 Kt., 1 Drucks., 1881-1885	BSB	Brunniana 3	ABBAW
Burdach, Konrad	6 Br., 1880-1886	ABBAW	NL Burdach	ABBAW, SBBPK
Cohn, Albert	1 Kt., 1878	LA Berlin	Rep. 241, Bd. 2, Acc. 628	ABBAW
Collitz, Hermann	3 Br., 1878-1879	MEL	NL Collitz	ABBAW
Cotta'sche Verlagshandlung	2 Br., 1878, 1884	DLA	Cotta Br.	ABBAW
Curtius, Georg	3 Br., 1870-1885	UB Leipzig	Nachlass 224	ABBAW
David, Benno von	1 Br.-Abschr., 1878	SHLB Kiel	NL Theodor Storm: Cb 50.56:192, II,22	ABBAW
Diefenbach, Lorenz	2 Br., 1 Vk., 1871, 1874	UB Gießen	NL Diefenbach	ABBAW
Dilthey, Wilhelm	1 Br., 1881	SUB Göttingen	Cd. Ms. W. Dilthey 42,25	ABBAW, SBBPK
Döllinger, Ignaz von	2 Br., 1869	BSB	Döllingeriana II	-x-
Du Bois-Reymond, Emil	2 Br., 1869, 1883	SBBPK	Slg. Darmstaedter: 2b 1865	ABBAW
Dümmler, Ernst Ludwig	4 Br., 1867-1876	ABBAW	Br.-NL E. Dümmler: 369	ABBAW, SBBPK
Eckardt, Ludwig	1 Br., 1868	WSLB	I.N. 2017	-x-
Eitelberger von Edelberg, Richard	1 Br., 1875	SBBPK	Slg. Darmstaedter: 2b 1865	ABBAW
Falk, Adalbert	1 Br., 1879	SBBPK	Slg. Darmstaedter: 2b 1865	ABBAW
Franzos, Karl Emil	1 Br., 1870	WSLB	NL Franzos: I.N. 60209	ABBAW

Fresenius, August	1 Br., 1879	ABBAW	NL A. Fresenius: 167	ABBAW, SBBPK
Frey, Adolf	1 Br., 1883	ZB Zürich	NL Frey: 108	ABBAW
Freytag, Gustav	5 Br., 1866-1867	SBBPK	NL Freytag: W. Scherer	ABBAW
Friedjung, Heinrich	1 Br., 1884	ULB Bonn	S 1361	ABBAW
Frohscham- mer, Jakob	1 Br., 1874	UB München	NL Frohschammer: 4° Cod. Man. 917	-x-
Geiger, Ludwig(?)	1 Br., 1885	SBBPK	Slg. Autographa	ABBAW
Gervinus, Georg Gottfried	5 Br., 1870	UB Heidelberg	NL Gervinus: Heid. Hs. 2528	ABBAW
Goethe- Stiftung, Weimar	1 Br., 1875	GSA	131/1	-x-
Gomperz, Theodor	2 Br., 3 Kt., o.D., 1870-1885	USC- Hoose	Gomperz Collection of Letters	ABBAW, SBBPK
Goßler, Gustav von	1 Br., 1886	SBBPK	Slg. Darmstaedter: 2b 1865	-x-
Gosche, Richard	1 Br., 1866	ULB Sach- sen-Anhalt	NL Gosche: Yi 40 I 81	ABBAW
Greif, Martin	1 Br., 1881	UB München	NL Greif	ABBAW
Grimm, Herman	21 Br./Kt., 1864-1882	HStA	340 Grimm: W. Scherer	ABBAW, SBBPK
Grimm, Herman	98 Br., 1864-1886	SBBPK	NL Jacob und Wilhelm: 651	ABBAW, SBBPK
Groth, Klaus	2 Br., 1878	SHLB Kiel	Cb 22/F 3	ABBAW, SBBPK
Hahn, Karl von	2 Br., 1872	BSB	Hahniana VIII	-x-
Hanow (Zeitungs- expedition)	1 Kt., 1880	SBBPK (BJK)	Slg. Autographa: W. Scherer	-x-

Haym, Rudolf	13 Br., 1864-1885	ULB Sachsen-Anhalt	NL Haym: Yi 23 IV. S 6-11	ABBAW, SBBPK
Hegel, Karl von	1 Br.-Fragm., 1876	SBBPK	Slg. Darmstaedter: 2b 1865	ABBAW
Helmholtz, Hermann von	1 Br., 1886	ABBAW	NL H. Helmholtz: 424	SBBPK
Hertz, Wilhelm von	2 Br., 1874, 1884	BSB	Hertziana 129	ABBAW, SBBPK
Heyse, Paul	1 Br., 1885	BSB	Heyse-Archiv IV: Scherer, W.	ABBAW
Hirzel, Ludwig	1 Br., 1876	ZB Zürich	Autogr. ZB: Scherer	ABBAW, SBBPK
Hirzel, Salomon	1 Br., 1875	UB Leipzig	Slg. Hirzel C 17,43	ABBAW, SBBPK
Hofmann, Konrad	14 Br., 1861-1884	BSB	Hofmanniana 9	ABBAW, SBBPK
Holland, Wilhelm Ludwig	1 Br., 1 Kt., 1878, 1880	UB Tübingen	Md 504-340	SBBPK
Holland, Wilhelm Ludwig	2 Br., 1 Kt., 1876-1877	USC-Feucht-wanger	Lion Feuchtwanger-Archiv: Autograph Collection	SBBPK
Hopfen, Hans von	2 Br., 1877, 1884	DLA	A: Hopfen	ABBAW, SBBPK
Hübner, Emil	8 Br., o.D., 1877-1885	SBBPK	NL Hübner, K. 14, Mp. 9: W. Scherer	ABBAW, SBBPK
Hüllweck, Adolph	1 Br., 1885	BSB	Div. p. 1056	-x-
Jonas, Fritz	1 Br., 1874	SBBPK	Dep. Jonas: 896	ABBAW, SBBPK
Kaiserliche Akademie der Wissen-schaften, Wien	4 Br., 1869-1871	AÖAW	Allgemeine Akten, No. 930/1869; No. 632/1870; No. 4/1871; No. 203/1871	-x-

Kauffmann, Richard von	1 Br., 1884	SBBPK	Slg. Darmstaedter: 2b 1865	SBBPK
Kekulé, Reinhard	14 Br., 1862-1880	DAI	NL Kekulé von Stradonitz	ABBAW, SBBPK
Keller, Adalbert von	3 Br., 1877	UB Tübingen	Md 760/969	ABBAW
Keller, Gottfried	1 Kt., 1884	ZB Zürich	Ms. GK 79f. 2	ABBAW, SBBPK
Köhler, Reinhold	22 Br., o.D., 1868-1885(?)	GSA	109/685	ABBAW
Kürschner, Joseph	2 Br., 1882	GSA	55/8598	ABBAW
Lasker, Eduard	1 Kt., 1880	LA Berlin	Rep. 241, Bd. 3, Acc. 636	ABBAW, SBBPK
Leeder, Karl, Sen.	1 Br., 1878	SUB Göttingen	NL Ulrich Pretzel: 140	SBBPK
Lepsius, Richard	6 Br., 1881-1884	SBBPK	Slg. Darmstaedter: 2b 1865	ABBAW
Lexer, Matthias von	1 Br., 1877	BSB	Krausiana III (Scherer)	ABBAW, SBBPK
Lorenz, Ottokar	1 Br., 1887	SBBPK	Slg. Darmstaedter: 2b 1865	SBBPK
Lorenz, Ottokar	4 Br., 1877	BABL	NL Lorenz: N 2180, Nr. 67	ABBAW, SBBPK
Miklosich, Franz von	6 Br., o.D., 1871-1880	ÖNB	183/13-1-6	ABBAW
Miller-Aichholz, August	1 Br., 2 Drucks., o.D.	ÖNB	465-4-1	-x-
Minor, Jakob	28 Br., 1879-1887	UA Wien	NL Minor: 152.1.10 u. 153.2.23	ABBAW, SBBPK
Mommsen, Theodor	40 Br., o.D., 1872-1886	SBBPK	NL Mommsen I: W. Scherer	ABBAW, SBBPK
Mommsen, Theodor	1 Br.-Kop., 1880	SBBPK	NL Lothar Wickert: Nr. 413	ABBAW, SBBPK

395

Müller, J. H.	1 Br., 1873	HUB	Scherer, W.	-x-	
Ogonowski, Emil	1 Br., 1883	ÖNB	NL Sauer: 416/10-31	-x-	
Paris, Gaston	2 Br., 1875	BNF	n.a. fr. 24456, ff. 308-309	-x-	
Pfeiffer, Franz	2 Br., 1860, 1861	DLA	B: Scherer, Wilhelm	-x-	
Pfeiffer, Franz	2 Br., 1862, 1864	WLB	NL Pfeiffer: Cod. Hist. Q 407	-x-	
Pfeiffer, Friedrich	1 Br., 1872	ABBAW	Slg. K. Weinhold: 1203	ABBAW	
Pichler, Adolf	3 Br., 1877	GSA	74/IV,2,5	ABBAW	
Pniower, Otto	2 Br., 1885	SBBPK	NL 229 (Wieland Schmidt): K. 1, Mp. 0	ABBAW, SBBPK	
Puttkamer, Robert von	1 Br., 1881	SBBPK	Slg. Darmstaedter: 2b 1865	-x-	
Reichel, Eugen	1 Br., 1885	SBBPK	NL Reichel: W. Scherer	-x-	
Reimer, Georg E. (Verlag)	15 Br., 1864-1873	SBBPK	Dep. de Gruyter-Vlg.: R 1 (W. Scherer)	ABBAW	
Reinisch, Leo	23 Br., o.D., 1859-1873	ÖNB	747/40-1-2; 277/27-1-14	ABBAW	
Rodenberg, Julius	65 Br., 1874-1886	GSA	81/IX,9,7; 81/XXXV,3 (1 Br., 1877)	ABBAW, GSA, SBBPK	
Rodenberg, Julius	1 Kt., 1885	BSB	Autogr. Scherer, Wilhelm	ABBAW, GSA, SBBPK	
Rodenberg, Justine	12 Br., o.D., 1878-1885	GSA	81 XLII,6,6; 81/XXXV,3	ABBAW, SBBPK	
Roediger, Max	1 Kt., 1882	LB Wiesbaden	Hs. 352	ABBAW, SBBPK	
Sauer, August	23 Br., 28 Kt., 1878-1885	ÖNB	NL Sauer: 416/10-1-44	SBBPK, ÖNB	
Schade, Oskar	1 Br., 1868	SBBPK	NL Schade: W. Scherer	-x-	

Schaum, [?]	1 Kt., 1880	SBBPK	NL Werner Körte: W. Scherer	-x-
Schmidt, Elisabeth	1 Br., 1886	UB Freiburg/Br.	NL Konrad Guenther VI B 1/2	SBBPK
Schmidt, Erich	87 Br., 68 Kt., 3 Beil., 1874-1886	DLA	NL E. Schmidt	ABBAW, DLA, SBBPK
Schmidt, Johannes	5 Br., o.D., 1872-1877	ABBAW	NL J. Schmidt: 205	ABBAW
Schmidt, Julian	4 Br., 6 Kt., o.D., 1875-1884	SBBPK	NL 215 (J. Schmidt): 66	ABBAW
Schnorr von Carolsfeld, Franz	2 Br., 1872-1873	SLUB Dresden	Mscr. Dresd. N Inv. 58, 154.281	ABBAW
Schöll, Gustav Adolf	4 Br., 1875-1879	GSA	113/216	ABBAW
Schönbach, Anton E.	2 Br. u. Kt., 1873-1878	UB. Erl.-Nbg.	Ms. 2616	ABBAW
Schröder, Edward	19 Br., 1880-1886	SUB Göttingen	NL Schröder: 907	ABBAW, SBBPK
Sievers, Eduard	3 Br., 2 Kt., 1872-1875	UB Leipzig	NL 203 (Sievers)	ABBAW
Speidel, Ludwig	13 Br., 1877-1886	WSLB	NL Speidel: I.N. 112.793-804	ABBAW
Stauffenberg, Franz August Schenk von	1 Br., 1885	BABL	NL Stauffenberg: N 2297, Nr. 69	-x-
Steinmeyer, Elias	232 Br./Kt., 1872-1886	UB Erlangen-	NL Steinmeyer: Ms. 2616: 1-232	ABBAW, SBBPK
Strauch, Philipp	1 Kt., 1884	IfL Kiel	Autographenslg.	ABBAW, SBBPK
Stumpf, Carl	1 Br., 1882	SUB Göttingen	2 ° Cd. Ms. Philos. 182	ABBAW, SBBPK
Stumpf, Hermine	1 Br., 1878	SUB Göttingen	2 ° Cd. Ms. Philos. 182	ABBAW, SBBPK

Suchier, Hermann	2 Br., 2 Kt., 1872-1874	SBBPK	NL Suchier XII.	ABBAW
Treitschke, Heinrich von	9 Br., 1872-1883	SBBPK	NL Treitschke, K. 8: Scherer, W.	-x-
Uhde, Hermann	4 Br. u. Kt., 1872-1883	GMD	NL Uhde	ABBAW
Uhde, Hermann	1 Br., 1877	GSA	96/4682	ABBAW
Unbekannt	1 Br., o.D.	ABBAW	NL Friedrich Behrend	-x-
Unbekannt	1 Br., 1869	SBBPK (BJK)	Slg. Autographa: W. Scherer	-x-
Unbekannt (Redakteur d. »Schlesischen Zeitung«)	1 Br., 1876	BSB	E. Petzetiana V	-x-
Unbekannt	1 Br., 1876	WSLB	I.N. 21.635	-x-
Unbekannt	1 Br., 1879	BSB	Autogr.: Scherer, W.	-x-
Unbekannt	1 Br., 1883	SBBPK	Slg. Autographa	-x-
Unbekannt	1 Br., 1884	IfL Kiel	Autographenslg.	-x-
Unbekannt	2 Br., 1884, 1885	DLA	B: Scherer, Wilhelm	
Unbekannt	1 Br., 1885	SBBPK	Slg. Autographa	-x-
Unbekannt	1 Br., 1885	SBBPK	Slg. Adam	-x-
Unbekannt	1 Br., 1886	SUB Frankfurt	Autographenslg.	-x-
Unbekannt	1 Br., o.D.	SUB Göttingen	W. Dilthey 16	-x-
Unbekannt	1 Br., 1886	UB Münster	Autographenslg.	-x-
Unbekannt	3 Br., 1885	UB Tübingen	Mi XVIII 73 2.3	-x-
Vahlen, Johannes	14 Br., 3 Kt., o.D., 1873-1886	SBBPK	NL Vahlen: Scherer, W.	ABBAW, SBBPK

Verner, Karl	11 Br., 1876-1877	KB Kopenhagen	NKS 3041, 4°	ABBAW
Virchow, Rudolf	2 Br., 1883, 1884	ABBAW	NL Virchow: 1885	ABBAW
Vischer, Friedrich Theodor	2 Br., 1883, 1885	UB Tübingen	Md 787-894	ABBAW
Vischer, Robert	1 Br., 1886	UB Tübingen	Md 788-179	ABBAW, SBBPK
Weech, Friedrich von	4 Br., 1870-1875	GLA	NL Weech 33, Nr. 99-102	ABBAW
Weizsäcker, Julius	1 Kt., 1884	UB Tübingen	Mi XVIII 89	ABBAW, SBBPK
Weinhold, Karl	9 Br., 1877-1885	ABBAW	Slg. Weinhold: 1203	ABBAW, SBBPK
Weiß, Karl	1 Br., 1864	WSLB	I.N. 99873	ABBAW
Werner, Richard M.	1 Br., 1884	SBBPK (BJK)	Slg. Autographa: W. Scherer	ABBAW, SBBPK
Werner, Richard M.	2 Br., 3 Kt., 1877-1884	HUB	Scherer, W.	ABBAW, SBBPK
Werner, Richard M.	6 Kt., 1878-1885	SBBPK	Slg. Darmstaedter: 2b 1865	ABBAW, SBBPK
Werner, Richard M.	1 Kt., 1882	UB Tübingen	Mi XVIII 73-1	ABBAW, SBBPK
Wittmann, Hugo	1 Br., 1882	WSLB	I.N. 65566	ABBAW
Zacher, Julius	6 Br., 1866-1877	SBBPK (BJK)	Slg. Autographa: W. Scherer	ABBAW
Zarncke, Friedrich	23 Br., 1868-1874	UB Leipzig	NL 249 (F. Zarncke)	ABBAW
Zeller, Eduard	1 Br., 1886	UB Tübingen	Md 747-651	ABBAW, SBBPK
Zolling, Theophil	3 Br., 1 Kt., 1881, 1882	SBBPK	Slg. Autographa	ABBAW

II. Briefe an Scherer

Verfasser	Bestand	Liegeort	Signatur	Weitere Briefe	Gegenbriefe
Crueger, Johannes	1 Br., 1886	UB Erlangen-Nbg.	Ms. 2616: Crueger	-x-	-x-
Dilthey, Wilhelm	2 Br., 1865, 1870	SUB Göttingen	W. Dilthey 13 o: 16.26	ABBAW, SBBPK	SUB Göttingen
Gaedertz, Karl Theodor	1 Br., 1883	UB Erlangen-Nbg.	Ms. 2616: Gaedertz	ABBAW, SBBPK	-x-
Grimm, Herman	3 Br., 1878-1887(?)	SUB Göttingen	NL U. Pretzel: 126	ABBAW, SBBPK	ABBAW, SBBPK, HStA
Grimm, Herman	1 Br., 1879	DLA	NL E. Schmidt	ABBAW, SBBPK	ABBAW, SBBPK, HStA
Heinzel, Richard	5 Br. u. Kt., 1870-1885	UB Erlangen-Nbg.	Ms. 2616: Heinzel	ABBAW, SBBPK	ABBAW, SBBPK
Heinzel, Richard	2 Br., 1885	SUB Göttingen	NL Ulrich Pretzel: 127	ABBAW, SBBPK	ABBAW, SBBPK
Herrig, Ludwig	1 Kt., 1882	UB Erlangen-Nbg.	Ms. 2616: Herrig	-x-	-x-
Martin, Ernst	1 Br., 1879	SBBPK (BJK)	Slg. Autographa: W. Scherer	ABBAW, SBBPK	-x-
Müllenhoff, Karl	4 Br.	UB Erlangen-Nbg.	Ms. 2616: Müllenhoff	ABBAW	ABBAW
Müller, Alois	1 Br., 1885	UB Erlangen-Nbg.	Ms. 2616: Müller	ABBAW	-x-
Rodenberg, Julius	197 Br./Kt., 1874-1886	GSA	NL Jul. Rodenberg	ABBAW, SBBPK	ABBAW, SBBPK
Sauer, August	45 Br., 7 Kt., 1 Br.-Konz., 1880-1886	ÖNB	NL Sauer: 421-6/1-45	SBBPK	ÖNB

Schmidt, Erich	65 Br., 114 Kt., 1874-1886	DLA	NL E. Schmidt	-x-	ABBAW, DLA, SBBPK
Tobler, Ludwig	1 Kt., 1885	UB Erlangen-Nbg.	Ms. 2616: Tobler	-x-	-x-
Unbekannt	2 Br.-Konz., 1885	UB Tübingen	Mi XVIII 73 2.3	-x-	UB Tübingen
Verner, Karl	7 Br.-Konz., o.D., 1877-1883	KB Kopenhagen	NKS 3041, 4°	ABBAW	KB Kopenhagen
Wilmanns, Wilhelm	1 Br., 1880	SBBPK (BJK)	Slg. Autographa: W. Scherer	ABBAW, SBBPK	-x-
Zingerle, Oswald	1 Br., 1884	SUB Göttingen	NL Ulrich Pretzel: 188	ABBAW	-x-

III. Sonstiges

Bestandsart	Titel	Liegeort	Signatur
Manuskripte von Scherer			
(1)	»Einleitung in die deutsche Philologie, Übungen«, Kollegheft	FDH	Hs. 5768
(2)	»Der deutsche Staat …«, Erklärung, 2.8.1875,	SBBPK (BJK)	Slg. Autographa: W. Scherer
(3)	diverse Aphorismen und Entwürfe, o.D., Abschr. v. Konrad Burdach	ABBAW	NL K.Burdach: Sahereriana
Aufzeich-nungen von Scherer			
(1)	eigh. Namenszug	SBBPK	Slg. Darmstaed-ter: 2b 1865

(2)	Vorlesungsankündigung, WS 1873/74 (recte: 1874/75)	HAB	Cod. Guelf. Mi 1481 (Mittlere Br.-Slg.)
(3)	Vorlesungsankündigung, SS 1877	UB Leipzig	Slg. Nebauer: Gelehrte
(4)	Vorlesungsankündigung, SS 1878	SBBPK	Slg. Adam
(5)	Vorlesungsankündigung, SS 1881	UB Heidelberg	Heid. Hs. 2648/66

Vorlesungsmitschriften

(1)	Ferdinand Eichler: diverse Vorlesungsmitschriften	UB Graz	NL Eichler: Ms. 2076
(2)	Ludwig Fulda: »Deutsche Grammatik«, WS 1881/82	FDH	
(3)	Ludwig Fulda: »Goethe's Leben und Werk. Th. 1«, WS 1881/82	FDH	
(3)	Andreas Heusler: »Einleitung in das Nibelungenlied«, SS 1886	UB Basel	NL Heusler III: NL 0026 : 58e
(4)	Wilhelm Ranisch: »Deutsche Grammatik«, WS 1885/86	SUB Göttingen	NL Ranisch: 27
(5)	Edward Schröder: Vorlesungsmitschrift	SUB Göttingen	NL Schröder: 1346-48
(6)	Gustav Winter: »Geschichte der altdeutschen Literatur«, WS 1868/69	AÖAW	NL Winter: 10
(7)	Unbekannt (a): »Deutsche Altertumskunde«, WS 1875/76	BNUS	n° 3750
(8)	Unbekannt (b): »Einleitung in das Nibelungenlied«, SS 1876	BNUS	n° 3750

Sonstige Manuskripte			
(1)	Konrad Burdach: Nachruf auf Wilhelm Scherer, 1886	ABBAW	NL Burdach: 21
(2)	Konrad Burdach:»Kleine Schriften«, wissenschaftlicher Briefwechsel, 1889-1893	ABBAW	NL Burdach: 595
(3)	Wilhelm Meyer: Manuskript über Scherer, 1882	SUB Göttingen	NL Meyer: XXXI: Bl. 10.11
(4)	Edward Schröder: Manuskript über Scherer	SUB Göttingen	NL Schröder: 1491
(5)	Friedrich Theodor Vischer: Exzerpte aus »Quellen und Forschungen«	UB Tübingen	Md 787 a, 210 d

Abkürzungsverzeichnis

1. Allgemeine Abkürzungen

Abg.	Abgeordneter
Abh.	Abhandlung
Abschr.	Abschrift
Abt.	Abteilung
ahdt.	althochdeutsch
Akad.	Akademie
allg.	allgemein
altgr.	altgriechisch
Anm.	Anmerkung
ao. Prof.	außerordentlicher Professor
archäolog.	archäologisch
Art.	Artikel
Aufl.	Auflage
Bd.	Bd.
Bde.	Bände
bearb. v.	bearbeitet von
Beil.	Beilage/Beilagen
begr.	begründet
bes.	besonders
Bibl.	Bibliothek
bzw.	beziehungsweise
Bl.	Blatt
Bll.	Blätter
Br.	Brief/Briefe
Br.-Abschr.	Briefabschrift/Briefabschriften
Br.-Fragm.	Brieffragment/Brieffragmente
Brk.	Briefkarte/Briefkarten
Br.-Konz.	Briefkonzept/Briefkonzepte
Br.-Kop.	Brief-Kopie
dän.	dänisch
das.	daselbst
ders.	derselbe
d. h.	das heißt
d. i.	das ist
diplom.	diplomatisch
Dir.	Direktor
dies.	dieselbe
Diss. phil.	Dissertation/Philosophische Fakultät
Doz.	Dozent
Drucks.	Drucksache

dt.	deutsch
ebd.	ebenda
eigh.	eigenhändig
eigtl.	eigentlich
eingel. v.	eingeleitet von
elsäss.	elsässisch
engl.	englisch
entl.	entlassen
erl. v.	erläutert von
ev.	evangelisch
f.	(und) folgende (Seite)
ff.	(und) folgende (Seiten)
Fak.	Fakultät
Fam.	Familie
Feuill.	Feuilleton
frühnhdt.	frühneuhochdeutsch
frz.	französisch
gedr.	gedruckt
gegr.	gegründet
Geh.	Geheimer (Kommerzienrat, Rat etc.)
Geh. Reg.-Rat	Geheimer Regierungsrat
Gen.	General (-Intendant, -Versammlung etc.)
Gen.-Dir.	General-Direktor
Gen.-Sekr.	General-Sekretär
Ges.	Gesellschaft
gest.	gestorben
griech.	griechisch
Gymn.-Dir.	Gymnasial-Direktor
Gymn.-Lehrer	Gymnasial-Lehrer
H	Handschrift
H.	Heft
hg. v.	herausgegeben von
hist.	historisch
hl.	heilig
Hon.-Prof.	Honorar-Professor
Inst.	Institut
ital.	italienisch
Jg.	Jahrgang
kaiserl.	kaiserlich
kath.	katholisch
kgl.	königlich
Kl.	Klasse
konserv.	konservativ
kroat.	kroatisch
Kt.	Karte/Karten
lat.	lateinisch

Lfg.	Lieferung
Lfgn.	Lieferungen
liber.	liberal
mähr.	mährisch
masch.	maschinenschriftlich
math.-phys.	mathematisch-physikalisch
mhdt.	mittelhochdeutsch
Min.	Minister/Ministerial/Ministerium
Mitgl.	Mitglied
Mp.	Mappe
Ms.	Manuskript
Nachf.	Nachfolger
nat.-liber.	national-liberal
n. Chr.	nach Christus
N. F.	Neue Folge
Niederöst.	Niederösterreich
NL	Nachlass
norw.	norwegisch
Nr.	Nummer
o.D.	ohne Datum
o.J.	ohne Jahresangabe
o.O.	ohne Ortsangabe
o. Prof.	ordentlicher Professor
öst.	österreichisch
pädag.	pädagogisch
päpstl.	päpstlich
Pd.	Privatdozent
phil.-hist.	philologisch-historisch
philos.-hist.	philosophisch-historisch
physikal.-techn.	physikalisch-technisch
pol.	politisch
Präs.	Präsident
preuß.	preußisch
Ps.	Pseudonym
Red.	Redaktion
Reg.-Rat	Regierungsrat
Rep.	Repositur
Rez.	Rezension
röm.	römisch
s.	siehe
S.	Seite
sächs.	sächsisch
schweiz.	schweizerisch
Sekr.	Sekretar/Sekretär
Sekt.	Sektion
Slg.	Sammlung

slowak.	slowakisch
slowen.	slowenisch
Sp.	Spalte
SS	Sommersemester
übers. v.	übersetzt von
Tgr.	Telegramm/Telegramme
Th.	Theil/Theile
TH	Technische Hochschule
Tit.	Titel
tschech.	tschechisch
u.	und
u. a.	und andere
u. a.	unter anderem
u. d. T.	unter dem Titel
ung.	ungarisch
Univ.-Bibl.	Universitätsbibliothek
u. ö.	und öfter
ursprl.	ursprünglich
usf.	und so fort
v.	von
v. Chr.	vor Christus
verb. Aufl.	verbesserte Aufl.
verh.	verheiratet
vgl.	vergleiche
vol.	volume
vols.	volumes
Vk.	Visitenkarte/Visitenkarten
Vors.	Vorsitzender
Vortr. Rat	Vortragender Rat
Wiss.	Wissenschaft/-en
WS	Wintersemester
zit. n.	zitiert nach
z. B.	zum Beispiel
Zs.	Zeitschrift
Zss.	Zeitschriften
Ztg.	Zeitung
zugl.	zugleich
zusammengest.	zusammengestellt

2. Handschriftenstandorte

Standorte, die lediglich im Rahmen der Dokumentation von Scherer-Beständen außerhalb des Scherer-Nachlasses angeführt werden, sind mit einem * gekennzeichnet.

ABBAW	Archiv der Berlin-Brandenburgischen Akademie der Wissenschaften
ABRS	Archiv de Bas-Rhin, Strasbourg/Frankreich
*AÖAW	Österreichische Akademie der Wissenschaften, Wien; Archiv
*BABL	Bundesarchiv, Außenstelle Berlin-Lichterfelde
*BNF	Bibliothèque Nationale de France, Paris; Département des Manuscrits (division occidentale)
*BNUS	Bibliothèque Nationale et Universitaire de Strasbourg/Frankreich
BSB	Bayerische Staatsbibliothek, München; Abteilung für Handschriften, Seltene und alte Drucke
*DAI	Deutsches Archäologisches Institut, Berlin; Archiv
DLA	Deutsches Literaturarchiv, Marbach am Neckar; Handschriftenabteilung
*FDH	Freies Deutsches Hochstift, Frankfurt/M.; Handschriften-Sammlung
*GLA	Generallandesarchiv, Karlsruhe
*GMD	Goethe Museum Düsseldorf, Anton-und-Katharina-Kippenberg-Stiftung; Bibliothek
*GSA	Goethe-Schiller-Archiv, Stiftung Weimarer Klassik; Literaturarchiv
GStA PK	Geheimes Staatsarchiv Preußischer Kulturbesitz, Berlin; Familienarchive und Nachlässe
*HAB	Herzog August Bibliothek, Wolfenbüttel; Handschriften und Sondersammlungen
*HStA	Hessisches Staatsarchiv, Marburg/Lahn; Familienarchive und Nachlässe
*HUB	Bibliothek der Humboldt-Universität zu Berlin; Referat Historische Buchbestände
*IfL Kiel	Institut für Literatur der Christian-Albrechts-Universität Kiel; Bibliothek
*KB Kopenhagen	Det Kongelige Bibliotek, Kopenhagen/Dänemark; Manuscript Department
*LA Berlin	Landesarchiv Berlin; Autographensammlung
*LB Wiesbaden	Hessische Landesbibliothek Wiesbaden; Sondersammlungen
*MEL	Milton Eisenhower Library, Baltimore, Maryland/USA; Special Collections Department
*ÖNB	Österreichische Nationalbibliothek, Wien; Handschriften-, Autographen- und Nachlasssammlung
SBBPK	Staatsbibliothek zu Berlin – Preußischer Kulturbesitz; Handschriftenabteilung
SBBPK (BJK)	Staatsbibliothek zu Berlin – Preußischer Kulturbesitz: Samm-

	lung Autographa der ehemaligen Preußischen Staatsbibliothek zu Berlin [infolge der kriegsbedingten Auslagerung gegenwärtig in der Biblioteka Jagiellońska, Kraków/Polen]
*SHLB Kiel	Schleswigholsteinische Landesbibliothek, Kiel
*SLUB Dresden	Sächsische Landes-, Staats- und Universitätsbibliothek, Dresden; Handschriftensammlung
*SUB Frankfurt	Stadt- und Universitätsbibliothek Frankfurt/Main; Handschriftenabteilung
SUB Göttingen	Niedersächsische Staats- und Universitätsbibliothek Göttingen; Abteilung Handschriften und Seltene Drucke
ThULB Jena	Thüringer Landes- und Universitätsbibliothek Jena; Abteilung Handschriften und Sondersammlungen
UA Bern	Universitätsarchiv Bern im Staatsarchiv Bern
*UA Wien	Archiv der Universität Wien; Nachlasssammlung
*UB Basel	Universitätsbibliothek Basel; Handschriftenabteilung
*UB Erlangen-Nbg.	Universitätsbibliothek Erlangen-Nürnberg; Handschriftenabteilung
*UB Freiburg/Br.	Universitätsbibliothek Freiburg/Breisgau; Historische Sammlungen
*UB Gießen	Universitätsbibliothek Gießen; Handschriftenabteilung
*UB Graz	Universitätsbibliothek Graz; Nachlasssammlung
UB Heidelberg	Universitätsbibliothek Heidelberg; Abteilung für Handschriften und Alte Drucke
UB Leipzig	Universitätsbibliothek Leipzig; Sondersammlungen
*UB München	Universitätsbibliothek München; Abteilung für Handschriften, Nachlässe und Alte Drucke
*UB Tübingen	Universitätsbibliothek Tübingen; Abteilung für Handschriften und Rara
*ULB Bonn	Universitätsbibliothek Bonn; Abteilung für Alt- und Sonderbestände
*ULB Münster	Universitäts- und Landesbibliothek Münster; Handschriftenabteilung
ULB Sachsen-Anhalt	Universitäts- und Landesbibliothek Sachsen-Anhalt, Halle; Sondersammlungen
*USC-Feuchtwanger	University of Southern California, Los Angeles, California/USA: Feuchtwanger Memorial Library
*USC-Hoose	University of Southern California, Los Angeles, California/USA: Hoose Library of the School of Philosophy
WLB	Württembergische Landesbibliothek Stuttgart; Handschriftenabteilung
*WSLB	Wiener Stadt- und Landesbibliothek; Handschriftenabteilung
*ZB Zürich	Zentralbibliothek Zürich

3. Nachschlagewerke

ADB	*Allgemeine Deutsche Biographie.* Hg. v. der Historischen Commission bei der Bayerischen Akademie der Wissenschaften. 56 Bde. Leipzig 1875-1912.
Bader	*Lexikon deutscher Bibliothekare im Haupt- und Nebenamt, bei Fürsten, Staaten und Städten.* Hg. v. Karl Bader. Leipzig 1925.
BBKL	*Biographisch-bibliographisches Kirchenlexikon.* Begr. u. hg. v. Friedrich Wilhelm Bautz. Fortgef. v. Traugott Bautz. Bd. 1 ff. Hamm, Herzberg 1975 ff.
BJb 1	*Biographisches Jahrbuch und deutscher Nekrolog.* Hg. v. Anton Bettelheim. 5 Bde. Berlin 1897-1903.
BJb 2	*Biographisches Jahrbuch und deutscher Nekrolog.* Hg. v. Anton Bettelheim. Jg. 6 (1901)-18 (1913). Berlin 1904-1913.
Brennsohn	Isidorus Brennsohn: *Die Ärzte Livlands von den ältesten Zeiten bis zur Gegenwart. Ein biographisches Lexikon nebst einer historischen Einleitung über das Medizinalwesen Livlands.* Riga 1905 (Biographien baltischer Ärzte 1).
Brümmer	Franz Brümmer: *Deutsches Dichterlexikon. Biographische und bibliographische Mittheilungen über deutsche Dichter aller Zeiten.* 2 Bde. Eichstätt u. a. 1876-1877.
Casati	Giovanni Casati: *Dizionario degli scrittori d'Italia.* 3 Bde. Milano 1927-1934.
DBE	*Deutsche Biographische Enzyklopädie.* Hg. v. Walther Killy u. Rudolf Vierhaus. 12 Bde. München u. a. 1995-2000.
DBL	*Dansk biografisk lexikon. Tillige omfattende norge for tidsrummet 1537-1814.* Udgivet af [Hg. v.] Carl Frederik Bricka. 19 bind. [Bde.] Kjøbenhavn 1887-1905.
EB	*The New Encyclopaedia Britannica in 32 vol. 15. ed.* Chicago 2003.
Eckart	*Lexikon der niedersächsischen Schriftsteller von ältesten Zeiten bis zur Gegenwart.* Bearb. v. Rudolf Eckart. Osterwieck 1891.
Engelhardt	*Biographische Enzyklopädie deutschsprachiger Mediziner.* Hg. v. Dietrich von Engelhardt. 2 Bde. München 2002.
GSL	Karl J. Kutsch/Leo Riemens: *Großes Sängerlexikon.* Unter Mitw. v. Hans Jörg Rost. 7 Bde. 3. erw. Aufl. Bern u. a. 1997-2002.
Hirsch	*Biographisches Lexikon der hervorragenden Ärzte aller Zeiten und Völker.* Hg. v. August Hirsch. 6 Bde. Wien u. a. 1884-1888.
IGL	*Internationales Germanistenlexikon 1800-1950.* Hg. u. eingel. v. Christoph König. Bearb. v. Birgit Wägenbaur, Andrea Frindt, Hanne Knickmann, Volker Michel, Angela Reinthal u. Karla Rommel. 3 Bde. Berlin, New York 2003.
Killy	*Literaturlexikon. Autoren und Werke deutscher Sprache.* Hg. v. Walther Killy. 15 Bde. Gütersloh, München 1988-1993.
Kosch	*Deutsches Literatur-Lexikon. Biographisch-bibliographisches Handbuch.* Begr. v. Wilhelm Kosch. Hg. v. Heinz Rupp und Carl

Ludwig Lang. 3., völlig neu bearb. Aufl. Bd. 1 ff. Bern u. a. 1968 ff.

Kosel   *Deutsch-österreichisches Künstler- und Schriftsteller-Lexikon.* Hg. v. Hermann Clemens Kosel. 2 Bde. Wien 1902-1906.

Kullnick   Heinz Kullnick: *Berliner und Wahlberliner. Personen und Persönlichkeiten von 1640-1914.* Berlin o.J. [1961].

LdF   *Lexikon der Frau.* Red. Gustav Keckeis. 2 Bde. Zürich 1953-1954.

Meyer   *Meyers Großes Konversationslexikon.* 20 Bde. 6. Aufl. Leipzig 1905-1909.

NDB   *Neue Deutsche Biographie.* Hg. v. der Historischen Kommission bei der Bayerischen Akademie der Wissenschaften. Bd. 1 ff. Berlin 1953 ff.

NÖB   *Neue Österreichische Biographie 1815-1918.* 14 Bde. Wien 1923-1960.

ÖBL   *Österreichisches biographisches Lexikon 1815-1950.* Hg. v. der Österreichischen Akademie der Wissenschaften. Bd. 1 ff. Wien 1957 ff.

Pagel   *Biographisches Lexikon hervorragender Ärzte des 19. Jahrhunderts. Mit einer historischen Einleitung.* Hg. v. Julius Pagel. Berlin u. a. 1901.

PND   *Personennamendatei.* Enthalten in: *Normdaten-CD-ROM. Gemeinsame Körperschaftsdatei – Personennamendatei – Schlagwortnormdatei.* Hg. v. Der Deutschen Bibliothek Frankfurt/M. Ausgabe Januar 2003.

Pökel   Wilhelm Pökel: *Philologisches Schriftsteller-Lexikon.* Leipzig 1882.

Poggendorff   *Biographisch-literarisches Handwörterbuch zur Geschichte der exacten Wissenschaften. Enthaltend Nachweisungen über Lebensverhältnisse und Leistungen von Mathematikern, Astronomen, Physikern, Chemikern, Mineralogen, Geologen usw. aller Völker und Zeiten.* Ges. v. Johann C. Poggendorff. 2 Bde. Leipzig 1863.

Thieme-Becker   *Allgemeines Lexikon der Bildenden Künstler von der Antike bis zur Gegenwart.* Begr. v. Ulrich Thieme u. Felix Becker. Hg. v. Hans Vollmer. 37 Bde. Leipzig 1907-1950.

VL   *Die deutsche Literatur des Mittelalters. Verfasserlexikon.* Begr. v. Wolfgang Stammler, fortgef. v. Karl Langosch. 2., völlig neu bearb. Aufl. hg. v. Kurt Ruh u. Burghart Wachinger zus. mit Gundolf Keil, Werner Schröder u. Franz Josef Worstbrock. 10 Bde. Berlin, New York 1977-1999.

Wer ist's? (1909)   *Wer ist's? Zeitgenossenlexikon enthaltend Biographien nebst Bibliographien. Angaben über Herkunft, Familie, Lebenslauf, Werke, Lieblingsbeschäftigungen, Parteiangehörigkeit, Mitgliedschaft bei Gesellschaften, Adresse. Andere Mitteilungen von allgemeinem Interesse.* Zusammengest. u. hg. v. Hermann A. L. Degener. IV., vollk. neu bearb. u. wesentl. erw.Ausg. Leipzig 1909.

Wer ist's (1935)   *Degeners Wer ist's? Eine Sammlung von rund 18 000 Biographien mit Angaben über Herkunft, Familie, Lebenslauf, Veröffentlichun-*

*gen und Werke, Lieblingsbeschäftigungen, Mitgliedschaft bei Ge-
sellschaften, Anschrift und andere Mitteilungen von allgemeinem
Interesse.* Begr. u. hg. v. Herrmann A. L. Degener. X., vollk. neu
bearb. u. bedeuts. erw. Ausg. Berlin 1935.

Wilhelmy   Petra Wilhelmy: *Der Berliner Salon im 19. Jahrhundert (1780-
1914).* Berlin, New York 1989 (Veröffentlichungen der Historischen Kommission zu Berlin 73).

Wininger   *Große jüdische National-Biographie. Mit mehr als 13.000 Lebens-
beschreibungen namhafter jüdischer Männer und Frauen aller Zeiten und Länder. Ein Nachschlagewerk für das jüdische Volk und
dessen Freunde.* Hg. v. Salomon Wininger. 7 Bde. Czernowitz
1925-1936.

Wurzbach   Constant von Wurzbach: *Biographisches Lexikon des Kaiserthums
Österreich. Enthaltend die Lebensskizzen der denkwürdigen Personen, welche von 1750 bis 1850 im Kaiserstaate und in seinen Kron-
ländern gelebt haben.* 60 Bde. Wien 1856-1891.

Zeitgenossenlexikon   *Deutsches Zeitgenossenlexikon. Biographisches Handbuch deutscher
Männer und Frauen der Gegenwart.* Hg. v. Franz Neubert. Leip-
zig 1905.

Zischka   Gert A. Zischka: *Allgemeines Gelehrten-Lexikon. Biographisches
Handwörterbuch zur Geschichte der Wissenschaften.* Stuttgart 1961
(Kröners Taschenausgabe 306).

4. Zeitschriften, Zeitungen, Jahrbücher, Reihen

Abh. Berlin   *Königliche Preußische Akademie der Wissenschaften. Abhandlungen. Philologisch-Historische Klasse.* 1793 ff.

AfdA   *Anzeiger für deutsches Altert(h)um und deutsche Lit(t)eratur.*
1876 ff.

DCM   *Deutsche Classiker des Mittelalters mit Wort- und Sacherklärungen.* 1864-1872.

DDN   *Deutsche Drucke älterer Zeit in Nachbildungen.* 1883-1885.

DLZ   *Deutsche Literaturzeitung.* 1880-1944.

DR   *Deutsche Rundschau.* 1874-1964.

DVjs   *Deutsche Vierteljahrsschrift für Literaturwissenschaft und Geistesgeschichte.* 1923 ff.

Euphorion   *Euphorion. Zeitschrift für Literaturgeschichte.* 1894 ff.

Germania   *Germania. Vierteljahrsschrift für deutsche Alterthumskunde.*
1856-1892.

GHb   *Germanistische Handbibliothek.* 1869-1931.

Gjb   *Goethe-Jahrbuch.* 1880 ff.

MAGG   *Marbacher Arbeitskreis für Geschichte der Germanistik. Mitteilungen.* 1991-2002 (seit 2003 u. d. T.: *Geschichte der Germanistik. Mitteilungen*).

LCBl   *Litterarisches Centralblatt für Deutschland.* 1850-1944.

NFP	*Neue freie Presse. 1864-1938.*
NR	*Im Neuen Reich. Wochenschrift für das Leben des deutschen Volkes in Staat, Wissenschaft und Kunst. 1871-1881.*
PJb	*Preußische Jahrbücher. 1858-1935.*
QF	*Quellen und Forschungen zur Sprache und Culturgeschichte der germanischen Völker. 1874 ff.*
Sitzungsber. Bayern	*Sitzungsberichte der Königlich Bayerischen Akademie der Wissenschaften zu München. 1860 ff.; Sitzungsberichte der Bayerischen Akademie der Wissenschaften. Philosophisch-Philologische und Historische Klasse. 1871 ff.*
Sitzungsber. Wien	*Sitzungsberichte der philosophisch-historischen Klasse der Kaiserlichen Akademie der Wissenschaften. 1848 ff.; Kaiserliche Akademie der Wissenschaften. Philosophisch-Historische Klasse. Sitzungsberichte. 1915 ff.; Österreichische Akademie der Wissenschaften. Philosophisch-Historische Klasse. Sitzungsberichte. 1948 ff.*
WZHUB	*Wissenschaftliche Zeitschrift der Humboldt-Universität zu Berlin. Gesellschaftswissenschaftliche Reihe. 1983-1987.*
ZfdA	*Zeitschrift für deutsches Altert(h)um und deutsche Lit(t)eratur. 1841 ff.*
ZfdöG	*Zeitschrift für die österreichischen Gymnasien. 1850-1919/20.*
ZfdPh	*Zeitschrift für deutsche Philologie. 1869 ff.*

5. Gedruckte Quellen und sonstige Literatur

Bonk (1995)	Magdalena Bonk: *Deutsche Philologie in München. Zur Geschichte des Faches und seiner Vertreter an der Ludwig-Maximilians-Universität vom Anfang des 19. Jahrhunderts bis zum Ende des Zweiten Weltkrieges.* Berlin, München 1995 (Ludovico Maximilianea/Forschungen 16).
BW Gomperz-Scherer	Hans-Harald Müller/Mirko Nottscheid:»Der Briefwechsel zwischen Theodor Gomperz und Wilhelm Scherer. Eine Gelehrtenkorrespondenz aus dem Ende des 19. Jahrhunderts«. In: *Anzeiger der philologisch-historischen Klasse der Österreichischen Akademie der Wissenschaften* 134 (1997-1999), 2. Tlbd., S. 127-156.
BW Müllenhoff-Scherer	*Briefwechsel zwischen Karl Müllenhoff und Wilhelm Scherer.* Im Auftrag der Preußischen Akademie der Wissenschaften hg. v. Albert Leitzmann. Berlin, Leipzig 1937 (Das Literatur-Archiv 5).
BW Pfeiffer-Bartsch	Franz Pfeiffer/Karl Bartsch: *Briefwechsel. Mit unveröffentlichten Briefen und weiteren Dokumenten zur Wissenschaftsgeschichte des 19. Jahrhunderts.* Hg. v. Hans-Joachim Koppitz. Köln 1969.
BW Scherer-Schmidt	*Wilhelm Scherer – Erich Schmidt. Briefwechsel.* Hg. v. Werner Richter u. Eberhard Lämmert. Berlin 1963.

BW Scherer-Speidel »Briefe von Wilhelm Scherer«. Mitgeth. v. Ludwig Speidel. In: *Neue Freie Presse*. Nr. 8269 v. 4.9.1887, S. 1-4.

BW Scherer-Steinmeyer Wilhelm Scherer – Elias von Steinmeyer. *Briefwechsel 1872-1886*. In Verbindung mit Ulrich Pretzel hg. v. Horst Brunner u. Joachim Helbig. Göppingen 1982 (Göppinger Arbeiten zur Germanistik 365).

Denkmäler 1 *Denkmäler deutscher Poesie und Prosa aus dem VIII.-XII. Jahrhundert*. Hg. v. Karl Müllenhoff u. Wilhelm Scherer. Berlin 1864.

Denkmäler 2 *Denkmäler deutscher Poesie und Prosa aus dem VIII.-XII. Jahrhundert*. Hg. v. Karl Müllenhoff u. Wilhelm Scherer. 2., verm. u. verb. Ausg. Berlin 1873.

Einhauser (1989) Eveline Einhauser: *Die Junggrammatiker. Ein Problem für die Sprachwissenschaftsgeschichtsforschung*. Trier 1989.

GA Wilhelm Scherer: *Aufsätze über Goethe*. Hg. v. Erich Schmidt. Berlin 1886.

Goetz (1936) Wolfgang Goetz: *Fünfzig Jahre Goethe-Gesellschaft*. Weimar 1936 (Schriften der Goethe-Gesellschaft 49).

Hertz (1892) Wilhelm Hertz: *Gedächtnisrede auf Konrad Hofmann gehalten in der öffentlichen Sitzung der k. b. Akademie der Wissenschaften zu München am 28. März 1892*. München 1892 (Fest- und Gedächtnisschriften der königlich-bairischen Akademie der Wissenschaften 7,6) [wiederholt: ders.: *Gesammelte Abhandlungen*. Hg. v. Friedrich von der Leyen. Stuttgart, Berlin 1905, S. 491-510].

Heusler (1897) Andreas Heusler: »Julius Hoffory«. In: *Arkiv för nordisk filologi* 14 (1897), S. 206-212 [wiederholt: ders.: *Kleine Schriften*. Hg. v. Helga Reuschel. Berlin 1943, S. 611-618].

Höppner (1987a) Wolfgang Höppner: »Universitätsgermanistik und zeitgenössische Literatur. Wilhelm Scherers Berliner Jahre 1877-1886«. In: *Literarisches Leben in Berlin. 1871-1933*. Hg. v. Peter Wruck. Bd. 1. Berlin 1987, S. 157-203.

Höppner (1987b) Wolfgang Höppner: »Germanistik als Universitätswissenschaft und staatstragende Institution in Preußen. Zur Vorgeschichte und Gründung des Germanischen Seminars in Berlin«. In: WZHUB 36 (1987), H. 9, S. 771-777.

Jacob Grimm 1 Wilhelm Scherer: *Jacob Grimm. Zwei Artikel der Preußischen Jahrbücher aus deren vierzehnten, fünfzehnten und sechzehnten Bande besonders abgedruckt*. Berlin 1865. [Erstdruck: *PJb* Bd. 14 (1864), S. 632-680, Bd. 15 (1865), S. 1-32, Bd. 16 (1865), S. 1-47 u. 99-139].

Jacob Grimm 2 Wilhelm Scherer: *Jacob Grimm*. 2., verb. Aufl. Berlin 1885.

Kofler (1998) Walter Kofler: »Das Ende einer wunderbaren Freundschaft. Der Briefwechsel Holtzmann – Pfeiffer – Zarncke – Bartsch«. In: *ZfdA* 127 (1998), S. 247-270.

Kolk (1990) Rainer Kolk: *Berlin oder Leipzig? Eine Studie zur sozialen*

	Organisation der Germanistik im »Nibelungenstreit«. Tübingen 1990 (Studien und Texte zur Sozialgeschichte der Literatur 30).
KS 1-2	Wilhelm Scherer: *Kleine Schriften.* Bd. 1: *Kleine Schriften zur altdeutschen Philologie.* Hg. v. Konrad Burdach; Bd. 2: *Kleine Schriften zur neueren Litteratur, Kunst und Zeitgeschichte.* Hg. v. Erich Schmidt. Berlin 1893.
Meyer (1898)	Richard M. Meyer: »Julius Hoffory (geb. 9. Februar 1855, gest. 12. April 1897)«. In: *GJb* 19 (1898), S. 318-320.
Mommsen (1937)	Adelheid Mommsen: *Theodor Mommsen im Kreise der Seinen. Erinnerungen seiner Tochter.* 2. Aufl. Berlin 1937 [Neuausgabe u. d. T. *Mein Vater. Erinnerungen an Theodor Mommsen.* München 1992].
Nottscheid (2003)	Mirko Nottscheid: »Franz Pfeiffers Empfehlungskarte für Wilhelm Scherer bei Jacob Grimm (1860). Eine Ergänzung zum Briefwechsel zwischen Grimm und Pfeiffer«. In: *Brüder Grimm Gedenken.* Bd. 15 (2003), S. 36-41.
Panzer (1921)	Friedrich Panzer: »Aus Wilhelm Scherers Studienzeit«. In: *Zeitschrift für Deutschkunde* 35 (1921), H. 1, S. 45-49.
Reiter (1999)	Karl J. Reiter: *Die Gründung der Goethe-Gesellschaft in Weimar.* Weimar 1999 (Texte und Essays 1)
Scherer: GdL (1883)	Wilhelm Scherer: *Geschichte der deutschen Litteratur.* Berlin 1883.
Scherer: GdS (1868)	Wilhelm Scherer: *Zur Geschichte der deutschen Sprache.* Berlin 1868.
Schöne (1923)	Richard Schöne: *Erinnerungen an Theodor Mommsen zum 30. November 1917.* Hg. v. Herrmann Schöne. Münster/ Westphalen 1923
Sternsdorff (1979)	Jürgen Sternsdorff: *Wissenschaftskonstitution und Reichsgründung. Die Entwicklung der Germanistik bei Wilhelm Scherer. Eine Biographie nach unveröffentlichten Quellen.* Frankfurt/ M., Bern, Cirencester 1979 (Europäische Hochschulschriften I/321).
Unte (1987)	Wolfhart Unte: »Gustav Freytag und Moriz Haupt«. In: *Jahrbuch der schlesischen Friedrich-Wilhelms-Universität zu Breslau.* Bd. 28 (1987), S. 129-159.
Vogt (1893)	Friedrich Vogt: »Friedrich Zarncke«. In: *ZfdPh* 25 (1893), S. 71-90.
VA	Wilhelm Scherer: *Vorträge und Aufsätze zur Geschichte des geistigen Lebens in Deutschland und Österreich.* Berlin 1874.
WA	Johann Wolfgang von Goethe: *Werke.* [*Weimarer Ausgabe*]. Hg. im Auftrag der Großherzogin Sophie von Sachsen. Abt. I-IV. 133 Bde. in 143 Tln. Weimar 1887-1919.
Weinhold (1888)	Karl Weinhold: »Julius Zacher. Beitrag zur geschichte der deutschen philologie«. In: *ZfdPh* 20 (1888), S. 385-429.

Kommentiertes Personenregister

Das Kommentierte Register erfasst natürliche Personen, die in den abgedruckten Briefen und Dokumenten sowie in den kommentierenden Anmerkungen und Einleitungen zu den Texten erwähnt werden. Personen, deren Namen im Kommentar lediglich im Zusammenhang mit bibliographischen Angaben erwähnt werden, sind nicht aufgenommen worden. Die in der Ausgabe dokumentierten Korrespondenzpartner von Wilhelm Scherer sind durch Kursivdruck hervorgehoben. Den Angaben zur Person folgt nach Möglichkeit der Nachweis einer Referenzquelle, in der Regel ein Lexikonartikel.

Baumeister, Karl August (1830-1922), dt. Pädagoge, Philologe u. Verwaltungsbeamter; 1855 Gymn.-Lehrer in Dresden, 1856 in Berlin, 1871 Reg.-Rat in Straßburg, zuständig für die Umgestaltung des höheren Schulwesens in Elsass-Lothringen nach dt. Vorbild [NDB] 301

Baumgarten, Hermann (1825-1893), dt. Historiker u. Journalist; 1848 Gymn.-Lehrer in Braunschweig, 1850-52 Red. der »Deutschen Reichszeitung«, 1861 o. Prof. an der TH Karlsruhe, 1872-90 o. Prof. in Straßburg [ADB; NDB] 301

Beaulieu-Marconnay, Virginie von (1864-1939), Hofdame von → Sophie Großherzogin von Sachsen-Weimar-Eisenach; Tochter d. großherzogl. sächs. Kammerherrn Karl von Beaulieu-Marconnay [Genealogisches Handbuch der Adeligen Häuser A, Bd. VII (1965), S. 66] 108

Bech, Fedor (1821-1900), dt. Germanist u. Pädagoge; 1847-53 Realschul- u. Gymn.-Lehrer in Halle, Halberstadt u. Magdeburg, 1853-92 Lehrer am Stiftsgymnasium in Zeitz, 1870 Oberlehrer, 1878 Gymn.-Prof. das. [IGL] 212; 215; 252

Bechstein, Reinhold (1833-1894), dt. Germanist u. Romanist; 1861-66 Privatgelehrter in Leipzig u. Jena, 1866 Pd. u. 1869 ao. Prof. in Jena, 1871 o. Prof. in Rostock; Sohn des Schriftstellers u. Historikers Ludwig Bechstein (1801-1860) [ADB 47, IGL] 233

Beethoven, Ludwig van (1770-1827), dt. Komponist [ADB 2; NDB] 59

Behaghel, Otto (1854-1936), dt. Germanist; 1878 Pd. u. 1882 ao. Prof. in Heidelberg, 1883 o. Prof. in Basel, 1888 in Gießen; Mitbegründer u. Hg. des »Literaturblatt für germanische und romanische Philologie« (1880-1936) [NDB 1, IGL] 328

Behrendt, verm. Tacitus-Übersetzer 367

Behrisch, Ernst Wolfgang (1738-1809), dt. Pädagoge u. Dichter; 1866-67 Hofmeister in Leipzig, 1867 Erzieher u. Vorleser, später Hofrat am Hof in Dessau; Freund u. Korrespondenzpartner von → Johann Wolfgang von Goethe [ADB 2; NDB] 288; 289

Benecke, Georg Friedrich (1762-1844), dt. klass. Philologe u. Germanist; 1789 Accessist, 1792 Sekr., später erster Kustos an der Univ.-Bibl. Göttingen, 1805-12 ao. Prof. in Göttingen, 1814 o. Prof., 1829 Bibliothekar, 1836 Oberbibliothekar das.; Lehrer von → Karl Lachmann; Mitgl. d. Kgl. Ges. d. Wiss. Göttingen (1830) [ADB 2; IGL] 238

Benedek, Ludwig von (1804-1881), öst. Offizier; 1860 Chef des Generalstabs, zugl. Gouverneur in Ungarn u. Oberkommandant in Venetien; 1866 Kommandeur der öst.-ung. Nordarmee im preuß.-öst. Krieg [ADB 46; NDB] 125

Bergmann, Friedrich Wilhelm (1812-1887), elsäss. Sprachforscher u. Literarhistoriker; 1838 o. Prof. für fremde Sprachen in Straßburg, 1872 bei Gründung der dt. Univ. in die philos. Fakultät übernommen [ADB 46; NDB] 301

Bernays, Michael (1834-1897), dt. Literarhistoriker; 1856-71 Privatgelehrter, Journalist u. Rezitator in Köln u. Bonn, 1872 Pd. in Leipzig, 1873 ao. Prof., 1874-90 o. Prof. in München; 1890 Privatgelehrter in Karlsruhe; Bruder des klass. Philologen Jacob Bernays (1824-1881) [ADB 46; NDB; IGL] 210; 214

Bernhardt, Theodor, Historiker; 1864-65 in Bonn [PND] 267

Berthold von Regensburg (etwa 1200/1210-1270), Franziskaner, Volksprediger [ADB 2; NDB; VL] 375

Bertram, Oswalt (1827-1876) Buchhändler u. -drucker; seit 1858 Leiter der Verlags der Halleschen Waisenbuchhandlung [ZfdPh 7 (1876), S. 369-74] 194

Betty → Tendering, Betty

Beyfus, Bekannter v. Wilhelm Scherer in Wien 301

Billroth, Theodor (1829-1894), dt. Mediziner, Chirurg u. Anatom; 1860 o. Prof. in Zürich, 1867 in Wien [ADB 46; NDB] 301

Bismarck, [auch: Bismark] Otto von (1815-1898), dt. Politiker; 1862 preuß. Min.-Präs.,

1871-90 Reichskanzler [ADB 46; NDB] 123; 181; 212; 280; 310; 315

Bluntschli, Johann Caspar (1808-1881), schweiz. Jurist, Historiker u. Politiker; 1833 ao. u. 1836 o. Prof. in Zürich, 1837-48 Mitgl. des Großen Rates der Stadt Zürich, seit 1845 als Präs., 1848 o. Prof. in München, 1861 in Heidelberg [ADB 47; NDB] 327

Boeckh, [auch: Böckh] August (1785-1867), dt. klass. Philologe; 1807 ao. Prof., 1809 o. Prof. in Heidelberg, 1811 in Berlin; Mitgl. d. Kgl.-Preuß. Akad. d. Wiss. Berlin (1814), Sekr. der phil.-hist. Klasse (1834-61) [ADB 2; NDB] 175; 319

Böhm, Pauline, Bekannte von Wilhelm Scherer in Wien 301

Böhmer, Eduard (1827-1906), dt. Romanist u. Theologe; 1854 Pd. f. Theologie u. Kustos an der Univ.-Bibl. Halle, 1866 ao. u. 1868 o. Prof. f. romanische Philologie in Halle, 1872-79 in Straßburg [BJb 2; BBKL] 236; 301

Böhtlingk, Otto von (1815-1904), dt. Sanskritist u. Sprachforscher; 1842 hauptamtl. Mitgl. der Kaiserl. Akad. der Wiss. in St. Petersburg, lebte seit 1868 in Jena u. seit 1885 in Leipzig; Lehrer und Freund von → Berthold Delbrück [NDB] 231; 235

Bojanowski, Paul von (1834-1915), dt. Journalist u. Bibliothekar; 1859-63 Korrespondent in Paris, seit 1863 Red. der »Weimarer Zeitung«, 1892-1915 Oberbibliothekar in Weimar; Mitgl. d. Kgl. Sächs. Ges. d. Wiss. Leipzig (1886) [Zeitgenossenlexikon; Bader] 287; 289

Bonitz, Hermann (1814-1888), dt. klass. Philologe u. Pädagoge; 1836 Gymn.-Lehrer in Dresden, 1838 in Berlin, 1842 in Stettin, 1849 o. Prof. u. Organisator des Unterrichtswesens Wien, 1867 Dir. am Gymnasium zum Grauen Kloster in Berlin, 1875 Vortr. Rat im preuß. Unterrichtsministerium; Hg. der »Zeitschrift für die österreichischen Gymnasien« (1850-67); Mitgl. der Kaiserl. Akad. d. Wiss. in Wien (1854)

u. der Kgl. Preuß. Akad. d. Wiss. (1868) [ADB 47; NDB] 90; 198; 239

Bopp, Franz (1791-1867), dt. Sanskritist u. Sprachforscher; 1821-64 o. Prof. in Berlin; Mitgl. der Kgl. Preuß. Akad. d. Wiss. Berlin (1822) [ADB 3; NDB] 231

Brant, [auch: Brand] Sebastian (1457-1521), Schriftsteller u. Rechtsgelehrter; Stadtschreiber in Straßburg [ADB 12; NDB] 238; 321

Braune, Wilhelm (1850-1926), dt. Germanist; 1874-77 Pd. u. Kustos an der Univ.-Bibl. in Leipzig, 1877 ao. Prof. in Leipzig, 1880 o. Prof. in Gießen, 1888-1919 in Heidelberg; 1874 mit → Hermann Paul Begründer u. Hg. der »Beiträge zur Geschichte der deutschen Sprache und Literatur«; Mitgl. d. Kgl. Sächs. Ges. d. Wiss. Leipzig (1882) [NDB; IGL] 235; 238; 269-271

Braunfels, Ludwig (1810-1885), dt. Jurist, Schriftsteller u. Übersetzer; Rechtsanwalt in Frankfurt/M. [ADB 47; NDB] 368

Bréal, Michel (1832-1915), frz. Philologe u. Pädagoge; 1859 Konservator an der Kaiserl. Bibl. zu Paris, 1866 Prof. für vergleichende Grammatik am Collège de France, 1879-1888 Gen.-Insp. d. öffentl. Unterrichts für höhere Schulen [Meyer] 327

Brentano, Franz von (1838-1917), dt. Philosoph u. kath. Theologe; 1864 Priesterweihe, 1866 Pd. u. 1872 ao. Prof. f. Philosophie in Würzburg, 1873 Austritt aus d. geistl. Stand aufgrund seiner Weigerung d. Infallibilitätsdogma anzuerkennen, 1874-1880 o. Prof. in Wien (Nachf. v. → Franz Karl Lott); Neffe d. Dichterin Bettina von Arnim (1785-1859) u. d. Dichters Clemens von Brentano (1772-1848) [NDB] 275; 301

Breuner-Enckevoirth, August Graf (1796-1877), öst. Großgrundbesitzer u. Politiker [Wurzbach] 75

Brink, Bernhard ten (1841-1892), niederl. Anglist; 1868 ao. Prof. in Münster, 1870 o. Prof. in Marburg, 1873 in Straßburg; 1874 m. Wilhelm Scherer Mitbegründer d. »Quellen und Forschungen zur Sprache und Culturgeschichte der germanischen Völker« [ADB 37] 301

Brion, Friederike (1752-1813), Freundin von → Johann Wolfgang von Goethe u. Jakob Michael Reinhold Lenz (1751-1792) in Straßburg [NDB] 183; 184

Brücke, Ernst Wilhelm Ritter von (1819-1892), dt. Physiologe; 1848 ao. Prof. in Königsberg, 1849-90 o. Prof. in Wien; Mitgl. d. Kaiserl. Akad. d. Wiss. Wien (1849) [ADB 47; NDB] 233; 294; 301

Brühl, Hedwig Gräfin (1835-1905), Hofdame d. preuß. Kronprinzessin Victoria, der späteren Kaiserin (1840-1901), in Berlin [Wilhelmy] 309; 310

Brugmann, Karl (1849-1919), dt. Sprachforscher u. Indogermanist; 1882 ao. Prof., 1884 o. Prof. in Freiburg/Br., 1887 in Leipzig; Mitgl. d. Kgl. Sächs. Akad. d. Wiss. Leipzig (1888) [NDB] 231

Buckle, Henry Thomas (1821-1862), engl. Kulturhistoriker [EB] 87

Buff, Charlotte (1753-1828), Ehefrau d. Legationssekretärs Johann Christian Kestner (1741-1800) in Wetzlar; Freundin v. → Johann Wolfgang von Goethe [ADB 15 (Art. Ch. Kestner, geb. Buff); NDB] 184

Bunsen, Christian Karl Josias von (1791-1860), dt. Diplomat, Archäologe u. Schriftsteller; 1823-38 preuß. Gesandter im Vatikan, 1839-1841 in Bern, 1842-54 in London [ADB 3] 368

Burchard, Gebrüder, Kgl. Hof-Steindruckerei in Berlin 320; 321; 323

Burdach, Konrad (1859-1936), dt. Germanist; 1887 ao. Prof., 1892 o. Prof. in Halle, 1902 Prof. f. dt. Sprachwiss. an d. Kgl. Preuß. Akad. d. Wiss. Berlin; Schüler von Wilhelm Scherer [NDB; IGL] 51; 300; 312; 372

Campe, Joachim Heinrich (1746-1818), dt. Pädagoge, Schriftsteller u. Verlagsbuchhändler in Berlin, Dessau, Hamburg u. Braunschweig [ADB 3; NDB] 366

Camphausen, Otto von (1812-1896), dt. Jurist u. Politiker; 1869-78 preuß. Finanzminister, 1878 Vizepräs. d. Staatsministeriums, 1879 Rücktritt [ADB 47; NDB] 275

Carlyle, Thomas (1795-1881), engl. Historiker u. Literarhistoriker in Chelsea bei London; Korrespondenzpartner u. Übers. von → Johann Wolfgang von Goethe [EB] 291

Cavour, Camillo Benso Graf von (1818-1861), ital. Politiker; 1850 Handels- u. Marineminister, 1851 Finanzminister, 1852-59 u. 1860-61 Min.-Präs. [Meyer] 76; 86

Charlotte, Hausangestellte d. Familie Scherer in Berlin 312

Cicero, Marcus Tulius (106-43 v. Chr.), röm. Schriftsteller, Advokat u. Politiker [Brockhaus] 172

Cili, Bekannte d. Familie Stadler-Scherer in Wien 64; 97

Coeckelberghe-Dützele, Gerhard Robert Walter Ritter von [Ps.: Realis] (1786-1857), dt.-öst. Journalist u. Schriftsteller in Wien [ADB 53] 370

Conradi, Adolph, Schulkamerad von Wilhelm Scherer in Wien 64; 66-68

Conze, Alexander (1831-1914), dt. Archäologe; 1863 ao. Prof. in Halle, 1869 o. Prof. in Wien, 1877 in Berlin, dort zugl. Dir. d. Antikensammlung, 1887 Gen.-Sekr. bei der Zentraldirektion d. Deutschen Archäologischen Instituts in Berlin; Mitgl. der Kaiserl. Akad. d. Wiss. Wien (1872) u. d. Kgl. Preuß. Akad. d. Wiss. Berlin (1877) [NDB] 277

Cotta, Verlagsbuchhandlung in Stuttgart 55

Chrétien [auch: Chrestien] de Troyes (um 1145 – um 1190), frz. Dichter [Brockhaus] 159

Curtius, Georg (1820-1885), dt. klass. Philologe u. Sprachforscher; 1849 ao. Prof., 1851 o. Prof. in Prag, 1854 in Kiel, 1862 in Leipzig; Bruder d. klass. Philologen Ernst Curtius (1814-1896); Mitgl. d. Kgl. Sächs. Ges. d. Wiss. Leipzig (1863) [ADB 47] 234-236; 243; 260; 265; 266; 268; 270; 308

D., Carl → Duncker, Carl von

Dante Alighieri (1265-1321), ital. Dichter [Brockhaus] 246

Darwin, Charles (1809-1882), engl. Naturforscher [EB] 326

David, Benno von, öst. Verwaltungsbeamter; Min.-Dir. u. Sektionschef f. d. Hochschulwesen im öst. Unterrichtsministerium; Schulfreund v. Wilhelm Scherer in Wien [PND] 301

Deák, Ferenc [auch: Franz von] (1803-1876), ung. Jurist u. Politiker; 1848 Justizminister, Führer d. ung. Opposition gegen Habsburg [Wurzbach, ÖBL] 88

Deecke, Wilhelm (1831-1897), dt. Etruskologe u. Germanist; 1855-70 Dir. einer Mädchenschule in Lübeck, 1871 Dir. am Lyceum in Straßburg, 1884 Gymn.-Dir. in Buchsweiler, 1889 in Mülhausen [ADB 47; NDB] 301

Delbrück, Berthold (1842-1922), dt. Indogermanist u. Sprachforscher; 1864-66 Gymn.-Lehrer in Marienwerder, 1870 ao. Prof., 1873 o. Prof. in Jena; Mitgl. d. Kgl. Sächs. Ges. d. Wiss. Leipzig (1885) u. d. Kgl. Bayer. Akad. d. Wiss. München (1890); Vetter v. → *Berthold Litzmann [NDB]* 218; 219; 221; 231-237; 245; 259; 266

Demuth, Theodor (1821-1901), öst. Buchhändler in Wien [BJb 2] 301

Denifle, Heinrich Suso [eigtl.: Joseph Anton] (1844-1905), öst. kath. Theologe, Dominikaner u. Kirchenhistoriker; 1870-80 Doz. d. Dominikaner-Ordens in Graz, 1883 Unterarchivar am päpstl. Archiv im Vatikan; Mitbegründer und Hg. d. »Archiv für Literatur- und Kirchengeschichte des Mittelalters« (1885-1900) [NDB] 338-340; 341

Dettweiler, Peter (1837-1904), dt. Mediziner, Lungenarzt; 1864 prakt. Arzt in Pfeddersheim, 1869 Assist. an d. Lungenheilanstalt Görbersdorf/Schlesien, 1876 Mitbegründer, später Leiter d. Lungenheilanstalt Falkenstein/Taunus [Engelhardt] 349

Dielitz, Theodor (1810-1869), dt. Pädagoge, klass. Philologe u. Schriftsteller; 1835 Lehrer, 1846 Stadtschulinspektor u. 1849 Realschul-Dir. in Berlin; kgl. Prof. (1844) [ADB 5] 366

Diemer, Joseph (1807-1869), öst. Germanist; 1825 Skriptor d. Johanneums-Bibl. in Graz, 1842 Skriptor, 1851 Dir. d. Univ.-Bibl. Wien; Mitgl. d. Kaiserl. Akad. d. Wiss. Wien (1848) [ADB 5; NDB; IGL] 196; 216; 220; 246; 253

Dilthey, Wilhelm (1833-1911), dt. Philosoph; 1856-58 Gymn.-Lehrer, 1858-66 Pd. u. freier Schriftsteller in Berlin, 1866 o. Prof. in Basel, 1868 in Kiel, 1871 in Breslau, 1882-1905 in Berlin; Mitgl. d. Kgl. Preuß. Akad. d. Wiss. Berlin (1887); enger Freund v. Wilhelm Scherer [NDB; IGL] 68; 214; 275

Döllinger, Ignaz von (1799-1890), dt. kath. Theologe u. Kirchenhistoriker; 1826 ao. Prof., 1827 o. Prof. in München, seit 1847 zugl. Probst am Hofcollegiatsstift St. Cajetan; 1872 Exkommunikation aufgrund seiner Weigerung d. Infallibilitätsdogma anzuerkennen u. Übertritt in d. philos. Fak.; Mitgl. d. Kgl. Bayer. Akad. d. Wiss. München (1843), 1873 Akad.-Präs. [ADB 48; NDB] 170

Dove, Alfred (1844-1916), dt. Historiker u. Journalist; 1866 Gymn.-Lehrer in Berlin; 1870 Red. »Die Grenzboten« u. 1871-74 »Im neuen Reich«; 1874 ao., 1879 o. Prof. in Breslau, 1884 in Bonn, 1897-1905 in Freiburg/Br.; Mitgl. d. Kgl. Bayer. Akad. d. Wiss. München (1893) [NDB] 290

Droysen, Anna, Tochter von → Johann Gustav Droysen, verh. m. d. klass. Philologen Henri Jordan (1833-1886) [NDB (Art. J. G. Droysen)] 67

Droysen, Emma, geb. Michaelis (1829-1883), zweite Ehefrau v. → Johann Gustav Droysen, Schwester v. → Adolf Michaelis [NDB (Art. J. G. Droysen)] 67

Droysen, Johann Gustav (1808-1884), dt. Historiker u. liber. Politiker; 1831 Lehrer am Gymn. zum Grauen Kloster in Berlin, 1835 ao. Prof. in Berlin, 1840 o. Prof. in Kiel, 1850 in Jena, 1859 in Berlin; 1848-49 Abg. d. Frankfurter Bundestages u. d. Nationalversammlung; Mitgl. d. Kgl. Sächs. Ges. d. Wiss. Leipzig (1852); Vater d. Historikers Gustav Droysen (1838-1908) [ADB 48, NDB] 67; 355

Droysen, Marie (gest. 1896), Tochter von → Johann Gustav Droysen; verh. m. d. klass. Philologen Emil Hübner (1834-1901) [NDB (Art. J. G. Droysen)] 67

Du Bois-Reymond, Emil (1818-1896), dt. Mediziner u. Physiologe; 1855 ao., 1858 o. Prof. in Berlin; Mitgl. d. Kgl. Preuß. Akad. d. Wiss. Berlin (1851), seit 1867 Sekr. d. math.-phys. Kl. [ADB 48; NDB] 281; 326

Dümichen, Johannes (1833-1894), dt. Ägyptologe; 1872-94 o. Prof. in Straßburg [ADB 48] 301

Dümmler, Ernst (1830-1902), dt. Historiker; 1858 ao. Prof., 1866 o. Prof. in Halle; seit 1876 Mitgl. d. Zentraldir., 1888 Gesamtleitung d. »Monumenta Germaniae Historica« in Berlin; Sohn d. Verlagsbuchhändlers Ferdinand Dümmler (1777-1846) [NDB] 198; 261

Dümmler, Verlagsbuchhandlung in Berlin 261

Düntzer, Heinrich (1813-1901), dt. Germanist u. klass. Philologe, Goetheforscher; 1837-1846 Pd. in Bonn, 1846 Bibliothekar d. Gymnasiums zu Köln, hier 1849 Tit.-Prof. [IGL] 222; 285; 287; 291

Duncker, Carl [auch: Karl] (1830-1913), öst. Offizier, k.k. Oberst u. Militärschriftsteller in Wien; Verwandter (?) von → Franz Duncker [BJb 2] 125

Duncker, Franz (1822-1882), dt. Verlagsbuchhändler u. liber. Politiker in Berlin; Hg. u. a. d. Berliner »Volkszeitung« u. d. »Sonntagsblatt für Jedermann aus dem Volke«; 1861 Mitbegründer d. dt. Fortschrittspartei; 1865 Vors. d. Dt. Handwerkervereins, 1869 Mitbegründer d. deutschen Gewerkvereine; Mitgl. d. preuß. Abgeordnetenhauses u. d. dt. Reichstages; Sohn d. Verlagsbuchhändlers Karl Duncker (1781-1869), Bruder v. → Max Duncker, verh. m. → Lina Duncker; Verleger v. Wilhelm Scherer [NDB (Art. Karl Dun-

cker); Meyer] 67; 68; 69; 94; 98; 119; 123-125; 127; 130; 141

Duncker, Lina, geb. Tendering (1825-1885), dt. Salonnière in Berlin; Ehefrau v. → Franz Duncker, enge Freundin v. Wilhelm Scherer [Kullnick; LdF] 98; 99; 101; 119-131; 307; 308

Duncker, Marie (geb. 1858), Tochter von → Lina u. → Franz Duncker 98; 99

Duncker, Max (1811-1886), dt. Historiker u. liber. Politiker; 1842 ao. Prof. in Halle, 1857 o. Prof. in Tübingen, 1859 Geh. Reg.-Rat im preuß. Staatsministerium, 1861-66 Vortr. Rat f. Politik beim Kronprinzen Wilhelm von Preußen, 1867-74 Dir. d. preuß. Archive; 1848-49 Mitgl. d. Frankfurter Nationalversammlung, später Mitgl. im Erfurter Volkshaus u. im preuß. Abgeordnetenhaus; Sohn d. Verlagsbuchhändlers Karl Duncker (1781-1869), Bruder von → Franz Duncker [ADB 48; NDB] 368; 370

Dursy, E., dt. Jurist u. Verwaltungsbeamter, kaiserl. Reg.-Rat in Straßburg 301

Ebel, Hermann (1820-1874), dt. Sprachforscher u. Keltologe; Gymn.-Lehrer in Berlin, Filehne bei Ostrowo u. Schneidemühl, 1872 o. Prof. in Berlin [ADB 5] 212; 267

Ebert, Adolf (1820-1890), dt. Romanist u. Anglist; 1856 ao. Prof. in Marburg, 1862 o. Prof. in Leipzig; Mitgl. d. Kgl. Sächs. Ges. d. Wiss. Leipzig; 1859 Mitbegründer u. bis 1863 Hg. des »Jahrbuch für romanische und englische Literatur« [ADB 48; NDB] 168

Egerle → Ehrle, Franz

Ehrle, Franz (1845-1934), dt. kath. Theologe u. Kirchenhistoriker, Jesuit; 1895-1914 Präfekt d. Vatikanischen Bibl., 1922 Kardinal, 1929 Kardinalarchivar und -bibliothekar der Römischen Kirche; Mitgl. d. Kgl. Bayer. Akad. d. Wiss. München (1918); 1885 Mitbegründer u. bis 1900 Mithg. d. »Archiv für Literatur und Kirchengeschichte« [NDB] 338

Eichhorn, Karl Friedrich (1781-1854), dt. Jurist u. Kirchenrechtler; 1805 ao. Prof. in

Frankfurt/O., 1811 o. Prof. in Berlin, 1816 in Göttingen, 1832 erneut in Berlin; Mitgl. der Kgl. Preuß. Akad. d. Wiss. Berlin (1832) [ADB 6; NDB] 115

Eitelberger von Edelberg, Rudolf (1817-1880), öst. Kunsthistoriker; 1852 ao., 1863 o. Prof. in Wien, 1864 Begründer u. Dir. d. Österreichischen Museums für Kunst und Industrie [ÖBL] 301

Eleonore (1122-1204), Herzogin von Aquitanien u. Gräfin von Pouitou, Ehefrau von → Heinrich II. Königin von England 255

Ellinger, Georg (1859-1939), dt. Literarhistoriker; 1887-1924 Gymn.-Lehrer, später -Prof. in Berlin; Schüler v. Wilhelm Scherer [NDB; IGL] 353-355

Elsa → Spielhagen, Elsa

Emilie → Gilewska, Emilie

Erdmannsdörffer, Bernhard (1833-1901), dt. Historiker; 1858 Pd. in Jena u. 1862 in Berlin, 1864 Doz. an d. Kriegsakad. in Berlin, 1871 o. Prof. in Greifswald, 1873 in Breslau, 1874 in Heidelberg; Freund v. Wilhelm Scherer [NDB] 68; 129; 141

Euting, Julius (1839-1913), dt. Orientalist; 1871 Bibliothekar in Straßburg, 1880 zugl. Hon.-Prof., 1900 Bibl.-Dir. [NDB] 301

Ewald, Heinrich von (1803-1875), dt. Orientalist, ev. Theologe u. Politiker; 1827 ao. Prof., 1831 o. Prof. in Göttingen, 1837 aus pol. Gründen (›Göttinger Sieben‹) entl., 1838 o. Prof. in Tübingen, 1848-1867 erneut in Göttingen; Mitbegründer u. -hg. d. »Zeitschrift für die Kunde des Morgenlandes« (1837ff.); Mitgl. d. Kgl. Ges. d. Wiss. Göttingen (1833); Mitgl. des norddt. und d. dt. Reichstags [ADB 6; NDB] 368

Exner, Adolf (1841-1894), öst. Jurist; 1868 o. Prof. in Zürich, 1872 in Wien [ADB 48, ÖBL] 301

Falk, Adalbert (1827-1900), dt. Jurist u. Politiker; 1862 Vortr. Rat im preuß. Justizministerium, 1872-79 preuß. Kultusminister [NDB] 275; 277; 280

Feifalik, Julius (1833-1862), öst.-mähr. Germanist; 1854-55 Amanuensis an d. Univ.-Bibl. in Wien, 1861-62 Kollaborator an d. Wiener Hofbibl. [ADB 6] 167; 180; 263

Ferdinand I. (1503-1564), Kaiser von Österreich (1556-1564) [ADB 6; NDB] 81

Ferdinand II. (1578-1637), Kaiser von Österreich (1619-1637) [ADB 6; NDB] 81

Ferdinand I. [der Gütige] (1793-1875), Kaiser von Österreich (1835-48) [NDB] 74

Fink, Bekannter d. Familie Stadler-Scherer in Göllersdorf 56

Fischart, Johann (um 1546-1590), frühnhdt. Dichter u. Satiriker [ADB 7; NDB] 209; 248; 322

Fischer, Heinrich (1828-1900), dt. Germanist u. Pädagoge; 1858-97 Oberlehrer in Greifswald [BW Pfeiffer-Bartsch, S. 331] 112

Fischer, Kuno (1824-1907), dt. Philosoph u. Literarhistoriker; 1850 Pd. in Heidelberg, 1856 o. Prof. in Jena, 1872 in Heidelberg (Nachf. v. → Eduard Zeller) [NDB; IGL] 288; 304

Förstemann, Ernst (1822-1906), dt. Germanist u. Sprachforscher; 1851-64 Gymn.-Lehrer in Danzig u. Wernigerode, 1865-87 Oberbibliothekar in Dresden [NDB; IGL] 212

Fontane, Theodor (1819-1898), dt. Schriftsteller u. Journalist in Berlin [ADB 48; NDB] 347

Franck, Sebastian (1499-1542), frühnhdt. Theologe, Dichter u. Mystiker [ADB 7] 248

Frank, Bekannter v. Wilhelm Scherer 308

Frantz, Constantin von (1817-1891), dt. Philosoph, Publizist u. Politiker; 1843-48 referierender Literat im preuß. Kultusministerium, 1852 Sekr. im preuß. Außenministerium, 1853-56 Konsulatsbeamter in Spanien, anschließend Privatgelehrter in Berlin u. Blasewitz bei Dresden [ADB 48; NDB] 79; 81; 85

Franz, Emil, Schulfreund von Wilhelm Scherer in Wien; Bruder von → Rudolf Franz 301

Franz, Rudolf, Schulfreund von Wilhelm Scherer in Wien; Bruder von → Emil Franz 301

Franz Joseph I. (1830-1916), Kaiser von Österreich (1848-1916) [NDB (Fam.-Art. Habsburg)] 69; 73; 122

Frau Juliana → Schmidt, Frau Julian

Frau Müllenhoff → Müllenhoff, Fernande

Frenzel, Karl (1827-1914), dt. Schriftsteller u. Journalist in Berlin; 1853-62 Red. d. »Unterhaltungen am häuslichen Herd«, 1862-1908 Feuill.-Red. d. »Berliner Nationalzeitung«, 1874-1914 Literatur- u. Theaterkritiker der »Deutschen Rundschau« [ADB 48; NDB] 184

Frese, Julius (1821-1883), dt. Schriftsteller u. Politiker in Berlin [PND] 121

Freytag, Gustav (1816-1895), dt. Schriftsteller, Journalist u. Germanist; 1839-47 Pd. in Breslau, lebte seit 1847 in Dresden u. Leipzig; 1848-61 u. 1867-70 gemeinsam m. → Julian Schmidt Hg. d. lit.-pol. Zs. »Die Grenzboten« [NDB; IGL] 79; 120; 130; 248

Friederike → Brion, Friederike

Friedjung, Heinrich (1851-1920), öst. Historiker u. Publizist; 1874 Prof. an d. Wiener Handelsakad.; 1883-86 Hg. d. »Deutschen Wochenschrift« [NDB] 282

Friedmann, Otto Bernhard (1824-1880), öst. Journalist u. Schriftsteller; Red. u. Hg. linksliber. Zeitungen in Wien, 1848-58 im deutschen Exil [ÖBL] 85

Friedrich II. [der Große] (1712-1786), König von Preußen (1740-86) [ADB 7; NDB] 87

Friedrich Wilhelm IV. (1795-1861), König von Preußen (1840-58) [ADB 7; NDB] 77

Frommann, Georg Karl (1814-1887), dt. Germanist; 1838 Gymn.-Lehrer in Coburg, 1853 Bibl.-Vorstand am Germanischen Nationalmuseum in Nürnberg, 1865 Vize-Dir. [ADB 49; IGL] 163; 267

Fuhrmann, A. von, öst. Pädagoge; Dir. des Fuhrmann'schen Instituts in Wien 56; 364; 367

Gabelentz, Hans Conon von der (1807-1874), dt. Sprachforscher, Jurist u. Politiker; Mitgl. u. bis 1870 Präs. d. altenburg. Landtags; Mitgl. d. Kgl. Sächs. Ges. d. Wiss. Leipzig (1846); Vater v. → Albert v. d. Gabelentz-Linsingen [NDB] 115; 371

Gabelentz-Linsingen, Albert von der (1834-1892), dt. Naturforscher u. Maler; Oberhofmeister d. Großherzogin → Sophie von Sachsen-Weimar-Eisenach; Sohn v. → Hans Conon v. d. Gabelentz [NDB (Art. H. C. v. d. Gabelentz)] 108

Geffcken, Heinrich Friedrich (1830-1896), dt. Jurist u. Politiker; 1869-72 Syndikus im Hamburger Senat, 1872 o. Prof. in Straßburg [ADB 55; NDB] 301

Geibel, Emanuel (1815-1884), dt. Dichter in München u. Lübeck [ADB 49; NDB] 317

Geiger, Ludwig (1848-1919), dt. Literarhistoriker; 1873 Pd. u. 1880 ao. Prof. in Berlin; Begründer u. Hg. d. »Goethe-Jahrbuch« (1880-1913); Sohn d. Rabbiners, Gelehrten u. Mitbegründers d. jüd. Reformbewegung Abraham Geiger (1810-1874) [NDB; IGL] 287

Gellert, Christian Fürchtegott (1715-1769), dt. Dichter [ADB 8/45; NDB] 365; 379

Gerland, Georg (1833-1919), dt. Geograph, Geophysiker u. Anthropologe; 1856-75 Gymn.-Lehrer in Kassel, Hanau, Magdeburg u. Halle, 1875 o. Prof. in Straßburg [NDB] 301

Gerold & Compagnie, Verlagsbuchhandlung in Wien [ADB 9; NDB] 91; 160; 258

Gervinus, Georg Gottfried (1805-1871), dt. Historiker u. Literarhistoriker; 1835 ao. Prof. in Heidelberg, 1836-37 o. Prof. in Göttingen, dort aus pol. Gründen ('Göttinger Sieben') entl., 1844-48 o. Prof. in Heidelberg, anschließend Privatgelehrter das. [ADB 9; NDB; IGL] 90; 116; 134; 170; 172; 204; 360

Giesebrecht, Wilhelm von (1814-1889), dt. Historiker; Gymn.-Lehrer in Berlin, 1851 Prof. in Berlin, 1857 o. Prof. in Königsberg, 1861 in München; Mitgl. d. Kgl. Bayer. Akad.

d. Wiss. München (1861), 1873-89 Sekr. d. Hist. Kl. [ADB 49; NDB] 368

Gigl, Alexander (1821-1878), öst. Schriftsteller u. Verwaltungsbeamter; 1850 Official d. Bibl. d. Innenministeriums in Wien [Wurzbach, Kosch] 87

Gilewska, Emilie, geb. Schuh, Ehefrau v. → Karol Gilewski; Tochter d. Mediziners Franz Schuh (1804-1865); Freundin v. Wilhelm Scherer [ÖBL (Art. K. Gilewski)] 95; 100; 126; 129; 301; 310

Gilewski, Karol (1832-1871), poln. Mediziner, Pathologe; 1861 Prof., 1865 Leiter d. Klinik f. Innere Medizin in Krakau [ÖBL; Hirsch] 126

Gioberti, Vincenzo (1801-1852), ital. kath. Theologe, Philosoph u. liber. Politiker; 1833-47 im polit. Exil in Paris u. Brüssel, 1848 Präs. d. sardischen Parlaments; 1848-1849 ital. Min.-Präs. u. Außenminister [Meyer] 81

Giordano, Luca [genannt ›Luca fapresto‹] (1632-1705), ital. Maler in Neapel [Meyer] 172; 196

Gnoli, Domenico (1838-1915), ital. Literarhistoriker u. Schriftsteller [Casati] 285

Goedeke, Karl (1814-1887), dt. Literarhistoriker u. Bibliograph; 1838-73 Privatgelehrter in Celle, Hannover u. Göttingen, 1873 ao. Prof. in Göttingen [ADB 49; NDB; IGL] 134; 229

Goepfert, Antonie, geb. Schmitt, Verwandte von Wilhelm Scherer in Wien 365

Göppert, Heinrich Robert (1838-1882), dt. Jurist u. Politiker; 1865 o. Prof. in Breslau, 1874 Vortr. Rat f. Univ.-Angelegenheiten im preuß. Kultusministerium; Sohn des Botanikers u. Paläontologen Heinrich Robert Göppert sen. (1800-1884) [ADB 49] 275; 276; 280

Görres, Joseph von (1776-1848), dt. Historiker u. Publizist; 1806-08 Pd. in Heidelberg, 1827-48 o. Prof. in München; 1814 Begründer d. Ztg.»Rheinischer Merkur«; Mitgl. d. Kgl. Bayer. Akad. d. Wiss. München (1842) [ADB 9; NDB; IGL] 146; 147

Göschen, Verlagsbuchhandlung in Leipzig 55

Goethe, Johann Wolfgang von (1749-1832), dt. Dichter [ADB 9; NDB] 55; 107; 108; 116; 183; 184; 238; 284; 285; 287-289; 291; 311; 347; 367; 379

Goethe, Walther von (1818-1885), dt. Komponist in Weimar; Enkel von → Johann Wolfgang von Goethe [NDB (Art. J. W. v. Goethe)] 331

Goldschmidt, Siegfried (1844-1884), dt. Orientalist u. Sanskritist; 1881 o. Prof. in Straßburg [Wininger] 301

Gombert, Albert (1839-1908), dt. Germanist; Gymn.-Prof. in Breslau u. Königsberg; Freund v. Wilhelm Scherer [BJb 2] 117

Gomperz, Maximilian von (1822-1913), öst. Bankier u. Industrieller in Wien; Bruder von → Theodor Gomperz u. → Josephine von Wertheimstein [NDB (Art. T. Gomperz)] 301

Gomperz, Theodor (1832-1912), öst. klass. Philologe u. Philosophiehistoriker; 1869 ao., 1873 o. Prof. in Wien; Mitgl. d. Kaiserl. Akad. d. Wiss. Wien (1882); Bruder v. → Maximilian von Gomperz u. → Josephine von Wertheimstein; Freund v. Wilhelm Scherer [NDB] 301

Gosche, Richard (1824-1889), dt. Literarhistoriker u. Orientalist; 1847-53 Kustos an d. Kgl. Bibl. in Berlin, 1860 ao. Prof. in Berlin, 1863 o. Prof. in Halle [ADB 49; IGL] 68

Goßler [auch: Gossler], Gustav von (1838-1902), dt. Jurist u. Politiker; 1879 Unterstaatssekr. im preuß. Unterrichtsministerium, 1881-91 preuß. Kultusminister, 1891 Oberpräs. der Provinz Westpreußen [NDB] 329; 330; 344

Graff, Eberhard Gottlieb (1780-1841), dt. Germanist u. Sprachforscher; 1805 Gymn.-Prof. in Elbing, 1810-20 preuß. Reg.- u. Schulrat in Marienwerder u. Arnsberg, 1824 ao. Prof., 1827 o. Prof. in Königsberg [ADB 9; NDB; IGL] 223; 252

Gräfin Brühl → Brühl, Hedwig Gräfin

Gregor von Tours (538/9-594 n. Chr.), fränk.

Geschichtsschreiber u. Geistlicher; Bischof von Tours [NDB] 267

Grein, Christian Wilhelm Michael (1825-1877), dt. Germanist u. Anglist; 1864 Sekr., 1865 Archivar in Kassel, 1870 in Marburg, 1873 ao. Prof. das., 1876 Archivar in Hannover [ADB 9; NDB] 212

Grillparzer, Franz (1791-1872), öst. Schriftsteller u. Verwaltungsbeamter in Wien; 1832-1856 Dir. d. Hofkammerarchivs; 1847 Gründungsmitgl. d. Kaiserl. Akad. d. Wiss. Wien [ADB 9; NDB] 95

Grimm, Gisela, geb. von Arnim (1827-1889), dt. Schriftstellerin in Berlin; Tochter d. Dichterehepaars → Achim u. Bettina von Arnim (1785-1859); Ehefrau von → Herman Grimm [NDB (Art. H. Grimm)] 66; 82

Grimm, Herman [auch: Hermann] (1828-1901), dt. Schriftsteller, Kunst- u. Literarhistoriker; 1873 o. Prof. in Berlin; Sohn v. → Wilhelm Grimm, Neffe v. → Jacob Grimm, Bruder v. → Rudolf Grimm; Freund v. Wilhelm Scherer [NDB; IGL] 66; 68; 134; 135; 137; 147; 183; 222; 285; 292; 300; 306; 308; 331; 332; 344

Grimm, Jacob (1785-1863), dt. Germanist; 1808 Bibliothekar in Kassel, 1830 o. Prof. u. Bibliothekar in Göttingen, 1837 aus polit. Gründen (›Göttinger Sieben‹) entl., 1840 Prof. an d. Kgl. Preuß. Akad. d. Wiss. Berlin m. Vorlesungsrecht an d. Univ.; Mitgl. d. Kgl. Ges. d. Wiss. Göttingen (1830-37); Bruder von → Wilhelm Grimm, Onkel von → Herman u. → Rudolf Grimm [ADB 9; NDB; IGL] 62; 64; 110; 114; 115; 132-134; 136; 137; 139; 146; 150; 157; 160-162; 164; 167; 190; 204; 222; 226-228; 261; 265; 303; 316; 317; 327; 336; 351; 370

Grimm, Rudolf (1830-1889), dt. Jurist, Lyriker; Reg.-Rat in Potsdam; Sohn von → Wilhelm Grimm, Neffe von → Jacob Grimm, Bruder von → Herman Grimm [Kosch; NDB (Art. H. Grimm)] 308

Grimm, Wilhelm (1786-1859), dt. Germanist; 1814 Sekr. d. Bibl. in Kassel, 1829 Unterbibliothekar in Göttingen, 1831 ao. Prof.,

1835 o. Prof. das., 1837 aus polit. Gründen (›Göttinger Sieben‹) entl., 1841 Prof. an d. Kgl. Akad. d. Wiss. Berlin m. Vorlesungsrecht an d. Univ.; Mitgl. d. Kgl. Ges. d. Wiss. Göttingen (1830-37); Bruder v. → Jacob Grimm, Vater v. → Herman u. → Rudolf Grimm [ADB 9; NDB; IGL] 62; 66; 133; 138; 222; 316

Grohmann, Virgil (1831-1919), tschech. Indogermanist u. Mythologe [PND] 167

Großherzog → Karl Alexander von Sachsen-Weimar-Eisenach

Großherzogin → Sophie von Sachsen-Weimar-Eisenach

Großmutter → Rieck, Therese

Großmutter Küttner, Verwandte (?) v. Wilhelm Scherer; nicht seine Großmutter 66; 72

Grote, Georg, Verlagsbuchhandlung in Berlin 323

Grysar, Schulfreund v. Wilhelm Scherer in Wien 61

Guiot de Provins (etwa 1145 – nach 1208), frz. Dichter [Meyer] 205

Gustel → Sauer, August

Guyet, Adolf (1835-1891), dt. Jurist u. Verwaltungsbeamter; seit 1867 im großherzogl.-sächs. Staatsdienst, 1872-83 Vortr. Rat im Staatsministerium, 1883-90 Dir. d. Kulturdepartements das., 1884 Min.-Dir., 1890 geh. Staatsrat u. Mitgl. d. Staatsministeriums [Auskunft: Thüringisches Hauptstaatsarchiv Weimar] 287; 288

Haeckel, Ernst (1834-1919), dt. Zoologe; 1862 ao. Prof., 1865 o. Prof. in Jena [NDB] 287; 288

Hagen, Friedrich Heinrich von der (1780-1856), dt. Germanist, Jurist; 1810 ao. Prof. in Berlin, 1811 ao. Prof. u. Bibliothekar in Breslau, 1817 o. Prof. das., 1824 in Berlin; Mitgl. d. Kgl. Preuß. Akad. d. Wiss. Berlin (1841); Hg. der Zs. »Germania. Neues Jahrbuch der Berlinischen Gesellschaft für deutsche Sprache und Alterthumskunde« (1836-53) [ADB 10; NDB; IGL] 178

Hamann, Johann Georg (1730-1788), dt. Schriftsteller, Philosoph u. Theologe [NDB] 374

Hanni, Angestellte d. Familie Scherer in Wien 95

Hansemann, Adolf [auch: Adolph] von (1827-1903), dt. Bankier u. Industrieller in Berlin; Dir. d. Disconto-Gesellschaft [NDB] 315

Hanslick, Eduard (1825-1904), öst. Musikwissenschaftler u. -schriftsteller; 1861 ao., 1870 o. Prof. in Wien [NDB] 301

Hartel, Wilhelm Ritter von (1839-1907), öst. klass. Philologe; 1869 ao. Prof., 1872 o. Prof. in Wien, 1891-1896 zugl. Dir. d. Wiener Hofbibl., 1900-05 öst. Unterrichtsminister; Mitgl. d. Kaiserl. Akad. d. Wiss. Wien (1875), 1899 deren Vizepräs. [NDB] 97; 236; 301

Hartmann von Aue (um 1170 – nach 1210), mhdt. Dichter [ADB 1; NDB; VL] 378

Hartig, Franz Graf von (1789-1865), öst. Politiker u. Schriftsteller; 1825 Statthalter in d. Steiermark, 1830 Gouverneur d. Lombardei, 1840-48 Staats- u. Konferenzminister [ADB 10; NDB] 116

Hase, Karl August von (1800-1890), dt. ev. Theologe, Philosoph u. Kirchenhistoriker; 1830 ao. Prof., 1836 o. Prof. in Jena [ADB 50; NDB] 287

Haupt, Moriz (1808-1874), dt. klass. Philologe u. Germanist; 1841 ao. Prof., 1843 o. Prof. in Leipzig, 1851 aus polit. Gründen entl., 1853 o. Prof. in Berlin (Nachf. v. → Karl Lachmann); Mitgl. Kgl. Sächs. Ges. d. Wiss. Leipzig (1846), 1849-53 Sekr. d. phil.-hist. Kl.; Mitgl. d. Kgl. Preuß. Akad. d. Wiss. Berlin (1853), 1861-74 Sekr. der phil.-hist. Kl.; 1841 Gründer u. Hg. d. »Zeitschrift für deutsches Altertum« [ADB 11; IGL] 62-64; 70-72; 90; 91; 110; 111; 112; 114; 121; 141; 158-162; 164; 165; 177-181; 192; 193; 195; 202; 205; 209; 210; 213; 218; 238; 240; 255; 273; 274; 317; 363

Haym, Rudolf (1821-1901), dt. Literarhistoriker, Philosoph u. liber. Publizist; 1850-51 Red. d. »Constitutionellen Zeitung« in Berlin, 1860

ao. Prof., 1868 o. Prof. in Halle; 1858-65 Hg. d. »Preußischen Jahrbücher«; 1848 Mitgl. d. Frankfurter Nationalversammlung u. 1866-1867 d. preuß. Landtags [NDB; IGL] 132-154; 198; 231

Heine, Heinrich (1797-1856), dt. Dichter u. Journalist [ADB 11; NDB] 309

Heinrich (etwa 919/22-955), Herzog von Bayern seit 941; Bruder v. → Otto I. [ADB 11; NDB] 362

Heinrich II. (1133-1189), König von England seit 1154 [Brockhaus] 255

Heinrich von Melk (gest. nach 1150), mhdt. Dichter [ADB 11; NDB; VL] 218, 244, 246, 253

Heinrich von Rugge (gest. nach 1190), mhdt. Dichter [ADB; NDB; VL] 380

Heinzel, Ludwig 301

Heinzel, Richard (1838-1905), öst. Germanist; 1860 Gymn.-Lehrer, 1866 Gymn.-Prof., 1868 o. Prof. in Graz, 1873 in Wien; Mitgl. d. Kaiserl. Akad. d. Wiss. Wien (1879); Freund v. Wilhelm Scherer [NDB; IGL] 91; 218; 219; 221; 237; 244; 246; 253; 301; 310

Heitz Emil (1825-1890), dt. klass. Philologe u. Philosoph; Prof. u. Dir. d. Thomasstifts in Straßburg [Pökel] 301

Helldorff, Heinrich von (1832-1897), dt. Verwaltungsbeamter; Kammerherr am Hof v. Sachsen-Weimar-Eisenach [NDB (Fam.-Art. Helldorff)] 331

Helmholtz, Anna von, geb. von Mohl (1834-1899), zweite Ehefrau von → Hermann von Helmholtz [NDB (Art. H. v. Helmholtz)] 308; 309

Helmholtz, Hermann von (1821-1894), dt. Physiologe u. Physiker; 1849 Prof. (Physiologie) in Königsberg, 1855 in Bonn, 1858 in Heidelberg u. 1871-86 o. Prof. (Physik) in Berlin; 1888 Präs. d. Physikal.-Techn. Reichsanstalt [ADB 51; NDB] 281; 282; 308; 314; 315; 327

Hempel, Gustav (1819-1877), dt. Verlagsbuchhändler in Leipzig [ADB 11; NDB] 286; 292

Henning, Rudolf (1852-1930), dt. Germanist; 1877 Pd. in Berlin, 1881 ao. Prof., 1895-1918 o. Prof. in Straßburg (Nachf. v. → Erich Schmidt); Schüler v. Wilhelm Scherer [Wer ist's? (1909); IGL] 328

Herbart, Friedrich (1776-1841), dt. Philosoph u. Pädagoge; 1805 ao. Prof. in Göttingen, 1808 o. Prof. in Königsberg (Lehrstuhl Immanuel Kants), 1833 in Göttingen [ADB 12; NDB] 145

Herder, Johann Gottfried von (1744-1803), dt. Dichter u. Philosoph [ADB 12; NDB] 143; 150-154; 368; 374

Hermännchen → Scherer, Herman

Hermann → Scherer, Herman

Hermann, Gottfried (1772-1848), dt. klass. Philologe; 1797 ao. Prof., 1803 o. Prof. in Leipzig; Mitgl. d. Kgl. Sächs. Ges. d. Wiss. Leipzig (1846), 1846-48 Sekr. d. phil.-hist. Kl.; Lehrer u. Schwiegervater von → Moriz Haupt [ADB 12, NDB] 177; 238

Hermann, Verwandter von Wilhelm Scherer 52

Hermine, Bekannte d. Familie Scherer in Wien 89

Herodot (~485-425 v. Chr), griech. Geschichtsschreiber aus Halikarnass [Zischka] 368

Herrmann, Joseph Gottfried, Philologe 113

Hertz, Wilhelm Ludwig (1822-1901), dt. Verlagsbuchhändler in Berlin [NDB] 308

Herzog, Karl Josef (1827-1902), dt. Jurist u. Politiker; 1871 Dir. der Abt. f. Elsass-Lothringen im Reichskanzleramt, 1876-80 Unterstaatssekr. im Reichsamt f. Elsass-Lothringen, später Staatssekr. [Kullnick; DBE 4] 280

Herzogin Amalia → Anna Amalia

Heyne, Moritz (1837-1906), dt. Germanist; 1869 ao. Prof. in Halle, 1870 o. Prof. in Basel, 1883 in Göttingen [NDB; IGL] 198; 205; 217; 225; 266; 328; 337

Hildebrand, Rudolf (1824-1894), dt. Germanist u. Pädagoge; 1848-68 Lehrer an d. Thomasschule in Leipzig, 1868 ao. Prof.,

1874 o. Prof. das. [ADB 50; NDB; IGL] 212; 248; 266

Hildebrand Jun., dt. Germanist in Leipzig; vmtl. ein Sohn (?) v. → Rudolf Hildebrand 235

Hirschfeld, Otto (1843-1922), dt. Historiker; 1872 o. Prof. in Prag, 1876 in Wien, 1885 in Berlin (Nachf. v. → Theodor Mommsen); Mitgl. d. Kgl. Preuß. Akad. d. Wiss. Berlin (1885) [Wer ist's? (1909); DBE 5] 283

Hirzel, Ludwig (1838-1897), schweiz. klass. Philologe u. Literarhistoriker; 1862 Gymn.-Lehrer in Frauenfeld/Thurgau, 1866 in Aarau, 1874 o. Prof. in Bern; Neffe v. → Salomon Hirzel [ADB 50; IGL] 269

Hirzel, Salomon (1804-1877), schweiz. Verlagsbuchhändler; 1830 Teilhaber d. Weidmann'schen Verlagsbuchhandlung in Berlin, 1853 Gründer d. S. Hirzel-Verlags in Leipzig; Onkel von → Ludwig Hirzel [ADB 12; NDB] 134; 253

Höpfner, [auch: Hoepfner] Ernst (1836-1915), dt. Germanist u. Pädagoge; 1864 Gymn.-Lehrer in Neu-Ruppin, 1866 in Berlin, 1868 Gymn.-Dir. in Breslau, 1873 Provinzial-Schulrat in Koblenz, 1891 Vortr. Rat im preuß. Kultusmin., 1894 Kurator d. Univ. Göttingen; 1866 m. → Julius Zacher Hg. d.»Zeitschrift für deutsche Philologie« [IGL] 200; 214; 219

Hoffmann von Fallersleben, Heinrich (1798-1874), dt. Germanist u. Dichter; 1823-38 Kustos an d. Univ.-Bibl. Breslau, 1830 ao. Prof. u. 1835-42 o. Prof. das., 1842 aus polit. Gründen entl., anschließend Privatgelehrter, 1860 Archivar auf Schloss Corvey [ADB 12; NDB; IGL] 190

Hoffory, Julius (1855-1897), dän. Nordist, Sprachforscher u. Übersetzer; 1887 ao. Prof. in Berlin [ADB 50; IGL] 293-299; 312; 332; 333; 345

Hofmann, Amalie, Tochter v. → Konrad Hofmann 158

Hofmann, Joseph (gest. 1864), Sohn v. → Konrad Hofmann 158

Hofmann, Konrad [auch: Conrad] (1819-1890), dt. Germanist u. Romanist; 1853 Bibliothekar u. ao. Prof., 1856 o. Prof. in München, 1869 zugl. o. Prof. f. Romanistik; Mitgl. der Kgl. Bayer. Akad. d. Wiss. München (1859) [ADB 50; IGL] 91; 155-176

Hohenzollern-Sigmaringen, Karl Anton Fürst von (1811-1885), dt. Politiker; 1858-62 preuß. Min.-Präs. [ADB 51; Kosch] 77

Holberg, Ludvig (1684-1754), dän. Dichter u. Historiker [DBL] 293

Holland, Wilhelm Ludwig (1822-1891), dt. Germanist, Romanist u. Literarhistoriker; 1853 ao. Tit.-Prof., 1866 o. Prof. in Tübingen; 1883 Präs. d. Litterarischen Vereins in Stuttgart [ADB 50; IGL] 172

Holossy [unsichere Lesart] 90

Holtzmann, Adolf von (1810-1870), dt. Germanist, Indologe u. ev. Theologe; 1831 Vikar in Kandern/Br., 1837 Gymn.-Prof. am Lyceum in Karlsruhe u. Prinzenerzieher, 1852 o. Prof. in Heidelberg [ADB 13; IGL] 110-113; 156; 160; 163; 165; 170; 171; 241; 255

Homeyer, Carl Gustav (1795-1874), dt. Jurist u. Rechtshistoriker; 1824 ao. Prof., 1827 o. Prof. in Berlin; Mitgl. d. Kgl. Preuß. Akad. d. Wiss. Berlin (1850); Lehrer v. Wilhelm Scherer [ADB 13; NDB] 115

Hopfen, Hans von (1835-1904), dt. Schriftsteller, Jurist u. Historiker in Berlin [NDB] 309

Horawitz, Adalbert (1840-1888), öst. Historiker; 1861-63 Mitgl. d. Inst. f. öst. Geschichtsforschung, 1868 Pd. in Wien, 1869 Lehrauftrag an d. Akad. d. bildenden Künste, 1874 Gymn.-Prof. in Wien [ÖBL] 91; 301

Horaz [Quintus Horatius Flaccus] (65-8 v. Chr.), röm. Dichter [Brockhaus] 184

Humboldt, Wilhelm von (1767-1835), dt. Gelehrter, Politiker u. Diplomat; 1802-08 preuß. Gesandter beim Vatikan, 1809-10 als Sektionschef f. Cultus u. Unterricht im preuß. Innenmin. Reformer d. Bildungswesens, 1810 Gesandter in Wien, 1817-19 in London, dann Privatgelehrter in Tegel; Bruder d. Naturforschers Alexander von Humboldt (1769-1859) [ADB 13; NDB] 147; 228; 319; 329

Hundeshagen, Bernhard (1784-1858), dt. Architekt u. Kunsthistoriker; 1813-17 Bibliothekar in Wiesbaden, 1820-24 Dozent f. Baukunst in Bonn; Handschriftensammler [NDB] 215

Ibsen, Hendrik (1828-1906), norw. Schriftsteller [Brockhaus] 293

Irving, Henry (1838-1905), engl. Regisseur u. Schauspieler; Eigentümer d. Lyceum Theatre in London [EB] 298

Jacobi, Friedrich Heinrich (1743-1819), dt. Philosoph u. Schriftsteller in Pemepelfort bei Düsseldorf, Hamburg, Eutin u. Wandsbek; freundschaftliche Beziehungen u. a. zu → Gotthold Ephraim Lessing u. → Johann Wolfgang von Goethe; 1805 Mitgl. u. Gründungspräs. d. Kgl. Bayer. Akad. d. Wiss. München; Bruder d. Dichters Johann Georg Jacobi (1740-1814) [ADB 13; NDB] 360

Jacobsthal, Gustav (1845-1912), öst. Musikwissenschaftler; 1872 Pd., 1875 ao. Prof., 1892 o. Prof. in Straßburg; Freund v. Wilhelm Scherer [BJb 2] 301; 312

Jacoby, Daniel 302

Jacoby, Louis (1828-1918), dt. Kupferstecher; 1863 Prof. an d. Kunstakad. in Wien, 1882 techn. u. artistischer Beirat an d. Kgl. Museen u. d. Reichsdruckerei in Berlin [Thieme-Becker; Zeitgenossenlexikon] 301

Jänicke, Oskar [auch: Oscar] (1839-1874), dt. Germanist; 1862 Hilfslehrer an d. Ritterakad. in Brandenburg, 1864 Lehrer in Wriezen, 1869 Oberlehrer in Berlin [ADB 13] 205; 215; 233; 241; 244

Jaffé, Philipp (1819-1870), dt. Historiker; 1854-62 Mitarbeiter d. »Monumenta Germaniae Historica«, 1862 ao. Prof. in Berlin; Lehrer v. Wilhelm Scherer [ADB 13; NDB] 167; 180

Jean Paul [eigtl. Jean Paul Friedrich Richter] (1763-1825), dt. Dichter u. Schriftsteller

Kohts, Oswald (1844-1912), dt. Mediziner; 1876 ao. Prof. u. Dir. d. Kinderklinik in Straßburg, 1878 Dir. d. Univ.-Poliklinik [Pagel; Hirsch] 301

Kolowrat-Liebsteinský, Franz Anton Graf von (1778-1861), öst. Politiker; 1826 Staatsu. Konferenzmin. u. Leiter des Ministerial-Departements, zuständig f. Innen- u. Finanzpolitik [ADB 16; NDB] 74

Konrad von Fußesbrunnen (gest. um 1200), mhdt. Dichter [ADB 8; NDB; VL] 117

Konrad von Megenberg (1309-1374), mhdt. Schriftsteller u. Naturforscher [ADB; VL] 375

Konrad von Würzburg (um 1225/30-1287), mhdt. Dichter [ADB 44; NDB, VL] 363

Kossuth, Lajos (1802-1894), slowak.-ung. Politiker; 1848 Führer d. ung. Unabhängigkeitsbewegung, 1849 Reichsverweser, später im Exil [ÖBL] 75

Kraus [auch: Krauss], Franz Xaver (1840-1901), dt. kath. Theologe, Kunsthistoriker u. Kirchenpolitiker; 1872 ao. Prof. in Straßburg, 1878 o. Prof. in Freiburg/Br. [NDB] 301

Krauss → Kraus

Kronecker, Leopold (1823-1891), Bankier u. Mathematiker; lebte seit 1855 in Berlin, 1861 Mitgl. d. Kgl. Preuß. Akad. d. Wiss. Berlin m. Vorlesungsrecht an d. Univ., 1883 ao. Prof. das. 315

Kruffter, Servais (gest. nach 1538), Buchdrukker in Basel u. Köln [ADB 17; NDB] 321

Küttner, Toni, Verwandter (?) von Wilhelm Scherer 61

Kugler, Franz (1808-1858), dt. Kunsthistoriker, Historiker u. Dichter; 1835 Prof. an d. Akad. d. Künste u. Univ.-Doz. in Berlin, 1842 Dezernent, 1849 Vortr. Rat f. Kunstangelegenheiten im preuß. Kultusmin. [ADB 17/28; NDB] 368

Kuhn, Adalbert (1812-1881), dt. Sprachgelehrter u. Mythologe; 1841 Gymn.-Lehrer, 1855 Gymn.-Prof., 1870 Dir. am Köllnischen Gymn. in Berlin; Mitgl. d. Kgl. Preuß.

Akad. d. Wiss. Berlin (1872); 1852 Mitbegründer u. Hg. d. »Zeitschrift für vergleichende Sprachforschung« [ADB 17; NDB; IGL] 203; 212; 220; 221; 262; 265; 267; 268; 294

Kundt, August (1839-1894), dt. Physiker; 1868 o. Prof. am Polytechnikum in Zürich, 1870 in Würzburg, 1872 in Straßburg, 1888 in Berlin; Mitgl. d. Kgl. Bayer. Akad. d. Wiss. München (1874) u. d. Kgl. Preuß. Akad. d. Wiss. Berlin (1879) [NDB] 181; 301

Kurz, Heinrich (1805-1873), dt. Literarhistoriker, Sinologe u. Journalist; 1830-1832 Lehrauftrag f. Sinologie in München, 1834-39 Prof. an d. Kantonsschule in St. Gallen, 1839-66 in Aarau, seit 1846 zugl. Kantonsbibliothekar; Hg. d. Reihe »Deutsche Bibliothek« [ADB 17; NDB; IGL] 229; 248; 249; 251; 252

Kussmaul, Adolf (1822-1902), dt. Mediziner, Internist; 1859 o. Prof. in Erlangen, 1863 in Freiburg/Br., 1876 in Straßburg [NDB] 301

Laas, Ernst (1837-1885), dt. Pädagoge u. Philosoph; 1861 Gymn.-Lehrer in Berlin, 1872 o. Prof. in Straßburg [NDB] 301

Laband, Paul (1838-1918), dt. Germanist u. Jurist; 1864 ao. Prof., 1866 o. Prof. in Königsberg, 1872 in Straßburg; 1880 Mitgl. d. Staatsrats f. Elsass-Lothringen [NDB] 301

Labbé, Philippe [auch: Labbeus] (1607-1667), kath. Theologe, Jesuit u. Kirchenhistoriker in Paris [BBKL] 216

Labbeus → Labbé, Philippe

Lachmann, Karl (1793-1851), dt. klass. Philologe u. Germanist; 1818 ao. Prof. in Königsberg, 1825 ao. Prof., 1827 o. Prof. in Berlin; Mitgl. d. Kgl. Preuß. Akad. d. Wiss. Berlin (1830) [ADB 17; NDB; IGL] 110-113; 155; 157; 165; 177; 190-192; 194; 196; 211; 217; 222; 226; 238; 241; 250; 255; 259; 271; 317

Laib, Marie, Bekannte v. Wilhelm Scherer in Wien 61

Lambel, Johann (1842-1921), öst. Germanist; 1870 Gymn.-Lehrer in Oberhollabrunn, 1873 in Prag, 1884 Gymn.-Prof. u. 1884 ao. Prof. in Prag [IGL] 91

Lang, Viktor von (1838-1921), öst. Physiker; 1861 Pd. in Wien, 1862 Assist. am Kensington-Museum in London, 1864 ao. Prof. in Graz, 1865 o. Prof. in Wien; Mitgl. d. Kaiserl. Akad. d. Wiss. Wien (1867), 1898 Sekr., 1899 Gen.-Sekr. d. math.-naturwiss. Kl., 1911 Vizepräs., 1915-19 Präs. d. Akad. [ÖBL] 301

Langer, Jurist in Wien; Schulfreund v. Wilhelm Scherer 64; 68; 72

Laqueur, Ludwig (1839-1909), dt. Mediziner, Ophthalmologe; 1872 ao. Prof., 1877 o. Prof. u. Dir. d. Univ.-Klinik f. Augenkrankheiten in Straßburg [NDB (Art. Richard Laqueur); Pagel] 301

LaRoche, Sophie von, geb. Gutermann von Gutershofen (1730-1807), dt. Schriftstellerin; Großmutter d. Dichterin Bettina von Arnim (1785-1859) u. d. Dichters Clemens von Brentano (1772-1848) [ADB 17; NDB] 286

Lassalle, Ferdinand (1825-1864), dt. Nationalökonom, sozialdemokratischer Politiker u. Publizist; 1863 Gründer d. Allg. Dt. Arbeitervereins [ADB 17; NDB] 119

Laßberg, Joseph von (1770-1855), dt. Literaturforscher, Bibliophiler u. Handschriftensammler; 1789 Jagdjunker, 1792 Oberforstmeister, 1813 Oberjägermeister u. Geh. Rat beim Fürsten Fürstenberg in Donaueschingen, später Privatgelehrter in Eppishausen/Thurgau u. Meersburg/Bodensee; Ehrenmitgl. d. Kgl. Bayer. Akad. d. Wiss. München (1849) [ADB 17; NDB; IGL] 117

Laura, Bekannte d. Familie Stadler-Scherer 65

Ledderhose, Karl (1821-1899), dt. Jurist u. Verwaltungsbeamter; 1872 Kurator d. Univ. Straßburg, 1880-87 Unterstaatssekretär im preuß. Ministerium f. d. Reichslande [BJb 1] 301; 377

Leeder, Anna, Schwester v. → Marie Scherer 311

Leeder, Karl (1817-1910), öst. Verwaltungsbeamter; Güterverwalter d. Grafen Hoyos in Stixenstein/Niederöst.; Vater von → Marie, → Anna u. → Tessi Leeder sowie d. Forstwissenschaftlers Karl Leeder jun. (1864-1945) [Wer ist's? (1935) (Art. K. Leeder)] 305; 309

Leeder, Maria, geb. Hauer (1834-1910), Ehefrau v. → Karl Leeder; Mutter v. → Marie Scherer 304

Leeder, Marie → Scherer, Marie

Leeder, Tessi, verh. Dessau, öst. Schauspielerin; Schwester v. → Marie Scherer 311

Lehner, Bekannter d. Familie Stadler-Scherer in Göllersdorf/Niederöst. 56

Lemberg, Leni → Lemberg, Magdalena Susanne

Lemberg, Magdalena Susanne [genannt Leni], Freundin der Familie Stadler-Scherer in Wien 61; 301

Lenau, Nikolaus [eigtl. Nikolaus Edler von Niembsch] (1802-1850), öst. Dichter [ADB 18; NDB] 55; 69

Leni → Lemberg, Magdalena Susanne

Leo XIII. [eigtl. Vincenzo Gioacchino Pecci] (1810-1903), ital. kath. Theologe, Papst seit 1878 [BBKL] 340

Leo, Heinrich (1799-1878), dt. Historiker u. Germanist; 1825 ao. Prof. in Berlin, 1828 ao. Prof., 1830 o. Prof. in Halle [ADB 18; NDB] 217; 259

Lepsius, Karl Richard (1810-1884), dt. Ägyptologe; 1846 o. Prof. in Berlin, 1865 Dir. d. Ägypt. Museums, 1867 Präs. d. Dt. Archäologischen Instituts, 1873 Oberbibliothekar d. Kgl. Bibl. Berlin; Mitgl. d. Preuß. Akad. d. Wiss. Berlin (1850); Schwager von → Albert Schulz [ADB 51; NDB] 319-324

Leskien, August (1840-1916), dt. Slavist, Indogermanist u. Sprachwissenschaftler; 1867-1869 Pd. in Göttingen, 1868 o. Prof. (vgl. Sprachwiss.) in Jena, 1870 o. Prof. (Slavistik) in Leipzig; Mitgl. d. Kgl. Sächs. Ges. d. Wiss. Leipzig (1875); 1876 Mitbegründer der Zs. »Archiv für slavische Philologie« [NDB] 231; 235

Lessing, Gotthold Ephraim (1729-1781), dt. Dichter u. Schriftsteller [ADB 19; NDB] 55; 238; 360; 378

Lewald, Fanny [d. i. Fanny Stahr, geb. Lewald] (1811-1889), dt. Schriftstellerin u. Salonnière in Berlin; Ehefrau v. → Adolf Stahr [NDB] 119

Lewes, George Henry (1817-1878), engl. Schriftsteller u. Literaturkritiker in London, Goethe-Biograph [EB] 285

Lexer, Matthias von (1830-1892), öst. Germanist; 1863 ao. Prof., 1866 o. Prof. in Freiburg/Br., 1868 in Würzburg, 1891 in München; Mitgl. d. Kgl. Bayer. Akad. d. Wiss. München (1891) [ADB 51; NDB; IGL] 91; 111; 165; 170; 222; 245

Lichtenstein, Franz (1852-1884), dt. Germanist; 1877 Pd. u. 1884 ao. Prof. in Breslau; Schüler v. Wilhelm Scherer [ADB 51; IGL] 333

Liebmann, Otto (1840-1912), dt. Philosoph; 1872 ao. Prof., 1878 o. Prof. in Straßburg, 1882 in Jena [NDB] 301

Lili → Schönemann, Anna Elisabeth

Lina → Duncker, Lina

Lindau, Paul (1839-1919), dt. Schriftsteller, Journalist u. Theaterdir. in Berlin; 1871-81 Hg. d. literarischen Wochenschrift »Die Gegenwart«, ab 1878 d. polit. Monatsschrift »Nord und Süd«; 1895 Dir. d. Meininger Hoftheaters, 1900-03 d. Berliner Theaters u. 1904-05 d. Deutschen Theaters in Berlin; Bruder von → Rudolph Lindau [NDB] 282

Lindau, Rudolph (1829-1910), dt. Schriftsteller, Journalist u. Diplomat; 1871 Eintritt in d. diplom. Dienst, 1878-92 Pressereferent → Otto von Bismarcks im Auswärtigen Amt; Bruder von → Paul Lindau [NDB] 282

Litzmann, Berthold (1857-1926), dt. Literar- u. Theaterhistoriker; 1883 Pd. in Kiel, 1884 Pd. u. 1885 ao. Prof. in Jena, 1892 ao. Prof., 1897 o. Prof. in Bonn; Vetter v. → Berthold Delbrück; Schüler v. Wilhelm Scherer [NDB; IGL 2] 287

Löbe, Julius (1805-1900), dt. kath. Theologe

u. Sprachforscher; 1857-65 Leitender Red. v. »Pierers Universallexikon« [NDB] 371

Loebell, Johann Wilhelm (1786-1863), dt. Historiker; Lehrer in Breslau u. Berlin; 1829 ao. Prof., 1831 o. Prof. in Bonn [ADB 19] 267

Loën [auch: Loen], Friedrich Oger von (1828-1887), dt. Theaterleiter; Gen.-Intendant d. Hoftheaters u. d. Hofkapelle in Weimar; 1885 Vizepräs. d. Weimarer Goethe-Ges. [Brümmer] 108; 287; 288; 292

Loeper, Gustav von (1822-1891), dt. Jurist u. Goetheforscher; 1854 Ministerialbeamter in Berlin, 1865 Vortr. Ministerialrat im preuß. Hausministerium, 1876 zugl. Dir. des Kgl. Preuß. Hausarchivs in Berlin; 1885 Vorstand d. Weimarer Goethe-Ges. u. Mithg. d. Weimarer Goethe-Ausgabe [ADB 52; NDB; IGL] 107; 108; 183; 284-292; 344

Löwe, Johann Heinrich (1808-1892), öst.-tschech. Philosoph; 1851 ao. Prof., 1858 o. Prof. in Prag [ÖBL] 70

Lorenz, Marie, geb. Lott (1839-1917), Ehefrau v. → Ottokar Lorenz; Tochter d. Philosophen → Franz Karl Lott [NDB (Art. O. Lorenz)] 86; 96; 130

Lorenz, Ottokar (1832-1904), öst. Historiker; 1857-65 Beamter d. Haus-, Hof- u. Staatsarchivs in Wien, 1860 ao., 1861 o. Prof. in Wien, 1885 in Jena; Mitgl. der Kaiserl. Akad. d. Wiss. Wien (1877); Schwiegersohn von → Franz Karl Lott; enger Freund v. Wilhelm Scherer [NDB; ÖBL] 87; 88; 95-97; 119; 130; 131; 287; 301; 339

Lott, Franz Karl (1807-1874), öst. Philosoph; 1848 ao. Prof. in Göttingen, 1849 ao. u. 1857 o. Prof. in Wien; Vater v. → Marie Lorenz, Schwiegervater v. → Ottokar Lorenz [ADB 19; ÖBL] 130; 275; 301

Lott, Marie, geb. Bujatti, Ehefrau von → Franz Karl Lott, Schwiegermutter v. → Ottokar Lorenz [NDB (Art. O. Lorenz)] 130

Lotte → Buff, Charlotte

Louis Napoléon → Napoléon III.

Luca Fapresto → Giordano, Luca

Lucae, Karl August (1833-1888), dt. Germanist; 1862 Pd. in Halle, 1868 o. Prof. in Marburg [ADB 52] 194; 204; 205; 215

Ludwig Victor (1842-1919), Erzherzog von Österreich [NDB (Art. Franz Joseph I.)] 74

Lübben, August (1818-1884), dt. Germanist; 1843 Gymn.-Lehrer in Jever, 1844 in Oldenburg, 1877 Bibl.-Dir. in Oldenburg [ADB 19; IGL] 259

Lücke, Georg Albert (1829-1894), dt. Mediziner, Chirurg; 1865 o. Prof. in Bern, 1872 in Straßburg [Pagel] 301

Lützow, Carl von (1832-1897), dt. Kunsthistoriker; 1859 Pd. in München, 1863 Pd. in Wien, 1864 Doz. an d. Akad. der bildenden Künste, 1866 Kustos d. Kupferstichkabinetts bei d. Akad., 1867 ao. Prof. f. Architekturgeschichte am Polytechnikum, 1882 o. Prof. in Wien [ADB 52; NDB] 310

Luther, Martin (1483-1546), dt. Kirchen-Reformator [ADB 19; NDB] 322

Macchiavelli [auch: Machiavelli], Niccolò (1469-1527), ital. Staatstheoretiker [Brockhaus] 81

Mannhardt, Wilhelm (1831-1880), dt. Germanist u. Mythologe; 1858 Pd. in Berlin, 1863-73 Bibliothekar in Danzig; 1855 Begründer u. Hg. d. »Zeitschrift für deutsche Mythologie und Sittenkunde« [ADB 20] 212; 371

Marchesi de Castrone, Mathilde, geb. Graumann (1821-1913), dt. Sängerin u. Gesangspädagogin; 1854 u. 1868-78 Prof. am Wiener Konservatorium; Lehrerin v. → Marie Scherer [GSL] 300

Maria, Bekannte v. Wilhelm Scherer 100

Mariechen → Duncker, Marie

Martin, Ernst (1841-1910), dt. Germanist; 1868 ao. Prof., 1872 o. Prof. in Freiburg/Br., 1874 in Prag, 1877 als Nachf. v. Wilhelm Scherer in Straßburg [IGL] 204; 212; 215; 229; 233; 241; 244; 245; 301; 348

Masing, Hermann, Germanist aus Dorpat, Student v. → Konrad Hofmann in München 159

Masius, Hermann (1818-1893), dt. Pädagoge; Lehrer in Halle, Annaberg, Salzwedel u. Stralsund, Gymn.-Dir. in Halberstadt u. Dresden, 1862 Prof. d. Pädagogik u. Dir. d. pädagog. Seminars in Leipzig; 1863 Mithg. d.»Neuen Jahrbücher für Pädagogik und Philologie« [ADB 52] 231; 232

Massmann [auch: Maßmann], Hans Ferdinand (1797-1874), dt. Germanist u. Förderer d. Turnbewegung; 1829 ao. Prof. (Nachf. v. → Johann Andreas Schmeller), 1835 o. Prof. in München, 1846 ao. Prof. in Berlin, 1846 zugl. Leiter d. preuß. Turnanstalten u. d. Turnunterrichts in Berlin; Mitgl. der Kgl. Bayer. Akad. d. Wiss. München (1843); Lehrer v. → Franz Pfeiffer [ADB 20; IGL] 110; 178; 179; 362

Melanie, Bekannte v. Wilhelm Scherer in Wien 61

Mendelssohn-Bartholdy, Felix (1809-1847), dt. Komponist; 1833-35 Städtischer Musikdir. in Düsseldorf, später Leiter d. Gewandhauskonzerte in Leipzig, Mitbegründer u. Dir. des dortigen Konservatoriums [ADB 21] 292

Menzel, Rudolf [auch: Rudolph] (1826-1867), dt. Pädagoge; Erzieher in Wien u. Heilbronn, 1858 Gymn.-Lehrer in Dresden; Sohn von → Wolfgang Menzel [NDB 17 (Art. W. Menzel)] 191

Menzel, Wolfgang (1795-1873), dt. Literarhistoriker, Historiker u. Journalist; 1820-24 Lehrer in Aarau, freier Schriftsteller in Heidelberg u. Stuttgart, 1826-69 Red. d. »Litteraturblatts« (zeitweilig Beil. z. »Morgenblatt für gebildete Stände«), 1836-46 Mithg. d.»Deutschen Vierteljahrsschrift«; Vater von → Rudolf Menzel [ADB 21; NDB] 116

Merkel, Anna, Verwandte v. Wilhelm Scherer in Wiesentheid/Franken 57

Merkel, Adolf [Josef Matthäus] (1836-1896), dt. Jurist u. Rechtsphilosoph; 1868 ao. Prof. in Gießen u. Prag, 1872 o. Prof. in Wien,

Möser, Justus (1720-1794), dt. Schriftsteller, Historiker, Jurist u. Journalist in Osnabrück; 1766-82 Begründer u. Hg. d. »Wöchentlichen Osnabrückischen Intelligenzblätter« [ADB 22; NDB] 374

Mommsen, Käthe (1874-1880), Tochter von → Theodor Mommsen 281

Mommsen, Theodor (1817-1903), dt. Jurist, Historiker u. nat.-liber. Politiker; 1848 Prof. in Leipzig, 1851 aus polit. Gründen entl., 1852 o. Prof. in Zürich, 1854 in Breslau, 1858-95 in Berlin; Freund v. Wilhelm Scherer; Mitgl. d. Kgl. Sächs. Ges. d. Wiss. Leipzig (1849) u. d. Kgl. Preuß. Akad. d. Wiss. Berlin (1858), 1874-95 Sekr. d. phil.-hist. Kl.; Nobelpreis f. Literatur (1902) [NDB] 62; 64; 68; 103; 177; 187-189; 273-283; 300; 314; 315; 368

Mone, Franz (1796-1871), dt. Germanist u. Historiker; 1818 Sekr. u. 1825 Vorstand d. Univ.-Bibl. Heidelberg, 1819 ao. Prof. das., 1827 o. Prof. in Löwen, 1835 Dir. d. Gen.-Landesarchivs in Karlsruhe [ADB 22; NDB; Bader] 362

Mozart, Joseph (1805-1892), öst. Verwaltungsbeamter; 1848 m. d. Reform d. Unterrichtswesens betraut, 1857 Min.-Rat u. Referent f. Gymn.-Angelegenheiten; 1850 Mitbegründer u. bis 1864 Red. d. »Zeitschrift für die österreichischen Gymnasien« [ÖBL] 368

Mühl, Gustav (1819-1880), elsäss. Dichter u. Journalist; 1872 Bibliothekar an d. Univ.-Bibl. in Straßburg [ADB 22] 301

Müllenhoff, Fernande, geb. Helmsdörfer (gest. 1903), zweite Ehefrau v. → Karl Müllenhoff [ADB 22; NDB (Art. K. Müllenhoff)] 103

Müllenhoff, Karl (1818-1984), dt. Germanist; 1846 ao. Prof., 1854 o. Prof. in Kiel, 1858 in Berlin (Nachf. v. → Friedrich Heinrich von der Hagen); Mitgl. d. Kgl. Preuß. Akad. d. Wiss. Berlin (1864); Lehrer v. Wilhelm Scherer [ADB 22; NDB; IGL] 62-64; 66; 68; 70; 71; 82; 89-91; 95; 103-105; 110; 111; 113-115; 118; 141; 156; 157; 159; 160; 162; 165; 166; 170; 172; 173; 177; 180; 193; 194; 197; 205; 206; 209; 211; 214; 216; 218; 219; 222; 238-242; 244; 245; 248-250;

253; 254; 256; 257; 265; 266; 268; 271; 272-274; 293; 296; 297; 301; 305; 313; 315; 317; 329; 330; 334-337; 342; 343; 345-347; 351; 361-363

Müller, Friedrich (1834-1898), öst. Sprachforscher; 1858 Bibliothekar an d. Univ.-Bibl. Wien, 1861 an d. Wiener Hofbibl., 1866 ao. Prof., 1869 o. Prof. in Wien; Mitgl. d. Kaiserl. Akad. d. Wiss. Wien (1869); Schulkamerad von Wilhelm Scherer [ADB 52; NDB] 220

Müller, Johannes von (1752-1809), schweiz. Historiker u. Politiker; 1781-83 o. Prof. am Collegium Carolinum in Kassel, 1783-86 Vorlesungstätigkeit in Bern, 1786 Bibliothekar in Mainz, 1792 Hofrat an d. Haus-, Hof- u. Staatskanzlei in Wien, 1800 erster Kustos an d. Kaiserl. Hofbibl., 1804 preuß. Hofhistoriograph, 1807 Staatssekr. in Kassel, 1808 Gen.-Dir. d. Unterrichtswesens das.; Mitgl. der Kgl. Preuß. Akad. d. Wiss. Berlin (1804) [ADB 22; NDB] 367; 370

Müller, Karl (1852-1940), dt. ev. Theologe u. Kirchenhistoriker; 1882 ao. Prof. in Berlin, 1884 in Halle, 1886 o. Prof. in Gießen, 1891 in Breslau, 1903-22 in Tübingen; Mitgl. d. Kgl. Bayer. Akad. d. Wiss. München (1888), d. Kgl. Ges. d. Wiss. Göttingen (1899) u. d. Kgl. Preuß. Akad. d. Wiss. Berlin (1917) [NDB] 341

Müller, Karl Otfried (1797-1840), dt. Altertumsforscher u. Archäologe; 1819 ao. Prof., 1823-39 o. Prof. in Göttingen; Mitgl. d. Kgl. Ges. d. Wiss. Göttingen (1823) [ADB 22; NDB] 368

Müller, Wilhelm (1812-1890), dt. Germanist; 1845 ao. Prof., 1856 o. Prof. in Göttingen [ADB 52; IGL] 167; 238

Murner, Thomas (1475-1537), Franziskaner u. satirischer Schriftsteller [ADB 23; NDB] 321; 322

Mussafia, Adolf (1835-1905), öst. Romanist; 1860 ao. Prof., 1867 o. Prof. in Wien; Mitgl. d. Kaiserl. Akad. d. Wiss. Wien (1871) [ÖBL] 160; 168; 171; 219; 220

Napoléon III. [d. i. Charles Louis Napoléon Bonaparte] (1808-1873), frz. Kaiser (1852-

1870); Neffe Napoléons I. (1769-1821) [Brockhaus] 76; 94

Neidhardt von Reuenthal (um 1180 – um 1240), mhdt. Dichter [ADB 23; NDB; VL] 112

Niebuhr, Barthold Georg (1776-1831), dt. Historiker u. Diplomat; 1806 Geh. Staatsrat, 1810 Prof. in Berlin, 1816-23 preuß. Gesandter am Vatikan, 1823 Privatgelehrter in Bonn u. freie Vorlesungstätigkeit an d. Univ.; Mitgl. d. Kgl. Preuß. Akad. d. Wiss. Berlin (1810) [ADB 23; NDB] 368

Nina → Stadler, Anna

Nissen, Heinrich (1839-1912), dän. Historiker; 1863 ao., 1870 o. Prof. in Marburg, 1877 in Göttingen, 1878 in Straßburg, 1884-1911 in Bonn [NDB] 301

Nitzsch, Gregor Wilhelm (1790-1861), dt. klass. Philologe u. Schulreformer; 1814 Lehrer am Lyzeum in Wittenberg, 1817 Konrektor am Gymn. in Zerbst, 1820 Konrektor am Gymn. in Wittenberg, 1827 o. Prof. in Kiel, 1834 zugl. Inspektor d. Gelehrtenschulen in Schleswig-Holstein, 1852 o. Prof. in Leipzig; Vater von → Karl Wilhelm Nitzsch [ADB 23; NDB] 180

Nitzsch, Karl Wilhelm (1818-1880), dt. Historiker; 1844 ao., 1858 o. Prof. in Kiel, 1862 in Königsberg, 1872 in Berlin; Sohn von → Gregor Wilhelm Nitzsch [ADB 23; NDB (Art. G. W. Nitzsch)] 308

Notker Balbulus (um 840-912), Benediktinermönch, Dichter u. Musiker in St. Gallen [ADB 24; NDB; VL] 246

Notker Labeo (um 950-1022), Benediktinermönch, Übersetzer u. Kommentator in St. Gallen [ADB 24; NDB; VL] 161

Oberle, Bekannter v. → Anton von Stadler in Wien 86

Onkel Ferdinand, Verwandter (?) v. Wilhelm Scherer 52

Onkel Küttner, Verwandter (?) v. Wilhelm Scherer 52; 56

Onkel Pezi, Verwandter (?) v. Wilhelm Scherer 52

Osthoff, Hermann (1847-1909), dt. Sprachwissenschaftler u. Indogermanist; 1871 Gymn.-Lehrer in Kassel, 1874 Privatgelehrter in Leipzig, 1877 o. Prof. in Heidelberg [NDB 19; Wer ist's? (1909)] 231

Otfrid von Weissenburg (etwa 800-870), fränkischer Dichter [ADB 24; NDB; VL] 157; 206; 211

Otto I. [der Große] (912-973), dt. Kaiser seit 936 [ADB 24; NDB] 362

Pakls, mit d. Familie Scherer-Stadler bekannte Familie in Wien 64

Paul, Bekannter der Familie Scherer-Stadler in Wien 97

Paul, Hermann (1846-1921), dt. Germanist; 1872 Pd. in Leipzig, 1874 ao. Prof., 1877 o. Prof. in Freiburg/Br., 1893-1916 o. Prof. in München; 1874 Mitbegründer u. bis 1921 Mithg. d. Zs. »Beiträge zur Geschichte der deutschen Sprache und Literatur«; Mitgl. d. Kgl. Bayer. Akad. d. Wiss. München (1893) [NDB; IGL] 235; 238; 271; 372

Pauli, Carl (1839-1901), öst. Etruskologe; Schüler v. Wilhelm Scherer in Wien [Pökel; NDB (Art. Gustav Herbig)] 301

Pertz, Georg Heinrich (1795-1876), dt. Historiker; 1821 Sekr. am kgl. Archiv zu Hannover, ab 1824 wiss. Leiter d. »Monumenta Germaniae Historica«, 1827 kgl. Bibliothekar u. Archivrat in Hannover, 1828 Historiograph d. Gesamthauses Braunschweig-Lüneburg, 1842-73 Geh. Reg.-Rat u. Oberbibliothekar an d. Kgl. Bibl. in Berlin; Mitgl. d. Kgl. Preuß. Akad. d. Wiss. Berlin (1843) [ADB 25; NDB] 319

Peter, Karl Ludwig (1808-1893), dt. Historiker u. Pädagoge; 1831 Lehrer in Halle, 1835 Gymn.-Dir. in Meiningen, 1843 Schulrat in Hildburghausen, 1848 in Meiningen, 1853 Gymn.-Dir. in Anklam, 1854 in Stettin, 1856-73 Gymn.-Dir. an d. Landesschule in Pforta, 1873 Hon.-Prof. in Jena [ADB 53] 368

Petersen, Julius (1835-1909), dt. Jurist; Kaiserl. Kammerpräs. u. Reichsgerichtsrat in Straßburg; Vater des Germanisten Julius Petersen (1878-1941) [NDB (Art. J. Petersen)] 301

Pfeiffer, Franz (1815-1868), schweiz.-öst. Germanist; 1842 Sekr. d. Litterarischen Vereins in Stuttgart, 1846 dritter Bibliothekar u. Gymn.-Prof. in Stuttgart, 1857 o. Prof. in Wien; Mitgl. d. Kaiserl. Akad. d. Wiss. Wien (1860); 1856 Begründer u. Hg. der Zs. »Germania. Vierteljahrsschrift für germanische Altertumskunde« [ADB 25; NDB; IGL] 70; 89-91; 110-118; 128; 156; 157; 159; 160; 163; 165; 166-169; 171; 180; 191-193; 198; 202; 209; 219; 224; 248; 258; 268; 372-375

Pfeiffer, Friedrich (1827-1893), dt. Germanist; 1873 ao. Prof. u. Bibliothekar in Breslau, 1876 o. Prof. in Kiel [PND] 58

Philipp II. (1527-1598), König von Spanien seit 1556 [Brockhaus] 87

Pietsch, Paul (1849-1927), dt. Germanist; 1876 Assist. an d. Univ.-Bibl. Breslau, 1878 Pd. in Kiel, 1885 ao. Prof. in Greifswald, 1920 o. Hon.-Prof. das. [Alberti; IGL] 342; 343

Platen, August Graf von (1796-1835), dt. Dichter u. Offizier [ADB 26; NDB] 55

Plattensteiner, Schulfreund v. Wilhelm Scherer in Wien; möglicherweise identisch m. Moriz od. Eugen Plattensteiner, Söhne d. Malers u. Wiener Kommunalpolitikers Christian von Plattensteiner (1806-1858) [Wurzbach] 58

Plautus, Titus Maccius (etwa 250 – 184 v. Chr.), röm. Lustspieldichter [Brockhaus] 115

Plener, Ignaz von (1810-1908), öst. Jurist u. liber. Politiker; 1860-65 Finanzminister [NDB] 72

Plutarch (50-120 v. Chr.), griech. Philosoph u. Schriftsteller [Brockhaus] 69

Pniower, Otto (1859-1932), dt. Literarhistoriker; 1893 wiss. Hilfsarbeiter am Märkischen Provinzial-Museum in Berlin, 1902 Assist., 1912 Kustos, 1917-24 Dir. das.; 1902 Prof.; Schüler v. Wilhelm Scherer [NDB; IGL] 347-352

Pollini, Bernhard [eigtl. Baruch Pohl] (1838-1896), dt. Theaterdir.; zun. Opernsänger, 1873 Dir. d. Hamburger Stadttheaters, 1876 zusätzl. des Altonaer Stadttheaters u. 1894 d. Thaliatheaters [ADB 53] 303; 305

Pott, August Friedrich (1802-1887), dt. Sprachwissenschaftler u. Indogermanist; 1833 ao. Prof., 1838 o. Prof. in Halle [ADB 26; NDB] 217; 231

Preger, Wilhelm (1827-1896), dt. ev. Theologe u. Kirchenhistoriker; 1851 Prof. f. Religion u. Geschichte an den Gymnasien in München; Mitgl. d. Kgl. Bayer. Akad. d. Wiss. München (1875) [ADB 53] 340; 341

Preller, Ludwig (1809-1861), dt. klass. Philologe u. Archäologe; 1833 Pd. in Kiel, 1838 o. Prof. in Dorpat, 1844 Doz. in Jena, 1846 o. Prof. das. u. Oberbibliothekar in Weimar; Mitgl. d. Kgl. Sächs. Ges. d. Wiss. Leipzig (1847) [ADB 26] 370

Primisser, Alois (1796-1827), öst. Kunsthistoriker u. Archäologe; 1816 Kustos der Ambraser Slg. in Wien [ADB 26] 178

Pütz, Wilhelm (1806-1877), dt. Historiker, Geograph u. Pädagoge; 1844 Gymn.-Lehrer u. 1862 Gymn.-Prof. in Köln [ADB 26] 368

Pyrker, Johann Ladislav von (1772-1847), öst. kath. Geistlicher u. relig. Dichter; 1818 Bischof von Zips/Ungarn, 1821 Patriarch von Venedig, 1827 Erzbischof von Erlau [ADB 26] 55

Radetzky von Radez, Joseph Graf (1766-1858), öst. Offizier, Feldmarschall; 1831 Kommandeur der öst. Truppen in Lombardo-Venetien, 1850-57 Generalgouverneur das. [ADB 27; NDB; ÖBL] 76

Ranke, Leopold von (1795-1886), dt. Historiker; 1818 Oberlehrer in Frankfurt/O., 1824 ao. Prof., 1834-71 o. Prof. in Berlin; 1841 Historiograph d. preuß. Staates, 1858 zugl. Präs. d. neu gegr. Hist. Kommission bei d. Kgl. Bayer. Akad. d. Wiss. München; Mitgl. d. Kgl. Preuß. Akad. d. Wiss. Berlin (1832) [ADB 27/55; NDB] 130; 243; 244; 290; 361

Realis → Gerhard Robert Walter von Coeckelberghe-Dützele

Rechberg und Rothenlöwen, Johann Bernard Graf (1806-1899), öst. Politiker; 1859-64 Außenminister, Minister d. kaiserl. Hauses u. Min.-Präs. [ADB 53] 123

Reichard, Bekannter v. Wilhelm Scherer in Wien 301

Reichel, Karl, öst. Germanist u. Pädagoge; Prof. am Akad. Gymn. in Wien, dort Klassenlehrer v. Wilhelm Scherer 304; 361; 368; 370

Reiffenstein, Karl Theodor von (1820-1893), dt. Maler in Frankfurt/M. [ADB 53] 285

Reimer, Hans (1839-1887), dt. Verlagsbuchhändler; seit 1865 Besitzer der Weidmann'schen Verlagsbuchhandlung in Berlin 141; 147; 297; 313; 317; 338; 339

Reinisch, Leo (1832-1919), öst. Ägyptologe u. Afrikanist; 1860 Pd. in Wien, 1866-67 Dir. d. kaiserl. Slg. in Mexiko, 1868 ao. Prof., 1873-1903 o. Prof. in Wien; Mitgl. d. Kaiserl. Akad. d. Wiss. Wien (1884); Schulfreund von Wilhelm Scherer [NDB] 58; 301

Reinmar von Hagenau [auch: Reinmar der Alte] (gest. vor 1210), mhdt. Dichter [ADB 28; NDB; VL] 380

Reuchlin, Hermann (1810-1873), dt. ev. Theologe u. Historiker; Pfarrer in Pfrondorf bei Tübingen [ADB 28] 116

Reuß, Eduard (1804-1891), elsäss. ev. Theologe; 1834 ao. Prof., 1836 o. Prof. in Straßburg, 1872 an d. neu gegr. dt. Univ. übernommen [ADB 55] 301

Richter, Bekannter v. Wilhelm Scherer in Straßburg 301

Rieck, Anna → Stadler, Anna

Rieck, Matthäus (1779-1830), Güterverwalter d. Grafen von Schönborn-Buchheim auf Schloss Schönborn bei Göllersdorf/Niederöst.; Vater v. → Anna Stadler; Großvater v. Wilhelm Scherer 51

Rieck, Therese, geb. Hornung, Ehefrau v. → Matthäus Rieck, Mutter v. → Anna Stad-

ler; Großmutter v. Wilhelm Scherer 52-54; 56; 60; 61; 69

Rieger, Maximilian (1828-1909), dt. klass. Philologe, Literarhistoriker u. Schriftsteller; 1853 Pd. in Gießen, 1856 Doz. in Basel, seit 1858 Privatgelehrter in Darmstadt; 1873-94 Präs. d. Inneren Mission d. ev. Landessynode Hessens; Großneffe d. Dichters Friedrich Maximilian Klinger (1752-1831) [IGL] 112

Rochau, August Ludwig (1810-1873), dt. Historiker, Publizist u. nat.-liber. Politiker; 1833 Verurteilung aufgrund burschenschaftl. Aktivitäten, bis 1848 im Exil in Paris, 1852 in Heidelberg Red. d.»Wochenschrift des Nationalvereins«, 1867-73 Mitgl. d. Reichstags [ADB 28; NDB] 116

Rodenberg, Julius [eigtl. Julius Levy] (1831-1914), dt. Schriftsteller u. Journalist; seit 1863 in Berlin; 1874 Gründer u. Hg. d. »Deutschen Rundschau« [NDB; Wer ist's? (1909)] 303

Rödiger [auch: Roediger], Max (1850-1918), dt. Germanist; 1876 Pd. in Straßburg, 1880 in Berlin, 1883 ao. Prof. in Berlin; 1880-88 Red. u. Hg. d.»Deutschen Literaturzeitung«; Schüler v. → Karl Müllenhoff u. Wilhelm Scherer [Wer ist's? (1909); IGL] 103; 301; 302; 328-330; 334; 345

Roethe [auch: Röthe], Gustav (1859-1926), dt. Germanist; 1888-90 ao. Prof., 1890-1902 o. Prof. in Göttingen, 1902 o. Prof. in Berlin; 1891-1926 Mithg. d.»Zeitschrift« u. d. »Anzeiger für deutsches Altertum und deutsche Literatur«; Mitgl. d. Kgl. Ges. d. Wiss. Göttingen (1893) u. d. Kgl. Preuß. Akad. d. Wiss. Berlin (1903), seit 1911 Sekr. d. phil.-hist. Kl. u. seit 1903 Vors. d. Deutschen Kommission; Schwager v. → Edward Schröder; Schüler v. → Friedrich Zarncke u. Wilhelm Scherer [NDB; IGL] 261; 299; 312

Rosenhain, Johann Georg (1816-1887), dt. Mathematiker; 1844-48 Pd. in Breslau u. 1851 in Wien, 1857-85 ao. Prof. in Königsberg [ADB 29] 59

Roth, Franz (1811-1869), dt. Germanist u. Pädagoge; 1830 Hauslehrer, 1836 Lehrer,

1860 Sekr. im Stadtarchiv in Frankfurt/M. [ADB 29] 363

Rotteck, Carl Wenzeslaus Rodecker von (1775-1840), dt. Historiker u. liber. Politiker; 1798 o. Prof. in Leipzig, 1818-32 Prof. in Freiburg/Br.; 1834 m. → Karl Welcker Hg. d. »Staatslexikons« [ADB 29] 369

Rousseau, Jean-Jacques (1712-1778), frz. Schriftsteller u. Philosoph [Brockhaus] 379

Rückert, Heinrich (1823-1875), dt. Germanist u. Historiker; 1848 ao. Prof. in Jena, 1852 ao. Prof., 1867 o. Prof. in Breslau; Sohn d. Dichters Friedrich Rückert (1788-1866) [ADB 29; IGL] 58

Ruge, Arnold (1802-1889), dt. Philosoph, Schriftsteller, Publizist u. liber. Politiker; 1830 Lehrer in Halle, 1832 Pd. das., 1837 Mitbegründer u. Hg. d. »Hallische Jahrbücher für deutsche Kunst und Wissenschaft« (später »Deutsche Jahrbücher«), 1848 Mitgl. d. Frankfurter Nationalversammlung, 1850 Exil in Brighton [ADB 29] 119

Rumpelt, Hermann Berthold (1821-1881), dt. Sprachwissenschaftler; 1854-73 Pd. in Breslau [Poggendorff] 226; 232; 234

Ruodpert von Sangallen (11. Jahrhundert), Geistlicher in St. Gallen [VL] 158

Sachs, Hans (1494-1576), frühnhdt. Dichter [ADB 30/45] 322

Salzer, F., Bekannter v. Wilhelm Scherer in Wien 301

San-Marte → Schulz, Albert

Sauer, August (1855-1926), öst. Literarhistoriker; 1883 ao. Prof. in Graz, 1886 in Prag, 1892 o. Prof das.; 1894 Begründer u. bis 1926 Hg. v. »Euphorion. Zeitschrift für Literaturgeschichte« [Killy; IGL] 301; 310; 311

Sauppe, Hermann (1809-1893), dt. klass. Philologe; 1833 Gymn.-Lehrer und Pd., 1838 ao. Prof. in Zürich, 1845 Gymn.-Dir. in Weimar, 1856 o. Prof. in Göttingen; 1848 Mitbegründer u. -hg. d. »Sammlung griechischer und lateinischer Schriftsteller«;

Mitgl. d. Kgl. Ges. d. Wiss. Göttingen (1857), 1887 Sekr. [ADB 55] 193

Schade, Oskar (1826-1906), dt. Germanist; 1860 Pd. in Halle, 1863 o. Prof. in Königsberg (Nachf. v. → Julius Zacher); 1854-57 Mithg. d. »Weimarisches Jahrbuch für deutsche Sprache, Litteratur und Kunst« [IGL] 212; 250; 254

Schaper, Fritz (1841-1919), dt. Bildhauer; 1875-1890 Lehrer an d. Akad. d. Künste in Berlin [Zeitgenossenlexikon] 186

Scherer, Carl (gest. 1852), öst. Apotheker in Braunhirschen/Niederöst.; Onkel v. Wilhelm Scherer 365; 367

Scherer, Christoph (gest. um 1815), fränk. Verwaltungsbeamter, Regierungsrat d. Grafen von Schönborn in Pommersfelden/Franken; Großvater v. Wilhelm Scherer 51

Scherer, Elisabeth, geb. Schmitt (gest. 1828), Ehefrau v. → Christoph Scherer; Schwester v. → Wilhelm Joseph Schmitt; Großmutter v. Wilhelm Scherer 365

Scherer, Herman (1880-1900), Student d. Philologie; Sohn v. Wilhelm Scherer 104; 108; 300; 313-315

Scherer, Maria [d. i. Maria Sonnenthal, geb. Scherer] (1884-1916), dt.-öst. Krankenschwester; Tochter v. Wilhelm Scherer; verh. m. d. Mediziner Horaz Sonnenthal (1884-1918) [ÖBL] 105; 300; 315

Scherer, Marie [auch: Mimi], geb. Leeder (1855-1939), öst. Opernsängerin; Engagements in Straßburg u. Hamburg; seit 1879 Ehefrau v. Wilhelm Scherer 51; 102; 105; 107-109; 283; 300-318; 326; 334; 344; 351; 372

Scherer, Wilhelm sen. (1792-1845), dt.-öst. Jurist u. Verwaltungsbeamter; Oberamtmann beim Grafen von Schönborn-Buchheim auf Schloss Schönborn bei Göllersdorf/Niederöst.; Vater v. Wilhelm Scherer 51; 365; 369

Scherer-Stadler, Anna → Stadler, Anna

Schiller, Friedrich von (1759-1805), dt. Dichter [ADB 31] 55; 183; 312

Schönbach, Anton Emanuel (1848-1911), öst. Germanist u. Amerikanist; 1873 ao. Prof., 1876 o. Prof. in Graz; Mitgl. d. Kaiserl. Akad. d. Wiss. Wien (1895); Schüler v. Wilhelm Scherer [IGL] 341

Schöne [auch: Schoene], Richard (1840-1922), dt. Archäologe; 1869 ao. Prof. in Halle, 1873 Vortr. Rat f. Kunstangelegenheiten im preuß. Kultusmin., 1880-1905 Gen.-Dir. d. Kgl. Museen in Berlin; Ehrenmitgl. d. Kgl. Preuß. Akad. d. Wiss. Berlin (1900) [Wer ist's? (1909); DBE] 283; 292

Schönemann, Anna Elisabeth [genannt Lili] (1758-1817), Freundin u. Verlobte von → Johann Wolfgang von Goethe, Tochter d. Frankfurter Bankiers Johann Wolfgang Schönemann (1717-1763) [ADB 39] 184

Scholz, Adolf von (1833-1924), dt. Jurist u. Politiker; 1864 Beamter im preuß. Kultusministerium, 1871 Vortr. Rat im Finanzministerium, 1879 Leiter d. Reichsschatzamtes, 1882 preuß. Finanzminister [Zeitgenossenlexikon] 330

Schopenhauer, Arthur (1788-1860), dt. Philosoph, 1820 Pd. in Berlin, 1831 Privatgelehrter in Frankfurt/M. [ADB 32] 137

Schrader, Eberhard (1836-1908), dt. Orientalist u. Assyriologe; 1862 ao. Prof., 1863 o. Prof. in Zürich, 1870 in Gießen, 1873 in Jena u. 1875 Berlin; Mitgl. d. Kgl. Sächs. Ges. d. Wiss. Leipzig (1874) u. d. Kgl. Preuß. Akad. d. Wiss. Berlin (1875) [BJb 2; Eckart] 109; 330

Schricker, August (1838-1912), dt. Historiker, Verwaltungsbeamter, Schriftsteller u. Journalist; ursprünglich kath. Geistlicher; 1871 Pressereferent beim Oberpräs. v. Elsass-Lothringen, 1872 Sekr. d. Univ. Straßburg, 1888 Museumsdir. u. o. Prof. in Straßburg [Wer ist's? (1909)] 301

Schröder, Edward (1858-1942), dt. Germanist; 1887 ao. Prof. in Berlin, 1889 o. Prof. in Marburg, 1902 in Göttingen (Nachf. v. → Gustav Roethe), 1891-1942 Mithg. d. »Zeitschrift« u. d. »Anzeiger für deutsches Altertum und deutsche Literatur«; Mitgl. d. Kgl. Ges. d. Wiss. Göttingen (1903), 1917-24

Sekr. d. phil.-hist. Kl.; Schüler v. → Bernhard ten Brink u. Wilhelm Scherer; Schwager v. → Gustav Roethe [IGL] 261; 299; 312; 315; 335; 336; 344; 346

Schröer, Karl Julius (1825-1900), öst. Literarhistoriker u. Pädagoge; 1852 Realschul-Prof. in Preßburg, 1861 Dir. d. ev. Schulen in Wien, 1867 ao. Prof., 1891 o. Prof. an d. TH Wien [IGL] 267

Schrötter von Kristelli, Leopold (1837-1908), öst. Mediziner, Laryngologe; 1867 Pd. in Wien, 1870 Dir. d. Laryngologischen Klinik, 1875 ao. Prof., 1890 o. Prof. in Wien, 1881 zugl. Primararzt im Allg. Krankenhaus [Engelhardt] 93; 94

Schultze, Bekannter v. Wilhelm Scherer in Straßburg 301

Schulz, Albert [Ps.: San-Marte] (1802-1893), dt. Jurist u. Germanist; 1830 Eintritt in d. preuß. Staatsdienst, 1843 Reg.-Rat im Provinzialschulcollegium in Magdeburg; Schwager v. → Karl Richard Lepsius [ADB 55] 205; 212

Schulze, Ernst, Germanist u. Schriftsteller 115

Schulze-Delitzsch, Hermann (1808-1883), dt. Jurist u. liber. Politiker; 1830 Jurist im preuß. Staatsdienst, 1848 Mitgl. d. Frankfurter Nationalversammlung, 1859 Leiter d. Zentralbüros d. Vorschutzverbandes d. dt. Erwerbs- u. Wirtschaftsgenossenschaften, 1861 Mitgl. d. preuß. Abg.-Hauses, 1876 d. Reichstages [ADB 33] 79

Schwarzenberg und Hohenlandsberg, Johann von (1463-1528), Jurist, Ministerialer u. Schriftsteller [ADB 33] 322

Schwerin-Putzar, Maximilian Graf von (1804-1872), dt. nat.-liber. Politiker; 1848 preuß. Kultusminister u. 1859-62 Innenminister, 1849 Mitgl. d. Preuß. Abg.-Hauses, 1867 d. Reichstags [ADB 33] 76; 77

Seegen, Josef (1822-1904), öst. Mediziner, Internist u. Balneologe; 1853-84 Praxis in Karlsbad, 1853 Pd., 1859 ao. Prof. in Wien [ÖBL] 301

Seelmann, Wilhelm (1849-1940), dt. Germanist; 1875 Kustos, 1896 Oberbibliothekar

an d. Kgl. Univ.-Bibl. Berlin, 1900 Tit.-
Prof., 1901 an d. Kgl. Bibl. Berlin [IGL]
343

Seemüller, Joseph (1855-1920), öst. Germanist;
1881 Gymn.-Lehrer, 1883 Gymn.-Prof. in
Wien; 1890 ao. Prof., 1893 o. Prof. in Inns-
bruck, 1905 in Wien (Nachf. v. → Richard
Heinzel); Mitgl. d. Kaiserl. Akad. d. Wiss.
Wien (1906); Schüler v. Wilhelm Scherer
[IGL] 301

Seligmann, Franz Romeo (1808-1892), öst.
Medizinhistoriker, Orientalist, Arzt u. Epi-
demiologe; 1848 ao. Prof., 1869 o. Prof. in
Wien [ÖBL] 301

Shakespeare, William (1564-1616), engl. Dramatiker [EB] 116; 168; 185

Sickel, Theodor von (1826-1908), dt. Historiker; 1857 ao. Prof., 1867 o. Prof. u. Dir. d.
Instituts f. öst. Geschichte in Wien, 1874
Mitgl. d. Zentraldir. d.»Monumenta Germaniae Historica«, 1890 Dir. d. öst. Instituts f. Geschichte in Rom; Mitgl. d. Kaiserl. Akad. d. Wiss. Wien (1857) [Wurz-
bach; BJb 2] 301

Sievers, Eduard (1850-1932), dt. Germanist u.
Sprachwissenschaftler; 1871 ao. Prof., 1876
o. Prof. in Jena, 1883 in Tübingen, 1887 in
Halle (Nachf. v. → Julius Zacher), 1892 in
Leipzig (Nachf. v. → Friedrich Zarncke);
Mitgl. d. Kgl. Sächs. Ges. d. Wiss. Leipzig
(1892), 1918-26 Sekr. d. phil.-hist. Kl.; 1892
Mithg. d. »Beiträge zur Geschichte der
deutschen Sprache und Literatur« [IGL]
233-235; 238

Simon, Max (1844-1918), dt. Mathematiker;
1871 Oberlehrer am Lyceum in Straßburg,
1903 Hon.-Prof. an d. Univ. das. [Zeitge-
nossenlexikon] 301

Simonides, Konstantinos (1820-1876), griech.
Handschriftenfälscher [BBKL] 120

Sohm, Rudolph (1841-1917), dt. Jurist, Rechtshistoriker u. Kirchenrechtler; 1870 ao. Prof.
in Göttingen, 1870 o. Prof. in Freiburg/
Br., 1872 in Straßburg, 1887 in Leipzig;
Mitgl. d. Kgl. Sächs. Ges. d. Wiss. Leipzig
(1892) [Wer ist's? (1909); Zeitgenossen-
lexikon] 301

Sommaruga, Guido von (geb. 1842), öst.
Jurist; Hof- u. Gerichtsadvokat u. Ge-
meinderat in Wien; Sohn d. Politikers
Franz von Sommaruga (geb. 1815); Schul-
freund v. Wilhelm Scherer [Wurzbach (Art.
F. v. Sommaruga)] 60; 64; 301

Sophie → Stadler, Sophie

Sophie Großherzogin von Sachsen-Weimar-
Eisenach, geb. Prinzessin von Oranien
(1824-1897), Ehefrau von → Karl Alexan-
der von Sachsen-Weimar-Eisenach; 1885
Stifterin des Goethe-Archivs in Weimar
[NDB (Art. K. A. v. Sachsen-Weimar-
Eisenach)] 107; 108; 284; 287; 289; 290;
291; 331

Spach, Ludwig Adolf (1800-1879), elsäss. His-
toriker; 1839 Archivar d. Departement
Niederrhein, 1872 Hon.-Prof. in Straßburg
[ADB 34] 301

Spalart, Robert Edler von (gest. 1808), dt.
Kulturhistoriker 364;

Spangenberg, Wolfhart (etwa 1570/1575 –
nach 1635), Dichter, Theologe u. Drucker
in Straßburg; Sohn d. Theologen u. Dichters Cyriacus Spangenberg (1528-1604)
[ADB 35] 348

Speidel, Ludwig (1830-1906), dt.-öst. Journa-
list u. Schriftsteller; 1855 Korrespondent d.
»Wiener Allgemeinen Zeitung«, 1872
Feuill.-Red. d. »Neuen Freien Presse« in
Wien [Wurzbach; Kosel] 301

Spielhagen, Elsa, Tochter von → Friedrich
Spielhagen 185

*Spielhagen, Friedrich (1829-1911), dt. Schrift-
steller; 1854-60 Handelsschullehrer in Leipzig, 1860-62 Feuill.-Red. in Hannover, seit
1862 in Berlin; 1878-84 Hg. v. »Wester-
mann's illustrierten deutschen Monatsheften« [DBE] 119; 182-189; 281; 282*

Stadion, Franz Graf von (1806-1853), öst. Politiker; 1846-48 Statthalter von Galizien,
1848-49 öst. Innenminister; 1849 Kurator
d. Kaiserl. Akad. d. Wiss. Wien [ÖBL] 76

*Stadler, Anna [auch: Nina], geb. Rieck [verwit-
wete Scherer; auch: Stadler-Scherer] (1817-
1896), Ehefrau von → Wilhelm Scherer sen.*

u. → *Anton von Stadler, Mutter v. Wilhelm Scherer u.* → *Toni Stadler 51-109; 131; 364; 365*

Stadler, Anton von (um 1800-1870), öst. Verwaltungsbeamter; Oberamtmann beim Grafen zu Schönborn-Buchheim auf Schloss Schönborn/Niederöst.; zweiter Ehemann von → Anna *Stadler, Vater von →* Toni *Stadler, Stiefvater v. Wilhelm Scherer 51-109; 364*

Stadler, Karl, Verwandter v. → Anton von Stadler 97

Stadler, Sophie, Ehefrau v. → Toni Stadler 105

Stadler, Toni (1850-1917), öst. Maler in Wien u. München; 1912-14 künstlerischer Beirat im bayer. Kultusmin. u. Leiter der Münchner Kunstsammlungen; Halbbruder von Wilhelm Scherer; Vater des Bildhauers u. Malers Toni Stadler jun. (1888-1982) [Thieme-Becker] 51-54; 56-58; 60; 64; 65; 67; 68; 71; 89; 91; 93; 95; 97; 102; 105; 109; 131

Stahr, Adolf (1805-1876), dt. Schriftsteller; 1826 Lehrer in Halle, 1836 Konrektor in Oldenburg, ab 1852 in Berlin; Ehemann von → Fanny Lewald [ADB 35] 68; 92; 119

Stamm, Ferdinand (1813-1880), dt.-öst. Schriftsteller, Nationalökonom, Kaufmann u. liber. Politiker; 1848-56 polit. u. liter. Tätigkeit in Böhmen, 1860 Verwaltungsrat d. Graz-Köslacher Eisenbahn, 1861 Mitgl. d. öst. Reichsrat, 1864 Kurator d. Museums f. Kunst u. Industrie in Wien, 1865 Zensor der Gen.-Versammlung d. allg. Bodencreditanstalt das., 1877 Red. d. »Österreichischen Jahrbuch« [ADB 35] 72

Steinmeyer, Elias von (1848-1922), dt. Germanist; 1873 neben Wilhelm Scherer ao. Prof. in Straßburg, 1877 o. Prof. in Erlangen, 1902-20 Mitgl. d. Zentraldir. d.»Monumenta Germaniae Historica«; 1873-90 Red. u. Mithg. d.»Zeitschrift« u. d.»Anzeiger für deutsches Altertum und deutsche Litteratur« [IGL] 105; 148; 225; 261; 313; 339; 341; 377; 379; 380

Steinthal, Heymann (1823-1899), dt. Sprachwissenschaftler, Philosoph u. Mitbegründer d. Völkerpsychologie; 1850 Pd. u. 1863 ao. Prof. in Berlin; 1859 Mitbegründer u. bis 1890 Mithg. d.»Zeitschrift für Völkerpsychologie und Sprachwissenschaft« [ADB 54] 231; 262

Stephan, Emil Ferdinand (gest. 1898), dt. Unternehmer u. Bankier; Geh. Kommerzienrat u. Vors. d. Direktion d. Preuß. Bodencredit-Aktienbank in Berlin [BJ 1] 281

Stephan, Friedrich (1822-1904), dt. Unternehmer u. liber. Politiker; Reg.-Rat u. Dir. d. Preuß. Immobilien-Aktiengesellschaft in Berlin [BJb 2] 281

Stephanus, Henricus [eigtl. Henri Estienne] (1531-1598), frz. Philologe u. Buchdrucker in Paris; Sohn d. Philologen u. Buchdruckers Robert Estienne (1503-1559) [Meyer] 216

Stichling, Gottfried Theodor (1814-1891), dt. Jurist u. Politiker; 1836 Justizbeamter in Weimar, 1838 Geh. Referent im großherzogl. Hausministerium, 1848 Vortr. Rat, 1867 Dir. d. Kultur- u. Justizdepartments, 1882 Staatsminister; Enkel v. → Johann Gottfried von Herder [ADB 36] 146; 287; 289, 290

Stöcker, Adolf (1835-1909), dt. ev. Theologe u. sozial-konserv. Politiker; 1874-90 Hof- u. Domprediger in Berlin, 1878 Mitbegründer d. christlich-sozialen Partei, 1879-98 Mitgl. d. Preuß. Landtages, 1881-93 u. 1898-1908 d. Reichstages [BBKL] 326

Stremayr, Karl von (1823-1904), öst. Jurist u. Politiker; 1848 Mitgl. d. Frankfurter Nationalversammlung, 1870-79 Kultusminister, 1879-80 Justizminister, 1891-99 Erster Präs. d. Obersten Gerichtshofs in Wien [DBE] 274

Stubenrauch, Moriz von (1811-1865), öst. Jurist, Journalist u. konserv. Politiker; 1838 ao. Prof. in Lemberg, 1839 Prof. an d. Theresianischen Ritterakad. in Wien, 1850 o. Prof. an d. Univ. in Wien; seit 1848 Mitgl. d. Wiener Gemeinderates [ADB 36; Wurzbach] 90

Studemund, Wilhelm Friedrich (1843-1889), dt. klass. Philologe; 1868 ao. Prof., 1869 o. Prof. in Würzburg, 1870 in Greifswald, 1872 in Straßburg, 1885 in Breslau [ADB 36] 181; 301

Suphan, Bernhard (1845-1911), dt. Literarhistoriker; 1868 Gymn.-Lehrer, 1886 Gymn.-Prof. in Berlin, 1887-1910 Dir. d. Goethe-u. Schiller-Archivs in Weimar; 1888-93 Mithg. der »Vierteljahrschrift für Litteraturgeschichte« [IGL] 150

Suso [auch: Seuse], Heinrich (1300-1366), mhdt. Theologe u. Mystiker [ADB 37; VL] 340

Sybel, Heinrich von (1817-1895), dt. Historiker u. nat.-liber. Politiker; 1844 ao. Prof. in Bonn, 1846 o. Prof. in Marburg, 1856 in München, 1861 in Bonn, 1875 Prof. u. Dir. d. preuß. Staatsarchivs in Berlin; 1873-80 Mitgl. im preuß. Abgeordnetenhaus; 1859 Begründer u. bis 1895 Hg. d. »Historischen Zeitschrift«; Mitgl. d. Kgl. Preuß. Akad. d. Wiss. Berlin (1875) [ADB 54] 79; 115; 281; 282; 292

Sz., Bekannter v. Wilhelm Scherer in Paris 125

Tacitus, Cornelius (etwa 55-120 n. Chr.), röm. Schriftsteller u. Historiker [Brockhaus] 335; 367; 370

Tante Anna → Merkel, Anna

Tante Aussmann, Verwandte (?) v. Wilhelm Scherer in Wien 66

Tante Griensteidl, Verwandte (?) v. Wilhelm Scherer in Wien 53

Tante Leni, Verwandte (?) v. Wilhelm Scherer 64

Tante Resi, Verwandte (?) v. Wilhelm Scherer in Wien 53; 56

Tauler, Johannes (geb. um 1300), Dominikanermönch in Straßburg, Mystiker 339

Tendering, Betty [d. i. Betty Tiegeler, geb. Tendering] (1831-1902), Schwester v. → Lina Duncker; Freundin v. → Gottfried Keller [LdF] 121

Terry, Ellen (1847-1928), engl. Schauspielerin; 1878-1901 in → Henry Irvings Ensemble am Lyceum-Theater in London [EB] 298

Teschenberg, Ernst von (1836-1886), öst. Diplomat u. Journalist; 1876 ao. Gesandter u. Minister, Chefred. der »Wiener Zeitung«; Jugendfreund v. Wilhelm Scherer [Wurzbach] 59; 60

Thausing, Moriz (1838-1884), dt. Kunsthistoriker; 1873 ao. Prof, 1879 o. Prof. in Wien, 1876 Dir. d. Kupferstichslg. Albertina das. [ADB 37] 301

Thiers, Adolphe (1797-1877), frz. Historiker u. Politiker; seit 1830 in diversen Staatsämtern, 1851-52 im Exil, 1871-73 erster Präs. d. Dritten Republik [Brockhaus] 367

Thomas von Aquin (etwa 1225-1274), Theologe, Dominikaner u. Kirchenlehrer [BBKL] 340

Thümmel, Moritz August von (1738-1817), dt. Dichter u. Ministerialer; 1768-83 Geh. Rat u. Minister am Hof v. Sachsen-Coburg [ADB 38] 55; 367

Thun-Hohenstein, Leo Graf (1811-1888), öst. Politiker; 1849-60 Kultusminister [ADB 38] 88

Tieck, Ludwig (1773-1853), dt. Dichter, Schriftsteller u. Übersetzer [ADB 38] 140; 146

Tili, Bekannte v. Wilhelm Scherer 308

Tobler, Adolf (1835-1910), schweiz. Romanist; 1861 Gymn.-Prof. in Solothurn, 1867 ao. Prof., 1870 o. Prof.; 1895-1903 Mithg. d. »Archiv für das Studium der neueren Sprachen«; Mitgl. d. Kgl. Preuß. Akad. d. Wiss. Berlin (1881); Bruder von → Ludwig Tobler [BJb 2; DBE] 283

Tobler, Ludwig (1827-1895), schweiz. Germanist u. Sprachwissenschaftler; 1866 ao. Prof. in Bern, 1873 ao. in Zürich, 1893 o. Prof. das.; Bruder von → Adolf Tobler [ADB 55; IGL] 269

Tomaschek, Karl (1828-1878), öst. Literarhistoriker; 1852 Gymn.-Lehrer in Wien, 1862 o. Prof. in Graz (Nachf. → Karl Weinhold), 1868 in Wien; Mithg. d. »Zeitschrift für die österreichischen Gymnasien«; Mitgl. d. Kaiserl. Akad. d. Wiss. Wien (1874) [ADB 38; IGL] 91; 220; 230

Tony → Stadler, Toni

Treitschke, Heinrich von (1834-1896), dt. Historiker u. Publizist; 1858 Pd. in Leipzig, 1863 ao. Prof. in Freiburg/Br., 1866 o. Prof. in Kiel, 1867 in Heidelberg, 1874 in Berlin, 1886 Historiograph d. preuß. Staates; 1871-88 Mitgl. d. Reichstags; 1866-89 Red. d.»Preußischen Jahrbücher«; Mitgl. d. Kgl. Preuß. Akad. d. Wiss. Berlin (1895); Freund v. Wilhelm Scherer [ADB 55; BBKL] 68; 172; 273; 281; 308

Trendelenburg, Adolf von (1802-1872), dt. Philosoph; 1833 ao. Prof., 1837 o. Prof. in Berlin; Mitgl. d. Kgl. Preuß. Akad. d. Wiss. Berlin (1846), 1847 Sekr. d. phil.-hist. Kl.; Lehrer v. Wilhelm Scherer [ADB 38] 70

Trübner Karl (1846-1907), dt. Verlagsbuchhändler in Straßburg; Neffe d. in London ansässigen dt. Buchhändlers Johann Nicolaus Trübner (1817-1885) [ADB 38 (Art. J. N. Trübner); PND] 301

Uhland, Ludwig (1787-1862), dt. Dichter, Literarhistoriker u. liber. Politiker; urspr. Jurist; 1814 Advokat in Stuttgart, 1830-32 ao. Prof. in Tübingen, 1833-39 Abg. in der Württembergischen Ständekammer, 1839 Privatgelehrter in Tübingen, 1848 Mitgl. d. Frankfurter Nationalversammlung [ADB 39; IGL] 143; 167; 192; 214; 219; 229; 241; 244

Ulrich von Lichtenstein (1200/1210-1276), mhdt. Dichter [ADB 18; NDB] 380

Unna, Georg, vermtl. Sohn von → Moritz Adolph Unna 302

Unna, Ida, geb. Gerson, Ehefrau von → Moritz Adolph Unna; Tochter d. Mediziners Georg Hartogh Gerson (1788-1843) [Hirsch] 309

Unna, Moritz Adolph (1813-1888), dt. Mediziner; seit 1837 prakt. Arzt in Hamburg; Vater von → Paul Gerson Unna [Wininger] 102; 301; 302; 309

Unna, Paul Gerson (1850-1929), dt. Mediziner, Dermatologe; 1878-84 praktischer Arzt in Hamburg, 1884 Dir. einer dermatologischen Klinik das., 1908 Oberarzt am Eppendorfer Krankenhaus, 1919 Hon.-Prof. an d. Univ. in Hamburg; 1882 Mitbegründer der»Monatshefte für praktische Dermatologie«; Sohn von → Moritz Adolph Unna [Pagel] 304

Vahlen, Johannes (1830-1890), dt. klass. Philologe; 1856 ao. Prof. in Breslau, 1858 o. Prof. in Freiburg/Br. u. in Wien, 1874 in Berlin; Mitgl. d. Kgl. Preuß. Akad. d. Wiss. Berlin (1874), 1893 Sekr. d. phil.-hist. Kl.; Lehrer v. Wilhelm Scherer [Wer ist's? (1909); Wurzbach] 90; 273; 274; 275

Verdi, Giuseppe (1813-1901), ital. Komponist [Brockhaus] 311

Vetter, Ferdinand (1847-1924), dt. Literarhistoriker; 1876 ao. Prof., 1886 o. Prof. in Bern, 1887 zugl. Lehrer an der Lehramtsschule in Bern [IGL] 269

Vico, Giambattista [auch: Giovanni Battista] (1668-1743), ital. Philosoph u. Schriftsteller [Brockhaus] 374

Victor Emanuel (1820-1878), König von Piemont-Sardinien seit 1849 u. d. geeinten Italiens seit 1861 [Brockhaus] 76; 81

Vincke, Georg von (1811-1875), dt. Jurist u. liber. Politiker; 1843 u. 1845 Mitgl. d. westf. Provinziallandtags, 1848 d. Frankfurter Nationalversammlung, 1850-55 d. preuß. Landtags, 1858-63 u. 1866/67 im preuß. Abgeordnetenhaus, seit 1867 im Reichstag d. Norddeutschen Bundes Führer der Altliberalen in Preußen [ADB 39] 77; 78

Vischer, Helene, geb. von Flattich (gest. 1928), Ehefrau von → Robert Vischer; Tochter d. Wiener Architekten Wilhelm von Flattich (1826-1900); Freundin v. Marie Scherer [Wer ist's? (1909) (Art. R. Vischer)] 310

Vischer, Robert (1847-1933), dt. Kunsthistoriker; 1882 ao. Prof. in Breslau, 1885 Prof. an d. TH Aachen, 1893 o. Prof. u. Dir. d. Gemälde- und Kupferstichslg. in Göttingen, später in Wien; Sohn d. Literarhistorikers Friedrich Theodor Vischer (1807-1887) [Zeitgenossenlexikon; Wer ist's? (1909)] 310

Voigt, Christian Gottlob von (1743-1819), dt. Jurist u. Politiker; 1791 Staatsminister in

Weimar, 1803 Finanzminister u. Kammer-präs. das.; enge Beziehungen zu → Johann Wolfgang von Goethe [ADB 54] 257

Voigt, Georg (1827-1891), dt. Historiker; 1852 Kustos an d. Univ.-Bibl. in Königsberg, 1855 wiss. Mitarbeiter d. Kgl. Bayer. Akad. d. Wiss. in München, 1864 o. Prof. in Rostock, 1866 in Leipzig; Sohn d. Historikers Johannes Voigt (1786-1863) [ADB 40/45] 255

Vollmer, Alois [auch: Alexander] Joseph (1803-1876), dt. Germanist; Hofmeister u. Privatgelehrter in München; Schüler v. → Hans Ferdinand Maßmann, Mitarbeiter v. → Franz Pfeiffer u. → Konrad Hofmann [ADB 40] 222

Voltaire [eigtl. François Marie Arouet] (1694-1778), frz. Schriftsteller u. Philosoph [Brockhaus] 299

Voß [auch: Voss], Johann Heinrich (1751-1826), dt. Dichter [ADB 40] 312

Wackernagel, Wilhelm (1806-1869), dt. Germanist u. Dichter; 1833 Gymn.-Lehrer, 1835 o. Prof. in Basel; Mitgl. d. Hist. Kommission bei d. Kgl. Bayer. Akad. d. Wiss. München (1863); Bruder d. Literarhistorikers u. Pädagogen Philipp Wackernagel (1800-1877) [ADB 40; IGL] 115; 166; 205; 210; 213

Wagner, Joseph Maria (1838-1879), öst. Germanist u. Sprachforscher; Bibliothekar im öst. Finanzministerium; 1874 Hg. d.»Archivs für d. Geschichte deutscher Sprache u. Dichtung« [ADB 40] 111; 220; 224

Wagner, Richard (1813-1883), dt. Komponist [ADB 40] 302; 312

Waitz, Georg (1813-1886), dt. Historiker; 1836 Mitarb. d.»Monumenta Germaniae Historica«, 1842 o. Prof. in Kiel, 1848 in Göttingen, 1876 zugl. Vors. d. Zentraldir. d.»Monumenta«; Mitgl. d. Kgl. Ges. d. Wiss. Göttingen (1849) u. d. Kgl. Preuß. Akad. d. Wiss. Berlin (1876) [ADB 40] 115

Waldeck, Benedikt (1802-1870), dt. Jurist u. liber. Politiker; 1832 Dir. d. Land- u. Stadtgerichts Vlotho, 1836 Oberlandes-gerichtsrat in Hamm, 1846 Obertribunalrat in Berlin, 1848 Mitgl. d. Frankfurter Nationalversammlung u. Präs. d. Verfassungsausschusses, 1849-69 Mitgl. d. preuß. Landtags [ADB 40] 78

Walther von der Vogelweide (um 1170 – um 1230), mhdt. Dichter [ADB 41; VL] 195; 198; 204

Weber, Albrecht (1825-1901), dt. Sanskritist u. Sprachforscher; 1848 Pd., 1856 ao. Prof., 1867 o. Prof. in Berlin; Mitgl. d. Kgl. Preuß. Akad. d. Wiss. Berlin (1857); Lehrer v. Wilhelm Scherer [BJb 2; Zischka] 61; 64; 66; 68; 114; 115; 231; 361

Weber, Maria von [d. i. Maria von Wildenbruch, geb. von Weber] (1847 – um 1920), Tochter von → Max Maria von Weber; Ehefrau d. Dichters Ernst von Wildenbruch (1845-1909) [Wilhelmy] 309; 310

Weber, Max Maria von (1822-1881), dt. Eisenbahntechniker, Verwaltungsbeamter u. Schriftsteller; 1850 Dir. d. sächs. Staatstelegraphen, 1852 techn. Mitgl. d. Staatseisenbahnverwaltung in Preußen, 1853 Finanzrat bei d. Gen.-Dir. d. Staatseisenbahnen, 1870 Vortr. Rat im öst. Handelsministerium, 1878 Berater d. preuß. Handelsministeriums; Sohn des Komponisten Karl Maria von Weber (1786-1826) [ADB 41] 309

Wegele, Franz Xaver von (1823-1897), dt. Historiker; 1849 Pd., 1851 ao. Prof. in Jena, 1857 o. Prof. in Würzburg, 1858 Mitgl. d. Hist. Kommission bei d. Kgl. Bayer. Akad. d. Wiss. München; seit 1873 Mitred. d. »Allgemeinen Deutschen Biographie« [ADB 44] 169; 285

Wehrenpfennig, Wilhelm (1829-1900), Schriftsteller, Publizist u. nat.-liber. Politiker; 1856 Gymn.-Lehrer in Berlin, 1859-62 Dir. d. ›Litterarischen Büro‹ im preuß. Staatsmin., 1863-83 in der Redaktion d. »Preußischen Jahrbücher«, 1877 Geh. Reg.-Rat u. Vortr. Rat im preuß. Handelsmin., 1879 Oberreg.-Rat im Unterrichtsmin.; 1868-79 Mitgl. d. preuß. Abgeordnetenhauses u. 1871-81 d. Reichstags [Meyer; DBE] 133-136

Weigand, Karl (1804-1878), dt. Germanist; 1851 ao. Prof., 1856 Realschul-Dir., 1867 o. Prof. in Gießen [ADB 55; IGL] 212

Weinhold, Karl (1823-1901), dt. Germanist u. Volkskundler; 1849 ao. Prof. in Breslau, 1850 o. Prof. in Krakau, 1851 in Graz, 1861 in Kiel, 1876 in Breslau, 1889 in Berlin; 1890 Begründer u. bis 1901 Hg. d. »Zeitschrift des Vereins für Volkskunde«; Mitgl. d. Kaiserl. Akad. d. Wiss. Wien (1860) u. d. Kgl. Preuß. Akad. d. Wiss. Berlin (1889) [BJb 2; IGL] 210; 212; 213; 337

Weiser, Bekannter v. Wilhelm Scherer 308

Welcker, Carl (1790-1869), dt. Jurist, Publizist u. liber. Politiker; 1813 ao. Prof. in Gießen, 1814 o. Prof. in Kiel; 1817 in Heidelberg, 1819 in Bonn, hier 1823 aus polit. Gründen suspendiert, im gleichen Jahr o. Prof. in Freiburg/Br., 1834 m. → Carl Wenzeslaus Rodecker von Rotteck Hg. d. »Staatslexikons« [ADB 41] 369

Wentzel, Marie, Bekannte v. Wilhelm Scherer 129

Wenzel, Karl Gustav, Kgl.-sächsischer Regierungsrat zu Dresden [Auskunft: Thüringisches Hauptstaatsarchiv Weimar] 288

Werner, Zacharias (1768-1823), dt. Dichter [ADB 42] 367

Wernher de Gartenaere (gest. Ende d. 13. Jhts.), mhdt. Dichter [ADB 42; VL] 164

Wertheimstein vermtl. → Wertheimstein, Franziska von u. → Wertheimstein, Josephine von

Wertheimstein, Franziska von (1844-1907), Mäzenin u. Salonnière in Wien; Tochter v. → Josephine von Wertheimstein, Nichte v. → Theodor Gomperz und → Maximilian von Gomperz [Wininger; NDB (Art. T. Gomperz)] 301

Wertheimstein, Josephine von, geb. Gomperz (1820-1894), Schwester v. → Theodor Gomperz u. → Maximilian von Gomperz, Mutter v. → Franziska von Wertheimstein [Wininger; NDB (Art. T. Gomperz)] 301

Wieland, Christoph Martin (1733-1813), dt. Dichter u. Schriftsteller [ADB 42] 55; 367

Wilhelm, ung. Schulkamerad v. Wilhelm Scherer in Wien 55

Wilhelm I. [auch: Wilhelm von Preußen] (1797-1888), König von Preußen seit 1861, Kaiser von Deutschland seit 1871 [ADB 42/45] 77

Williram von Ebersberg (gest. 1085), Dichter; Abt von Ebersberg [ADB 43] 166; 197

Wills, William Gorman (1828-1891), engl. Dramatiker in London [EB] 298

Wilmanns, Wilhelm (1842-1911), dt. Germanist; 1868 Lehrer am Gymnasium zum Grauen Kloster in Berlin, 1874 o. Prof. in Greifswald, 1877 in Bonn [IGL] 194; 197; 198; 200; 204; 212; 215; 229

Wimmer, Ludvig (1839-1920), dän. Nordist u. Sprachforscher; 1875 ao. Prof., 1886 o. Prof. in Kopenhagen [DBL] 295; 296

Windisch, Ernst (1844-1918), dt. Sprachforscher u. Indogermanist; 1871 ao. Prof. in Leipzig, 1872 o. Prof. in Heidelberg, 1875 in Straßburg, 1877 in Leipzig; Mitgl. d. Kgl. Sächs. Ges. d. Wiss. Leipzig (1883), 1898-1914 Sekr. d. phil.-hist. Kl. [Wer ist's? (1909); Zeitgenossenlexikon] 235; 245; 262

Winnecke, Friedrich August Theodor (1835-1897), dt. Astronom; o. Prof. f. Astronomie u. Dir. d. Sternwarte in Straßburg [BJb 1] 301

Wittukind [auch: Widukind] (gest. 807), sächs. Heerführer [Brockhaus] 366

Wolf, Ferdinand (1796-1866), öst. Romanist; 1819 Skriptor, später Kustos an d. Wiener Hofbibl.; 1847 Gründungsmitgl. d. Kaiserl. Akad. d. Wiss. Wien u. bis 1866 Sekr. d. philos.-hist. Kl.; 1859 Mitbegründer u. -hg. d. »Jahrbuch für romanische und englische Literatur« [ADB 43] 160; 166

Wolf, Johann Wilhelm (1817-1855), dt. Germanist, Sagenforscher u. Mythologe; Privatgelehrter in Gent u. Darmstadt; 1851 Hg. d. »Beiträge zur deutschen Mythologie« [ADB 43/44] 259; 370; 371

Wolfram von Eschenbach (um 1170 – um 1220), mhdt. Dichter [ADB 6 (Art. Eschenbach); VL] 205; 369

Zacher, Julius (1816-1887), dt. Germanist; 1847 Bibliothekar an d. Univ.-Bibl. u. 1856 ao. Prof. in Halle, 1859 o. Prof. u. Oberbibliothekar in Königsberg, 1863 o. Prof. in Halle; 1868 Begründer und bis 1887 Mithg. d.»Zeitschrift für deutsche Philologie« u. d.»Germanistischen Handbibliothek« [ADB 44; IGL] 133; 136; 190-233; 238; 239; 259; 265; 268; 361

Zappert, Georg (1806-1859), öst. Archäologe u. Germanist in Wien [Wurzbach] 167; 180; 263

Zarncke, Friedrich (1825-1891), dt. Germanist; 1854 ao. Prof. f. Philosophie u. 1857 ao. Prof. f. dt. Sprache u. Literatur in Leipzig, 1858 o. Prof. das.; 1850 Begründer u. bis 1891 Hg. d.»Litterarischen Centralblatts für Deutschland«; Mitgl. d. Kgl. Sächs. Ges. d. Wiss. Leipzig (1854), 1883-91 Sekr. d. phil.-hist. Kl. [ADB 44; IGL] 110-112; 138; 165; 167; 214; 218; 228; 238-272

Zelinka, Andreas (1802-1868), öst. Jurist u. Politiker; 1850 Vize-Bürgermeister u. 1861-68 Bürgermeister v. Wien [Wurzbach] 75

Zeller, Eduard (1814-1908), dt. ev. Theologe u. Philosoph; 1847 o. Prof. f. Theologie in Bern, 1849 o. Prof. f. Philosophie in Marburg, 1862 in Heidelberg, 1872 in Berlin; Mitgl. d. Kgl. Preuß. Akad. d. Wiss. Berlin (1872) [DBE; Kullnick] 281; 282; 326; 327

Zeuß [auch: Zeuss], Johann Kaspar [auch: Caspar] (1806-1856), dt. Germanist u. Keltologe; 1839 Prof. am Lyceum in Speier, 1847 ao. Prof. in München, im selben Jahr Versetzung ans Lyceum in Bamberg [ADB 45] 267

Zimmer, Heinrich (1851-1910), dt. Germanist u. Keltologe; 1881 ao. Prof. in Greifswald, 1901 in Berlin; Mitgl. d. Kgl. Preuß. Akad. d. Wiss. Berlin (1902); Schüler v. Wilhelm Scherer [Zeitgenossenlexikon; Wer ist's? (1909)] 333

Zimmermann, Robert von (1824-1898), öst. Philosoph; 1849 ao. Prof. in Olmütz, 1852 o. Prof. in Prag, 1961 in Wien; Mitgl. d. Kaiserl. Akad. d. Wiss. Wien (1869) [ADB 45] 301

Zoepfl, Heinrich (1807-1877), dt. Jurist; 1828 Pd. in Heidelberg, 1839 o. Prof. das. [Meyer] 115

Zupitza, Julius (1844-1895), dt. Germanist u. Anglist; 1872 ao. Prof., 1875 o. Prof. in Wien, 1876 o. Prof. in Berlin; 1890 Mitred. d.»Archiv für das Studium der neueren Sprachen und Literaturen« [ADB 45] 205; 206; 210; 211; 233; 234